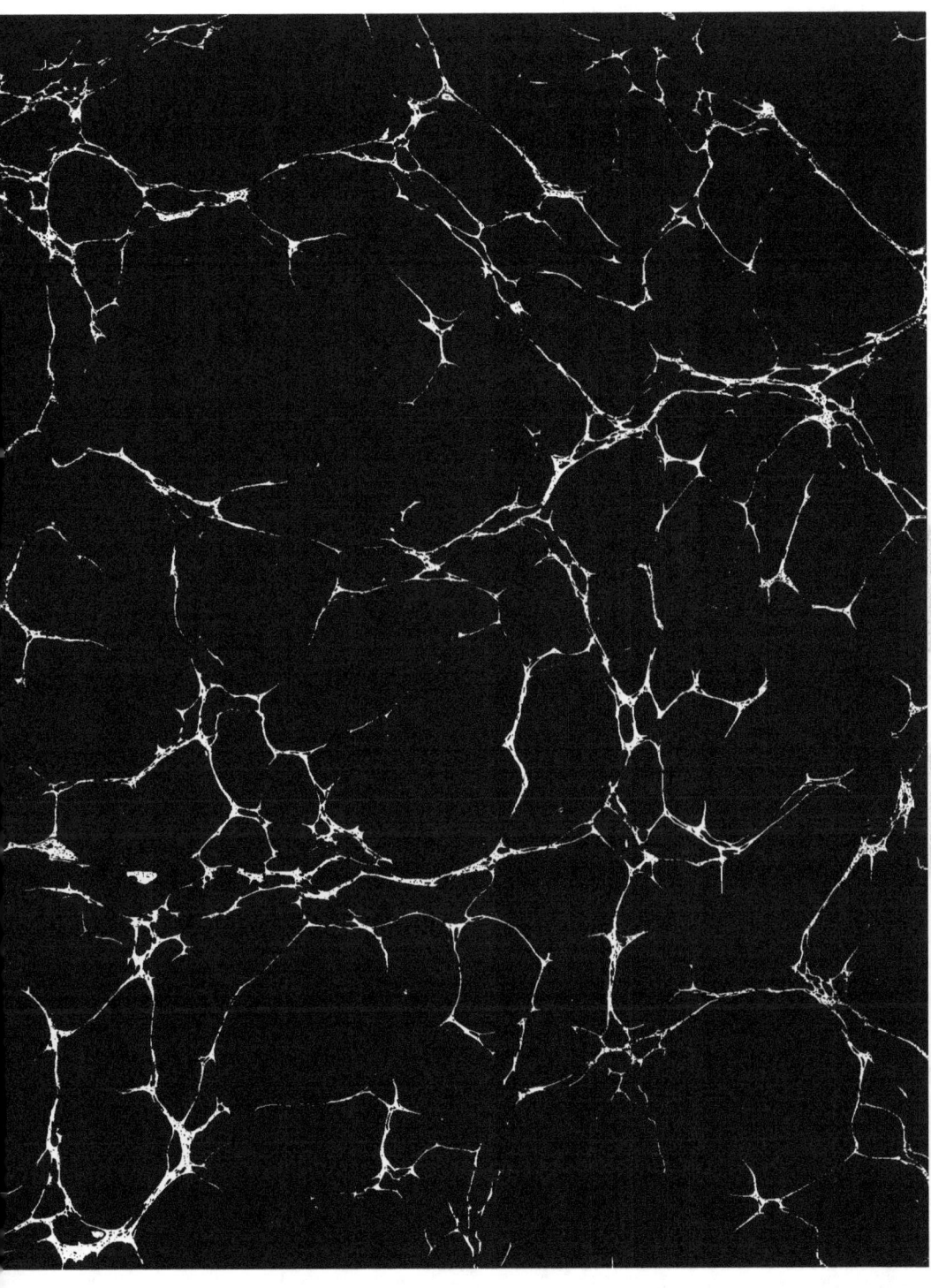

Lb 44/801

CORRESPONDANCE

DE

NAPOLÉON IER

CORRESPONDANCE

DE

NAPOLÉON Ier

PUBLIÉE

PAR ORDRE DE L'EMPEREUR NAPOLÉON III

TOME XXV

PARIS

IMPRIMERIE IMPÉRIALE

—

M DCCC LXVIII

CORRESPONDANCE
DE
NAPOLÉON PREMIER.

ANNÉE 1813.

19627. — A M. MARET, DUC DE BASSANO,
MINISTRE DES RELATIONS EXTÉRIEURES, À PARIS.

Paris, 1er mars 1813.

Monsieur le Duc de Bassano, je désire que vous écriviez à Hesse-Darmstadt pour que le régiment de cavalerie hessoise, et à Bade pour que le régiment badois, se rendent sans délai à Aschaffenburg, où ils seront sous les ordres du général Souham.

NAPOLÉON.

D'après l'original. Archives des affaires étrangères.

19628. — AU GÉNÉRAL CLARKE, DUC DE FELTRE,
MINISTRE DE LA GUERRE, À PARIS.

Paris, 1er mars 1813.

Monsieur le Duc de Feltre, je vous ai fait connaître, par ma lettre du 26 février, les dispositions générales à prendre pour la formation de la cavalerie de la Grande Armée; mais la saison s'avance, et il est indispensable de porter sur nos frontières le plus grand nombre de cavalerie possible.

Je désire donc que les huit régiments de cavalerie légère qui forment la 1re division du 1er corps de cavalerie (division Bruyère) fassent partir le plus tôt possible de leurs dépôts un escadron complété à 250 hommes bien montés, bien équipés et bien habillés; ce qui portera cette division à 2,000 hommes; et, comme il est possible que les dépôts ne puissent pas d'abord faire partir un escadron, vous ordonnerez qu'ils fassent du moins partir une compagnie, bien complétée en officiers et sous-officiers et forte de 125 hommes. On formera de ces huit compagnies un régiment provisoire, qui se réunira à Wesel.

Vous ordonnerez la même chose pour la 3ᵉ division de cavalerie légère; ce qui réunira huit escadrons ou 2,000 hommes, et provisoirement huit compagnies ou 1,000 hommes, qui se formeront de même à Wesel.

La 1ʳᵉ division de cuirassiers, qui est composée de six régiments, recevra de chaque dépôt un escadron de 200 hommes, bien montés, bien habillés et bien équipés; les dépôts feront d'abord partir une compagnie de 100 hommes; ce qui fera 600 chevaux de grosse cavalerie.

Enfin les trois régiments de cuirassiers et les quatre de dragons qui forment la division Doumerc feront partir également un escadron, et, en attendant, une compagnie; ce qui fera d'abord 700 hommes.

Ces quatre régiments de marche feront 3,300 hommes et seront réunis à Wesel. Vous nommerez un général de division ou un général de brigade pour les commander, et vous désignerez quatre colonels ou majors pour le commandement de chacun des régiments.

Les régiments qui ne feront partir qu'une compagnie feront connaître quand la seconde pourra partir pour porter le 1ᵉʳ corps de cavalerie à 6,600 hommes.

Vous donnerez le même ordre pour la 2ᵉ division de cavalerie légère du 2ᵉ corps de cavalerie. Cette 2ᵉ division est forte de six régiments; ce qui fera six escadrons, et en attendant six compagnies ou 750 hommes. Vous donnerez le même ordre pour la 4ᵉ division de cavalerie légère, composée de sept régiments; ce qui fera provisoirement 875 hommes. Enfin vous donnerez le même ordre aux régiments de la division de cuirassiers qui est sous les ordres du général Wattier; ses six régiments fourniront d'abord six compagnies de 100 hommes. Ce qui fera pour le 2ᵉ corps de cavalerie un total de 2,225 chevaux.

Les dépôts feront connaître également quand les secondes compagnies pourront rejoindre et porter le 2ᵉ corps de cavalerie à 4,450 hommes.

Ces régiments de marche seront sous les ordres d'un général de division ou d'un général de brigade, et seront commandés par trois majors ou colonels. On les réunira à Mayence. Chacun de ces régiments de marche prendra le nom de régiment de marche de sa division, et aura, indépendamment de ce, un numéro d'ordre, pour éviter toute méprise.

Vous donnerez ordre que le 3ᵉ corps de cavalerie se forme à Metz. Les huit régiments qui composent la 1ʳᵉ division de cavalerie légère y enverront chacun un escadron, hormis le 13ᵉ de chasseurs qui en enverra deux; et, en attendant, ils enverront chacun une compagnie, hormis le 13ᵉ, qui enverra deux compagnies; ce qui fera 1,125 hommes.

La 2ᵉ division de cavalerie légère du même corps est composée de neuf régiments. Chacun de ces régiments enverra également une compagnie, en attendant qu'il puisse envoyer un escadron; ce qui fera de même 1,125 hommes.

Ainsi de suite pour les autres divisions.

Nommez un général de division et deux généraux de brigade pour commander les régiments de marche de ce 3ᵉ corps.

Faites-moi connaître quand ces corps seront réunis à Wesel, Mayence et Metz, et quand les secondes compagnies partiront pour former l'escadron; enfin quand on pourra faire partir un autre escadron.

Le 3ᵉ corps, composé des escadrons d'Espagne, doit être définitif. Les autres escadrons, au contraire, devront s'incorporer dans leurs régiments respectifs qui sont à la Grande Armée.

NAPOLÉON.

P. S. Donnez ordre au duc de Plaisance de prendre provisoirement le commandement de toute la division de cavalerie composée des détachements des quatre divisions d'Espagne; il suivra tous les détails de leur formation, et, quand cela sera nécessaire, il portera son quartier général à Metz.

D'après la copie. Dépôt de la guerre.

19629. — AU GÉNÉRAL DUROC, DUC DE FRIOUL,
GRAND MARÉCHAL DU PALAIS, À PARIS.

Paris, 1er mars 1813.

Je vois par votre travail sur l'infanterie de la Garde que le complet est de 36,000 hommes; que l'effectif actuel est de 18,600; que le manquant est de 17,400, et que les ressources, comprenant les deux conscriptions et ce qui doit arriver d'Espagne, sont de 24,000 hommes. Il y aura donc 6,000 hommes de plus qu'il ne faudra; ce qui mettra bien tous les cadres au complet.

Je vois également dans ce travail qu'il y a un grand nombre d'officiers surnuméraires, tant dans les grenadiers que dans les chasseurs, savoir : neuf chefs de bataillon, vingt capitaines, vingt lieutenants et quarante sous-lieutenants. Mon intention est d'employer tous ces officiers dans la ligne; faites-moi un projet de décret qui leur donne le grade pour lequel ils sont propres. Ils partiront sur-le-champ en poste pour Magdeburg, où le général Lauriston les placera dans les cohortes qui en ont besoin; ceci est d'une grande importance.

Je n'adhère pas au désir qu'a le général Curial de conserver des officiers surnuméraires. Je ne veux avoir que le nombre d'officiers strictement nécessaire pour les cadres; s'il le faut par la suite, ou je ferai des avancements, ou je ferai venir des officiers d'Espagne; mais c'est aujourd'hui une ressource précieuse que de pouvoir disposer de ces officiers surnuméraires, qui sont la plupart capables d'être faits chefs de bataillon, dont les cohortes manquent entièrement.

Présentez-moi ce travail le plus tôt possible.

D'après la minute. Archives de l'Empire.

19630. — AU COMTE MOLLIEN,
MINISTRE DU TRÉSOR PUBLIC, À PARIS.

Paris, 1er mars 1813.

Monsieur le Comte Mollien, j'ai approuvé le compte que vous avez arrêté avec le maître des requêtes la Bouillerie, d'où il résulte que le sieur la Bouillerie vous donne : 1° 8,200,000 francs qui sont dus à la liste civile; 2° 10 millions qui sont dus à la liste civile pour le reste de l'année; 3° 6 millions pour différents comptes d'intérêt; 4° et enfin 10 millions en argent; ce qui équivaut à une somme de 34,200,000 francs qui serait sortie du trésor; ce qui, avec les 10 millions de plus que vous avez demandés hier, portera le total à 44,200,000 francs.

NAPOLÉON.

D'après l'original comm. par Mme la comtesse Mollien.

19631. — A M. MARET, DUC DE BASSANO,
MINISTRE DES RELATIONS EXTÉRIEURES, À PARIS.

Paris, 2 mars 1813.

Monsieur le Duc de Bassano, je désire que vous écriviez à mes chargés d'affaires près les différents princes de la Confédération pour qu'il ne soit question d'aucun mouvement de troupes françaises dans leurs journaux. La *Gazette de Francfort*, entre autres, rend compte de tous les passages; cela a le plus grand inconvénient.

NAPOLÉON.

D'après l'original. Archives des affaires étrangères.

19632. — AU COMTE DE MONTALIVET,
MINISTRE DE L'INTÉRIEUR, À PARIS.

Paris, 2 mars 1813.

Comme je vais me rendre bientôt à Bremen, à Münster, à Osnabrück et à Hambourg, écrivez dans ces différentes villes pour qu'on y prépare mon logement et une garde d'honneur. Il ne faut cependant pas que mon logement coûte rien au pays.

D'après la minute. Archives de l'Empire.

19633. - AU GÉNÉRAL SAVARY, DUC DE ROVIGO,
MINISTRE DE LA POLICE GÉNÉRALE, À PARIS.

Paris, 2 mars 1813.

Faites mettre dans les petits journaux qu'on assure que l'Empereur va se rendre à Anvers, où il visitera son escadre; qu'il ira ensuite à Amsterdam, qu'il visitera le Helder et l'escadre du Texel; qu'il ira à Groningen, Münster, Osnabrück, Bremen et Hambourg, et que de cette dernière ville il portera son quartier général à Magdeburg.

D'après la minute. Archives de l'Empire.

19634. — AU GÉNÉRAL CLARKE, DUC DE FELTRE,
MINISTRE DE LA GUERRE, À PARIS.

Paris, 2 mars 1813.

Monsieur le Duc de Feltre, donnez ordre au général Lapoype de se rendre à Spandau pour y prendre le commandement de la place. Faites-lui connaître que je compte sur lui pour cette place importante: qu'il la mette en état, l'approvisionne et n'écoute rien; qu'il ait soin de se munir d'un chiffre avec le vice-roi.

Présentez-moi des lettres qui nomment gouverneur de Magdeburg le général de division Haxo. Il sera chargé de la défense de la place et de tout ce qui est relatif au commandement et à l'approvisionnement. Si cette place venait à être cernée, il aurait, indépendamment des officiers du génie et d'artillerie, quatre ou cinq compagnies d'artillerie, une de sapeurs et deux divisions d'infanterie composées des bataillons d'Erfurt. Les deux généraux de division et les quatre généraux de brigade formeraient la garnison de la place; on y mettrait le nombre de chevaux qu'il jugerait utile.

Faites connaître ces dispositions au vice-roi.

Le général Michaud restera jusqu'à nouvel ordre à Magdeburg, pour mettre bien au fait le général Haxo; il y aura le commandement en second, le général Haxo ayant les lettres de gouverneur. Cependant, si la place était investie, le général Michaud n'y resterait point.

Vous ferez connaître au général Haxo que, le cas arrivant, il aura la plus grande latitude. Je pense qu'il est convenable que ce général soit rendu à Magdeburg vers le 10. Vous lui ferez connaître d'ailleurs qu'il sera là à portée de suivre l'armée, où je l'emploierais convenablement à la confiance que j'ai en lui, aussitôt que nous aurions dépassé l'Oder et que Magdeburg ne serait plus menacé.

NAPOLÉON.

D'après la copie. Dépôt de la guerre.

19635. — AU GÉNÉRAL CLARKE, DUC DE FELTRE,
MINISTRE DE LA GUERRE, À PARIS.

Paris, 2 mars 1813.

Nos dépôts s'encombrent d'hommes hors de service. Il serait convenable d'envoyer six inspecteurs faire des tournées, tant pour réformer les hommes hors de service et accorder la retraite à ceux qui doivent la recevoir, et désencombrer ainsi les dépôts, que pour veiller à la formation, conformément à mes ordres, des 4es bataillons des vingt-huit régiments de la Grande Armée; ils activeront cette formation et feront connaître quand les bataillons pourront partir.

Il faut faire partir de même quatre inspecteurs de cavalerie pour veiller à la réorganisation des escadrons qui doivent partir pour la Grande Armée.

D'après la minute. Archives de l'Empire.

19636. — AU COLONEL BERNARD,
AIDE DE CAMP DE L'EMPEREUR, À PARIS.

Paris, 2 mars 1813.

Rendez-vous auprès du prince de Neuchâtel pour prendre des renseignements sur les chiffres qui existaient à la dernière campagne, et savoir si le vice-roi en a un. Comme je crains que l'ennemi n'ait ces chiffres, je désire les changer. Vous me ferez un rapport là-dessus. Je désirerais avoir deux espèces de chiffres, un chiffre de l'état-major de l'armée avec les différents commandants des corps, un chiffre de moi avec les commandants de l'armée pendant le temps que je suis absent.

Vous m'apporterez le chiffre qu'aura le vice-roi, puisqu'on sera obligé de chiffrer beaucoup, à cause des partis de Cosaques.

D'après la minute. Archives de l'Empire.

19637. — INSTRUCTIONS POUR LE CAPITAINE LAPLACE,
OFFICIER D'ORDONNANCE DE L'EMPEREUR, À PARIS.

Paris, 2 mars 1813.

Vous vous rendrez en toute diligence, et en voyageant jour et nuit, à Karlsruhe. Vous irez trouver le grand-duc où il sera, et vous lui remettrez la lettre ci-jointe. Vous y resterez douze heures, et vingt-quatre s'il le faut, afin de m'envoyer l'état des troupes qu'il fera partir pour Würzburg, infanterie, cavalerie et artillerie. Vous l'engagerez à faire partir de bonnes troupes et surtout de la cavalerie. Vous m'écrirez de Karlsruhe.

De là vous vous rendrez à Stuttgart, où vous remettrez la lettre ci-jointe au roi, et d'où vous me ferez passer les mêmes renseignements.

Vous irez ensuite à Munich, où vous porterez au roi la lettre ci-jointe.

De là vous vous rendrez à Kronach, pour vous assurer de la situation de cette place, et, par une estafette extraordinaire, vous m'informerez de l'état des choses.

De là vous vous rendrez à Würzburg : vous verrez la citadelle, et vous m'informerez également de sa situation.

De là vous irez et viendrez à Bamberg, Baireuth et Kronach, pour connaître les progrès que fait la réunion des troupes bavaroises qui doivent se former sur ces trois points.

Les Wurtembergeois, les Hessois et les Badois doivent se réunir à Würzburg. Il est urgent que la place de Kronach et la citadelle de Würzburg soient approvisionnées, armées et mises à l'abri d'un coup de main.

Vous m'écrirez tous les jours et vous attendrez mes ordres dans cette situation.

Lorsque les Bavarois et les Wurtembergeois seront à peu près réunis, vous en informerez le vice-roi, qui est à Berlin, et le général Lauriston, qui est à Magdeburg, par des courriers extraordinaires.

NAPOLÉON.

P. S. Dans les lettres que vous m'écrirez tous les jours, vous aurez soin d'insérer tout ce qui pourra m'intéresser. Soyez parti demain, 3 mars, avant le jour.

<small>D'après l'original comm. par M. le général marquis Laplace.</small>

19639. — AU MARÉCHAL DAVOUT, PRINCE D'ECKMÜHL,
COMMANDANT LE 1ᵉʳ CORPS DE LA GRANDE ARMÉE, À MAGDEBURG.

Paris, 2 mars 1813.

Mon Cousin, j'ai donné ordre au vice-roi de réunir les seize bataillons de votre corps d'armée qui sont formés à Erfurt, à Wittenberg, où je désire que vous vous rendiez. Organisez le plus tôt possible pour ce corps deux batteries d'artillerie.

Je donne ordre que la division du 2ᵉ corps, forte de douze bataillons, qui se forme à Erfurt, se réunisse à Dessau. Si le duc de Bellune était employé ailleurs, vous prendriez aussi le commandement de cette division. Il est nécessaire qu'elle ait également deux batteries d'artillerie. Par ce moyen, les ponts de Dessau et de Wittenberg seraient gardés, ainsi que tout l'espace entre Magdeburg et Torgau. Le roi de Saxe a pourvu à la défense de cette dernière place, sur laquelle cependant vous exercerez votre surveillance.

Votre division doit avoir un bon général de division et trois bons généraux de brigade. Faites tout ce qui sera possible pour la bien organiser. Faites exercer les troupes.

Une seconde division de seize bataillons, composée des 4ᵉˢ bataillons du même corps d'armée, part dans le courant de mars; ce qui complète le 1ᵉʳ corps à deux divisions. Cette division devra aussi avoir deux batteries.

Il part également douze 4ᵉˢ bataillons pour le 2ᵉ corps.

Wittenberg a des portes; ainsi il est à l'abri d'un coup de main, au moins contre des Cosaques et une avant-garde. Je suppose qu'on n'y a rien dérangé depuis la campagne de Prusse.

S'il arrivait que les ennemis obligeassent le vice-roi à repasser l'Elbe et s'avançassent en Allemagne, mon intention est que la division du 1ᵉʳ corps et celle du 2ᵉ et tout ce qui est organisé forment la garnison de

Magdeburg, dont j'ai nommé gouverneur le général de division Haxo. Dans ce cas, vous suivriez le corps de l'Elbe et l'armée du vice-roi, mon intention étant que cette armée se dirige sur Cassel pour défendre le Weser, en prenant sa ligne d'opération sur Wesel. Je désire que vous m'écriviez directement et tous les jours de Wittenberg.

La citadelle de Würzburg et celle de Kronach se mettent en état de défense. 15,000 Bavarois se portent à Bamberg, Baireuth et Kronach ; les Wurtembergeois, les Hessois et les Badois se portent à Würzburg.

Le prince de la Moskova sera le 10 à Francfort, avec le 1er corps d'observation du Rhin, fort de soixante bataillons.

Je n'ai pas besoin de vous dire qu'il faut porter le plus grand soin à discipliner les troupes, à faire faire l'exercice à feu, tirer à la cible, et former des colonnes d'attaque et des bataillons carrés contre la cavalerie.

Le corps d'observation d'Italie, fort de 60,000 hommes et commandé par le général Bertrand, se met en mouvement vers le 10 mars pour se porter sur Ratisbonne.

Le duc de Trévise sera le 12 à Gotha, avec soixante pièces d'artillerie de ma Garde en double approvisionnement, 2,000 chevaux de ma Garde et une division de 10,000 hommes d'infanterie aussi de ma Garde.

La citadelle d'Erfurt a été mise en état de défense ; elle est à l'abri d'un coup de main. Le duc de Padoue s'y trouve et il y a là encore plusieurs bataillons.

NAPOLÉON.

D'après l'original comm. par Mme la maréchale princesse d'Eckmühl.

19639. — AU GÉNÉRAL COMTE DE LAURISTON,
COMMANDANT LE CORPS D'OBSERVATION DE L'ELBE, À MAGDEBURG.

Paris, 2 mars 1813.

Monsieur le Comte Lauriston, la tête de pont de Magdeburg me paraît un peu en pointe. Il serait convenable de construire une ou deux redoutes de campagne entre la tête de pont et la citadelle, de manière à la bien flanquer, et que rien ne puisse s'introduire dans cet intervalle.

A la fin de mars, deux autres divisions viendront renforcer le 1er et le 2e corps. Vous entendez bien qu'il est nécessaire que la division du

1er corps qui s'assemble à Wittenberg, et celle du 2e corps qui s'assemble à Dessau, aient chacune deux batteries à pied ou seize pièces de canon.

NAPOLÉON.

D'après l'original comm. par M. le marquis de Lauriston.

19640. — AU GÉNÉRAL COMTE DE LAURISTON,
COMMANDANT LE CORPS D'OBSERVATION DE L'ELBE, À MAGDEBURG.

Paris, 2 mars 1813.

Monsieur le Comte Lauriston, vous trouverez ci-jointe une lettre pour le prince d'Eckmühl; remettez-la-lui. J'ai nommé le général Haxo gouverneur de Magdeburg; il y sera rendu vers le 10. En cas que l'ennemi poussât sa pointe sur Dresde, je vous ai fait connaître les dispositions faites relativement aux montagnes de Thuringe, pour Baireuth, Kronach et Würzburg. Je vous ai fait connaître que le duc de Trévise sera le 12 à Gotha, avec soixante pièces de canon de ma Garde et 10 à 12,000 hommes, dont 2,000 de cavalerie. Mon intention, je ne puis que vous le répéter, est que les quatre divisions du corps d'observation de l'Elbe restent réunies à une marche de Magdeburg. Vous aurez, sur votre droite, la division du 2e corps à Dessau, le prince d'Eckmühl à Wittenberg, et les Saxons à Torgau; sur votre gauche, les Westphaliens à Havelberg. Ces derniers, s'ils craignent quelque chose, au lieu de se mettre sur la rive droite du fleuve, se placeront sur la gauche, en ayant soin de retirer tous les bateaux.

Si jamais les ennemis poussaient leur pointe sur Dresde, ou que le vice-roi crût devoir abandonner Magdeburg à ses propres forces, mon intention est que vous y laissiez quatre ou cinq compagnies d'artillerie, une de sapeurs, et les deux divisions tout entières du 1er et du 2e corps, qui se réunissent à Dessau et à Wittenberg; ce qui ferait une force de plus de 16,000 hommes. Vous y laisseriez 2 ou 300 chevaux, selon que le général Haxo le jugerait convenable; vous y laisseriez aussi la valeur d'un régiment westphalien. Le reste, et tout votre corps avec celui du vice-roi, et sous les ordres du vice-roi, manœuvrerait pour défendre le

Weser et Cassel. Il est donc nécessaire que vous preniez votre ligne d'opération sur Wesel. A cet effet, vous pouvez prendre votre ligne d'étape sur Cassel, et de Cassel sur Wesel. Le duc de Padoue reste à Erfurt, où se réunit un corps de troupes. Vous connaissez ainsi l'ensemble de mes dispositions.

N'ayant pas de chiffre en ce moment, je n'ose pas écrire ces dispositions au vice-roi, puisque les Cosaques pourraient intercepter ma lettre. Mais, si le cas arrivait que l'ennemi se portât sur Dresde et poussât une pointe sur la Thuringe, vous devez lui faire connaître qu'il ne doit point s'en étonner; qu'il doit tenir longtemps à Torgau et à Magdeburg, puisque sa ligne d'opération ne peut pas être compromise, étant sur Cassel et Wesel.

Écrivez aussi dans ce sens au roi de Westphalie, pour qu'il sache les instructions que j'ai données, et qu'il y ait à Cassel des fours et une réserve en cas d'événement. Si vous avez un chiffre avec le vice-roi, faites-lui connaître cette direction générale des opérations. Bien entendu qu'il doit garder Berlin et l'Elbe aussi longtemps que cela sera possible.

J'ai nommé le général Lapoype pour commander à Spandau.

NAPOLÉON.

D'après l'original comm. par M. le marquis de Lauriston.

19641. — AU GÉNÉRAL COMTE DE LAURISTON,
COMMANDANT LE CORPS D'OBSERVATION DE L'ELBE, À MAGDEBURG.

Paris, 2 mars 1813.

Monsieur le Comte Lauriston, je reçois votre lettre du...février. Le prince d'Eckmühl doit se porter sur Wittenberg avec les vingt-huit bataillons qui doivent se réunir à Erfurt. Il est probable que, si l'ennemi avance, le général Reynier viendra se placer avec tout le contingent saxon à Torgau. Le prince d'Eckmühl doit garder non-seulement le pont de Wittenberg, mais aussi celui de Dessau, si ce dernier a été rétabli. Plusieurs bataillons doivent déjà être arrivés à Wittenberg; rappelez donc votre 134ᵉ régiment et concentrez-vous à Magdeburg. Je pense que, dans les circonstances actuelles, il est inutile que vous envoyiez une division à Brandenburg. Le principal est que vos troupes ne fassent pas de mouvements rétrogrades et soient tranquilles quelque temps pour s'organiser. Vous pouvez placer tout votre corps à une ou deux journées de Magdeburg, afin de l'avoir sous la main, et de pouvoir attendre ainsi votre artillerie et un peu de cavalerie, car sans artillerie et sans cavalerie vous seriez bien faible.

J'ai ordonné que tout le corps de Westphalie vînt se réunir à Havelberg ; il peut, si vous le jugez convenable, rester en grande partie derrière l'Elbe, et garder ainsi tout le bas du fleuve.

Le duc de Trévise sera rendu le 12 à Mayence et le 14 à Gotha, où toute la Garde impériale sera réunie, c'est-à-dire quarante-quatre pièces d'artillerie, avec double approvisionnement, une division de 8,000 hommes d'infanterie et 1,500 chevaux. Mettez-vous en correspondance avec ce maréchal.

Le prince de la Moskova sera rendu le 10 mars à Francfort avec le 1ᵉʳ corps d'observation du Rhin, fort de soixante bataillons.

Les Bavarois se réunissent à Bamberg, Baireuth et Kronach. Les Wurtembergeois, les Hessois et les Badois se réunissent à Würzburg.

Tenez vos troupes réunies et ne les exposez à aucun mouvement rétrograde. Allez vous-même passer la revue des régiments qui forment le corps de cavalerie du général Sebastiani, qui sont sous vos ordres. Faites-moi connaître les colonels morts ou hors de service, proposez-moi des sujets pour les remplacements et prenez toutes les mesures pour activer la remonte de tous ces hommes.

Le duc de Raguse sera le 15 à Mayence avec le 2ᵉ corps d'observation du Rhin, fort, comme le 1ᵉʳ, de soixante bataillons.

Le général Bertrand commence le 10 mars son mouvement pour se porter sur Ratisbonne.

Je ne puis que vous répéter que mon intention est qu'aucune de vos divisions ne passe l'Elbe, si elle n'a ses seize pièces de canon bien équipées, ses caissons d'ambulance, si les officiers manquant dans les corps n'ont été remplacés, si les généraux de brigade, les officiers d'état-major et ceux d'artillerie et du génie ne s'y trouvent au nombre nécessaire, et enfin si vous n'avez votre corps de cavalerie fort au moins de 2,000 chevaux. Jusqu'à ce que vous ayez obtenu ces résultats, il faut que vos divisions restent placées à une ou deux journées de Magdeburg.

NAPOLÉON.

D'après l'original comm. par M. le marquis de Lauriston.

19642. — AU GÉNÉRAL COMTE DE LAURISTON,
COMMANDANT LE CORPS D'OBSERVATION DE L'ELBE, À MAGDEBURG.

Paris, 2 mars 1813.

Monsieur le Comte Lauriston, faites préparer mon quartier général à Magdeburg.

NAPOLÉON.

D'après l'original comm. par M. le marquis de Lauriston.

19643. — AU GÉNÉRAL COMTE BERTRAND,
COMMANDANT LE CORPS D'OBSERVATION D'ITALIE, À TRIESTE.

Paris, 2 mars 1813.

Monsieur le Comte Bertrand, recommandez aux généraux qui commandent vos divisions qu'on fasse faire aux troupes l'exercice à feu deux fois par semaine; que, deux fois par semaine, elles tirent à la cible, et enfin que trois fois elles fassent des manœuvres. On leur fera faire les colonnes d'attaque par bataillon; on les fera charger en colonne d'attaque et en se déployant sous le feu de la première division et faisant feu tout en arrivant sur la ligne de bataille. On formera également la colonne d'attaque, tandis que la division du centre commence le feu de file et se déploie sous le feu de file. Après cela, on fera une charge de cent pas, battant la charge simplement et sans fion ni variantes, et on fera faire feu de file à tous les pelotons, à mesure qu'ils viendront se placer sur la ligne de bataille. Vous ordonnerez aussi qu'on fasse souvent la manœuvre de se mettre promptement en bataillon carré, en ployant derrière les dernières divisions du bataillon, à distance de peloton et faisant feu de file. C'est la manœuvre qu'il est le plus nécessaire que les colonels connaissent bien, car la moindre hésitation peut compromettre la troupe.

Enfin ordonnez que chaque compagnie de voltigeurs soit instruite à former promptement le carré et à faire sur-le-champ feu de file, afin qu'étant en tirailleurs ils puissent promptement se réunir et résister à la cavalerie. Faites donner la poudre nécessaire pour ces exercices, et annoncez que ce sont ces manœuvres plus particulièrement que je ferai faire devant moi.

NAPOLÉON.

D'après l'original comm. par M. le général comte Henry Bertrand.

Même lettre au général Lauriston et au maréchal duc de Valmy.

19644. — A EUGÈNE NAPOLÉON,
VICE-ROI D'ITALIE, COMMANDANT EN CHEF LA GRANDE ARMÉE, A SCHÖNEBERG.

Paris, 2 mars 1813.

Mon Fils, dans la situation actuelle des choses, il serait inconvenant de faire marcher en avant de votre corps d'armée les vingt-huit bataillons d'Erfurt; ces bataillons ont besoin de se former. Il sera plus convenable de réunir les douze bataillons du 2e corps en une division à Dessau, où ils garderont le pont. Envoyez un général de division et deux généraux de brigade. Vous avez dû en garder à cet effet, et ceux qui ont été à Erfurt peuvent servir.

Les seize bataillons du 1er corps formeront une autre division à Wittenberg, où ils garderont le pont et la ville. Vous leur enverrez également un général de division et trois généraux de brigade. On organisera à chacune de ces divisions une batterie de pièces de canon.

Ou le prince d'Echmühl commandera les deux divisions et portera son quartier général à Wittenberg, ou bien le duc de Bellune ira prendre à Dessau le commandement du 2e corps, et, dans ce cas, le prince d'Echmühl ne commandera à Wittenberg que la division du 1er corps.

Vous leur recommanderez bien de faire exercer les bataillons: il faut que les généraux de brigade leur fassent faire l'exercice à feu et tirer à la cible. Ces deux divisions se trouveront ainsi intermédiaires entre Torgau et Magdeburg. Quand elles auront leurs batteries de canon et qu'elles seront un peu formées, nous verrons à les envoyer sur Stettin; mais, telles qu'elles sont aujourd'hui, il serait imprudent de les exposer en route et de les envoyer en avant.

J'ai ordonné que les vingt-huit 4ᶜˢ bataillons des mêmes régiments partissent de France dans le courant de mars. Cela fournira deux autres divisions qui pourront également se réunir sur l'Elbe.

NAPOLÉON.

D'après la copie comm. par S. A. I. Mᵐᵉ la duchesse de Leuchtenberg.

19645. — A EUGÈNE NAPOLÉON,
VICE-ROI D'ITALIE, COMMANDANT EN CHEF LA GRANDE ARMÉE, À SCHÖNEBERG.

Paris, 2 mars 1813.

Mon Fils, j'ai fait connaître au général Lauriston mon intention sur les mouvements à faire en cas que l'ennemi se portât en force sur Dresde, et sur la ligne d'opération à prendre. Je vous l'écrirai demain en détail, parce que j'attends un chiffre pour cela.

Je vois que le général Guilleminot vous a quitté : cela méritait du moins de m'en dire la raison, et ce que fait ce général.

J'ai ordonné, comme je vous l'ai déjà mandé, que le prince d'Eckmühl se portât à Wittenberg. Mettez sous ses ordres les régiments polonais, cavalerie et infanterie, que le général Reynier a amenés; cela augmentera sa division. Donnez des ordres pour que son artillerie soit promptement organisée. Il faut deux batteries à pied pour sa division et deux batteries pour celle qui se réunit à Dessau.

NAPOLÉON.

D'après la copie comm. par S. A. I. Mᵐᵉ la duchesse de Leuchtenberg.

19646. — A EUGÈNE NAPOLÉON,
VICE-ROI D'ITALIE, COMMANDANT EN CHEF LA GRANDE ARMÉE, À SCHÖNEBERG.

Paris, 2 mars 1813.

Mon Fils, je vois avec peine que vous ayez renvoyé le duc de Castiglione. Sa présence à Berlin pouvait être utile; il avait l'habitude de la police de cette ville et était connu de la populace. Je vois également avec peine l'événement arrivé au 4ᵉ de chasseurs italiens. S'il y avait eu là un bon général de cavalerie, ce ne serait pas arrivé; mais vous renvoyez tout le monde et ne gardez personne. Il aurait fallu réunir ce régiment à la Garde et en former un corps de cavalerie qui, partout où il se serait présenté, aurait tout culbuté. Tout cela n'est pas bien. Faites des exemples sévères et maintenez la tranquillité.

Les 300,000 hommes qui composent les quatre corps d'observation sont en mouvement, et la scène changera bientôt.

Je donne ordre au général Lauriston de se concentrer à Magdeburg, au corps de Westphalie de se réunir du côté de Havelberg, et au prince d'Eckmühl de se porter avec les vingt-huit 2es bataillons sur Wittenberg et Dessau.

Les cent pièces de canon du corps d'observation de l'Elbe sont parties. Complétez votre artillerie.

Envoyez-moi tous les cinq jours l'état de situation de votre corps et les lieux où il se trouve; enfin envoyez-moi des relations de tous les événements qui se sont passés depuis que vous commandez. Votre correspondance ne dit rien. Indépendamment des lettres que vous m'écrivez, il faut que l'état-major écrive tous les jours et en détail. Ainsi, qu'est-ce que c'est que l'événement où le prince Giedroyc a été pris? Je ne le sais pas; je ne connais pas nos pertes; je ne connais pas davantage l'événement du 4e de chasseurs. Cette manière de m'instruire est insuffisante et fausse. J'ai besoin surtout de connaître la vérité; c'est ce que vous ne me dites pas assez.

Appelez un bon général de division de cavalerie pour commander votre cavalerie; tenez-la réunie et mettez avec elle un bon corps de voltigeurs et une bonne batterie d'artillerie à cheval.

Ne faites pas avancer sur vous le corps du général Lauriston, qu'il n'ait toute son artillerie et un peu de cavalerie.

NAPOLÉON.

D'après la copie comm. par S. A. I. Mme la duchesse de Leuchtenberg.

19647. — A JÉRÔME NAPOLÉON, ROI DE WESTPHALIE,
À CASSEL.

Paris, 2 mars 1813.

Mon Frère, dans les quinze premiers jours de mars, tout le corps d'observation de l'Elbe doit être réuni à Magdeburg et à une journée aux environs. Je donne l'ordre que le prince d'Eckmühl, avec une division de seize bataillons, se porte à Wittenberg, et qu'une autre division se porte à Dessau. Des mesures sont prises depuis longtemps par les Saxons pour occuper Torgau.

Je vous ai fait mander que je désirais que vous missiez votre corps sur la gauche du général Lauriston, à mi-chemin de Magdeburg et de Hambourg. Les troupes pourront se placer même sur la rive droite du fleuve, pendant le temps qu'il n'y aura point de danger, afin d'inquiéter l'ennemi. On s'assurera de tous les bateaux pour empêcher le passage de l'Elbe.

Toutes les forces de l'ennemi, selon les derniers renseignements, paraissent être du côté de Kalisz. S'il marchait sur Dresde pour tourner ainsi l'Oder et l'Elbe, j'ai ordonné au vice-roi de porter sa ligne d'opération par Magdeburg, Cassel et Wesel. Si le vice-roi était obligé d'abandonner l'Elbe, il défendrait le Weser et Cassel. Je pense donc qu'il est convenable que, sans faire semblant de rien, vous ayez à Cassel une ressource de 4 à 500,000 rations de biscuit et une manutention de vingt-quatre fours, que vous pouvez faire construire en annonçant l'arrivée d'une armée; ce qui sera toujours d'un bon effet.

Envoyez-moi ici, près du grand maréchal du palais, un officier des ponts et chaussées ou un individu de ce pays qui connaisse bien les chemins de Cassel à Cologne, de Cassel à Francfort et de Cassel à Wesel, et qui puisse donner de bons renseignements sur les routes et les localités.

Le vice-roi m'a mandé, sous la date du 24, qu'il restait à Berlin. Le général Reynier est entre Glogau et Dresde avec les Saxons et la division Durutte. La Bavière a organisé 15,000 hommes, dont 2,000 de cavalerie et trente pièces de canon; ce corps se réunit à Baireuth, Kronach et Bamberg. Les Wurtembergeois se réunissent à Würzburg, ainsi que les Hessois et les Badois.

Le 1er corps d'observation du Rhin est tout entier réuni à Francfort; le prince de la Moskova, qui le commande, y sera rendu de sa personne le 10. Le duc de Raguse, qui commande le 2e corps d'observation du Rhin, sera rendu le 15 à Francfort. Le duc de Trévise sera rendu à Gotha le 12; il aura soixante pièces de ma Garde avec double approvisionnement, 3,000 hommes de cavalerie de ma Garde et 10,000 hommes d'infanterie aussi de ma Garde. Le général Bertrand, avec 60,000 hommes du corps d'observation d'Italie, commencera le 10 à déboucher par le Tyrol pour venir se placer à Ratisbonne.

Je pense qu'il serait convenable que vous eussiez près du vice-roi un de vos aides de camp, connaissant les localités, pour l'aider et pour vous assurer de ce qui se passe. Il faudrait que cet aide de camp eût un chiffre avec vous, et qu'il s'en servît constamment en vous écrivant, car il faut bien vous attendre que les Cosaques intercepteront des courriers. Ayez aussi un chiffre avec le général Lauriston.

J'envoie pour gouverneur de Magdeburg le général de division Haxo. Si le vice-roi était obligé d'abandonner l'Elbe (ce qu'il ne fera qu'à bonne enseigne, vu surtout la ligne d'opération que je lui prescris sur Cassel et Wesel), la garnison de Magdeburg serait composée de 1,500 ou 2,000 hommes de troupes westphaliennes et de deux divisions complètes du 1er et du 2e corps, qui se réunissent à Dessau et Wittenberg.

Aussitôt que l'empereur Alexandre ou le général Koutouzof seraient entrés soit à Berlin, soit à Dresde, vous feriez partir la Reine par Wesel et l'enverriez à Paris, mais pas avant.

Faites-moi connaître la nature des routes du Weser à Cologne. Des pièces d'artillerie peuvent-elles y passer?

Vous voyez que, par ces dispositions, l'armée des Russes à Dresde ne dérangerait ni ne compromettrait rien, puisque la division qui est dans la citadelle à Erfurt est approvisionnée et à l'abri d'un coup de main. Les choses ainsi disposées, lorsque je croirai le moment arrivé, je me rendrai à Mayence, et, si les Russes s'avancent, je prendrai des dispositions convenables; mais nous avons grand besoin de gagner jusqu'en mai.

Je suppose que j'ai dans mon cabinet toutes les cartes de votre pays; si vous aviez des cartes que je n'eusse pas, adressez-les-moi par l'officier que vous m'enverrez.

NAPOLÉON.

D'après la copie comm. par S. A. I. le prince Jérôme.

19648. — A JÉRÔME NAPOLÉON, ROI DE WESTPHALIE,
À CASSEL.

Paris, 2 mars 1813.

Mon Frère, je vous ai fait connaître mes intentions dans ma lettre d'aujourd'hui. Vous aurez vu que mon intention est que vous réunissiez vos troupes sur la gauche du général Lauriston, à mi-chemin entre Hambourg et Magdeburg, au coude de la rivière, et que vos troupes exercent tout le long de l'Elbe, afin de retirer tous les bateaux de ce côté. Je pense qu'aussitôt que vous aurez là 6,000 hommes et seize pièces de canon vous pourrez faire établir une redoute sur la rive droite, pour protéger le passage de la rivière soit sur un pont que vous établirez, soit du moins au moyen d'un va-et-vient qui pourra porter 500 hommes et 50 chevaux à la fois. Cette position de vos troupes est fort nécessaire, et l'établissement d'un pont ou d'un va-et-vient, ainsi que celui d'une forte redoute faisant tête de pont sur la rive droite, me paraît très-convenable. Occupez-vous de cela sans délai.

NAPOLÉON.

D'après la copie comm. par S. A. I. le prince Jérôme.

19649. — A FRÉDÉRIC-AUGUSTE, ROI DE SAXE,
À PLAUEN.

Paris, 2 mars 1813.

Monsieur mon Frère, j'ai reçu les lettres de Votre Majesté du 5, du 12 et du 18 février.

Le vice-roi se trouve à Berlin. Le général Lauriston, avec le corps d'observation de l'Elbe, sera, dans ces quinze jours, tout réuni à Magdeburg. J'ai ordonné que le prince d'Eckmühl se portât avec deux divisions à Wittenberg; il en placera une à Dessau. Je suppose que Votre Majesté a bien fait approvisionner Torgau. S'il arrivait que la force de l'armée russe se portât sur Dresde, le général Reynier devrait se porter sur Torgau, à moins qu'il n'eût reçu d'autres ordres du vice-roi.

Le roi de Bavière va réunir 15,000 hommes à Baireuth, Bamberg et Kronach. J'ai ordonné que cette dernière place fût mise en état. Les Wurtembergeois, les Badois et les Hessois se réunissent à Würzburg. Le prince de la Moskova sera rendu le 10 à Francfort, où les quatre divisions du 1er corps d'observation du Rhin sont déjà réunies. Le général Bertrand, avec quatre divisions, faisant près de 60,000 hommes, commence le 10 mars à déboucher de Vérone pour arriver à Ratisbonne. Le duc de Raguse, qui commande le 2e corps d'observation du Rhin, aura son quartier général à Mayence le 15 mars. Le duc de Trévise, avec soixante pièces de canon de ma Garde, 10,000 hommes d'infanterie et 3,000 de cavalerie, sera, du 12 au 14 mars, à Gotha. S'il arrivait que les Russes vinssent en force à Dresde, et que le vice-roi jugeât convenable d'abandonner Berlin et de se porter sur Magdeburg, sa ligne d'opération serait sur Cassel et Wesel.

Mon ministre m'a fait connaître que Votre Majesté voulait se rendre à Baireuth. Je n'ai pas besoin de lui dire que tout en France est à sa disposition. J'ai une maison à Mayence; j'ai aussi une maison à Strasbourg, où la famille de Votre Majesté serait parfaitement.

J'ai chargé le prince d'Eckmühl de jeter un coup d'œil sur Torgau, et de prendre le commandement de cette partie du cours de la rivière.

Je désire que Votre Majesté garde pour elle seule ce qui concerne la ligne d'opération qu'on devrait prendre si on était obligé de quitter l'Elbe. Dans la situation actuelle des choses, plus les Russes s'avanceront, laissant tant de places derrière eux, mieux cela vaudra.

Je suppose que Votre Majesté a pris toutes les mesures pour qu'il y ait pour cinq ou six mois de vivres à Torgau.

Je désirerais avoir auprès de moi un officier saxon qui connût parfaitement toutes les routes et les ressources des localités. Votre Majesté pourra l'envoyer à Paris auprès du duc de Frioul. Il serait bon qu'il fût porteur des cartes et renseignements sur les pays de la Saxe, que je n'ai pas.

J'ai reçu jusqu'ici de bonnes nouvelles de Danzig. Le général Rapp, dans une sortie, a pris six pièces de canon, fait 1,100 prisonniers et chassé l'ennemi à sept lieues de la place.

J'ai autorisé le baron Serra à disposer de plusieurs sommes d'argent pour équiper et monter les régiments polonais que le général Reynier a amenés avec lui.

<small>D'après la minute. Archives de l'Empire.</small>

19650. — A FRÉDÉRIC, ROI DE WURTEMBERG,
à stuttgart.

Paris, 2 mars 1813.

Monsieur mon Frère, mon ministre aura fait connaître à Votre Majesté mon désir que son armée fût réunie à Würzburg, infanterie, cavalerie et artillerie.

Je fais la même demande à Bade et à Hesse-Darmstadt.

Le roi de Bavière réunit également son corps à Baireuth, Kronach et Bamberg.

Je prie Votre Majesté de me faire connaître directement le nombre de troupes d'infanterie, cavalerie et artillerie qui seront réunies à Würzburg, et quel jour.

J'ai donné des ordres pour qu'on laissât avancer les Russes, et toutes mes mesures sont prises pour entrer bientôt en campagne. Mais pourtant il est nécessaire de garder les montagnes de Thuringe, afin que le cœur de la Confédération du Rhin ne puisse pas être insulté par des patrouilles de Cosaques.

Il serait bien important que Votre Majesté pût réunir quelques milliers de chevaux à Würzburg.

NAPOLÉON.

<small>D'après la copie commn. par le gouvernement de S. M. le roi de Wurtemberg.</small>

19651. — A MAXIMILIEN-JOSEPH, ROI DE BAVIÈRE,
À MUNICH.

Paris, 2 mars 1813.

Monsieur mon Frère, mon ministre a dû vous faire connaître que mon désir était que vos treize bataillons se réunissent sans délai à Bamberg, Baireuth et Kronach, avec autant de cavalerie et d'artillerie qu'il vous sera possible. Je vous écris moi-même cette lettre pour vous faire connaître l'importance de cette mesure.

Si le général de Wrede est à Munich, il pourra lui-même prendre le commandement de ces troupes. Il serait bien intéressant que vous pussiez y joindre environ 2,000 chevaux.

Veuillez bien donner l'ordre que le fort de Kronach soit mis en état de défense, armé et approvisionné et mis à l'abri d'un coup de main. Je ne suis pas sûr que la citadelle qui existait du côté de Hof n'ait pas été démantelée; si elle existe, je vous prie de la faire mettre en état de défense.

Un corps de 60,000 hommes, commandé par le général Bertrand, va passer d'Italie sur Augsburg.

Je ne puis que recommander à Votre Majesté de faire tous ses efforts pour compléter son contingent et surtout sa cavalerie et son artillerie.

Toutes les mesures que j'ai prises sont telles que déjà j'ai ordonné qu'on laissât avancer les Russes : plus ils avanceront, plus leur perte est certaine.

Je prie Votre Majesté de me faire connaître le jour où ses troupes seront réunies à Bamberg, Baireuth et Kronach, la situation de son corps en infanterie, cavalerie et artillerie, les noms des différents généraux de division et de brigade qui les commandent, et enfin tout ce que Votre Majesté pourra faire.

D'après la minute. Archives de l'Empire.

19652. — A FERDINAND-JOSEPH, GRAND-DUC DE WÜRZBURG,
À WÜRZBURG.

Paris, 2 mars 1813.

Mon Frère, l'armée de Würtemberg, de Hesse-Darmstadt et de Bade va se réunir à Würzburg; celle de Bavière se réunit à Bamberg, Baireuth et Kronach. Je prie Votre Altesse Impériale d'ordonner sans délai l'armement de la citadelle de Würzburg, de mettre en état son artillerie et de la faire approvisionner pour deux mois, afin qu'à tout événement cette place soit à l'abri de toute surprise.

Toutes mes mesures sont prises pour entrer en campagne dans peu de temps; mais, des patrouilles de Cosaques pouvant se porter dans toutes les directions, je crois nécessaire de garder les montagnes de Thuringe, afin de garantir les états de Votre Altesse.

Je prie Votre Altesse de me faire connaître la situation de la citadelle de Würzburg, l'état de son armement et de son approvisionnement, et tout ce que Votre Altesse pourra faire dans cette circonstance.

D'après la minute. Archives de l'Empire.

19653. — INSTRUCTIONS POUR LE CAPITAINE DE LAURISTON,
OFFICIER D'ORDONNANCE DE L'EMPEREUR, À PARIS.

Paris, 3 mars 1813.

Vous partirez demain à la pointe du jour. Vous vous rendrez à Metz, où vous vous arrêterez douze heures. Vous y prendrez connaissance de tous les régiments de cavalerie qui sont dans la 3ᵉ division militaire, et, en partant de cette place, vous m'adresserez un rapport qui me fasse connaître combien ces régiments ont reçu de chevaux des marchés et des dons volontaires; combien ils ont reçu d'hommes, soit de la conscription des quatre années, soit des compagnies de réserve, soit des cohortes; quelle est la situation des cadres; quand ils pourront faire partir une compagnie de 100 chevaux pour les régiments de cuirassiers, et de 125 chevaux pour les régiments de cavalerie légère; enfin à quelle époque ils pourront mettre 250 chevaux en marche.

Vous verrez également les bataillons des équipages militaires qu'on organise à Metz ; vous saurez et vous me ferez connaître combien ils ont reçu d'hommes, de chevaux, d'effets d'habillement; si la 1re compagnie est partie de Commercy, et à quelle époque partiront les 2e, 3e et 4e.

Après avoir exécuté ces ordres à Metz, vous vous rendrez à Würzburg, pour y porter la lettre ci-jointe au grand-duc. Vous inviterez les ministres à s'occuper, sans perdre un moment, de l'armement et de l'approvisionnement de la citadelle. Vous prendrez connaissance et vous me rendrez compte de sa situation. A Würzburg, vous vous informerez où est le roi de Saxe, en supposant qu'il ait quitté Dresde, et vous vous mettrez en route pour aller à sa rencontre.

En passant à Kronach, vous visiterez cette place et me rendrez compte de sa situation, de son armement et de son approvisionnement.

Vous porterez au roi de Saxe la lettre ci-jointe.

A Würzburg, à Kronach et à la cour du roi de Saxe, vous annoncerez que quatre armées, formant 300,000 hommes, sont en marche : l'une, commandée par le général Bertrand, débouche par Ratisbonne; la seconde, aux ordres du comte Lauriston, est déjà à Magdeburg; la troisième, que commande le prince de la Moskova, est à Francfort; la quatrième, commandée par le maréchal duc de Raguse, se réunit à Mayence.

Si le roi de Saxe a quitté Dresde et qu'on puisse y aller sans danger, vous vous y rendrez. Vous verrez le corps du général Reynier. Il a amené avec lui deux régiments d'infanterie polonais et plusieurs régiments de cavalerie qui doivent être du côté de Meissen. Vous irez aussi les voir pour prendre connaissance de leur situation, dont vous me ferez un rapport. J'ai donné ordre au baron de Serra, mon ministre près le roi de Saxe, de leur faire fournir des fonds pour les mettre en état de se monter et de s'équiper. Vous commanderez à ces régiments de ne pas perdre un instant pour se réorganiser complétement.

Faites connaître partout qu'avant peu nous rejetterons les Russes au delà du Niemen.

Vous m'écrirez de Würzburg, de Kronach, de l'endroit où vous aurez rencontré le roi de Saxe et du quartier général du général Reynier.

En revenant, vous passerez par Würzburg pour vous assurer si on a complété l'armement et l'approvisionnement de la citadelle. Partout où vous rencontrerez des troupes, vous vous arrêterez pour prendre connaissance de leur situation sous tous les rapports et du nom de leur commandant, et vous serez exact à m'en rendre compte.

<small>D'après la minute. Archives de l'Empire.</small>

19654. — AU GÉNÉRAL CLARKE, DUC DE FELTRE,
MINISTRE DE LA GUERRE, À PARIS.

<small>Paris, 4 mars 1813.</small>

En jetant un coup d'œil sur les tentatives que l'ennemi pourrait faire contre nous, Brest, Cherbourg, Belle-Île, l'île d'Aix, Oleron, Toulon et les îles d'Hyères se présentent en première ligne. Faites-moi connaître si ces places sont armées, les approvisionnements qui y existent, et quelle est leur situation sous le rapport de l'artillerie et des ouvrages de fortification. Faites-moi connaître l'état et l'armement de Nieuport, d'Ostende, de Dunkerque et de Calais; enfin faites-moi connaître quand le Havre sera armé et quand il y aura des pièces en batterie.

<small>D'après la minute. Archives de l'Empire.</small>

19655. — AU GÉNÉRAL CLARKE, DUC DE FELTRE,
MINISTRE DE LA GUERRE, À PARIS.

<small>Paris, 4 mars 1813.</small>

Vous recevrez un décret que j'ai pris pour ordonner que les forts de Kehl et de Kastel, Wesel, Coeverden et Delfzyl soient mis en état. J'ai besoin d'un rapport qui me fasse connaître les garnisons nécessaires à Coeverden et Delfzyl. Il faut que ces places soient armées, palissadées, que l'artillerie soit sur les remparts, et qu'elles aient des commandants, des officiers du génie et de l'artillerie et des gardes-magasins. Donnez l'ordre que le service s'y fasse avec la plus grande régularité. Vous mettrez Kehl, Kastel et Wesel en état de siége, mais en ayant soin, pour ne pas faire d'esclandre, de ne rien imprimer et de ne point faire de proclamation.

Faites-moi un rapport sur la Hollande. Je pense que je n'ai rien à ordonner pour le fort Lasalle, Flessingue, Willemstad, Hellevoetsluis et Brielle. Faites-moi connaître si ces places sont armées, et proposez-moi les mesures à prendre pour les places de l'Yssel. Il faut les armer ou les désarmer entièrement; faites-moi connaître votre opinion là-dessus. Il importe que ces places ne puissent servir à l'ennemi, soit qu'il vienne par terre, soit qu'il ait fait un débarquement, soit que ce soient des insurgés. Il faut donc promptement prendre un parti à l'égard de ces places. Faites-moi connaître leur situation sous le rapport de l'artillerie, des approvisionnements et des ouvrages. Également pour Grave, Breda et Bois-le-Duc. Proposez-moi de mettre en état de siége Naarden et Gorcum. Il faudra que ces places soient approvisionnées. Si j'avais oublié quelque point en Hollande, vous me le remettriez sous les yeux. Enfin il faut que, dans le cas où l'ennemi viendrait à s'emparer de la Hollande, il n'y trouve ni canons ni fusils; il faut que toutes les armes soient renfermées dans Naarden, Gorcum, Flessingue et Anvers.

Faites-moi connaître le nombre de chaloupes canonnières nécessaire pour la défense d'Amsterdam et qu'il faudrait sur le lac de Haarlem. Le corps de garde défensif que j'avais ordonné au bord de ce lac est-il établi? Vous me parlerez des places qui servent à l'inondation d'Amsterdam, afin de prononcer si on doit les armer ou les désarmer. La même chose s'applique à Groningue : j'avais ordonné que tout fût transporté à Delfzyl; est-ce fait?

D'après la minute. Archives de l'Empire.

19656. — AU GÉNÉRAL LACUÉE, COMTE DE CESSAC,
MINISTRE DIRECTEUR DE L'ADMINISTRATION DE LA GUERRE, À PARIS.

Paris, 4 mars 1813.

Monsieur le Comte de Cessac, on attend depuis quinze jours à Turin votre réponse sur la couleur des pelisses, dolmans et pantalons, etc. pour le 14ᵉ régiment de hussards. Le 28 février on ne l'y avait pas encore.

NAPOLÉON.

D'après l'original. Dépôt de la guerre.

19657. — AU COMTE DARU,
MINISTRE SECRÉTAIRE D'ÉTAT, À PARIS.

Paris, 4 mars 1813.

Je désire que vous vous rendiez chez le comte de Sussy pour me faire un rapport sur ce que coûtent 140 douaniers, comparés avec une compagnie d'infanterie de 140 hommes, afin que j'aie une idée exacte de la proportion. Vous verrez avec lui si je ne pourrais pas envoyer jusqu'à 2,000 douaniers en Hollande et du côté de Hambourg, afin de bien garder la côte et de nous mettre à l'abri de la contrebande, en les remplaçant sur les côtes de Bretagne, Normandie et Picardie par des gens du pays, dont on assure qu'on aurait autant qu'on voudrait; mais auparavant il faudrait savoir ce que cela coûte. Ayant un aussi grand nombre de douaniers réunis, il faudrait que le comte de Sussy me proposât quelque mesure pour leur donner des chefs, de manière à les organiser pour servir de renfort à la force publique, en même temps que pour surveiller les côtes.

D'après la minute. Archives de l'Empire.

19658. — AU GÉNÉRAL DUROC, DUC DE FRIOUL,
GRAND MARÉCHAL DU PALAIS, À PARIS.

Paris, 4 mars 1813.

Je vous prie de me faire connaître si mes palais de Strasbourg et de Mayence sont en bon état. Ces deux maisons peuvent m'être utiles, soit pour moi, soit pour quelques familles de princes de la Confédération qui s'y réfugieraient.

D'après la minute. Archives de l'Empire.

19659. — AU MARÉCHAL KELLERMANN, DUC DE VALMY,
COMMANDANT SUPÉRIEUR DES 5ᵉ, 25ᵉ ET 26ᵉ DIVISIONS MILITAIRES, À MAYENCE.

Paris, 4 mars 1813.

Mon Cousin, faites passer tous les convois d'artillerie qui vont à Magdeburg par la route de Cassel. Ayez soin de prévenir de leur route mon ministre à Cassel et le général Lauriston. Il serait convenable que ces convois fussent le plus possible escortés par les détachements qui vont rejoindre le corps de l'Elbe. Instruisez exactement le général Lauriston du départ de tous ces convois.

Réunissez la division Souham à Aschaffenburg ; réunissez la 2ᵉ division du 1ᵉʳ corps à Hanau, et la 3ᵉ et la 4ᵉ à Francfort. Ordonnez au général Souham de passer la revue de toute sa division et de nous proposer des sujets pour tous les emplois vacants. Faites-moi connaître quand les bataillons de cette division seront entièrement organisés, c'est-à-dire au complet de 800 hommes; quand ils auront leurs généraux de brigade, leurs colonels, colonels en second ou majors en second pour les commander; enfin quand on aura nommé à toutes les places vacantes et quand tous les chefs de bataillon seront présents; quand son artillerie, son commandant d'artillerie, son officier du génie, sa compagnie de sapeurs, ses six caissons d'ambulance, avec ce qui est nécessaire pour le pansement de 10,000 blessés, seront arrivés; quand chaque régiment provisoire aura au moins trois sapeurs. Assurez-vous bien que chaque homme a sa paire de souliers aux pieds et ses deux paires dans le sac; que sa solde est au courant, et, si elle ne l'était pas, vous feriez payer l'arriéré. Assurez-vous que chaque soldat a 40 cartouches dans le sac et que la division a ses caissons de cartouches avec son artillerie. Ce n'est que lorsque je serai instruit de la situation de cette division sous tous ces points de vue que je la ferai marcher en avant. En attendant, qu'elle prenne position à Aschaffenburg; que le général Souham y tienne ses troupes réunies et serrées; qu'il fasse tout préparer pour construire un pont sur le Main, afin de pouvoir prendre sa direction sur Würzburg, si je lui en donnais l'ordre. Vous placerez à Aschaffenburg avec cette division le 10ᵉ de hussards. Recommandez au général Souham de faire reposer ce régiment, qui va recevoir de Metz des détachements qui le porteront à 1,500 hommes. Le 22ᵉ de ligne est le seul corps entier qui soit à la division du général Souham. Faites-moi connaître s'il a son colonel et s'il a sa musique; il serait bien important que cette division eût au moins une musique.

Une compagnie d'équipages militaires, destinée au 1ᵉʳ corps d'observation du Rhin, doit être arrivée à Mayence, ayant 30 caissons d'ambulance; vous en donnerez 6 à chaque division, et les 6 de surplus seront pour l'état-major général du corps d'observation.

Quant au 2º corps d'observation du Rhin, vous pouvez réunir la division Compans dans le pays de Nassau; mais il ne faut pas l'éloigner de plus d'une marche de la route de Francfort. Alors la division Bonet pourrait être formée à Mayence ou dans les environs. A mesure que les détachements de la division Souham vous arriveront, vous les enverrez à Aschaffenburg.

Recommandez au général Souham de ne pas disséminer ses troupes et de les placer au moins par bataillon dans le même village.

Faites-moi connaître aussi la situation des 2º, 3º et 4º divisions du 1ᵉʳ corps. Les généraux de division y sont-ils? Les généraux de brigade, les adjudants commandants, les adjoints et les commandants des différentes armes sont-ils présents?

Prescrivez aux régiments composés de cohortes de former leur musique.

Écrivez au comte Hédouville à Francfort pour qu'il se rende auprès du prince Primat et fasse approvisionner les étapes.

NAPOLÉON.

D'après l'original comm. par M. le duc de Valmy.

19660. — AU GÉNÉRAL COMTE DE LAURISTON,
COMMANDANT LE CORPS D'OBSERVATION DE L'ELBE, À MAGDEBURG.

Paris, 4 mars 1813.

Monsieur le Comte Lauriston, le général Belliard écrit qu'il a visité la cavalerie qui est aux environs de Brunswick, qu'on n'a rien payé aux corps, ni la solde, ni ce qui est dû sur les différentes masses, de sorte qu'on manque de tout. Donnez des ordres pour que la solde et les portions de masses soient payées, et prenez toutes les mesures nécessaires pour activer la réorganisation de cette cavalerie. N'ayant que 600 chevaux disponibles, à ce que mande le général Belliard, je pense qu'il faut les retenir avec tout le 1ᵉʳ corps. Tout autre parti n'aboutirait à rien qu'à compromettre cette troupe. Retenez tout cela près de Magdeburg, où ce sera utile pour protéger l'Elbe. Il ne faut rien envoyer au delà de l'Elbe jusqu'à ce que le 1er corps soit à 4,000 chevaux.

NAPOLÉON.

D'après l'original comm. par M. le marquis de Lauriston.

19661. — A EUGÈNE NAPOLÉON,
VICE-ROI D'ITALIE, COMMANDANT EN CHEF LA GRANDE ARMÉE, À SAARMUND.

Paris, 4 mars 1813.

Mon Fils, on m'assure que Pillau a capitulé, sans que la tranchée ait été ouverte et qu'il y ait eu brèche au corps de la place. Aussitôt que le général qui commandait à Pillau sera à votre hauteur, faites-le arrêter, ainsi que le commandant du génie, à moins que ce dernier n'ait protesté, et faites-les conduire sous bonne escorte dans la citadelle de Wesel. On dit qu'un officier russe les accompagne; aussitôt que cet officier sera arrivé aux avant-postes, renvoyez-le.

NAPOLÉON.

D'après la copie comm. par S. A. I. Mme la duchesse de Leuchtenberg.

19662. — AU GÉNÉRAL DUROC, DUC DE FRIOUL,
GRAND MARÉCHAL DU PALAIS, À PARIS.

Paris, 5 mars 1813.

La cavalerie de la Garde doit arriver le 12 à Mayence. Je trouve de l'inconvénient à ce qu'elle traverse de Mayence à Fulde avec des chevaux de main; je pense qu'il est plus convenable aux circonstances de réunir toute la Garde à Francfort-sur-le-Main. Donnez, en conséquence, sur-le-champ l'ordre par un officier, que vous enverrez en toute diligence et qui partira avant midi, à tous les dépôts de la Garde, cavalerie, artillerie et infanterie, qui sont à Fulde ou à Gotha, de se diriger sur Francfort. L'officier reviendra sur-le-champ vous rendre compte de la situation de tous ces dépôts et du jour où ils arriveront à Francfort. Il en rendra compte en passant au duc de Valmy, et au duc de Trévise, s'il le rencontre. Cet officier peut arriver le 8, et ces dépôts pourront être le 14 à Francfort, en même temps que la division partie de Paris; de sorte que le 15 mars le duc de Trévise aura son quartier général à Francfort, où seront réunis l'artillerie, la cavalerie, l'infanterie et les équipages de la Garde en bon état. Vous motiverez votre ordre sur l'inconvénient d'envoyer des chevaux de main à travers l'Allemagne. Vous en instruirez le ministre de la guerre et le duc de Valmy.

Les cadres des 1ers régiments de tirailleurs et de voltigeurs se rendront aussi à Francfort, où ils recevront plus tôt leurs conscrits. En général, Francfort sera le point de réunion de toutes les armes de la Garde.

Rendez-moi compte du jour où est parti l'habillement pour les différents régiments et dépôts de la Garde, et quand ils l'ont reçu ou le recevront. Rendez-moi compte également s'il a été envoyé de l'argent pour la solde et si tout ce qui était au dépôt à Fulde a été mis au courant.

D'après la minute. Archives de l'Empire.

19663. — AU COLONEL BERNARD,
AIDE DE CAMP DE L'EMPEREUR, À PARIS.

Paris, 5 mars 1813.

Lors de la guerre de Hanovre, beaucoup de documents sur le Hanovre ont été envoyés à Paris. Depuis, lors de l'expédition du maréchal Mortier, il a été également envoyé à Paris une grande quantité de cartes, plans et renseignements. Vous causerez de cela avec le baron d'Albe, directeur de mon cabinet topographique. Ensuite vous vous rendrez au Dépôt de la guerre, pour y réunir les meilleurs renseignements sur le théâtre de guerre entre l'Elbe et le Rhin. Vous ferez un travail sur la route de Magdeburg à Cassel, sur celle de Cassel à Wesel, sur celle de Cassel à Francfort, sur celle de Magdeburg à Hanovre et sur celle de Hanovre à Münster et Wesel. Vous noterez toutes les montagnes et toutes les rivières qui sont à passer, et les villes qui ont des chemises et qu'on pourrait facilement mettre à l'abri d'un coup de main, afin de déterminer sur-le-champ les ouvrages à construire. Il faudra d'abord examiner quelle position il conviendrait que l'armée prît, après avoir quitté Magdeburg, dans les montagnes du Harz, pour couvrir Hanovre et Cassel; ces montagnes doivent offrir des défilés. Il faut ensuite examiner le Weser, et enfin la ligne de l'Ems. Vous traiterez ces trois lignes de défense différentes, et vous verrez s'il y en aurait d'autres.

D'après la minute. Archives de l'Empire.

19664. — A EUGÈNE NAPOLÉON,
VICE-ROI D'ITALIE, COMMANDANT EN CHEF LA GRANDE ARMÉE, À TREUENBRIETZEN.

Paris, 5 mars 1813.

Mon Fils, je ne connais pas assez la situation de l'armée pour pouvoir la diriger. Je n'ai ni son état de situation ni aucun rapport détaillé de chaque affaire. Il faut que tous les jours l'état-major adresse au grand maréchal des récapitulations de deux ou trois pages sur chaque événement, et que tous les cinq jours on envoie des états de situation. On doit faire connaître chaque corps. Je suis dans une ignorance telle, que je ne sais pas quelle est la composition des garnisons de Stettin, Küstrin et Glogau. Je ne sais pas ce qu'est devenu le corps qui était dans la Poméranie suédoise, quelle est la garnison de Spandau, et enfin la formation de vos divisions; et j'ignore où sont les Polonais, les Lithuaniens, les Polonais de ma Garde. J'ignore quelle est l'artillerie que vous avez et les approvisionnements. Combien d'hommes a-t-on perdus du côté de Posen? Combien d'infanterie a-t-on laissée dans la retraite? Combien d'hommes a-t-on perdus à l'affaire du 4ᵉ de chasseurs italiens? Il faut que j'aie une connaissance détaillée et journalière de toutes les affaires, sans quoi il est impossible de prendre aucun parti et de donner la direction. Je ne sais vraiment pas pourquoi vous ne me rendez pas de comptes très-détaillés. J'ignore pourquoi le général Guilleminot vous a quitté. Quel est le chef d'état-major? Qui commande votre cavalerie? En général, vous ne gardez personne. Vous avez très-mal fait de renvoyer le duc de Castiglione; il fallait au moins attendre mon ordre. Vous avez aussi mal fait de renvoyer les généraux de cavalerie. Tout le monde étant renvoyé, il n'y a plus personne aux corps. Le général . . . . , auquel vous avez donné un commandement, est un homme qui n'est bon à rien. Qui est-ce qui commande enfin définitivement à Stettin? Le général Dufraisse, qui y était, valait mieux que le général Bruny, et surtout que le général........, qui, je le répète, ne vaut rien du tout. Qui est-ce qui commande à Glogau?

Le général Lauriston concentre son corps autour de Magdeburg. Les convois d'artillerie sont en marche, et doivent y arriver à chaque instant. Il est difficile de penser que les Russes s'enfoncent dans l'Allemagne en grande force, laissant sur leurs flancs Danzig, les places de l'Oder et le corps autrichien. Toutefois, quand même ils se porteraient sur Dresde avec les principales forces de leur armée et pousseraient des partis dans différents points de la Saxe, cela ne doit en rien vous déranger sur Magdeburg. Vous devez rester sur l'Elbe, autant que vous pourrez, occupant le cours de ce fleuve depuis Torgau jusqu'à Magdeburg, et protégeant ainsi le royaume de Westphalie et la 32e division militaire.

Si vous étiez enfin contraint par un mouvement de grande force, c'est-à-dire de 70 à 80,000 hommes d'infanterie, d'abandonner Magdeburg, vous vous retireriez sur les montagnes du Harz protégeant Cassel et Hanovre; votre ligne d'opération serait prise sur Wesel. Si vous étiez forcé dans les montagnes du Harz, vous défendriez le Weser, protégeriez Cassel et la 32e division militaire. Vous laisseriez à Magdeburg 18,000 hommes avec des vivres pour six mois; vous laisseriez dans Torgau une bonne garnison saxonne. La garnison d'Erfurt est arrangée et approvisionnée. Le général Reynier formerait votre droite. La garnison de Magdeburg serait formée de la division du 1er corps, de la division du 2e, de 2,000 Westphaliens. Indépendamment de cette garnison, vous auriez dans la main plus de 80,000 hommes, les cent pièces d'artillerie du corps d'observation de l'Elbe, et une centaine de pièces que vous pourriez organiser des vôtres, indépendamment des quatre-vingts pièces d'artillerie du général Reynier. Vous auriez donc réellement une armée. Le corps de l'Elbe pourrait former votre gauche et prendre par Hanovre; le vôtre, le centre, et couvrir Cassel; le général Reynier, la droite, et pourrait se lier avec Francfort. Mais je ne pense pas que vous soyez dans le cas de quitter Magdeburg. Il me paraît impossible que vous n'ayez pas enfin dans le courant de mars 7 à 8,000 chevaux, en réunissant tous les dépôts et tout ce qui a été fourni. Vous seriez renforcé par le corps du roi de Westphalie. Dans cette situation, vous n'oublieriez point de vous assurer que Coeverden est en bon état. Votre ligne d'opération serait, comme je l'ai dit, par Wesel. Indépendamment de ce, vous maintiendrez les communications de Cassel, Marburg et Francfort. Une division de ma Garde, partie il y a quinze jours et qui arrive à Mayence, ayant beaucoup de chevaux de main, j'ai ordonné au dépôt de Fulde de se rendre à Francfort-sur-le-Main, où je porterai mon quartier général et réunirai toute ma Garde.

Le 15, le duc de Trévise sera à Francfort avec 12,000 hommes d'infanterie, soixante pièces d'artillerie attelées et 2,000 chevaux. Le prince de la Moskova y sera à la même époque avec les quatre divisions de son corps, formant soixante bataillons et cent pièces d'artillerie. La division Souham, qui est depuis un mois à Hanau, sera à Aschaffenburg, afin de faire de la place aux autres divisions. Je ne les fais pas avancer parce qu'elles ne sont pas prêtes et que leur artillerie n'est pas en mesure. Le 2ᵉ corps d'observation du Rhin, que commande le duc de Raguse, sera formé à Mayence le 30 mars. Le corps d'observation d'Italie, que commande le général Bertrand, commence son mouvement de Vérone le 10 mars. Ces trois corps d'observation formeraient une armée de plus de 120,000 hommes, qui seraient sur le Main. Nos communications seraient donc maintenues par Cassel et Marburg. 15,000 Bavarois seront à la fin du mois rendus à Hof; autant de Wurtembergeois, de Hessois et de Badois le seront à Würzburg. Le mouvement de ces troupes contiendra l'ennemi.

Résumé. Restez à Berlin autant que vous pourrez. Faites des exemples pour la discipline. A la moindre insulte d'une ville, d'un village prussien, faites-le brûler, fût-ce même Berlin, s'il se comporte mal. Si vous êtes obligé de vous retirer sur l'Elbe, ne quittez point l'Elbe sans y être entièrement obligé, puisque l'ennemi qui voudrait tourner votre droite, en s'avançant, serait lui-même tourné par Würzburg par le mouvement du duc d'Elchingen, qui pourrait marcher sur les montagnes de Gotha. Défendez donc Hanovre, Cassel et la 32ᵉ division militaire aussi longtemps que possible. Il faut prolonger votre gauche entre Magdeburg et Hambourg; j'ai ordonné que les Westphaliens y envoient une colonne. La cavalerie se forme à force en France, mais il nous faut encore tout le mois d'avril. Au mois de mai, les trois corps de l'armée du Main se réuniront avec ma Garde, une bonne artillerie et une nombreuse cavalerie, et alors je pousserai les Russes sur le Niémen.

Je n'approuve pas que vous n'ayez pas renvoyé le bataillon de Turin et l'officier qui le commande, pour reprendre son poste, quand même on aurait dû le faire deux heures après : c'est par ces moyens qu'on rétablit le moral.

Puisque vous vous retiriez sur Berlin, qu'est-ce qui vous a porté à garder Francfort? Vous n'aviez qu'à brûler le pont. Vous aviez Küstrin, mais vous n'avez pas su tirer parti de cette forteresse : elle n'a pas plus servi à vos opérations que si elle n'eût pas existé. Vous devez faire venir de Cassel à votre quartier général quelqu'un qui connaisse bien tout le royaume de Westphalie, qui soit sûr, et qui puisse vous être utile. Envoyez aussi demander au roi des cartes du pays, si vous n'en avez pas.

Ne quittez pas Magdeburg et l'Elbe sans des forces raisonnables. Si vous les quittez, maintenez-vous en communication avec Magdeburg par les montagnes du Harz. Envoyez reconnaître la position. Écrivez-moi tous les jours avec vérité et grand détail.

NAPOLÉON.

D'après la copie comm. par S. A. I. Mme la duchesse de Leuchtenberg.

19665. — AU GÉNÉRAL COMTE DE LAURISTON,
COMMANDANT LE CORPS D'OBSERVATION DE L'ELBE, À MAGDEBURG.

Paris, 5 mars 1813.

Monsieur le Comte Lauriston, donnez ordre au commandant d'Erfurt de faire faire des tambours aux portes de la ville et de bien les renforcer, ainsi que de faire palissader et fermer toutes les brèches qui pourraient se trouver, en sorte que cette ville soit à l'abri des Cosaques et des troupes légères. Dans tous les cas, cependant, le commandant et la garnison logeront dans la citadelle, mais en occupant la ville par de forts postes, qui empêcheront que les partis ennemis ne la pillent ou n'y mettent des contributions, et la garderont intacte.

NAPOLÉON.

D'après l'original comm. par M. le marquis de Lauriston.

19666. — AU GÉNÉRAL COMTE DE LAURISTON,
COMMANDANT LE CORPS D'OBSERVATION DE L'ELBE, À MAGDEBURG.

Paris, 5 mars 1813.

Monsieur le Comte Lauriston, jetez un coup d'œil sur vos derrières, et faites faire la reconnaissance de la route de Magdeburg à Hanovre, et de Hanovre à Wesel. Vous trouverez d'abord le Weser à passer : cette rivière peut être passée vis-à-vis Minden et vis-à-vis Hameln; il est donc convenable que vous ayez sur ces deux points un pont bien assuré et une tête de pont. Je ne sais s'il reste suffisamment de la forteresse de Hameln pour pouvoir promptement en faire une tête de pont. Jadis Minden était fortifié; je ne sais si cette place a encore une enceinte de manière à pouvoir être mise à l'abri d'un coup de main, et si la rive est favorable pour l'établissement d'une tête de pont. Après le Weser vous trouverez l'Ems, la route le passe près de Münster; il faudra y établir un pont et une tête de pont. Donnez des ordres là-dessus.

NAPOLÉON.

D'après l'original comm. par M. le marquis de Lauriston.

19667. — A JÉRÔME NAPOLÉON, ROI DE WESTPHALIE,
À CASSEL.

Paris, 5 mars 1813.

Mon Frère, si l'ennemi poussait en force, le vice-roi avec le général Lauriston, le général Reynier et votre corps, ce qui ferait une armée de plus de 100,000 hommes, défendrait la Westphalie et la 32° division militaire, dans le temps que ma Garde, le 1er et le 2e corps d'observation du Rhin, le corps d'observation d'Italie, les Wurtembergeois et les Bavarois se réuniraient sur le Main, ce qui ferait une armée de plus de 200,000 hommes. Il est donc nécessaire de préparer le théâtre.

Si le vice-roi abandonnait Magdeburg, sa gauche se retirerait probablement par la route de Hanovre, et sa droite sur Cassel. Je vous ai demandé de m'envoyer un officier très-instruit, avec tous les plans et renseignements que vous auriez. Vous me ferez connaître si à Hameln il reste suffisamment des anciennes fortifications pour établir une tête de pont qui couvrirait un pont sur le Weser, ou s'il serait convenable d'établir ce pont à Minden. Faites-moi connaître le résultat de cette reconnaissance, et faites commencer les têtes de pont, ayant la forme d'ouvrages de campagne. Il faudra aussi une tête de pont pour assurer le passage de l'Ems près de Münster. Faites faire un travail sur toute la route de Magdeburg à Wesel, et faites-moi connaître les positions que l'armée pourrait prendre dans le Harz pour retarder la marche de l'ennemi et pour couvrir Hanovre et Cassel, en ayant soin de conserver les communications avec le Main. Je vous ai demandé des renseignements positifs sur la route de Cologne et Coblenz à Cassel; si l'on pouvait y établir l'estafette, la correspondance serait plus directe et plus rapide. La colonne de droite qui se retirerait sur Cassel aurait des rivières à traverser; il faut avoir sur chacune de ces rivières un pont avec une tête de pont. Toutes ces têtes de pont doivent être palissadées à la gorge pour être à l'abri des Cosaques.

Faites faire tout de suite ces travaux et envoyez-moi ces renseignements. Vous ferez faire un mémoire là-dessus que vous m'enverrez, et que vous vous tiendrez prêt à envoyer au vice-roi dès qu'il aura résolu de quitter Magdeburg.

NAPOLÉON.

D'après la copie comm. par S. A. I. le prince Jérôme.

19668. — AU COMTE MOLLIEN,
MINISTRE DU TRÉSOR PUBLIC, À PARIS.

Paris, 6 mars 1813.

Monsieur le Comte Mollien, on manque d'argent à la Grande Armée, ce qui fait beaucoup de tort à mes affaires. Envoyez 150,000 francs en or au payeur d'Erfurt, afin qu'on puisse y pourvoir à toutes les dépenses. Si vous n'avez pas pourvu à ce que le trésor eût à Magdeburg les fonds nécessaires, il faut y envoyer 2 millions en or sans délai. Donnez ordre que toutes les caisses de Hambourg, d'Osnabrück, de Münster, etc. soit celles du trésor et des receveurs, soit celles des douanes, des droits réunis, de l'enregistrement, versent leurs fonds deux fois par semaine sur Magdeburg.

NAPOLÉON.

D'après l'original comm. par Mme la comtesse Mollien.

19669. — AU GÉNÉRAL CLARKE, DUC DE FELTRE,
MINISTRE DE LA GUERRE, À PARIS.

Paris, 6 mars 1813.

Monsieur le Duc de Feltre, réitérez les ordres au général Decaen pour que tout ce qui a été demandé parte sans délai, pour que les capitaines propres à être faits chefs de bataillon, les lieutenants propres à être faits capitaines et les sous-lieutenants propres à être faits lieutenants partent en poste pour se rendre en France. Réitérez les ordres pour que tous les cadres inutiles reviennent. Réitérez les ordres pour que tout ce qui a été demandé pour la Garde parte également. Faites-lui entendre que je serais très-mécontent de la non-exécution de mes ordres, et que dans la situation actuelle des affaires il ne doit y avoir ni *si*, ni *mais*, ni *car*.

Faites-moi connaître les demandes qui ont été faites pour ma Garde, le jour où elles sont parties, les réponses que vous avez et ce qui est déjà en deçà de Bayonne et de Perpignan.

Donnez ordre que les régiments de cavalerie qui sont à l'armée d'Espagne renvoient tous leurs cadres en France, en ne gardant qu'autant de cadres de compagnies qu'ils ont de fois 125 hommes montés, de sorte que les régiments qui n'auront que 250 hommes ne garderont qu'un escadron ou deux compagnies; ceux qui auront 375 hommes ne garderont que trois compagnies; ceux enfin qui auront de 4 à 500 hommes ne garderont que deux escadrons.

Faites connaître que les généraux sont responsables de la stricte et prompte exécution de ces ordres, auxquels sont attachés les grands intérêts de la France, vu qu'ici les hommes et les chevaux ne manquent pas, mais les cadres.

Réitérez tous les ordres précédents pour que les hommes à pied soient renvoyés.

Quant à l'infanterie, réitérez les ordres pour que les régiments soient resserrés, de manière qu'on ne garde qu'autant de bataillons qu'on aura de fois 840 hommes; un régiment de 1,600 hommes ne doit garder que deux bataillons, etc.

Enfin ordonnez que tous les cadres des équipages militaires et des compagnies du train soient renvoyés en France. On renverra d'abord tous les hommes à pied et tous les officiers et sous-officiers d'excédant. Donnez ordre que les compagnies de sapeurs soient toutes complétées à 160 hommes, et que les cadres qui deviendront inutiles par cette réunion soient renvoyés en France; que toutes les compagnies d'artillerie soient complétées à 100 hommes et que les cadres d'excédant soient renvoyés en France, en joignant à chacun dix canonniers anciens.

Faites comprendre au Roi, au duc d'Albufera, au général Reille, au général Clausel, au général Decaen, qu'aucune objection ni aucun délai ne doivent nuire à l'exécution de ces ordres.

Donnez ordre également que tous les majors en second et capitaines à la suite que j'ai demandés partent sans délai; enfin réitérez les ordres pour que tout ce qui est à la suite soit renvoyé.

Rappelez aussi d'Espagne tous les généraux et officiers d'état-major inutiles dans la situation actuelle de nos armées d'Espagne, et ne laissez que ce qui est nécessaire.

Napoléon.

D'après la copie. Dépôt de la guerre.

19670. — AU GÉNÉRAL CLARKE, DUC DE FELTRE,
MINISTRE DE LA GUERRE, À PARIS.

Paris, 6 mars 1813.

Monsieur le Duc de Feltre, le 4ᵉ corps de la Grande Armée sera supprimé et réuni au corps d'observation d'Italie. En conséquence, les 2es bataillons des 9e, 35e, 53e, 106e, 84e et 92e régiments, qui s'organisent à Augsburg, y attendront le passage du général Bertrand. Ces six bataillons formeront une brigade.

Vous donnerez ordre à trois majors de ces régiments de partir d'Italie en poste pour aller prendre le commandement chacun de deux bataillons.

Les six bataillons formeront donc trois régiments provisoires de la manière suivante : 43e régiment provisoire, le 2e bataillon du 9e et le 2e bataillon du 35e; 44e régiment provisoire, le 2e bataillon du 53e et le 2e bataillon du 106e; 45e régiment provisoire, le 2e bataillon du 84e et le 2e bataillon du 92e.

Le général Bertrand placera cette brigade dans sa division la plus faible; ce qui portera le nombre de ses bataillons de 51 à 57.

Tout ce que le 4e corps a dans Glogau sera inscrit comme garnison de Glogau.

Les colonels de ces six régiments se rendront à leurs dépôts en Italie, ainsi que les majors en second, s'il y en a encore.

Toutes les administrations, états-majors d'artillerie et du génie et officiers d'état-major qui appartiennent au 4e corps d'armée, seront attachés au corps d'observation d'Italie.

NAPOLÉON.

<small>D'après l'original. Dépôt de la guerre.</small>

19671. — AU GÉNÉRAL COMTE BERTRAND,
COMMANDANT LE CORPS D'OBSERVATION D'ITALIE, À VÉRONE.

Paris, 6 mars 1813.

Monsieur le Comte Bertrand, vous trouverez ci-joint copie d'une lettre que j'écris au ministre de la guerre, par laquelle je réunis à votre corps d'observation ce qui a fait précédemment partie du 4e corps de la Grande Armée.

Informez-vous si chacun des dépôts a fait partir 5 à 600 hommes pour compléter les 2es bataillons qui s'organisent à Augsburg. Faites partir sur-le-champ les trois majors, et envoyez quelqu'un pour présider à la formation de ces six bataillons en régiments provisoires. Je crois que l'armée italienne réorganise trois de ses bataillons à Augsburg : c'est donc une augmentation de neuf bataillons que vous recevrez; ce qui portera votre corps à soixante bataillons.

Un bataillon formé des compagnies de garnison de vaisseaux qui appartiennent à votre corps d'armée était réuni à Bamberg : je lui ai donné ordre de prendre position dans la citadelle de Würzburg.

NAPOLÉON.

D'après l'original comm. par M. le général Henry Bertrand.

19672. — AU GÉNÉRAL COMTE DE LAURISTON,
COMMANDANT LE CORPS D'OBSERVATION DE L'ELBE, À MAGDEBURG.

Paris, 6 mars 1813.

Monsieur le Comte Lauriston, je reçois votre lettre du 1er mars; je vous ai fait connaître que mes intentions étaient que les ponts de Wittenberg et Dessau fussent gardés par les deux divisions du 1er et du 2e corps. Faites organiser sur-le-champ leurs deux divisions d'artillerie, mais en attendant envoyez-leur-en une le plus tôt possible, puisque sans artillerie ces troupes ne pourraient pas défendre les ponts. Par ce moyen, tous vos corps seront réunis, comme je vous l'ai déjà ordonné, autour de Magdeburg. Le roi de Westphalie doit réunir un corps d'infanterie avec sa cavalerie et son artillerie à deux marches sur votre gauche, entre Hambourg et Magdeburg. J'ai même désiré qu'il fît établir un va-et-vient sur la rive droite.

Je vous ai fait connaître mon intention relativement aux mouvements. Le 11e corps, que commande le maréchal Saint-Cyr, le corps d'observation de l'Elbe, que vous commandez, le corps du général Reynier et les Westphaliens forment une armée destinée à couvrir Magdeburg, la 32e division militaire, le Hanovre et le royaume de Westphalie. Quand il en sera temps, je porterai mon quartier général à Francfort-sur-le-Main, où je réunirai le 1er corps d'observation du Rhin, que commande le prince de la Moskova, le 2e corps d'observation du Rhin, le corps d'observation d'Italie, les Bavarois, les Wurtembergeois et les Hessois, etc. que je porte provisoirement sur Baireuth, Kronach et Würzburg; ce qui fera une masse de 200,000 hommes au moins.

Si le vice-roi était obligé de quitter Berlin, je ne vois pas ce qui pourrait jamais l'obliger à quitter Magdeburg, puisqu'il y maintiendrait toujours sa communication sur Wesel par Hanovre, et qu'il n'est pas possible que l'ennemi déploie des forces assez considérables pour porter 40,000 hommes sur votre gauche en même temps que 60 à 80,000 sur Dresde, ce qui serait la seule manœuvre qui pourrait obliger le vice-roi à quitter Magdeburg. L'ennemi a perdu beaucoup de monde; il a un corps détaché contre les Autrichiens; il a des troupes considérables devant Danzig, où Rapp les bat; enfin il est obligé d'observer toutes les places; et la position des Bavarois à Baireuth et celle du corps du prince de la Moskova, qui dès le 15 sera réuni sur Francfort, l'obligeront à garder sa gauche. Il est donc probable qu'il ne dépassera pas Dresde; seulement il pourra faire quelques courses avec sa cavalerie, même jusqu'à Erfurt. La citadelle est en état de défense; donnez ordre qu'au lieu de deux mois d'approvisionnement on y en mette quatre. Je vous ai mandé de faire palissader des tambours aux portes de la ville, afin que les 12 à 1,500 hommes qui seront dans la citadelle puissent rester constamment maîtres de la ville et la maintenir à l'abri des courses des Cosaques. Les Saxons occuperont Torgau. Ainsi le vice-roi aura le commandement des trois corps, qui sont : le vôtre, celui du maréchal Saint-Cyr et celui du général Reynier; il faut y ajouter les Westphaliens, ce qui fait près de 100,000 hommes.

Si on abandonnait Magdeburg, j'ai mandé au vice-roi de prendre position dans les montagnes du Harz, de manière à garder Cassel et Hanovre. Faites reconnaître ces montagnes. Dans cette situation, le vice-roi conserverait ses communications avec Magdeburg. Enfin arrivent la ligne du Weser et celle de l'Ems, puisque, si des événements que je ne prévois pas arrivaient, ce qui m'importerait avant tout, ce serait de couvrir la 32e division militaire et enfin la Hollande; Wesel est donc le point d'appui de tous ces mouvements.

Vous avez Atthalin à Magdeburg : employez-le à reconnaître les montagnes du Harz et à en prendre les plans. Il reconnaîtra également les ponts de Hameln et de Minden sur le Weser, et fera des croquis de ces positions.

Faites-moi connaître si vous avez un chiffre, afin que je puisse m'en servir pour correspondre avec vous, si les partisans ennemis menaçaient d'intercepter les routes.

J'ai donc l'espérance que le vice-roi se maintiendra à Berlin, et, s'il venait à l'évacuer, qu'il se conserverait longtemps à Magdeburg, pouvant manœuvrer sur les deux rives.

J'ai ordonné que tous vos convois d'artillerie passassent par Cassel : trois sont déjà partis; j'ordonne à Gourgaud de vous en envoyer l'état, puisque le ministre ne l'a pas fait.

Napoléon.

D'après l'original comm. par M. le marquis de Lauriston.

19673. — AU GÉNÉRAL COMTE DE LAURISTON,
COMMANDANT LE CORPS D'OBSERVATION DE L'ELBE, À MAGDEBURG.

Paris, 6 mars 1813.

Monsieur le Comte Lauriston, vous me ferez connaître dans quelle situation se trouve la place de Wittenberg. Dans la campagne de 1807, je l'avais fait armer et mettre à l'abri d'un coup de main; il y avait garnison, et la place servait de dépôt et pour assurer le passage de l'Elbe. Si le roi de Saxe n'a rien fait détruire et n'a point fait enlever les ponts, elle sera bientôt mise en état. Écrivez au prince d'Eckmühl de faire rétablir les redoutes que j'avais fait construire pour lier Wittenberg avec l'Elbe, et de faire faire les ouvrages de campagne nécessaires, de faire palissader la ville, et de faire venir de Torgau deux compagnies d'artillerie saxonne, avec six pièces de 12, douze pièces de 6 ou de 8, six obusiers et six petits mortiers. Il faudra répartir ces trente bouches à feu sur les différents points de l'enceinte; ce qui, avec l'artillerie de campagne de la division, mettra la place suffisamment à l'abri d'un coup de main. La place doit être approvisionnée pour deux mois pour 3,000 hommes.

Si l'ennemi voulait passer l'Elbe, Wittenberg deviendrait un point important.

Dans le cas où le vice-roi serait obligé de quitter Berlin, ce qu'il ne fera, j'espère, qu'à bonnes enseignes, je pense qu'il faudrait choisir un camp à une lieue ou deux de Magdeburg, et le fortifier par quelques redoutes; vous vous trouveriez ainsi dans une position offensive. Ce campement rétablirait la discipline et imposerait à l'ennemi.

Vous aurez bientôt trois cents bouches à feu; il y a à Magdeburg une grande quantité de pièces de campagne. Cette position en avant de Magdeburg me paraît donc très-bonne. Il faudrait que l'ennemi vînt avec 150,000 hommes et vous reconnût plusieurs jours de suite avant que d'oser vous attaquer. Occupant, comme je l'ai dit, Wittenberg avec 3,000 hommes, Torgau avec une garnison saxonne, ayant les Westphaliens et une partie des Saxons pour garder la rive gauche de l'Elbe, vous pourrez gagner du temps; votre cavalerie étant sur la rive droite et menaçant de prendre l'offensive, vous tiendriez en respect toute l'armée ennemie; Erfurt serait gardé, et votre ligne d'opération serait sur Wesel. Les deux corps d'observation du Rhin et la Garde qui serait à Francfort-sur-le-Main commenceront alors leurs mouvements.

NAPOLÉON.

D'après l'original comm. par M. le marquis de Lauriston.

19674. — A EUGÈNE NAPOLÉON,
VICE-ROI D'ITALIE, COMMANDANT EN CHEF LA GRANDE ARMÉE, A TREUENBRIETZEN.

Paris, 6 mars 1813.

Mon Fils, je reçois votre lettre du 28 février au soir. Vous ne m'instruisez pas si les bataillons qui étaient à Francfort vous ont rejoint; vous ne me donnez, comme à l'ordinaire, aucun détail.

Je vous ai mandé que le grand maréchal faisait les fonctions de major général. Il faut donc lui adresser tous les renseignements, car le moment arrive où il faut que je connaisse en détail toutes les affaires.

NAPOLÉON.

D'après la copie comm. par S. A. I. Mme la duchesse de Leuchtenberg.

19675 — A EUGÈNE NAPOLÉON,

VICE-ROI D'ITALIE, COMMANDANT EN CHEF LA GRANDE ARMÉE, À TREUENBRIETZEN.

Paris, 6 mars 1813.

Mon Fils, pour votre gouverne, il est probable que, dans le courant d'avril, je porterai mon quartier général à Francfort. Il y a autour de cette ville beaucoup de forces; mais il y en aura alors une telle quantité que l'ennemi craindra d'être attaqué par la Thuringe, et l'on pourra manœuvrer pour soutenir votre droite. Ainsi, dans ce mois, les deux corps d'observation du Rhin, les Hessois, les Badois et les Bavarois feront une diversion pour vous. Dès le commencement d'avril, si rien n'est changé, je ferai avancer les deux corps d'observation pour soutenir votre droite et tenir en échec ce que l'ennemi voudrait faire déboucher par Dresde. Mais je ne compte prendre l'offensive que vers la mi-mai; j'aurai alors 200,000 hommes sous la main avec la cavalerie convenable, sans compter votre armée ni celles de Lauriston et de Reynier. Tout cela est pour votre gouverne.

Pensez surtout à couvrir la 32ᵉ division militaire et le royaume de Westphalie. Restez à Berlin autant de temps que vous pourrez. Il serait bien important, pour le début de la campagne, de se maintenir sur l'Elbe; appuyé à Magdeburg, je ne pense pas que vous puissiez avoir la crainte d'être tourné, vous trouvant à cheval sur une si forte rivière, et, à moins que l'ennemi ne déploie une force considérable, comme 100,000 hommes, je ne pense pas qu'il puisse vous obliger d'abandonner Magdeburg. Si vous êtes forcé de quitter Berlin, il est nécessaire de contenir l'ennemi, en vous tenant à cheval sur l'Elbe. Vers le milieu de mars le corps de l'Elbe doit avoir reçu son artillerie, et je vois qu'il y a beaucoup de pièces de canon à Magdeburg, ainsi que beaucoup de personnel d'artillerie.

Si vous abandonnez Berlin, le choix d'un camp, à deux ou trois lieues en avant de Magdeburg, que vous feriez fortifier par quelques redoutes et où vous réuniriez vos corps, vous rendrait, ce me semble, inattaquable et bien redoutable. Certainement l'ennemi ne pourrait pas venir vous chercher dans une bonne position qu'il n'eût 100,000 hommes, et vous seriez toujours maître de manœuvrer, par les ouvrages de Magdeburg. Des corps légers de cavalerie et d'infanterie sur la rive gauche de l'Elbe maintiendraient vos communications avec Torgau, si surtout vous pouviez enfin réunir 7 à 8,000 hommes de cavalerie.

NAPOLÉON.

D'après la copie comm. par S. A. I. Mme la duchesse de Leuchtenberg.

19676. — A EUGÈNE NAPOLÉON,

VICE-ROI D'ITALIE, COMMANDANT EN CHEF LA GRANDE ARMÉE, À TREUENBRIETZEN.

Paris, 6 mars 1813.

Mon Fils, comme mon intention est de réunir toute l'artillerie de la Garde à Francfort, vous devez ordonner au général Sorbier de me renvoyer tout ce qu'il a de l'artillerie de la Garde, en ne conservant qu'une compagnie à pied et une à cheval pour servir l'artillerie de la ligne qui sera réunie à la Garde; qu'il me renvoie tout le reste sur Francfort.

Donnez ordre aussi au colonel Lion de garder autant de cadres de compagnies de cavalerie qu'il aura de fois 125 hommes et ceux que je lui ai fait désigner. Il renverra à Francfort tous les officiers et sous-officiers qui seraient inutiles à ces cadres.

Les 1er et 2e régiments polonais de ma Garde, vous les dirigerez du côté de Gotha, pour de là se replier, s'il est nécessaire, sur Francfort et se réunir à la Garde.

Ainsi la Garde sera divisée en deux parties; l'une sera à Francfort, composée d'une quarantaine de mille hommes d'infanterie, de 6,000 hommes de cavalerie et de cent vingt pièces de canon; l'autre, composée de 3 à 4,000 hommes d'infanterie, y compris les Napolitains, de 5 à 600 chevaux et de quatorze pièces d'artillerie, sera sous vos ordres à l'armée. Je laisse également à la suite de votre quartier général la partie de ma Maison et de mes chevaux qui a fait la campagne et qui est restée sous les ordres de mon écuyer de Saluces, et j'organise une autre partie de ma Maison à Francfort.

NAPOLÉON.

D'après la copie comm. par S. A. I. Mme la duchesse de Leuchtenberg.

19677. — A FRÉDÉRIC-AUGUSTE, ROI DE SAXE,
À PLAUEN.

Paris, 6 mars 1813.

Monsieur mon Frère, je reçois la lettre que Votre Majesté m'a écrite de Plauen le 27. Je désire que Votre Majesté y reste aussi longtemps qu'il sera possible : il serait très-utile qu'elle ne sortît point de ses états.

J'ai expédié hier à Votre Majesté le baron de Lauriston, mon officier d'ordonnance, pour lui faire connaître l'état des affaires. Nous avons encore un mois à passer ; nous serons alors dans une situation bien différente. Si d'ici là la position de Votre Majesté devenait urgente, elle pourrait se rendre ou à Francfort ou à Mayence. Je compte moi-même me porter dans le courant d'avril à Francfort, où j'aurai 200,000 hommes réunis, indépendamment des corps du vice-roi, du général Lauriston et du général Reynier, destinés, comme je l'ai mandé à Votre Majesté, à agir sur Magdeburg et sur le bas Elbe.

Je désire que Votre Majesté me fasse connaître si quelque chose a été changé à la place de Wittenberg, ou si elle est restée dans l'état où je l'avais mise pendant la guerre de 1807. Elle se trouvait à l'abri d'un coup de main. J'avais fait faire des redoutes pour la communication du pont avec la ville ; les eaux les auront probablement détruites, mais elles seront bientôt réparées, si du reste on n'a rien changé à l'enceinte et au système des portes. Dans ce cas, mon intention serait qu'on transportât de Torgau à Wittenberg des pièces de 8 et de 12, pour que 4,000 hommes pussent s'y défendre.

D'après la minute. Archives de l'Empire.

19678. — A M. GAUDIN, DUC DE GAËTE,
MINISTRE DES FINANCES, À PARIS.

Paris, 7 mars 1813.

Je reçois votre nouvelle épreuve du compte des finances ; mais le Conseil d'état a fait plusieurs changements à la loi des finances ; il est donc nécessaire que dans les nouvelles épreuves que vous ferez tirer on insère ces changements.

Je vous prie de me soumettre la dernière épreuve avant le tirage.

D'après la minute. Archives de l'Empire.

19679. — AU GÉNÉRAL CLARKE, DUC DE FELTRE,
MINISTRE DE LA GUERRE, À PARIS.

Paris, 7 mars 1813.

Faites donner aux Invalides deux mois de gratification, dont un sera donné au nom de l'Impératrice. On m'a dit que cela monterait à 12,000 francs pour un mois. Faites-leur aussi donner le régal d'usage. Vous ferez connaître au gouverneur que, l'Impératrice ayant remarqué que les officiers mangeaient sur des plats d'étain, elle a fait commander une vaisselle plate, qui restera à l'hôtel comme souvenir de sa visite. Vous ferez remettre une note au duc de Cadore sur la composition de cette vaisselle plate, qui doit être suffisante pour servir les douze tables des officiers.

D'après la minute. Archives de l'Empire.

19680. — AU COMTE LAVALLETTE,
DIRECTEUR GÉNÉRAL DES POSTES, À PARIS.

Paris, 7 mars 1813.

Comment arrive-t-il qu'une lettre que j'ai écrite au duc de Valmy le 27 février ne lui est parvenue que le 3° mars?

D'après la minute. Archives de l'Empire.

19681. — AU BARON DE LA BOUILLERIE,
TRÉSORIER GÉNÉRAL DE LA COURONNE ET DU DOMAINE EXTRAORDINAIRE, À PARIS.

Paris, 7 mars 1813.

Je vous renvoie le décret sur les fonds spéciaux. J'y vois que vous ne portez que 214,000 francs pour produit des matériaux des maisons du Carrousel : cela doit être une somme beaucoup plus considérable. Il faut aussi y porter le produit des maisons de la rue de Rivoli et de l'emplacement du palais du roi de Rome. Mettez au net cette affaire et faites-moi connaître où sont ces fonds.

Il faudrait ôter ce qui est pour Monceaux et Marly. Faites-moi connaître sur quels fonds ces 1,200,000 francs pour Marly avaient été affectés. Puisqu'on ne les a pas payés, il est à craindre qu'il n'y ait plus de fonds.

Aussitôt que ces deux affaires seront en règle, je signerai le décret, qui me paraît bien.

Je désirerais bien avoir pour vendredi le compte des budgets du domaine extraordinaire de 1811 et 1812 et le budget de 1813.

D'après la minute. Archives de l'Empire.

19682. — AU GÉNÉRAL BOURCIER,
COMMANDANT LES DÉPÔTS DE CAVALERIE, À HANOVRE.

Paris, 7 mars 1813.

1,000 hommes à pied sont partis il y a dix à douze jours pour se rendre à Hanovre.

Envoyez-moi l'état de situation de tous les chevaux que vous avez fournis à l'artillerie, aux équipages militaires et aux différents régiments de cavalerie, et faites-moi connaître quand vous aurez des chevaux en sus du nombre d'hommes que vous avez.

Il est bien important que vous fassiez réunir les détachements des différents corps, et qu'enfin nous ayons un peu de cavalerie pour opposer aux Cosaques.

D'après la minute. Archives de l'Empire.

19683. — AU GÉNÉRAL BOURCIER,
COMMANDANT LES DÉPÔTS DE CAVALERIE, À HANOVRE.

Paris, 7 mars 1813.

Voici cinq ou six lettres que je reçois de vous sans qu'elles soient datées, ce qui est très-préjudiciable au service.

D'après la minute. Archives de l'Empire.

19684. — AU MARÉCHAL KELLERMANN, DUC DE VALMY,
COMMANDANT SUPÉRIEUR DES 5ᵉ, 25ᵉ ET 26ᵉ DIVISIONS MILITAIRES, À MAYENCE.

Paris, 7 mars 1813.

Mon Cousin, je reçois vos lettres du 4 mars et une du 5. Vous devez avoir à Mayence 25,000 quintaux de farine en réserve. Il est impossible que cela n'existe pas, ou que le directeur des vivres ne sache pas du moins quand cela arrivera. Prenez des informations là-dessus. J'attache beaucoup d'importance à avoir ces 25,000 quintaux de farine pour les besoins de la place et de l'armée.

J'ai ordonné de même l'approvisionnement de Kastel. Mes ordres sont que Kehl, Kastel et Wesel soient armés et approvisionnés pour un mois. Faites travailler sans délai à l'armement de ces places.

NAPOLÉON.

D'après l'original comm. par M. le duc de Valmy.

19685. — AU GÉNÉRAL COMTE BERTRAND,
COMMANDANT LE CORPS D'OBSERVATION D'ITALIE, À VÉRONE.

Paris, 7 mars 1813.

Monsieur le général Bertrand, je reçois votre lettre du 26 février, dans laquelle je vois que vous pensez que le 25 mars le corps d'observation d'Italie pourra traverser le Tyrol. Mais, comme il y a sur cette route un grand défilé, dans lequel on ne peut guère marcher que par régiment, il n'y aura donc pas d'inconvénient à ce que vous commenciez le 10 ou le 12 à faire partir les corps napolitains, qui sont depuis longtemps préparés. Vous réunirez successivement toutes vos divisions à Augsburg, Donauwœrth, Nordlingen et dans cette direction.

Je vous ai mandé hier que les six 2ᵉˢ bataillons qui se forment à Augsburg doivent faire partie de votre corps d'armée; ce qui vous portera à plus de soixante bataillons. Le principal est que vous ayez un officier d'état-major à Augsburg pour correspondre avec vous et présider à l'organisation des trois régiments provisoires qui vous y attendront. Il faut aussi que vous fassiez filer vos bagages et vos chevaux, mais que, de votre personne, vous restiez le plus longtemps possible à Vérone afin d'organiser tout cela. Il est probable que je vous dirigerai sur Würzburg, destinant votre corps à faire partie de l'armée du Main, avec le 1er et le 2e corps d'observation du Rhin.

NAPOLÉON.

D'après l'original comm. par M. le général Henry Bertrand.

19686. — AU GÉNÉRAL COMTE DE LAURISTON,
COMMANDANT LE CORPS D'OBSERVATION DE L'ELBE, À MAGDEBURG.

Paris, 7 mars 1813.

Monsieur le Général Lauriston, vous avez tort d'avoir des inquiétudes sur les Danois. S'il n'y a pas assez de troupes pour occuper Lübeck, il faut que le commandant y retourne et demande un détachement danois, en attendant que les troupes arrivent.

NAPOLÉON.

D'après l'original comm. par M. le marquis de Lauriston.

19687. — A EUGÈNE NAPOLÉON,
VICE-ROI D'ITALIE, COMMANDANT EN CHEF LA GRANDE ARMÉE, À WITTENBERG.

Paris, 7 mars 1813[1].

Mon Fils, je reçois votre lettre du 2 mars au soir. Je suis profondément chagriné de ce que vous êtes inquiet du général Gérard. Je ne puis pas comprendre pourquoi compromettre ce corps d'observation, lorsque vous pouviez l'appuyer à Küstrin. Je comprends encore moins comment vous n'avez pas marché à lui pour rétablir les communications, aussitôt que vous avez su qu'elles étaient interrompues. Si vous quittez Berlin dans cet intervalle, il est à craindre que ce corps ne soit perdu. Je ne puis vous donner aucun ordre ni aucune direction, puisque vous ne remplissez aucun devoir, en ne m'envoyant aucun détail ni aucune espèce de compte, et que vous ne me dites rien, ni vous, ni votre état-major. Je ne sais pas quels sont les généraux qui commandent les corps; j'ignore où ils sont;

---

[1] Cette lettre a été signée le 8. (*Note de la copie.*)

je ne connais pas votre situation, votre artillerie. Je ne reçois aucun renseignement; je suis dans l'obscurité sur tout. Comment voulez-vous que je dirige mon armée? J'ignore même les différentes affaires qui ont eu lieu et ce que l'on a perdu.

J'ai écrit le 1ᵉʳ mars au général Lauriston pour lui donner la direction de votre marche. Je ne vous l'ai pas écrit par le même courrier, parce qu'il fallait chiffrer la lettre, qui est partie deux jours après. J'espère donc que, le 3, le général Lauriston vous aura instruit de mes intentions. Je ne sais pas qui commande à Stettin et quelle est la garnison qui s'y trouve. Je ne connais pas davantage les ordres que vous avez donnés au général Morand, dans la Poméranie, si vous l'avez fait replier sur Magdeburg ou sur Stettin. Je ne connais pas la force de la garnison de Küstrin, ni celle de Glogau, ni celle de Spandau.

Vous devez défendre Magdeburg, couvrir la 32ᵉ division militaire, le royaume de Westphalie, Hanovre et Cassel. Vous pouvez prendre une bonne position en avant de Magdeburg, occupant Torgau par une bonne garnison saxonne. Si vous êtes obligé de quitter l'Elbe, vous avez les montagnes du Harz pour première ligne, couvrant Cassel et Hanovre; ensuite, en seconde ligne, entre le Harz et Cassel; enfin le Weser.

NAPOLÉON.

D'après la copie comm. par S. A. I. Mᵐᵉ la duchesse de Leuchtenberg.

19688. — A EUGÈNE NAPOLÉON,
VICE-ROI D'ITALIE, COMMANDANT EN CHEF LA GRANDE ARMÉE, À LEIPZIG.

Trianon, 9 mars 1813.

Mon Fils, je reçois votre lettre du 4 mars. J'ignore où vous a rejoint le général Gérard; je suppose qu'il était déjà arrivé à Berlin, lorsque vous avez quitté cette ville. On m'assure que le général de division Girard a été pris par les Cosaques, ainsi que mon secrétaire de légation. Si cela est vrai, je ne vois pas pourquoi vous ne m'en instruisez pas. Puisque le passage du bas Oder était impraticable et que dans la haute Silésie le général Reynier était encore à Bunzlau, je ne vois pas ce qui vous obligeait à quitter Berlin. Vos mouvements sont si rapides que vous n'avez pas pu prendre la direction qui vous était indiquée; mais j'espère que vous aurez reçu mes lettres en chiffre, et que d'ailleurs Lauriston vous aura instruit que mon intention était que vous réunissiez vos forces autour de Magdeburg, en y joignant le corps de l'Elbe et toute votre cavalerie, pour couvrir la 32° division militaire et le royaume de Westphalie, et que vous prissiez votre ligne de communication par Cassel et Wesel, qui doit devenir votre point d'appui.

Vous découvrez Magdeburg sans vous être assuré si cette place est approvisionnée et quelle garnison on y mettra; là sont cependant toute notre artillerie de campagne et beaucoup de choses importantes.

Rien n'est moins militaire que le parti que vous avez pris de porter votre quartier général à Schöneberg, en arrière de Berlin; il était très-clair que c'était attirer l'ennemi. Si, au contraire, vous eussiez pris une situation en avant de Berlin, en communiquant par convois avec Spandau, et de Spandau avec Magdeburg, en faisant venir une division du corps de l'Elbe à mi-chemin ou en construisant quelques redoutes, l'ennemi aurait dû croire que vous vouliez livrer bataille. Alors il n'aurait passé l'Oder qu'après avoir réuni 60 à 80,000 hommes et dans l'intention sérieuse de s'emparer de Berlin; mais il était encore bien loin de pouvoir faire cela. Vous pouviez gagner vingt jours, et cela eût été bien avantageux politiquement et militairement. Il est même probable qu'il n'eût pas risqué ce mouvement, car il sait bien à quoi il s'expose et ne peut pas ignorer la grande quantité de troupes que nous rassemblons sur le Main, et, d'un autre côté, celles que les Autrichiens rassemblent en Galicie. Mais le jour où votre quartier général a été placé derrière Berlin, c'était dire que vous ne vouliez pas garder cette ville; vous avez ainsi perdu une attitude que l'art de la guerre est de savoir conserver.

Un général expérimenté, qui eût établi un camp en avant de Küstrin, aurait donné le temps au corps d'observation de l'Elbe de venir sur Berlin; ou du moins, si ce général avait pris un camp en avant de Berlin, il n'aurait pu être attaqué que par de grandes dispositions qu'il aurait forcé l'ennemi de prendre.

Actuellement, je vous le répète, puisque l'ennemi n'a pas pu passer sur le bas Oder, j'espère qu'il sera encore temps de suivre la direction générale que je vous ai indiquée. Vous vous placerez en avant de Magdeburg; vous y réunirez le corps de l'Elbe et tout le 11ᵉ corps. Vous devez même avoir le temps d'y réunir vos 12,000 hommes de cavalerie et vos deux cents pièces de canon, que vous devez avoir dans tout mars. Dans cette position, vous devez empêcher tout parti de se porter sur Hambourg.

Si l'ennemi se portait sur Dresde, le général Reynier se retirerait sur Torgau et formerait votre droite. Si Wittenberg est dans la même situation que dans la campagne de Prusse, si rien n'a été démoli, on peut en quatre jours le mettre à l'abri d'un coup de main, faire venir une vingtaine de pièces d'artillerie de Torgau, y réunir des approvisionnements, et 2 à 3,000 hommes suffisent pour conserver cette tête de pont. Il faut brûler sur-le-champ le pont de Dessau. Il faut réunir tous les bateaux de l'Elbe à Magdeburg, Wittenberg et Torgau.

Je vous ai fait connaître que la garnison de Magdeburg devait être formée par les vingt-huit bataillons des 1ᵉʳ et 2ᵉ corps, en n'y laissant aucun maréchal, mais seulement deux généraux de division et quatre généraux de brigade, sous les ordres du général Haxo, que j'ai nommé gouverneur de cette place. Ces jeunes troupes, avec de bons cadres, formeront très-bien la garnison de la ville, et je ne vois pas trop comment l'ennemi pourrait marcher sur vous pour vous débusquer de Magdeburg, puisque vous serez en avant avec près de 80,000 hommes. Les partis ennemis de Dresde battront toute la Thuringe, mais la ligne de communication avec Francfort sera par Cassel. 1,200 hommes avec un général de brigade resteront dans la citadelle d'Erfurt; j'ai ordonné que l'on construisît des tambours aux portes de la ville pour que cette garnison soit en position pour mettre la ville à l'abri des Cosaques. Dans la situation des choses, il n'est pas possible que d'ici à un mois l'ennemi puisse avoir plus d'un corps d'armée, c'est-à-dire plus de 20 à 25,000 hommes, devant Magdeburg. Vous devez donc faire construire quelques redoutes, réunir vos approvisionnements à Magdeburg, battre toute la Prusse par de fortes avant-gardes, et ne pas souffrir que l'ennemi s'approche à plus d'une journée de vous, à moins que ce ne soit avec tout son corps d'armée.

Vous avez de tout à Magdeburg; le pays est beau; l'Elbe est une rivière assez grande; c'est dans ce moment qu'elle déborde et qu'elle est le plus grosse. Le corps d'observation du Rhin, qui est déjà réuni à Aschaffenburg, Hanau et Francfort, menacera la gauche de l'ennemi. Le gros de l'armée russe de Wittgenstein est resté devant Danzig; je ne pense donc pas que, si l'ennemi veut marcher en grande force et vous dénicher de la position de Magdeburg, il le puisse avant la mi-avril, et je ne vois même pas comment l'armée russe, dans la situation présente des affaires, pourrait vous forcer dans une bonne position, où vous aurez autant d'artillerie de campagne que vous voudrez, et que vous aurez su couvrir par quelques ouvrages. Vous n'avez d'ailleurs rien à craindre, puisque la communication avec Magdeburg ne peut jamais vous être ôtée. S'il est une belle position, c'est celle en avant de Magdeburg, où vous menacez à chaque instant d'attaquer l'ennemi, et d'où vous l'attaquerez en effet s'il ne se présente pas en force, ayant à votre droite une bonne place comme Torgau, liée à votre armée par un bon poste comme Wittenberg. Si cette dernière ville était démolie et n'était plus tenable, il en faudrait brûler le pont et les petits ponts qui y aboutissent.

Je suppose que vous avez donné des ordres au général Morand, en Poméranie, pour qu'il se réfugiât à Stettin ou fît sa retraite sur vous, et que vous ne l'aurez pas laissé compromettre.

Vous ne dites rien dans vos lettres. Je vous ai mandé déjà plusieurs fois que dans la situation actuelle des affaires j'avais besoin de connaître la vérité dans tous ses détails. Il faut m'envoyer l'état nominatif des hommes que nous aurons perdus, la situation de tous les corps et, tous les cinq jours, leur état d'emplacement. Je vous ai mandé que votre état-major pouvait adresser tous les jours des rapports détaillés au grand maréchal, qui me les mettrait sous les yeux plus vite que ne pourrait le ministre. Il serait honteux de le dire, et le monde ne le croirait pas : j'ignore quel est le général qui commande à Stettin, quelle est la garnison que vous y avez laissée; vous ne prenez pas même la peine de me dire quel est le général, quelle est la garnison que vous laissez à Spandau. Je ne sais pas quels sont les généraux que vous avez; j'ignore qui commande votre cavalerie. Je n'ai enfin aucune notion sur la situation de votre artillerie, de votre génie, ni même de votre infanterie.

Je vous ordonne de faire connaître à votre chef d'état-major que, si tous les jours il n'envoie pas des rapports très-détaillés, indépendamment de votre correspondance, j'en ferai un exemple sévère. Je ne suis instruit de ce qui se passe que par les journaux anglais. Vous avez eu deux ou trois affaires de cavalerie : j'ignore encore votre perte.

Par la marche que vous avez faite sur Wittenberg, mouvement qui heureusement peut être réparé, puisque l'ennemi n'est pas en force, vous avez laissé à découvert toute la 32e division militaire et le royaume de Westphalie. Par là, vous vous trouvez perdre toute la cavalerie, qui est éparpillée dans les cantonnements, et vous livrez à une avant-garde de quelques mille hommes les plus belles provinces de l'Empire.

Je vous ai toujours dit que vous deviez vous retirer sur Magdeburg; en vous retirant sur Wittenberg, en prenant votre ligne d'opération sur Mayence, non-seulement vous compromettez la 32e division, mais même vous compromettez la Hollande et mon escadre de l'Escaut. Bon nombre de troupes sont déjà réunies sur le Main; mais dans un mois une armée de 200,000 hommes sera en ligne, et, pour peu que vous sachiez prendre un camp et une position près de Magdeburg, vous devez tenir plus d'un mois contre un ennemi qui, d'ailleurs, a la plus grande partie de ses forces occupées à Danzig, à Varsovie, en Galicie, qui est obligé d'observer les places de l'Oder et qui a tant souffert. Interdisez toute communication de la rive gauche de l'Elbe avec l'ennemi. Aussitôt que les Russes s'apercevront que vous avez fait halte, et que vous avez pris le parti de leur disputer le terrain, vous les obligerez à se concentrer devant vous : or ils ne peuvent pas avoir aujourd'hui une armée disponible égale à la vôtre; ils s'affaiblissent et vous vous renforcez.

Je suppose que vous avez fait fusiller l'officier de la garde qui a quitté son poste sans se battre.

Si, du côté de Havelberg, sur votre gauche, il y avait sur la rive gauche de l'Elbe un poste ou petit village qu'on pût mettre à l'abri d'un coup de main, il faudrait le faire, pour y établir le corps de troupes qui doit garder le bas Elbe.

Aussitôt que vous aurez pris position sur Magdeburg, et que vous aurez bien interdit toute communication avec l'ennemi, vous prendrez toutes les dispositions convenables pour faire croire que j'arrive à Magdeburg et que l'armée va se porter en avant.

Vous ferez savoir à Hambourg, et partout, que vous ne quitterez pas cette ligne sans une bataille, et que l'ennemi ne peut pas avancer en laissant derrière lui une rivière comme l'Elbe et 80,000 hommes bien postés et ayant repris contenance.

Quant à votre cavalerie, vous en aurez assez, si vous la tenez réunie et la faites marcher avec de bons corps d'infanterie; mais, si vous la disséminez, il vous arrivera encore ce qui est arrivé au 4ᵉ de chasseurs italiens et aux deux régiments lithuaniens.

Faites reconnaître la position à prendre, en cas d'événement inattendu, sur le Harz, et les autres positions d'où vous pourriez couvrir Hanovre et Cassel.

Je suppose que vous n'avez laissé dans les places de l'Oder et à Spandau que le nombre de compagnies d'artillerie désigné. Vous avez à l'armée tout le matériel nécessaire pour votre artillerie; vous avez même assez de caissons pour un approvisionnement. Votre second approvisionnement vous sera envoyé par Wesel; mais vous n'avez pas besoin du second tant que vous serez près de Magdeburg, puisque vous retirerez de cette place toutes les munitions que vous voudrez.

Nous voilà bientôt à la fin de mars; la saison est déjà radoucie et vous pouvez commencer à camper en établissant des baraques, coupant les forêts et démolissant les villages, enfin en ne considérant que la raison militaire. Le général Bourcier a assuré que, dans le courant de mars, il vous fournirait 12,000 chevaux bien équipés et bien montés. Dans la position que vous allez prendre, vous n'aurez pas besoin d'un aussi grand nombre de cavalerie. Aussitôt que vous aurez pris cette position, et que vous aurez pu réunir 4 à 5,000 chevaux, une pointe que vous feriez faire dans la direction de Stettin, avec cette avant-garde et quelque bon corps d'infanterie pour la soutenir, remplirait l'ennemi de crainte et le ferait renoncer à tout mouvement de flanc.

Dans cette position sur Magdeburg, faites des proclamations pour rassurer Hambourg, la 32° division et le royaume de Westphalie. Déclarez que vous n'abandonnerez pas l'Elbe, que l'ennemi n'est pas en force pour le franchir.

Vous pouvez placer dans Magdeburg vos hôpitaux et votre quartier général administratif; mais vous vous tiendrez de votre personne, avec votre état-major, au camp. Ce système de baraquement sera d'autant plus utile qu'il formera l'armée. Je vous le répète, si Wittenberg est ce que je l'ai laissé, c'est-à-dire si l'on n'y a rien démoli, c'est un bon poste; il suffira de construire deux ou trois redoutes qui le lient bien à la rivière, travaux qui peuvent être faits en peu de jours. L'ennemi n'a plus aujourd'hui d'infanterie capable de vous attaquer, et vous êtes certainement plus nombreux que tout ce qu'il peut vous présenter.

Le 3° corps de cavalerie se forme à Metz, et plus de 40,000 chevaux sont en mouvement pour se réunir à Francfort-sur-le-Main. Le duc de Trévise est déjà parti pour cette ville; le prince de la Moskova y sera rendu dans trois jours.

NAPOLÉON.

D'après la copie comm. par S. A. I. Mme la duchesse de Leuchtenberg.

19689. — AU GÉNÉRAL CLARKE, DUC DE FELTRE,
MINISTRE DE LA GUERRE, À PARIS.

Trianon, 10 mars 1813.

Je lis avec surprise votre lettre du 9 mars. Je croyais que les 27,000 fusils donnés aux princes de la Confédération n'étaient pas donnés par nos magasins, mais par nos manufactures. Cette situation est tout à fait alarmante. Non-seulement il n'y a pas un moment à perdre pour donner aux manufactures d'armes l'activité nécessaire pour que les produits des derniers mois soient de 150,000 fusils, mais même il faut activer cette fabrication par des moyens extraordinaires. Qu'est-ce que

150,000 fusils! presque rien; il en faudrait 300,000, afin de pouvoir armer la conscription de 1815, que je lèverai probablement au 1er janvier 1814, et en avoir 150,000 de reste en magasin.

Faites-moi un rapport sur les moyens d'activer cette fabrication.

D'après la minute. Archives de l'Empire.

19690. — AU GÉNÉRAL DUROC, DUC DE FRIOUL,
GRAND MARÉCHAL DU PALAIS, À PARIS.

Trianon, 11 mars 1813.

Je vous renvoie une note que m'a adressée le ministre de la guerre. Vous verrez par cette note que c'est comme si je n'avais rien fait aux Invalides, et que les hommes à qui j'ai annoncé des grâces, de ma bouche, n'en jouiront pas. Il paraît que le colonel Bernard, ou l'aide de camp qui était de service à l'hôtel des Invalides, a remis son travail au ministre de la guerre au lieu de le présenter à ma signature. Cela traînera dans les bureaux et rien ne sera exécuté. Vous donnerez donc ordre au colonel Bernard d'aller reprendre son travail, afin que je le signe. Je désire que vous écriviez une circulaire à tous mes aides de camp pour leur faire connaître que, toutes les fois que je les ai chargés d'une mission ou d'écrire des notes sous ma dictée, ils doivent me remettre leur travail à moi-même. Je veux que dans la journée d'après-demain j'aie signé tout cela, afin que je n'en entende plus parler.

D'après la minute. Archives de l'Empire.

19691. — AU GÉNÉRAL CLARKE, DUC DE FELTRE,
MINISTRE DE LA GUERRE, À PARIS.

Trianon, 11 mars 1813.

Monsieur le Duc de Feltre, mon Ministre de la guerre, le 11e corps et les 1res divisions des 1er et 2e corps ont en Allemagne le matériel qui leur est nécessaire pour être approvisionnés et complétés à un simple approvisionnement, et s'il fallait compléter les deux approvisionnements il faudrait envoyer des caissons de France. Vous avez dirigé deux convois de Wesel et six de Mayence sur Magdeburg; ce qui fait 544 voitures, dont quatre-vingt-quatre bouches à feu; de sorte que, pour le complet du matériel du corps de l'Elbe, il resterait à envoyer huit bouches à feu et 92 voitures. Vous devez ordonner au général Lauriston de céder au 11ᵉ corps dix caissons et de se compléter à quatre-vingt-douze bouches à feu, en employant les attelages des caissons cédés; de sorte que le matériel de son corps sera de quatre-vingt-douze bouches à feu, avec un approvisionnement et demi et un huitième d'approvisionnement. Le demi-approvisionnement avec la fraction formera la réserve du corps de l'Elbe et servira au 11ᵉ corps, selon les circonstances.

Tous les caissons que l'on se procurera à Magdeburg seront chargés, et on les attellera au fur et à mesure que le général Bourcier fournira des chevaux pour compléter les deux approvisionnements.

Il est convenable que les constructions d'artillerie ne se ralentissent pas un seul moment à Magdeburg, afin que, lorsque l'on sera en avant, on puisse trouver dans cette place de quoi réparer toute espèce de pertes et consommations.

La division Durutte, ou la 32ᵉ, qui est avec le 7ᵉ corps, doit faire partie de l'armée de l'Elbe; elle doit avoir vingt bouches à feu avec double approvisionnement.

Il est très-important d'organiser l'artillerie du corps du Main, attendu que les quatre divisions du 1ᵉʳ corps du Rhin vont se mettre en marche. Il faut donc que ce corps ait ses quatre-vingt-douze bouches à feu avec simple approvisionnement; ce qui fait en tout 400 voitures et 2,058 chevaux. Ce corps doit être le 1ᵉʳ avril sur Würzburg et en ligne.

Le 2ᵉ corps du Rhin doit se mettre en marche du 10 au 15 avril; il doit donc vers cette époque avoir à Mayence ses quatre-vingt-douze bouches à feu et son approvisionnement, c'est-à-dire 400 voitures et 2,058 chevaux.

Le corps d'observation d'Italie est en mouvement dans ce moment; il doit arriver sur le Danube avec soixante et dix pièces; il faut qu'elles aient au moins leur simple approvisionnement. Le deuxième approvisionnement, qui est à Vérone, sera traîné par les mauvais chevaux jusqu'à Augsburg, où il recevra 1,000 autres chevaux.

Enfin la Garde fera, du 10 au 20 avril, un mouvement de Mayence, et elle doit avoir pour cette époque quatre batteries à cheval, soit vingt-quatre bouches à feu; huit batteries à pied, soit soixante-quatre bouches à feu : ensemble, quatre-vingt-huit. Sur les huit batteries à pied, il y en aura deux de réserve. Ces batteries, avec un simple approvisionnement, exigent 350 voitures et 2,100 chevaux.

Le corps d'observation d'Italie doit avoir quatre-vingt-douze bouches à feu; il faut donc fournir de Strasbourg les vingt-deux bouches à feu manquantes, avec simple approvisionnement. Il faudrait qu'elles fussent prêtes à Strasbourg le 10 avril; on les dirigerait sur Würzburg, où passe le corps d'observation d'Italie.

L'armée du Main aura donc, vers le 10 avril, trois cent soixante-quatre bouches à feu, 1,550 voitures d'artillerie et 8,274 chevaux.

Le deuxième approvisionnement des deux corps du Rhin n°s 1 et 2, consistant en 488 caissons et 2,440 chevaux; celui des vingt-deux pièces ajoutées au corps d'Italie, consistant en 45 caissons et 225 chevaux; celui pour l'artillerie de la Garde, consistant en 330 voitures et 1,650 chevaux, formant un total de 863 voitures et de 4,315 chevaux, devront être à Mayence pour le 20 avril et seront sous les ordres du directeur en second des parcs, attaché à l'armée du Main. Les deux batteries à cheval et les deux batteries à pied de la Garde, faisant le complet de cent vingt bouches à feu, devront être rendues à Mayence le 30 avril, ainsi que les quatre pièces de réserve attachées au parc de la Garde. Il faut que deux des quatre batteries à cheval qui doivent être organisées à Metz pour le 3e corps de cavalerie le soient pour le 10, et les deux autres pour le 30 avril; de sorte que j'aurai à l'armée du Main, pour le 30 avril, quatre cent vingt bouches à feu, ayant un simple approvisionnement avec les corps, et à Mayence un parc de 900 voitures.

Il restera encore à augmenter ce parc : 1° du double approvisionnement du 11e corps ou 240 caissons; 2° de ce qui manque au double approvisionnement du corps de l'Elbe.

Les 2ᵉˢ divisions des corps n° 1 et n° 2 de la Grande Armée se formeront à Wesel des 4ᵉˢ bataillons; il faut qu'elles aient à Wesel, au 11 avril, chacune deux batteries à pied avec simple approvisionnement.

Il est nécessaire que le génie prenne des mesures pour que son matériel attaché au 1ᵉʳ corps du Rhin puisse partir du 20 au 30 mars, et que celui attaché au 2ᵉ corps du Rhin puisse partir du 1ᵉʳ au 10 avril.

Je viens de rendre un décret qui porte l'artillerie de la Garde à six compagnies à pied pour la vieille Garde, à six pour la jeune Garde, à six pour l'artillerie à cheval; total, dix-huit compagnies.

Je viens également d'ordonner une nouvelle levée de chevaux du train de la Garde, ce qui les portera à 5,000.

Je crains que, sur les 2,600 chevaux partis avec les convois pour le corps de l'Elbe, on ne compte ceux partis avec les deux corps du Rhin.

Cette lettre ne contient que les mêmes éléments que je vous ai fait connaître; seulement j'indique les époques et les corps où je veux avoir le matériel de l'artillerie attelé.

<small>D'après la minute. Archives de l'Empire.</small>

19692. — AU GÉNÉRAL CLARKE, DUC DE FELTRE,
MINISTRE DE LA GUERRE, À PARIS.

Trianon, 11 mars 1813.

Monsieur le Duc de Feltre, donnez ordre au général Bertrand de diriger le mouvement du corps d'observation d'Italie de manière que sa première division, c'est-à-dire celle qu'il mettra la première en mouvement, soit rendue le 15 avril à Nuremberg, sans passer par Munich. Elle passera par Augsburg et de là se dirigera sur Nuremberg en deux colonnes, l'une par Neuburg et l'autre par Donauwœrth.

Qu'à la même époque sa 2ᵉ division soit rendue à Neuburg, sa 3ᵉ à Donauwœrth et sa 4ᵉ à Augsburg; que sa cavalerie soit à cette même époque entre Augsburg et Donauwœrth, avec tout son parc et ses équipages militaires; qu'enfin son quartier général, ses généraux d'artillerie et du génie et ses chefs d'administration soient tous rendus le 5 avril à Augsburg.

Faites en sorte que tous les régiments provisoires aient un major ou colonel en second pour les commander. Les généraux qui doivent rejoindre ces divisions seront dirigés sur les villes où elles doivent arriver, ainsi qu'il vient d'être dit.

Donnez ordre au prince de la Moskova d'avoir son quartier général le 15 mars à Hanau, d'y réunir ses commandants d'artillerie et du génie, son ordonnateur et son état-major; de faire partir le 20 la 1re division, qui est à Aschaffenburg, pour prendre position à Würzburg, après avoir attaché à cette division ses deux batteries d'artillerie à pied, avec un simple approvisionnement complet, les caissons d'infanterie nécessaires, une ambulance de six caissons avec des objets de pansement pour 10,000 blessés, et s'être assuré que cette division a son général de division, ses deux généraux de brigade et les chefs de service nécessaires.

Cette division sera cantonnée à Würzburg et dans les environs; il y sera attaché une brigade de cavalerie, qui sera composée du 10e régiment de hussards, d'un régiment de cavalerie de Bade et d'un régiment de cavalerie de Hesse-Darmstadt.

Un général de brigade de cavalerie commandera cette brigade.

La 2e division du 1er corps d'observation du Rhin sera réunie le 20 mars à Aschaffenburg. La 3e et la 4e division seront réunies à la même époque à Hanau.

Aussitôt que la 2e division aura son artillerie, ses caissons, nos ambulance, ses généraux de brigade, etc. le prince de la Moskova la fera partir pour Würzburg et la fera remplacer à Aschaffenburg par la 3e division. Le prince conservera jusqu'à nouvel ordre son quartier général à Hanau, ne laissant aucune de ses troupes à Francfort, cette dernière ville étant destinée à recevoir le 2e corps d'observation du Rhin.

Vous lui ferez connaître qu'il doit jeter deux ponts sur le Main, pour que la route sur Würzburg soit plus facile; qu'il doit veiller à ce que la citadelle de Würzburg et la petite forteresse de Kœnigshofen soient bien armées et approvisionnées; qu'il est probable qu'au 1er avril il recevra ordre de porter son quartier général à Würzburg et d'y réunir ses quatre divisions; que les troupes de Hesse-Darmstadt, qui doivent former six bataillons, celles du grand-duc de Bade, qui en doivent former huit, et les trois bataillons du prince Primat, formeront une division qui sera sous les ordres du général Marchand, et que je fais donner ordre à ces contingents de se rendre à Würzburg.

Donnez ordre au général Marchand d'y porter son quartier général et de se mettre en correspondance avec ces différentes cours pour activer l'arrivée des troupes qu'il doit commander. Les Wurtembergeois, qui forment 8 à 10,000 hommes, seront aussi sous les ordres du général Marchand et formeront une autre division. Ces deux divisions de troupes alliées feront partie du corps que commande le prince de la Moskova. Aussitôt que la division Souham sera arrivée à Würzburg, la division Marchand sera portée en avant de la direction de Schweinfurt.

Prévenez de ces dispositions le prince de la Moskova. Prévenez-le également que le roi de Bavière réunit à Bamberg, à Baireuth et à Kronach quinze bataillons et 2,000 chevaux sous les ordres du général de Wrede ; que cette division sera également sous ses ordres, ce qui portera le 1er corps d'observation du Rhin à sept divisions, savoir : quatre divisions françaises et trois divisions alliées.

Sa cavalerie, qui est de 1,900 chevaux, se composera du 10e de hussards, d'un régiment hessois et d'un régiment badois : ces trois régiments feront une brigade. Le prince de la Moskova aura, en outre, une brigade de cavalerie wurtembergeoise et une brigade de cavalerie bavaroise ; ce qui fera trois brigades, qu'il mettra sous les ordres d'un général de division de cavalerie.

Vous lui ferez connaître que le roi de Bavière doit avoir donné des ordres pour faire armer la place de Kronach, et que le grand-duc de Würzburg doit avoir fait armer la citadelle de Würzburg ; que ces deux places doivent être approvisionnées ; que de cette position le prince doit garder toutes les montagnes de la Thuringe, tout en tenant ses troupes groupées ; qu'il recevra d'ailleurs des ordres selon les circonstances.

Vous instruirez mon ministre à Stuttgart que la division wurtembergeoise doit se réunir sous les ordres du général Marchand et faire partie du corps du prince de la Moskova, à Würzburg.

Vous donnerez avis à mon ministre à Munich que les troupes bavaroises que le général de Wrede réunit à Bamberg, à Baireuth et à Kronach, sont sous les ordres du prince de la Moskova, dont le quartier général va être porté à Würzburg.

Enfin vous instruirez mes ministres à Bade et à Darmstadt que les brigades badoise et hessoise formeront une division qui fera partie du corps du prince de la Moskova et qui se réunira à Würzburg sous les ordres du général Marchand.

Par ces dispositions, vous voyez qu'il est important que l'artillerie des 3ᵉ et 4ᵉ divisions soit également arrivée à Francfort du 20 au 25 mars, afin que ces soixante et douze pièces d'artillerie puissent se trouver réunies à Würzburg.

Vous ferez connaître au duc de Raguse qu'il est indispensable qu'au 20 mars il ait son quartier général à Mayence, afin de voir lui-même ses troupes; qu'au 1ᵉʳ avril son quartier général devra être porté à Hanau, et que du 1ᵉʳ au 15 avril les quatre divisions doivent être placées à Aschaffenburg et à Hanau, à moins de changement dans les dispositions ultérieures. Vous lui communiquerez les ordres donnés pour le mouvement du 1ᵉʳ corps du Rhin. Enfin vous ferez connaître au prince de la Moskova et au duc de Raguse le lieu où seront les quatre divisions du corps d'Italie à la même époque, c'est-à-dire du 1ᵉʳ au 15 avril.

La Garde tout entière se réunira à Francfort, cavalerie, infanterie, artillerie.

Faites connaître l'ensemble de toutes ces dispositions au duc de Valmy. Faites connaître également l'ensemble de toutes ces dispositions au ministre de l'administration de la guerre, afin qu'il prenne ses mesures pour que les trois bataillons d'équipages militaires attachés au 1ᵉʳ et au 2ᵉ corps du Rhin, ainsi qu'au corps d'observation d'Italie, soient tout prêts. Faites-lui connaître que le grand quartier général de l'armée du Main sera à Francfort au 1ᵉʳ avril; qu'il est donc nécessaire qu'il donne des ordres pour qu'un médecin adjoint au médecin en chef de la Grande Armée, un chirurgien adjoint au chirurgien en chef, un pharmacien en chef adjoint, deux ordonnateurs chargés, l'un des hôpitaux, l'autre des subsistances, et des chefs de service adjoints à ceux qui sont en chef à l'armée, soient rendus au 1ᵉʳ avril à Francfort pour le service du grand quartier général.

Après avoir donné tous ces ordres et pris toutes ces dispositions, remettez-moi l'état général de situation de tous les corps d'armée, avec l'époque où leur infanterie, leur artillerie, et leur cavalerie arriveront. Mettez-y bien les noms des majors ou majors en second qui commandent les régiments, ainsi que l'indication des chefs de bataillon qui existent. Enfin mettez en détail tout ce qui compose leur matériel d'artillerie et du génie. Vous y ajouterez la formation du 3ᵉ corps de cavalerie, et ce que j'ai ordonné pour les escadrons des 1ᵉʳ et 2ᵉ corps qui doivent partir de France; combien de divisions cela fera, et ce qui sera rendu sur le Rhin du 1ᵉʳ au 15 avril.

Faites-moi connaître également l'organisation de la division que formeront les seize 4ᵉˢ bataillons du 1ᵉʳ corps et de celle qui se composera des douze 4ᵉˢ bataillons du 2ᵉ : le jour où ils devront se mettre en mouvement, le lieu où ils se réuniront; les deux généraux de division et les quatre généraux de brigade qui les commanderont.

Tous ceux de ces bataillons qui sont sur les bords du Rhin pourront s'embarquer sur ce fleuve pour arriver, sans se fatiguer, à Wesel, où mon intention, comme je vous l'ai mandé, est de réunir ces deux divisions.

Il faut après cela me faire le travail de l'intérieur, disposer de tous les généraux qui restent pour ce service, et composer les demi-brigades et les brigades qui doivent assurer notre système de défense.

NAPOLÉON.

D'après la copie. Dépôt de la guerre.

19693. — DÉCISION.

Trianon, 11 mars 1813.

Le ministre de la guerre propose à l'Empereur d'accorder l'épaulette aux officiers des compagnies d'infirmiers comme elle a été accordée à ceux des équipages militaires.

Refusé, et même ne pas armer les soldats, fût-ce seulement avec un sabre.

NAPOLÉON.

D'après l'original. Archives de l'Empire.

19694. — AU VICE-AMIRAL COMTE DECRÈS,
MINISTRE DE LA MARINE, À PARIS.

Trianon, 11 mars 1813.

Je ne conçois pas comment *la Gloire* a pu prendre chasse devant une corvette et deux ou trois bricks; n'était-elle pas plus forte que ces bâtiments?

Je désirerais que vous me fissiez un plan de croisière d'une trentaine de frégates que nous ferions sortir de tous nos ports, même du Texel, des bouches de la Meuse et de l'Escaut, pour croiser en temps opportun et faire du mal à l'ennemi. Nous avons deux de ces frégates au Texel, deux aux bouches de la Meuse, quatre dans l'Escaut, ce qui fait déjà huit pour le Nord. Nous en avons deux à Cherbourg, une à Saint-Malo, six à Brest, deux à Nantes, deux à Rochefort : il faut les multiplier de manière à en avoir trente.

D'après la minute. Archives de l'Empire.

19695. — AU GÉNÉRAL COMTE DE LAURISTON,
COMMANDANT LE CORPS D'OBSERVATION DE L'ELBE, À MAGDEBURG.

Trianon, 11 mars 1813.

Monsieur le Comte Lauriston, l'estafette de Magdeburg du 6 est arrivée, et je n'ai point de lettre de vous.

Le cinquième convoi d'artillerie est parti de Mayence par Cassel pour votre corps d'armée; beaucoup d'officiers d'état-major vous ont été envoyés; une compagnie d'équipages militaires, portant cinq ambulances, qui suffisent pour panser 5,000 hommes, est partie : ainsi votre corps commence à prendre une physionomie.

Mon intention est que les quatre divisions de votre corps et le 11ᵉ corps soient entièrement réunis. Il faut faire baraquer les troupes dans une belle position.

NAPOLÉON.

D'après l'original comm. par M. le marquis de Lauriston.

19696. — A EUGÈNE NAPOLÉON,
VICE-ROI D'ITALIE, COMMANDANT EN CHEF LA GRANDE ARMÉE, A LEIPZIG.

Trianon, 11 mars 1813.

Mon Fils, je reçois votre lettre du 5 mars. Il est bien fâcheux qu'on ait livré Berlin et Dresde à quelques troupes légères : je suppose cependant que le général Reynier se maintiendra à Dresde aussi longtemps que possible.

Il faut enfin commencer à faire la guerre. Toutes mes lettres chiffrées vous auront fait connaître mes intentions. Je vous écris de nouveau aujourd'hui. C'est devant Magdeburg qu'il faut que vous réunissiez 80,000 hommes et de là, comme d'un centre, protégiez tout l'Elbe. Si vous préférez faire venir à Dessau le corps bavarois qui était à Krossen, vous pourrez réunir sous le prince d'Eckmühl, à Wittenberg, les deux divisions des 1er et 2e corps; ce qui vous mettra à même d'occuper la ville. qu'il faut mettre à l'abri d'un coup de main, en même temps que toute cette rive gauche de l'Elbe.

Je suppose que vous avez gardé deux généraux de division et quatre généraux de brigade pour ces deux divisions. Cela n'empêche pas que dans le cas où vous abandonneriez Magdeburg, ce qui ne me semble pas possible, vous fassiez venir ces deux divisions pour en former la garnison. En prenant une bonne position, en réunissant votre cavalerie et menaçant de vous porter sur Brandenburg et Stettin, vous laisserez l'ennemi dans l'incertitude, et vous serez dans une belle situation, puisqu'il est de fait que les Russes n'ont pas aujourd'hui plus de troupes disponibles que vous n'en avez vous-même. Les convois d'artillerie du corps d'observation de l'Elbe filent à force. Vous réunirez un corps westphalien à deux journées de Magdeburg sur l'Elbe, entre Magdeburg et Hambourg.

Prenez des mesures énergiques pour faire concourir à l'approvisionnement de votre armée la province de Magdeburg en Prusse, à plusieurs journées de marche de votre camp, en faisant des exemples sévères, selon les usages de la guerre, toutes les fois que l'on n'obéirait pas à vos réquisitions.

Faites faire également des réquisitions dans les provinces de Halle, Halberstadt, etc. et faites faire des versements abondants. Vous payerez avec des bons qui seront ensuite liquidés; mais ayez soin que votre camp ne manque de rien.

Je ne conçois pas pourquoi vous avez renvoyé le général Belliard, il vous aurait été utile pour l'ensemble de la cavalerie; mais vous renvoyez tout le monde et ne gardez personne. Je n'ai pas approuvé la nomination des chefs d'escadron Faudoas, Galbois, Fontenille et de Vence à des régiments de cavalerie : ils sont trop jeunes et n'ont pas assez d'expérience de la cavalerie. Vous trouverez ci-jointe la copie du décret par lequel j'ai pourvu à ces régiments. Veillez à ce que les colonels se rendent sur-le-champ à leurs corps. Vous toruverez aussi un décret par lequel je nomme les chefs d'escadron Galbois et Fontenille adjudants commandants. Donnez ordre à ces deux adjudants commandants de se rendre sans délai à Francfort-sur-le-Main, où ils seront attachés au quartier général de l'armée du Main.

J'attends avec impatience vos états de situation.

J'ai fait envoyer de l'argent à la caisse centrale de Magdeburg; cette caisse en était sortie; il faut l'y faire rentrer. D'ailleurs, en cas de siége, il serait nécessaire de laisser à Magdeburg un million.

Le 1er régiment de lanciers polonais de ma Garde a 600 hommes et 300 chevaux; le 3e a 600 hommes et 280 chevaux; donnez ordre au général Bourcier de fournir à ces régiments les 600 chevaux dont ils ont besoin, et aux régiments d'envoyer en remonte à Hanovre pour y recevoir ces 600 chevaux.

Tenez le 11e corps, que commande le maréchal Saint-Cyr, et le corps d'observation de l'Elbe bien réunis, ainsi que la division Gérard. Ces neuf divisions formeront votre corps d'armée.

Les divisions des 1er et 2e corps, les Bavarois, les Polonais, les Westphaliens et les Saxons doivent border la rive gauche de l'Elbe et avoir des postes sur la rive droite. Si, à deux journées de marche sur la gauche, entre Magdeburg et Hambourg, l'Elbe fait un coude, on pourrait établir une tête de pont, ou bien un poste à l'abri des Cosaques et des troupes légères, avec un va-et-vient; cela serait important et empêcherait les partisans ennemis de se hasarder dans le Mecklenburg. Nos opérations militaires sont l'objet des risées de nos alliés à Vienne et de nos ennemis à Londres et à Saint-Pétersbourg, parce que constamment l'armée s'en va huit jours avant que l'infanterie ennemie soit arrivée, à l'approche des troupes légères et sur de simples bruits. Il est temps que vous travailliez et agissiez militairement; je vous ai tracé tout ce que vous avez à faire. Vous pouvez réunir à Magdeburg, et à couvert par cette place, plus de troupes que l'ennemi ne peut vous en opposer. Dès lors, c'est là qu'il faut tenir; et l'ennemi n'est pas assez fou pour s'avancer avec toutes ses forces, en s'exposant à être coupé par l'armée rassemblée sur le Main. En suivant fidèlement les plans que je vous ai tracés, en faisant marcher des avant-gardes dans toutes les directions, vous tiendrez l'ennemi en alerte et vous reprendrez la position qui convient; c'est vous qui porterez partout l'alarme.

NAPOLÉON.

D'après la copie comm. par S. A. I. Mme la duchesse de Leuchtenberg.

19697. — NOTES POUR LE VICE-ROI D'ITALIE,
COMMANDANT EN CHEF LA GRANDE ARMÉE, À LEIPZIG.

Trianon, 11 mars 1813.

La ligne depuis Havelberg jusque près de Wittenberg n'a que près de vingt-quatre lieues; elle est couverte pour les trois quarts par le Havel, par les lacs et par des filets d'eau. Cette ligne a l'avantage de placer l'avant-garde à Brandenburg, c'est-à-dire à une grande marche de Spandau. De Magdeburg à Wittenberg il y a trois petites journées; de Wittenberg à Dresde il y en a quatre ou cinq : ainsi de Dresde à Magdeburg il y a sept à huit jours de marche. De Magdeburg à Havelberg il y a trois jours de marche; de Havelberg à Hambourg il y a sept jours de marche. De Havelberg à Berlin il n'y a que trois jours de marche, même distance que de Wittenberg à Berlin. De Havelberg à l'Oder il n'y a que six marches; de Havelberg, c'est la route la plus courte pour se porter sur Stettin. L'on conçoit donc que, comme le principal but de l'armée française doit être d'arriver promptement au secours de Danzig, en supposant l'armée de l'Elbe réunie à Magdeburg, à Havelberg et à Wittenberg, et l'armée du Main réunie sous Würzburg, Erfurt et Leipzig, un mouvement naturel, qui serait facilement dérobé à l'ennemi, serait de faire passer toute l'armée de l'Elbe, suivie par l'armée du Main, par Havelberg sur Stettin; de sorte qu'on serait arrivé dans cette ville, on se trouverait avoir passé l'Oder et avoir gagné dix jours de marche, sans que l'ennemi, qui est à Dresde, Glogau ou Varsovie, pût être en mesure de se pelotonner pour couvrir Danzig.

Après avoir fait toutes les tentatives pour faire supposer que je veux me porter sur Dresde et dans la Silésie, mon intention sera probablement (à couvert des montagnes de la Thuringe et de l'Elbe) de me porter par Havelberg, d'arriver à marches forcées sur Stettin avec 300,000 hommes et de continuer la marche de l'armée sur Danzig, où on peut arriver en quinze jours; et le vingtième jour du mouvement, après que l'armée aurait passé l'Elbe, on aurait débloqué cette ville et on serait maître de Marienburg, de l'île de la Nogat et de tous les ponts de la basse Vistule. Voilà pour l'ordre offensif.

Pour l'ordre défensif, le principal but étant de couvrir la 32e division militaire, Hambourg et le royaume de Westphalie, c'est le point de Havelberg qui forme tout cela. Aussi, pour l'offensive, serait-il beaucoup meilleur que Magdeburg fût vis-à-vis Werben; mais il n'y a point de remède à cela. Je désire que l'on fasse reconnaître le point de Havelberg pour voir si on ne pourrait point l'armer de manière à mettre 2,000 hommes à l'abri d'un coup de main et à obliger l'artillerie de siége d'ouvrir la tranchée. Il faudrait alors avoir un pont sur l'Elbe, ce qui se ferait facilement vis-à-vis Werben par une tête de pont. Si Werben a une enceinte comme Wittenberg, s'il a des fossés pleins d'eau, on peut promptement en faire un bon poste et construire un pont et une bonne tête de pont vis-à-vis. Une division westphalienne, et même une des divisions de l'armée, pourrait alors y prendre pied et être, là, assise sur les deux rives. Ce point a action sur le Mecklenburg; c'est, encore une fois, le point le plus favorable pour aller promptement au secours de Danzig, motif qu'il faut bien déguiser.

Nous ne pourrons prendre décidément l'offensive qu'au commencement de mai. Dans ce temps-là Danzig peut être assiégé; il est donc convenable de pouvoir arriver sur cette place pour en faire lever le siége avant la fin de juin, ce qui ne peut se faire qu'après avoir trompé l'ennemi en débouchant par Havelberg. Les trois quarts de l'armée peuvent être réunis à Werben, déboucher en plusieurs colonnes sur Stettin, et être déjà à mi-chemin de Stettin sans que l'ennemi en sache rien. Le corps d'observation qu'on laisserait se réfugierait dans Magdeburg.

Le vice-roi doit sentir toute l'importance de ces notes. Il est convenable qu'il les déchire aussitôt qu'il les aura bien lues et bien comprises, afin que dans aucun événement on ne puisse en abuser.

Il est nécessaire qu'il fasse reconnaître par des ingénieurs-géographes et par des officiers du génie les points voisins de Havelberg ou Sandow, ou tout autre point dominant la rivière et pouvant en favoriser ou en empêcher le passage. Si on voulait marcher sur Berlin, les points les plus favorables seraient encore les mêmes; on déboucherait par Werben et Wittenberg. Si Werben était trop loin de la rivière ou qu'il ne pût pas offrir les avantages qu'on se propose, il faudrait voir Sandow et Havelberg: ces deux points paraissent avoir des enceintes et être joints par un grand marais.

D'après la minute. Archives de l'Empire.

19698. — DÉCRET.

Trianon, 12 mars 1813.

Article premier. Le 1er corps de la Grande Armée sera composé des 1re, 2e et 3e divisions.

La 1re division sera d'abord composée des seize 2es bataillons des régiments du 1er corps; la 2e, des seize 4es bataillons; la 3e, des seize 3es bataillons.

Lorsque les trois divisions pourront se joindre, alors les bataillons seront réunis par régiment; deux divisions seront composées chacune de cinq régiments et une sera composée de six.

Art. 2. Le 2e corps sera composé des 4e, 5e et 6e divisions de la Grande Armée.

La 4ᵉ division sera composée des douze 2ᵉˢ bataillons des régiments du 2ᵉ corps. La 5ᵉ division sera celle que composeront les douze 4ᵉˢ bataillons. La 6ᵉ division sera composée des douze 3ᵉˢ bataillons.

Ces divisions seront ensuite formées, comme celles du 1ᵉʳ corps, par régiment, et chaque division sera alors de quatre régiments.

Art. 3. Le 3ᵉ corps de la Grande Armée sera composé des 8ᵉ, 9ᵉ, 10ᵉ et 11ᵉ divisions.

La 8ᵉ division sera la division Souham, qui est actuellement la 1ʳᵉ du 1ᵉʳ corps d'observation du Rhin.

La 9ᵉ sera la 2ᵉ du 1ᵉʳ corps d'observation du Rhin. La 10ᵉ sera la 3ᵉ actuelle du 1ᵉʳ corps d'observation du Rhin. La 11ᵉ sera la 4ᵉ du même corps.

Art. 4. Le 4ᵉ corps sera composé du corps d'observation d'Italie.

Les quatre divisions actuelles de ce corps d'observation prendront les nᵒˢ 12, 13, 14 et 15 de la Grande Armée et formeront le 4ᵉ corps.

Art. 5. Le 5ᵉ corps sera composé des 16ᵉ, 17ᵉ, 18ᵉ et 19ᵉ divisions.

Les quatre divisions qui composent actuellement le corps de l'Elbe prendront ces numéros et formeront le 5ᵉ corps.

Art. 6. Le 6ᵉ corps sera composé des quatre divisions du 2ᵉ corps d'observation du Rhin, qui prendront les nᵒˢ 20, 21, 22 et 23.

Art. 7. Le 7ᵉ corps sera composé des deux divisions du contingent saxon, qui prendront les nᵒˢ 24 et 25, et de la 32ᵉ division, actuellement Durutte, qui conservera son numéro.

Art. 8. Le 8ᵉ corps sera composé des deux divisions polonaises, qui prendront les nᵒˢ 26 et 27.

Art. 9. Le 9ᵉ corps sera composé du corps bavarois, dont les deux divisions prendront les nᵒˢ 28 et 29.

Art. 10. Le 10ᵉ corps sera composé des trois divisions qui forment la garnison de Danzig : ces divisions conserveront les nᵒˢ 7, 30 et 33, qu'elles ont actuellement. Tout ce qui se trouve à Danzig de l'ancienne 34ᵉ division sera placé dans la 30ᵉ division.

Art. 11. Le 11ᵉ corps restera formé, comme il l'est actuellement, des 31ᵉ, 35ᵉ et 36ᵉ divisions. Les cinq bataillons de la division Gérard,

3ᵉ, 105ᵉ, 127ᵉ et deux bataillons napolitains feront partie de cette division.

Art. 12. Le contingent westphalien formera une division, qui s'appellera la 37ᵉ.

Le contingent wurtembergeois formera une division, qui s'appellera la 38ᵉ.

Les contingents de Hesse-Darmstadt, de Bade et du prince Primat formeront une division, qui s'appellera la 39ᵉ.

Les quatre régiments de la Vistule, les trois régiments polonais qui étaient en Espagne et les régiments lithuaniens formeront ensemble la 40ᵉ division.

La 41ᵉ division sera composée des 2ᵉ et 3ᵉ bataillons du 123ᵉ; des 2ᵉ et 4ᵉ bataillons du 124ᵉ; des 2ᵉ et 3ᵉ bataillons du 127ᵉ; des 2ᵉ et 3ᵉ bataillons du 128ᵉ; des 2ᵉ et 3ᵉ bataillons du 129ᵉ; ensemble, dix bataillons. Elle se formera à Erfurt.

Art. 13. Tout ce que les régiments du 1ᵉʳ corps ont en garnison dans les places de l'Oder sera porté au 1ᵉʳ corps; il en sera de même de ce que les régiments du 2ᵉ corps auraient dans les garnisons.

Tout ce que la 31ᵉ division aura laissé dans les garnisons sera également porté pour mémoire à la 31ᵉ division.

Tout ce que le 4ᵉ corps a laissé à Glogau sera porté au 4ᵉ corps ou corps d'Italie.

Art. 14. Le 1ᵉʳ corps sera commandé par le prince d'Eckmühl; le 2ᵉ corps par le duc de Bellune; le 3ᵉ par le prince de la Moskova; le 4ᵉ par le général Bertrand; le 5ᵉ par le général Lauriston; le 6ᵉ par le duc de Raguse; le 7ᵉ par le général Reynier; le 8ᵉ par le prince Poniatowski; le 9ᵉ par..........[1]; le 10ᵉ par le général Rapp; le 11ᵉ par le maréchal Saint-Cyr.

Art. 15. Nos ministres sont chargés, chacun en ce qui le concerne, de l'exécution du présent décret.

Napoléon.

D'après la copie. Dépôt de la guerre.

[1] Lacune dans le texte. Le 9ᵉ corps, qui devait se composer des troupes bavaroises, n'était pas encore organisé.

19699. — AU GÉNÉRAL DUROC, DUC DE FRIOUL,
GRAND MARÉCHAL DU PALAIS, À PARIS.

Trianon, 12 mars 1813.

Je voudrais que mes équipages, actuellement de 72 voitures, n'en eussent que 10; et, au lieu de 500 chevaux et mulets, je n'en compte pour être de service que 110 : voyez de quelle manière cela se peut arranger.

<small>D'après la minute. Archives de l'Empire.</small>

19700. — AU GÉNÉRAL CLARKE, DUC DE FELTRE,
MINISTRE DE LA GUERRE, À PARIS.

Trianon, 12 mars 1813.

Monsieur le Duc de Feltre, j'ai établi un règlement pour le nombre de voitures que doivent avoir les généraux et les corps. Mon intention est qu'aucun régiment n'ait de voiture dite caisson de papiers ou d'état-major. Les papiers de l'état-major et la caisse seront portés sur des chevaux de bât; chaque bataillon en aura deux, un pour l'ambulance et un pour les papiers et la caisse; ainsi un régiment qui aura quatre bataillons à l'armée aura huit chevaux de bât, ce qui donnera les moyens de transport d'un millier pesant par régiment; cela est suffisant pour porter les papapiers et la caisse et quelques médicaments.

Il faudrait régler la quantité de charpie, médicaments et instruments qu'il devrait y avoir, et installer deux petits caissons portatifs. Il faudrait adopter un petit modèle de bâts et des deux petits paniers d'osier qu'ils doivent porter.

Entendez-vous avec le ministre directeur de l'administration de la guerre pour me faire un rapport là-dessus.

Il faut prescrire que le nom du régiment et le numéro du bataillon et du cheval de bât soient écrits sur le bât.

NAPOLÉON.

<small>D'après la copie. Dépôt de la guerre.</small>

19701. — A EUGÈNE NAPOLÉON,
VICE-ROI D'ITALIE, COMMANDANT EN CHEF LA GRANDE ARMÉE, À LEIPZIG.

Trianon, 12 mars 1813.

Mon Fils, j'ai fait partir le général de brigade Flahault, mon aide de camp, pour vous entretenir de l'état des choses, et vous faire bien comprendre mes projets et la direction que j'ai désiré que vous donniez à votre corps d'armée, fondée sur tout ce que je vous ai dit dans mes différentes lettres. Quand il sera resté vingt-quatre heures avec vous, renvoyez-le-moi avec tous les détails qui puissent me faire connaître l'état des choses.

NAPOLÉON.

D'après la copie comm. par S. A. I. Mme la duchesse de Leuchtenberg.

19702. — A EUGÈNE NAPOLÉON,
VICE-ROI D'ITALIE, COMMANDANT EN CHEF LA GRANDE ARMÉE, À LEIPZIG.

Trianon, 12 mars 1813.

Mon Fils, je n'ai rien à ajouter aux différentes lettres que je vous ai écrites ces jours derniers. Le général Lauriston m'a appris qu'on avait déjà travaillé aux fortifications de Wittenberg ; vingt pièces de canon, qu'on retirera de Torgau, et 2,000 hommes de garnison mettront cette position à l'abri de toute insulte. Il faut faire palissader la tête de pont, soit d'un côté, soit de l'autre de la rivière ; il faut faire palissader également la tête des inondations et le grand nombre de petits ponts sur la rive droite. De simples tambours, qui mettront les corps de garde à l'abri des Cosaques, seront suffisants. Il faut faire reconstruire les lunettes des redoutes, telles que je les avais fait faire dans la campagne précédente. Un tambour en palissades mettra de ce côté à l'abri de toute insulte l'espace entre la ville et la rivière.

L'intendant devra prendre des mesures énergiques pour réunir une grande quantité de vivres à Magdeburg, en requérant les préfets de tous les départements, en requérant même sur la rive droite, et en écrivant à tous les petits princes de Saxe qui sont à portée. On donnera des bons contre tout ce qui sera livré, et vous prendrez des mesures pour que cela soit exécuté.

On se plaint qu'on n'a pas payé la gratification de campagne que j'avais accordée aux officiers de cavalerie : faites-la payer sans délai.

Les généraux Sebastiani et Latour-Maubourg doivent être arrivés à leurs corps ; ils y feront lever tous les obstacles.

Vous devez avoir actuellement au moins 6,000 hommes de cavalerie. Le général Bourcier assure qu'à la fin de mars ou au commencement d'avril vous en aurez 12,000 en Allemagne. J'attends avec impatience les états de situation détaillés que je vous ai demandés, car je suis dans l'obscur sur tout.

Je n'ai rien à ajouter à ce que je vous ai écrit aujourd'hui en chiffre relativement à votre gauche. Je suis fâché que le général Lauriston, qui a reçu ma lettre du 2 mars, ne vous ait pas mandé ce que je lui avais écrit sur vos opérations ultérieures.

Faites comprendre au roi de Westphalie qu'en France, en Italie, pays qui m'appartiennent, on ne peut, dans les grandes circonstances, agir autrement que par voie de réquisition. C'est ainsi qu'on établit des magasins autour de Mayence et de Wesel. Vous savez ce qu'on a fait en Italie en 1809, et pourtant ce pays est bien organisé, et les circonstances y étaient moins urgentes. Vous devez écrire dans ce sens à mon ministre, afin de lui fournir des arguments et de lui ôter cette vaine subtilité. A Strasbourg et Mayence, on requérait des chevaux, des bœufs, des fourrages, etc. et des commissaires de département délivraient des bons en échange. C'est ainsi que cela doit se faire dans le royaume de Westphalie.

NAPOLÉON.

P. S. Je n'ai pas besoin de vous dire que, si l'ennemi arrivait en force à Dresde, peut-être que le général Reynier, qui forme votre droite, pourrait s'appuyer derrière la Mulde, qui est une rivière assez profonde pour former une ligne et qui n'a que peu ou point de ponts ; par cette ligne, Leipzig et toute la basse Saxe seraient à couvert des incursions des Cosaques.

D'après la copie comm. par S. A. I. M la duchesse de Leuchtenberg.

19703. — AU MARÉCHAL KELLERMANN, DUC DE VALMY,
COMMANDANT SUPÉRIEUR DES 5°, 25° ET 26° DIVISIONS MILITAIRES, À MAYENCE.

Trianon, 12 mars 1813.

Mon Cousin, je reçois votre lettre du 8 mars. Le prince de la Moskova sera, j'espère, rendu à Hanau du 15 au 16. La 8° division (Souham) doit être à Aschaffenburg; je donne ordre que le 20 elle se mette en marche pour Würzburg, mais à cet effet il faut qu'elle ait ses seize pièces d'artillerie, ses généraux de brigade et ses six caissons d'ambulance. Je vous ai mandé qu'elle ne devait pas avoir les quarante caissons, mais seulement six. La 9° division (Brenier) se réunira le 21 à Aschaffenburg, et le prince de la Moskova la dirigera sur Würzburg, aussitôt qu'elle aura son artillerie et ses généraux de brigade. La 10° division (Girard) et la 11° division se réuniront à Aschaffenburg.

Mon intention, à moins d'événements différents, est que vers le 1ᵉʳ avril tout le 1ᵉʳ corps d'observation du Rhin soit réuni à Würzburg, et qu'à cette époque le prince de la Moskova ait son quartier général à Würzburg. Ce prince a sous ses ordres le général Marchand, qui commandera les 38° et 39° divisions (alliées), comme je vous l'ai mandé : l'une composée d'une brigade hessoise, d'une brigade badoise et des régiments du prince Primat, ce qui fera dix-sept bataillons; l'autre formée du contingent wurtembergeois.

Le général de Wrede commandera une division bavaroise (la 29°), composée de trois brigades qui se réunissent à Baireuth, Bamberg et Kronach, et sera sous les ordres du prince de la Moskova. Le corps aux ordres de ce prince (3° corps) sera donc porté à sept divisions, qui occuperont Würzburg, Coburg, Meiningen et tous les débouchés des montagnes de Thuringe.

La cavalerie de ce corps d'armée se composera : 1° du 10° régiment de hussards, d'un régiment hessois et d'un régiment badois, qu'on réunira en une brigade marchant avec le général Souham; 2° de la cavalerie wurtembergeoise, formée en deux brigades; 3° de la cavalerie bavaroise, formée en une brigade; au total, de quatre brigades de cavalerie ou de 5 à 6,000 chevaux. Il est indispensable qu'un général de division de cavalerie soit à cet effet au quartier général du prince de la Moskova.

Vous pouvez très-bien placer une division du 2ᵉ corps d'observation du Rhin (6ᵉ corps) dans les états de Nassau, une dans les états de Hesse-Darmstadt, une à Hanau et l'autre à Aschaffenburg. Ces quatre divisions ne seront pas arrivées avant le 1ᵉʳ avril. Vous pouvez donc diriger tout ce qui regarde la 4ᵉ division sur le pays de Nassau, pour désencombrer Mayence; la 3ᵉ sur Hesse-Darmstadt; et tout ce qui arrivera successivement de la 1ʳᵉ et de la 2ᵉ, vous pourrez le diriger d'abord autour de Francfort, et, lorsque Hanau sera évacué, sur Hanau. Mon intention est que le duc de Raguse ait son quartier général le 20 à Mayence, et le 1ᵉʳ à Hanau.

Toute la Garde impériale à pied et à cheval sera réunie à Francfort.

NAPOLÉON.

P. S. Je vous envoie pour votre instruction le décret que je viens de prendre[1], qui règle la formation de la Grande Armée; vous sentez combien cela doit être secret. Gardez-le pour vous seul; il vous fera connaître le numéro des divisions.

Écrivez à mon chargé d'affaires à Weimar pour qu'il vous instruise par toutes les estafettes de tout ce qui se passe de son côté. Écrivez la même chose au commandant d'Erfurt.

NAPOLÉON.

D'après l'original comm. par M. le duc de Valmy.

19704. — AU GÉNÉRAL COMTE DE LAURISTON,
COMMANDANT LE 5ᵉ CORPS DE LA GRANDE ARMÉE, À MAGDEBURG.

Trianon, 12 mars 1813.

Monsieur le Comte Lauriston, j'ai reçu votre lettre du 7. Je ne con-

[1] Voir pièce n° 19698.

çois pas comment la gratification de campagne n'a pas été payée aux officiers de cavalerie. Je ne conçois pas davantage comment vous ne faites pas mettre leur solde au courant. Donnez des ordres positifs et prenez des mesures pour que cela soit fait.

Je vois avec peine que vous avez reçu ma lettre du 2 et que cependant elle ne vous a pas frappé, puisque vous n'avez pas écrit au viceroi. Je vous indiquais le point d'opération qu'il était important de lui faire connaître.

Je vois avec plaisir qu'on a travaillé à Wittenberg; 2,000 hommes et vingt pièces de canon dans cette place la mettront parfaitement à l'abri. Je vous ai mandé qu'il est important de diriger toute l'artillerie qui est inutile sur Francfort, ainsi que tout le personnel qui doit servir aux corps d'observation. L'artillerie de la Garde devra prendre la même direction, puisque toute la Garde se réunit à Francfort-sur-le-Main.

NAPOLÉON.

D'après l'original comm. par M. le marquis de Lauriston.

19705. — AU GÉNÉRAL COMTE BOURCIER,
COMMANDANT LES DÉPÔTS DE CAVALERIE DE LA GRANDE ARMÉE, À HANOVRE.

Trianon, 12 mars 1813.

Je reçois avec surprise la lettre où vous me faites connaître le dénûment de la cavalerie : c'est votre faute. Vous avez l'autorité nécessaire pour faire payer la solde, les masses, et donner des chevaux de remonte; si tout cela n'est pas fait et ne va pas mieux, il me semble que vous ne prenez pas toute la latitude que je vous ai donnée. Il ne s'agit pas d'écrire, il faut faire.

D'après la minute. Archives de l'Empire.

19706. — A JÉRÔME NAPOLÉON, ROI DE WESTPHALIE,
À CASSEL.

Trianon, 12 mars 1813.

Mon Frère, je vois avec peine que vous perdez un temps précieux en discussions. Il est fâcheux qu'avec l'esprit que vous avez vous ne vouliez pas voir qu'on ne peut approvisionner Magdeburg que par des réquisitions ; que ce sont des moyens que l'état de guerre autorise ; qu'on en a constamment usé ainsi depuis que le monde est monde ; qu'en Italie, dans la campagne de 1809, que même pour Wesel, Strasbourg et Mayence, on use du même expédient. Les mouvements ont été si rapides, qu'on ne peut pas avoir pourvu à ces approvisionnements par des marchés ; il faut avoir bien peu d'expérience en administration pour ne pas savoir que, du moment que les fournisseurs voient une concurrence aussi considérable, il ne peut plus y avoir de limites à leurs prix. Bien plus, ces fournisseurs ne pourraient même pas, avec les seuls moyens de commerce, satisfaire à l'urgence des besoins ; alors il faut bien avoir recours aux réquisitions, mais c'est par l'intermédiaire de l'administration, qui les répartit le plus également possible, et contre des bons qui sont liquidés en temps et lieu. Or, ce que je fais à Mayence même, comment voulez-vous que je ne le fasse pas à Magdeburg ? Au lieu de prendre des mesures énergiques, vous ne faites que contrarier tout ce qui se fait. Vous croyez d'ailleurs qu'il y a des milliards disponibles, tandis que, si vous preniez seulement la plume en ce moment, vous verriez combien 300,000 hommes que j'ai en Espagne, combien toutes les troupes que je lève cette année et les 100,000 chevaux que j'équipe en ce moment me coûtent d'argent.

Si les magasins eussent été formés il y a trois mois, on aurait pu faire faire alors cette fourniture par des marchés. Aujourd'hui il faut la faire par des réquisitions ; mais il faut que ces réquisitions aient lieu par les ordres de vos ministres, par les préfets et par les administrations locales : qu'on réunisse ainsi une grande quantité d'avoine, de blé, de fourrages, de bestiaux à Magdeburg. Tout cela sera payé par des bons qu'on liquidera le plus tôt qu'on pourra. Voici la différence de la Saxe et de la Westphalie : c'est qu'à peine le vice-roi a-t-il demandé qu'on formât des magasins à Wittenberg, à Torgau, etc. aussitôt les ordres sont partis et les magasins ont été formés. Vous, vous discutez toujours. Quel sera le résultat de cette fausse conduite ? C'est que les militaires feront eux-mêmes les réquisitions dans le pays, et que ce sera partout des sujets d'indiscipline et de désordre. Croyez-vous que, si les Russes viennent dans la Westphalie, ils payeront vos sujets argent comptant? Même les plus petites dépenses, telles que celles des postes, ils les payent partout avec des bons.

Votre pays a l'expérience de la guerre et sait ce que cet état exige; vous seul ne le savez pas et faites miracle des choses les plus simples. Il est honteux qu'une place comme Magdeburg, qui est la clef de votre royaume, ne soit pas encore approvisionnée. Tous vos raisonnements sont des vétilles et vous ne savez pas vous mettre à la hauteur des circonstances. J'ai actuellement 100,000 hommes à Hanau, j'en aurai bientôt 200,000 dans ce pays; on y fait des magasins et l'on ne discute point. Les Bavarois font aussi des magasins nombreux pour le passage du corps d'observation d'Italie; il n'y a que vous qui vous plaigniez et qui ne preniez aucune mesure, parce que vous vous faites des idées fausses. C'est dans le courant de janvier que je vous ai écrit pour l'approvisionnement de Magdeburg : un mois bien précieux a été perdu. Le vice-roi groupe une armée de 100,000 hommes autour de Magdeburg; faites faire les réquisitions nécessaires, et qu'il y ait une grande affluence de vivres à Magdeburg. Tout cela sera momentané; mais, si vous ne prenez pas de mesures, ou le soldat aura recours aux réquisitions militaires, ou l'on évacuera le pays, qui deviendra la proie des Russes. Ainsi donc on ne peut pas faire des marchés, car il n'est pas dans la nature des choses de pouvoir faire des marchés quand 100,000 hommes ont des besoins pressants; mais il faut faire des réquisitions avec le plus d'ordre possible et les payer avec des bons, qu'on liquidera plus ou moins vite. Il n'y a pas d'autre parti à prendre dans des circonstances aussi urgentes que celles où nous nous trouvons. Ces réquisitions bien réparties ne feront tort à aucune partie des localités, n'écraseront aucune province et feront face à tout. Croyez qu'il n'y a pas un Westphalien qui ne sache que, depuis que le monde est monde, cela ne peut pas se faire autrement. Je suis obligé de faire fortifier Magdeburg à mes dépens, de l'armer à mes dépens et de lutter constamment contre les autorités westphaliennes pour toutes les mesures qui n'ont pour objet que d'assurer la défense de la ville et du pays. A quoi donc vous sert votre esprit, puisque vous voyez si mal? Et pourquoi mettre votre vanité à contrarier ceux qui vous défendent, lorsque c'est surtout à votre royaume que l'ennemi en veut le plus?

Napoléon.

P. S. Je viendrai du reste à votre secours pour les dépenses des réquisitions.

<small>D'après la copie comm. par S. A. I. le prince Jérôme.</small>

19707. — AU COMTE BIGOT DE PRÉAMENEU,
MINISTRE DES CULTES, À PARIS.

Trianon, 13 mars 1813.

Je vous renvoie la lettre de l'évêque de Nantes. Vous lui ferez connaître que la formule du serment ne peut être changée; il faudrait qu'il y eût dans ce serment quelque chose de contraire aux mystères de la religion pour que le gouvernement pût le changer. Toutes ces prétentions des cardinaux sont ridicules. Vous direz que, si jamais le Pape devenait souverain temporel, nous romprions avec lui. Nous ne ferions pas pour cela un schisme, mais nous ne voudrions pas souffrir l'influence d'un souverain dont les intérêts politiques pourraient être différents des nôtres. Puisque le Pape ne prend conseil que des gens comme les di Pietro et les Litta, vous lui ferez connaître qu'on verra bientôt de nouveau les suites fâcheuses de l'ineptie de ces gens-là. Les évêques français doivent parler avec fermeté; aussitôt qu'on les verra organisés et prêts à donner l'institution canonique, on nommera les évêques.

P. S. Le serment d'obéissance aux constitutions de l'Empire et de fidélité à l'Empereur est une des clauses principales du Concordat conclu à Paris par le cardinal Consalvi. Dans le temps il y eut quelque opposition à admettre cette formule; mais nous déclarâmes que tout serait rompu si on ne cédait là-dessus. Notre gouvernement n'est pas despotique, et l'obéissance à l'Empereur est de droit, comme dérivant de l'esprit général des constitutions. Comment le Pape peut-il élever des doutes sur un point qui est une des clauses principales du Concordat? S'il arrivait que le Pape fût souverain temporel, et qu'en conséquence on empêchât les fidèles français de communiquer avec lui, il pourrait alors excommunier les fidèles français; mais aujourd'hui ce n'est pas le cas; c'est donc chercher des difficultés bien gratuitement.

D'après la minute. Archives de l'Empire.

19708. — AU GÉNÉRAL CLARKE, DUC DE FELTRE,

MINISTRE DE LA GUERRE, À PARIS.

Trianon, 13 mars 1813.

Je lis avec attention votre rapport du 12. Il est fâcheux qu'on ait envoyé 32,000 fusils en 1812 au roi de Naples, et 12,000 au royaume d'Italie; je ne puis pas admettre ces envois comme raison de diminution, puisque, n'ayant dû être livrés que contre de l'argent comptant, le ministre a dû augmenter la commande de 1812, que vous dites avoir été faible. Vous avez eu tort d'envoyer 12,000 fusils français aux Croates; on pouvait en envoyer 12,000 autrichiens, pourvu qu'ils fussent en bon état. Les 27,000 donnés aux princes de la Confédération l'ont été contre de l'argent comptant, et de même on doit avoir augmenté d'autant la commande; on n'avait pas besoin de fonds pour cela. Il était d'ailleurs assez simple de leur donner des fusils allemands ou prussiens, pourvu qu'ils fussent bons.

Je n'adopte pas l'idée que le trésor doit payer à Paris les entrepreneurs; ils ne sont pas à plaindre si on les paye en argent comptant dans leurs départements. Je ne vois pas d'inconvénient à accorder 800,000 francs par mois, mais en déduisant le prix des fusils fournis à Naples, à l'Italie et à la Confédération.

Je ne vois pas d'inconvénient à exempter 400 conscrits de 1814; mais il est impossible d'exempter ceux des quatre années.

Peut-être pourrait-on armer une partie des conscrits de 1814 avec des fusils étrangers, mais du même calibre, sauf à avoir en réserve à Mayence, Wesel et Strasbourg, qui sont les points de nos frontières d'où nos troupes sortent pour entrer en Allemagne, le nombre de fusils nécessaire, du modèle français, pour armer les Français qui sortiraient.

Tous les régiments ont beaucoup de fusils à leurs dépôts; il faudrait faire rentrer ces fusils, et à cet effet supprimer les clauses des payements qu'on fait supporter aux corps depuis l'an xiii; cela m'a fait perdre plus de 200,000 fusils.

<small>D'après la minute. Archives de l'Empire.</small>

19709. — AU GÉNÉRAL CLARKE, DUC DE FELTRE,
MINISTRE DE LA GUERRE, À PARIS.

Trianon, 13 mars 1813.

J'approuve qu'on prenne des mesures pour défendre les Pyrénées et mettre en activité la garde nationale. Écrivez au général commandant en Catalogne, au Roi et au général Reille, pour leur faire sentir la fausse direction qu'ont les affaires d'Espagne, et la nécessité de protéger la frontière.

<small>D'après la minute. Archives de l'Empire.</small>

19710. — AU GÉNÉRAL LACUÉE, COMTE DE CESSAC,
MINISTRE DIRECTEUR DE L'ADMINISTRATION DE LA GUERRE, À PARIS.

Trianon, 13 mars 1813.

Monsieur le Comte de Cessac, le ministre de la guerre m'a fait un rapport, en date du 12 mars, qui contient un très-beau travail sur toute la cavalerie. Il en résulte que j'ai demandé pour la Grande Armée quarante-six escadrons de cuirassiers ou carabiniers, à 200 hommes montés par escadron, ce qui fait 9,200 hommes; il y aura, sans y comprendre les conscrits de 1814, 13.642 hommes; il y aura donc 4,442 hommes de plus qu'il ne faut. Les chevaux qui sont ou seront fournis en France et en Allemagne pour la remonte de ces 9,200 hommes sont au nombre de 9,550; il restera donc environ 4,000 cuirassiers qui ne seront pas montés.

Pour les dragons, j'ai demandé cinquante-sept escadrons, à 200 hommes montés par escadron, ce qui fait 11,400 hommes : par les mesures prises il y aura, pour fournir ces 11,400 hommes, 13,947 hommes, sans compter les conscrits de 1814; il y aura donc 2,547 dragons de plus qu'il ne faut. Mais sur les 11,400 chevaux il n'y en a d'assurés que 8,800; il manquera donc 2,600 chevaux; ce qui fait qu'il y aura 5,147 dragons de plus que de chevaux.

J'ai demandé vingt-cinq escadrons de chevau-légers, à 250 hommes montés par escadron, faisant 6,250 hommes : d'après les mesures prises, il y aura 8,739 hommes; il y aura donc 2,489 hommes de plus. Le nombre de chevaux assuré est de 7,520 : ainsi il excède de 1,270 le nombre nécessaire.

J'ai demandé quarante-quatre escadrons de hussards, à 250 hommes montés par escadron, ce qui fait 11,000 hommes : d'après les mesures prises, il y aura 12,898 hommes; c'est près de 2,000 de plus qu'il ne faut. J'ai demandé quatre-vingt-trois escadrons de chasseurs, à 250 hommes montés par escadron; ce qui fait 20,750 hommes; d'après les mesures prises, il y aura 23,750 hommes; ce qui fait 3,000 hommes de plus qu'il ne faut.

Récapitulation. J'aurai donc cent trois escadrons de grosse cavalerie, faisant 20,600 chevaux, et cent cinquante-deux escadrons de cavalerie légère, faisant 38,000 chevaux; total, deux cent cinquante-cinq escadrons ou 58,600 chevaux, qui doivent être fournis par quatre-vingt-onze régiments; et, en sus de ce nombre, 4,400 cuirassiers, 5,147 dragons, 2,489 chevau-légers, 2,000 hussards et 3,000 chasseurs, ou environ 17,000 hommes qui ne seront pas montés, sans compter les conscrits de 1814, qui monteront à 13,000 hommes: ce qui ferait en tout 30,000 hommes à monter.

Je désirerais que, indépendamment des 2,700 chevaux qui doivent encore être fournis en France sur les marchés qui ont été passés, vous traitassiez pour les 7,600 chevaux de cuirassiers, 7,500 de dragons, 3,900 de chevau-légers, 3,400 de hussards et 7,000 de chasseurs; total, 29,400, qui seront nécessaires pour monter ce qui restera aux dépôts, après qu'on aura reçu la conscription de 1814. Cette quantité de 29,400 ne pourra probablement pas être fournie dans l'année, mais il faudrait en avoir plus de 15,000 dans les mois de mai, juin, juillet et août, et les 14,000 autres ne seraient fournis que passé le mois de septembre.

NAPOLÉON.

D'après l'original. Dépôt de la guerre.

19711. — AU COMTE DARU,
MINISTRE SECRÉTAIRE D'ÉTAT, INTENDANT GÉNÉRAL DU DOMAINE PRIVÉ, À PARIS.

Trianon, 13 mars 1813.

Monsieur le Comte Daru, le roi de Westphalie se plaint que ses peuples sont écrasés de charges. Je ne serais point éloigné de conclure avec le Roi un marché dans lequel il serait dit qu'il fournirait à tous les besoins de l'armée qui serait sur son territoire; que le nombre d'hommes et de chevaux qu'il doit nourrir en serait déduit; que, pour le surplus, je lui payerais le boisseau d'avoine et le foin, de manière que la ration n'excédât pas 16 sous; je lui payerais également la journée d'hôpital à raison de 16 sous, et la ration de pain au meilleur marché possible, ainsi que celles de viande et d'eau-de-vie, etc. Faites-moi un projet là-dessus.

Je désire aussi que vous voyiez M. de la Bouillerie pour savoir ce que le Roi devait rembourser en 1812, ce qu'il a remboursé, et ce qui échoit en 1813, en distinguant les capitaux des intérêts.

NAPOLÉON.

D'après la copie comm. par M. le comte Daru.

19712. — A EUGÈNE NAPOLÉON,
VICE-ROI D'ITALIE, COMMANDANT EN CHEF LA GRANDE ARMÉE, À LEIPZIG.

Trianon, 13 mars 1813.

Mon Fils, je reçois votre lettre du 8 mars, par laquelle je vois avec peine que le maréchal Saint-Cyr est malade. Le général Flahault, mon aide de camp, est parti hier. Je suppose qu'il sera arrivé, ou bien près d'arriver, quand vous recevrez cette lettre. Je n'ai rien à ajouter à ce que je vous ai mandé dans mes lettres précédentes. Je désire avoir un rapport de ce qui s'est passé au 4º de chasseurs italiens et au régiment lithuanien, rédigé par le colonel ou les officiers qui ont échappé à l'affaire;

vous y joindrez vos observations, pour que je sois à même de connaître ce qui est arrivé; car, même aujourd'hui où vous m'avez fait connaître que presque tout avait été perdu, je n'ai pas d'idée précise sur ces affaires.

Faites-moi connaître la composition de toutes les garnisons. Une lettre du 27 février de Stettin annonce que la consommation de cette place est de 10,000 rations par jour : j'aurais préféré qu'elle ne fût que de 7,000.

Vous pourrez donner le commandement de la division polonaise au général Lapoype, que vous mettrez à Wittenberg, et vous le placerez, ainsi que les divisions du 2ᵉ corps, sous les ordres du duc de Bellune, qui aura son quartier général à Dessau et qui gardera toute la rive gauche de l'Elbe, de Wittenberg à Magdeburg. Vous lui recommanderez bien de ne pas se laisser couper de Magdeburg. La garnison de Torgau doit tenir la moitié de son monde hors de la ville, sur la rive gauche, pour défendre le passage de la rivière entre Torgau et Wittenberg. Il faut un peu d'art pour vous rapprocher de Magdeburg. Il faut d'abord que le général Lauriston choisisse le camp, y fasse entrer ses quatre divisions, construise les redoutes et y place son artillerie, et qu'ensuite les trois divisions du 11ᵉ corps y arrivent successivement, étant relevées dans leurs positions par les troupes du duc de Bellune.

Si le général Reynier était obligé d'évacuer Dresde, il devra se rapprocher de vous et prendre une ligne qui empêche les Cosaques de venir à Leipzig, en défendant la Mulde ou toute autre ligne; mais ce que je considère comme le plus important de tout, c'est le bas Elbe.

Faites travailler avec la plus grande activité à l'armement et approvisionnement de Wittenberg; tirez des canons de Torgau; mettez-y, indépendamment des Polonais, un bon officier d'artillerie et un du génie français, et faites venir de Torgau un bataillon saxon et deux compagnies d'artillerie saxonnes.

Vous ferez évacuer sur Erfurt tous les malades qui sont à Leipzig. Ne laissez rien à Leipzig. J'apprends qu'il y a des dépôts de la Garde à Leipzig : je ne sais ce qu'ils y font; dirigez-les sur Francfort. Il est possible que je ne passe pas moi-même à Leipzig; cela dépendra des circonstances.

Enfin, puisque votre mouvement sur Wittenberg y a attiré l'ennemi, exécutez votre mouvement sur Magdeburg, avec l'art nécessaire pour que l'ennemi vous y suive, et qu'il puisse craindre qu'on veuille prendre l'offensive par Magdeburg, avant qu'il sache que vous vous êtes dégarni devant Wittenberg; ceci dans la supposition que l'infanterie ennemie serait devant vous; car toutes les nouvelles que l'on a de Londres, de Copenhague, de Vienne, s'accordent à dire que l'armée ennemie souffre, qu'elle est affaiblie par les maladies, qu'elle a 40,000 hommes devant Danzig, 12,000 devant Thorn et beaucoup de troupes vis-à-vis les Autrichiens.

NAPOLÉON.

D'après la copie comm. par S. A. I. Mme la duchesse de Leuchtenberg.

19713. — A EUGÈNE NAPOLÉON,
VICE-ROI D'ITALIE, COMMANDANT EN CHEF LA GRANDE ARMÉE, À LEIPZIG.

Trianon, 13 mars 1813.

Mon Fils, le roi de Westphalie me mande, sous la date du 9, qu'il n'est pas encore en état d'envoyer aucun corps du côté de Havelberg pour appuyer la gauche, parce qu'il n'a encore rien de formé; mais qu'à la fin de ce mois il aura quatre bataillons et douze pièces de canon. Sa garde est en bon état. Je lui ai mandé qu'aussitôt que vous seriez placé en avant de Magdeburg il s'approche à deux ou trois journées de vous, pour être là à même de vous renforcer, si vous en avez besoin, ou de se porter à droite ou à gauche sur les ailes, si l'ennemi menaçait d'un passage. Ainsi il formera une espèce de réserve qui pourra vous être fort utile. Concertez-vous avec lui sur le lieu où il doit se placer.

NAPOLÉON.

D'après la copie comm. par S. A. I. Mme la duchesse de Leuchtenberg.

19714. — AU MARÉCHAL NEY, PRINCE DE LA MOSKOWA,
COMMANDANT LE 3e CORPS DE LA GRANDE ARMÉE, À PARIS.

Trianon, 13 mars 1813.

Il est nécessaire que vous soyez arrivé du 15 au 17 à Hanau. Vous verrez à votre passage à Mayence et à Francfort les divisions de votre corps, et vous me rendrez compte de leur situation, des colonels et des majors qui manqueraient, ainsi que des chefs de bataillon. Le duc de Valmy vous instruira de tous les officiers qui sont arrivés ou doivent arriver pour remplacer les officiers qui seraient mauvais ou trop vieux.

Votre corps prend le titre de 3ᵉ corps de la Grande Armée : votre 1ʳᵉ division prend le n° 8, la 2ᵉ le n° 9, la 3ᵉ le n° 10, et la 4ᵉ le n° 11.

J'ai également placé sous vos ordres la 39ᵉ division et la 38ᵉ, que commande le général Marchand. La 39ᵉ division est composée de la brigade de Hesse-Darmstadt, de la brigade de Bade et du régiment du prince Primat. La division n° 38 est composée du contingent wurtembergeois. Le général Marchand doit se rendre à Würzburg pour y réunir cette division. Le grand-duc de Hesse-Darmstadt a déjà envoyé à Würzburg deux bataillons. Deux bataillons de Bade sont partis, ainsi que deux bataillons wurtembergeois. Vous aurez aussi la division bavaroise que commande le général de Wrede ; elle est forte de quinze bataillons et se réunit à Baireuth et à Bamberg. Votre corps d'armée consistera donc en sept divisions.

ARTILLERIE. Votre artillerie sera composée de quatre-vingt-douze bouches à feu attachées à vos quatre divisions françaises, et d'une soixantaine de bouches à feu attachées aux trois divisions alliées; ce qui fera cent cinquante bouches à feu, avec un simple approvisionnement. Vous n'aurez d'abord que ce simple approvisionnement, mais dans le courant d'avril le deuxième approvisionnement vous rejoindra.

CAVALERIE. J'ai donné ordre au duc de Padoue de prendre le commandement de la cavalerie de votre corps d'armée. Le ministre de la guerre vous enverra deux bons généraux de cavalerie. Le 10ᵉ de hussards, fort de 400 hommes, est déjà à Aschaffenburg; mais il a à Metz près d'un millier d'hommes; faites-vous-en rendre compte à votre passage, et mettez en mouvement tout ce qu'il aura de disponible; le grand-duc de Hesse-Darmstadt vous fournit un régiment de 600 chevaux; Bade, un régiment de 600 chevaux; cela fera une brigade de 2,500 chevaux. Le roi de Wurtemberg fournit six régiments, qui feront 2,400 chevaux; cela fera votre 2ᵉ brigade. Enfin la Bavière fournit 2,000 chevaux, qui formeront une 3ᵉ brigade. En sorte que dans le mois d'avril vous aurez plus de 6,000 chevaux. Les 600 chevaux de Hesse-Darmstadt ne sont pas encore disponibles, mais il y en a 300 prêts à partir. Les 600 chevaux de Bade sont déjà partis. Ainsi, dans le premier moment, vous n'aurez que 1,000 à 2,000 chevaux. Donnez ordre qu'on les exerce et qu'on ne les compromette en aucune manière.

Équipages militaires. Une compagnie du 6ᵉ bataillon des équipages militaires, ayant quarante voitures, est déjà rendue à votre corps. Sur ces quarante caissons, trente sont chargés d'effets d'ambulance, et forment cinq ambulances, chacune de six caissons, portant de quoi suffire au premier pansement de 10,000 blessés. Vous attacherez une de ces ambulances, ou six caissons, à chacune de vos divisions, et la cinquième à votre quartier général. Cela offrira de quoi fournir le premier pansement à 50,000 blessés. La 2ᵉ compagnie de ce bataillon achève de se former et vous rejoindra en avril.

Génie. Vous trouverez arrivé à votre corps un bataillon de sapeurs espagnols; vous en attacherez une compagnie à chaque division.

Votre corps fera partie de l'armée du Main, que je commanderai en personne. Le général Pernety, qui commande en second l'artillerie de la Grande Armée sous les ordres du général Sorbier, lequel reste à l'armée de l'Elbe, commandera en chef l'artillerie de l'armée du Main. Le général Pellegrin sera le directeur général du parc de l'armée du Main, et sera directeur général en second des parcs de la Grande Armée, sous les ordres du général Neigre, directeur général, qui restera à l'armée de l'Elbe.

Aussitôt que votre 1ʳᵉ division, que commande le général Souham, aura ses généraux de brigade, ses colonels, son artillerie et ses chirurgiens, vous la dirigerez sur Würzburg, après avoir préalablement fait établir des ponts sur le Main. Vous ferez garder ces ponts par des palissades qui serviront de corps de garde. J'ai ordonné qu'on armât la citadelle de Würzburg; prenez toutes les mesures pour que cela soit promptement exécuté, que l'artillerie soit mise en batterie et que la place soit approvisionnée pour deux mois. J'ai aussi ordonné que la petite citadelle de Kœnigshofen soit mise en état et armée de quelques canons. Kronach est également mis en état; le roi de Bavière a déjà donné les ordres nécessaires. Aussitôt que votre 2ᵉ division aura ses généraux, ses colonels, son artillerie et ses chirurgiens, vous la dirigerez également sur Würzburg; de même pour la 3ᵉ, de même pour la 4ᵉ.

Le 1ᵉʳ avril vous porterez votre quartier général à Würzburg, afin de donner place à la Garde et au 2ᵉ corps d'observation du Rhin, qui prendra le titre de 6ᵉ corps de la Grande Armée. Le corps d'observation d'Italie prendra celui de 4ᵉ corps de la Grande Armée. Il débouche en ce moment dans le Tyrol; il arrivera du 10 au 15 sur le Main, et son quartier général sera à Nuremberg.

Soixante pièces de canon de ma Garde, 3,000 chevaux et 12,000 hommes d'infanterie se réunissent à Francfort. Le 3ᵉ corps de cavalerie se réunit à Metz.

Arrivé à Würzburg, vous occuperez les états de Saxe-Cobourg, Saxe-Meiningen et des autres petits princes de Saxe. Vous tirerez de partout des subsistances, et vous aurez soin d'avoir toujours pour dix jours de biscuit. Aussitôt que la citadelle de Würzburg sera en état, vous y ferez venir de Mayence un million de cartouches et dix mille coups de canon. Vous manderez au roi de Bavière de pousser sur Kronach également un million de cartouches et dix mille coups de canon. Le bataillon de marche du corps d'observation d'Italie, qui a été formé à Mayence et s'était mis en marche sur Bamberg, a reçu ordre de revenir à Würzburg; ce sera un fonds pour la garnison de cette ville. Aussitôt que le général Marchand sera arrivé à Würzburg et aura réuni la division de Darmstadt et de Bade, vous la pousserez sur Schweinfurt et Kronach. Aussitôt que les Wurtembergeois seront arrivés, vous les placerez également en avant, et vous concentrerez les quatre divisions de votre corps à Würzburg et à une journée de marche de cette ville, en ayant soin de les cantonner dans les villages par bataillon entier, afin que vos troupes s'exercent constamment.

Il doit y avoir dans votre corps de quoi nommer à tous les emplois vacants. Présentez-moi des capitaines pour les places de chefs de bataillon, des lieutenants pour les places de capitaines et des sous-lieutenants pour les places de lieutenants; mais ne me présentez point pour les sous-lieutenances : il y a assez de sous-lieutenants sortant de l'école de Saint-Cyr pour remplir toutes les places vacantes. Il est nécessaire que les régiments formés de cohortes aient leurs colonels et leurs majors. Le colonel commandera le 1er bataillon et le 2e bataillon, et le major commandera le 3e et le 4e. Faites-moi connaître les régiments qui n'ont pas d'aigles; on les préparera, et je les leur donnerai moi-même, ainsi qu'au 22e régiment de ligne, qui a perdu la sienne en Espagne. Il faut aussi que le colonel et le major du 22e de ligne soient au régiment.

Faites beaucoup faire l'exercice à feu et tirer à la cible. Vous ferez aussi beaucoup manœuvrer et faire des ploiements et des déploiements, et le bataillon carré, qu'il faut que les chefs de bataillon sachent faire si promptement pour être à l'abri d'une charge de cavalerie.

Vous verrez le règlement que j'ai pris sur les bagages; tenez la main à son exécution. Je n'accorde point de caissons aux régiments pour leurs papiers; je leur donne, en place, des chevaux de peloton. Moins il y aura de voitures, mieux cela vaudra; notre armée a besoin d'être leste.

Votre ordonnateur fera toutes les réquisitions nécessaires pour remplir vos magasins; il payera tout avec des bons bien en règle, qui seront ensuite liquidés.

Chaque régiment provisoire doit être commandé par un colonel en second, un major ou un major en second. Passez tous vos corps en revue, comme je les passe moi-même, et faites-moi connaître le résultat de ces revues. Ayez soin de joindre à vos propositions les états de service des différents officiers, afin que je puisse faire les nominations sans les renvoyer au ministère de la guerre.

Le 2e corps d'observation du Rhin, qui devient le 6e corps de la Grande Armée, sera à Hanau le 1er avril, et probablement, à la même époque, j'aurai moi-même mon quartier général à Francfort. Stettin, Küstrin et Glogau ont de fortes garnisons. Le vice-roi était le 7 à Wittenberg, ayant évacué Berlin, et laissé une bonne garnison à Spandau.

Wittenberg est en état de défense. Torgau a une bonne garnison saxonne. Le général Reynier était encore à Dresde. Le général Lauriston est à Magdeburg. J'ai ordonné au vice-roi de prendre un camp à une lieue en avant de Magdeburg, d'en fortifier les ailes par des redoutes, d'y faire baraquer ses troupes, et d'y réunir les quatre divisions du corps d'observation de l'Elbe, devenu le 5ᵉ corps de la Grande Armée, les trois divisions du 11ᵉ corps et la division de la Garde; ce qui lui fera huit divisions. Le prince d'Eckmühl, avec une division du 1ᵉʳ corps, est sur l'Elbe, à moitié chemin entre Hambourg et Magdeburg. Le duc de Bellune, avec une division du 2ᵉ corps, est sur la gauche, ayant son quartier général à Dessau.

Il y a à Wittenberg une garnison de 3,000 hommes. Si le général Reynier était obligé d'évacuer Dresde, il se retirerait derrière la Mulde pour couvrir Leipzig, et se rapprocherait de la droite du vice-roi. Dans le cas où le vice-roi serait obligé de quitter Magdeburg, il y laisserait le général Haxo pour gouverneur et les deux divisions des 1ᵉʳ et 2ᵉ corps pour garnison, et se retirerait sur Cassel et Hanovre; mais je ne pense pas que cette hypothèse puisse se réaliser. Erfurt a 2,000 hommes de garnison; la citadelle est armée et approvisionnée; j'ai ordonné de construire des tambours aux portes de la ville pour la mettre à l'abri des Cosaques.

Votre premier but doit être de former vos troupes, de préparer vos magasins et de réunir des vivres; ensuite de couronner les montagnes de la Thuringe et d'empêcher l'ennemi, s'il était en force à Dresde, de déboucher sur Leipzig et Erfurt pour se porter sur la droite du vice-roi, ce qu'il ne pourrait pas faire sans laisser la moitié de son armée pour vous masquer. En général, je désire que les divisions françaises soient concentrées dans la plaine autour de Würzburg, et que les positions dans les montagnes soient occupées par les troupes alliées.

J'ai demandé une réserve de 10,000 quintaux de farine à Würzburg. Il serait bon d'y avoir une manutention d'une vingtaine de fours; je ne sais si celle que j'y avais fait établir dans la campagne de 1806 a été démolie.

Mon intention est de prendre vigoureusement l'offensive au mois de mai, de reprendre Dresde, dégager les places de l'Oder, et, selon les circonstances, débloquer Danzig et rejeter l'ennemi derrière la Vistule. Le corps autrichien et le corps polonais du prince Poniatowski sont derrière la Pilica. Les Polonais se réorganisent derrière les Autrichiens, et ils sont déjà au nombre de 15,000 hommes.

Instruisez-moi en détail de la situation de vos corps, et rendez-moi présent à toutes les revues que vous passerez.

D'après la minute. Archives de l'Empire.

19715. — AU GÉNÉRAL CLARKE, DUC DE FELTRE,
MINISTRE DE LA GUERRE, À PARIS.

Trianon, 14 mars 1813.

J'ai donné des ordres pour l'armement de Wesel, Kastel et Kehl. Il ne serait pas mal à propos d'avoir un demi-armement à Grave, Venlo et Juliers; cet armement ne serait pas ordonné pour les ouvrages avancés, mais seulement sur la ligne magistrale. Faites faire un projet pour un demi-armement de Mayence, pour l'enceinte seulement, et non pour les ouvrages extérieurs. Tous les points de l'enceinte doivent être bien vus, bien battus par la mitraille et à l'abri d'un coup de main. Faites-moi aussi un pareil projet pour Strasbourg et Metz.

D'après la minute. Archives de l'Empire.

19716. — AU PRINCE DE NEUCHÂTEL ET DE WAGRAM,
MAJOR GÉNÉRAL DE LA GRANDE ARMÉE, À PARIS.

Trianon, 14 mars 1813.

Mon Cousin, je vous envoie la relation du général Monthion. Je vous envoie aussi l'état de situation des places de l'Oder et de la Vistule. Demandez au général Monthion des renseignements plus précis sur ces garnisons, surtout le numéro des compagnies d'artillerie. Faites connaître à ce général que je n'ai pas encore la situation des corps; qu'il est indispensable qu'il vous l'envoie sans délai; qu'il fasse connaître les généraux, aides de camp, adjudants généraux adjoints, qui se trouvent au 11ᵉ corps et aux autres divisions avec le vice-roi; qu'il envoie les mêmes renseignements sur les quatre divisions du corps d'observation de l'Elbe, sur le corps du général Reynier, sur tout ce qu'il y a dans les dépôts en arrière, sur le 1er et le 2e corps de cavalerie, sur la Garde, sur la cavalerie lithuanienne, etc. Il est nécessaire aussi qu'il envoie le détail du matériel de l'artillerie attachée à chaque division, l'indication des sapeurs qui s'y trouvent, etc. Je suis dans l'obscur de tout cela. Dites-lui que je lui donne ordre itérativement de vous écrire tous les jours une relation de ce qui se passe, en distinguant ce qui est officiel de ce qui est notion indirecte. Demandez-lui une relation de l'affaire qui a eu lieu du côté de Posen, où le prince Giedroyc a été pris. Dites-lui que je suis fâché de l'affaire du régiment italien; que cela ne serait pas arrivé si la cavalerie avait marché réunie et si on y avait joint un régiment d'infanterie, ce que la prudence et la manière de faire des Cosaques indiquaient impérativement. Faites connaître au général Lauriston, à Magdeburg, que vous avez repris vos fonctions; qu'il est indispensable qu'il vous écrive souvent, qu'il vous envoie ses états de situation, etc. Écrivez la même chose au général Reynier, au général Sorbier, au commandant du génie, aux commandants des places de Torgau, Wittenberg, Leipzig, Erfurt. Établissez un bureau d'état-major à Mayence; mettez à la tête le général Guilleminot, qui doit être de ce côté. Vous attacherez à cet état-major les adjudants commandants Galbois et Fontenille; donnez-leur ordre de se rendre à Mayence. Le général Monthion continuera de rester auprès du vice-roi, pour ne rien désorganiser. Le général Pernety, commandant en second de l'artillerie, et le général Pellegrin, directeur en second du parc, se tiendront à Mayence pour diriger l'artillerie de l'armée du Main. Écrivez à Wesel; à Lemarois, à Düsseldorf; aux différents commandants de la 32e division militaire, pour qu'ils puissent se mettre en correspondance avec vous.

Choisissez deux courriers pour remplacer ceux que vous avez perdus dans la dernière campagne. Complétez vos aides de camp; prenez des jeunes gens capables de quelque chose; choisissez-les plus particulièrement parmi les officiers qui ont fait la campagne dernière ou qui reviennent d'Espagne; enfin commencez à réunir vos bureaux. Travaillez peu;

je continuerai à correspondre provisoirement avec le vice-roi, avec le général Lauriston et avec le duc de Valmy, mais ces dispositions organiseront vos bureaux et prépareront le service.

NAPOLÉON.

D'après l'original. Dépôt de la guerre.

19717. — A EUGÈNE NAPOLÉON,
VICE-ROI D'ITALIE, COMMANDANT EN CHEF LA GRANDE ARMÉE, À LEIPZIG.

Trianon, 14 mars 1813.

Mon Fils, je reçois votre lettre de Leipzig du 9 mars au soir. Vous ne me dites pas si le général Lauriston vous a fait connaître la direction que j'indiquais. Au reste, vous aurez reçu le 10 ma lettre du 5, qui vous aura instruit de mes intentions. Le général Flahault vous arrivera, je crois, demain.

Aussitôt que vous aurez des nouvelles du général Morand en Poméranie, instruisez-m'en, même des bruits qui vous arriveraient de ce côté. Par nos dernières nouvelles, il ne paraît pas encore décidé que la Prusse veuille entrer en campagne contre nous. Cependant, depuis la trahison du général York, et par la physionomie qu'ont prise les choses depuis, le cabinet de Berlin ne paraissait pas devoir rester longtemps notre allié; mais je ne pense pas qu'ils aient autant de troupes que le général Reynier le croit. N'oubliez pas que la Prusse n'a que 4 millions de population. Dans les temps les plus prospères, la Prusse n'avait pas plus de 150,000 hommes, qu'elle ne manquait pas d'exagérer et de porter à 300,000. Malgré tous les efforts du roi, certainement il n'aura pas au mois de mai 40,000 hommes, sur lesquels 25,000 tout au plus seront disponibles, par suite de la nécessité où il se trouve de garder la Silésie, les places de Graudenz, de Kolberg, de Pillau, et d'avoir des troupes pour la police du pays. Après la bataille d'Iéna, dans la campagne d'hiver qui a suivi, quelques efforts qu'aient faits les Prussiens, ils n'ont jamais pu réaliser plus de 10,000 hommes. Il y a beaucoup de malades dans le corps du général York.

Tous les renseignements qui arrivent de l'armée russe annoncent également qu'elle a beaucoup de malades. Quoi qu'on en dise, un gros corps d'armée est devant Danzig. Il est vrai qu'ils ne sont pas entrés à Varsovie, qu'ils font faire le service par les gardes nationales et qu'ils n'ont laissé s'établir aucune communication entre la ville et leur armée. Est-ce pour cacher leur situation et pour empêcher que beaucoup d'hommes ne se fourrent dans la ville pour s'y réfugier contre le froid?

NAPOLÉON.

D'après la copie comm. par S. A. I. Mme la duchesse de Leuchtenberg.

19718. — AU GÉNÉRAL COMTE DE LAURISTON,
COMMANDANT LE 5e CORPS DE LA GRANDE ARMÉE, À MAGDEBURG.

Trianon, 14 mars 1813.

Monsieur le Comte Lauriston, je reçois votre lettre du 10 mars. Je suppose que le vice-roi a actuellement connaissance de mes intentions et pris toutes les mesures pour s'y conformer. Je suis bien loin d'approuver votre projet. Mon intention, au contraire, est que vous ramassiez vos quatre divisions à une lieue en avant de Magdeburg; que vous vous couvriez par quelques lunettes et que vous annonciez de tous côtés que vous partez pour reprendre l'offensive; que tous vos cuirassiers soient groupés derrière vous, dans des lieux où ils puissent vivre et se bien réorganiser. J'espère que le vice-roi lui-même sera rendu à Magdeburg, qu'il y réunira ses trois divisions et la Garde à vos quatre divisions; ce qui lui fera un camp de huit divisions, ayant les deux corps de cavalerie en arrière, le prince d'Eckmühl sur votre gauche, le duc de Bellune sur la droite, le général Reynier sur Dresde, ou sur la Mulde, ou enfin sur le Harz, toujours couvrant la droite, et le roi de Westphalie s'approchant derrière vous avec sa garde et ce qu'il aura de troupes disponibles. Envoyez des réquisitions à quinze ou vingt lieues autour de vous, du côté de la Prusse et même de Hambourg, pour fourrager et vous approvisionner. Vous avez alarmé Hambourg; rassurez-le.

Gourgaud vous écrit pour votre artillerie. Le 30 mars vos quatre-vingt-douze pièces, avec un approvisionnement et demi, seront réunies à Magdeburg. Le vice-roi ne peut pas en avoir moins de cent. Il y a de l'étoffe pour en organiser encore à Magdeburg, surtout si l'ennemi venait se mettre en force devant vous et que vous pussiez craindre une attaque : dans une position aussi rapprochée un approvisionnement est suffisant; tous vos moyens d'attelage pourraient être réunis pour avoir cent pièces de plus, et alors vous auriez trois cents bouches à feu. D'un autre côté, le 1er corps d'observation du Rhin couronne en ce moment les montagnes de la Thuringe; le 2e corps arrive à Mayence. La Garde a déjà de grandes forces à Francfort. Le corps d'observation d'Italie arrive sur Augsburg. Deux divisions, composées des 4es bataillons des vingt-huit régiments du 1er et du 2e corps de la Grande Armée arrivent en ce moment sur Wesel; elles se placeront à Bremen et Hambourg, et rétabliront l'ordre dans cette division militaire.

Écrivez au général Carra Saint-Cyr de montrer plus de fermeté.

Il y a beaucoup de souliers et d'effets d'équipement à Hambourg; si vos régiments en manquent, vous pouvez les leur faire prendre en tenant une comptabilité en règle à cet égard et les vendant aux corps, qui les payeront avec ce qui leur est alloué en gratification. Faites réunir tous les effets de harnachement, et donnez à la cavalerie tout ce qui lui est nécessaire.

Le complément de votre second approvisionnement et de celui du 11e corps se réunit à Wesel. Il me tarde de savoir vos troupes réunies et en corps d'armée, ayant une position redoutable et offensive.

NAPOLÉON.

D'après l'original comm. par M. le marquis de Lauriston.

19719. — A JÉRÔME NAPOLÉON, ROI DE WESTPHALIE,
À CASSEL.

Trianon, 14 mars 1813.

Mon Frère, je reçois votre lettre du 10 mars. Puisque vous ne pouvez pas vous porter vis-à-vis de Wittenberg, le prince d'Eckmühl va s'y porter avec seize bataillons et trois batteries d'artillerie; seize autres bataillons lui arrivent par Wesel, ce qui lui fera deux belles divisions. Le général Lauriston va placer ses quatre divisions en avant de Magdeburg; le vice-roi viendra y joindre ses trois divisions et la Garde; les 1ᵉʳ et 2ᵉ corps de cavalerie vont s'y réunir. Le duc de Bellune, avec douze bataillons du 2ᵉ corps, gardera la droite entre Magdeburg et Wittenberg. Les Saxons garderont Torgau, et, aussitôt que le général Reynier sera obligé d'évacuer Dresde, il se repliera sur la Mulde, et ensuite, s'il le fallait, sur les montagnes du Harz, pour couvrir Cassel. Aussitôt que ces dispositions seront commencées, je désire que vous puissiez arriver avec votre garde, les quatre bataillons que vous m'annoncez avoir de disponibles, seize à vingt-quatre pièces de canon et autant de cavalerie que vous pourrez, à trois journées en arrière de l'Elbe, de manière à pouvoir en deux grandes marches arriver sur Magdeburg et assister à la bataille, si le vice-roi devait être attaqué en avant de cette place. Dans cette position, vous formerez une réserve prête à se porter sur la gauche, si l'ennemi débordait de ce côté, ou sur la droite, si l'ennemi passait à Dessau ou serrait de trop près le général Reynier, enfin sur tous les points de votre royaume dont la tranquillité serait troublée. J'ai lieu de penser que le duc d'Oels est déjà dans vos états.

Vingt-huit bataillons des seize régiments du 1ᵉʳ corps et des douze du 2ᵉ (les 4ᵉˢ) se réunissent à Wesel et vont se placer à Minden, Osnabrück et Bremen. Ils occuperont aussi Hambourg, rétabliront la tranquillité dans cette division, et seront prêts à se porter partout où il sera nécessaire et surtout contre un débarquement.

Mon ministre vous parlera de votre situation. Je ne me refuse pas à vous donner quelques millions qui peuvent vous être nécessaires; mais avant tout il faut être dans une position simple et claire. Aussitôt que je saurai que vous avez assis les réquisitions nécessaires pour approvisionner Magdeburg et nourrir l'armée du vice-roi, et que je n'aurai plus d'inquiétude de ce côté, je ne me refuserai pas à remplacer la perte que vous ferez sur votre contribution foncière et à vous donner de forts à-compte. Mais votre fausse manière d'envisager toutes ces questions a empêché jusqu'à présent de prendre aucun parti. Le comte Daru m'a dit qu'il allait écrire longuement là-dessus à votre ministre. Le duc de Bassano doit aussi lui avoir écrit.

Du reste, le corps du prince de la Moskova couronne les montagnes de la Thuringe; tout est en mouvement. Le 2⁰ corps d'observation du Rhin arrive à Mayence, et probablement j'y serai bientôt moi-même. C'est encore un mauvais mois à passer; mais ensuite l'ennemi disparaîtra comme la fumée.

NAPOLÉON.

D'après la copie comm. par S. A. I. le prince Jérôme.

19720. — AU GÉNÉRAL CLARKE, DUC DE FELTRE,
MINISTRE DE LA GUERRE, À PARIS.

Trianon, 15 mars 1813.

Je trouve singulier que le comte Monthion souscrive les lettres qu'il vous écrit de cette formule : « J'ai l'honneur d'être, avec la plus haute considération, etc. » Vous devriez en écrire au prince de Neuchâtel : il me semble que ce n'est pas là le protocole qu'un général doit employer lorsqu'il écrit à mon ministre.

D'après la minute. Archives de l'Empire.

19721. — A EUGÈNE NAPOLÉON,
VICE-ROI D'ITALIE, COMMANDANT EN CHEF LA GRANDE ARMÉE, À LEIPZIG.

Trianon, 15 mars 1813.

Mon Fils, comme vous ne m'avez pas envoyé les états de situation de votre corps, que je n'ai aucun état de celui du général Reynier, que j'ignore la situation de votre artillerie à l'un et à l'autre de ces corps, que je ne sais pas même où est le général Reynier, que je ne sais s'il couvre Dresde et pas même si l'infanterie ennemie a passé l'Oder, vous sentez qu'il est bien difficile que je donne des ordres et que je commande mon armée. Je ne puis comprendre ce qui empêche votre chef d'état-major d'envoyer tous les états au prince de Neuchâtel, et pourquoi vous ne me faites pas connaître tout ce que vous savez.

Je réponds à votre lettre du 10. Mes lettres du 5 jusqu'au 10 et l'arrivée de mon aide de camp Flahault vous auront fait connaître mes intentions. Par vos dispositions du 10, vous placez parfaitement vos troupes pour empêcher aux Cosaques et aux troupes légères ennemies de passer la rivière. Vous placez votre armée comme une arrière-garde, ou comme on placerait une avant-garde; mais il n'y a point de dispositions réelles. En effet, vous ne faites pas connaître ce que feront le prince d'Eckmühl, le duc de Bellune et vos officiers généraux si l'ennemi passait l'Elbe.

Il faut mettre en principe que l'ennemi passera l'Elbe où et comme il voudra. Jamais une rivière n'a été considérée comme un obstacle qui retardât de plus de quelques jours, et le passage n'en peut être défendu qu'en plaçant des troupes en force dans des têtes de pont sur l'autre rive, prêtes à reprendre l'offensive aussitôt que l'ennemi commencerait son passage. Mais, voulant se borner à la défensive, il n'y a pas d'autre parti à prendre que de disposer ses troupes de manière à pouvoir les réunir en masse et tomber sur l'ennemi avant que son passage ne soit achevé; mais il faut que les localités le permettent et que toutes les dispositions soient faites d'avance. Si le corps ennemi de droite, qui peut être de 25,000 hommes, et qu'il fera, comme de raison, passer pour 50,000, se portait sur Havelberg et voulait passer l'Elbe entre Magdeburg et Hambourg, que feriez-vous? L'ennemi aurait passé et serait déjà sur Hanovre avant que vous eussiez fait aucun mouvement. Si 40 ou 50,000 hommes marchaient sur Dresde, se battrait-on dans la ville pour défendre le pont? Et si l'ennemi passait l'Elbe du côté de Pilnitz, où cela est si facile, la rivière y étant si étroite, que ferait le prince d'Eckmühl? Enfin, si l'ennemi passait l'Elbe entre Magdeburg et Wittenberg, ce qu'il osera faire s'il ne voit nulle part des masses offensives, que deviendront toutes les colonnes de l'armée, coupées par les troupes légères, en ayant sur leurs derrières, et ne pouvant jamais se rallier? Rien n'est plus dangereux que d'essayer de défendre sérieusement une rivière en bordant la rive opposée; car, une fois que l'ennemi a surpris le passage, et il le surprend toujours, il trouve l'armée sur un ordre défensif très-étendu et l'empêche de se rallier. Tous ces inconvénients sont encore bien plus grands dans la situation actuelle des choses, quand l'ennemi a tant de cavalerie et tant d'habitude de ces mouvements. Je ne puis donc que m'en rapporter à mes dernières lettres.

Placez le prince d'Eckmühl, avec ses seize bataillons sur votre gauche; il y sera fort bon. Il connaît Hambourg et y est connu, et sa proximité de cette ville sera très-utile. Ces seize bataillons doivent observer l'extrémité par des postes et ne jamais se laisser couper de Magdeburg. S'il y avait sur la rive droite, vis-à-vis Werben et Havelberg, un poste qu'on pût mettre à l'abri d'un coup de main, pour servir de tête de pont, couvrant un pont ou au moins un va-et-vient, ce serait une fort bonne chose. Placez en avant de Magdeburg les quatre divisions du général Lauriston, les trois divisions du 11e corps, la division de la Garde, le 1er et le 2e corps de cavalerie. Vous réunirez ainsi 60,000 hommes d'infanterie, deux cent cinquante pièces de canon et bientôt 10 ou 12,000 hommes de cavalerie. Couvrez votre camp par quelques lunettes; faites-y bien baraquer vos troupes. Envoyez tous les jours dans les différentes directions des avant-gardes de 1,500 chevaux et d'une division d'infanterie. Placez le duc de Bellune sur la droite de Magdeburg; donnez-lui le commandement de Wittenberg. Placez dans cette ville le général Dombrowski avec un bataillon saxon, une compagnie d'artillerie saxonne, une compagnie d'artillerie française, un officier d'artillerie et un officier du génie français. Si cela ne composait pas 2,000 hommes, le duc de Bellune y fournirait un ou deux de ses douze bataillons pour compléter ce nombre. On mettra dans Wittenberg trente bouches à feu, pièces de 12, de 6, obusiers et petits mortiers, et un approvisionnement pour cette garnison pendant deux mois, et on travaillera constamment à mettre la place en état.

Le duc de Bellune se tiendra du côté de Dessau; il veillera à la défense de l'Elbe entre Magdeburg et Wittenberg, et commandera également entre Wittenberg et Torgau. Le général Reynier commandera le long de l'Elbe, depuis Torgau jusqu'à la Bohême. A cet effet, un général saxon, avec les deux tiers de la garnison de Torgau, gardera la rive gauche de la rivière, tandis que l'autre tiers restera dans la place. Le général Reynier fera couper le pont de Meissen et se maintiendra autant que possible à Dresde. Le commandant de Kœnigstein gardera l'Elbe au-dessus de Dresde et fera retirer tous les bateaux qui seront placés sous le canon de Kœnigstein et à Torgau.

Dans cette situation des choses, votre position dans le camp devant Magdeburg rétablira le moral de vos troupes. Si l'ennemi marchait en force sur Havelberg, il ne pourrait pas le faire sans avoir 80,000 hommes pour vous masquer. Si l'ennemi veut sérieusement marcher sur Dresde et que Reynier ne puisse l'arrêter, ce général se jettera derrière la Mulde et défendra cette ligne contre les troupes légères de l'ennemi; enfin il se formera toujours sur votre droite. Dans cette situation, un mouvement de Magdeburg sur Brandenburg et Berlin effrayerait l'ennemi et le forcerait à rappeler la masse de ses forces sur la rive droite de l'Elbe. En faisant prendre une position offensive et en montrant l'existence de la grande quantité de troupes qui sont à Magdeburg, l'ennemi sera bridé et ne pourra rien faire de raisonnable sans opposer une armée de 100,000 hommes à la vôtre; et, se voyant ainsi à la veille d'une bataille, il se gardera bien de faire des détachements qui l'affaibliraient.

Je sais bien que la grande question est Dresde; mais c'est une question qu'on ne peut éviter. Les dispositions que vous avez prises ne défendent point cette ville, car, si l'ennemi veut sérieusement marcher sur Dresde, que feront la 31ᵉ division et six bataillons de plus que vous donnez au prince d'Eckmühl? Cela est tout à fait comme rien. Vous ne défendez pas Dresde et vous vous exposez à un échec en compromettant ce corps si l'ennemi y marchait en force. S'il n'entre pas dans les projets de l'ennemi de se porter en force sur Dresde, le général Reynier, avec le corps saxon, qui a dû se renforcer et que je suppose avoir été complété à 12,000 hommes, est bien suffisant pour le défendre. La retraite du général Reynier de Dresde ne serait ni un affront pour nous, ni une nouvelle pour l'Europe : ce ne serait que la suite de son premier mouvement de retraite. Celle du prince d'Eckmühl serait un véritable affront : elle montrerait que nous avons voulu défendre Dresde et que nous ne l'avons pas pu. Pour défendre Dresde, il faudrait vous y porter avec toutes vos forces et y faire ce que je vous ai indiqué pour Magdeburg; mais alors la Westphalie, Hanovre et la 32ᵉ division militaire seraient à découvert : ce sont les points les plus importants, et je préférerais voir l'ennemi à Leipzig, Erfurt et Gotha plutôt qu'à Hanovre et à Bremen. C'est un malheur que le 1ᵉʳ et le 2ᵉ corps d'observation du Rhin et que le corps d'observation d'Italie ne soient pas encore en état de se porter sur Dresde, c'est ce que je leur ferai faire aussitôt qu'ils le pourront; mais je ne veux point compromettre toute la destinée de la campagne prochaine en envoyant en avant des corps dont l'artillerie n'est pas complète et ayant peu de cavalerie : ce serait s'exposer à un affront.

Le roi de Westphalie, avec huit bataillons, ce qui, avec les troupes et les batteries qu'il aura organisées d'ici là, fera au 1ᵉʳ avril 10,000 hommes et trente pièces de canon, se portera à deux ou trois journées en arrière de Magdeburg, pour être à portée de se porter sur votre flanc gauche ou votre flanc droit, si l'ennemi voulait vous livrer bataille. Je suppose qu'une fois votre corps d'armée réuni dans le camp en avant de Magdeburg, ayant 80,000 hommes d'infanterie, en comptant les corps de vos flancs, vous ne vous laisserez pas enfermer par les Cosaques et quelques bataillons d'infanterie. Dès que vous aurez enlevé cette infanterie et montré l'intention de détruire tous les détachements ennemis qui seront à votre portée, tout cela se dissipera comme de la fumée. Aussitôt qu'une bonne fois, à la pointe du jour, vous aurez fait sortir de votre camp, sur plusieurs colonnes, 6,000 hommes de cavalerie soutenus par l'infanterie nécessaire, et que vous aurez culbuté les Cosaques, enlevé leur artillerie et le peu d'infanterie qu'ils ont avec eux, vous ne les verrez plus se présenter que cinq par cinq, montés sur leurs meilleurs chevaux, pour éclairer ce que vous faites. Il est urgent qu'une pareille opération se fasse pour faire connaître le changement des choses, ce qui arrêtera le mouvement de l'ennemi; et, s'il a cerné Spandau ou s'il a un corps dans Berlin, ces troupes se trouveraient fort compromises. En prenant l'offensive, vous aurez repris Berlin, car on n'y verra pas plutôt la garnison russe inquiète et alarmée, et ce gros nuage qui se forme à Magdeburg, que les esprits changeront. Il y a aussi trop de communications avec Francfort pour qu'on ne sache pas aussi celui qui s'y forme.

En résumé, si l'ennemi veut marcher sur Dresde avec son armée, en même temps qu'il marche avec un autre corps sur le Hanovre, il est évident que vous ne pouvez point penser à défendre Dresde.

Obligé d'opter entre la défense du bas Elbe et celle du haut, je désire défendre le bas. 10 à 12,000 hommes qu'a le général Reynier suffisent pour défendre Dresde, si l'ennemi ne veut pas y venir en force pour ne pas trop s'étendre et ne pas se compromettre. La formation du camp de Magdeburg est même le meilleur moyen de défendre Dresde, en ôtant à l'ennemi l'envie d'y aller, puisque, comme je l'ai déjà observé, il pourra craindre qu'on ne veuille se porter de Magdeburg sur Stettin, et c'est le seul moyen de réorganiser l'armée. S'il avait été convenable de défendre Dresde, il aurait fallu se grouper autour; mais nous n'aurions eu ni magasins ni munitions, ni aucune des ressources que donne une place forte. Si Wittenberg était une place comme Magdeburg, vous auriez pu vous y porter comme je l'ai dit pour Magdeburg, et cela aurait même été plus avantageux, puisque Wittenberg est plus près de Berlin, de Dresde et même de la ligne d'opération de l'armée ennemie qui se porterait sur Hanovre; mais une armée campée à Wittenberg peut craindre d'être tournée, tandis que campée à Magdeburg lle n'a rien a craindre. Elle pourrait au besoin s'y renfermer tout entière et peut manœuvrer sur les deux rives.

Enfin, si, ce que je ne pense pas pouvoir arriver, l'ennemi étant bien loin d'avoir autant de troupes disponibles que vous, à cause de ce qu'il a été obligé de laisser devant les Autrichiens, devant Danzig, Thorn, Modlin et les places de l'Oder, du grand nombre de ses malades et ses pertes dans les marches, si, dis-je, l'armée devait quitter Magdeburg, ce devrait être pour protéger la Westphalie, la 32ᵉ division militaire et la Hollande.

La ligne d'évacuation de vos malades, des postes de l'armée et de l'estafette, des mouvements des dépôts d'artillerie, etc. doit passer par Wesel; aussi ai-je donné ordre que le second approvisionnement d'artillerie pour votre corps se réunît à Wesel. Donnez ordre que toutes les évacuations de malades et toutes les communications de l'administration avec la France aient lieu par Wesel.

Si ce que j'ordonne pour l'Elbe eût été fait sur l'Oder, et qu'au lieu de vous retirer sur Francfort vous vous fussiez groupé devant Küstrin, l'ennemi aurait regardé à deux fois avant que de rien jeter sur la rive gauche. Vous auriez du moins gagné vingt jours et donné le temps au corps d'observation de l'Elbe de venir occuper Berlin.

Lorsque la saison sera plus avancée, il sera possible qu'avant même de commencer mes opérations votre armée se porte dans une position avancée sur Spandau. Au reste, je vous ai dit tout cela tant de fois dans mes lettres, je l'ai tant dit au général Flahault, que j'ajouterai seulement encore que, si l'ennemi, comme je le crois, n'est pas en force entre l'Oder et l'Elbe, j'attache une grande importance à ce que vous fortifiiez un point vis-à-vis Havelberg, qui domine le canal et assure le passage de la rivière.

Les Autrichiens ont un corps d'observation en Bohême; et, si les Russes s'avançaient au delà de Dresde, ils seraient obligés de laisser un corps pour observer les débouchés de la Bohême.

Quant à la difficulté de vivre, vous avez devant vous les plus belles provinces de la Prusse, d'où vous pouvez tirer, en suivant les principes d'exécution militaire, c'est-à-dire en désignant à chaque village, même à dix lieues de distance, les quantités qu'il doit fournir à votre camp, et, dans le cas où un village n'exécuterait pas votre ordre, y envoyer un détachement pour le mettre à contribution et y brûler au besoin quelques maisons.

Vous avez sur la rive gauche les provinces de Magdeburg, de Halberstadt, etc. qui sont les plus belles provinces de cette partie de l'Allemagne.

Il ne serait pas impossible qu'au 1er avril j'ordonnasse à 60,000 hommes de se porter sur Leipzig, pour servir de réserve à la défense de Dresde : vous pouvez donc faire connaître au général Reynier que vraisemblablement, au 1er avril, j'enverrai 60,000 hommes, avec deux cents pièces de canon, se ranger derrière lui. Les deux armées étant alors ainsi formées, et l'Elbe bien gardé, nous serons maîtres de choisir le moment convenable pour l'offensive; mais cela ne peut être avant le 1ᵉʳ avril, ce corps ne pouvant partir de Würzburg qu'au 1ᵉʳ avril. Vous recevrez cette lettre le 18 ou le 19; ce sera donc douze jours qu'il faudra que gagne le général Reynier.

NAPOLÉON.

D'après la copie comm. par S. A. I. Mᵐᵉ la duchesse de Leuchtenberg.

19722. — AU GÉNÉRAL CLARKE, DUC DE FELTRE,
MINISTRE DE LA GUERRE, À PARIS.

Trianon, 16 mars 1813.

Je vous ai fait connaître le placement que je comptais donner aux différentes divisions composées de demi-brigades provisoires et de conscrits de 1814, pour assurer la défense des côtes et des frontières de la France contre toute agression quelconque. Une des mesures les plus efficaces pour la défense de la France, c'est d'avoir des armes à portée pour armer les équipages de la marine, les ouvriers maritimes, et enfin les habitants.

1° L'escadre de l'Escaut fournirait 10,000 hommes d'infanterie; les ouvriers de l'arsenal d'Anvers ne peuvent pas être évalués à moins de 3,000 hommes; on ne peut pas évaluer à moins non plus les gardes nationales qu'on formerait à Anvers : il faudrait donc avoir 16,000 fusils en réserve dans la citadelle d'Anvers.

On ne peut pas calculer à moins de 3,000 hommes le nombre que fourniraient les équipages des chaloupes canonnières, les ouvriers et les gardes nationales qu'on réunirait à Flessingue; ce serait donc 3,000 fusils qu'il faudrait avoir à Flessingue; il faudrait avoir 1,000 fusils pour les gardes nationales d'Ostende, 3,000 pour les gardes nationales de Dunkerque, 2,000 pour celles de Calais, 2,000 pour celles de Boulogne, 2,000 pour celles d'Abbeville et 1,000 pour celles de Montreuil; total, 14,000. Il faudrait de plus pour les départements du Nord, à Lille et autres places environnantes, 15,000 fusils, afin d'en armer les gardes nationales qu'on formerait sans délai dans un moment d'attaque.

Ainsi, pour cette portion de la côte depuis la Hollande jusqu'à la Somme, il faudrait 45,000 fusils.

2° Il faudrait pour le Havre 2,000 fusils, tant pour les gardes nationales que pour les hommes de la marine; il en faudrait 4,000 à Cherbourg, pour les gardes nationales et pour la marine; on pourrait, en outre, en réunir 10,000 à Cherbourg, qui seraient nécessaires pour les gardes nationales des départements voisins : on pourrait au besoin les tirer de Paris.

3° Il ne faudrait pas moins de 10,000 fusils à Brest, tant pour armer les hommes des arsenaux que ceux des équipages et des gardes nationales; il en faudrait en outre 2,000 à Saint-Malo et 2,000 à Lorient; il en faudrait de plus 6,000 en réserve à Rennes, pour armer les gardes nationales de la Bretagne : il en faudrait donc en tout 20,000 pour la Bretagne.

4° Il en faudrait 2,000 à la Rochelle, 2,000 pour l'île de Ré, 2,000 pour Oleron et 4,000 pour Rochefort; ce qui ferait 10,000 pour les côtes de l'embouchure de la Charente.

5° 4,000 fusils à Blaye suffiraient pour la côte de Bordeaux, et enfin 6,000 suffiraient à Bayonne; total, 10,000 pour la côte de Gascogne.

6° Il faudrait avoir à Paris une réserve soit pour Cherbourg, soit pour le Havre, soit pour Anvers, soit même pour l'armée de terre. Cette réserve, qu'on renfermerait à Vincennes, devrait être de 100,000 fusils environ; mais il ne sera pas possible de l'avoir cette année. Il faudrait y réunir au moins 40,000 fusils, avec un nombre de pistolets, de sabres et de carabines proportionné.

7° Il faudrait à Toulon 20,000 fusils pour armer l'escadre, les ouvriers et les gardes nationales; il en faudrait 5,000 pour Marseille et 5,000 pour Antibes : ce qui ferait 30,000 fusils pour cette portion des côtes de la Méditerranée.

Je ne parle pas de ce qu'il faudrait pour notre frontière de terre; je suppose qu'il y a toujours un approvisionnement d'armes suffisant. Il faudrait cependant avoir l'œil à ce que dans chaque place il y eût toujours de quoi armer la garde nationale, tant de la ville que des environs.

Une place comme Strasbourg, par exemple, ne doit pas avoir moins de 12,000 fusils en réserve, puisqu'en vingt-quatre heures on aurait au moins 12,000 hommes de l'Alsace. Il en est de même de Maestricht, où l'on réunirait bientôt les gardes nationales du Rhin inférieur; de même de Mayence.

Je pense que du côté de terre il y aura toujours suffisamment de fusils, et, d'ailleurs, on y est toujours à même de voir venir l'ennemi; mais du côté de la mer on peut être surpris, et il est nécessaire que d'avance l'approvisionnement en armes soit tout formé. Cet approvisionnement peut se composer en partie de vieux fusils et en partie de fusils étrangers.

D'après la minute. Archives de l'Empire.

19723. — AU GÉNÉRAL CLARKE, DUC DE FELTRE,
MINISTRE DE LA GUERRE, À PARIS.

Trianon, 16 mars 1813.

Je n'ai rien à ajouter à tout ce que je vous ai ordonné pour les places de Flessingue, Breskens, Ostende, Anvers, Berg-op-Zoom, Willemstad et Goeree; ces places doivent être armées et approvisionnées. Faites-moi connaître quel est l'armement et l'approvisionnement actuel, et de quoi cet approvisionnement se composait dans les campagnes passées.

Pour la Hollande, j'ai déjà prescrit l'armement de Delfzyl et de Coeverden. Présentez-moi un projet pour armer Naarden et Gorcum, en les approvisionnant pour un mois de vivres. Ordonnez que toutes les mesures nécessaires soient prises, sous la responsabilité du général Molitor et des officiers d'artillerie, pour qu'il ne reste en Hollande aucun autre dépôt de fusils que celui qu'on aura établi dans ces deux places. Veillez à ce qu'on mette dans chacune un bon commandant. Présentez-moi un projet de décret pour armer la citadelle de Breda et celle de Bois-le-Duc. Voici ce qui me décide à ces dernières mesures : Bois-le-Duc et Breda ne peuvent pas être occupés, ces villes sont trop grandes et trop étendues; mais je ne peux pas encore me résoudre à les démolir; il y a donc un mezzo-termine à prendre, c'est de ne faire aucune réparation aux villes, de ne rien démolir et d'occuper seulement comme place de guerre la citadelle qui domine la place et qui dès lors empêcherait l'ennemi de s'emparer de la ville. Si le temps venait où il serait nécessaire d'occuper la ville, on aurait alors le temps de voir arriver l'ennemi, et, sous la protection de la citadelle, de faire ce qu'il faudrait pour tenir et armer la ville.

Je désire qu'on appelle le colonel Bernard, mon aide de camp, aux séances du comité des fortifications où l'on discutera ce qui est relatif à la place d'Arnheim, afin qu'il puisse m'apporter les plans et me mettre sous les yeux l'état de la question.

Si les places de l'Yssel avaient une citadelle, j'aimerais assez à leur appliquer ce système de garder la ville en n'occupant que la citadelle; sinon je consentirais à leur démolition, et ne garderais que Deventer, en faisant faire dans cette place des magasins à poudre voûtés et autres travaux nécessaires pour perfectionner sa défense. Quant à Groningen, je ne voudrais pas démolir cette place; je ne voudrais pas l'occuper, mais, s'il y a une citadelle, je voudrais occuper la citadelle, l'armer et laisser les choses en bon état.

Je désire connaître la situation de Münster. Je considère l'Ems comme la première ligne de défense de la Hollande; mais cette ligne n'aurait de force qu'autant qu'on occuperait Münster, qui est entre la Lippe et les canaux. Il serait difficile alors à une armée de s'enfourner entre Münster et Coeverden, et ensuite de passer entre Wesel, Arnheim et Deventer: ce seraient quatre places à masquer, ce qui serait bien hasardeux de la part de l'ennemi. Je regarde donc Münster comme une place importante à occuper; et alors il faudrait étudier la ligne de l'Ems pour voir les fortifications de campagne qu'on pourrait y établir, et le parti à tirer des forts qui ont existé de ce côté.

Je désire que le comité des fortifications me présente un travail sur les bases que je viens de donner. Le colonel Bernard m'apportera tous les plans, afin que je puisse définitivement prendre les mesures convenables.

D'après la minute. Archives de l'Empire.

19724. — AU GÉNÉRAL CLARKE, DUC DE FELTRE,
MINISTRE DE LA GUERRE, À PARIS.

Trianon, 16 mars 1813.

Donnez des ordres sur-le-champ pour qu'il soit placé quatre pièces de canon au fort de la Vigie des îles d'Hyères; que ce fort soit approvisionné pour un mois; qu'on y place tout ce qui est nécessaire; qu'un adjudant soit chargé d'y commander et que la garnison de l'île fournisse toujours une soixantaine d'hommes sur ce point, dont l'occupation gênerait toujours les opérations que l'ennemi voudrait tenter sur l'île. Donnez ordre qu'on occupe le fort d'en bas, qu'on l'approvisionne et qu'on le mette en état. Il est fâcheux qu'on n'ait pas construit une tour quelconque à l'île du Levant; si cela pouvait se faire avant juin, ce serait très-avantageux, parce qu'une quarantaine d'hommes pourraient alors mettre cette île à l'abri de toute tentative de l'ennemi. Faites-moi connaître l'officier général ou supérieur qui commandera l'île d'Hyères.

Désignez un général de brigade intelligent et actif pour commander à Hyères, à Toulon, et le département du Var.

Je ne sais pas si la batterie de la Caraque, dans la presqu'île Sepet, a déjà quelque défense, et si elle est à l'abri d'un coup de main. Toutefois il est nécessaire d'établir, à dater du 15 avril, un camp de 1,000 hommes dans la presqu'île Sepet, pour en défendre les batteries et surtout celle de la Caraque. J'estime cette précaution comme étant de la plus haute importance. Il faut avoir là un officier supérieur intelligent et actif qui connaisse bien cette presqu'île, l'intérêt que j'attache à la conserver, et qui la défende autant de temps qu'il faudra pour recevoir des secours de Toulon et de l'escadre.

Je pense qu'il est également nécessaire que l'on mette quatre caronades sur la tour de l'Éguillette, pour battre du côté de terre et maintenir les batteries à l'abri de toute surprise. Indépendamment des canonniers, il doit y avoir au moins là 100 hommes de garnison pour faire le service et veiller à empêcher toute surprise.

Une tour serait bien utile à la batterie du cap Brun. Le commandant du fort Lamalgue doit veiller à ce que cette batterie ne soit pas surprise. S'il n'y a pas de tour, je crois du moins qu'elle est fermée à la gorge et à l'abri d'un coup de main. Toutes ces précautions me paraissent nécessaires pour Toulon. Donnez ordre également de placer à Toulon des pièces sur tous les points de la ligne magistrale de l'enceinte, de manière que les murailles soient flanquées par de la mitraille.

Faites placer également des pièces au fort Sainte-Catherine. Faites tenir en état le fort Faron. Il faudrait aussi avoir quelques pièces au fort Malbousquet; mais le principal est que l'enceinte soit à l'abri d'un coup de main, ce qui est facile avec quelques pièces. Ces précautions, je le répète, me paraissent nécessaires à Toulon, où nous avons vingt-cinq vaisseaux, une grosse flottille, et où l'ennemi, par conséquent, pourrait nous faire beaucoup de mal. Je ne pense pas cependant que l'ennemi s'expose à quelque tentative sérieuse sur Toulon, ce serait une opération folle; mais il pourrait, méditant une attaque sur l'escadre, surprendre les batteries du cap Sepet et du cap Brun, pour pouvoir attaquer avec avantage nos vaisseaux dans la grande rade, et même tourner les batteries de Sepet contre notre flotte. Il ne faudrait pour cela, si nous n'étions pas sur nos gardes, que 4,000 hommes de bonnes troupes, qui, ayant une fois surpris les batteries, pourraient se maintenir assez de temps dans la presqu'île pour se rembarquer si leur coup venait à échouer.

Quant à l'île d'Hyères, il est possible que l'ennemi mette de l'importance à s'en emparer, puisqu'elle lui permettrait de mouiller tranquillement dans la rade et de nous faire bien du tort. 3 ou 4,000 hommes lui suffiraient encore pour cette opération, si on n'était pas sur ses gardes.

Après Toulon, le point où l'ennemi pourrait nous faire quelque mal serait Rochefort; mais l'île d'Aix doit avoir une garnison de 1,500 hommes et un commandant intelligent.

Il ne faut pas moins qu'un bon bataillon à Oleron et dans l'île de Ré, indépendamment des habitants.

Brest doit avoir un demi-armement, sinon dans les ouvrages avancés, du moins sur la ligne magistrale de l'enceinte.

Je n'ai rien à ajouter aux précautions prescrites pour Cherbourg. Il faut que le Havre ait un approvisionnement, et des pièces pour la nouvelle enceinte. Le fort près de Calais doit être armé, ainsi que les places d'Ostende et de Nieuport, sinon avec un armement entier, du moins avec un demi-armement.

Mayence, Juliers et Venlo doivent être prêts à être armés et avoir tout ce qui est nécessaire. Faites-moi connaître la quantité de cartouches et de munitions confectionnées que vous dirigez sur Mayence et sur Wesel; nous en avons beaucoup dans toutes nos places, où elles se gâtent. Il faut avoir une grande quantité de poudre à Metz et à Lille, afin de pouvoir, comme d'un centre, en répandre partout où il sera nécessaire. Comme la poudre au bord de la mer se détériore, il serait bon de profiter de la facilité des transports pour faire passer à Wesel celle qui est déjà ancienne sur les côtes, en la faisant remplacer au fur et à mesure par de la poudre neuve. Il doit y avoir de la poudre confectionnée sur l'Escaut; il serait utile de diriger la plus ancienne sur Wesel, en la remplaçant au fur et à mesure des envois.

D'après la minute. Archives de l'Empire.

19725. — AU GÉNÉRAL CLARKE, DUC DE FELTRE,
MINISTRE DE LA GUERRE, À PARIS.

Trianon, 16 mars 1813.

Monsieur le Duc de Feltre, faites partir un second convoi de 4 millions pour l'Espagne.

Ce convoi se divisera de la manière suivante : pour l'armée du Nord, en argent, 200,000 francs; en traites, 200,000; pour le reste de cette armée, en argent, 500,000 francs; en traites, 500,000; total, 1,400,000 francs; pour l'armée de Portugal, en argent, 600,000 francs; en traites, 600,000; pour l'armée du Midi, en argent, 500,000 francs; en traites, 500,000; pour l'armée du Centre, en argent, 200,000 francs; en traites, 200,000; ensemble, 4 millions.

D'après la minute. Archives de l'Empire.

19726. — A CATHERINE, REINE DE WESTPHALIE,
À COMPIÈGNE.

Trianon, 17 mars 1813.

Ma Sœur, j'apprends avec plaisir votre arrivée à Compiègne. J'avais pensé que le Roi ne vous ferait partir que dans le cas où le gros de l'armée ennemie serait arrivé à Berlin ou à Dresde. Je lui avais exprimé mon opinion de la manière la plus positive, en lui disant que ce n'était que dans le cas où l'empereur Alexandre ou le général en chef Koutouzof serait arrivé à Berlin; mais il vous a fait partir lorsque la cavalerie légère seulement y était arrivée. Quelques jours de retard auraient été utiles, parce que cela a été un objet d'inquiétude pour la 32° division militaire et même ici à Paris.

J'ai pensé que, dans les circonstances actuelles, il était préférable que Votre Majesté restât à Compiègne, n'ayant pas encore annoncé son arrivée à Paris. Je comptais moi-même aller à Compiègne sous peu de jours; mais, ce voyage étant retardé, je ne vois pas d'inconvénient que vous laissiez votre maison à Compiègne et que vous veniez ici avec une partie de votre service d'honneur. Que Votre Majesté ne doute pas de tout le plaisir que j'aurai à la voir et de tous les sentiments que je lui porte.

D'après la minute. Archives de l'Empire.

19727. — A EUGÈNE NAPOLÉON,
VICE-ROI D'ITALIE, COMMANDANT EN CHEF LA GRANDE ARMÉE, À LEIPZIG.

Trianon, 17 mars 1813, au matin.

Mon Fils, je vous envoie deux bulletins de Hambourg; il faut qu'on soit fou dans ce pays. Toutes ces alarmes viennent du général Lauriston. Je ne vois pas comment, quand on a 80,000 hommes à Magdebourg, on peut avoir ces inquiétudes à Hambourg. Voilà comme une division est bouleversée. Ces circonstances rendent l'arrivée du prince d'Eckmühl nécessaire de ce côté; il connaît bien Hambourg et y est bien connu.

Six bataillons ont dans ce moment passé Wesel pour se porter sur Brémen. Les vingt-huit 2es bataillons des 1er et 2e corps sont en marche:

les vingt-huit 4es bataillons sont également en mouvement; il y aura donc sur le bas Elbe ou dans la 32e division militaire cinquante-six bataillons appartenant aux 1er et 2e corps.

NAPOLÉON.

D'après la copie comm. par S. A. I. Mme la duchesse de Leuchtenberg.

19728. — A EUGÈNE NAPOLÉON,
VICE-ROI D'ITALIE, COMMANDANT EN CHEF LA GRANDE ARMÉE, À LEIPZIG.

Trianon, 17 mars 1813, quatre heures après midi.

Mon Fils, je vous envoie un bulletin de Hambourg du 12 : vous y verrez que 200 Cosaques vont s'emparer de toute la 32e division militaire. On a coulé beaucoup de chaloupes canonnières. Ils me font un tort de plusieurs millions; ils portent l'insurrection sur tous les derrières de la ligne de l'Elbe. Cela est le résultat de ce que, vous tenant sur la défensive derrière la rive gauche, vous n'avez plus aucune action sur l'ennemi. Je vous ai tant répété cela, et je vous l'ai fait dire avec tant de détails par le général Flahault, que j'espère enfin que vous aurez senti la nécessité d'occuper un camp en avant de Magdeburg, et de menacer de couper tous les partis ennemis qui s'enfonceraient du côté de Hambourg, à 80 lieues du gros de leur armée. Cela est d'autant plus important que ce qui se passe dans la 32e division va probablement attirer des débarquements d'Anglais, de Suédois et peut-être même de Russes; et, lorsque l'ennemi sera établi sur le bas Elbe, s'il fait sur Dresde un mouvement en force auquel vous n'aurez rien à opposer, vous vous trouverez sans ligne d'opération. En réunissant votre cavalerie au camp en avant de Magdeburg, l'ennemi serait obligé de rappeler toute la sienne pour la tenir en échec, et vous aurez protégé le retour du général Morand de la Poméranie suédoise. D'après le bulletin ci-joint, son retour paraît devoir éprouver bien des obstacles. Comment ce général ne s'est-il mis en mouvement que le 11, tandis que vous aviez quitté Berlin le 4?

Je n'ai rien à ajouter à toutes les lettres que je vous ai écrites dans le courant de ce mois. La grande affaire, c'est la 32e division militaire et la Westphalie, puisque de là dépend la Hollande : tout cela ne peut être gardé que par une position offensive en avant de Magdeburg. Toutes les remontes qui devaient avoir lieu dans la 32º division, les voilà perdues. Voilà nos moyens de cavalerie paralysés, et cela par 2 ou 300 hommes.

NAPOLÉON.

D'après la copie comm. par S. A. I. Mme la duchesse de Leuchtenberg.

19729. — AU GÉNÉRAL COMTE DE LAURISTON,
COMMANDANT LE 5e CORPS DE LA GRANDE ARMÉE, À MAGDEBURG.

Trianon, 17 mars 1813.

Je reçois votre lettre du 11 mars. Je ne comprends pas ce que vous dites, quand vous parlez de prendre une position dont le centre sera à Brunswick et la droite à Magdeburg; je ne comprends rien à tout cela. Je vous ai ordonné d'asseoir un camp en avant de Magdeburg et non à Brunswick. Au reste, comme désormais vous allez être en communication directe avec le vice-roi, c'est du vice-roi que vous devez prendre vos ordres.

Je ne sais pas en vérité quels ordres vous donnez à Hambourg; mais vous leur faites perdre la tête. Le calme y était rétabli, lorsque vous les prévenez qu'on doit se tenir prêt à évacuer la ville; vous en faites partir le dépôt de remonte; et enfin, au lieu de rassurer, vous donnez l'alarme. Je ne comprends rien à cette conduite.

D'après la minute. Archives de l'Empire.

19730. — A M. MARET, DUC DE BASSANO,
MINISTRE DES RELATIONS EXTÉRIEURES, À PARIS.

Trianon, 18 mars 1813.

Monsieur le Duc de Bassano, je vous prie de m'apporter aujourd'hui, à quatre heures, toutes les pièces sur la Suède. Je pense qu'il est temps de faire une déclaration et d'imprimer les pièces.

Mon intention est de donner connaissance au Sénat de la nomination que j'ai faite des sénateurs des villes hanséatiques, communication dans laquelle je ferai connaître ma résolution de ne jamais céder aucune des provinces de mon Empire. Je pense que dans cette circonstance il faut faire connaître les projets de la Suède sur la Norvége et les causes de notre rupture avec la Suède. Cela ne peut avoir que des avantages et n'a plus aucun inconvénient.

NAPOLÉON.

D'après l'original. Archives des affaires étrangères.

19731. — AU GÉNÉRAL CLARKE, DUC DE FELTRE,
MINISTRE DE LA GUERRE, À PARIS.

Trianon, 18 mars 1813.

Monsieur le Duc de Feltre, en jetant un coup d'œil sur le grand état de cavalerie en cent colonnes, je suis frappé d'une erreur. Le 9ᵉ de hussards, dont le dépôt est à Schelestadt, est porté comme ayant le 1ᵉʳ et le 2ᵉ escadron venant d'Espagne : c'est une erreur; c'est le 9ᵉ *bis*, aujourd'hui 12ᵉ.

NAPOLÉON.

D'après la copie. Dépôt de la guerre.

19732. — AU MARÉCHAL KELLERMANN, DUC DE VALMY,
COMMANDANT SUPÉRIEUR DES 5ᵉ, 25ᵉ ET 26ᵉ DIVISIONS MILITAIRES, À MAYENCE.

Trianon, 18 mars 1813.

Mon Cousin, je reçois votre lettre par laquelle vous me faites connaître que vous désireriez pouvoir changer l'organisation des divisions du 2ᵉ corps d'observation du Rhin; mais cela ne vous servirait à rien et dérangerait toutes mes écritures. En effet, la 1ʳᵉ division ou division Compans ne peut être prête que dans les dix premiers jours d'avril; la division Bonet peut être prête le 1ᵉʳ avril : rien ne vous empêche de faire marcher cette division la première, toutefois en supposant que le 37ᵉ léger est habillé; la 3ᵉ division ne peut être prête que dans les premiers jours d'avril; enfin la 4ᵉ division ne le sera que vers le 10 avril. Ainsi, en organisant une de ces divisions dans le pays de Nassau, une deuxième dans le pays de Darmstadt, et une autre à Hanau, vous atteindrez votre but : vous dégorgerez Mayence, et vous arriverez au même résultat.

D'après la minute. Archives de l'Empire.

19733. — A EUGÈNE NAPOLÉON,
VICE-ROI D'ITALIE, COMMANDANT EN CHEF LA GRANDE ARMÉE, A LEIPZIG.

Trianon, 18 mars 1813.

Mon Fils, je vous envoie une lettre du général Latour-Maubourg. Faites-lui connaître que la mauvaise organisation de son corps est sa faute et celle de tous les généraux, qui, au lieu de se remuer, de faire distribuer ce qui se trouvait dans les magasins et de s'occuper sans cesse à remettre leurs troupes en état, n'ont rien fait; ils ont été comme gelés jusqu'à présent. C'est de là que provient l'état des choses. Vous avez donné de l'argent à chaque homme pour les réparations; on dit qu'il y a beaucoup de choses à Magdeburg, faites-les distribuer.

NAPOLÉON.

D'après la copie comm. par S. A. I. Mme la duchesse de Leuchtenberg.

19734. — A EUGÈNE NAPOLÉON,
VICE-ROI D'ITALIE, COMMANDANT EN CHEF LA GRANDE ARMÉE, A LEIPZIG.

Trianon, 18 mars 1813.

Mon Fils, je n'ai rien à ajouter à toutes les lettres que je vous ai écrites du 5 au 16. La 32e division militaire et la Westphalie sont les principaux objets de ma sollicitude. L'évacuation de Hambourg me coûte bien des millions et plus de cent pièces de canon, et elle occasionne à votre cavalerie un grand retard dans son organisation.

J'ai envoyé le général Dubreton pour commander la 4e division de la Grande Armée, composée des douze 2es bataillons du 2e corps et qui se réunit à Magdeburg. Le général Morand, qui était en Poméranie, commandera les seize bataillons du 1er corps, formant la 1re division. Il faudra attacher à ces deux divisions quatre généraux de brigade. Le général Dumonceau se rend à Osnabrück pour y prendre le commandement des seize 4es bataillons du 1er corps, formant la 2e division. Le général Dufour commandera les douze 4es bataillons du 2e corps, formant la 5e division. Ces deux divisions vont se réunir à Osnabrück et Bremen, sous les ordres du général Vandamme, et ne tarderont pas à arriver. Par ce moyen, quatre divisions du 1ᵉʳ et du 2ᵉ corps se trouveront réunies entre la mer et le bas Elbe. Le duc de Bellune ne connaît pas assez la 32ᵉ division militaire, ni les hommes, ni les choses, et n'y est pas connu : il faut que le prince d'Eckmühl en ait le commandement.

Le général Reynier suffit pour commander à Dresde, et je ne vois pas pourquoi vous envoyez tant de commandants. Puisque la division Girard est déjà à Dresde, il y a peu d'inconvénient qu'elle renforce ce point important. Le parti pris de faire sauter le pont de Dresde et de rétablir l'ancienne enceinte à la tête de la ville me paraît convenable; mais tous ces préparatifs disparaîtront si l'ennemi fait un mouvement de 40,000 hommes sur Dresde : or c'est contre ce mouvement qu'il faut se prémunir. Il ne faut pas chercher si l'ennemi fera ou ne fera pas de mouvement; ce qu'il ne fait pas aussitôt, il pourra le faire dans quinze jours, et dans quinze jours rien ne sera changé de votre côté. C'est parce que vous vous êtes laissé éblouir par de pareilles illusions que vous n'avez pas pris un grand parti.

Je vous répète donc que vous devez donner au prince d'Eckmühl le commandement de la 32ᵉ division et de toute la rive de l'Elbe, de Magdebourg à Hambourg; que le duc de Bellune, avec la 4ᵉ division et une poignée de Bavarois et Polonais, aura le commandement depuis Wittenberg jusqu'à Dessau; que la garnison de Torgau gardera la rive gauche, et qu'elle renforcera tout ce qui appartient au général Reynier. Puisqu'il paraît que le corps du général Reynier est si faible, vous lui laisserez la division Girard, mais il faut qu'il s'échelonne en deuxième ligne, de manière à ne pas pouvoir être coupé de Magdebourg.

Réunissez le 1ᵉʳ et le 2ᵉ corps de cavalerie sur Magdebourg. Faites placer les quatre divisions du général Lauriston et les deux du général Grenier en avant de cette place. Prenez votre ligne d'opération de Magdebourg sur Wesel; faites battre par des avant-gardes de cavalerie et d'infanterie, avec de l'artillerie, toute la rive droite : l'alarme sera aussitôt à Berlin. La crainte que vous ne preniez l'offensive en vous portant sur Stettin retiendra l'ennemi. C'est le moyen le plus puissant de venir au secours de Dresde, et vous serez au moins certain d'empêcher toute opération sur Hambourg. Je n'ai plus autre chose à ajouter; ce serait la même répétition.

Vous garderez Dresde si l'ennemi le veut, et, sans doute, tant que l'ennemi ne viendra pas avec 25 à 30,000 hommes, qu'il fera passer pour 50,000, on n'évacuera point Dresde. D'après les mesures qui ont été prises, il est évident que l'ennemi ne tentera point de forcer la ville; mais, s'il est en force, il menacera de passer ou passera effectivement à droite ou à gauche, en amont ou en aval. Toutefois, c'est cependant un très-grand point que de garder Dresde jusqu'à ce que l'ennemi ait fait un grand mouvement d'armée, et aussi longtemps que possible.

Mais il faut enfin prendre une position qui vous mette à l'abri des volontés de l'ennemi, et que vous puissiez occuper, quelque chose qu'il fasse, d'où vous puissiez maîtriser ses mouvements en l'obligeant à venir vous bloquer. Ce ne peut être que le résultat d'une position offensive, en campant en avant de Magdeburg, ou du moins en ayant un camp qui couvre vos cantonnements, si vous voulez ne pas faire camper toutes vos troupes et, dans le cas où la saison serait encore trop rude, les grouper autour de Magdeburg, sur les deux rives, en faisant de forts détachements sur Spandau dans la direction de Stettin. Cela rétablira le moral et la discipline de l'armée et toutes les affaires.

Quant aux vivres, vous avez les plus belles provinces de l'Allemagne sous la main; vos partis sont couverts par une grande rivière; vous ne pouvez donc avoir de difficulté à vivre. Tout cela est d'autant plus important qu'il faut s'attendre d'un moment à l'autre à un débarquement anglais du côté de Hambourg.

NAPOLÉON.

D'après la copie comm. par S. A. I. Mme la duchesse de Leuchtenberg.

19735. — A EUGÈNE NAPOLÉON,

VICE-ROI D'ITALIE, COMMANDANT EN CHEF LA GRANDE ARMÉE, À LEIPZIG.

Trianon, 18 mars 1813.

Mon Fils, le général Vandamme sera arrivé le 25 mars à Wesel; il y prendra le commandement de la 2e division du 1er corps, composée des seize 4ᶜˢ bataillons qui sont sous les ordres du général Dumonceau, de la 5ᵉ division, composée des douze 4ᶜˢ bataillons du 2ᵉ corps, qui sont sous les ordres du général Dufour, et des dix bataillons des divisions réunies. Le général Vandamme aura donc trente-huit bataillons sous ses ordres, mais tous de jeunes troupes. J'ai ordonné qu'on lui organisât sur-le-champ à Wesel une batterie d'artillerie. Le général Vandamme va d'abord porter son quartier général à Osnabrück, de là à Minden et Bremen ; il rétablira la police sur les côtes, rétablira le général Carra Saint-Cyr à Hambourg, et fera tout rentrer dans l'ordre à Lübeck. Quatre ou cinq de ces bataillons doivent déjà être arrivés à Osnabrück ; d'autres y arriveront dans les derniers jours du mois et dans les premiers jours d'avril.

Aussitôt que le prince d'Eckmühl sera arrivé sur la gauche, vous lui donnerez le commandement de la 1ʳᵉ division que commandera le général Morand, celui du corps du général Vandamme et de toute la 32ᵉ division militaire. Ce maréchal est très-propre, par la connaissance qu'il a des localités, à rétablir l'ordre et à faire des exemples sévères. Vous direz au général Morand de garder ses artilleurs et ses marins, mon intention étant de le renvoyer en Poméranie avec la 1ʳᵉ division aussitôt que nous serons sur l'Oder.

Le général Dubreton commandera la 4ᵉ division de la Grande Armée, composée des douze 2ᶜˢ bataillons du 2ᵉ corps et qui se réunit à Magdeburg.

Napoléon.

D'après la copie comm. par S. A. I. Mᵐᵉ la duchesse de Leuchtenberg.

19736. — AU COMTE DE MONTALIVET,
MINISTRE DE L'INTÉRIEUR, À PARIS.

Trianon, 19 mars 1813.

Écrivez au nouveau préfet de Hambourg[1] d'être rendu pour le 25 au quartier général du général Saint-Cyr, pour de là prendre l'administration de Hambourg. Il rappellera tous les employés de la préfecture ; il fera connaître que je désapprouve ceux qui se sont retirés en Danemark.

[1] M. de Breteuil.

Faites connaître au maire de Hambourg que la ville doit continuer à payer toutes les impositions, et qu'on doit maintenir toutes les lois; qu'autrement la ville serait responsable.

<small>D'après la minute. Archives de l'Empire.</small>

19737. — AU GÉNÉRAL CLARKE, DUC DE FELTRE,
MINISTRE DE LA GUERRE, À PARIS.

<small>Trianon, 19 mars 1813.</small>

Monsieur le Duc de Feltre, répondez au général Lauriston que l'évacuation de Hambourg, qui fait tant de tort aux douanes et aux finances, et à l'esprit public dans la 32e division, est le résultat de la fausse direction qu'il a donnée au général Carra Saint-Cyr; qu'au lieu de rassurer à Hambourg il y a mis tout en alarme; que les deux cohortes étaient bien suffisantes avec les gardes nationales pour arrêter des excursions de Cosaques, surtout s'il avait réuni au moins deux de ses divisions et de la cavalerie en avant de Magdeburg, menaçant de couper ce qui s'enfoncerait du côté de Hambourg; mais qu'il n'a pris aucune précaution, et que 200 Cosaques s'empareront de tout le pays.

NAPOLÉON.

<small>D'après la copie. Dépôt de la guerre.</small>

19738. — AU GÉNÉRAL COMTE BOURCIER,
COMMANDANT LES DÉPÔTS DE CAVALERIE, À HANOVRE.

<small>Trianon, 19 mars 1813.</small>

Je ne suis pas satisfait de vos lettres; j'en reçois du 10 et du 12; elles ne m'apprennent rien. Je vois que vous n'avez que 3,000 hommes à cheval, et cependant, d'après vos états, vous avez plus de 10,000 chevaux. Pourquoi tout cela n'est-il pas monté et ne fait-il pas de service? Il y avait des effets d'habillement à Hambourg et à Magdeburg.

Je vous ai autorisé à prendre toutes les mesures nécessaires pour tirer parti des localités et activer les remontes; il me semble que vous ne profitez pas de toute cette latitude que je vous ai donnée. Les dépôts ont dû envoyer beaucoup de choses vers la fin de février. Vous devriez correspondre à Mayence avec l'agent de la compagnie qui est chargée des transports, pour savoir où cela en est.

Enfin il faudrait m'envoyer des états en règle du nombre des hommes que vous avez, des chevaux que vous avez, des selles que vous avez, de celles qui vous manquent et des moyens que vous avez pour vous en procurer, des armes que vous avez, de celles qui vous manquent et des ressources sur lesquelles vous comptez pour vous en procurer. Donnez les mêmes renseignements sur les effets d'équipement.

Vous m'avez promis pour le 30 mars 12,000 hommes à cheval; j'y compte.

D'après la minute. Archives de l'Empire.

19739. — A EUGÈNE NAPOLÉON,
VICE-ROI D'ITALIE, COMMANDANT EN CHEF LA GRANDE ARMÉE, À LEIPZIG.

Trianon, 19 mars 1813, au matin.

Mon Fils, je reçois vos lettres du 14 au soir. La partie de la Garde que vous avez avec vous ne doit pas avoir d'artillerie servie par le personnel de la Garde, vu que tout le matériel de l'artillerie de la Garde se réunit à Francfort, et qu'il est nécessaire d'y joindre le personnel que vous avez.

Wittenberg doit être gardé; je ne pense pas que 3,000 hommes soient nécessaires à sa garnison : 1,500 à 2,000 hommes y suffisent, et je vous ai fait connaître quelle espèce de troupes vous devez y employer. Il faut qu'il y ait des vivres pour trois mois; il faut avoir la quantité d'eau nécessaire pour mettre six pieds d'eau dans les fossés. Avec ce qui existe du tracé et des reliefs des ouvrages, cette place doit être en état. Ordonnez que des pièces de canon soient mises en avant du pont; qu'une petite tête de pont soit établie sur la rive gauche, avec des palissades, et qu'elle soit armée de quatre pièces de canon, de manière que l'ennemi, passant le fleuve, ne puisse pas brûler le pont. Faites faire là un blockhaus. Il y a quatre à cinq petits ponts sur les inondations; il faut occuper ceux qu'il est convenable de garder par des tambours, tels que de petits corps de garde ne puissent pas être enlevés par des Cosaques.

Le général Bourcier m'écrit et ne me dit rien. Je vois qu'il a 5,000 chevaux et 5,000 hommes à Hanovre, et qu'il n'en peut pas disposer, parce qu'il manque d'armes et d'effets d'équipement. Je vous ai adressé hier l'état de ce que l'administration de la guerre a envoyé et de ce qui est à Magdeburg. Il me semble que vous avez fait distribuer 40 francs à chaque homme pour s'équiper.

Ce que vous dites dans vos lettres ne m'apprend rien; ce sont des états qu'il faudrait avoir, afin de connaître ce qu'on a à envoyer. Beaucoup de choses dans les marchés se payent avec des billets du trésor, qui sont de l'argent comptant. Le ministre du trésor doit d'ailleurs avoir envoyé de l'argent à Magdeburg.

La cavalerie ennemie ne pourrait pas se hasarder sur Hambourg, si vous étiez dans une position offensive sur la rive droite, puisqu'elle craindrait d'être coupée.

Vous me mandez dans quelqu'une de vos lettres que le corps saxon a une épidémie : il serait d'abord urgent que le général Girard ne mêlât pas ses troupes avec les Saxons; ce doit être là la première de toutes les considérations.

NAPOLÉON.

D'après la copie comm. par S. A. J. Mme la duchesse de Leuchtenberg.

19740. — A EUGÈNE NAPOLÉON,
VICE-ROI D'ITALIE, COMMANDANT EN CHEF LA GRANDE ARMÉE, À LEIPZIG.

Trianon, 19 mars 1813.

Mon Fils, je n'ai rien à ajouter aux lettres que je vous ai écrites précédemment. Si le général Reynier était obligé d'évacuer Dresde, et que l'ennemi, maître de cette ville, eût ainsi tourné la ligne de l'Elbe, je vous ai fait connaître que cela ne devait avoir aucune influence sur votre position en avant de Magdeburg. Outre la ligne de la Mulde, que je vous ai indiquée comme devant être prise par le général Reynier pour garder le pays contre les incursions de Cosaques, il y a encore celle de la Saale. Faites reconnaître le nombre de ponts qu'il y a sur cette rivière. La Saale, qui va se jeter dans l'Elbe près de Magdeburg, a un cours trèsencaissé, qui ne présente qu'un petit nombre de passages. Il serait d'autant plus possible de tenir la position de cette ligne et d'y arrêter une avant-garde de troupes légères ennemies, qu'au 25 mars le général Wrede, avec 10,000 Bavarois, de l'artillerie et de la cavalerie, sera arrivé à Bamberg et pourrait facilement porter la tête de cette colonne sur Schleiz et Saalfeld.

Le général Souham sera le 25 mars à Würzburg, et le 1er corps d'observation du Rhin y sera au 1er avril. Ce corps pourrait aussi facilement se porter sur Iena, Naumburg, Merseburg, et par ce moyen toute la droite de la ligne serait gardée. Le général Reynier garderait Halle, et le duc de Bellune, depuis Halle jusqu'à l'embouchure de la Saale dans l'Elbe. Alors un mouvement offensif de huit divisions en avant de Magdeburg empêcherait l'ennemi de s'enfourner entre nos différentes armées. Quand je parle de la ligne de la Mulde, de la ligne de la Saale, c'est toujours fondé sur la position offensive que vous occuperez devant Magdeburg, car sans cela il n'y a pas de ligne : l'Elbe et le Rhin et de plus larges rivières n'en sont pas.

NAPOLÉON.

D'après la copie comm. par S. A. I. Mme la duchesse de Leuchtenberg.

19741. — AU GÉNÉRAL CLARKE, DUC DE FELTRE,

MINISTRE DE LA GUERRE, À PARIS.

Trianon, 20 mars 1813.

Votre lettre du 19 ne dit rien. Il faut absolument avoir 171,000 fusils sur les côtes, comme je l'ai ordonné; mais les armes que nous avons retirées du Hanovre et celles que nous n'employons pas en ligne peuvent être réservées à cet usage. Il est bien nécessaire d'être rassuré là-dessus, surtout pour les points importants, tels qu'Anvers, Brest, Rochefort et Toulon. Il faut vous concerter à ce sujet avec le ministre de la marine; car ce serait un grand malheur que tous ces marins, en cas d'événement, ne pussent pas servir à la défense de l'escadre et du port, par défaut d'armes.

D'après la minute. Archives de l'Empire.

19742. — AU GÉNÉRAL CLARKE, DUC DE FELTRE,
MINISTRE DE LA GUERRE, À PARIS.

Trianon, 20 mars 1813.

Monsieur le Duc de Feltre, je vous ai mandé que les deux cohortes de Hambourg étaient suffisantes avec la garde nationale pour arrêter les incursions des Cosaques, surtout si le général Lauriston avait réuni deux ou trois divisions en avant de Magdeburg, avec la cavalerie, menaçant de couper tout ce qui s'avancerait du côté de Hambourg.

Je vois que la lettre que j'ai signée a été mal écrite; cela doit arriver souvent, parce qu'après avoir dicté je ne peux pas relire mes lettres. Lors donc qu'il y aura le moindre louche et la moindre chose que vous ne compreniez pas, il faut que vous me l'écriviez.

NAPOLÉON.

D'après la copie. Dépôt de la guerre.

19743. — AU GÉNÉRAL CLARKE, DUC DE FELTRE,
MINISTRE DE LA GUERRE, À PARIS.

Trianon, 20 mars 1813.

Le général Molitor s'alarme et demande des instructions. Ses instructions sont claires : en cas d'événement, qui n'est pas probable, il doit mettre garnison au fort Lasalle; l'amiral Ver Huell débarquera autant d'équipages qu'il faudra pour aider à servir les batteries; c'est là qu'est la protection de l'escadre. Il doit mettre un détachement dans l'île du Texel pour protéger les chaloupes canonnières; il doit mettre une garnison à Hellevoetsluis et à Brielle, occuper Naarden et Gorcum. Quatre ou cinq chaloupes canonnières doivent passer dans la mer de Haarlem, et il doit y avoir une bonne compagnie dans le corps de garde retranché des digues de Haarlem.

Moyennant ces précautions, la Hollande ne sera susceptible d'aucune attaque. 1,200 ou 1,500 hommes au fort Lasalle, sans comprendre les équipages, 1,000 à chacune des places de Brielle et Hellevoetsluis, un millier d'hommes à Naarden et autant à Gorcum, ne feraient que 5 ou 6,000 hommes. Le général a beaucoup davantage, sans comprendre la gendarmerie, les compagnies départementales et les troupes nécessaires pour le maintien de l'ordre à Amsterdam. Tous les jours des troupes arriveront à Utrecht. Une opération sérieuse ne peut avoir lieu avant le mois de mai, et à cette époque il y aura plus de 15,000 hommes au camp d'Utrecht.

D'après la minute. Archives de l'Empire.

19744. — AU CAPITAINE D'HAUTPOUL,

OFFICIER D'ORDONNANCE DE L'EMPEREUR, À PARIS.

Trianon, 20 mars 1813.

Monsieur le Baron d'Hautpoul, vous vous rendrez à Metz, à l'effet de prendre une connaissance exacte et détaillée de la situation, tant en hommes qu'en chevaux, ainsi qu'en effets d'habillement et de harnachement, des régiments de cavalerie qui sont en station dans la 3e division militaire. Dans la situation du personnel de chaque régiment vous distinguerez : 1° l'effectif des hommes au 1er février; 2° les hommes arrivés des cadres de la Grande Armée; 3° les hommes tirés de la conscription de 1813; 4° ceux de la conscription des quatre années; 5° ceux fournis par les compagnies de réserve; 6° ceux sortant de la gendarmerie; 7° ceux pris dans les cohortes; 8° enfin ceux provenant du supplément de la conscription des quatre années. Chaque colonne de l'état de situation devra être subdivisée de manière à présenter ce que le régiment devait recevoir, ce qu'il a reçu et ce qui lui reste à recevoir. Vous ferez aussi connaître le nombre d'hommes que les régiments ont à la Grande Armée. Vous relaterez dans votre rapport si le colonel, le major et les chefs d'escadrons existent, s'ils sont au corps ou s'ils n'y sont pas, et, dans ce cas, vous désignerez le lieu où ils peuvent être, et enfin s'ils sont en état de faire la campagne. Vous entrerez dans le détail de la composition des cadres de chaque compagnie, et vous indiquerez combien il faut de capitaines pour autant de compagnies qu'il y a de fois 125 hommes, combien il faut de lieutenants, de sous-lieutenants, de maréchaux des logis, etc. combien il y a de ces officiers et sous-officiers au régiment, et enfin combien il doit en être fourni par la gendarmerie.

L'état de situation des chevaux devra faire connaître : 1° l'effectif au 1ᵉʳ février; 2° le nombre des chevaux qui ont dû être fournis sur l'achat des 15,000 chevaux ordonné par le décret du 4 janvier dernier, combien il en a été livré, à quels régiments ils ont été remis et à quelle époque ils sont partis; 3° le nombre des chevaux provenant des dons volontaires, les régiments sur lesquels ils ont été dirigés et l'époque de leur départ. Vous relaterez si tout a été fourni et quelles sont les dispositions faites pour obtenir le complément de ce qui est nécessaire. Vous ferez une distinction de ce qui existe à la Grande Armée.

Enfin vous me présenterez une semblable situation pour tous les effets de harnachement et d'habillement, et vous me ferez connaître si on a tous les draps nécessaires pour l'habillement de tous les corps.

Votre rapport me mettra à même de juger ce que les régiments pourront fournir cette campagne et à quelles époques les compagnies de 100 ou de 125 hommes pourront être prêtes.

Vous vous rendrez ensuite à Commercy, d'où vous me ferez un rapport sur la situation des 2ᵉ, 6ᵉ, 7ᵉ, 15ᵉ et 17ᵉ bataillons du train des équipages militaires, en distinguant le personnel, les voitures, les attelages; en un mot, vous ferez le même travail que celui que je vous demande pour les régiments de cavalerie. De Commercy vous vous rendrez à Nancy, où vous ferez un semblable travail sur les régiments qui sont dans la 4ᵉ division; et ensuite à Mayence, d'où vous me rendrez le même compte pour les régiments de cavalerie qui sont stationnés dans la 26ᵉ division. Vous me ferez aussi connaître tout ce qui est relatif au personnel et au matériel des attelages d'artillerie. Lorsque vous serez à Mayence, vous me rendrez compte tous les jours des convois d'artillerie, d'équipages et d'ambulances qui passeront dans cette ville.

Vous trouverez ci-joints, pour vous servir de renseignements : 1° l'état des 8,000 chevaux qui ont dû partir de France pour Magdeburg; 2° l'état des effets d'habillement; 3° l'état des effets envoyés par les corps; 4° l'état des munitions de guerre. Vous passerez au bureau de l'entreprise des transports que dirige le sieur Bobée, lequel vous fournira les renseignements nécessaires pour vous mettre à même de me rendre compte de ce qui est parti de chaque objet désigné dans les états dont je viens de parler, de manière que je puisse connaître parfaitement, et tous les jours, ce qui est parti, ce qui reste à partir et le point où chaque convoi doit se trouver.

NAPOLÉON.

D'après l'original comm. par M. le général marquis d'Hautpoul.

19745. — A EUGÈNE NAPOLÉON,
VICE-ROI D'ITALIE, COMMANDANT EN CHEF LA GRANDE ARMÉE, À MAGDEBURG.

Trianon, 20 mars 1813.

Mon Fils, il faut qu'il y ait à Magdeburg trois manutentions différentes, savoir : une dans la citadelle, une dans la tête de pont et la troisième dans la ville. Je désire que chacune de ces manutentions soit de huit à douze fours; donnez des ordres en conséquence. Je voudrais qu'il y eût à Erfurt deux manutentions, savoir : une dans la citadelle, de six fours, et une dans la ville, de douze; donnez ordre de les construire. Aussitôt que Wittenberg sera armé, il faudra également y établir une manutention de huit à douze fours. Je suppose qu'il y a à Torgau une manutention de neuf à dix fours; si cela n'était pas, faites-y-en établir une. Faites-moi connaître les manutentions qui existent à Dresde, et faites préparer tous les matériaux pour qu'on puisse en trois jours, aussitôt que la tête de l'avant-garde de l'armée sera arrivée sur la Saale, construire à Dresde trois manutentions, chacune de douze fours. Lorsque nous prendrons l'offensive, nous arriverons dans cette ville avec 200,000 hommes, et j'ai un grand intérêt à faire camper et baraquer mon armée, pour attendre ma cavalerie, le complément des équipages d'artillerie et tout ce qui est nécessaire.

Vous trouverez ci-jointe la copie d'un décret que j'ai pris pour l'organisation des équipages militaires. Le 20ᵉ bataillon sera supprimé : ainsi, au lieu de cinq bataillons, vous n'aurez à l'armée que deux bataillons de six compagnies chacun. Vous enverrez le 14ᵉ bataillon à Münster, et, selon la volonté du général commandant la division, il se réunira à

Münster ou à Wesel. Vous répartirez le 22ᵉ entre le 10ᵉ et le 12ᵉ bataillon. Pressez le plus possible l'organisation de vos bataillons. Le corps d'observation de l'Elbe ayant également un bataillon des équipages militaires, vous en aurez trois en tout.

NAPOLÉON.

D'après l'original comm. par S. A. I. Mᵐᵉ la duchesse de Leuchtenberg.

19746. — AU MARÉCHAL NEY, PRINCE DE LA MOSKOVA,
COMMANDANT LE 3ᵉ CORPS DE LA GRANDE ARMÉE, À HANAU.

Trianon, 20 mars 1813.

La 1ʳᵉ et la 2ᵉ division de votre corps d'armée doivent avoir leur artillerie. Je suppose que le nombre des généraux de brigade est complet. Je désire donc que, pour gagner de l'espace, vous les dirigiez sur Würzburg. La 1ʳᵉ division pourra prendre position dans la vallée de Schweinfurt, et la 2ᵉ, à Würzburg même, se tenant réunie dans la ville. Vous ferez occuper la citadelle de Würzburg par le bataillon de marche du 4ᵉ corps, fort de 600 Français; il paraît que cette citadelle ne peut pas contenir davantage. Envoyez les deux bataillons de Hesse-Darmstadt au petit fort de Kœnigshofen, où ils garderont le fort et seront réunis là en observation. Placez également les deux bataillons du Wurtemberg en avant, de manière qu'ils soient réunis sur le chemin de Würzburg à Gotha, et que, par ce moyen, vous ayez de la place pour vos 3ᵉ et 4ᵉ divisions, que vous réunirez d'abord à Aschaffenburg. Ainsi vous aurez vidé entièrement tout le comté de Hanau, ce qui est nécessaire pour réunir le 2ᵉ corps du Rhin.

Je suppose que du 1ᵉʳ au 5 avril tout votre corps d'armée sera réuni à Würzburg, et en colonne sur le chemin de Würzburg à Gotha et à Weimar.

Vous placerez à Schweinfurt, s'il y a suffisamment de fourrages, votre brigade de cavalerie que commandera le général Beaumont, et qui sera composée du 10ᵉ régiment de hussards, du régiment hessois et du régiment badois; cela doit faire 2,500 hommes; mais je ne pense pas qu'actuellement il y en ait plus de 1,200, force suffisante pour pousser des partis sur la Saale et empêcher des pelotons de Cosaques, s'ils passaient Dresde, de s'éloigner trop de leur armée.

Dans les cinq premiers jours d'avril, le général Wrede doit être arrivé à Bamberg : donnez-lui ordre d'envoyer sa brigade de cavalerie sur Schleiz, avec une batterie d'artillerie et deux bataillons d'infanterie, de sorte qu'il puisse vous rendre compte de tout ce qui se passe. Ordonnez-lui d'armer Kronach. Ainsi, par ce moyen, vous pourrez facilement faire éclairer la rive de la Saale, si les circonstances l'exigeaient. Recommandez au général Wrede de porter très-haut les forces qui se réunissent sous ses ordres, et surtout le nombre de sa cavalerie.

Dans le courant d'avril, tout le corps wurtembergeois, les contingents badois et hessois arriveront à Würzburg. Il est probable qu'alors je vous aurai donné l'ordre de vous porter sur la Saale, à Iena, Weimar et Naumburg. Par ce moyen, Würzburg sera évacué et le général Marchand pourra y réunir ces corps; mais mon intention n'est pas qu'aucune de vos troupes passe les montagnes que vous n'ayez toute votre artillerie.

On vous a envoyé beaucoup d'officiers, lieutenants et sous-lieutenants : ainsi vos cohortes vont changer de figure. Il faut que vous les voyiez plusieurs fois, en faisant des inspections comme celles que je fais, pour vous assurer par vous-même des bonnes qualités des officiers et remplacer ceux qui seraient mauvais par de meilleurs. On me fait espérer qu'avant le 1er avril votre 1re et votre 2e division auront toute leur artillerie, et que votre 3e et votre 4e l'auront avant le 10. Votre double approvisionnement n'arrivera qu'à la fin d'avril; mais, comme j'ai ordonné qu'on place beaucoup de munitions dans la citadelle de Würzburg, et qu'il y en a une grande quantité à Torgau, Dessau et Wittenberg, un simple approvisionnement suffira pour appuyer la défensive sur l'Elbe. Il serait convenable qu'avant le 15 avril vous pussiez vous assurer de quatre jours de pain et de dix jours de farine. Faites faire 400,000 rations de biscuit à Würzburg, afin d'avoir vingt jours de vivres.

Voici la situation de l'armée : Le général Reynier, avec les Saxons, la division Durutte et le général Girard, est à Dresde. Il paraît qu'on a miné le pont pour le faire sauter et qu'on a retranché la ville, pour s'y défendre. Wittenberg est retranché et armé; on y a mis huit pieds d'eau dans les fossés; 3,000 Polonais en forment la garnison. 6,000 Saxons sont à Torgau. Enfin le général Grenier, avec le 11e corps, est entre Magdeburg et Wittenberg; le général Lauriston, avec ses quatre divisions, est à Magdeburg; le duc de Bellune, avec la division du 2e corps, est près de Magdeburg, et une division de seize bataillons du prince d'Eckmühl se porte sur le bas Elbe; le général Morand, qui a évacué la Poméranie suédoise, occupe le bas Elbe avec les troupes du général Carra Saint-Cyr; le général Vandamme, avec trente bataillons, débouchera le 25 de Wesel sur Bremen.

Le général Lauriston a quatre-vingt-douze bouches à feu; le vice-roi en a déjà organisé cent cinquante : ainsi il y a deux cent quarante pièces de canon au corps de l'Elbe, sans compter les canons des Saxons.

Dans cette situation des choses, si l'ennemi était en bon état, il serait à craindre qu'il ne se portât sur Dresde et ne forçât ainsi le général Reynier à se replier d'abord sur la Mulde, et peut-être derrière la Saale.

Aussitôt que je verrai le corps d'observation d'Italie arrivé à Nuremberg (il a commencé son mouvement le 10 mars), que je saurai votre artillerie complète, et que vous commencerez à être en état, c'est-à-dire du 10 au 15 avril, il serait possible que je vous ordonnasse de vous porter sur la Saale, occupant Iena, Naumburg, Merseburg, et ayant votre quartier général à Weimar. Le général Wrede, avec les Bavarois, irait à Schleiz et à Saalfeld. Le général Marchand vous suivrait, aussitôt que son corps serait formé. Vous réuniriez dans cette position plus de cinquante pièces de canon et plus de 60,000 hommes, sans la cavalerie, ce qui soutiendrait bien le général Reynier; et quelques jours après, quand le 2e corps d'observation du Rhin pourrait aller sur la Saale, je vous enverrais avec votre corps couvrir Dresde, et commander toute la droite, qui serait alors forte de 80,000 hommes environ. Il s'agirait de se baraquer en avant de Dresde, de se couvrir de quelques redoutes et d'attendre là l'arrivée de la cavalerie. Mais dès ce moment la défensive serait assurée, et nous serions maîtres de prendre l'offensive quand cela nous conviendrait.

J'ai ordonné au vice-roi de se camper en avant de Magdeburg avec ses huit divisions, d'y réunir de la cavalerie, de menacer de couper tout ce qui se porterait sur Hambourg, et même de menacer Berlin.

Nous ne sommes encore qu'à la fin de mars; ainsi il peut y avoir encore bien des événements d'ici au 10 avril, où je suppose que vous pourrez être en mesure de partir de Würzburg. Il faut donc employer ce temps à vous mettre en position et à vous organiser; car il ne faut en aucun cas être obligé de reculer : cela fatiguerait et désorganiserait ces jeunes troupes.

J'ai des nouvelles du 12, de Breslau. Les Prussiens armaient, mais gardaient encore les apparences, et mon ministre y était toujours traité avec les égards convenables.

J'ai reçu des nouvelles de Hambourg, du 16 : on n'y avait aucune nouvelle de l'ennemi; on ne parlait que d'une patrouille de 15 Cosaques qui, disait-on, était alors à vingt lieues de Hambourg. Le général Morand arrivait de la Poméranie.

Pressez le général Wrede de réunir le plus de cavalerie possible sous ses ordres. Il n'a encore que 600 hommes; il serait bien important qu'il en eût au moins 1,500. J'ai ordonné que les cadres des Bavarois qui se trouveraient sans troupes auprès du vice-roi se rendissent à Bamberg.

D'après la minute. Archives de l'Empire.

19747. — A M. GAUDIN, DUC DE GAËTE,

MINISTRE DES FINANCES, À PARIS.

Trianon, 21 mars 1813.

Vous devez donner vos instructions au comte Chaban[1] et à tous les agents de l'administration : ils ne doivent pas avoir recours aux étrangers, et tant qu'il flottera un drapeau français, tant qu'il y aura un bataillon, ils doivent rester auprès de ce drapeau, suivre ce bataillon, et ne se retirer, dans tous les cas, que sur nos frontières.

D'après la minute. Archives de l'Empire.

[1] Président de la commission de liquidation à Hambourg.

19748. — AU GÉNÉRAL CLARKE, DUC DE FELTRE,
MINISTRE DE LA GUERRE, À PARIS.

Trianon, 21 mars 1813.

Monsieur le Duc de Feltre, je vous renvoie vos lettres de Hambourg. Faites connaître au général Saint-Cyr qu'il a agi dans tout cela avec précipitation et sans garder de sang-froid; que d'abord il a eu tort d'autoriser les Français à se rendre en Danemark, lorsque tous pouvaient l'accompagner; qu'il est ridicule qu'un conseiller d'état et un consul général aient quitté le territoire français sans nécessité; que, depuis, le conseiller d'état est venu à Paris, mais qu'il a dû en partir aussitôt pour retourner au quartier général de la division; que le consul général a été suspendu de ses fonctions pour avoir quitté son poste; que, quant à l'évacuation de Hambourg, elle a été faite sans raison, sans ordre et sans esprit; qu'il fallait laisser le commandant d'armes à la tête de la garde nationale et de la ville, et déclarer seulement qu'on portait le quartier général de la division à tel endroit, comme plus central; que tous les bruits qu'on a des Cosaques sont exagérés ou faux. Dites-lui qu'il faut qu'il se tienne vis-à-vis de Hambourg, avec le général Morand et tous les douaniers; que 1,500 douaniers se rendent auprès de lui pour renforcer les lignes; qu'enfin trente bataillons aux ordres du général Vandamme sont en marche pour la 32ᵉ division; que déjà plusieurs bataillons auront dépassé Wesel à la fin de ce mois.

NAPOLÉON.

P. S. Il convient que la cour impériale et la cour prévôtale, ainsi que tous les établissements attachés au chef-lieu de ce département, se portent à Bremen. Faites part de cette décision au grand juge.

D'après la copie. Dépôt de la guerre.

19749. — AU GÉNÉRAL CLARKE, DUC DE FELTRE,
MINISTRE DE LA GUERRE, À PARIS.

Paris, 23 mars 1813.

J'ai nommé le colonel Slivarich général de brigade : écrivez qu'on lève encore un bataillon de 1,000 hommes en Croatie, et qu'il parte aussitôt qu'il pourra avec ce bataillon pour la Grande Armée, où il commandera toute la brigade croate.

D'après la minute. Archives de l'Empire.

19750. — AU GÉNÉRAL SAVARY, DUC DE ROVIGO,
MINISTRE DE LA POLICE GÉNÉRALE, À PARIS.

Paris, 23 mars 1813.

J'approuve fort ce que vous avez fait.

Envoyez l'ordre que l'on arrête à Wesel tous les employés de la 32ᵉ division militaire et qu'on les fasse retourner à leur poste. Exercez une grande surveillance pour empêcher qu'aucun n'arrive à Paris, et, dans le cas où quelqu'un de ces employés y serait arrivé, faites-le repartir sur-le-champ, sous peine d'être arrêté comme ayant quitté son poste sans permission.

D'après la minute. Archives de l'Empire.

19751. — AU VICE-AMIRAL COMTE DECRÈS,
MINISTRE DE LA MARINE, À PARIS.

Paris, 23 mars 1813.

Monsieur le Comte Decrès, je vous envoie une lettre. Faites-moi connaître s'il ne serait pas possible de faire sortir une petite division pour enlever tous ces prisonniers qui sont à Cabrera : le temps est encore assez mauvais pour cela.

NAPOLÉON.

D'après l'original comm. par Mᵐᵉ la duchesse Decrès.

19752. — AU BARON DE LA BOUILLERIE,
TRÉSORIER GÉNÉRAL DE LA COURONNE ET DU DOMAINE EXTRAORDINAIRE, À PARIS.

Paris, 23 mars 1813.

Je désire que vous teniez un troisième million à la disposition du duc de Frioul, mon grand maréchal, pour être payé en avances aux différents corps de la Garde sur les sommes qu'ils doivent recevoir du ministère de la guerre pour les dépenses qu'ils ont à faire. Ces avances vous seront remboursées par les corps au fur et à mesure qu'ils recevront les ordonnances du ministre.

<small>D'après la minute. Archives de l'Empire.</small>

19753. — A EUGÈNE NAPOLÉON,
<small>VICE-ROI D'ITALIE, COMMANDANT EN CHEF LA GRANDE ARMÉE, À MAGDEBURG.</small>

Paris, 23 mars 1813.

Mon Fils, je reçois votre lettre du 18 mars.

Je vois dans les lettres du prince d'Eckmühl que le corps du général Reynier n'est que de 2,000 hommes; j'ai toujours supposé ce corps de 12,000 hommes.

Je vois aussi dans ces lettres que le corps de Dombrowski n'est que de 300 hommes; j'avais toujours aussi supposé, conformément à vos états de situation, que ce corps était de 3,000 hommes.

Je ne puis pas trop comprendre comment vous n'avez pas de renseignements précis sur tout cela et ne prenez pas de mesures pour habiller et réunir ces corps. Il valait mieux les envoyer sur les derrières, où on les aurait habillés, ou bien, comme le proposait le prince d'Eckmühl, les incorporer dans les régiments de la Vistule; enfin prendre des mesures quelconques pour utiliser ces hommes.

Quant à la cavalerie, vous ne me donnez aucun détail. Je ne comprends pas ce qui empêche que la cavalerie que vous avez ne soit montée. De grands magasins d'habillement ont été trouvés à Magdeburg; de nombreux envois d'effets d'habillement ont été faits par les corps; plus de 8,000 selles sont parties de France : cependant je ne vois aucun détail sur l'emploi de toutes ces ressources.

J'attends demain le général Flahault, qui me donnera sans doute les détails sur tout cela.

Napoléon.

<small>D'après la copie comm. par S. A. I. Mme la duchesse de Leuchtenberg.</small>

19754. — AU GÉNÉRAL COMTE BERTRAND,
COMMANDANT LE 4ᵉ CORPS DE LA GRANDE ARMÉE, À VÉRONE.

Paris, 23 mars 1813.

Monsieur le Comte Bertrand, constatez bien la situation des corps au moment de leur départ de Trente, et organisez bien les bataillons de marche d'Italie à 840 hommes présents. Faites faire la même chose pour les Italiens.

Je suppose que vos lettres vont se succéder actuellement tous les jours. Je vous ai envoyé de nouveaux généraux de division, les généraux Morand et Lorencez. Je vois bien l'époque où votre corps sera réuni sur le Danube; mais je ne vois pas encore que vous ayez votre artillerie, vos ambulances et vos équipages militaires. Vous devez avoir reçu le décret sur les bagages et sur les chevaux de bât que j'accorde pour porter les papiers et les ambulances des bataillons; faites-les donner à chaque corps. La division italienne doit être de treize bataillons, sans compter les Napolitains, et votre corps d'armée doit être de près de soixante bataillons.

NAPOLÉON.

D'après l'original comm. par M. le général Henry Bertrand.

19755. — AU MARÉCHAL NEY, PRINCE DE LA MOSKOVA,
COMMANDANT LE 3ᵉ CORPS DE LA GRANDE ARMÉE, À HANAU.

Paris, 23 mars 1813.

Le vice-roi a porté son quartier général à Magdeburg. Le général Reynier reste à Dresde. Wittenberg est occupé en force. Le général Doucet commande à Erfurt; mon intention est que vous fassiez connaître à ce général qu'il est sous vos ordres et qu'il doit vous adresser des rapports journaliers de tout ce qui se passe. Établissez des moyens de correspondre promptement avec lui. Il doit y avoir plus de 1,500 hommes de garnison à Erfurt. La citadelle est armée et approvisionnée; il y a six pieds d'eau dans les fossés de la ville, et des tambours palissadés ont été construits aux portes pour la mettre à l'abri des Cosaques.

Envoyez aussi des officiers auprès du général Reynier, à Dresde, et du commandant français ou saxon, à Leipzig, afin d'être promptement instruit de tout ce qui se passe, puisque le vice-roi, se trouvant en avant de Magdeburg, ne pourrait vous en instruire que plus tard.

D'après la minute. Archives de l'Empire.

19756. — DÉCISION.

Paris, 24 mars 1813.

PROJET DE DÉCRET.

NAPOLÉON, etc.

ARTICLE PREMIER. Nous accordons à la demoiselle Catherine Corneille, fille de Louis-Ambroise, et à la demoiselle Marie-Alexandrine Corneille, fille de Jean-Baptiste-Antoine, toutes deux descendant en ligne directe de Pierre Corneille : 1° à la première, une pension annuelle et viagère de 300 francs; 2° à la seconde, également une pension annuelle et viagère de 300 francs.

ART. 2. Nos ministres de l'intérieur, etc.

Ceci est indigne de celui dont nous ferions un roi. Mon intention est de faire baron l'aîné de la famille avec une dotation de 10,000 francs; je ferai baron l'aîné de l'autre branche avec une dotation de 4,000 francs, s'ils ne sont pas frères. Quant à ces demoiselles, savoir leur âge et leur accorder une pension telle qu'elles puissent vivre.

D'après l'original. Archives de l'Empire.

19757. — AU GÉNÉRAL CLARKE, DUC DE FELTRE,
MINISTRE DE LA GUERRE, À PARIS.

Paris, 24 mars 1813.

Je réponds à votre lettre du 23, bureau de l'artillerie. Vous représentez qu'il y a à Medemblik quarante-six bouches à feu, et que, cette place étant ouverte et sans défense, il suffit d'y conserver les deux batteries qui battent l'entrée du port : je suis fort de cette opinion. Donnez donc des ordres pour que les trente-huit bouches à feu soient évacuées, non sur Breda ou Bois-le-Duc, mais sur le fort Lasalle et le Helder. Leur mouvement dans ce sens ne fera que du bien à l'opinion, tandis que dans le sens contraire il ferait beaucoup de mal : je préférerais laisser ces pièces où elles sont plutôt que d'alarmer la Hollande.

Je n'approuve point qu'on retire les deux pièces de 24 qui ont été mises en batterie à Scheveningen, près de la Haye, pour protéger les pêcheurs; il me semble qu'il convient de les y laisser : elles sont utiles et répondent bien à leur but.

D'après la minute. Archives de l'Empire.

19758. — A EUGÈNE NAPOLÉON,
VICE-ROI D'ITALIE, COMMANDANT EN CHEF LA GRANDE ARMÉE, À MAGDEBOURG.

Paris, 24 mars 1813.

Mon Fils, je vois dans la lettre du prince d'Eckmühl du 18 que, le 19, il voulait faire sauter le pont de Dresde : ce serait un grand malheur que d'abandonner, sans y être contraint par des forces supérieures, une des principales villes. Ce serait d'ailleurs un moyen d'attirer l'ennemi, car comment défendre la partie de la ville qui est sur la rive droite? et, si l'ennemi s'y établissait, pourrait-on longtemps se maintenir vis-à-vis? Je vois, par votre lettre du 19, que vous avez donné ordre au général Reynier de défendre Dresde jusqu'à la dernière extrémité; j'espère donc encore que le prince d'Eckmühl n'aura pas fait sauter le pont.

NAPOLÉON.

D'après la copie comm. par S. A. I. M™ª la duchesse de Leuchtenberg.

19759. — AU COMTE DE MONTALIVET,
MINISTRE DE L'INTÉRIEUR, À PARIS.

Paris, 26 mars 1813.

J'ai pris un décret qui supprime le fonds de 500,000 francs fait pour la Ménagerie, et qui se joint au fonds de 200,000 francs accordé cette année pour le quai des Invalides. J'ai accordé un fonds de 240,000 francs pour la construction du quai des Champs-Élysées sur la rive droite de la Seine. Le fonds des Archives restera donc entier, et l'on pourra en commencer les fondements cette année. Je désire que vous m'apportiez mercredi : 1° le plan du quai depuis le pont de la Concorde jusqu'au pont d'Iéna, lequel plan devra faire connaître ce qui appartient au Domaine, ce qui appartient à la commune et ce qu'il faudrait acheter pour les

Archives, et pour que les maisons qu'on construirait régulièrement appartinssent au gouvernement; 2° les plans des Archives et le projet de leur emplacement.

<small>D'après la minute. Archives de l'Empire.</small>

19760. — AU COMTE DE MONTESQUIOU.
GRAND CHAMBELLAN, À PARIS.

Paris, 26 mars 1813.

Monsieur le Comte de Montesquiou, je suis surpris que vous ayez donné des entrées à Paris sans mon ordre. Je désire que cela n'arrive plus à l'avenir. Les entrées que j'avais données à Trianon étaient calculées sur la distance; pour Paris, elles sont beaucoup trop nombreuses et remplissent mes appartements.

NAPOLÉON.

<small>D'après l'original comm. par M. le général comte de Montesquiou-Fezensac.</small>

19761. — AU GÉNÉRAL CLARKE, DUC DE FELTRE,
MINISTRE DE LA GUERRE, À PARIS.

Paris, 26 mars 1813.

Monsieur le Duc de Feltre, répondez au général Carra Saint-Cyr que j'ai été mécontent qu'il ait évacué Hambourg; qu'il a fait cela légèrement, et que par sa pusillanimité il a attiré l'ennemi; que je suis mécontent également qu'il ait quitté les bords de l'Elbe, puisque, réuni au général Morand, il se trouvait avoir une colonne de 4 ou 5,000 hommes; que le général Vandamme va se porter sur Minden, Osnabrück et Bremen avec vingt-huit bataillons; qu'aussitôt que la tête sera arrivée il devra prendre position sur la gauche de l'Elbe et guetter le moment de rentrer à Hambourg aussitôt que possible.

J'ai ordonné que la cour d'appel, la cour prévôtale et la division militaire fussent placées à Bremen comme point central.

NAPOLÉON

<small>D'après la copie. Dépôt de la guerre.</small>

19762. — AU GÉNÉRAL CLARKE, DUC DE FELTRE,
MINISTRE DE LA GUERRE, À PARIS.

Paris, 26 mars 1813.

Monsieur le Duc de Feltre, le duc de Plaisance a été chargé de ce qui est relatif à la formation du 3ᵉ corps de cavalerie. Vous avez donné ordre au général Pully de faire des inspections; divisez tout le reste de la France entre les généraux Corbineau, Dejean, Flahault et Préval. Présentez-moi là-dessus le projet de distribution. Comme les dépôts de la Grande Armée sont, je crois, au nombre de cinquante-deux, chacun de ces généraux pourrait en parcourir une dizaine; vous auriez soin de donner l'inspection d'une division entière à un même général. Ces généraux devront partir sans délai; ils seront chargés de nommer à toutes les places de sous-officiers, de rendre un compte détaillé des cadres qui se trouvent aux régiments, des cadres qu'on doit organiser cette année pour les deux corps qui se réunissent à Mayence, des hommes que chacun des régiments doit recevoir. Ils feront connaître combien d'hommes avaient les dépôts en janvier; ce qu'ils ont reçu, depuis, de la conscription de 1813, des quatre années, du deuxième appel des quatre années, des compagnies départementales et des cohortes; ce qu'ils doivent recevoir sur cela et ce qu'ils ont reçu; ce qu'ils ont dû recevoir d'officiers et sous-officiers de gendarmerie ou de tous les autres corps, et ce qu'il reste à recevoir là-dessus : ce qui donnera un effectif des hommes, sans comprendre la conscription de 1814.

Il faudra également connaître pour les chevaux ce qu'on avait aux dépôts, ce qu'on devait recevoir des marchés, de l'acquisition des 15,000 des villes; ce qu'on a reçu, ce qui reste à recevoir et pourquoi on ne l'a pas reçu.

Même observation pour l'habillement, l'armement et l'équipement.

Il faudra faire connaître également quand ces différents escadrons pourront partir. Vous chargerez aussi les cinq généraux de voir au chef-lieu de chaque division militaire si les dépôts de la division ont fourni leur contingent des 15,000; les dons volontaires qu'ont faits les départements, s'ils sont remplis; enfin les dons faits par les particuliers.

Faites une instruction là-dessus; présentez-la-moi, ainsi qu'un projet, pour que je sache ce que chaque corps doit recevoir en hommes et en chevaux.

Vous chargerez en même temps tous ces généraux de faire une inspection de tous les équipages militaires qui s'organisent dans les divisions où ils se rendent.

Quant au 19°, qui est en Italie, et au 4°, qui est à Vienne en Dauphiné, vous chargerez le prince Borghese de faire passer la revue du premier par un officier qui fera le même travail, et vous chargerez le général commandant la 7° division de ce qui est relatif au second. Ainsi vous ne détournerez pas trop ces généraux et ne leur ferez pas faire beaucoup de chemin pour un seul régiment.

NAPOLÉON.

D'après la copie. Dépôt de la guerre.

19763. — AU PRINCE DE NEUCHÂTEL ET DE WAGRAM,
MAJOR GÉNÉRAL DE LA GRANDE ARMÉE, À PARIS.

Paris, 26 mars 1813.

Mon Cousin, il est nécessaire que vous veniez tous les jours vers les quatre heures après midi pour prendre les ordres pour l'armée. Faites-moi rédiger un état de situation de l'armée, qui se partage en deux grandes divisions : armée de l'Elbe et armée du Main.

L'armée de l'Elbe est composée :

1° Du 11° corps : 31°, 35° et 36° division;

2° Du corps d'observation de l'Elbe, qui prend le n° 5 : 16°, 17°, 18, et 19° division;

3° Du 1er corps : 1re division, qui se réunit à Magdeburg, et 2° division, qui se réunit à Wesel;

4° Du 2° corps : 4° division, qui se réunit à Magdeburg, et 5°. à Wesel;

Les 2° et 5° divisions sont sous les ordres du général Vandamme et doivent se porter sur le Weser et à Minden :

5° Du 7ᵉ corps : 24ᵉ et 25ᵉ division;

6° enfin des deux premiers corps de cavalerie.

Faites-moi connaître la situation de l'infanterie, le nom des généraux de division et de brigade, des adjudants-commandants, des généraux de cavalerie, officiers d'artillerie, et toute l'organisation de cette armée, ainsi que la situation qu'elle occupe. Écrivez au général Monthion pour qu'il vous envoie, tous les cinq jours, l'état de situation des corps et l'état des changements survenus dans la position des troupes. Il faut vérifier s'il y a le nombre de généraux de brigade nécessaire.

L'armée du Main se compose :

1° Du 3ᵉ corps (1ᵉʳ corps d'observation du Rhin) : 8ᵉ, 9ᵉ, 10ᵉ et 11ᵉ division, qui doivent être réunies à Magdeburg;

2° Du 6ᵉ corps (2ᵉ corps d'observation du Rhin) : 20ᵉ, 21ᵉ, 22ᵉ et 23ᵉ division;

3° Du 4ᵉ corps (corps d'observation d'Italie) : 12ᵉ, 13ᵉ, 14ᵉ et 15ᵉ division.

Faites-moi connaître le jour où toutes ces divisions seront réunies. Faites-moi connaître, pour la cavalerie, l'organisation des détachements des 1ᵉʳ et 2ᵉ corps, qui sont à Mayence, et du 3ᵉ corps, qui est à Metz.

Il faut des généraux de division et de brigade pour tous ces corps d'infanterie et de cavalerie; faites-moi connaître ceux qui existent, et ayez un travail avec le ministre de la guerre pour que tous les officiers disponibles soient employés dans ces différents corps. Ce travail avec le ministre de la guerre est très-important, car il manque beaucoup de généraux de brigade, tandis qu'il y en a un bon nombre qui n'ont pas d'emploi.

NAPOLÉON.

D'après l'original. Dépôt de la guerre.

19764. — AU GÉNÉRAL DUROC, DUC DE FRIOUL,
GRAND MARÉCHAL DU PALAIS, À PARIS.

Paris, 26 mars 1813.

J'ai pris un arrêté pour créer un régiment de flanqueurs-grenadiers. Mon intention est que ce régiment soit complété sur la conscription des quatre années, et, par conséquent, il est destiné à entrer tout de suite en campagne.

J'ai également créé un 8ᵉ régiment de tirailleurs et un 8ᵉ de voltigeurs. Ces deux régiments seront, ainsi que les 4ᵉˢ et les 5ᵉˢ, en tout douze bataillons, complétés au moyen de la conscription de 1814, et doivent rester pour la défense de Paris et de la France; par conséquent, ils n'entreront en campagne, si cela est nécessaire, qu'à la fin de l'année.

<small>D'après la minute. Archives de l'Empire.</small>

19765. — A EUGÈNE NAPOLÉON,
<small>VICE-ROI D'ITALIE, COMMANDANT EN CHEF LA GRANDE ARMÉE, À MAGDEBURG.</small>

Paris, 26 mars 1813 (expédiée le 30 mars).

Mon Fils, le 25 mars, dix bataillons des 2ᵉ et 5ᵉ divisions et de la division de Hambourg étaient déjà arrivés à Wesel. Le général Vandamme a dû y arriver le même jour; les généraux Dufour et Dumonceau ont dû suivre. Je suppose que le général Vandamme se portera rapidement sur Bremen et sur Minden pour garder le Weser; il renverra le général Morand et le général Saint-Cyr sur l'Elbe, et reprendra possession de toute la division.

J'ai ordonné que le quartier général de la division, avec la cour impériale, la cour prévôtale et toutes les administrations centrales fussent placés à Bremen. Écrivez au général Vandamme, d'abord sur Wesel, pour qu'il corresponde avec vous et fasse marcher rapidement en avant pour occuper toute la rive gauche de l'Elbe.

NAPOLÉON.

<small>D'après la copie comm. par S. A. I. Mᵐᵉ la duchesse de Leuchtenberg.</small>

19766. — A EUGÈNE NAPOLÉON,
<small>VICE-ROI D'ITALIE, COMMANDANT EN CHEF LA GRANDE ARMÉE, À MAGDEBURG.</small>

Paris, 26 mars 1813.

Mon Fils, dans une lettre du 20, le général Lauriston dit que les Anglais ont fait un débarquement à Hambourg; il va vite en besogne. Les Anglais n'ont point de troupes à envoyer: tous leurs efforts sont sur Lisbonne; s'ils pouvaient envoyer quelque chose, ce serait quelques centaines d'hommes. Le général Lauriston me paraît avoir la tête bien inflammable, et je crains bien qu'il n'ait aucune habitude du commandement. Tous les bruits qui arrivent jusqu'à lui, il les prend pour des faits : il ne sait donc pas que dix fois par jour, à Paris, nous recevons la nouvelle de quelque débarquement, à cause des mouvements des vaisseaux marchands que les Anglais envoient partout.

NAPOLÉON.

D'après la copie comm. par S. A. I. Mme la duchesse de Leuchtenberg.

19767. — A EUGÈNE NAPOLÉON,
VICE-ROI D'ITALIE, COMMANDANT EN CHEF LA GRANDE ARMÉE, À MAGDEBURG.

Paris, 26 mars 1813.

Mon Fils, j'ai reçu votre lettre du 20; j'ai vu avec la plus grande peine que le prince d'Eckmühl a fait sauter le pont de Dresde. Cela ne peut manquer d'y attirer l'ennemi. Surtout s'il a fait sauter une pile, cela exaspérera les habitants et, par suite, l'armée saxonne. Il y a donc bien de l'inconsidération dans cette conduite de la part du prince d'Eckmühl. Les Russes ne voulant pas venir à Dresde en force, il était plus simple de barricader le pont et de rester tranquille dans la ville; et si, enfin, on devait faire sauter ce pont, il fallait n'en faire sauter qu'une arche, de manière à pouvoir sur-le-champ la réparer avec des pièces de bois, pour rester maître de la ville, sauf à jeter ces bois dans la rivière à l'approche de l'ennemi. Si les Russes ne sont point encore entrés dans Dresde, c'est encore ce qu'il faudra faire.

NAPOLÉON.

D'après la copie comm. par S. A. I. Mme la duchesse de Leuchtenberg.

19768. — AU MARÉCHAL KELLERMANN, DUC DE VALMY,
COMMANDANT SUPÉRIEUR DES 5e, 25e ET 26e DIVISIONS MILITAIRES, À MAYENCE.

Paris, 26 mars 1813.

Mon Cousin, activez le départ des vingt-huit bataillons qui doivent se rendre à Wesel sous les ordres du général Vandamme; cela est important pour réprimer les insurrections de Bremen et de la 32° division militaire.

NAPOLÉON.

D'après l'original comm. par M. le duc de Valmy.

19769. — AU GÉNÉRAL CLARKE, DUC DE FELTRE,
MINISTRE DE LA GUERRE, À PARIS.

Paris, 27 mars 1813.

Monsieur le Duc de Feltre, il n'y a à l'armée que trois corps de cavalerie : le 1er commandé par le général Latour-Maubourg, le 2e par le général Sebastiani, le 3e par le duc de Padoue.

Le 1er corps est composé de quatre divisions, le 2e de trois divisions, et le 3e de quatre divisions; total, onze divisions.

Le 1er et le 2e corps doivent recevoir la valeur de deux escadrons par régiment, ce qui fait cent deux escadrons; cela ne se fera que successivement. J'ai ordonné que tous les dépôts des régiments du 1er corps de cavalerie envoyassent au moins une compagnie de 100 hommes pour la grosse cavalerie, et une de 125 hommes pour la cavalerie légère, et les dirigeassent sur Mayence.

Le 1er corps de cavalerie du général Latour-Maubourg se compose de la division Bruyère, qui a neuf régiments de cavalerie légère; cela fait donc neuf compagnies ou 1,100 hommes pour le corps qui se réunit à Mayence. On en formera un régiment de marche, qui portera le nom de régiment de marche de la 1re division de cavalerie légère.

La 3e division, que commande le général Chastel, qui est la 2e du 1er corps, est de onze régiments, et, en en ôtant les Italiens, elle ne sera plus que de neuf : de ces neuf, je remarque que le 19e de chasseurs à cheval forme un système à part. Les compagnies des huit autres régiments formeront le régiment de marche de la 3e division, ou 2e régiment de marche de cavalerie légère.

Les compagnies des régiments de la 1re division de grosse cavalerie du corps du général Latour-Maubourg formeront le 1er régiment de marche de grosse cavalerie, ou régiment de marche de la 1re division de grosse cavalerie.

La 3ᵉ division de grosse cavalerie a sept régiments, ce qui formera le 2ᵉ régiment de marche de grosse cavalerie, ou régiment de marche de la 3ᵉ division de grosse cavalerie du 1ᵉʳ corps.

Ces quatre régiments de marche, qui formeront 4,000 hommes, porteront le nom de division de marche du 1ᵉʳ corps de cavalerie. Ces régiments doivent être commandés par un général de division et deux généraux de brigade.

Le 2ᵉ corps de cavalerie, commandé par le général Sebastiani, est de trois divisions. Le 3ᵉ régiment de marche de cavalerie légère sera composé de six compagnies des six régiments de la 2ᵉ division de cavalerie légère. Le 4ᵉ régiment de marche de cavalerie légère sera composé de sept compagnies des sept régiments de la 4ᵉ division de cavalerie légère. Enfin le 3ᵉ régiment de marche de grosse cavalerie sera formé de six compagnies des six régiments de la 2ᵉ division de cuirassiers, commandée par le général Wattier, et portera le nom de régiment de marche de la 3ᵉ division du 2ᵉ corps de cavalerie. Ces trois régiments de marche formeront la division de marche du 2ᵉ corps de cavalerie.

Je ne vois pas d'inconvénient que vous me présentiez le général Saint-Germain pour commander l'une de ces divisions et le général Fournier pour l'autre ou toute autre division.

Résumons donc : Il y a trois corps de cavalerie; le 1ᵉʳ est composé de quatre divisions, le 2ᵉ de trois, qui existent à la Grande Armée. Vous me ferez l'état de ces deux corps, tels qu'ils sont à la Grande Armée, avec celui des généraux de division, des généraux de brigade, des hommes montés et des hommes à pied qu'ils ont. Ils doivent avoir à peu près 15,000 hommes; ce qui pour une division fait 2,000 hommes. Un général de division et deux de brigade suffisent pour commander une division de cette force.

Ces corps auront : 1° une division de marche qui se réunit à Mayence, pour le 1ᵉʳ corps, de près de 4,000 hommes, et une pour le 2ᵉ corps, de près de 3,000 hommes. Vous en ferez l'état exact. Je ne pense pas que chaque régiment puisse fournir plus d'une compagnie.

La première de ces divisions a quatre régiments de marche, la deuxième en a trois : ainsi sept colonels suffisent; on y mettra autant de chefs d'escadrons qu'il y a de fois 250 hommes, ce qui fait environ vingt.

Présentez-moi cette organisation en généraux de division, colonels, majors, chefs d'escadrons, etc. Mon intention est, aussitôt que possible, de dissoudre ces deux divisions de marche pour les incorporer dans ces deux corps; mais elles peuvent avoir besoin de se battre avant : il faut donc qu'elles soient bien organisées.

Le 3e corps est composé de quatre divisions, formées par les escadrons des trente-huit régiments de l'armée d'Espagne; ils attendent à Metz; le duc de Padoue les commandera.

Présentez-moi le projet de cette organisation. Il est évident que le 1er corps et le 2e corps, ayant chacun une division de marche, et les dépôts n'ayant cependant fourni qu'une compagnie, au lieu de quatre au moins que les dépôts en France doivent fournir, cela donnera lieu à la formation de plusieurs autres régiments de marche, au fur et à mesure qu'ils pourront fournir plus d'une compagnie.

Présentez-moi sur cela un rapport qui me fasse connaître quand on peut faire partir une troisième et une quatrième division.

Les cinquante et un régiments de la Grande Armée doivent fournir chacun 500 chevaux, cela fera 25,500 hommes à l'armée ou quatre divisions de marche pour le 1er et le 2e corps.

Faites-moi connaître quand on peut espérer la réunion des deux premières divisions à Mayence, celle de la troisième, celle de la quatrième; la réunion de ces quatre divisions de marche portera alors le 1er et le 2e corps à 35 ou 40,000 hommes. Il est évident qu'à fur et mesure que le 1er et le 2e corps s'augmenteront, il faudra changer l'organisation en augmentant la division; je ferai cela selon les circonstances.

Ainsi, pour le moment, il n'y a à la Grande Armée que le 1er corps, composé de quatre divisions; le 2e corps, de trois divisions; le 3e corps, de quatre divisions; une division de marche du 1er corps; une division de marche du 2e corps; ensuite une division de marche du 3e corps; puis une deuxième division de marche du 1er corps; une deuxième division de marche du 2e corps; une deuxième division de marche du 3e; enfin une quatrième division de ces trois corps; ce qui formera un total de 60,000 hommes de cavalerie; mais cela ne fera pas toute la cavalerie de l'armée.

Le corps d'observation d'Italie qui a pris le n° 4 de la Grande Armée a pour cavalerie le 19° régiment de chasseurs, le 13°, le 14° de hussards, un régiment de Croates; ce qui fera une division de 6 à 7,000 chevaux. Il faut un général de division et deux ou trois de brigade pour commander cette division.

Le 1er corps d'observation du Rhin, qui prend le n° 3, a sa cavalerie formée du 10° de hussards, d'un régiment badois, d'un régiment hessois et du régiment wurtembergeois; ce qui fait 5,000 hommes de cavalerie. Il faut y nommer un général de division et deux généraux de brigade.

Enfin la cavalerie du 2° corps d'observation du Rhin, qui prend le n° 6, est composée du 7° de lanciers polonais, auquel on a réuni deux régiments polonais ou étrangers pour former une brigade. Un général de brigade y suffira.

NAPOLÉON.

D'après la copie. Dépôt de la guerre.

19770. — AU CAPITAINE LAPLACE,
OFFICIER D'ORDONNANCE DE L'EMPEREUR, À PARIS.

Paris, 27 mars 1813.

Monsieur Laplace, mon Officier d'ordonnance, rendez-vous de Würzburg à Gotha. Parcourez les différents chemins qui de Würzburg conduisent sur la Saale; voyez-les en détail, ainsi que les liaisons de ces chemins. Parcourez également la route qui de Francfort va droit à Gotha par Eisenach. Envoyez-moi des croquis de ces chemins et des positions.

NAPOLÉON.

D'après l'original comm. par M. le général marquis de Laplace.

19771. — AU COMTE ALDINI,
MINISTRE SECRÉTAIRE D'ÉTAT DU ROYAUME D'ITALIE, A PARIS.

Paris, 27 mars 1813.

Je vous prie d'écrire à mon ministre de la guerre du royaume d'Italie de vous envoyer tous les dix jours un état de situation de l'armée, et de vous tenir au courant de toutes les opérations relatives à la conscription.

<small>D'après la minute. Archives de l'Empire.</small>

19772. — A EUGÈNE NAPOLÉON,
<small>VICE-ROI D'ITALIE, COMMANDANT EN CHEF LA GRANDE ARMÉE, À MAGDEBURG.</small>

<small>Paris, 27 mars 1813, au matin.</small>

Mon Fils, tous les états de situation que nous avons ici portent que les hommes de cavalerie qui sont dans les dépôts de l'armée ou aux corps sont au nombre de 15,600 hommes, et que le général Bourcier n'a encore monté que 9,000 hommes; il doit donc y avoir encore 6,600 hommes à pied. Cependant le général Bourcier se plaint de n'avoir plus d'hommes du tout, et il mande qu'une compagnie de marche de 120 cuirassiers à pied qui arrive de Mayence, il va la monter sur-le-champ : cela est inexplicable. Il faut qu'il y ait, dans les régiments et dans les dépôts, des hommes à pied que le général Bourcier ne connaisse pas. Éclaircissez toute cette question.

NAPOLÉON.

<small>D'après la copie comm. par S. A. I. Mme la duchesse de Leuchtenberg.</small>

19773. — A EUGÈNE NAPOLÉON,
<small>VICE-ROI D'ITALIE, COMMANDANT EN CHEF LA GRANDE ARMÉE, À MAGDEBURG.</small>

<small>Paris, 27 mars 1813.</small>

Mon Fils, je reçois votre lettre du 22 mars. Je vois avec peine la formation d'un 3e corps de cavalerie. Je vois que le général Bourcier a remis 1,300 chevaux au général Wattier, et qu'ils ne font partie ni du 1er ni du 2e corps de cavalerie; de manière que voilà des régiments morcelés. Cette marche détruirait tout. Ne perdez pas un moment pour dissoudre ce corps et pour faire rejoindre par chaque détachement leur régiment; détachez plutôt une division sur la gauche, s'il est nécessaire. Il faut partir du principe que c'est absolument ne rien faire que de disséminer des hommes de cavalerie un à un par corps, au lieu que, si on réunit les escadrons ou les compagnies que les régiments ont encore à l'armée en une même division, on aura encore des régiments. Je suppose qu'en ce moment vous avez 7 à 8,000 hommes de cavalerie.

NAPOLÉON.

D'après la copie comm. par S. A. I. Mme la duchesse de Leuchtenberg.

19774. — AU PRINCE DE NEUCHÂTEL ET DE WAGRAM,
MAJOR GÉNÉRAL DE LA GRANDE ARMÉE, À PARIS.

Paris, 27 mars 1813.

Mon Cousin, le service des estafettes de l'armée demande à être fait avec soin et à être dirigé. Voyez à ce sujet le comte Lavallette, mon directeur général des postes.

Mon intention est que tous les jours, à huit heures du matin, il parte une estafette pour Magdeburg par Wesel; cette estafette portera les ordres au général Vandamme, à Osnabrück, et au général Bourcier, à Hanovre. On détachera d'Osnabrück un embranchement qui ira à Bremen, chef-lieu de la division.

Tous les jours, à huit heures du soir, il partira une autre estafette, qui ira par Mayence et Cassel à Magdeburg ; celle-ci portera les ordres au duc de Valmy, à la Garde, à Francfort, et de Francfort des estafettes d'embranchement seront expédiées à Hanau, au duc de Raguse, et à Würzburg, au prince de la Moskova ; de Cassel d'autres estafettes seront expédiées pour le service du commandant d'Erfurt, de mon ministre à Weimar et des commandants et agents de l'administration qui sont à Leipzig, et, *vice versa*, ceux-ci expédieront des estafettes de retour sur Cassel. Par ce moyen, on recevra des nouvelles et on donnera des ordres deux fois par jour et par des voies différentes : deux estafettes partiront également à douze heures d'intervalle, l'une par Mayence et l'autre par Wesel. Donnez des ordres là-dessus et prenez toutes les mesures pour que les estafettes soient expédiées aux commandants des corps, au duc de Raguse, au prince de la Moskova et au général Vandamme, avec beaucoup d'exactitude et d'activité.

NAPOLÉON.

D'après l'original. Dépôt de la guerre.

19775. — AU GÉNÉRAL COMTE BERTRAND,

COMMANDANT LE 4ᵉ CORPS DE LA GRANDE ARMÉE, À VÉRONE.

Paris, 27 mars 1813.

Le carré se forme indistinctement sur toutes les divisions d'une troupe en ligne, parallèlement ou perpendiculairement à cette ligne, et selon les circonstances et la nature du terrain ; il y a, à la suite de l'Ordonnance, une instruction sur ce point, donnée, je crois, en 1805, qui ne laisse rien à désirer ; mais il importe de la rendre familière aux troupes et de faire serrer les serre-files sur le troisième rang, le carré étant formé et la cavalerie cherchant à l'enfoncer. Il convient qu'une compagnie de voltigeurs ait toujours une réserve sur laquelle elle se ralliera, quand elle ne pourra résister à une charge étant en tirailleurs.

La colonne d'attaque se formera toujours d'après les principes de l'Ordonnance ; mais, si la ligne devait se porter en avant dans cet ordre, la première division, ou division de tête de chaque colonne, croiserait la baïonnette, et, arrivées à la hauteur où la ligne devra s'arrêter, ces mêmes divisions de tête ouvriront leur feu de deux rangs, et les colonnes se déploieront sous la protection de ce feu.

Je désire dans cette manœuvre plus de promptitude que n'en indique le règlement, c'est-à-dire que chaque peloton doit commencer son feu en arrivant sur la ligne, et qu'il faut supprimer les guides.

Si l'on se trouvait dans le cas de se remettre en colonne d'attaque, le feu étant établi sur toute la ligne, on pourrait de même le faire sous la protection du feu des divisions de tête ; mais alors le chef de chaque bataillon fera prévenir, par son adjudant-major et ses adjudants, les chefs des pelotons des ailes du mouvement qu'ils devront exécuter, le roulement pour faire cesser le feu ne devant pas être ordonné. La charge ne doit jamais se battre qu'en présence de l'ennemi ou à la manœuvre, et toujours de la manière la plus simple, c'est la plus imposante. L'instruction sur le tir à la cible est bonne ; il faut s'attacher à faire tirer beaucoup, individuellement, et donner un léger encouragement aux plus adroits.

D'après la minute. Archives de l'Empire.

19776. — AU GÉNÉRAL COMTE DE LAURISTON,
COMMANDANT LE 5ᵉ CORPS DE LA GRANDE ARMÉE, À KOENIGSBORN.

Paris, 27 mars 1813.

Je reçois votre lettre du 22. Vous allez trop vite et vous vous alarmez trop promptement; vous ajoutez trop de confiance à tous les bruits. Il faut plus de calme dans la direction des affaires militaires, et avant d'ajouter croyance aux rapports il faut les discuter. Tout ce que les espions et agents disent, sans qu'ils l'aient vu de leurs yeux, n'est rien, et souvent, quand ils ont vu, ce n'est pas grand'chose.

Pourquoi croyez-vous que les Anglais veulent débarquer à Hambourg? Où sont leurs moyens? Où est leur armée? Tous leurs efforts sont en Portugal. Est-ce parce que beaucoup de bâtiments sont en vue? Mais on en voit des milliers tous les jours. Ce que je vous dis là est inutile, car ce n'est que l'expérience qui réduit à leur juste valeur tous ces rapports, qui étonnent dans le commencement.

Avec du sang-froid et en organisant les gardes nationales de Hambourg, cette ville pouvait être gardée; et, si vous aviez passé l'Elbe pour menacer l'ennemi, qui allait du côté de Hambourg, vous l'eussiez arrêté tout court.

D'après la minute. Archives de l'Empire.

19777. — AU GÉNÉRAL DUROC, DUC DE FRIOUL,
GRAND MARÉCHAL DU PALAIS, À PARIS.

Paris, 28 mars 1813.

Faites connaître au duc d'Istrie qu'il prenne des mesures pour être arrivé de sa personne, avec son état-major et ses chevaux, le 12 avril, à Gotha; qu'à cette époque toute la cavalerie de la Garde, commandée par le colonel Lion, et celle qui est à Francfort, se trouveront réunies à Gotha.

L'ordonnateur de la Garde, les chirurgiens, tout ce qui compose l'état-major et l'administration, doivent être rendus le 5 avril à Francfort. Il est également nécessaire que le général Walther soit rendu à Francfort le 2 ; aussitôt après son arrivée, il enverra le général Lefebvre à Gotha.

Écrivez aussi au duc d'Istrie pour qu'il complète la disposition des 5,000 chevaux qu'il aura à Gotha du 10 au 12 avril. Il s'assurera que tous les généraux, majors et chefs d'escadrons nécessaires sont présents, et il déterminera ceux qui doivent rester à Paris pour achever la formation et l'équipement de la cavalerie. Le général Michel et le général Curial resteront à Paris jusqu'à nouvel ordre. Il faut décider quel est le major des chevau-légers et des chasseurs qui restera à Paris. Quant aux dragons et grenadiers, il me semble qu'il n'y a pas besoin de major ; il suffira d'un capitaine ou d'un chef d'escadrons pour commander leurs dépôts. Il est convenable que le général Colbert soit à l'armée le 15 ; mais alors qui le remplacera ici ? Il faut se hâter d'achever tout ce qu'il y a à faire pour nommer aux emplois vacants, et donner de l'argent, de manière qu'il n'y ait plus qu'à exécuter.

D'après la minute. Archives de l'Empire.

19778. — A EUGÈNE NAPOLÉON,

VICE-ROI D'ITALIE, COMMANDANT EN CHEF LA GRANDE ARMÉE, À MAGDEBURG.

Paris, 28 mars 1813.

Mon Fils, il paraît, par des lettres envoyées de Cracovie par le sieur Bignon, que les Russes ont vis-à-vis des Polonais et des Autrichiens un corps de 40,000 hommes, une division vis-à-vis Modlin, une division vis-à-vis Zamosc et une autre division vis-à-vis Thorn ; ils ont aussi près de 40,000 hommes, infanterie, cavalerie et artillerie, auprès de Danzig, d'où la garnison fait de fréquentes sorties : ainsi il est impossible que l'ennemi soit en force à portée de l'Oder.

Voici actuellement quelle sera de ce côté votre position au 1er avril. Le prince de la Moskova est, avec trois de ses divisions, à Würzburg, et deux divisions se mettent en mouvement de Friedberg et Hanau pour Fulde ; les Bavarois arrivent à Bamberg : ainsi, à la date de la première semaine d'avril, le prince de la Moskova, avec cent pièces de canon et

40,000 hommes, peut être à portée de marcher sur la Saale. Le duc de Raguse est à Hanau, avec trois divisions, et vers le 10 avril une de ces divisions sera en mesure de marcher sur Erfurt. La 1re division du corps d'Italie, commandée par le général Morand, sera avant le 15 avril à Nuremberg.

Il me tarde de savoir que le général Reynier ait pris le commandement de Dresde, et réparé, autant que possible, les bévues du prince d'Eckmühl. Il me tarde aussi d'apprendre que Wittenberg a des canons et qu'il est en état de se défendre ; je suppose que vous avez donné sur cette position des instructions assez claires pour ne rien laisser à l'arbitraire du commandant. Tout ce que ce maréchal a fait à Dresde et dans la retraite prouve qu'il a les idées les plus erronées et les plus folles de la guerre.

NAPOLÉON.

D'après la copie comm. par S. A. I. Mme la duchesse de Leuchtenberg.

19779. — A EUGÈNE NAPOLÉON,
VICE-ROI D'ITALIE, COMMANDANT EN CHEF LA GRANDE ARMÉE, À MAGDEBURG.

Paris, 28 mars 1813.

Mon Fils, je reçois votre lettre du 23. Vous pouvez prendre en avant de Magdeburg une ligne aussi étendue que vous voudrez, puisque, en appuyant votre droite en avant de Dessau, et votre gauche à l'embouchure du canal de Plauen, votre ligne n'aurait guère que quatorze lieues, et votre centre se trouverait alors à six lieues de Magdeburg ; en rapprochant votre centre à trois lieues de Magdeburg, la ligne qui suit l'Elbe en amont et en aval ne serait plus que de six à sept lieues. A moins que l'ennemi ne vienne se placer avec une forte armée vis-à-vis de vous, ce que je ne le crois pas en mesure de faire, vous occuperez un camp retranché, appuyé à l'Elbe, la gauche au canal de Plauen, et la droite en position en avant de Dessau. En établissant un va-et-vient sur l'un et l'autre de ces points, vous aurez une communication directe et rapide, indépendamment de celle par Magdeburg.

L'occupation de l'embouchure du canal de Plauen est la meilleure manière d'annuler tous les bateaux qui se trouvent dans ce canal. On pourrait même établir une tête de pont sur la rive droite de ce canal, de manière à donner passage pour marcher sur le Havel. Vous aurez ainsi comme trois têtes de pont : une à trois ou quatre lieues en avant de Magdeburg, qui sera votre camp principal, une autre sur la rive droite en avant de Dessau, ou une position analogue, et une troisième à l'embouchure du canal de Plauen. Par ce moyen, en cas d'attaque, toutes les troupes de votre droite qui défendent la rive gauche déboucheront par la tête de pont en avant de Dessau, et toutes celles qui sont sur votre gauche déboucheront par la tête de pont de l'embouchure du canal de Plauen pour venir se joindre à vous. Ainsi, indépendamment de vos huit divisions, vous seriez fortifié par tous les corps qui défendent l'Elbe, en amont et en aval. Je pense donc, en résumé, que vous devez choisir un champ de bataille à trois ou quatre lieues en avant de Magdeburg et y établir votre camp, en ayant bien soin de choisir un endroit sain. Vous vous couvrirez par quelques redoutes; mais elles doivent être espacées de manière que l'on puisse manœuvrer entre elles. Établissez une tête de pont à la hauteur de Dessau, avec un va-et-vient, en attendant qu'on y ait construit un pont. Établissez aussi une tête de pont à l'embouchure du canal de Plauen, également avec un va-et-vient. Vous aurez la ligne de vos avant-postes depuis le canal de Plauen jusqu'à Dessau, en suivant la corde; ils seront retranchés avec des redoutes ou des palissades pour être à l'abri de la cavalerie légère. Cela vous donnera donc un espace de sept à huit lieues de profondeur, et de douze ou quinze de front. Votre gauche ne se trouve plus alors qu'à une marche du Havel, et votre droite qu'à une marche de Wittenberg.

Choisissez surtout un terrain qui soit bien sain. Consultez à cet égard les médecins et les habitants du pays; n'admettez aucune modification. Si vous êtes près de marais ou de prairies inondées, quoi qu'on puisse dire, c'est un endroit malsain : il faut vous élever. Vous sentez que dans un mois de séjour au printemps j'y perdrais mon armée. Je désire que vous consultiez moins les médecins que votre bon sens et les habitants. Le terrain me paraît coupé et boisé; en sorte qu'il ne doit y avoir qu'un certain nombre de débouchés et de chaussées. Vous pourriez aussi occuper l'espèce de delta que forme le canal en se jetant dans l'Elbe, en y établissant des ouvrages et des baraques : cela ne laissera pas que d'inquiéter l'ennemi qui se porte sur Hambourg. Cela ne doit pas vous empêcher de faire sur la rive gauche de forts détachements de cavalerie et infanterie, avec de l'artillerie, afin de rejeter dans l'Elbe les partis ennemis qui auraient passé la rivière, et favoriser les mouvements des généraux Morand, Saint-Cyr et Vandamme.

NAPOLÉON.

D'après la copie comm. par S. A. I. Mme la duchesse de Leuchtenberg.

19780. — AU GÉNÉRAL COMTE BERTRAND,
COMMANDANT LE 4e CORPS DE LA GRANDE ARMÉE, EN MARCHE SUR AUGSBURG.

Paris, 28 mars 1813.

Monsieur le Comte Bertrand, faites continuer votre 1re division sur Nuremberg, où je désire qu'elle soit arrivée avant le 15 avril. Dirigez également sur Nuremberg toute votre cavalerie. Vous dirigerez votre 4e division, qui est, je crois, la deuxième dans l'ordre de marche, sur Anspach. La 3e sera à Ingolstadt et Neuburg, et celle qui fait la queue de la colonne sera à Augsburg. Si vous éprouvez trop de difficultés, faites venir une partie de vos caissons déchargés, et vous les attellerez avec les chevaux que vous achèterez à Augsburg ou Bamberg. Je donne ordre qu'on dirige sur Bamberg les vingt-deux pièces d'artillerie qui doivent vous être envoyées de France pour porter l'artillerie de votre corps à quatre-vingt-douze bouches à feu.

Je donne ordre qu'à compter du 1er avril une estafette parte tous les jours de Paris pour Augsburg, et qu'il en vienne également chaque jour une d'Augsburg à Paris, tout le temps que votre quartier général sera à Augsburg.

Envoyez exactement vos états de situation au prince de Neuchâtel, qui est rétabli et qui a repris ses fonctions de major général, et faites connaître bien en détail tous vos besoins et la situation de votre corps d'armée. Il est nécessaire que tous les colonels, majors, majors en second et chefs de bataillon soient à leurs postes; proposez-moi le remplacement de tous ceux qui n'y seront pas sous quelque prétexte que ce soit. Je suppose que le général d'artillerie Taviel est enfin arrivé à votre corps. Je vous le répète, faites venir par réquisition, et par un mouvement accéléré, les deux cent quarante-six caissons qui sont pour votre corps à Plaisance, et préparez à Augsburg et Nuremberg les chevaux, les harnais et tout ce qui est nécessaire pour que ces caissons puissent vous servir.

Arrangez-vous pour que la 1re brigade de vos troupes arrive le 12 à Nuremberg; il est convenable que vous y portiez votre quartier général le 12 ou le 13 au plus tard.

NAPOLÉON.

D'après l'original comm. par M. le général comte Henry Bertrand.

19781. — AU MARÉCHAL NEY, PRINCE DE LA MOSKOVA,
COMMANDANT LE 3e CORPS DE LA GRANDE ARMÉE, À WÜRZBURG.

Paris, 28 mars 1813.

J'ai reçu votre lettre du 22, dans laquelle vous me faites connaître que le 26 vous aurez votre quartier général à Würzburg. Envoyez la cavalerie légère sur la Werra à Meiningen, avec la division Souham. Le quartier général de la division sera à Meiningen. Le général Souham fera éclairer la route de Weimar avec de la cavalerie légère. Poussez votre 2e division sur Schweinfurt, votre parc sur Würzburg, votre 3e division sur Eisenach, la 4e sur Vacha. Toutes ces dispositions ont pour but de mettre votre corps en mesure de se porter sur la Mulde, afin de couvrir Leipzig, ou au moins sur la Saale. Cela aura aussi l'avantage de donner place à Hanau et Friedberg pour le 2e corps d'observation du Rhin, qui s'augmente beaucoup. Si l'ennemi passait l'Elbe à Dresde, et dans le mouvement que vous ferez sur la Saale, le général de Wrede pourra se porter sur Schleiz et Saalfeld, et se trouverait ainsi sur votre droite. Le roi de Saxe a gardé à Plauen ses cuirassiers; si les corps d'avant-garde ennemis passaient l'Elbe à Dresde ou aux environs, pendant que vous seriez en marche sur la Saale, vous écririez pour tâcher d'utiliser ces cuirassiers et d'en grossir votre cavalerie.

D'après la minute. Archives de l'Empire.

19782. — AU MARÉCHAL NEY, PRINCE DE LA MOSKOVA,
COMMANDANT LE 3ᵉ CORPS DE LA GRANDE ARMÉE, À WÜRZBURG.

Paris, 28 mars 1813.

Le prince d'Eckmühl a fait sauter le pont de Dresde, ce qui a fort indisposé les habitants, et en même temps attiré l'ennemi, qui s'était éloigné de ces côtés. Le vice-roi a réuni toutes ses troupes sur Wittenberg, Magdeburg et le bas-Elbe. Il a fait, le 23, une reconnaissance à la tête de ses troupes à deux marches en avant de Magdeburg, sur la route de Berlin; il n'a eu connaissance de rien, et n'a rencontré qu'une centaine de Cosaques. Je suppose que vous avez envoyé des officiers à Dresde, pour être instruit de tout ce qui se passe.

La Prusse a levé l'étendard et nous a déclaré la guerre.

Le général Wittgenstein n'est entré à Berlin qu'avec 6,000 hommes d'infanterie. Les Russes ne sont point en force en deçà de l'Oder; ils n'ont que des partisans et des avant-gardes entre l'Oder et l'Elbe. Je ne les crois pas même en situation de passer l'Oder en force. Ils ont 40,000 hommes devant Danzig, dont la garnison fait tous les jours de vigoureuses sorties et leur tue beaucoup de monde. Une de leurs divisions bloque Thorn, une autre est à Varsovie et devant Modlin, où ils ont perdu 1,500 hommes dans trois attaques. Ils ont essayé de brusquer Zamosc, et y ont perdu 300 hommes. Ils ont un corps de 30,000 hommes entre la Pilica et Cracovie, devant les Autrichiens et les Polonais. Je ne suppose donc pas, comme je l'ai déjà dit, que l'ennemi soit en mesure de passer l'Oder avec des forces considérables.

D'après la minute. Archives de l'Empire.

19783. — AU MARÉCHAL MARMONT, DUC DE RAGUSE,
COMMANDANT LE 6ᵉ CORPS DE LA GRANDE ARMÉE, À HANAU.

Paris, 28 mars 1813.

Mon Cousin, comme la division Bonet sera la plus tôt prête, placez-la en colonne sur la route de Hanau à Erfurt, mon intention étant qu'elle se réunisse à Fulde, aussitôt que la 4ᵉ division du prince de la Moskova aura passé. La 2ᵉ division pourra alors se réunir à Hanau, et la 3ᵉ à Friedberg. Comme votre 4ᵉ division sera longtemps à s'organiser, et qu'il n'y a encore que trois ou quatre bataillons, réunissez-les, sous les ordres d'un général de division ou d'un général de brigade, à la limite du duché de Nassau, du grand-duché de Berg et du royaume de Westphalie, afin que cela forme une espèce de réserve pour contenir ces cantons.

Napoléon.

D'après l'original comm. par M. Charavay.

19784. — AU COMTE DE MONTALIVET,
MINISTRE DE L'INTÉRIEUR, À PARIS.

Paris, 29 mars 1813.

Vous devez donner l'ordre à toutes les autorités des départements des Bouches-de-l'Elbe, du Weser et de l'Ems de rester à leurs postes; et, quoique ces départements soient mis en état de siége, cela veut dire seulement que l'autorité militaire prendra la police; mais cela ne doit pas arrêter la marche de l'autorité administrative.

D'après la minute. Archives de l'Empire.

19785. — AU GÉNÉRAL CLARKE, DUC DE FELTRE,
MINISTRE DE LA GUERRE, À PARIS.

Paris, 29 mars 1813.

Vous devez faire connaître au roi d'Espagne que toute l'armée d'Espagne doit vivre dans le pays; que ce principe n'a d'autre exception que les vingt-quatre millions que je lui accorde pour à-compte sur la solde. L'armée de Catalogne est comprise dans ces vingt-quatre millions.

D'après la minute. Archives de l'Empire.

19786. — AU MARÉCHAL KELLERMANN, DUC DE VALMY,
COMMANDANT SUPÉRIEUR DES 5ᵉ, 25ᵉ ET 26ᵉ DIVISIONS MILITAIRES, À MAYENCE.

Paris, 29 mars 1813.

Mon Cousin, il est nécessaire que vous coupiez la marche de Mayence à Francfort en deux, parce qu'on se plaint de ce que les corps, partant fort tard de Mayence, arrivent trop tard à Francfort, et qu'il est d'ailleurs de principe de commencer les marches par de petites journées.

NAPOLÉON.

D'après l'original comm. par M. le duc de Valmy.

19787. — A EUGÈNE NAPOLÉON,

VICE-ROI D'ITALIE, COMMANDANT EN CHEF LA GRANDE ARMÉE, À MAGDEBOURG.

Paris, 29 mars 1813.

Mon Fils, je reçois votre lettre du 24. Il est probable que le général Vandamme aura assez à faire pour contenir l'insurrection et les côtes. Il faut que le prince d'Eckmühl, avec la 1re division et un peu de cavalerie, auxquels vous pourriez joindre le régiment saxon qui était en Poméranie, se charge de former deux divisions pour occuper les côtes du bas Elbe.

NAPOLÉON.

D'après la copie comm. par S. A. I. Mme la duchesse de Leuchtenberg.

19788. — AU MARÉCHAL NEY, PRINCE DE LA MOSKOVA,

COMMANDANT LE 3e CORPS DE LA GRANDE ARMÉE, À WÜRZBURG.

Paris, 29 mars 1813.

Je reçois votre lettre du 24, où je vois que vos 3e et 4e divisions sont déjà dans la direction de Würzburg. Je vous ai mandé hier de les diriger sur Eisenach, mais vous êtes parfaitement le maître de les diriger sur Würzburg, si vous le trouvez plus utile. Mon principal but est que votre corps d'armée puisse s'approcher de la Mulde pour couvrir Leipzig, ou au moins de la Saale pour couvrir Weimar; mais pour cela il faut qu'il ait son artillerie.

Les nouvelles que je reçois de Dresde, du 21, sont que le général Durutte a fait une convention avec le chef de quelques Cosaques et leur a livré la partie de la ville qui est sur la rive droite; on ne s'attaquera qu'après s'être prévenu vingt-quatre heures d'avance.

Comme le général Souham ne connaît pas la guerre avec les Russes, donnez-lui des instructions bien détaillées, afin qu'arrivant à Meiningen l'avant-garde de cavalerie qu'il enverra du côté de Weimar ait des pièces d'artillerie et deux bataillons de voltigeurs.

Je suis surpris que vous n'ayez pas encore un payeur.

Si vous dirigez les 3e et 4e divisions sur Würzburg, il faudra diriger votre 1re division sur Weimar et votre 2e sur Meiningen, afin que les 3e et 4e soient en colonne sur Würzburg. Dans ce cas-là, prévenez-en le duc de Raguse, pour qu'il dirige la division Bonet sur Eisenach et Vacha, et la division Compans sur Fulde.

D'après la minute. Archives de l'Empire.

19789. — AU MARÉCHAL KELLERMANN, DUC DE VALMY,
COMMANDANT SUPÉRIEUR DES 5e, 25e ET 26e DIVISIONS MILITAIRES, À MAYENCE.

Paris, 30 mars 1813.

Mon Cousin, vous trouverez ci-joint le décret que j'ai signé ce matin pour l'approvisionnement en bois de Kastel et de Mayence. Communiquez-le au préfet et faites commencer à le mettre à exécution. J'entends avoir à Mayence, non-seulement les bois pour Kastel, mais aussi ceux nécessaires pour tout le reste de la place de Mayence. Voyez les ingénieurs, et, si ce que j'accorde n'est pas suffisant, je tirerai tous les suppléments qui seront nécessaires de mes forêts et de celles voisines du Rhin. Faites faire la même chose pour Wesel et pour Kehl. Je ne veux pas acheter les bois, mais les prendre dans mes forêts et les requérir.

NAPOLÉON.

D'après l'original comm. par M. le duc de Valmy.

19790. — AU GÉNÉRAL CLARKE, DUC DE FELTRE,
MINISTRE DE LA GUERRE, À PARIS.

Paris, 31 mars 1813.

Monsieur le Duc de Feltre, je reçois et je lis avec le plus grand intérêt le travail du 30 mars que vous m'avez remis sur l'armée; ce travail me paraît fait avec autant d'intelligence que de soin : témoignez-en ma satisfaction au bureau du mouvement.

Il résulte de ce travail que cinquante-six bataillons ou 44,000 hommes sont destinés à former des bataillons de garnison des divisions militaires. Mon intention n'est pas d'organiser ces bataillons; on ne doit donc se gêner en rien, et prendre ces hommes pour compléter l'armée active: c'est seulement une note à tenir, pour, selon les circonstances, pouvoir fournir des garnisons aux places qui en auraient besoin. Il faut considérer tous ces hommes comme disponibles aux dépôts, et il faudrait s'en servir pour compléter les bataillons de guerre.

Je vois également dans ces états que j'ai destiné les vingt-huit 2es bataillons de la Grande Armée à former les 1re et 4e divisions, et les vingt-huit 4es bataillons à former les 2e et 5e divisions; qu'enfin j'ai destiné les vingt-huit 3es bataillons à former des demi-brigades provisoires. Je change cette dernière disposition, et je destine ces vingt-huit 3es bataillons à former les 3e et 6e divisions de la Grande Armée.

Il reste les vingt-huit 1ers bataillons; je n'en ai pas disposé, parce que je ne croyais pas pouvoir les compléter. Toutefois il résulte de votre travail qu'il y a de quoi les compléter; cela étant, voici comment vous devez agir : les compagnies qui sont dans les places de l'Oder prendront des numéros dans les 5es bataillons, et les compagnies des 5es bataillons prendront des numéros dans les 1ers; par ce moyen, j'aurai en France tous les 1ers bataillons complets. Mon intention est alors de faire partir ces 1ers bataillons avant les 3es.

Chaque régiment aura donc quatre bataillons à la Grande Armée et une ou deux compagnies du 5e bataillon dans les places; il restera en France deux compagnies du 5e bataillon. Cela étant, le 1er corps, qui a seize régiments, aura donc soixante-quatre bataillons ou quatre divisions de seize bataillons; le 2e corps, qui a douze régiments, aura quarante-huit bataillons ou trois divisions de seize bataillons. Je n'ai donné au 1er corps de numéros que pour les 1re, 2e et 3e divisions; il faut lui accorder un autre numéro pour la 4e division : ce sera la 3e *bis* de la Grande Armée.

Quant au 2e corps, comme il n'aura que quarante-huit bataillons, cela ne formera que trois divisions, c'est-à-dire la 4e, la 5e et la 6e. La 1re division est aujourd'hui à Magdeburg, forte de seize 2es bataillons; la 2e division est à Osnabrück, forte de seize 4es bataillons; la 3e et la 3e *bis* seront formées à la fois, s'il est possible : la 3e, des 1er et 3e bataillons de huit régiments, l'autre, des 1er et 3e bataillons des huit autres régiments. On pourrait prendre pour former la 3e division les régiments qui auraient le plus tôt formé leurs bataillons, et pour la 3e *bis* les huit régiments dont les bataillons arriveront après.

La 4e division est composée des douze 2es bataillons du 2e corps; elle est à Magdeburg.

La 5e division est composée des douze 4es bataillons du 2e corps, qui sont à Osnabrück.

La 6e division sera donc composée des vingt-quatre 1ers et 3es bataillons, qui sont encore en France.

Mon intention est que ces nouvelles divisions se forment à Wesel, et que chaque régiment, aussitôt qu'il aura des détachements prêts, soit de son 1er, soit de son 3e bataillon, les fasse partir pour Wesel, en embarquant sur le Rhin ceux qui partent d'un dépôt situé dans le voisinage de ce fleuve. Le général Lemarois s'en servira soit à Wesel, soit à Münster, jusqu'au moment où les bataillons seront arrivés et réunis.

Quant à la formation des divisions définitives, il me semble inutile de s'en occuper aujourd'hui; on les formera à l'armée, à mesure que cela sera possible, et que, les régiments se rapprochant, on pourra mettre les bataillons d'un même régiment ensemble.

Je prends pour exemple le 2e de ligne : deux compagnies de son 1er bataillon sont à Küstrin et vont prendre le numéro des 1re et 2e compagnies du 5e bataillon, et vous prendrez les compagnies n°s 1 et 2 du 5e bataillon pour les incorporer dans le 1er; ce qui fera que j'aurai les six compagnies du 1er bataillon. Ce régiment a son 2e bataillon à la 4e division à Magdeburg; il a son 4e bataillon à la 5e division à Osnabrück; il lui reste donc en France son 1er et son 3e bataillon et deux compagnies du 5e bataillon; mais il reste à son dépôt 818 hommes, sans y comprendre la conscription de 1814 : vous pouvez donc me proposer de faire partir sans délai le 1er bataillon complété à 800 hommes et de le diriger sur Wesel. Il restera encore son 3e bataillon et deux compagnies du 5ᵉ bataillon; mais il reçoit 1,000 hommes de la conscription de 1814 : aussitôt que cette conscription de 1814 sera arrivée, il pourra donc fournir son 3ᵉ bataillon. Ainsi je vois que ce régiment, sans employer la conscription de 1814, qui est encore si jeune, a dans la conscription de 1813 et dans celles des quatre années de quoi avoir à l'armée ses 1ᵉʳ, 2ᵉ et 4ᵉ bataillons complets. S'il ne pouvait faire partir que quatre compagnies du 1ᵉʳ bataillon complétées à 560 hommes, il serait toujours convenable de les fournir; cela resterait à Wesel entre les mains du gouverneur.

Je prends encore le 4ᵉ de ligne pour exemple : je vois qu'à ce régiment il ne restera que 500 hommes; il ne pourra donc pas fournir en entier son 1ᵉʳ bataillon, mais seulement trois compagnies, sauf à les compléter successivement avec ce qui lui rentrera de mieux exercé de la conscription de 1814. J'applique ces observations au 12ᵉ de ligne : je vois qu'il a son 2ᵉ bataillon à la 1ʳᵉ division, et à Stettin une compagnie du 1ᵉʳ bataillon, qui deviendra la 1ʳᵉ du 5ᵉ; que son 4ᵉ bataillon doit être arrivé à Osnabrück avec la 2ᵉ division, et qu'il lui reste encore 700 hommes pour son 1ᵉʳ bataillon; il peut donc le faire partir.

Je désire que vous continuiez ce raisonnement pour tous les autres régiments : il s'ensuivrait que, sans toucher à la conscription de 1814, j'aurais les 1ʳᵉ, 2ᵉ, 3ᵉ, 4ᵉ et 5ᵉ divisions de la Grande Armée complètes, et, de plus, vingt-huit bataillons, à trois ou quatre compagnies chacun, à Wesel, destinés à former la division 3 *bis* et la 6ᵉ division. Mais ces bataillons ne feraient-ils ensemble que 14,000 hommes, que ce serait toujours une belle réserve entre les mains du général Lemarois pour contenir les départements de la Lippe et de l'Ems et environs. Aussitôt que les 4ᵉˢ bataillons seront partis, proposez-moi de faire partir les 1ᵉʳˢ bataillons complets, ou, du moins, composés de six compagnies, s'ils ne peuvent avoir que 600 hommes; de quatre compagnies, s'ils n'en peuvent avoir que 500; enfin de trois compagnies, s'ils ne peuvent fournir que 400 hommes, sauf à les compléter successivement. Alors les 3ᵉˢ bataillons resteront entièrement en France pour les demi-brigades provisoires, si, pour ne pas compromettre la conscription de 1814, je continuais à vouloir les placer dans cette formation, ou bien pour former la 3ᵉ division *bis* et la 6ᵉ division, si je préfère les appeler à l'armée.

Remettez-moi le plus tôt possible un travail sur ces bases; mais il est indispensable de s'assurer que tous les colonels et majors de ces régiments existent. Tous ceux qui sont estropiés ou hors d'état de faire la campagne ne doivent pas être comptés; il faut les mettre à la suite.

NAPOLÉON.

D'après la copie. Dépôt de la guerre.

19791. — AU GÉNÉRAL CLARKE, DUC DE FELTRE,
MINISTRE DE LA GUERRE, À PARIS.

Paris, 31 mars 1813.

Monsieur le Duc de Feltre, vous ferez connaître au général Lemarois que le général Loison ne se rendra plus dans la 25ᵉ division; que par conséquent c'est à lui, Lemarois, que j'ai confié le commandement de cette division, et que j'y ajoute le gouvernement de Wesel, dont il devra soigner l'armement et l'approvisionnement; que mon intention est que, si jamais l'ennemi approche de cette place, il s'y renferme pour la défendre; que le cas n'arrivera sûrement pas, mais enfin qu'il doit prendre toutes les mesures convenables; qu'il doit tenir un général de brigade à Münster; qu'il conserve toujours le commandement supérieur du grand-duché de Berg; qu'enfin il recevra des ordres du duc de Valmy.

NAPOLÉON.

D'après la copie. Dépôt de la guerre.

19792. — A M. MARET, DUC DE BASSANO,
MINISTRE DES RELATIONS EXTÉRIEURES, À PARIS.

Paris, 1ᵉʳ avril 1813.

Monsieur le Duc de Bassano, vous trouverez ci-jointes des lettres du général Durutte et du général saxon Lecoq; vous y verrez la conduite de ce dernier général; le général Thielmann a également refusé les pièces d'artillerie nécessaires pour armer Wittenberg. Je désire que vous fassiez, dans la journée, une note officielle à M. de Just[1] pour lui

---
[1] Ministre plénipotentiaire du roi de Saxe.

témoigner combien toutes ces difficultés me contrarient et me mécontentent. Envoyez un courrier à M. de Serra[1] : vous lui direz que je suis surpris de ce qu'il ne me rend point compte de tout cela, et de ce qu'il ne fait rien pour lever ces difficultés; que vous devriez recevoir deux fois par jour des lettres de lui; qu'il devrait vous instruire de toutes les nouvelles et même des bruits, tandis qu'il ne vous écrit point. Ordonnez-lui d'avoir une explication claire et de finir toutes ces difficultés.

NAPOLÉON.

D'après l'original. Archives des affaires étrangères.

19793. — AU BARON DE LA BOUILLERIE,
TRÉSORIER GÉNÉRAL DE LA COURONNE ET DU DOMAINE EXTRAORDINAIRE, À PARIS.

Paris, 1er avril 1813.

Vous prendrez trente millions en or dans le trésor du domaine extraordinaire; vous en mettrez vingt dans le trésor de la couronne, en place des vingt qui en ont été retirés; vous garderez les dix autres, dont vous ne disposerez que sur mon ordre. Sur ces dix millions, vous tiendrez deux millions à la disposition du grand maréchal, pour continuer les avances à faire à la Garde pour accélérer ses différents travaux; vous en ferez partir deux autres en or pour Mayence, avec un payeur, afin d'être à ma disposition à la suite du quartier général; enfin vous garderez les six autres, dont je vous ferai connaître la destination.

D'après la copie. Archives de l'Empire.

19794. — AU GÉNÉRAL CLARKE, DUC DE FELTRE,
MINISTRE DE LA GUERRE, À PARIS.

Paris, 2 avril 1813.

Monsieur le Duc de Feltre, la ligne d'opération de l'armée de l'Elbe est par Wesel. En conséquence, ordonnez que le double approvisionnement et tous les détachements de l'artillerie destinés pour cette armée, ainsi que les envois de poudre et d'armes, etc. soient dirigés par Wesel,

[1] Ministre de France à Dresde.

et de là sur Magdeburg. Donnez le même ordre pour les hommes isolés et pour tout ce qui a cette destination.

L'armée du Main, au contraire, aura sa ligne d'opération sur Mayence.

J'ai donné ordre que tous les effets d'habillement, équipement et harnachement qui sont pour le général Bourcier, soient envoyés sur Wesel, et de là sur Hanovre.

En deux mots, Wesel est la ligne d'opération du corps de l'Elbe.

NAPOLÉON.

D'après la copie. Dépôt de la guerre.

19795. — AU GÉNÉRAL CLARKE, DUC DE FELTRE,
MINISTRE DE LA GUERRE, À PARIS.

Paris, 2 avril 1813.

Monsieur le Duc de Feltre, je vous ai écrit hier pour vous faire connaître mes intentions, après avoir lu votre travail du 30 mars, contenant tous les renseignements que j'ai demandés sur l'infanterie de l'armée.

Je vous ai fait connaître que je désirais que les 1ers bataillons des vingt-huit régiments de la Grande Armée fussent complétés à six compagnies, moyennant qu'une ou deux compagnies des 5es bataillons y seraient incorporées, et que les compagnies qu'ils ont dans les places de l'Oder seraient considérées comme appartenant aux 5es bataillons. Cela étant, il y aurait encore les 1ers et 3es bataillons des vingt-huit régiments de la Grande Armée à faire partir.

Mon intention est que vous donniez l'ordre que quatre compagnies des 1ers bataillons de chacun de ces régiments, les cadres bien complétés, et les quatre compagnies portées à 500 hommes avec ce qui reste de la conscription de 1813 et des quatre années, partent sans délai pour se réunir à Wesel; ce qui fera vingt-huit bataillons de 500 hommes ou 14,000 hommes.

Toutefois vous dirigerez provisoirement, pour ne pas trop encombrer Wesel, huit de ces bataillons (ceux les plus près d'Utrecht, c'est-à-dire ceux dont les dépôts sont dans la 24e et dans la 16e division militaire) sur Utrecht, et vous les classerez sous le nom de 1re brigade de la 3e division et de 1re brigade de la 6e division. Nommez deux colonels en second pour commander chacune de ces deux brigades, et recommandez au général Molitor de mettre ses soins à faire exercer cette troupe. Ces deux brigades, jointes aux sept 4es bataillons qui sont à Utrecht, feront une force de 7 à 8,000 hommes, qui rassurera la Hollande. Il suffit de peu de jours pour opérer ce mouvement, et je désire que vous envoyiez vos ordres par une estafette extraordinaire.

Il restera donc douze bataillons du 1er corps et huit bataillons du 2e qui se réuniront à Wesel. Donnez ordre au général Lemarois de les placer à Wesel, Münster et dans le grand-duché de Berg.

Les bataillons du 1er corps formeront une brigade, qui sera la 2e de la 3e division.

Les huit bataillons du 2e corps formeront une autre brigade, qui sera la 2e de la 6e division.

Le général Lemarois les mettra sous les ordres d'un général de brigade, qui s'occupera de leur instruction. Il est surtout nécessaire que tous les chefs de bataillon soient à leurs corps.

Aussitôt que les 5es et 6es compagnies de ces 1ers bataillons pourront partir, ce qui ne peut être qu'après qu'elles auront reçu la conscription de 1814, on les mettra en marche pour aller compléter leurs bataillons.

A tout événement, ces 14,000 hommes seraient destinés à fournir la garnison de Wesel, et ne devront pas, sans votre ordre spécial, sortir de dessous les ordres du général Lemarois, qui pourrait même en employer pour former les garnisons des places de Grave et Venlo. Si les circonstances l'exigeaient, il pourrait même retirer quelques bataillons pour contenir le grand-duché de Berg.

Je vous ai fait connaître que mon intention était également de diriger les vingt-huit 3es bataillons sur Wesel, lorsque la conscription de 1814 les aura complétés; ils formeront de nouvelles divisions à la Grande Armée. Mais, comme ce mouvement ne peut avoir lieu avant la mi-mai, les circonstances décideront ce qu'il sera convenable de faire alors. En attendant, il n'y a donc pas d'inconvénient à laisser ces bataillons comme s'ils devaient former des brigades provisoires.

DIVISION DE HAMBOURG.

La 32e division militaire se trouvant suffisamment garnie, je pense qu'il faut donner contre-ordre à la formation des 3es bataillons des divisions réunies, vu que cela met trop de désordre et de complication dans les corps. Un grand nombre de compagnies sont en route; il faut les réunir toutes à Wesel, et en faire autant de bataillons qu'il y aura de fois six compagnies, et, aussitôt que ces compagnies seront formées à Wesel, on m'en rendra compte pour que je les dirige sur les régiments provisoires qui sont à la Grande Armée, afin de renforcer d'autant ces régiments et de pouvoir dissoudre les bataillons formés à Wesel. Vous me présenterez un projet de dislocation de ces bataillons de Wesel, et, en même temps, vous me proposerez de faire partir des dépôts tout ce qui s'y trouve disponible pour envoyer ces détachements directement sur Mayence, et de là aux corps de la Grande Armée qu'ils doivent renforcer. Par exemple, le 2e d'infanterie légère, qui est à Paris, au lieu de renforcer le détachement de 70 hommes qui est à Wesel, enverrait directement 150 hommes, provenant de la conscription des quatre années, sur le régiment provisoire auquel il a fourni un bataillon.

La division de Hambourg restera composée de trois bataillons du 3e de ligne, savoir : le 6e, le 3e, le 4e; de trois bataillons du 29e de ligne, savoir : le 3e, le 4e, le 2e; et enfin de deux bataillons du 105e, savoir : le 3e et le 4e; total, huit bataillons.

Les compagnies que ces régiments ont à Danzig seront portées dans le 5e bataillon, afin que les bataillons qu'ils ont dans la division de Hambourg aient leurs six compagnies.

Aussitôt que possible, vous ferez partir ces huit bataillons en profitant de toutes les facilités que le cours du Rhin peut donner à leur route.

31e DIVISION.

Le 123e régiment aura à la division d'Erfurt ses 1er, 2e et 4e bataillons; total, trois bataillons. Le 124ᵉ aura à la même division ses 1ᵉʳ, 2ᵉ et 3ᵉ bataillons; total, trois bataillons. Le 127ᵉ aura ses 1ᵉʳ et 2ᵉ bataillons; total, deux bataillons. Le 128ᵉ aura ses 1ᵉʳ et 2ᵉ bataillons; total, deux bataillons. Enfin le 129ᵉ aura à la même division ses 1ᵉʳ et 2ᵉ bataillons. Total général, douze bataillons.

On pourvoira par la suite aux bataillons que ces régiments ont à la 31ᵉ division, à Spandau et à Küstrin; mais, pour que ces régiments puissent fournir douze bataillons, il manquera 4,000 hommes, et, pour savoir s'il est convenable de les leur donner, je désirerais qu'une revue spéciale fût passée à leurs dépôts pour me faire connaître la consistance de leurs cadres et ce qu'il y aura à espérer. S'ils sont bons et complets en officiers et sous-officiers, je ne ferais pas de difficulté à leur fournir ces 4,000 hommes sur ce que la Garde n'emploiera pas de la conscription de 1814.

32ᵉ DIVISION.

La 32ᵉ division est composée des 131ᵉ, 132ᵉ, 133ᵉ de ligne et du 36ᵉ léger. Ces régiments n'ont plus qu'un bataillon à leur division. Ils ont, en ce moment, à Mayence les cadres de leurs 4ᵉˢ bataillons, qui sont arrivés le 16 mars et ont été retenus dans cette place pour y recevoir des détachements de conscrits partis de leurs dépôts et destinés à les compléter; le cadre du 4ᵉ bataillon du 133ᵉ a trouvé à Mayence les conscrits qui lui étaient nécessaires, et les conscrits destinés aux trois autres cadres doivent arriver du 6 au 7 avril : ces quatre bataillons seront donc réorganisés à cette époque.

Quatre autres cadres, ceux des bataillons partis de Dresde le . . . . . doivent être bien près d'arriver à Mayence; mais aucune mesure n'a encore été prise pour compléter à Mayence ces derniers cadres; il faut y pourvoir.

Mon intention est que les quatre bataillons qui sont en ce moment à Mayence soient réunis sous le commandement d'un major en second, qu'on les place sur les confins du grand-duché de Berg, du royaume de Westphalie et du comté de Nassau, et que successivement les quatre autres bataillons s'y réunissent de manière à reformer sur ce point la division.

BATAILLONS DE GARNISON.

Il ne faut tenir aucun compte des bataillons de garnison; il en sera ce qu'il pourra, selon les circonstances. Il ne faut pas faire de déplacement, mais seulement tenir en note dans les états qu'il reste dans telle division tant d'hommes, qu'on pourrait réunir pour jeter dans les places comme garnison, selon que les circonstances pourraient l'exiger; cela suffira; mais il ne faut rien organiser d'avance, puisque cela peut changer à chaque instant.

DEMI-BRIGADES PROVISOIRES.

M'étant résolu à lever les gardes nationales du 6e arrondissement, je les chargerai de la défense de mes chantiers. Il me faudrait au moins seize bons bataillons pour former le camp d'Utrecht, puisque tout ce qui y est aujourd'hui ira renforcer les régiments et que les cadres retourneront aux dépôts.

Flessingue sera gardé par le 1er bataillon du 131e.

Anvers sera gardé par les 5es bataillons et 3,000 hommes de gardes nationales.

Cherbourg sera gardé par les 5es bataillons, par le 5e bataillon du 5e léger et par 3,000 hommes de gardes nationales.

Pour la Bretagne, on complétera les 3es et 4es bataillons des 4e, 7e, 15e, 86e et 70e régiments; ce qui fera 6,000 hommes. Il y aura, en outre, le bataillon de marine qui s'y trouve et des gardes nationales. On y emploiera également les bataillons du 121e et du 122e qui entraient dans la formation des demi-brigades provisoires destinées d'abord à la défense de ce point.

Les conscrits réfractaires, les 5es bataillons et les gardes nationales seront également suffisants pour l'île d'Aix, la Rochelle et Rochefort.

Les 5es bataillons et les gardes nationales seront également suffisants pour Toulon.

Ces mesures me rendront disponibles six bataillons d'infanterie légère et vingt-neuf d'infanterie de ligne; total, trente-cinq bataillons, qui pourront former une réserve à Mayence. Cette réserve, avec la division d'Erfurt, fera trois divisions de seize bataillons chacune. Ce sera un beau corps d'armée, qu'on appellera *Corps de réserve*.

Cette réserve sera portée à cinq divisions lorsqu'on aura réuni à Wesel les vingt-huit 3es bataillons; elle pourra alors s'étendre insensiblement sur toute l'Allemagne. Tous ces régiments ne fourniront que des conscrits de 1814, qui seront formés en demi-brigades provisoires de deux ou trois bataillons. En cas d'événement, cette réserve fournirait des garnisons à toutes mes places fortes. Faites-moi connaître s'il y a d'autres cadres de bataillons revenant d'Espagne que l'on puisse placer dans cette réserve.

DE QUELQUES RÉGIMENTS QUI NE SONT PAS EMPLOYÉS.

Le 113e devait avoir deux bataillons au corps d'observation de Mayence; tout ce que ce régiment a à Danzig doit être compté comme appartenant au 5e bataillon, et l'on doit compléter entièrement avec des compagnies tirées du 5e bataillon ses 1er, 2e, 3e, 4e et 6e bataillons, s'il y a suffisamment d'officiers pour tous ces cadres; sinon, supprimer le 6e bataillon et ne réorganiser que les quatre premiers. Ces quatre bataillons devront, lorsqu'ils seront bien formés, être dirigés sur l'armée.

Le 29e léger a deux bataillons au 1er corps d'observation du Rhin; le 3e et le 4e bataillon peuvent-ils aussi y être envoyés?

Les deux bataillons du 44e, du 51e, du 43e et du 55e sont, je crois, tous destinés à la 4e division du 2e corps d'observation du Rhin. Il me semble que ces cadres ont été nouvellement formés; car, s'ils avaient été vieux, il aurait été convenable de les compléter sur-le-champ à Mayence avec ce qui se serait trouvé disponible de conscrits des quatre années dans quelque régiment voisin.

Le 8e et le 18e d'infanterie légère doivent avoir leurs 2es bataillons complétés et réunis à Mayence: on en pourrait former un régiment provisoire qui serait attaché à la 4e division du 2e corps d'observation du

Rhin; les deux autres bataillons de ces régiments, devant être complétés avec la conscription de 1814, suivraient après leur destination.

Il y a dans les 5ᵉ, 11ᵉ, 79ᵉ et 81ᵉ de ligne 12 à 1,500 conscrits des quatre années qu'on en pourra retirer pour les diriger sur Mayence, où l'on s'en servirait pour compléter les régiments provisoires ou les régiments formés de cohortes qui seraient les plus faibles.

Je vous ai fait connaître mes intentions pour les régiments de la marine; je vous ai fait connaître également mes intentions pour que ce qu'il y a de disponible aux dépôts des différents régiments de cohortes rejoigne ces régiments et se dirige sur Mayence.

CORPS D'ITALIE.

Les six régiments qui sont en Italie doivent avoir chacun trois bataillons outre leur bataillon de dépôt. Il est nécessaire que vous vous assuriez que le colonel et le major sont présents, et que vous soumettiez à ma nomination les propositions pour toutes les places vacantes.

Ces dix-huit bataillons avec ceux du 112ᵉ, avec ceux qu'on laisse pour la garde du Piémont et de Rome et ce que pourra fournir le royaume d'Italie, feront quarante à cinquante bataillons vers le mois de septembre; ce qui pourrait être d'une grande utilité.

LEVÉE DES QUATRE ANNÉES.

Je viens de lever 80,000 hommes; mon intention est qu'ils soient répartis sur tout l'Empire, mais que la Hollande, la 32ᵉ division militaire et les départements d'Italie soient mis en réserve; ce qui réduira la levée actuelle à 60,000 hommes.

Voici l'emploi que je compte faire de ces 60,000 hommes:

24,000, les plus près de Paris et de Mayence, seront pris pour ma Garde, ce qui, avec les 6,000 de la conscription de 1814, fera 30,000 hommes, avec lesquels je recruterai seize régiments de la jeune Garde.

Pour le surplus, je désire, 1° que les régiments de la 1ʳᵉ division aient leurs 5ᵉˢ bataillons complets; 2° que l'on complète bien tous les cadres qui arrivent d'Espagne et pour lesquels la conscription de 1814 ne suffirait pas.

CORRESPONDANCE DE NAPOLÉON Ier. — 1813. 177

La conscription de 1814 fournissait 12,000 hommes à la Garde; mais, comme la Garde ne prend plus que 6,000 hommes sur cette conscription, ce sera 6,000 hommes qui vont devenir disponibles et que l'on pourra verser dans les régiments qui en auront besoin. L'important est que vous me proposiez de verser cette levée dans de bons cadres; je la verserais volontiers dans des régiments composés de cohortes, mais je crois que l'administration y est bien peu expérimentée et que les cadres en sont bien neufs.

Enfin le 120e, le 119e, le 118e, le 117e, le 116e, le 115e et le 114e, qui ont leurs dépôts près des Pyrénées et sont plus spécialement destinés à recruter l'armée d'Espagne, le 143e, le 34e léger et le 31e doivent être portés à leur grand complet, afin que cela puisse former une bonne réserve pour Bayonne et pour l'armée d'Espagne.

NAPOLÉON.

D'après la copie. Dépôt de la guerre.

19796. — A EUGÈNE NAPOLÉON,
VICE-ROI D'ITALIE, COMMANDANT EN CHEF LA GRANDE ARMÉE, À MAGDEBOURG.

Paris, 2 avril 1813.

Mon Fils, j'ai donné ordre que tout ce qui vous serait envoyé, soit détachements, soit habillements, soit artillerie, etc. fût dirigé par Wesel : il faut donc que ce soit sur Wesel que vous envoyiez chercher tout ce qui vous est nécessaire. Faites-le savoir à l'intendant et au général d'artillerie. Tout ce que vous envoyez en France doit également passer par Wesel, ainsi que tout ce que vous en recevrez.

J'ai ordonné que les compagnies que les 1ers bataillons des vingt-huit régiments de la Grande Armée ont dans les places de l'Oder fussent désormais comprises au 5e bataillon et remplacées au 1er bataillon par des compagnies tirées du 5e.

Indépendamment des vingt-huit 4es bataillons, formant la 2e division et la 5e que les généraux Dumonceau et Dufour commandent sous les ordres du général Vandamme, qui est déjà à Bremen, deux nouvelles divisions, composées des 1ers bataillons des mêmes vingt-huit régiments, se mettent en marche pour se rendre à Wesel, et, dans le courant de mai, elles seront suivies de deux autres divisions, composées des 3es bataillons de ces régiments.

Ainsi le 1er corps aura : sa 1re division composée de seize 2es bataillons; sa 2e division, de seize 4es bataillons; sa 3e division, de seize 1ers bataillons; et sa 4e division, qui sera la 3e *bis* de la Grande Armée, composée de seize 3es bataillons, au total soixante-quatre bataillons. Vous sentez bien qu'aussitôt qu'on le pourra il faudra réunir les régiments, et chaque division deviendra alors composée de quatre régiments, comme avant la campagne. Notez bien que, sur ces soixante-quatre bataillons, les seize de la 1re division sont sur l'Elbe, les seize de la 2e division ont déjà passé Wesel, et les seize de la 3e division auront dépassé le Rhin avant le 15 avril. Quant aux seize de la 3e division *bis*, ce ne sera guère avant la fin de mai qu'ils entreront en Allemagne.

Le 2e corps aura : la 4e division, composée de ses douze 2es bataillons, qui sont à Magdeburg; la 5e division, composée de ses douze 4es bataillons, qui ont dépassé Wesel, et la 6e division, composée de ses douze 1ers bataillons, qui sont en ce moment en marche sur Wesel; enfin ses douze 3es bataillons, qui seront incorporés dans les trois divisions. Quand on pourra, on formera chaque division à trois régiments. Il s'ensuit que dans ce moment les seize bataillons de la 2e division, les douze bataillons de la 5e, les seize bataillons de la 3e et les douze bataillons de la 6e, au total cinquante-six bataillons, sont en route pour la 32e division militaire, plus la brigade de Hambourg, composée de cinq bataillons tirés des 3e, 105e et 29e; ce qui porte ce corps à soixante et un bataillons.

J'ai envoyé le général Lemarois à Wesel pour y commander la place et toute la 25e division militaire.

Les Anglais n'ont pas un homme à débarquer; tous leurs efforts sont en Portugal et dans le Canada. Les Suédois s'occuperont probablement de la Poméranie.

NAPOLÉON.

D'après la copie comm. par S. A. I. Mme la duchesse de Leuchtenberg.

19797. — AU GÉNÉRAL COMTE FONTANELLI,
MINISTRE DE LA GUERRE ET DE LA MARINE DU ROYAUME D'ITALIE, À MILAN.

Paris, 2 avril 1813.

Je désire que vous m'envoyiez l'état de situation de mon armée du royaume d'Italie au 1er avril. Vous m'y ferez connaître où se trouve chaque bataillon de chaque régiment, en distinguant ceux qui faisaient partie du 4e corps de la Grande Armée, et dont les restes de cadres doivent être rentrés en Italie pour se reformer; les six bataillons qui sont encore à la division Grenier et en bon état; enfin les bataillons qui font partie du corps d'observation d'Italie sous les ordres du général comte Bertrand. Ceux-ci étant au nombre de treize, et ceux qui sont à la division Grenier au nombre de six, il y a donc dix-neuf bataillons italiens à la Grande Armée. Je désire que vous puissiez envoyer au corps d'observation d'Italie trois autres bataillons, de manière à porter sa division italienne à seize bataillons. Vous prendrez, à cet effet, les trois bataillons le plus tôt prêts. Il me semble qu'il avait été déjà convenu de prendre les deux bataillons de la garde de Milan. Indépendamment de cela, il y a les bataillons qui étaient au 4e corps qui sont rentrés en Italie et qui sont à reformer. Au moyen de cette augmentation de trois bataillons, il y aurait à la Grande Armée vingt-deux bataillons italiens, c'est-à-dire la valeur de quatre régiments et demi. Vous me ferez connaître ce qu'il y a en Espagne et tout ce qui restera en Italie, ainsi que les moyens que vous avez pour reformer les cadres, et les moyens que vous avez en soldats pour les recompléter. Vous me ferez aussi connaître combien de bataillons organisés il y aura en Italie à la fin de mai ou au mois de juin, sans compter les 5es bataillons. Il y aura probablement un incomplet provenant des grandes pertes éprouvées à la Grande Armée. Faites-moi connaître quels sont les moyens qui existent pour pourvoir à cet incomplet.

L'armée d'Italie se trouvera donc divisée en trois fractions : 1° ce qui est à la Grande Armée; 2° ce qui est à l'armée d'Espagne; 3° les troupes restant en Italie. Cette dernière fraction sera subdivisée en deux, en mettant à la deuxième partie ce qui sera dans l'île d'Elbe, à Corfou et à Raguse.

Pour les régiments de cavalerie, il y a deux régiments de dragons: un est déjà parti, ainsi qu'un régiment de chasseurs. Il est resté quelques cadres et quelques compagnies des autres régiments qui étaient au 4e corps; il s'agit de les reformer. Faites-moi connaître quand ces régiments le seront, et quand il pourra partir pour la Grande Armée deux nouveaux régiments de cavalerie, un de chasseurs et un de dragons; en sorte qu'il y ait à la Grande Armée cinq régiments de cavalerie italienne, savoir, deux de dragons et trois de chasseurs, en y comprenant le 4e de chasseurs, où on réunira les détachements de tous les autres régiments. Il restera donc en Italie un régiment de chasseurs. Faites-moi connaître, par la même occasion, combien d'hommes et de chevaux ont produit les dons volontaires et quel a été leur emploi. L'état de la cavalerie du royaume d'Italie étant de quatre régiments de chasseurs et de deux de dragons, cela fait 6,000 hommes. On peut compter qu'il y en a 3,000 à la Grande Armée, en y comprenant le corps d'observation d'Italie; il y aura donc encore 2,000 hommes à fournir à la Grande Armée.

Présentez-moi aussi dans la même forme les états pour l'artillerie.

Enfin faites-moi un rapport sur la garde, afin de me faire connaître les moyens qu'il y a de commencer sa réorganisation.

Napoléon.

D'après la copie. Archives de l'Empire.

19798. — AU GÉNÉRAL COMTE FONTANELLI,
MINISTRE DE LA GUERRE ET DE LA MARINE DU ROYAUME D'ITALIE, À MILAN.

Paris, 2 avril 1813.

Je vous ai fait connaître dans quel état je désirais avoir un rapport sur la situation de mon armée d'Italie au 1er avril. Je désire avoir dans le courant de juin deux divisions françaises de seize bataillons chacune, savoir : dix-huit bataillons des six régiments qui se reforment en Italie, à raison de trois bataillons par régiment, treize bataillons qui viendront du Piémont, et un bataillon du 112e; ce qui fait trente-deux bataillons;

et une 3ᵉ division italienne, également de seize bataillons; deux régiments de cavalerie italienne et un régiment français, faisant 3,000 chevaux; enfin l'artillerie nécessaire à ce corps d'armée, qui sera de 40 ou 50,000 hommes, sans compter tous les 5ᵉˢ bataillons qui tiendront garnison dans les places. Faites-moi un rapport sur les moyens d'arriver à ce résultat. Les six régiments français doivent déjà être nombreux, et ils seront complétés au moyen de la nouvelle conscription que je lève. On pourvoira insensiblement aux cadres.

D'après la copie. Archives de l'Empire.

19799. — AU COMTE DE MONTALIVET,
MINISTRE DE L'INTÉRIEUR, À PARIS.

Paris, 3 avril 1813.

L'École de médecine reste depuis longtemps sans être terminée : présentez-moi un projet pour achever la place et les galeries qui complètent cet ensemble; on pourra y employer 500,000 francs, afin d'achever tout cela cette année.

D'après la copie. Archives de l'Empire.

19800. — A M. MARET, DUC DE BASSANO,
MINISTRE DES RELATIONS EXTÉRIEURES, À PARIS.

Paris, 4 avril 1813.

Monsieur le Duc de Bassano, je vous renvoie la correspondance. Présentez-moi dans la journée quelqu'un pour remplacer le sieur de Moustier; il cherche à m'indisposer contre le roi de Wurtemberg en mettant ses passions à la place de la vérité. J'ai peine à croire au propos que le roi aurait tenu. Tâchez de faire une enquête là-dessus. Si le sieur de Moustier m'avait manqué à ce point, il mériterait d'être puni. Toutefois il faut le remplacer. Proposez-moi son successeur, et qu'il parte sur-le-champ.

Vous passerez une note officielle au ministre de Wurtemberg qui est ici, dans laquelle vous lui ferez connaître : 1° que dans le projet de contingent il n'y a que trois régiments de cavalerie au lieu de quatre, que deux bataillons d'infanterie légère au lieu de quatre, et que quatre régiments d'infanterie au lieu de cinq; que je demande que le 4ᵉ régiment de cavalerie et le 6ᵉ d'infanterie de ligne, du Prince Royal, soient réunis à ce contingent et le portent à 12,000 hommes; 2° que le contingent manque d'artillerie, et que, si c'est par défaut de matériel, le roi peut en demander, que je lui donnerai toutes les pièces qu'il voudra; 3° que je désire formellement qu'au moins deux régiments de cavalerie partent avant le 15 avril pour rejoindre à Würzburg le corps du prince de la Moskova, que c'est indispensable, et que les deux autres régiments y arrivent avant la fin du mois; que je n'admets pas de délai là-dessus; que j'attends cette preuve du zèle du roi, et qu'il ne voudrait pas sans doute me fournir son contingent quand les affaires seraient décidées. Vous me remettrez copie de ce tableau comparatif du contingent de Wurtemberg, et vous m'en remettrez un semblable des contingents de Bavière, de Bade et de Hesse-Darmstadt.

Passez une note au ministre de Bade pour lui demander le 2ᵉ régiment de dragons; que j'ai besoin de cavalerie, et que 500 chevaux ne sont pas indifférents. Donnez des instructions à ce sujet à mon chargé d'affaires. Il faut que cela réussisse et que ce régiment parte pour Würzburg. Faites dire en Bavière, à Stuttgart et à Bade que, si on a besoin pour la police du pays et pour contenir le Vorarlberg d'une brigade de cinq à six bataillons français de ma réserve, formant 4 à 5,000 hommes, je les leur fournirai; j'en payerai la solde; ils ne seront tenus qu'à les nourrir; que cela m'est facile, vu que je réunis une forte réserve pour parer à tout événement.

Je suppose que vous avez passé à M. de Just la note que je vous ai ordonnée[1]. La correspondance de M. de Serra ne me satisfait pas : il ne montre pas l'activité qu'il faudrait dans ces circonstances, et il n'a pas fait ce qu'il fallait pour empêcher les militaires saxons de désobéir. J'attends désormais plus de zèle de sa part. Demandez par un courrier que toute la cavalerie saxonne qui accompagne le roi soit mise à la dispo-

---

[1] Voir pièce n° 19792.

sition du prince de la Moskova; que ces 1,200 chevaux nous feront le plus grand bien et sont inutiles au roi.

Écrivez à M. de Saint-Marsan qu'il revienne sur-le-champ. Rendez-moi compte des courriers que M. de Krusemark[1] a envoyés; je vous avais défendu de lui donner des passe-ports; cependant je vois qu'il en a expédié beaucoup. Il faut que M. de Krusemark parte avant lundi : c'est un espion qu'il est inutile d'avoir ici. Faites auparavant partir votre courrier pour rappeler M. de Saint-Marsan. Vous pourrez laisser aller le secrétaire de légation jusqu'à Strasbourg; mais vous donnerez des ordres pour qu'on le retienne à Strasbourg. Dans la dernière conférence que vous aurez avec M. de Krusemark, dites que M. de Hardenberg ne tient aucune de ses promesses, qu'il avait promis qu'on n'écrirait rien, et que cependant on a beaucoup écrit; qu'il paraît que le roi n'est plus maître de rien. Je tiens à ce que lundi, à midi, il soit parti.

Faites une circulaire à mes ministres dans la Confédération en leur envoyant *le Moniteur*, pour qu'ils le communiquent officiellement, et qu'on renvoie les ministres de Prusse.

Écrivez à Karlsruhe pour qu'on arrête cet espion qui est signalé de Weimar.

NAPOLÉON.

D'après l'original. Archives des affaires étrangères.

19801. — A M. MARET, DUC DE BASSANO,
MINISTRE DES RELATIONS EXTÉRIEURES, À PARIS.

Paris, 4 avril 1813.

Monsieur le Duc de Bassano, vous trouverez ci-jointe une lettre du général Durutte. Il est incroyable que le roi de Saxe abandonne ainsi son pays à quelques Cosaques et n'utilise pas sa cavalerie, qui pourrait le défendre. Les Saxons se conduisent bien mal. Demandez que ce régiment saxon, s'il n'a pas rejoint la division Durutte, rejoigne au moins le prince de la Moskova.

NAPOLÉON.

D'après l'original. Archives des affaires étrangères.

[1] M. de Krusemark, ministre de Prusse à Paris.

19802. — AU GÉNÉRAL CLARKE, DUC DE FELTRE,
MINISTRE DE LA GUERRE, À PARIS.

Paris, 4 avril 1813.

Non-seulement j'approuve vos conclusions pour ne pas lever la conscription en Hollande, mais je désire que vous écriviez à tous les préfets des 17e et 32e divisions, de Rome et de la Toscane, que j'ai mis en réserve la portion qu'ils devaient fournir dans les 80,000 hommes que je dois lever, et que je suis disposé à en exempter les départements réunis. Quant au Piémont, il faudra suspendre encore cette mesure.

D'après la copie. Archives de l'Empire.

19803. — AU GÉNÉRAL CLARKE, DUC DE FELTRE,
MINISTRE DE LA GUERRE, À PARIS.

Paris, 4 avril 1813.

Monsieur le Duc de Feltre, mon intention est qu'il soit préparé pour le 1er juin un second corps d'observation d'Italie, qui se réunira à Vérone. Ce corps sera composé, 1° de vingt-quatre bataillons des six régiments de la Grande Armée; 2° du 6e bataillon du 112e de ligne; de deux bataillons croates; de douze bataillons tirés des bataillons qui font partie des demi-brigades provisoires qu'on forme des Piémontais qui sont de la conscription de 1814; de quatre bataillons d'élite, deux de chaque régiment étranger; du reste du contingent de Naples; du 8e bataillon du 14e léger; du 8e bataillon du 6e de ligne. Cela fera trois divisions, chacune de trois brigades, ou quarante-huit bataillons; plus une division de l'armée d'Italie, de seize bataillons; total, soixante-quatre bataillons.

Cavalerie. La cavalerie se composera de deux régiments de cavalerie légère italienne, de deux régiments de cavalerie légère napolitaine et de quatre escadrons des 13e, 14e de hussards et 19e de chasseurs (le dernier est à former); total, 4,000 chevaux.

Artillerie. L'artillerie sera composée de six divisions à pied françaises, chaque division formée de seize pièces; deux divisions à pied italiennes; deux batteries à cheval françaises; une batterie à cheval italienne: deux batteries de réserve; total, équipage français, 96 bouches à feu; équipage italien, 22 bouches à feu; total général, 118 bouches à feu.

Génie. Le génie se composera d'une compagnie de sapeurs français et d'une compagnie de sapeurs italiens.

Équipages militaires. Six compagnies serviront 600 voitures à la comtoise.

Présentez-moi toutes mes ressources pour la formation de cette armée. La conscription de 1811, celle que je viens de lever, seront employées pour cela.

Il sera également réuni, à la fin de mai, un corps d'observation à Wesel et un autre à Mayence. Celui de Mayence sera composé de quarante-huit bataillons recrutés par la conscription de 1814, réunis en régiments provisoires et formant trois divisions de seize bataillons chacune. Dans la formation des demi-brigades provisoires, il entre trente-cinq de ces bataillons; il pourrait aussi en arriver d'Espagne; vous y comprendrez douze bataillons de la brigade d'Erfurt. Ces quarante-huit bataillons seront partagés entre les trois divisions.

La cavalerie sera formée de trois divisions de marche des 1er, 2e et 3e corps, composées de ce que les régiments pourront faire partir de leurs dépôts; cela fera 6,000 cavaliers.

Le corps de Wesel sera composé des vingt-huit 1ers bataillons de la Grande Armée et des vingt-huit 3es; total, cinquante-six. Cela formera trois divisions; savoir: la 3e, la 3e *bis* et la 6e de la Grande Armée.

La cavalerie sera composée d'une division de marche du 1er corps, formée également des détachements que pourront fournir les régiments.

L'artillerie sera composée de 92 bouches à feu par corps, avec un simple approvisionnement.

Ainsi j'aurai en réserve, dans le courant de juin, trois corps composés de jeunes conscrits, qui, réunis, contiendraient l'Allemagne, et à tout événement assureraient les frontières. Les gardes nationales garderaient les côtes, avec les 5es bataillons, hormis les bataillons laissés en Bretagne et en Italie. NAPOLÉON.

D'après la copie. Dépôt de la guerre.

19804. — AU GÉNÉRAL COMTE BERTRAND,
COMMANDANT LE 4ᵉ CORPS DE LA GRANDE ARMÉE, À AUGSBURG.

Paris, 4 avril 1813.

Monsieur le Comte Bertrand, je viens de lire l'état de situation de votre 3ᵉ division. Il est nécessaire que vous nommiez à toutes les places d'officier, de manière qu'il n'en manque aucun. Comme on ne peut pas vous fournir des sous-lieutenants, si vous n'en avez point, faites pour le mieux : pourvoyez à toutes les places, puisque vous avez des sous-officiers ; n'attendez rien du ministre pour les grades inférieurs, ni un plus grand nombre de sous-lieutenants de Fontainebleau que celui qui vous a été annoncé.

Je suis surpris que le colonel du 52ᵉ ne soit pas encore arrivé.

Je suppose que les deux régiments formés de cohortes ont changé ceux de leurs effets qui n'étaient pas à l'uniforme de la ligne. S'ils ne l'avaient pas fait, ordonnez-leur de faire ces changements à Nuremberg ou à Augsburg. Ordonnez qu'ils composent leur musique, et faites-leur avoir des sapeurs, à raison de quatre par bataillon, en ayant soin qu'il leur soit donné de bonnes haches. Veillez surtout à ce qu'ils se pourvoient de bons chevaux ou mulets de bât, pour porter les ambulances, la caisse et les bagages des officiers.

Vous ne me parlez pas des généraux de brigade ni des adjudants-commandants qui sont à votre corps d'armée.

NAPOLÉON.

D'après l'original comm. par M. le général comte Henry Bertrand.

19805. — AU GÉNÉRAL COMTE LEMAROIS,
COMMANDANT LA 25ᵉ DIVISION MILITAIRE, À WESEL.

Paris, 4 avril 1813.

Monsieur le Comte Lemarois, le général Dombrowski arrive dans le grand-duché de Berg avec 3 à 4,000 hommes en mauvais état ; aussitôt qu'ils seront arrivés, établissez-les sur un bon point, en sorte que ces hommes, bien habillés, bien nourris et bien montés, puissent entrer en campagne.

NAPOLÉON.

D'après l'original comm. par M. le comte Lemarois.

19806. — AU GÉNÉRAL COMTE LEMAROIS,
COMMANDANT LA 25° DIVISION MILITAIRE, À WESEL.

Paris, 4 avril 1813.

Monsieur le Comte Lemarois, trente-six compagnies fournies par les 5es bataillons des régiments qui ont un bataillon à la 30° division, et dix compagnies fournies par les 5es bataillons des régiments qui composent la 31° division, formant un total de quarante-six compagnies, devaient former une division sous le titre de *Réserve des divisions réunies*. Je suppose que vingt-quatre de ces compagnies sont déjà arrivées à Wesel : formez-en quatre bataillons et tenez-les à Münster, à Wesel et, si vous voulez, dans le grand-duché, jusqu'à ce que vous m'en ayez envoyé l'état et que je vous aie fait passer de nouveaux ordres, sans les envoyer dans la 32° division militaire, où ces compagnies morcelées se perdraient. De ces quatre bataillons on peut faire une fort belle réserve pour Münster.

NAPOLÉON.

D'après l'original comm. par M. le comte Lemarois.

19807. — A M. MARET, DUC DE BASSANO,
MINISTRE DES RELATIONS EXTÉRIEURES, À PARIS.

Paris, 5 avril 1813.

Monsieur le Duc de Bassano, il est nécessaire que vous écriviez à tous mes ministres près les cours de la Confédération de déclarer la guerre à la Prusse et de demander qu'en conséquence on renvoie les ministres que la Prusse a près de ces différentes cours, notamment à Francfort et à Würzburg, où ce sont autant d'espions. Recommandez qu'on ait soin de leur donner des passe-ports pour la Bohême, pour ne pas les faire passer par notre ligne d'opération.

NAPOLÉON.

D'après l'original. Archives des affaires étrangères.

19808. — AU GÉNÉRAL CLARKE, DUC DE FELTRE,
MINISTRE DE LA GUERRE, À PARIS.

Paris, 5 avril 1813.

Je réponds à votre lettre du 5 avril. J'approuve la mesure que vous me proposez d'incorporer dans l'artillerie de terre soixante officiers de l'artillerie de marine, choisis parmi les meilleurs; mais il faut que cette mutation se fasse sans désorganiser le régiment de cette dernière arme. J'approuve également, 1° que cinquante élèves de l'École polytechnique soient envoyés sur-le-champ à Metz; 2° que cent élèves de l'École de la Flèche soient envoyés à celle de Saint-Cyr pour y compléter leur instruction (les cent élèves partant de la Flèche seront remplacés de suite); 3° que vous accordiez cent emplois d'officiers à un pareil nombre de sous-officiers d'artillerie. Il faut que trente-quatre élèves de l'École de Metz et les cinquante de l'École de Saint-Cyr, qui doivent sortir en septembre et octobre, sortent de ces écoles au mois de mai.

D'après la copie. Archives de l'Empire.

19809. — AU MARÉCHAL NEY, PRINCE DE LA MOSKOVA,
COMMANDANT LE 3ᵉ CORPS DE LA GRANDE ARMÉE, À WÜRZBURG.

Paris, 5 avril 1813.

Je reçois votre lettre du 1ᵉʳ avril. Je vois avec plaisir que vous êtes content des troupes des divisions Souham et Brenier.

Le 2ᵉ bataillon du 29ᵉ léger est parti depuis cinq jours de Beauvais; il ne tardera donc pas à vous rejoindre. Seize compagnies d'artillerie doivent arriver de Magdeburg à Mayence; sur ces seize, il y en a huit pour vous. Je pense donc que vos embarras doivent avoir cessé sur cet article. Les 800 chevaux du 10ᵉ de hussards qu'a le général Laboissière se trouveront augmentés des 400 du 6ᵉ escadron et des 600 de Bade; ce qui fera 1,800 chevaux; c'est un commencement de forces.

Le général Dombrowski a été envoyé sur les derrières, parce qu'il est en très-mauvais état et a besoin de se refaire. Le vice-roi m'avait écrit qu'il l'avait envoyé sur le grand-duché de Berg; il paraît avoir changé de direction. Faites-le approcher de Würzburg et d'Aschaffenburg, et faites-moi connaître ce qui lui manque pour mettre ses troupes en ligne.

J'approuve fort tout ce que vous me dites dans votre lettre. Il ne faut s'exposer à aucune marche rétrograde; mais, étant très-sûr de l'Autriche, et, par les renseignements qui me sont parvenus, étant instruit des forces que l'ennemi a laissées devant Danzig, devant le prince Schwarzenberg et devant les places de l'Oder, je ne crois pas que les Russes soient en position de passer l'Elbe en grande force. Je vous ai fait connaître que le général Bertrand devait avoir, aujourd'hui 5, son quartier général à Augsburg, et qu'il sera du 10 au 12 à Nuremberg. Correspondez avec lui.

Nous sommes un peu en retard pour les pontonniers; mais je donne l'ordre que plusieurs pontonniers et deux équipages de marins, qui ont fait la campagne et faisaient partie de la garnison de Pillau qui n'est pas prisonnière, et arrivent à Erfurt, vous rejoignent. Vous pouvez en former le fond d'un équipage de pont.

Le mouvement du général Souham est propre à en imposer à l'ennemi et faire une diversion favorable au vice-roi.

D'après la copie. Archives de l'Empire.

19810. — AU GÉNÉRAL COMTE BERTRAND,
COMMANDANT LE 4ᵉ CORPS DE LA GRANDE ARMÉE, À AUGSBURG.

Paris, 5 avril 1813.

Monsieur le Comte Bertrand, je reçois votre lettre du 30 mars. Je vous ai déjà dit que chaque ambulance, qui doit être de cinq caissons, si ce sont des caissons d'ancien modèle, et de six, si ce sont des caissons du nouveau, doit porter du linge à pansement et de la charpie pour dix mille blessures. Vous devez avoir cinq ambulances; vous devez donc avoir pour cinquante mille blessures.

La lettre du comte de Cessac est mal faite [1].

NAPOLÉON.

D'après l'original comm. par M. le général comte Henry Bertrand.

[1] Voir la lettre n° 19813

19811. — AU MARÉCHAL MARMONT, DUC DE RAGUSE,
COMMANDANT LE 6ᵉ CORPS DE LA GRANDE ARMÉE, À HANAU.

Paris, 5 avril 1813.

Il se réunit à Mayence deux divisions de marche de cavalerie : la 1re, composée de tous les détachements fournis de France par les régiments qui font partie du 1er corps de cavalerie, formés en quatre régiments de marche; l'autre, composée de tous les détachements des régiments qui font partie du 2e corps. Vous prendrez le commandement de ces deux divisions, et vous les placerez dans les environs de Hanau, dans des lieux où elles puissent se former et s'organiser. Les cinquante et un régiments de cavalerie de la Grande Armée entrent dans la formation de ces deux divisions, dont le ministre de la guerre vous enverra le tableau. Chacun de ces cinquante et un régiments finira par fournir 500 hommes, ce qui portera ces divisions à 25,500 hommes. La tête de ces régiments étant à l'armée de l'Elbe, et formant à peu près 15,000 hommes, cela fera plus de 40,000 hommes de cavalerie pour les cinquante et un régiments. Mon intention est bien, aussitôt que cela sera possible, de réunir tous ces détachements à leurs régiments respectifs, à l'armée de l'Elbe; mais, en attendant, ils doivent pouvoir servir et pouvoir se battre, si cela est nécessaire, avant leur réunion. Vous passerez en revue tous les détachements; vous leur ferez fournir ce qui leur manquerait; vous me proposerez la nomination aux emplois vacants; enfin vous ferez tout ce qui est nécessaire pour que ces divisions soient bien et promptement organisées. Le ministre de la guerre envoie les généraux, colonels, majors et chefs d'escadrons nécessaires à ce corps.

Je donne ordre au duc de Plaisance de se rendre à Mayence pour y suivre, sous vos ordres, tous les détails de cette organisation.

D'après la copie. Archives de l'Empire.

19812. — A M. MARET, DUC DE BASSANO,
MINISTRE DES RELATIONS EXTÉRIEURES, À PARIS.

Paris, 6 avril 1813.

Monsieur le Duc de Bassano, instruisez confidentiellement mes ministres à Stuttgart, à Karlsruhe, à Munich, à Würzburg, à Darmstadt et en Westphalie, que je serai rendu du 12 au 15 à Mayence.

NAPOLÉON.

D'après l'original. Archives des affaires étrangères.

19813. — AU GÉNÉRAL LACUÉE, COMTE DE CESSAC,
MINISTRE DIRECTEUR DE L'ADMINISTRATION DE LA GUERRE, À PARIS.

Paris, 6 avril 1813.

Monsieur le Comte de Cessac, votre lettre étant mal écrite, on en a conclu, à l'armée d'observation d'Italie, que les quatre ambulances ne devaient avoir ensemble que pour dix mille blessures : il faudrait que le chef de la division des ambulances sût exprimer ses idées en français.

NAPOLÉON.

D'après l'original. Dépôt de la guerre.

19814. — AU PRINCE DE NEUCHÂTEL ET DE WAGRAM,
MAJOR GÉNÉRAL DE LA GRANDE ARMÉE, À PARIS.

Paris, 6 avril 1813.

Je désire que vous soyez rendu le 12 à Mayence avec tout votre état-major. Je désire également que le comte Daru soit rendu le 12 à Mayence avec tous ses employés et toutes ses administrations; il remplira les fonctions supérieures d'ordonnateur de l'armée du Main.

D'après la minute. Archives de l'Empire.

19815. — AU COMTE DARU,
MINISTRE SECRÉTAIRE D'ÉTAT, ORDONNATEUR EN CHEF DE L'ARMÉE DU MAIN, À PARIS.

Paris, 6 avril 1813.

Monsieur le Comte Daru, je désire que vous soyez rendu le 12 à Mayence. Vous remplirez les fonctions d'administrateur supérieur de l'armée du Main. Ayez soin que les ordonnateurs, commissaires des guerres, employés de l'administration, médecins, chirurgiens, payeurs, que tout se trouve rendu à Mayence à cette époque.

Vous me soumettrez un projet de décret qui chargera le duc de Cadore de remplir les fonctions de secrétaire d'état auprès de la Régente. Apportez-moi aujourd'hui à cinq heures, 1° le décret sur le service pendant mon absence; 2° le décret pour la garde de Paris; enfin tout ce que vous avez à me soumettre.

Vous avez beaucoup d'affaires d'administration : avant de partir, prenez des renseignements auprès du ministre de la guerre et du comte de Cessac, pour tout connaître.

NAPOLÉON.

D'après la copie comm. par M. le comte Daru.

19816. — AU MARÉCHAL KELLERMANN, DUC DE VALMY,
COMMANDANT SUPÉRIEUR DES 5°, 25° ET 26° DIVISIONS MILITAIRES, À MAYENCE.

Paris, 6 avril 1813.

Je reçois votre lettre du 3 avril. Je suis surpris que les seize compagnies d'artillerie qui doivent arriver à Magdeburg ne soient pas encore arrivées. Cela est indépendant des seize cadres.

Je reçois la lettre ci-jointe du général Bourcier. Comment est-il possible que les effets partis dans le mois de février ne soient pas encore arrivés à Magdeburg? Voyez le préposé de la compagnie chargée de ces transports, pour savoir s'il a ses reçus. Écrivez à ce sujet au général Bourcier; envoyez-lui l'état de ce qui est parti en février et dans la première quinzaine de mars, et dites-lui de se donner du mouvement; que rien ne se fait tout seul; qu'il faut qu'il envoie des officiers savoir où sont les convois, et les prendre.

D'après la copie. Archives de l'Empire.

19817. — A EUGÈNE NAPOLÉON,
VICE-ROI D'ITALIE, COMMANDANT EN CHEF LA GRANDE ARMÉE, À MAGDEBURG.

Paris, 6 avril 1813.

Mon Fils, la 32° division est mise hors la Constitution, comme vous l'aurez vu par *le Moniteur* d'hier. Toute la 32° division est sous vos ordres. Le major général l'a écrit au général Saint-Cyr et au général Vandamme;

ce qui n'empêche pas ces deux généraux de correspondre directement avec le major général.

Donnez-vous du mouvement pour la cavalerie. L'administration est si lente, que rien ne marche si l'on ne se donne des soins infinis. Il est très-certain qu'une grande quantité d'effets de sellerie et d'habillement est partie de Mayence pour Magdeburg et doit être arrivée à Magdeburg, ou bien près d'arriver. Envoyez chercher le préposé de la compagnie chargée de ces transports, et faites partir des officiers pour aller au-devant de ce qui est en retard, afin d'avoir toute cette cavalerie à cheval. Je vous ai mandé que désormais je fais tout diriger par Wesel.

Le général Dombrowski, au lieu de venir par le duché de Berg, est arrivé sur Würzburg.

Peut-être le roi de Westphalie a-t-il raison de ne pas exposer ses troupes dans des moments douteux, de crainte qu'elles ne se débauchent : lorsque, au contraire, on ira en avant, tout cela nous servira bien.

NAPOLÉON.

D'après la copie comm. par S. A. I. Mme la duchesse de Leuchtenberg.

19818. — AU MARÉCHAL NEY, PRINCE DE LA MOSKOVA,
COMMANDANT LE 3e CORPS DE LA GRANDE ARMÉE, A WÜRZBURG.

Paris, 6 avril 1813.

L'officier d'ordonnance Laplace doit être dans vos environs. Envoyez-le au corps de Dombrowski pour voir ce qui lui manque; il est urgent de prendre toutes les mesures nécessaires pour que ce corps soit fourni de tout, que sa cavalerie soit montée et son infanterie armée et habillée. Il faut l'approcher des derrières pour l'organiser entièrement.

Si le général Durutte était obligé d'évacuer la Saale, je pense qu'il ferait bien de se renfermer dans Erfurt : la ville est à l'abri d'un coup de main; la citadelle est armée et approvisionnée : il resterait là maître du pays.

Il ne paraît pas encore que l'ennemi soit en mesure de passer l'Elbe avec de grandes forces. Tous les bruits qu'il fait courir sont exagérés et faux. Le général Vandamme arrive sur le Weser avec quarante bataillons;

il y est déjà arrivé, de sa personne, avec huit ou dix. Tous mes équipages sont à Mayence, de sorte que je puis y arriver en quarante-huit heures. Mais je ne vois pas encore mes armées assez avancées pour prendre l'offensive, ni l'ennemi assez menaçant pour croire ma présence indispensable à Mayence. Je voudrais pouvoir rester encore une quinzaine de jours, car j'ai bien des affaires ici.

Je suppose que le régiment de dragons de Bade doit être arrivé le 1er ou le 5, ce qui portera votre cavalerie à 1,800 hommes. Si vous y joignez les 1,200 Saxons, le général Souham serait probablement dans le cas de repousser tous les partis ennemis. Vous devez, à l'heure qu'il est, avoir toute votre artillerie. Les seize compagnies doivent être arrivées à Magdeburg.

D'après la copie. Archives de l'Empire.

19819. — A M. MARET, DUC DE BASSANO,
MINISTRE DES RELATIONS EXTÉRIEURES, À PARIS.

Paris, 7 avril 1813.

Monsieur le Duc de Bassano, écrivez au comte de Narbonne d'envoyer des agents en Bohême afin d'avoir des nouvelles de l'ennemi. Il faudrait qu'il eût quelqu'un à l'extrême frontière, le plus près possible de Glogau, pour savoir où en est l'investissement de cette place et si le siége en est commencé.

NAPOLÉON.

D'après l'original. Archives des affaires étrangères.

19820. — AU PRINCE LEBRUN,
GOUVERNEUR GÉNÉRAL DES DÉPARTEMENTS DE LA HOLLANDE, À AMSTERDAM.

Paris, 7 avril 1813.

1,500 Suisses se dirigent sur Utrecht, huit bataillons se dirigent également sur cette ville, ce qui portera le corps d'observation d'Utrecht à 12,000 hommes; mais ces troupes n'y seront que temporairement; elles seront relevées par vingt-huit bataillons, composés de la conscription de 1814, dans le courant de mai. Ainsi vous pouvez compter que pendant tout l'été vous aurez au moins vingt bataillons, de 800 hommes chacun, en position à Utrecht ou aux environs. Soyez donc sans inquiétude. Ordonnez au général qui commande la 31ᵉ division de faire réoccuper les îles.

Le général Vandamme est à Bremen; il y est arrivé avec la tête de sa colonne. Trente bataillons ont déjà passé le Weser. Le prince d'Eckmühl longe l'Elbe et marche sur Lüneburg pour couper les partis ennemis qui ont passé la rivière. Le vice-roi a 100,000 hommes sur la rive droite de l'Elbe, en avant de Magdeburg; il a déjà culbuté un corps prussien. Le corps du prince de la Moskova, fort de 60,000 hommes, est entièrement réuni entre Würzburg et Meiningen; il a son quartier général à Würzburg. Le duc de Raguse aura également ses 60,000 hommes à Hanau et Fulde vers le 15 de ce mois. Le corps du général Bertrand, fort aussi de 60,000 hommes, qui débouche d'Italie, sera réuni vers le 20 entre Ratisbonne et Bamberg. Ma Garde a déjà à Francfort 6,000 chevaux, 20,000 hommes d'infanterie et cent pièces de canon, et les départs continuent tous les jours. Quant à l'Autriche, il n'y a aucune inquiétude à avoir; le prince Schwarzenberg arrive aujourd'hui : les relations les plus intimes existent entre les deux cours.

J'ai nommé le sénateur Ferino pour aller en Hollande organiser les gardes nationales. Comme elles seront peu nombreuses, vous pourrez organiser de beaux bataillons composés des principaux propriétaires et des hommes le plus attachés à la France. Voyez, dans le choix des officiers, à éloigner les Orangistes.

D'après la copie. Archives de l'Empire.

19821. — AU MARÉCHAL NEY, PRINCE DE LA MOSKOVA,
COMMANDANT LE 3ᵉ CORPS DE LA GRANDE ARMÉE, À WÜRZBURG.

Paris, 7 avril 1813.

J'ai donné ordre que les troupes de Saxe-Gotha et de Saxe-Weimar fussent sous les ordres du général Bonet. J'ai donné ordre au duc de Raguse de porter la division Bonet à Vacha, la division Compans à Fulde, et sa 3ᵉ division entre Hanau et Fulde, aussitôt qu'elle aura son artillerie.

J'espère que, du 15 au 20, le duc de Raguse pourra porter son quartier général à Fulde. A la même époque, la tête du corps du général Bertrand arrivera à Bamberg.

Je désire bien connaître la route qui conduit directement de Meiningen à Vacha, celle qui conduit de Meiningen à Gotha et celle qui conduit de Meiningen à Eisenach, ainsi que toutes les routes praticables pour l'artillerie qui existent dans l'espace compris entre la route de Gotha à Würzburg et celle de Gotha à Hanau par Fulde. Faites-moi faire un croquis de cela. Il y a besoin d'un pont entre Würzburg et Bamberg; faites-le établir.

<small>D'après la copie. Archives de l'Empire.</small>

19822. — AU MARÉCHAL MARMONT, DUC DE RAGUSE,
<small>COMMANDANT LE 6ᵉ CORPS DE LA GRANDE ARMÉE, À HANAU.</small>

Paris, 7 avril 1813.

J'ai donné ordre que la division Bonet se rendît à Fulde. J'ai donné ordre que deux bataillons de Würzburg, qui sont à Würzburg, se rendissent à la division Bonet, à Fulde. Les quatre bataillons de la division Durutte qui sont à Mayence se rendent également à la division Bonet. Le général Bonet aura ainsi sous ses ordres six bataillons de la division Durutte, qui rejoindront cette division aussitôt que ce dernier pourra les lui faire passer avec sûreté. J'ai donné ordre au général Durutte, qui arrive à Iena, dans le cas où il serait obligé de quitter la Saale, de se renfermer dans Erfurt; ce qui portera la garnison de cette place à 5,000 hommes. Le général Bonet devra se mettre en communication, de Fulde, avec le prince de la Moskova, à Würzburg : il y a une route directe; faites-la reconnaître.

Il y a à Gotha un millier d'hommes appartenant aux princes de Saxe, et 900 hommes de ma Garde à cheval, commandés par le colonel Lion; ces troupes ne se retireront de Gotha que dans le cas où cela serait nécessaire, et où l'ennemi ferait un grand mouvement par Dresde, ce qui ne paraît pas probable. Le général Bonet tiendra une avant-garde à Vacha, sur la Werra, et se mettra en communication avec la division

Souham, qui est à Meiningen, également sur la Werra. Faites reconnaître cette route.

Donnez ordre au général Pernety d'envoyer, sans aucun délai, son artillerie au général Bonet : il est de la plus grande importance que cette division ait ses seize pièces de canon. Aussitôt que la division Bonet aura ses seize pièces, et que la division Compans aura également son artillerie, vous pousserez la division Compans sur Fulde et la division Bonet sur Eisenach.

Faites connaître à Gotha que les troupes de Gotha et de Weimar sont sous les ordres du général Bonet. Si les 900 hommes de ma Garde à cheval étaient obligés de quitter Gotha, le général Bonet les retiendra avec lui. Aussitôt que votre 3ᵉ division aura également son artillerie, vous la dirigerez sur Fulde. Tous ces mouvements préparatoires ont pour but de faire sentir à l'ennemi la présence de vos troupes, et de l'empêcher par là de se porter sur le vice-roi, qui est avec 100,000 hommes en avant de Magdeburg.

Il paraît que vous ne pouvez pas compter sur votre 4ᵉ division, puisqu'elle ne sera formée qu'au mois de mai ou de juin. Faites-moi connaître la situation de vos divisions et celle de votre artillerie et de votre génie, en matériel et personnel. Je suppose que les régiments de marine ont leurs musiques; s'ils n'en ont pas, faites-leur-en former sur-le-champ. Je suppose aussi qu'ils ont des sapeurs avec de bonnes haches. Les régiments provisoires doivent avoir également au moins quatre sapeurs par bataillon. Le 37ᵉ léger aura également ses sapeurs et sa musique. Vous devez connaître mon règlement pour les ambulances et les équipages, pour les bagages des officiers, pour les ambulances régimentaires et la comptabilité des corps; tout cela à dos de mulets ou de chevaux de peloton. Donnez des ordres en conséquence. Faites-moi connaître si la solde de vos troupes est au courant; cela est d'autant plus important que cela soulagerait le pays.

Les bataillons des régiments de marine sont trop faibles. Vous laisserez à Mayence six cadres de bataillons de ces régiments, savoir, deux pour le régiment qui a huit bataillons, deux pour le régiment qui en a six, et un pour chacun des deux régiments qui ont trois bataillons, de sorte que vous pourrez porter les bataillons que vous garderez à 600 hommes chacun. Comme j'ai pris des mesures pour compléter promptement les bataillons laissés à Mayence, il ne faut en aucune manière en affaiblir les cadres.

D'après la minute. Archives de l'Empire.

19823. — AU GÉNÉRAL CLARKE, DUC DE FELTRE,
MINISTRE DE LA GUERRE, À PARIS.

Saint-Cloud, 8 avril 1813.

Je désire que vous me présentiez un projet de décret pour faire couper dans les forêts des communes et autres forêts riveraines, et dans celles de mes alliés, tous les bois nécessaires pour approvisionner complétement Huningue, Neuf-Brisach, Kehl, Landau, Mayence, Wesel, Juliers, Venlo, Grave, en désignant dans le décret les bois où les coupes seront faites. Ces bois seront mis en magasin, et, comme ils peuvent s'y conserver cinquante ans, ils y resteront en réserve. Il serait ridicule que des places de cette importance restassent dépourvues de cet approvisionnement. Que vos calculs soient faits largement dans le décret, afin que je n'en entende plus parler. Cela ne me coûtera rien, puisque ce sera fait par voie de réquisition.

Il me semble inutile de prendre cette mesure pour Anvers, vu la grande quantité de bois que la marine et ses chantiers peuvent fournir au besoin; mais il faudrait l'appliquer à Flessingue, au fort Impérial et au fort Napoléon de l'île de Cadzand, à Ostende, à Calais, à Dunkerque, le Havre, Cherbourg, etc.

Je voudrais aussi que la même mesure fût prise pour Alexandrie, Palmanova, Fenestrelle. Cette mesure doit s'étendre à toutes mes places: celles où se trouvent des chantiers de marine peuvent faire exception, en raison des bois de marine qui s'y trouvent et qu'on peut prendre dans des circonstances urgentes. Je n'ai pas besoin de parler du fort Lasalle et des places de Hollande, qui doivent être en premier ordre.

D'après la minute. Archives de l'Empire.

19824. — AU GÉNÉRAL CLARKE, DUC DE FELTRE,
MINISTRE DE LA GUERRE, À PARIS.

Saint-Cloud, 8 avril 1813.

Donnez ordre au duc de Castiglione de se rendre à Francfort, où il prendra le commandement de Francfort, de Hanau et de tous les états du grand-duc de Francfort. Il veillera à y maintenir le bon ordre et une bonne discipline, et il y sera à portée de recevoir un service plus actif. Il faut qu'il soit rendu à Francfort du 14 au 15.

D'après la minute. Archives de l'Empire.

19825. — AU GÉNÉRAL CLARKE, DUC DE FELTRE,
MINISTRE DE LA GUERRE, À PARIS.

Saint-Cloud, 8 avril 1813.

Monsieur le Duc de Feltre, il n'est pas d'usage de faire venir dans les dépôts qui sont à Paris des conscrits de l'ancienne Vendée ni de la Bretagne. Cette réflexion s'applique à ce que vous proposez pour le recrutement du 32°.

Je vous avais également autorisé, pour cette fois, à placer tous les conscrits des départements au delà des Alpes dans les dépôts qui sont en Italie. Ainsi Gênes envoie 500 hommes à Navarreins : au lieu de cela, que ce département les envoie à Vérone. Montenotte envoie 582 hommes à Marseille : qu'il les envoie à Vérone. Le Pô envoie à Wesel, pour le 11° léger, 300 hommes, et à Rome, 220 hommes : ces deux dispositions ne valent rien; les 300 hommes de Wesel seront envoyés à Vérone, ainsi que les 220 hommes qui sont à Rome.

Il en sera de même pour les 280 hommes que le département de la Stura envoie à Rome. Réunissez tout cela à Vérone.

On recrutera le 6° de ligne avec des Français, puisqu'il est possible que ce régiment reste à Rome.

Je ne vois pas non plus pourquoi vous ne donnez pas tout ce qui est à Paris et dans les départements environnants à la Garde impériale; cela éviterait bien des marches et simplifierait l'opération.

NAPOLÉON.

D'après la copie. Dépôt de la guerre.

19826. — AU COMTE DE LAVALLETTE,
DIRECTEUR GÉNÉRAL DES POSTES, À PARIS.

Saint-Cloud, 8 avril 1813.

Une lettre d'Augsburg, du 4, ne m'arrive qu'aujourd'hui 8 : il me semble que c'est bien tard; on doit venir ici d'Augsburg en moins de soixante et douze heures. Voyez d'où vient ce retard.

Le quartier général du général Bertrand doit être porté le 13 à Nuremberg; ainsi la lettre que j'écris aujourd'hui à ce général, vous pouvez l'expédier encore par Augsburg; mais le prochain courrier devra être dirigé de Strasbourg sur Nuremberg.

D'après la minute. Archives de l'Empire.

19827. — AU MARÉCHAL NEY, PRINCE DE LA MOSKOVA,
COMMANDANT LE 3ᵉ CORPS DE LA GRANDE ARMÉE, À WÜRZBURG.

Saint-Cloud, 8 avril 1813.

Je désire que vous m'envoyiez le livret de situation de votre corps, rédigé de manière que je connaisse bien la situation de votre artillerie et de votre génie en matériel et personnel, ainsi que la situation de tous vos régiments en colonels, majors, chefs d'escadrons, officiers, soldats; les généraux, adjudants-commandants, etc. Je suppose que vous connaissez mon décret sur les bagages; établissez un vaguemestre, et tenez-y la main. Vous connaissez également mon décret sur les ambulances régimentaires, qui seront sur des mulets ou chevaux de peloton, ainsi que ceux que j'accorde aux officiers pour leurs bagages et aux corps pour leur comptabilité. Mettez tout cela en règle.

Je suppose que le 22ᵉ de ligne a ses sapeurs, sa musique et son aigle. S'il n'avait pas sa musique, il faudrait qu'il en formât une sur-le-champ. Donnez des ordres, et assurez-vous de leur exécution, pour que chacun des huit régiments de cohortes ait une musique, bonne ou mauvaise. Toutes leurs fournitures doivent être à l'uniforme de la ligne; ils doivent avoir aussi leurs sapeurs. J'ai ordonné également que les régiments provisoires aient au moins quatre sapeurs par bataillon. Faites bien exécuter tout cela.

J'ai fait mettre des fonds à la disposition de votre commandant d'artillerie. Procurez-vous quelques chevaux à Cobourg, Hildburghausen, Meiningen, etc. pour remplacer vos mauvais chevaux, bien atteler votre artillerie et vos équipages. Faites faire cette réquisition en règle; assurez le payement et donnez des bons. Le principal est de bien mettre en état vos attelages et de réparer les pertes que vous aurez dû éprouver de Metz à Meiningen.

Mettez-vous en communication directe avec le général Bonet à Fulde. Faites faire le croquis de cette route, et faites-moi connaître si elle est bonne; faites faire également par un de vos ingénieurs le tracé de la route de Meiningen à Vacha.

J'ai 6,000 chevaux de ma Garde réunis à Francfort; 3,000 partent de Paris ces jours-ci : à la fin du mois, j'aurai donc 9,000 chevaux de ma Garde à Francfort. Le général Bertrand en a 4,000. J'espère qu'avec les Wurtembergeois et les Saxons vous en aurez bientôt 5,000.

D'après la minute. Archives de l'Empire.

19828. — AU GÉNÉRAL COMTE BERTRAND,
COMMANDANT LE 4ᵉ CORPS DE LA GRANDE ARMÉE, À AUGSBURG.

Saint-Cloud, 8 avril 1813.

Monsieur le Comte Bertrand, portez votre 1ʳᵉ et votre 4ᵉ division, avec votre cavalerie et votre artillerie, à Bamberg, et portez-y votre quartier général. Tâchez que tout cela soit arrivé du 15 au 20. Poussez votre 2ᵉ et votre 3ᵉ division sur Nuremberg et Anspach. Les événements deviennent pressants : il faut donc se trouver en ligne. Je vous ai mandé d'écrire au maréchal Ney, qui se trouve à Würzburg.

Faites faire 200,000 rations de pain biscuité à Bamberg, afin que vos troupes en puissent prendre à leur passage; faites-y préparer 4,000 quintaux de farine.

Écrivez à mon ministre à Munich pour que le roi fasse passer, s'il est possible, 3 à 4,000 coups de canon à Kronach et autant à Forchheim, et 500,000 cartouches d'infanterie dans chacune de ces deux places.

NAPOLÉON.

D'après l'original comm. par M. le général comte Henry Bertrand.

19829. — AU GÉNÉRAL COMTE BERTRAND,
COMMANDANT LE 4ᵉ CORPS DE LA GRANDE ARMÉE, À AUGSBURG.

Saint-Cloud, 8 avril 1813.

Monsieur le Comte Bertrand, je vous ai mandé de presser le mouvement de la queue de vos troupes sur Nuremberg et Anspach. Je suppose que chaque division a ses généraux et son artillerie. La 1ʳᵉ division et la 4ᵉ doivent être avant le 15 entre Anspach et Nuremberg; faites-y venir la cavalerie, puisque vous êtes dès ce moment en mesure. Établissez près de Ratisbonne un petit dépôt de cavalerie pour vos chevaux les plus fatigués, et, si vous pouvez trouver à acheter quelques chevaux en remplacement des chevaux hors de service, faites-le.

Je donne ordre au général Pernety, qui est à Mayence, d'envoyer 20,000 francs au commandant de votre artillerie pour les petites dépenses du parc. La solde d'avril de votre corps doit être entièrement payée par le payeur général de l'armée, qui est à Mayence. Assurez-vous que la solde est au courant, et envoyez votre payeur à Mayence pour y prendre des fonds.

J'espère qu'avec les trois régiments provisoires que vous aurez dissous on aura bien complété les 3ᵉ et 13ᵉ de ligne, de sorte que les neuf bataillons doivent faire à eux seuls près de 7 à 8,000 hommes. Vous aurez renvoyé les cadres de ces régiments provisoires en Italie, où ils serviront dans la formation du 2ᵉ corps d'observation d'Italie, qui doit se réunir à Vérone à la fin de mai.

Il y a dans la citadelle de Würzburg un bataillon de marche qui se compose de compagnies appartenant à l'ancien 4ᵉ corps; je donne l'ordre au prince de la Moskova de vous l'envoyer sur Bamberg, aussitôt que vous y serez. Incorporez ce bataillon dans les corps qui en auront besoin, mais renvoyez en Italie les officiers et sous-officiers.

Un général bavarois se trouve à Bamberg, envoyez auprès de lui pour savoir ce qui se passe; envoyez aussi auprès du prince de la Moskova, à Würzburg.

Je vous ai mandé hier de faire donner des sapeurs et des haches aux régiments provisoires, et de la musique, ainsi que des fournitures de la ligne aux deux régiments composés de cohortes.

NAPOLÉON.

D'après l'original comm. par M. le général comte Henry Bertrand.

19830. — A FRÉDÉRIC, ROI DE WURTEMBERG,
À STUTTGART.

Saint-Cloud, 8 avril 1813.

Monsieur mon Frère, je n'attends que l'arrivée du corps d'observation d'Italie que commande le général Bertrand, et dont l'avant-garde, à l'heure qu'il est, doit être à Nuremberg, pour aller me mettre moi-même à la tête de mes armées, et j'espère, avec l'aide de Dieu, rejeter en peu de jours l'armée ennemie au delà de l'Elbe. J'ai un besoin indispensable de 2,000 chevaux de Votre Majesté; je désire qu'elle les fasse partir sans délai pour Würzburg, et qu'ils y soient arrivés le 20 de ce mois. A défaut de cette cavalerie, je serais obligé de retarder mes opérations, et, en attendant, une partie des états de la Confédération se trouvent ravagés par l'ennemi, qui s'approche des frontières de Votre Majesté.

Je ne parle pas de votre infanterie; je suppose qu'elle est déjà partie, en entier ou en partie. D'ailleurs, le retard de quelques bataillons ne retarderait pas mes opérations; mais elles le seraient par le retard de votre cavalerie. Arrivées sur l'Elbe, mes armées se trouveront en position de pouvoir attendre le temps nécessaire pour que le reste des troupes rejoigne.

Je crois avoir déjà fait connaître à Votre Majesté par le canal de mon ministre des relations extérieures que si, à la fin de mai, elle avait besoin de quelques bataillons d'infanterie, soit pour le Worarlberg, soit pour toute autre circonstance, elle les aurait, à Strasbourg, à sa disposition.

NAPOLÉON.

D'après la copie comm. par le gouvernement de S. M. le roi de Wurtemberg.

19831. — A FRÉDÉRIC-AUGUSTE, ROI DE SAXE,
À RATISBONNE.

Saint-Cloud, 8 avril 1813.

Monsieur mon Frère, j'ai reçu la lettre de Votre Majesté, où j'apprends son heureuse arrivée à Ratisbonne. Je n'attends que l'arrivée du 4º corps, commandé par le comte Bertrand, dont l'avant-garde doit, à l'heure qu'il est, être à Nuremberg, pour partir moi-même pour Mayence et me mettre à la tête de mes armées. J'espère, avec l'aide de Dieu, être peu de jours après à Dresde.

Votre Majesté dispose de 1,800 hommes de cavalerie; je désire qu'elle veuille les mettre à ma disposition. S'ils sont du côté de Ratisbonne, ils pourront se rendre à Würzburg. Ces troupes me sont indispensables. A leur défaut, je serais obligé de retarder de plusieurs jours mon départ, afin de les voir remplacées par la cavalerie qui arrive de France, et cela mettrait l'ennemi dans le cas, pendant autant de jours, de ravager la Saxe et d'y propager un mauvais esprit. Je désire que Votre Majesté m'envoie, par le retour de mon officier d'ordonnance, l'état de situation de ses troupes et surtout de son régiment de cuirassiers, en me faisant connaître où elles se trouveront, jour par jour, parce qu'elles entrent dans mes calculs.

Je suis fâché de la destruction intempestive du pont de Dresde, mais, après tout, c'est l'affaire de quelques cent mille francs.

Si Votre Majesté avait de l'artillerie légère avec cette cavalerie, je désirerais qu'elle lui donnât l'ordre de la suivre.

D'après la minute. Archives de l'Empire.

19832. — AU PRINCE DE NEUCHÂTEL ET DE WAGRAM,
MAJOR GÉNÉRAL DE LA GRANDE ARMÉE, À PARIS.

Saint-Cloud, 9 avril 1813.

Mon Cousin, je suppose que vous serez le 13 à Mayence; prévenez-en le duc de Raguse, le prince de la Moskova et le général Bertrand. Je donne ordre au duc de Raguse de réunir son corps d'armée sur Eisenach;

au prince de la Moskova de réunir le sien sur Meiningen, et au général Bertrand de réunir le sien sur Bamberg et Cobourg. Je donne ordre au prince de la Moskova de prendre position sur les hauteurs des montagnes en occupant les débouchés de la plaine, ou bien de se porter sur Erfurt. Si effectivement il se portait à Erfurt, le duc de Raguse se porterait sur Gotha. Dans le cas, au contraire, où il prendrait une position sur les montagnes, le duc de Raguse en prendrait une correspondante sur les montagnes auprès d'Eisenach. Le général Durutte a envoyé quatorze pièces d'artillerie attelées à Erfurt; il faut les donner au duc de Raguse, qui les fera prendre aussitôt qu'il sera à portée.

NAPOLÉON.

D'après l'original. Dépôt de la guerre.

19833. — AU MARÉCHAL NEY, PRINCE DE LA MOSKOVA,
COMMANDANT LE 3ᵉ CORPS DE LA GRANDE ARMÉE, À WÜRZBURG.

Saint-Cloud, 9 avril 1813.

Du 15 au 18, le général Bertrand sera, avec sa 1ʳᵉ, sa 4ᵉ division et sa cavalerie, à Bamberg; il aura sa 2ᵉ division et sa 3ᵉ en marche d'Augsburg sur Nuremberg et Anspach. J'ai donné l'ordre au duc de Raguse de réunir, à la même époque, son corps sur Vacha, occupant Eisenach, et de choisir une belle position aux débouchés des montagnes pour y placer son corps. Je désire qu'à la même époque vous preniez position sur les hauteurs entre Meiningen et Gotha ou Meiningen et Erfurt.

Voici les renseignements que j'ai : les Russes ont 25,000 hommes devant Danzig, 10,000 hommes à Thorn, 10,000 hommes à Modlin, 20,000 hommes sur la Pilica, vis-à-vis les Polonais et les Autrichiens, 12,000 hommes qui cernent Glogau, 10,000 devant Küstrin, 15,000 autour de Stettin; de sorte que la majeure partie de leurs forces est occupée autour des places. Le général Blücher doit être sur Dresde. Le corps du général York et une partie de celui de Wittgenstein sont opposés au vice-roi entre Brandenburg et Magdeburg. Je ne pense donc pas qu'il entre aujourd'hui dans les projets de l'ennemi de faire un grand mouvement de forces par Dresde, ou qu'il puisse le faire avec plus de

25,000 hommes. De votre position de Meiningen, vous serez dans le cas de juger la force et les intentions de l'ennemi. J'aimerais à vous voir prendre position devant Erfurt, ce qui tranquilliserait toute la Westphalie et pourrait nous mettre à même de nous emparer des débouchés de la Saale, en même temps que cela appuierait le vice-roi. Dans ce cas, le duc de Raguse se porterait sur Gotha, et le général Bertrand pousserait sa tête sur Cobourg. Dans tous les cas, il est nécessaire que votre corps d'armée soit aux débouchés des montagnes de la Thuringe, comme je vous l'ai dit plus haut.

D'après la minute. Archives de l'Empire.

19834. — AU MARÉCHAL MARMONT, DUC DE RAGUSE,
COMMANDANT LE 6ᵉ CORPS DE LA GRANDE ARMÉE, À HANAU.

Saint-Cloud, 9 avril 1813.

Du 15 au 18, appuyez votre 1re et votre 3e division sur Fulde et votre 2e sur Vacha; prenez, immédiatement après, position sur les hauteurs d'Eisenach, de manière à y placer votre corps et à dominer la plaine. Envoyez un de vos officiers prendre connaissance du mouvement du prince de la Moskova, dont une division est déjà à Meiningen, et qui, du 15 au 18, réunira toutes ses forces sur Meiningen. Si le prince de la Moskova jugeait convenable d'occuper les environs d'Erfurt, vous vous porteriez sur Gotha. Le général Bertrand arrive du 15 au 18 à Bamberg, et suivra le mouvement sur Cobourg.

D'après la minute. Archives de l'Empire.

19835. — AU GÉNÉRAL CLARKE, DUC DE FELTRE,
MINISTRE DE LA GUERRE, À PARIS.

Saint-Cloud, 10 avril 1813.

Donnez ordre au maréchal duc de Tarente de partir dans la journée de demain pour se rendre par Wesel à l'armée de l'Elbe, à Magdeburg, où il prendra le commandement du 11e corps, sous les ordres du vice-roi. Il serait nécessaire qu'il fût arrivé le 15 ou le 16.

D'après la minute. Archives de l'Empire.

19836. — AU GÉNÉRAL DUROC, DUC DE FRIOUL,
GRAND MARÉCHAL DU PALAIS, À PARIS.

Saint-Cloud, 10 avril 1813.

Vous écrirez au duc de Trévise de tenir prête, pour partir le 15 de ce mois, une division des troupes de ma Garde, composée de seize bataillons, savoir : deux bataillons de vieille Garde, grenadiers et chasseurs; deux bataillons de fusiliers (grenadiers et chasseurs); cela formera la 1re brigade; deux bataillons du 1er régiment de voltigeurs, deux du 6e, les deux 2es bataillons du 2e tirailleurs et du 2e voltigeurs, formeront la 2e brigade; deux bataillons du 1er de tirailleurs, deux du 6e, deux du 7e, formeront la 3e brigade. Ces trois brigades seront commandées par les adjudants généraux Lanusse, Berthezène et Tindal. La division le sera par le général Dumoustier, qui aura pour chef d'état-major l'adjudant commandant Semery. Il sera attaché à cette division sept batteries d'artillerie, ou cinquante-deux bouches à feu, savoir : une batterie d'artillerie à pied à chacune des trois brigades, deux batteries d'artillerie à cheval avec la cavalerie, et deux batteries de réserve à pied. L'artillerie sera commandée par le général Desvaux. Il partira aussi quatre compagnies d'équipages militaires avec le personnel et le matériel de quatre ambulances; le reste des voitures sera chargé de farine, et l'ordonnateur prendra des mesures pour faire filer à la suite de la division cent mille rations de biscuit; enfin tous les sapeurs, marins et ouvriers d'administration disponibles. Cette division sera sous les ordres du maréchal duc d'Istrie. Je le laisse le maître de déterminer la quantité de cavalerie qu'il pourra emmener.

D'après la minute. Archives de l'Empire.

19837. — AU GÉNÉRAL MOUTON, COMTE DE LOBAU,
AIDE DE CAMP DE L'EMPEREUR, À PARIS.

Saint-Cloud, 10 avril 1813.

Quels sont les six meilleurs généraux d'infanterie propres à bien commander une division d'infanterie, qu'on puisse faire généraux de division? Quels sont les douze meilleurs colonels ou adjudants-commandants propres à faire de bons généraux de brigade, les uns et les autres dans la force de l'âge et actuellement disponibles?

<small>D'après la minute. Archives de l'Empire.</small>

19838. — AU MARÉCHAL KELLERMANN, DUC DE VALMY,
<small>COMMANDANT SUPÉRIEUR DES 5ᵉ, 25ᵉ et 26ᵉ DIVISIONS MILITAIRES, À MAYENCE.</small>

<small>Saint-Cloud, 10 avril 1813.</small>

Mon Cousin, le général Dombrowski doit être arrivé le 10 à Francfort; faites prendre dans ce corps de quoi compléter tous les chevau-légers polonais de ma Garde, et placez ce corps où je voulais placer la division Durutte, entre le grand-duché de Berg et la Westphalie. Faites-moi connaître la situation de ce corps, ce qui lui manque et ce qu'il faut faire pour le réorganiser promptement.

NAPOLÉON.

<small>D'après l'original comm. par M. le duc de Valmy.</small>

19839. — AU MARÉCHAL NEY, PRINCE DE LA MOSKOVA,
<small>COMMANDANT LE 3ᵉ CORPS DE LA GRANDE ARMÉE, À WURZBURG.</small>

<small>Saint-Cloud, 10 avril 1813.</small>

Le maréchal duc d'Istrie part demain et sera rendu le 14 à Francfort. Le même jour, le prince de Neuchâtel sera rendu à Mayence. Je vous ai fait connaître mes intentions par ma lettre d'hier. Le major général vous écrit plus en détail. Vous verrez dans sa lettre que je donne ordre au duc d'Istrie de se joindre au duc de Raguse avec 10,000 hommes d'infanterie de ma Garde, soixante pièces de canon et 6,000 chevaux, et de se porter sur Eisenach. Il commandera au duc de Raguse comme plus ancien, et lui-même sera sous vos ordres par la même raison. Le duc d'Istrie n'a ordre que de prendre position sur Eisenach. Si je ne suis pas arrivé, c'est de vous qu'il recevra l'initiative de se porter sur Gotha, si vous vous portez sur Erfurt. Dans ce cas, faites converger sur votre droite le général Marchand avec les Bavarois et les alliés. Dans les cas imprévus, vous commanderez aussi au général Bertrand, par le même principe. S'il n'y a pas d'inconvénient majeur, portez-vous sur Erfurt avec tout votre corps. Ordonnez au duc d'Istrie de se porter sur Gotha. Vous êtes même autorisé à faire venir toute la cavalerie du duc d'Istrie à votre hauteur, et à placer toute votre cavalerie sous ses ordres.

J'ai écrit, par mon officier d'ordonnance Lauriston, aux rois de Saxe et de Wurtemberg pour qu'ils dirigent toute leur cavalerie sur Würzburg; ce qui ferait une augmentation de 3,000 chevaux, qui, joints à ceux que vous avez et à ceux de la Garde, pourraient faire 12,000 chevaux au camp d'Erfurt. Vous avez près de 60,000 hommes d'infanterie avec les alliés; le duc d'Istrie vous en amène 40,000; cela ferait donc une armée de 100,000 hommes d'infanterie et de 12,000 hommes de cavalerie. Vous devez avoir cent trente bouches à feu avec les alliés; le duc d'Istrie avec le duc de Raguse en a cent vingt; cela vous fera donc deux cent cinquante bouches à feu. Le général Bertrand a 4,000 hommes de cavalerie, 45,000 d'infanterie et quatre-vingts bouches à feu. Ainsi la réunion de ces trois armées ferait près de 150,000 hommes d'infanterie, 16,000 de cavalerie et trois cent trente bouches à feu.

Au 1er mai, 10,000 hommes d'infanterie et 3,000 de cavalerie avec quarante pièces de canon seront, sous les ordres du duc de Trévise, réunis à Francfort.

Je vous ai mandé que je pensais qu'il fallait réunir les Bavarois en une seule division sur Schleiz, si la prudence permet qu'ils l'occupent; sur Saalfeld, si déjà il est plus prudent qu'ils occupent Saalfeld; ou enfin sur Cobourg, si Saalfeld même est trop avancé. Ils seront réunis au général Marchand, qui, sur votre droite, aurait ainsi un corps de 15 à 20,000 hommes. Ce corps me paraîtrait bien placé à Saalfeld, du moment que vous serez en avant d'Erfurt.

Vous savez combien peu il faut compter sur les alliés: il est donc bien important de ne les exposer à aucun échec. Kronach étant approvisionné et armé, le principal est de serrer tout cela sur vous et d'être en masse. Aussitôt que vous aurez débouché sur Erfurt, il faut prendre le plus tôt possible votre ligne sur Eisenach et Fulde, en abandonnant la ligne de Würzburg, qui est trop à droite.

<small>D'après la minute. Archives de l'Empire.</small>

19840. — AU GÉNÉRAL COMTE FONTANELLI,
MINISTRE DE LA GUERRE ET DE LA MARINE DU ROYAUME D'ITALIE, À MILAN.

Saint-Cloud, 10 avril 1813.

Proposez-moi le projet de formation de la division italienne de seize bataillons qui, à la fin de mai, doit se réunir à Vérone ou à Brescia, pour faire partie du corps d'observation de Vérone. Les six régiments français qui sont en Italie auront tous leurs 4es bataillons complétés à 840 hommes, et les 5es bataillons à 560. Ce corps d'observation sera donc considérable et en état de défendre l'Illyrie et l'Italie. Il faut que vous prépariez l'artillerie, les sapeurs, les équipages militaires et tout ce qui est nécessaire à la division italienne. Proposez-moi de réunir tout cela le plus possible à portée de la division, afin de commencer à les mettre en état et de former les hommes plus promptement.

D'après la minute. Archives de l'Empire.

19841. — AU GÉNÉRAL SAVARY, DUC DE ROVIGO,
MINISTRE DE LA POLICE GÉNÉRALE, À PARIS.

Saint-Cloud, 11 avril 1813.

Je vous renvoie une lettre du commissaire de police d'Aubignosc. Écrivez-lui qu'il a eu tort de quitter Bremen, et que, lorsqu'il n'est pas sûr d'une nouvelle, il ne doit point la donner. Hanovre n'a point été évacué; tout y était tranquille le 5. Ce sieur d'Aubignosc n'est qu'un freluquet qui sème l'alarme partout. Quand il n'a pas de nouvelles positives, il devrait se taire, ou donner des nouvelles avantageuses.

D'après la minute. Archives de l'Empire.

19842. — AU COMTE DARU,
ORDONNATEUR EN CHEF DE L'ARMÉE DU MAIN, À PARIS.

Saint-Cloud, 11 avril 1813.

Monsieur le Comte Daru, j'ai ordonné au ministre du trésor de rétablir les fonds pour mars et avril dans la caisse de Mayence. Envoyez ordre au directeur de la caisse de Mayence de faire passer les fonds du

4ᵉ corps à Bamberg, à Würzburg ceux du 1ᵉʳ corps d'observation du Rhin, à Fulde ceux du 2ᵉ, à Francfort ceux pour la Garde, et que les fonds pour tout avril existent dans les caisses de ces payeurs et soient rendus au 18 avril. Écrivez au général Pernety pour lui faire connaître son crédit de mars et d'avril, et que sur-le-champ il en fasse la distribution entre les différents corps d'armée, afin que les commandants d'artillerie aient dans leurs mains tout ce qui leur est nécessaire.

Écrivez de même au général Kirgener, qui fait les fonctions de commandant du génie de l'armée du Main; faites-lui connaître les fonds mis à sa disposition pour mars et avril, pour qu'avec cela il fournisse à la mise en état des forteresses, notamment de la citadelle de Würzburg, et envoie des fonds aux commandants des trois corps.

Sur les fonds qui sont à votre disposition comme ordonnateur en chef, envoyez 50,000 francs au payeur du 4ᵉ corps, qui seront à la disposition de l'ordonnateur. Le général Bertrand les ordonnancera, et l'ordonnateur vous en rendra compte : cela évitera des retards dans une infinité de petites dépenses. Par exemple, la masse de ferrage pour la cavalerie napolitaine et les avances pour les équipages militaires seront prises là-dessus. Engagez le général Bertrand à vous tenir au courant de cette comptabilité.

NAPOLÉON.

D'après la copie comm. par M. le comte Daru.

19843. — A EUGÈNE NAPOLÉON,
VICE-ROI D'ITALIE, COMMANDANT EN CHEF LA GRANDE ARMÉE, À STASSFURT.

Saint-Cloud, 11 avril 1813.

Mon Fils, il est probable que je serai du 20 au 22 avec 200,000 hommes à Erfurt. Je ne sais pas bien ce que vous ferez. Manœuvrez en conséquence, et faites en sorte que j'aie mes communications avec vous assurées. Immédiatement après la réception de la présente lettre, expédiez-moi les dépêches importantes en duplicata, par Wesel et Erfurt.

Comme je n'ai encore que votre lettre du 6, où je vois que vous êtes à Magdeburg, si jamais vous jugiez convenable de quitter Magdeburg, laissez le corps du duc de Bellune pour en former la garnison, et surtout laissez le prince d'Eckmühl dans la 32e division. Vous trouverez ci-joint mon décret sur l'organisation de cette 32e division. Faites connaître au prince d'Eckmühl qu'il a tous les pouvoirs; il commande le général Vandamme; il doit dans tous les cas défendre Hanovre, Bremen et la 32e division. Les vingt-huit bataillons que doit avoir le général Vandamme, et qui forment la 2e et la 5e division de la Grande Armée, arrivent tous les jours. Bientôt les bataillons qui doivent former la 3e et la 6e se mettront en marche par Wesel. Laissez le commandement de tout cela au prince d'Eckmühl, dont le but sera constamment de défendre à tout événement l'Elbe, le Weser et la Hollande. Le général Lemarois est à Wesel, où il recueille la 3e et la 6e division, et en cas d'événement il s'enfermerait dans Wesel.

Avec le corps d'observation de l'Elbe, le 11e et toute la cavalerie qu'il vous sera possible, tenez-vous en liaison avec moi et en mesure d'exécuter les manœuvres que je vous indiquerai. Procurez-vous quatre jours de pain. Maintenez-vous en avant de Magdeburg tant que vous pourrez, et surtout communiquez-moi exactement toutes les nouvelles que vous aurez de l'ennemi. Dès que je serai arrivé à Erfurt, nos communications naturelles se feront derrière la Saale.

NAPOLÉON.

D'après la copie comm. par S. A. I. Mme la duchesse de Leuchtenberg.

19844. — AU MARÉCHAL NEY, PRINCE DE LA MOSKOVA,
COMMANDANT LE 3e CORPS DE LA GRANDE ARMÉE, À WÜRZBURG.

Saint-Cloud, 11 avril 1813.

Je reçois vos lettres du 7. Vous aurez reçu, depuis, mes instructions pour votre mouvement sur Erfurt. Il est convenable que vous soyez en correspondance avec le vice-roi. Il paraît que le général Morand, avec 1,200 Saxons, a été cerné dans Lüneburg, et que, ayant été blessé, les Saxons se sont rendus. Le prince d'Eckmühl est arrivé le lendemain, a chassé l'ennemi et l'a forcé à repasser l'Elbe. Cette dernière circonstance est heureuse, en ce qu'elle donne le temps au général Vandamme, qui est à Bremen, de recevoir ses vingt-huit bataillons; il en a déjà reçu dix.

Dans la journée du 6, le vice-roi a repassé sur la rive gauche de l'Elbe, ayant été prévenu que l'ennemi jetait un pont auprès de Dessau, nouvelle qui me paraît hasardée. J'ai envoyé un officier d'ordonnance au roi de Saxe, et je ne doute pas que sa cavalerie, ainsi que celle du roi de Wurtemberg, ne se rende à Würzburg. Je suis très-fâché que vous ayez envoyé un escadron du 10ᵉ de hussards à Erfurt; vous savez combien notre cavalerie légère s'expose, et il se fera prendre. Ce régiment était entier et bon à conserver réuni. Envoyez l'ordre à cet escadron de ne pas s'avancer, sous quelque prétexte que ce soit, au delà du canon d'Erfurt. Les Cosaques marchant par troupes de 4 à 500 hommes, que peuvent faire des reconnaissances de 15 ou 20 hommes!

Donnez ordre au général Doucet d'envoyer au duc de Raguse l'artillerie que lui a laissée le général Durutte. Je ne conçois pas ce que font les officiers étrangers aux cadres qui se trouvent là. Je vous ai mandé d'envoyer à la division Bonet, à Fulde, les deux bataillons et l'escadron de Würzburg, afin de former une brigade de tout ce qui appartient à la division Durutte. Donnez ordre que tous les détachements d'officiers et sous-officiers qui se trouvent à Erfurt, et qui n'appartiennent pas aux bataillons qui doivent s'y compléter ou y tenir garnison, se dirigent sur Francfort.

Je ne vois que des avantages à ce que chacune de vos divisions ait un équipage de pont conforme au projet joint à votre lettre du 7.

D'après la minute Archives de l'Empire.

19845. — A JÉRÔME NAPOLÉON, ROI DE WESTPHALIE,
À CASSEL.

Saint-Cloud, 11 avril 1813, midi.

Mon Frère, je donne ordre qu'on vous envoie 500,000 francs en or. Je serai du 20 au 22 à Erfurt, de ma personne, avec 200,000 hommes, indépendamment de l'armée du vice-roi. Le général Vandamme et le prince d'Eckmühl restent dans le Nord pour défendre le royaume de

Westphalie et la 32ᵉ division militaire. Les vingt-huit bataillons du général Vandamme lui arrivent tous les jours; vingt-huit autres se réunissent à Wesel sous les ordres du général Lemarois, ce qui fait quatre-vingt-quatre bataillons (y compris ceux du prince d'Eckmühl) qui, dans le mois de mai, pourront défendre le royaume de Westphalie et la 32ᵉ division militaire. Pendant ce temps-là, avec le vice-roi et 200,000 hommes que je mène avec moi, j'attaquerai l'ennemi. Envoyez-moi des nouvelles en grand détail de tout ce qui se passe, soit du côté du vice-roi, soit du côté de Bremen, soit du côté du prince d'Eckmühl, et adressez-moi vos lettres par duplicata sur Erfurt et sur Mayence. Dirigez vos courriers de manière qu'ils me rencontrent. Je compte partir lundi prochain 19, et être dès lors le 21 à Mayence, et le 22 sur Eisenach. Vous recevrez cette lettre le 14 : ainsi ce que vous m'écrirez le 15, le 16, le 17, le 18, le 19, dirigez-le par duplicata sur Mayence, pour que je reçoive vos nouvelles sans perte de temps.

Je ne puis rien prescrire pour votre corps, parce que je ne sais pas les événements qui arriveront du côté du vice-roi. Soutenez le vice-roi et le prince d'Eckmühl tant que vous pourrez. Faites-moi connaître en détail où sont toutes vos troupes, afin que, si je jugeais convenable de livrer une bataille générale, vous pussiez me joindre avec tout ce que vous auriez de disponible. Je n'ai pas besoin de vous dire que ceci est d'un très-grand secret, pour vous seul, et que personne ne doit s'en douter.

NAPOLÉON.

D'après la copie comm. par S. A. I. le prince Jérôme.

19846. — A M. REINHART,
LANDAMMAN DE LA SUISSE, À ZURICH.

Saint-Cloud, 11 avril 1813.

Monsieur le Landamman, je reçois avec un vif intérêt les sentiments et les vœux que vous m'exprimez. Autant j'aime le bonheur de votre nation, autant j'apprécie ses bons et loyaux services; je les ai remarqués dans la dernière campagne, et je désire que vos régiments soient bientôt remis en état d'agir avec la même utilité et de continuer à soutenir ce renom de fidélité et de bravoure dont la Suisse s'est toujours honorée.

NAPOLÉON.

D'après la copie comm. par le gouvernement de la Confédération helvétique.

19847. — AU COMTE MOLLIEN,
MINISTRE DU TRÉSOR, À PARIS.

Saint-Cloud, 12 avril 1813.

Monsieur le Comte Mollien, j'ai vu ce que vous avez écrit relativement à l'accélération des ventes des biens des communes. Je pense que les mesures que vous proposez seraient peu efficaces. J'en ai cependant parlé au ministre des finances; mais ce qui me paraît propre à accélérer ces ventes, c'est l'émission de bons de la caisse d'amortissement, que je crois avoir déjà ordonnée, admissibles en payement des biens des communes, et qui serviraient à payer sur-le-champ tout ce que doit le trésor. Ainsi, par exemple, 1° le fourrage est fourni par réquisition dans presque tous les départements; ce ne sont pas des fournisseurs, mais des propriétaires auxquels on doit beaucoup d'argent; dans le département du Mont-Tonnerre, seul, on m'assure qu'il est dû 5 à 600,000 francs: 2° je lève en ce moment 12,000 chevaux, qui feront une valeur de plusieurs millions; 3° il est dû plusieurs millions aux hospices civils; enfin il y a beaucoup d'autres choses dues par l'administration de la guerre et par la marine pour les exercices arriérés : ne pourrait-on pas réunir toutes ces créances et faire une émission égale à leur valeur en bons de la caisse d'amortissement de 1,000 ou de 5,000 francs, admissibles en payement des biens des communes et remboursables à des époques fixes? J'y verrais beaucoup d'avantages : un grand nombre de propriétaires seraient payés; cela donnerait à beaucoup l'idée d'acheter des biens des communes, et le gouvernement ne devrait plus rien.

En résumé, il faudrait émettre dans l'espace de huit jours, et dans toute la France en même temps, des bons de la caisse d'amortissement de 1,000 et de 5,000 francs pour solder tous les services de 1812 et années antérieures, de la guerre et de la marine, et payer également les services courants, tels que le service des hospices civils et les réquisitions faites dans les départements, soit pour les fourrages, soit pour les vivres, soit pour les transports, etc. Ce plan ne peut que fortifier le crédit et non lui nuire. En effet, tel département dont les réquisitions ne sont pas payées est créancier de l'état et perd les intérêts de sa créance, tandis que les bons qui lui seront donnés portent un intérêt et qu'ils sont remboursables en un ou deux ans, indépendamment de la faculté de les employer à l'achat des biens communaux. Il est donc évident que cette mesure soulagerait le trésor, tranquilliserait les propriétaires qui ont fait des fournitures et accélérerait les ventes, et qu'il ne peut y avoir que l'inconvénient de les voir coter sur la place à 8 ou 9 pour 100 de perte; mais, d'abord, on pourrait empêcher qu'on ne cotât ces bons sur la place; et, ensuite, qu'est-ce que cela ferait, puisque nous ne faisons pas d'emprunt? Ce ne serait qu'une petite partie qu'on coterait, et ces effets, de leur nature, ne sont pas discréditables, et par conséquent ne pourront pas être discrédités. Voyez le ministre des finances là-dessus, et faites-moi connaître demain votre opinion et le résultat de votre conférence, en me remettant sous les yeux tous les bons dont j'ai ordonné la création par des dispositions de finances.

Voici comment je conçois qu'on peut exécuter cette opération :

PROJET DE DÉCRET.

TITRE PREMIER.

ARTICLE PREMIER. Tous les services de 1812, 1811, 1810 et années antérieures seront soldés au trésor en bons de la caisse d'amortissement, dont il sera question ci-dessous.

ART. 2. Toutes les sommes dues par la marine et l'administration de la guerre aux départements, aux communes et aux hospices civils, pour chevaux, charrois, fourrages, journées d'hôpital, etc. montant à..... selon l'état ci-joint, seront soldées dans le mois, également en bons de la caisse d'amortissement

TITRE II.

Art. 3. Il est créé . . . millions de bons de la caisse d'amortissement, admissibles en payement des biens des communes.

Art. 4. Il est ouvert un crédit, conformément au tableau ci-joint, à chacun de nos ministres, pour être payé sans qu'il y ait besoin d'autres formalités.

Art. 5. Nos ministres des finances et du trésor public sont chargés, etc.

Plus j'y pense et moins je vois ce qu'on pourrait alléguer contre cette mesure. On dira que les fournisseurs de l'habillement qui ont besoin d'argent, et à qui on doit 12 ou 15 millions, négocieront ces bons sur la place et perdront 8 pour 100, dont ils augmenteront leurs marchés : mais ces mêmes fournisseurs, qui aujourd'hui ne sont pas payés, parce qu'on n'a pas de quoi les payer, sont dans une situation bien pire; au lieu de créances dont ils perdent l'intérêt et qui ne peuvent leur donner aucun crédit, ils auront entre les mains un gage réel, qui pourra leur donner du crédit, qui porte intérêt et qui pourra enfin leur servir à acheter des biens communaux. Leur situation sera donc bien améliorée. Sans doute que, si on payait le courant avec cette monnaie, les négociants seraient obligés d'escompter les bons et seraient à la merci des capitalistes : mais il ne s'agit point ici du service courant; il ne s'agit pour les fournisseurs que de l'arriéré, c'est-à-dire de leur lucre. Le fournisseur Montessuy a demandé avec instance à être payé de cette manière, et, quoique les bons qu'il a reçus n'eussent pas l'avantage d'être admissibles en payement des domaines, il a regardé ce payement comme un bienfait. Par ce moyen, tous les services arriérés se trouveraient réglés. Faites-moi un travail qui me fasse connaître ce que je dois pour les différents services sur les années arriérées.

NAPOLÉON.

D'après l'original comm. par Mme la comtesse Mollien.

19848. — AU GÉNÉRAL CLARKE, DUC DE FELTRE,
MINISTRE DE LA GUERRE, À PARIS.

Saint-Cloud, 12 avril 1813.

Répondez au duc d'Abrantès qu'il reste en Italie vingt-quatre bataillons de guerre français et six 5es bataillons; que chacun de ces six régiments sera porté par la conscription de 1814 et par celle des quatre années à 4,000 hommes, et qu'ainsi on pourra lui envoyer autant de troupes qu'il lui sera nécessaire; qu'il ne faut pas qu'il envoie un bataillon provisoire à Raguse, nous ne saurions bientôt plus où nous en sommes; qu'il faut attendre les bataillons définitifs; qu'il y a à Raguse les Croates et les bataillons italiens; que j'approuve qu'il envoie les bataillons italiens à Raguse, à Zara et à Cattaro.

D'après la minute. Archives de l'Empire.

19849. — AU GÉNÉRAL COMTE SORBIER,
COMMANDANT L'ARTILLERIE DE LA GRANDE ARMÉE, À ASCHERSLEBEN.

Saint-Cloud, 12 avril 1813.

Seize compagnies d'artillerie sont nécessaires à l'armée du Main; elles ont dû partir le 11 mars de Magdeburg, comme vous l'avez annoncé. On les attendait le 29 à Mayence, et nous voilà au 8 avril : personne n'est encore arrivé. Si vous aviez retardé le départ de ces compagnies, vous auriez commis une grande faute; vous avez trop d'expérience pour que je vous en croie capable. Faites-moi donc connaître où sont ces seize compagnies, dont le retard paralyse deux cents pièces de canon.

D'après la minute. Archives de l'Empire.

19850. — AU GÉNÉRAL COMTE BERTRAND,
COMMANDANT LE 4e CORPS DE LA GRANDE ARMÉE, À NUREMBERG.

Saint-Cloud, 12 avril 1813.

Monsieur le Comte Bertrand, je suppose que vous serez arrivé le 15 à Bamberg avec vos 1re et 4e divisions, votre cavalerie et l'artillerie de vos deux divisions. Le prince de la Moskova vous a instruit de ses mouvements et de ceux de l'ennemi. Vos 2e et 3e divisions sont trop loin pour qu'on puisse les attendre; activez leur marche. Mais il faudra opérer votre réunion avec l'armée avant que ces deux divisions arrivent. De Bamberg vous avez deux routes pour rejoindre l'armée : celle de Cobourg et celle de Schweinfurt. Les circonstances détermineront celle que vous préférerez. Celle de Cobourg a l'avantage de vous faire parcourir une route qui n'a pas encore été suivie. Une fois à Cobourg, vous n'êtes plus qu'à deux journées de Meiningen. La route de Schweinfurt a l'inconvénient de vous placer à la queue du prince de la Moskova.

Je suppose que vous avez l'artillerie de vos deux premières divisions et l'artillerie légère de votre cavalerie. Je suppose que tous vos hommes ont leurs cartouches; s'ils ne les ont pas, qu'ils les prennent à Forchheim. Remplissez vos caissons de farine et assurez-vous huit ou dix jours de pain. Envoyez-moi votre état de situation.

Il est probable que je serai du 16 au 17 à Mayence.

Donnez-moi des notions claires sur la position de vos corps, et faites-moi connaître aussi les nouvelles que les Bavarois auront par Kronach ou par Baireuth.

NAPOLÉON

D'après l'original comm. par M. le général comte Henry Bertrand.

19851. — AU GÉNÉRAL COMTE BERTRAND,
COMMANDANT LE 4e CORPS DE LA GRANDE ARMÉE, À NUREMBERG.

Saint-Cloud, 12 avril 1813.

Monsieur le général Bertrand, je vois avec peine que vous ayez envoyé le général Briche avec 500 hommes de cavalerie. En cas d'événement, ce serait 500 hommes de perdus. Nous avons peu de cavalerie, il faut donc la ménager : à cet effet, tenez toujours réunis vos 3,000 chevaux, avec une ou deux batteries d'artillerie légère, et faites-la même soutenir par un ou deux bataillons de voltigeurs : alors vous n'aurez pas d'événements à craindre. Mais, si vous détachez ainsi 500 chevaux, il arrivera quelque chose, les Cosaques étant toujours très-nombreux. Règle générale : que votre cavalerie marche toujours ensemble.

NAPOLÉON.

D'après l'original comm. par M. le général comte Henry Bertrand.

19852. — AU GÉNÉRAL COMTE BERTRAND,
COMMANDANT LE 4ᵉ CORPS DE LA GRANDE ARMÉE, À NUREMBERG.

Saint-Cloud, 12 avril 1813.

Monsieur le général Bertrand, vous aurez reçu le 12 les ordres que je vous ai expédiés le 8 pour porter votre quartier général à Bamberg. Je suppose que le 14, ou au plus tard le 15, vous y aurez été de votre personne avec vos 1ʳᵉ et 4ᵉ divisions, et que votre cavalerie qui est arrivée à Augsburg le 10 y sera le 16 ou le 18.

Le prince de la Moskova vous aura fait connaître que mon intention est de refuser ma droite et de laisser l'ennemi pénétrer sur Baireuth, faisant un mouvement inverse de celui que j'ai fait dans la campagne d'Iena, de sorte que, si l'ennemi pénètre sur Baireuth, je puisse arriver avant lui sur Dresde et le couper de la Prusse.

Le duc d'Istrie, ayant sous ses ordres le duc de Raguse, 40,000 hommes d'infanterie et 10,000 hommes de cavalerie, se porte sur Eisenach, où il sera arrivé du 18 au 20. Le prince de la Moskova se porte sur Erfurt, où il sera également arrivé le 20. Il a sous ses ordres 60,000 hommes, y compris les alliés et quelques milliers de chevaux. Le prince de Neuchâtel est parti ce matin et sera le 14 à Mayence ; j'y serai de ma personne le 20. Le prince de la Moskova dirigera votre mouvement, mais, comme je suppose que votre cavalerie et vos deux divisions, avec l'artillerie qui leur est attachée, seront arrivées à Bamberg le 16, vous appuierez le mouvement du prince de la Moskova, en vous portant avec ces deux divisions et votre cavalerie sur Cobourg. Ce mouvement est le plus naturel, parce qu'il est le plus court, et que de Cobourg vous ne vous trouverez éloigné que de deux grandes journées de Meiningen, que de trois d'Erfurt et de trois d'Iena, et qu'ainsi vous pourrez toujours manœuvrer sur la Saale. Ainsi donc, si les choses sont telles que le prince de la Moskova se porte sur Erfurt, votre position sur Cobourg vous placera sur sa droite, et de là vous pourrez vous porter, selon les circonstances, sur Iena, sur Erfurt ou sur Meiningen. Ce qu'il est convenable de vous recommander, c'est de marcher serré, vos deux divisions réunies, votre artillerie placée convenablement, n'ayant pas de queue, bivouaquant tous les soirs dès que vous serez sortis de Bamberg, et ayant vos cartouches dans le sac. L'ennemi est bien loin de se douter des forces considérables qui vont se porter sur la Saale. Si nous étions assez heureux pour que l'ennemi fît réellement un gros mouvement sur Baireuth, il serait bientôt rappelé sur l'Elbe.

Vous pourrez, comme je vous l'ai mandé, changer la ligne de vos 2e et 3e divisions, en les dirigeant sur Würzburg. Au reste, je serai moi-même à Mayence et je pourrai diriger leur marche selon les circonstances. Faites donc en sorte que je trouve à Mayence des détails sur tout ce que vous faites.

La meilleure manière de faire bivouaquer vos divisions, c'est en carré, à moins qu'elles ne soient adossées à une rivière ou à quelque obstacle qui rende cette disposition inutile. Évitez les échauffourées de cavalerie; surtout prenez des mesures pour que vos vivres soient assurés. Chargez tous vos caissons de farine, puisqu'ils en peuvent porter jusqu'à dix-huit quintaux, et qu'ils ne pourraient porter qu'un millier de rations de pain. Poussez l'arrivée de vos marins, pontonniers et constructeurs de fours, afin qu'ils vous rejoignent. Pressez aussi l'arrivée de vos outils du génie. Envoyez des officiers auprès du prince de la Moskova, auprès du général Marchand à Cobourg, s'il y est toujours, et à Schleiz auprès des Bavarois, pour savoir ce qui se passe. Kronach est armé et approvisionné et à l'abri d'un coup de main.

NAPOLÉON.

D'après l'original comm. par M. le général comte Henry Bertrand.

19853. — AU GÉNÉRAL CLARKE, DUC DE FELTRE,
MINISTRE DE LA GUERRE, À PARIS.

Saint-Cloud, 13 avril 1813.

J'ai nommé l'officier d'ordonnance Chabrillan chef d'escadron; envoyez-le dans un régiment, et faites-le partir sans délai. Ne souffrez pas que ces jeunes gens qui appartiennent à la cour donnent le mauvais exemple d'éviter d'aller à la guerre. Le général d'Oudenarde est en état de servir; donnez-lui ordre de se rendre en poste à Mayence, où il trouvera une destination; qu'il y soit rendu le 16.

D'après la minute. Archives de l'Empire.

19854. — AU GÉNÉRAL CLARKE, DUC DE FELTRE,
MINISTRE DE LA GUERRE, À PARIS.

Saint-Cloud, 13 avril 1813.

Je vous renvoie la correspondance d'Espagne qui me restait encore dans les mains. Recommandez de nouveau au Roi d'assurer ses communications de manière que sa correspondance soit régulière avec vous; qu'il détruise toutes ces bandes qui sont sur ses derrières. Recommandez au général Decaen de protéger mes frontières. Faites renouveler vos instructions au Roi, que, s'il ne tient pas l'ennemi en échec, l'ennemi pourrait se dégarnir pour faire des diversions en France ou sur les derrières; ce qui paralyserait la belle armée qu'il a dans les mains.

Veillez à ce que la seconde demande qui a été faite de soldats pour la Garde soit remplie. Demandez encore des officiers, afin d'en pourvoir tous les corps provisoires.

D'après la minute. Archives de l'Empire.

19855. — AU BARON DE LA BOUILLERIE,
TRÉSORIER GÉNÉRAL DE LA COURONNE ET DU DOMAINE EXTRAORDINAIRE, À PARIS.

Saint-Cloud, 13 avril 1813.

Sur les dix millions en or que vous avez tirés du trésor de réserve extraordinaire, vous en avez fait partir deux pour Mayence; vous en ferez partir deux autres cette nuit. Il en a été mis trois à la disposition du grand maréchal pour la Garde; vous en tiendrez un quatrième à sa disposition. Ce sera donc sept millions que j'aurai avancés à la Garde.

D'après la minute. Archives de l'Empire.

19856. — AU GÉNÉRAL CAULAINCOURT, DUC DE VICENCE,
GRAND ÉCUYER DE L'EMPEREUR, À PARIS.

Saint-Cloud, 13 avril 1813.

Voici mes dispositions pour mon départ : Je partirai avec vous dans une voiture légère; le grand maréchal avec le comte de Lobau dans une autre voiture; Fain et Yvan dans une troisième voiture. Ces trois voitures seront également légères, sans vaches ni paquets. Dans ma voiture, on mettra un choix de livres, les cartes de postes, les croquis qu'on a faits dernièrement dans mon bureau topographique, quelques cartes du pays entre l'Elbe et le Main. Fain aura dans sa voiture mes états de situation et ma correspondance avec l'armée, soit les lettres que j'ai reçues, soit celles que j'ai écrites. L'ingénieur géographe resté ici partira avec le reste de mes cartes et de mes papiers et suivra la route de Trèves. Ma Chambre partira également par la route de Trèves. J'aurai disposé de tous mes aides de camp et officiers d'ordonnance.

D'après la minute. Archives de l'Empire.

19857. — AU PRINCE DE NEUCHÂTEL ET DE WAGRAM,
MAJOR GÉNÉRAL DE LA GRANDE ARMÉE, À MAYENCE.

Saint-Cloud, 13 avril 1813.

Mon Cousin, je suppose que vous êtes arrivé le 15 au matin à Mayence : cette dépêche y arrivera en même temps que vous. Vous aurez prévenu le prince de la Moskova, le général Bertrand, le duc de Raguse et le vice-roi, pour que tous les comptes vous soient adressés. Le vice-roi me mande, en date du 8, qu'il a porté son quartier général sur Stassfurt : il paraît qu'il est en position à l'embouchure de la Saale. Je suppose que la première chose que vous avez faite aura été d'envoyer un officier sur Eisenach reconnaître où sont les avant-postes du duc de Raguse.

Le général Bertrand est arrivé le 11 à Nuremberg. Je suppose qu'il aura reçu le 12 l'ordre de se porter sur Bamberg; il y sera arrivé le 15 avec ses 1re et 4e divisions, son artillerie et sa cavalerie. Les dernières nouvelles du prince de la Moskova sont du 10; il n'avait pas encore reçu mon ordre. Ce n'est que le 12 qu'il aura pu se porter sur Meiningen.

Le vice-roi croit que l'ennemi a passé en force sur la rive gauche de l'Elbe. On dit que Blücher avait, le 8, son quartier général à Altenburg, et qu'un parti de Cosaques s'était fait voir à Iena. Le 9, les Cosaques ne s'étaient pas encore fait voir à Weimar. Le prince de la Moskova avait envoyé, à ce qu'il me paraît, le général Marchand sur Cobourg. L'ennemi avait déjà des partis sur Saalfeld.

Dans cette situation de choses, le prince de la Moskova aura déjà concentré son corps sur Meiningen. Le général Bertrand sera déjà sur Bamberg, et je suppose que le duc de Raguse sera déjà sur Eisenach. D'Eisenach à Meiningen, comme de Vacha à Meiningen, il y a des communications, et il n'y a guère que dix lieues; il y en a quinze, je crois, de Meiningen à Fulde. Il y a déjà longtemps que j'ai demandé à connaître la situation de ces routes; je les crois bonnes. Ainsi le prince de la Moskova et le duc de Raguse ne sont éloignés l'un de l'autre que de dix petites lieues. C'est au prince de la Moskova à donner le mouvement au général Bertrand, qui en deux jours peut être à Cobourg, ou bien se porter de Bamberg sur Schweinfurt et de là sur Meiningen. S'il passe par Cobourg, il y a de Cobourg à Meiningen deux journées. Le principal est que ces corps s'y réunissent ou soient en position de s'y réunir. Si donc vous receviez des nouvelles qui pourraient faire craindre que le mouvement du général Bertrand sur Cobourg ne fût inquiété, il serait prudent que ce général se portât sur Schweinfurt. Le général Bertrand ne sera en mesure de partir de Bamberg que le 16 au plus tôt. Les 2e et 3e divisions de ce général n'arriveront à Augsburg que le 17; ainsi elles se trouvent en retard de quelques jours. Mais ses deux premières divisions, qui forment 20,000 hommes d'infanterie, les 60,000 hommes du duc d'Elchingen, les 40,000 hommes du duc d'Istrie, forment une force de 120,000 hommes d'infanterie. Les 3,000 hommes de cavalerie du général Bertrand, les 2,000 du prince de la Moskova, les 6,000 du duc d'Istrie, font 11,000 hommes de cavalerie; ce qui, joint à l'artillerie des trois corps et de la Garde, fera une armée suffisante pour donner le temps d'arriver aux deux divisions en retard.

Le principal est de bien vous assurer près du général Pernety que le prince de la Moskova a ses quatre-vingt-douze bouches à feu. Je sais que ses quatre divisions ont déjà leurs seize pièces; mais, pour atteindre au nombre de quatre-vingt-douze, il doit avoir en outre douze pièces d'artillerie à cheval et seize pièces de 12. Il est bien important que ces vingt-huit bouches à feu, et surtout celles de 12, le rejoignent sans délai. Les trois divisions du duc de Raguse ont-elles chacune leurs deux divisions d'artillerie, c'est-à-dire leurs quarante-huit pièces? Je suppose qu'elles les ont; mais ce n'est pas suffisant. Il faut qu'elles aient les seize pièces de batterie de réserve et leurs douze pièces d'artillerie à cheval : cela est de la plus grande importance. Nous aurons alors dans les corps réunis du prince de la Moskova, du duc de Raguse et de la Garde, quarante-huit pièces de gros calibre. Vous en sentez toute l'importance : prenez donc des renseignements là-dessus, et accélérez autant que possible le départ de toute cette artillerie. J'ai fait connaître au prince de la Moskova que mon intention était toujours de manœuvrer de manière à refuser ma droite et à appuyer sur ma gauche. Il paraît que, le 10, le prince de la Moskova, qui avait des troupes à Cobourg et à Baireuth, n'avait encore aucune connaissance de l'ennemi.

Napoléon.

D'après l'original. Dépôt de la guerre.

19858. — AU MARÉCHAL NEY, PRINCE DE LA MOSKOVA,
COMMANDANT LE 3ᵉ CORPS DE LA GRANDE ARMÉE, À WÜRZBURG.

Saint-Cloud, 13 avril 1813.

Je reçois votre lettre du 10. Vous aurez reçu, le 11 ou le 12, mes instructions. Le 15, le général Bertrand a dû arriver à Bamberg, avec ses 1ʳᵉ et 4ᵉ divisions, formant 24,000 hommes de bonne infanterie et 3,000 chevaux. Le roi de Wurtemberg réunit toutes ses troupes à Mergentheim; ainsi ces troupes sont en mesure de vous rejoindre promptement. Je ne doute pas que le roi de Saxe n'ait mis ses 1,200 hommes de cavalerie en route pour Würzburg.

Dans l'état de situation que vous m'avez envoyé, je vois que vous n'avez pas encore vos batteries de réserve; c'est ce qui me contrarie le plus, car ces batteries de pièces de 12 sont très-importantes. Dans ce même état de situation, vous ne parlez, à l'article de la cavalerie, que du 10ᵉ de hussards et du régiment badois; vous ne parlez pas du régiment de Hesse-Darmstadt : est-ce que vous l'auriez oublié, ou l'auriez-vous laissé à Aschaffenburg? Je suppose que c'est une omission.

Le prince de Neuchâtel est parti hier pour Mayence. J'ai des nouvelles d'Erfurt du 9. Les Cosaques n'étaient pas encore arrivés à Weimar. Si les nouvelles de demain confirment un grand mouvement de la part de l'ennemi, je partirai à l'heure même. Le général Bertrand et le duc d'Istrie sont sous vos ordres.

<small>D'après la minute. Archives de l'Empire.</small>

19859. — A FRANÇOIS Iᵉʳ, EMPEREUR D'AUTRICHE,
à vienne.

Saint-Cloud, 13 avril 1813.

Monsieur mon Frère et très-cher Beau-Père, le prince de Schwarzenberg m'a remis la lettre de Votre Majesté. Je l'ai vu avec un grand plaisir, et j'ai causé longtemps avec lui avec la plus entière confiance. Je ne puis que m'en rapporter à ce qu'il dira à Votre Majesté. J'ai été très-satisfait de la conduite du général Bubna pendant son séjour ici; je désirerais que Votre Majesté voulût bien lui en donner quelque marque de sa satisfaction.

Je suis au moment de me rendre à Mayence; je n'avais pas le projet d'y être avant le 20; mais les nouvelles que je reçois des mouvements de l'ennemi sur la rive gauche de l'Elbe me décident à hâter mon départ de quelques jours. Je pense donc être à Mayence du 15 au 16. Aussitôt que je serai entré en campagne, j'enverrai, par Prague, l'ordre au général Frimont de dénoncer l'armistice et de prendre sous ses ordres le corps du prince Poniatowski. Je tiendrai Votre Majesté instruite des événements qui auront lieu. Je la prie de ne pas douter du sincère attachement que je lui porte : il est inaltérable.

Napoléon.

<small>D'après la copie comm. par le gouvernement de S. M. l'empereur d'Autriche.</small>

19860. — AU COMTE DARU,
ORDONNATEUR EN CHEF DE L'ARMÉE DU MAIN, À PARIS.

Saint-Cloud, 14 avril 1813.

Monsieur le Comte Daru, je vous envoie une lettre du ministre de l'administration de la guerre qui n'a pas le sens commun : il est pénible d'être ainsi entravé de toutes les manières. Voyez ce que coûtent les chevaux et autres objets nécessaires pour les ambulances de chaque bataillon. Écrivez-en aux ordonnateurs des trois corps d'observation du Rhin et d'Italie, et dites-leur de se procurer les chevaux, bâts et autres objets. Mettez à cet effet des fonds à leur disposition, en prenant sur les fonds accordés en mars, avril et mai, soit pour les équipages militaires, soit pour toute autre chose, et même sur les fonds de la solde, en cas de besoin. Écrivez au ministre de l'administration de la guerre pour qu'il fasse les fonds nécessaires, et faites-lui connaître que les bataillons formés de la conscription de 1814 qui partiront de France doivent avoir également les fonds nécessaires pour se procurer ces chevaux de peloton.

NAPOLÉON.

D'après la copie comm. par M. le comte Daru.

19861. — NOTE DICTÉE AU COMTE DARU.

Saint-Cloud, ... avril 1813[1].

Je divise l'armée en deux; j'attends quelques jours avant d'en prendre le décret.

L'armée de l'Elbe sera composée du 11ᵉ corps; du corps de l'Elbe; du 7ᵉ corps; du 8ᵉ corps, c'est-à-dire les Westphaliens et tout ce qu'il y a de Polonais; du 1ᵉʳ et du 2ᵉ corps de cavalerie; d'une division de la Garde, celle qui s'y trouve : cela forme l'armée actuelle.

Mon intention est qu'elle reste sur l'Elbe et qu'elle se retire sur le Harz, couvrant le royaume de Westphalie et la 32ᵉ division militaire : la ligne d'opération par Wesel. C'est donc à Wesel que doivent être son

[1] Présumée du 13 ou du 14 avril.

dépôt d'artillerie, ses ambulances, ses magasins; c'est par Wesel qu'on doit lui envoyer tout ce dont elle aurait besoin.

L'autre armée, ou armée du Main, sera composée des 1er et 2e corps du Rhin, du corps d'Italie, faisant douze divisions; des Bavarois, Wurtembergeois, Hessois et Badois, équivalant à trois divisions; de la majeure partie de la Garde.

Le 4e corps est supprimé et réuni au corps d'Italie.

Les 1er et 2e corps actuels se composent de différents détachements qui sont dans les places et n'entrent pas dans l'armée active, d'une division de seize bataillons du 1er corps et d'une autre de douze du 2e corps; ils sont destinés à la garde de Magdeburg.

Deux autres divisions de ces corps, formées des 4es bataillons, se réuniront vers la fin de mai à Mayence et feront partie de l'armée du Main.

Le 3e corps de cavalerie fera partie du corps d'observation de l'armée du Main.

Voilà pour la première formation; aussitôt qu'on avancera, on réunira les quatre divisions des 1er et 2e corps; mais, comme ce sont de très-jeunes troupes, on en formera probablement une armée pour la défense des côtes de la 32e division militaire.

L'armée de l'Elbe est commandée par le vice-roi; elle a l'intendant et le fond de toute l'ancienne armée.

L'armée du Main n'a rien; elle a donc besoin d'un ordonnateur en chef, d'un ordonnateur de subsistances, des hôpitaux, d'un médecin, chirurgien en chef, pharmacien en chef et tout ce qui est nécessaire à une armée de 200,000 hommes, car cette armée, y compris la Garde et les alliés, passera ce nombre.

J'ai nommé des inspecteurs pour les équipages et les transports militaires.

Daru pourra se rendre à l'armée de l'Elbe ou à celle du Main; mais, s'il n'est qu'à l'armée du Main, je nommerai un de mes aides de camp.

Le général Sorbier et le commandant du génie sont à l'armée de l'Elbe : j'y pourrai suppléer par un de mes aides de camp aide-major; il n'y aurait plus qu'à avoir un général ou colonel pour la direction du parc.

Ayant employé Haxo pour commander à Magdeburg, il me faudra chercher un officier du génie pour commander.

Si je crée un intendant du trésor, il sera à cette armée.

Alors cette armée doit rester tout le mois d'avril sur le Main pour se former : ce ne sera que vers le 15 avril que le corps d'Italie et le 2ᵉ corps du Rhin l'auront jointe, et que son artillerie pourra être prête.

Le quartier général sera à Francfort et son centre de dépôt à Mayence.

Le 2ᵉ bataillon des équipages est destiné au corps d'observation de l'Elbe; le 6ᵉ et le 9ᵉ, au corps d'observation d'Italie. Il s'en forme, je crois, deux autres en France; en prendre la note : ils seront attachés à l'armée du Main. Me mettre sous les yeux ce que j'ai ordonné, ce qu'on a fait et ce qu'on peut ajouter.

D'après la copie comm. par M. le comte Daru.

19862. — AU GÉNÉRAL COMTE BERTRAND,

COMMANDANT LE 4ᵉ CORPS DE LA GRANDE ARMÉE, À NUREMBERG.

Saint-Cloud, 14 avril 1813.

Monsieur le Comte Bertrand, je reçois votre lettre du 10. Il était bien plus naturel de vous adresser au prince de la Moskova, que vous saviez être à Würzburg, que d'inquiéter les Bavarois, qui sont déjà assez tremblants. Je trouve beaucoup trop d'inquiétudes et de vaines précautions dans votre lettre; tout cela n'est bon qu'à propager partout la terreur.

Je vois avec plaisir que votre 2ᵉ division sera le 16 à Ingolstadt : portez-la rapidement sur Nuremberg, afin qu'elle vous rejoigne le plus tôt possible.

Vous deviez penser que le général bavarois qui était à Bamberg était sous les ordres du prince de la Moskova; il était donc bien inutile d'écrire à Munich. Vous étiez bien à temps d'écrire aux Bavarois de faire un mouvement rétrograde, quand vous auriez su que la cavalerie ennemie était arrivée à Bamberg; et, certes, les Bavarois auraient bien su le faire sans que vous le leur disiez : tout cela sent la faiblesse. Les alliés ont si peu de fermeté, qu'il faudrait tâcher de leur en donner, au lieu de l'ébranler encore plus par de vaines précautions.

J'ai donné ordre qu'il partît de Strasbourg 300 soldats du train pour aller prendre les chevaux que vous avez à Augsburg : il ne faut pas affaiblir votre infanterie. Vous aurez vu par un décret imprimé tout ce qui est relatif aux caissons; il ne faut en avoir que six par ambulance.

NAPOLÉON.

D'après l'original comm. par M. le général comte Henry Bertrand.

19863. — AU MARÉCHAL MARMONT, DUC DE RAGUSE,
COMMANDANT LE 6e CORPS DE LA GRANDE ARMÉE, À HANAU.

Saint-Cloud, 14 avril 1813.

Je reçois votre lettre du 11 avril, et j'y vois que le 12 la division Compans sera à Fulde, et que le 12 la division Bonet part pour Eisenach; elle aura donc pu y arriver le 15. Vous ne me parlez pas du mouvement de votre 3e division : je suppose que le 15 cette division aussi sera près de Fulde, et que vous-même vous aurez votre quartier général à Eisenach.

Gotha est un très-beau pays, où il est nécessaire de faire sur-le-champ une réunion de farine.

Je suppose que votre 3e division a déjà son artillerie; mais ce qui importe, c'est que vous ayez au moins une ou deux compagnies d'artillerie légère et vos batteries de réserve : il faut beaucoup d'artillerie dans cette guerre. Vous devez avoir quatre-vingt-douze pièces; mais seize pièces étaient destinées à la 4e division, qui ne peut pas encore entrer en ligne; cela doit donc au moins vous en faire soixante et seize.

Le duc d'Istrie arrive avec une division de la Garde à pied et une à cheval, et environ cinquante-deux pièces de canon. Ainsi ce corps d'armée, formant provisoirement 40,000 hommes d'infanterie et 6 à 7,000 chevaux, aura donc cent vingt-huit pièces de canon. La 2e division d'infanterie de la Garde, avec trente-huit pièces de canon, ne doit pas tarder à le joindre. Par une inconcevable disposition du général Sorbier, seize compagnies qui devaient arriver de Magdeburg sont en retard; je suppose cependant qu'elles ne tarderont pas à arriver; on y a pourvu néanmoins par le mouvement de quatorze autres compagnies.

Je suppose que le 1er et le 2e bataillon du 37e sont en marche pour rejoindre la division Bonet, et que les 3ᵉ et 4ᵉ bataillons ne tarderont pas; ce qui, joint aux six bataillons du général Durutte, provisoirement en subsistance dans cette division, en portera le nombre à vingt bataillons. Il faudra en former trois brigades, chacune de six ou sept bataillons.

D'après la minute. Archives de l'Empire.

19864. — AU PRINCE CAMBACÉRÈS,
ARCHICHANCELIER DE L'EMPIRE, À PARIS.

Mayence, 17 avril 1813.

Mon Cousin, je suis arrivé en quarante heures à Mayence, fort bien portant et sans aucun accident. La voiture du grand maréchal ne m'a pas encore rejoint. Je resterai quelques jours à Mayence pour pourvoir à bien des choses qui manquent.

NAPOLÉON.

D'après la copie comm. par M. le duc de Cambacérès.

19865. — AU COMTE MOLLIEN,
MINISTRE DU TRÉSOR PUBLIC, À PARIS.

Mayence, 17 avril 1813.

A peine arrivé à Mayence, j'ai voulu me faire rendre compte par le comte Daru du service de la trésorerie; il y règne la plus complète anarchie. Je ne suis pas surpris qu'avec beaucoup d'argent le service éprouve des retards, puisqu'il n'y a aucune espèce d'organisation. Le receveur envoie directement des fonds aux préposés des payeurs; les fonds vont et viennent de Mayence à Wesel et de Wesel à Mayence. Tout est dans le plus grand désordre. J'ai été obligé de perdre plusieurs heures à débrouiller ce chaos et à travailler avec les derniers commis. J'avais prévu cela. Je vous avais déjà dit que l'armée du Main n'avait rien de commun avec l'armée de l'Elbe, et qu'il fallait qu'elle eût une caisse à part à Mayence; cela n'a pas été fait : aussi n'y a-t-il dans la caisse du préposé du payeur que 84,000 francs, et nous n'avons aucun renseignement sur rien. Le général Bertrand m'écrit qu'il n'a point de payeur; le payeur du 3e corps ne fait que d'arriver : ainsi tout le service de la trésorerie est, je le répète, dans une affreuse anarchie. Si vous ne voulez point consulter une carte de géographie et savoir que le payeur à Magdeburg est au milieu des opérations des armées et ne peut pas assurer le service à Mayence, il est impossible de prendre des mesures et d'avoir de l'ordre dans la comptabilité. Je vais prendre un décret pour tâcher de débrouiller ce chaos; mais ne dégarnissez pas la caisse de Wesel pour garnir celle de Mayence; c'est beaucoup de frais et beaucoup d'argent perdu sans aucun résultat. Ce ne sont pas les fonds qui manquent ici, c'est l'ordre.

D'après la minute. Archives de l'Empire.

19866. — AU PRINCE DE NEUCHÂTEL ET DE WAGRAM,
MAJOR GÉNÉRAL DE LA GRANDE ARMÉE, À MAYENCE.

Mayence, 17 avril 1813.

Mon Cousin, il est désormais nécessaire qu'on ne fasse rien partir de Mayence, pas même un détachement, sans mon approbation. La ligne par Würzburg doit être abandonnée, et tout ce qui est destiné pour le corps du prince de la Moskova doit se rendre par Fulde et Eisenach. Ainsi l'artillerie légère, les caissons d'équipages militaires, et tout ce qui est destiné pour ce corps d'armée le joindra en suivant la direction que je viens de vous indiquer, et ne partira de Mayence qu'avec mon approbation.

Napoléon.

D'après la copie. Dépôt de la guerre.

19867. — AU MARÉCHAL MARMONT, DUC DE RAGUSE,
COMMANDANT LE 6e CORPS DE LA GRANDE ARMÉE, À EISENACH.

Mayence, 17 avril 1813.

Mon Cousin, je n'ai aucune nouvelle de votre corps d'armée. L'état-major ne connaît ni le nombre d'hommes que vous avez sous les armes, ni le nombre d'officiers qui manquent. Le major général assure que vous avez envoyé cela au ministre de la guerre; c'est autant de chiffons qui resteront dans les bureaux sans réponse. Envoyez vos états de situation et vos demandes au prince major général. Votre correspondance avec le ministre de la guerre est inutile aujourd'hui. Envoyez l'état des places vacantes et celui des officiers que vous proposez d'avancer; enfin faites connaître tout ce qui vous manque, afin que j'y pourvoie sans délai.

D'après la minute. Archives de l'Empire.

19868. — AU MARÉCHAL MARMONT, DUC DE RAGUSE,
COMMANDANT LE 6° CORPS DE LA GRANDE ARMÉE, À EISENACH.

Mayence, 17 avril 1813.

Je reçois au moment même votre rapport, daté de Hanau le 10 avril, qui revient de Paris.

Vous trouverez ci-jointe la notice des décrets que je viens de prendre; faites reconnaître ces officiers sur-le-champ. Il est de la plus haute importance que vous présentiez de bons sujets pour les places vacantes dans les régiments de marine. Que votre présentation arrive dans vingt-quatre heures, vous aurez sur-le-champ les décrets, et, sans perdre de temps, vous ferez reconnaître ces officiers. Ayez toujours soin de prendre de bons officiers et de les prendre dans un régiment pour suppléer à ce qui manquerait dans l'autre. Aussitôt que j'aurai votre rapport, il n'y aura plus rien à faire sous ce point de vue.

De toutes les manœuvres, je dois vous recommander la plus importante : c'est le ploiement en carré par bataillon. Il faut que les chefs de bataillon et les capitaines sachent faire ce mouvement avec la plus grande rapidité; c'est le seul moyen de se mettre à l'abri des charges de cavalerie et de sauver tout un régiment. Comme je suppose que ces officiers sont peu manœuvriers, faites-leur-en faire la théorie, et qu'on la leur explique tous les jours, de manière que cela leur devienne extrêmement familier.

Pour le 25° régiment, vous parlez toujours de vos envois au ministre de la guerre : envoyez-moi les demandes et les propositions nécessaires pour compléter ce régiment. Choisissez les officiers pour le 86° dans le 47°, et que par ce moyen ce régiment provisoire soit complété en officiers. Vous ne parlez pas du major ou colonel qui commande le 25ᵉ provisoire. J'écris au ministre de la guerre pour faire rejoindre les deux compagnies du 86ᵉ qui sont dans la Mayenne.

Donnez des ordres pour que le bataillon espagnol ne soit point envoyé en détachement et qu'on l'ait toujours sous la main, à l'abri de la séduction. Il ne faut point l'employer au service d'avant-garde ni d'escorte, mais le tenir toujours ensemble et au milieu des bataillons français.

Sur les officiers revenus d'Espagne, on va vous envoyer les officiers dont vous avez besoin. Envoyez la récapitulation de ce qui vous manque en colonels, majors, majors en second, chefs de bataillon, capitaines, etc.

D'après la minute. Archives de l'Empire.

19869. — AU GÉNÉRAL CLARKE, DUC DE FELTRE,
MINISTRE DE LA GUERRE, À PARIS.

Mayence, 18 avril 1813.

Monsieur le Duc de Feltre, je vois, dans un rapport adressé au major général par le général Lemarois, que, le 7 avril, le 4ᵉ bataillon du 46ᵉ de ligne, fort d'un officier et 448 hommes, est parti de Wesel pour se rendre à Bremen. Je ne puis que vous témoigner ma surprise et mon mécontentement de ce que ce bataillon est ainsi parti avec un seul officier : c'est envoyer les troupes à la boucherie et perdre l'armée.

L'artillerie et le génie n'ont pas besoin de vous. Il est inutile que vous vous occupiez de police. Occupez-vous six heures par jour à faire faire des revues et à nommer à toutes les places d'officiers. Tous les corps ont fait des propositions; vous ne répondez à rien.

D'après la minute. Archives de l'Empire.

19870. — AU PRINCE DE NEUCHÂTEL ET DE WAGRAM,
MAJOR GÉNÉRAL DE LA GRANDE ARMÉE, À MAYENCE.

Mayence, 18 avril 1813.

Mon Cousin, les deux régiments polonais que j'ai organisés par mon décret d'hier, et qui sont actuellement sous les ordres du général Dombrowski, feront partie de la 4ᵉ division du 6ᵉ corps, et dès lors seront sous les ordres du général Teste. Faites-le connaître à ce général, qui est actuellement à Giessen. Il aura ainsi sous ses ordres six bataillons, deux régiments de cavalerie et une batterie d'artillerie légère. Faites connaître à ce général qu'il doit porter son quartier général à Marburg, et envoyer des officiers au roi de Westphalie et au général Damas dans le Grand-Duché, pour les informer qu'il est prêt à se porter partout où il serait nécessaire pour rétablir l'ordre. Il serait important que le général Pernety lui fournît une des deux batteries qu'il doit avoir, ce qui, avec la batterie polonaise, lui ferait quatorze pièces. Instruisez le roi de Westphalie de la présence du général Teste.

Napoléon.

P. S. Recommandez au général Teste de veiller à la prompte réorganisation du corps polonais, et de ne pas lui faire faire de mouvements sans forte raison.

D'après l'original. Dépôt de la guerre.

19871. — AU GÉNÉRAL COMTE BERTRAND,
COMMANDANT LE 4ᵉ CORPS DE LA GRANDE ARMÉE, À BAMBERG.

Mayence, 18 avril 1813.

Monsieur le Général Bertrand, portez-vous avec la cavalerie que vous avez dans les mains et vos 1ʳᵉ et 4ᵉ divisions sur Cobourg. Si la cavalerie saxonne et la cavalerie bavaroise étaient à votre portée, prenez-les avec vous pour renforcer votre cavalerie et tenez-vous prêt à vous porter de Cobourg sur Saalfeld et Iena aussitôt que vous en recevrez l'ordre. Le prince de la Moskova doit être aujourd'hui à Erfurt, le duc de Raguse à Eisenach et Gotha, le vice-roi a sa gauche à l'embouchure de la Saale dans l'Elbe, occupant Bernburg, et sa droite appuyée aux montagnes du Harz.

Si vous avez des Bavarois dans vos environs, poussez-les sur Schleiz. Vous deviez être le 18 à Cobourg; j'espère que vous y serez au moins avant le 20. Il est convenable de vous mettre en communication avec

Erfurt, par où il est probable que vous recevrez mes ordres, car je n'attends que le moment pour partir.

NAPOLÉON.

D'après l'original comm. par M. le général comte Henry Bertrand.

19872. — A JÉRÔME NAPOLÉON, ROI DE WESTPHALIE,
À CASSEL.

Mayence, 18 avril 1813.

Mon Frère, je reçois votre lettre du 16 avril et celle du 17, à une heure après midi. Le duc d'Istrie doit être aujourd'hui à Eisenach, ayant sous ses ordres le duc de Raguse et un corps de 50,000 hommes, tous Français. Le prince de la Moskova doit être aujourd'hui à Erfurt avec un corps de 60,000 hommes. Le général Bertrand se met en mouvement de Bamberg pour se porter sur Cobourg avec 60,000 hommes, dont les deux tiers sont Français et un tiers Italiens. J'attends moi-même la nouvelle que ce mouvement soit achevé pour me porter à mes avant-postes. Les dernières lettres du vice-roi sont du 16; il était alors de la gauche à l'Elbe, derrière la Saale, et de la droite au Harz. Je donne l'ordre au général Teste de se porter à Marburg; il commande la 4ᵉ division du duc de Raguse, 6ᵉ corps. Cette division n'a encore que deux bataillons; je viens d'y joindre quatre bataillons polonais du général Dombrowski. Ce général sera là en réserve.

NAPOLÉON.

D'après la copie comm. par S. A. I. le prince Jérôme.

19873. — A FRÉDÉRIC, ROI DE WURTEMBERG,
À STUTTGART.

Mayence, 18 avril 1813.

Monsieur mon Frère, j'ai reçu la lettre de Votre Majesté en date du 14 avril. J'y vois avec plaisir que la division de Votre Majesté sera arrivée à Würzburg. Le baron de Moustier m'a fait connaître que ce qui est porté dans l'état de situation des troupes wurtembergeoises comme troisième envoi va se mettre en marche. Je ne puis que remercier Votre Majesté de ce troisième envoi. J'attache beaucoup de prix à avoir les régiments de cavalerie n°s 2 et 4. Les Prussiens ont levé beaucoup de cavalerie bourgeoise dont les hommes montent mal à cheval, mais n'en inquiètent pas moins. D'après la dernière lettre du baron de Moustier, j'ai donc lieu d'espérer que la 2ᵉ brigade de cavalerie et la 3ᵉ d'infanterie seront arrivées avant le 25 à Würzburg. Si Votre Majesté voulait me faire quelque chose d'agréable et dont je conserverais un bon souvenir dans les circonstances, qu'elle réunisse ses 5ᵉ et 6ᵉ régiments de cavalerie à Mergentheim du 20 au 25, et aussitôt que le général Bertrand sera à Cobourg et que les ennemis auront évacué Schleiz et Hof, qu'enfin il n'y aura plus aucune ombre de crainte pour les états de Votre Majesté, qu'elle m'envoie ces régiments en toute diligence. Votre Majesté doit considérer que j'ai une si grande quantité de cavalerie en marche de toutes les parties de la France, que 2,000 chevaux, qui me seront très-précieux dans ce moment-ci, ne me seraient pas sensibles dans un mois. Ce qui me porte à accélérer mon mouvement, c'est le désir de protéger les états de Votre Majesté et la Bavière.

Que Votre Majesté soit sans inquiétude sur la suite des événements: j'ai mis en mouvement des forces telles qu'elles seront doubles de ce que j'ai jamais eu. Le vice-roi était, le 16, la gauche sur l'Elbe, à l'embouchure de la Saale, occupant Bernburg, la droite appuyée aux montagnes du Harz, sa réserve à Magdeburg. Le général Vandamme est à Bremen; le prince d'Eckmühl est en avant de Celle. Dans ce moment, le duc d'Istrie, ayant sous ses ordres le duc de Raguse, est aux débouchés d'Eisenach avec 60,000 hommes. Le prince de la Moskova réunit entre Erfurt et Meiningen, son corps d'armée, qui est de 70,000 hommes, en y comprenant les divisions du général Marchand. Le corps du général Bertrand était à Bamberg, et il va se porter sur Cobourg. Je vais donc déboucher moi-même sur l'ennemi avec près de 200,000 hommes, non compris les 100,000 que le vice-roi a dans les mains. L'ennemi n'a à Hof que 25,000 hommes et à Schleiz qu'un escadron. Je ne vois pas bien encore ce qu'il veut faire; il n'a que de la cavalerie légère contre le vice-roi; il n'a que de la cavalerie légère sur Erfurt; on n'a pas appris qu'il ait de l'infanterie plus près que Leipzig : cela va s'éclaircir dans peu de jours.

La mesure qu'a prise Votre Majesté de réunir toutes ses troupes, outre celles de son contingent, sur Mergentheim, paraît très-convenable. Il ne faut pas plus ajouter foi aux bruits que répand l'ennemi qu'à ses proclamations. S'il vient quelque chose à la connaissance de Votre Majesté, je la prie de m'en faire instruire sur-le-champ. Si Votre Majesté a l'intention de nommer un de ses fils pour commander sa division, je le mettrai alors sous les ordres directs d'un maréchal.

L'ennemi avait eu, le 15 mars, le projet d'assiéger Glogau, et quelques pièces de siége avaient été avancées; le 28, il a renoncé à ce projet, et les pièces ont été renvoyées dans les places de la Silésie. J'ai des nouvelles de toutes mes places, qui, jusqu'à ce moment, se maintiennent dans une bonne situation.

J'ai ordonné que vingt-deux pièces de canon, formant 150 voitures, se dirigeassent de Strasbourg sur Stuttgart; je prie Votre Majesté de les faire pousser jusqu'à Ulm, où le général Bertrand les fera prendre par les chevaux qu'il achète à Augsburg. J'ai ordonné que les cinq cadres des 35e et 36e légers, 131e, 132e et 133e de ligne se rendissent à Ulm par Würzburg; ils y recevront 4,000 hommes venant d'Italie pour les compléter, et de là ils rejoindront l'armée.

NAPOLÉON.

D'après la copie comm. par le gouvernement de S. M. le roi de Wurtemberg.

19874. — AU GÉNÉRAL CLARKE, DUC DE FELTRE,
MINISTRE DE LA GUERRE, À PARIS.

Mayence, 19 avril 1813.

Vous avez prévenu le général Vandamme qu'une expédition anglaise allait débarquer à l'embouchure de la Jahde. Je vous prie de ne plus faire de pareilles annonces; cela n'est bon qu'à inquiéter et à alarmer tout le monde : c'est le but des Anglais. Ces avis, quand même ils seraient fondés, n'arriveraient pas à temps. Si tous les convois que l'on aperçoit en mer portaient des expéditions, il faudrait être toujours en bataille sur la côte. Tout cela ne fait aucun bien et fait beaucoup de mal.

D'après la minute. Archives de l'Empire.

19875. — AU PRINCE DE NEUCHÂTEL ET DE WAGRAM,
MAJOR GÉNÉRAL DE LA GRANDE ARMÉE, À MAYENCE.

Mayence, 19 avril 1813.

Mon Cousin, envoyez un officier au général bavarois qui commande le corps bavarois qui fait partie de la Grande Armée et se compose de dix bataillons, de douze escadrons et de seize pièces d'artillerie, et qui doit se trouver à Bamberg, pour lui faire connaître qu'il est sous les ordres du général Bertrand, et que, ce général ayant ordre de se porter à Cobourg, je désire qu'il concentre tout son corps sur les hauteurs d'Ebersdorf, occupant le pont de la Saale et éclairant Schleiz par des patrouilles. Le général Bertrand fera également occuper Saalfeld, de manière à se tenir en communication. Demandez au général bavarois de vous envoyer un officier qui soit en état de vous faire bien connaître la situation de ses troupes sous tous les points de vue; dites-lui que Sa Majesté commande elle-même son armée, et qu'elle espère que toutes les hésitations que les alliés ont eues dans les derniers temps pour l'unité du commandement n'auront plus lieu désormais.

Annoncez au général Marchand qu'une brigade wurtembergeoise arrive à Würzburg le 20; que vous donnez l'ordre qu'elle se dirige sur Hildburghausen, où il est nécessaire qu'il lui envoie des ordres ultérieurs. Prévenez également le prince de la Moskova de cette disposition.

Prévenez le prince Émile qu'il est nécessaire qu'il parte sans délai pour être rendu le 20 à Würzburg. Il se mettra là avec la colonne wurtembergeoise, afin de ne pas marcher isolément, et de là se dirigera avec elle sur Hildburghausen, où il trouvera sa division. Donnez ordre au général Marchand de réunir toutes les troupes de Hesse et de les mettre sous les ordres du prince Émile. Ces troupes en serviront mieux, et le prince sera plus satisfait.

Donnez ordre également au général Marchand de réunir le régiment wurtembergeois à sa division. Par ce moyen, il aura deux divisions; une de Wurtembergeois et une de Badois, de Hessois et de troupes du prince Primat. Il mettra le bataillon du prince Primat avec celle des deux brigades hessoise ou badoise qui sera la plus faible.

Mandez au prince de la Moskova que son corps ne doit pas occuper Gotha, afin que cette place puisse servir aux troupes du duc de Raguse et du duc d'Istrie.

Faites connaître au duc d'Istrie qu'il prenne les plus grandes mesures pour que les communications de Gotha à Erfurt soient sûres. S'il y a des ponts, il faut qu'il y fasse construire sur-le-champ des tambours, afin que les corps de garde soient à l'abri des Cosaques. Recommandez-lui de veiller à ce que les convois d'artillerie et des équipages militaires n'aillent de l'un à l'autre endroit que bien escortés. Écrivez la même chose au prince de la Moskova; que, jusqu'à ce que nous ayons pris la ligne de la Saale et rejeté l'ennemi sur la rive droite de cette rivière, il est à craindre que nous soyons inquiétés par sa cavalerie légère. L'officier que vous enverrez au général Bertrand et au général Marchand reviendra vous rejoindre par Cobourg à Erfurt ou à Gotha, où il est probable que je me porterai sous peu de jours.

Envoyez un courrier au roi de Bavière. Je vous envoie des dépêches du général Bertrand; écrivez-en au roi. Faites-lui connaître les ordres que vous donnez à son contingent, et l'immensité de nos forces. Demandez au roi pourquoi il n'envoie pas le général de Wrede pour commander ses troupes. Est-ce que ce général est malade? Le même courrier passera par Ratisbonne, où il portera des lettres au baron Serra. Écrivez aussi au roi de Saxe que j'ai demandé sa cavalerie, qu'il est bien nécessaire qu'elle rejoigne ou le général Bertrand ou le prince de la Moskova. En écrivant au roi de Saxe, dites-lui que le général Reynier est retourné prendre le commandement du 7ᵉ corps; qu'aussitôt que les communications vont être rouvertes il se rendra à Torgau; que je désire que le roi donne des ordres positifs pour que toutes les incertitudes qui se sont élevées dans ces derniers temps n'aient plus lieu, et que la place et les troupes soient sous mes ordres sans la moindre réticence. Vous enverrez par ces exprès la note suivante à mes différents ministres à Würzburg, Ratisbonne et Stuttgart.

NAPOLÉON.

POSITION DE LA GRANDE ARMÉE.

(Note à communiquer aux ministres de France, à Munich, Stuttgart, Würzburg et Ratisbonne.)

Le vice-roi a sa gauche sur l'Elbe, à l'embouchure de la Saale, occupant Bernburg; sa droite sur le Harz, sa réserve à Magdeburg.

Le prince d'Eckmühl est en avant de Celle. Le général Vandamme a son avant-garde à Bremen.

L'armée du Main s'est mise en mouvement.

Le 4ᵉ corps se porte sur Cobourg.

Le prince de la Moskova est arrivé le 18 à Erfurt.

Le duc de Raguse est à Gotha; le duc d'Istrie et la Garde à Eisenach.

L'Empereur était encore le 18 à Mayence. Le grand quartier général est en marche pour Gotha.

D'après l'original. Dépôt de la guerre.

19876. — AU MARÉCHAL BESSIÈRES, DUC D'ISTRIE,
COMMANDANT LA GARDE IMPÉRIALE, À EISENACH.

Mayence, 19 avril 1813.

Mon Cousin, le major général a dû vous expédier un officier pour vous faire connaître qu'un corps de partisans de trois à quatre escadrons, de six pièces de canon et de deux à trois bataillons, s'était porté sur Mühlhausen et Wanfried; que le général westphalien Hammerstein avait peur d'être sérieusement attaqué et craignait d'être obligé de se porter sur Witzenhausen, ce qui donnait de fortes inquiétudes au Roi à Cassel. J'espère que l'arrivée du général Souham, dans la journée du 17, à Gotha, et celle du général Bonet, qui, ce me semble, a dû être le 17 au soir à Eisenach, auront ralenti la marche de l'ennemi; j'espère que vous-même, arrivé à Eisenach, vous vous serez porté sur les derrières de l'ennemi pour dégager le général westphalien et tranquilliser Cassel de ce côté. Cela est d'autant plus important que ces partis, sur notre flanc gauche, inquiéteraient nos communications avec Erfurt. Aussitôt que vous serez arrivé à Eisenach, mettez donc plusieurs corps d'infanterie et de cavalerie sur les derrières de l'ennemi, et dégagez le général Hammerstein.

Écrivez au Roi, à Cassel, pour lui faire connaître votre mouvement et le rassurer. Le prince de la Moskova étant déjà sur Erfurt, les mouvements que vous pourrez faire sur les derrières de l'ennemi seront d'un heureux effet, et pourront donner lieu à quelques coups de sabre et à la prise de quelques bataillons ennemis; le général Lefebvre-Desnoëttes me paraît très-propre pour cette expédition, mais appuyez-le par de l'infanterie; enfin faites faire tout ce qu'il faut; cela est très-important, car ce serait un très-grand malheur si le Roi était obligé d'évacuer Cassel.

NAPOLÉON.

D'après l'original comm. par Mme la maréchale duchesse d'Istrie.

19877. — AU GÉNÉRAL COMTE BERTRAND,
COMMANDANT LE 4e CORPS DE LA GRANDE ARMÉE, À BAMBERG.

Mayence, 19 avril 1813.

Monsieur le Comte Bertrand, je reçois votre lettre du 17 avril. Je suis fort surpris de la conduite du général bavarois. Donnez-lui de ma part des ordres par écrit de réunir tout son corps, cavalerie et infanterie, soit ce qui est à Bamberg, soit ce qui est à Baireuth, et avec ses dix bataillons, son artillerie et sa cavalerie, de se porter sur les hauteurs d'Ebersdorf, de manière à prendre une position militaire qui domine la Saale, d'y faire garder le pont de la Saale et occuper Schleiz par une avant-garde de troupes légères, et de se mettre en communication avec vous sur Saalfeld. Faites-lui connaître que vous vous rendez à Cobourg, et que vous pousserez sur-le-champ une forte avant-garde sur Saalfeld pour établir cette communication. Faites-lui connaître que le prince de la Moskova est arrivé avec son corps d'armée à Erfurt, et le duc d'Istrie avec le duc de Raguse à Gotha. Menez avec vous les Saxons, parce qu'en marchant isolés cela pourrait être nuisible, au lieu qu'en les menant avec vous sur Cobourg ce sera pour vous un renfort et cela aura toute espèce de bons résultats.

À Erfurt, où je vous ai dit qu'est arrivé le prince de la Moskova, on n'a jamais vu d'infanterie ennemie. Tout le corps d'armée de ce prince, composé de 60,000 hommes, s'y réunit. Le corps du duc d'Istrie, qui a sous ses ordres le duc de Raguse, est de plus de 50,000 hommes. Je ne sais pas l'ordre que le prince de la Moskova a donné au général Marchand : je suppose que, aussitôt que vous serez arrivé à Cobourg, il se portera sur Gehren. Vous arriverez le 19 ou le 20 à Cobourg. Faites composer une bonne avant-garde de bons marcheurs, sous les ordres d'un bon général de brigade, et envoyez une reconnaissance sur Saalfeld. De Cobourg vous serez en communication sur Erfurt. Vous tirerez des vivres de Hildburghausen et de Cobourg; il faut former un gros magasin. Faites que les Bavarois n'arrivent à Ebersdorf qu'au moment où votre avant-garde arrivera à Saalfeld. Le vice-roi était, le 16, la gauche appuyée à l'Elbe à l'embouchure de la Saale, la droite au Harz, le centre sur Bernburg et sa réserve à Magdebourg.

Voici les renseignements que je reçois tant du vice-roi que du prince de la Moskova. L'ennemi n'a passé l'Elbe qu'avec le corps de Wittgenstein qu'on peut évaluer à 10,000 hommes d'infanterie, le corps de Winzingerode qu'on peut évaluer à 6,000 hommes (ce qui fait 16,000 Russes), avec le corps prussien du général York qui peut être calculé à 15,000 hommes, et le corps de Blücher d'égale force. Il paraît donc que l'ennemi a 60 à 70,000 hommes, infanterie, cavalerie et artillerie, sur la rive gauche de l'Elbe. Il paraît que son grand quartier général n'avait pas encore passé l'Oder, et que les troupes étaient employées à observer les Autrichiens et à masquer les places de la Vistule et de l'Oder.

Écrivez au prince de la Moskova et au général Marchand pour que celui-ci soit un intermédiaire entre l'avant-garde sur Saalfeld et Erfurt. Le prince de la Moskova doit avoir une division sur les hauteurs de Weimar.

Tenez-vous toujours avec quatre jours de pain, afin que vous puissiez marcher, s'il le fallait, pour soutenir le prince de la Moskova. Faites venir des farines de Bamberg et de Hildburghausen; faites-en faire à Cobourg, et que vos troupes ne manquent de rien.

Vous ne m'avez pas rendu compte si le bataillon de marche qui était dans la citadelle de Würzburg a été incorporé dans vos différents régiments, conformément aux ordres que j'avais donnés.

NAPOLÉON.

D'après l'original comm. par M. le général comte Henry Bertrand.

19878. — A JÉRÔME NAPOLÉON, ROI DE WESTPHALIE,
à cassel.

Mayence, 19 avril 1813.

Mon Frère, je reçois votre lettre du 18 à midi. Le 17, la division Souham était à Gotha. Le 17 au soir, la division Bonet était arrivée à Eisenach avec le général Lefebvre-Desnoëttes, commandant la cavalerie de ma Garde. Je suppose donc que ce corps d'ennemis qui poussait sur vous se sera retiré. Je suppose d'ailleurs que vous aurez prévenu directement sur Eisenach de ce mouvement. Toutefois, après avoir reçu votre lettre, j'ai fait partir des officiers pour que les ducs d'Istrie et de Raguse missent du monde sur les derrières de l'ennemi, qui marche sur vous. Je suppose qu'à l'heure qu'il est le prince de la Moskova est à Erfurt avec la plus grande partie de son corps d'armée; toutes ses divisions marchent sur lui et doivent l'avoir rejoint. Les ducs d'Istrie et de Raguse sont à Eisenach et Gotha. J'ai des nouvelles du général Vandamme du 16, de Bremen.

Instruisez le vice-roi, par les moyens que vous jugerez les plus prompts, de toutes ces nouvelles.

Aussitôt que vous serez dégagé du côté d'Erfurt par la présence de toute l'armée, et que tout sera nettoyé entre Erfurt et vous, je pense que vous devez marcher du côté de Hanovre avec toutes vos forces. Vous ne pouvez pas avoir les six bataillons que vous avez demandés; mais le général Teste aura marché sur Cassel avec les deux bataillons français qu'il a. Quant aux Polonais, ils ont besoin de se remettre. Vous devez bien sentir, dans ce moment, ce que j'ai toujours senti pour vous, l'inconvénient de ne pas avoir à Cassel une garde de 4,000 Français, qu'il vous eût été facile de former, comme ont fait le roi d'Espagne et le roi de Naples.

NAPOLÉON.

D'après la copie comm. par S. A. I. le prince Jérôme.

19879. — A LOUIS X, GRAND-DUC DE HESSE-DARMSTADT,
À DARMSTADT.

Mayence, 19 avril 1813.

Mon Frère, j'ai reçu votre lettre du 14 avril. J'aurais eu un grand plaisir à voir Votre Altesse à Mayence, et je suis peiné que ce soit le mauvais état de sa santé qui l'empêche de s'y rendre.

Je remercie Votre Altesse de ce qu'elle m'a envoyé à cette occasion ses fils, le prince héréditaire et le prince Émile; je les vois toujours avec plaisir près de moi.

D'après la minute. Archives de l'Empire.

19880. — A MAXIMILIEN-JOSEPH, ROI DE BAVIÈRE,
À MUNICH.

Mayence, 20 avril 1813, matin.

Monsieur mon Frère, j'envoie le général de Flahaut à Ratisbonne. Je le charge de cette lettre pour Votre Majesté, pour lui annoncer mon arrivée à Mayence et mon départ pour Erfurt, où le prince de la Moskova est arrivé. Je prie Votre Majesté, si elle n'a pas de raison contraire, d'envoyer le général de Wrede pour commander ses troupes, et, toutefois, de donner à ses généraux des ordres tels, qu'il n'y ait aucune réticence et qu'ils obéissent à mes ordres sans aucune réserve. J'ai ordonné que toute la cavalerie, l'infanterie et l'artillerie bavaroises se réunissent sur les hauteurs d'Ebersdorf, qu'on occupât le pont de la Saale et qu'on se liât avec le général Bertrand, qui se porte à Cobourg et à Saalfeld. Je ne puis trop recommander à Votre Majesté de pousser en avant toute la cavalerie qu'elle pourra.

D'après la minute. Archives de l'Empire.

19881. — A FRÉDÉRIC-AUGUSTE, ROI DE SAXE [1],
À RATISBONNE.

Mayence, 20 avril 1813, onze heures du matin.

Le baron de Lauriston arrive en ce moment à Mayence sans réponse de Votre Majesté, de sorte que je ne sais pas si les 1,800 hommes de cavalerie qui me seraient si précieux sont en marche, et je n'ai pas leur itinéraire. Je suppose que Votre Majesté les aura mis en mouvement et que je ne tarderai pas à recevoir sa réponse.

Je vais entrer en campagne; le prince de la Moskova est déjà entré à Erfurt et à Weimar, et le manque de cette cavalerie me fait beaucoup de tort.

Je prie Votre Majesté, si elle persiste dans le parti politique qu'elle a pris, de m'envoyer sur-le-champ toute la cavalerie dont elle peut disposer: c'est le seul secours que je puisse attendre d'elle, et c'est ce qu'elle peut faire de plus avantageux pour délivrer ses états.

D'après la minute. Archives de l'Empire.

19882. — AU GÉNÉRAL COMTE BERTRAND,
COMMANDANT LE 4ᵉ CORPS DE LA GRANDE ARMÉE, À BAMBERG.

Mayence, 20 avril 1813.

Monsieur le général Bertrand, un général prussien, nommé Heister, est arrivé à Ratisbonne, sous le prétexte d'une mission près le roi de Saxe, et probablement pour nous espionner. Écrivez aux Bavarois de tâcher de l'arrêter.

NAPOLÉON.

D'après l'original comm. par M. le général comte Henry Bertrand.

19883. — A JÉRÔME NAPOLÉON, ROI DE WESTPHALIE,
À CASSEL.

Mayence, 20 avril 1813.

Mon Frère, les dernières nouvelles que j'ai d'Eisenach sont du 18. On

---

[1] Lettre remise par le général de Flahault.

n'y avait connaissance de la marche d'aucun corps sur vous, et au contraire on m'annonçait que le général Hammerstein se trouvait à Heiligenstadt. Le prince de la Moskova est arrivé le 17 à Erfurt et se proposait d'occuper Weimar le 18. Moi-même je me mettrai incessamment en marche. Le vice-roi m'écrit, en date du 17, qu'il fait poursuivre les partisans qui avaient passé l'Elbe. La division wurtembergeoise arrive aujourd'hui à Würzburg. Le général Bertrand, avec 60,000 hommes, arrive à Cobourg. 20,000 hommes de ma Garde doivent être partis de Fulde; ils suivent la marche du duc de Raguse. La tête de 20,000 autres arrive dans ce moment à Mayence, et ils seront arrivés dans cinq jours. D'un moment à l'autre, je me porterai de ma personne à Eisenach. On dit que vos troupes désertent beaucoup; faites-moi connaître le vrai de cela et jusqu'à quel point c'est fondé. Faites connaître au général Vandamme que toute l'armée est en mouvement, et que moi-même j'arrive à Weimar.

NAPOLÉON.

D'après la copie comm. par S. A. I. le prince Jérôme.

19884. — A JÉRÔME NAPOLÉON, ROI DE WESTPHALIE,
À CASSEL.

Mayence, 20 avril 1813, cinq heures après midi.

Mon Frère, je reçois votre lettre du 19, à midi. Le général Teste n'a que deux bataillons; je vois avec plaisir qu'il les ait fait avancer. Je lui donne l'ordre de se porter à Cassel de sa personne. C'est un bon officier; vous pourrez lui compléter une division avec vos troupes, jusqu'à ce que le reste de ses troupes arrive, ce qui ne sera qu'en mai. Je viens de recevoir des lettres d'Eisenach du 18 au soir. La division Bonet était déjà à Gotha; la division Compans était à Eisenach. L'opinion de ces officiers généraux était qu'il ne se trouvait que des partisans sur leur gauche. Je crains que le général Hammerstein ne voie des fantômes et ne s'en laisse imposer par ses espions. Toutefois j'espère qu'actuellement il aura établi ses communications avec les ducs de Raguse et d'Istrie, qui ont dû être le 19 à Eisenach. Je compte moi-même partir bientôt. Envoyez-moi donc vos dépêches importantes par duplicata sur Mayence, jusqu'à ce que vous appreniez mon départ:

NAPOLÉON.

D'après la copie comm. par S. A. I. le prince Jérôme.

19885. — A M. MARET, DUC DE BASSANO,
MINISTRE DES RELATIONS EXTÉRIEURES, À MAYENCE.

Mayence, 20 avril 1813, au soir.

Monsieur le Duc de Bassano, je vous réitère que mes intentions sont de rappeler le baron Serra. Je n'ai aucun doute non-seulement qu'il n'exerce aucune influence sur la Saxe, mais encore que son langage donne lieu de prendre de fausses idées de nos ressources et de nos moyens.

NAPOLÉON.

D'après l'original. Archives des affaires étrangères.

19886. — A FRÉDÉRIC-AUGUSTE, ROI DE SAXE [1],
À RATISBONNE.

Mayence, 20 avril 1813, au soir.

Monsieur mon Frère, la lettre de Votre Majesté m'a fait de la peine. Elle n'a plus d'amitié pour moi; j'en accuse les ennemis de notre cause qui peuvent être dans son cabinet. J'ai besoin de toute sa cavalerie et de tous ses officiers. J'ai dit ce que je pensais, avec cette franchise que Votre Majesté me connaît, à son aide de camp; je m'en rapporte à lui; mais, quel que soit l'événement, que Votre Majesté compte sur l'estime qu'elle m'a inspirée et qui est à l'abri de tout.

D'après la minute. Archives de l'Empire.

19887. — AU COMTE GERMAIN,
MINISTRE PLÉNIPOTENTIAIRE PRÈS LE GRAND DUC DE WÜRZBURG.

Mayence, 20 avril 1813, au soir.

Je reçois la lettre que vous écriviez le 19 au duc de Bassano. Les conjectures que l'on fait sur la fidélité du roi de Saxe sont absurdes: on ne

[1] Lettre remise à un aide de camp du roi.

connaît ni les sentiments ni la probité de ce prince. Vous devez démentir ces bruits de toutes vos forces. Vous aurez vu le général Flahault, qui vous aura fait connaître mes intentions. Envoyez des agents par la Bohême et par la Saxe, et tenez-moi instruit de tous les mouvements.

D'après la minute. Archives de l'Empire.

19888. — AU BARON DE SAINT-AIGNAN,
MINISTRE PLÉNIPOTENTIAIRE PRÈS LES MAISONS DUCALES DE SAXE, À WEIMAR.

Mayence, 20 avril 1813, au soir.

Je reçois la lettre que vous écriviez le 19 au duc de Bassano. Rendez-vous sans délai à Gotha et, aussitôt que vous le pourrez, à Weimar. Ne vous engagez pas sur la conduite que je veux tenir avec ces gouvernements. Je suis surpris qu'ils aient laissé prendre leur contingent, et qu'ils soient restés dans leurs pays pendant qu'ils étaient occupés par les Russes. Tenez-vous donc sur la réserve. Envoyez des espions de tous côtés et tâchez de savoir où est l'ennemi.

D'après la minute. Archives de l'Empire.

19889. — AU MARÉCHAL NEY, PRINCE DE LA MOSKOVA,
COMMANDANT LE 4ᵉ CORPS DE LA GRANDE ARMÉE, À ERFURT.

Mayence, 20 avril 1813, dix heures du soir.

Je reçois votre lettre du 18. L'officier d'ordonnance de Laplace, qui vous a quitté le 19, à dix heures du matin, me rend compte de votre situation à Erfurt. Je suis surpris que vous n'ayez aucune nouvelle de l'ennemi et que vous ne sachiez pas s'il a beaucoup d'infanterie du côté de Leipzig. Je suppose qu'on aura eu des renseignements à la cour de Weimar.

Je ne saurais trop vous recommander de faire travailler à la construction des fours. Il nous faut deux manutentions, c'est-à-dire vingt-quatre fours. Faites faire du pain biscuité dans tous les environs et faites-en venir à Erfurt.

N'occupez pas Gotha, qu'il faut laisser aux autres corps. Recommandez au général Souham de ne pas laisser sa cavalerie sans infanterie, et l'infanterie qu'il aurait avec cette cavalerie, il faut qu'elle se retranche et se poste avec la plus grande circonspection, pour ne pas avoir d'échauffourée de cavalerie. Choisissez un bon champ de bataille près d'Erfurt : faites-en lever le plan et envoyez-le-moi, ainsi que le projet des redoutes qu'il y aurait à y faire.

D'après la minute. Archives de l'Empire.

19890. — AU PRINCE CAMBACÉRÈS,
ARCHICHANCELIER DE L'EMPIRE, À PARIS.

Mayence, 21 avril 1813.

Mon Cousin, il est nécessaire que la Régente ne signe rien de ce qui est relatif aux gardes d'honneur, à moins d'urgence. Vous me ferez envoyer directement tout le travail ; sans quoi le ministre de la guerre me tirera de l'armée des hommes qui m'y sont nécessaires, pour les placer là.

NAPOLÉON.

D'après la copie communiquée par M. le duc de Cambacérès.

19891. — A M. MARET, DUC DE BASSANO,
MINISTRE DES RELATIONS EXTÉRIEURES, À ERFURT.

Mayence, 21 avril 1813.

Monsieur le Duc de Bassano, je suis très-mécontent qu'un de vos courriers soit passé par Mayence sans se rendre chez le grand écuyer, et qu'à Kaiserslautern il ait continué sa route, nonobstant l'ordre que M. de Rumigny lui a donné de retourner.

NAPOLÉON.

P. S. J'attends avec impatience l'envoi que vous me ferez de ce dont était porteur le courrier de Vienne qui a passé ici le 19. J'ai des raisons de croire qu'il portait des choses importantes.

D'après l'original. Archives des affaires étrangères.

19892. — AU GÉNÉRAL COMTE LEMAROIS,
COMMANDANT LA 25° DIVISION MILITAIRE, À WESEL.

Mayence, 21 avril 1813.

Monsieur le Comte Lemarois, je reçois votre lettre du 16. Le commissaire de police d'Aubignosc donne des nouvelles fausses et ridicules. Faites-lui comprendre qu'il faut donner des nouvelles sûres; que la guerre n'est pas la police, et que tout ce qu'il dit sur la marche de Blücher est absurde.

Le corps du prince de la Moskova, fort de 60,000 hommes, est en avant d'Erfurt; son avant-garde, commandée par le général Souham, est à Weimar. 300 hussards prussiens ont été culbutés par le 10° de hussards : on leur a pris 60 hommes et 4 officiers, dont l'aide de camp de Blücher. L'ennemi n'a pas d'infanterie sur la rive gauche de la Saale. Le duc de Raguse est à Gotha avec le 6° corps. Le duc d'Istrie est avec la Garde à Eisenach. Le général Bertrand, avec le 4° corps, est à Cobourg. Le vice-roi est dans la même position : sa gauche appuyée sur l'Elbe, à l'embouchure de la Saale, son centre à Berneburg et sa droite au Harz. Mandez cela au général Vandamme et, en Hollande, à l'architrésorier, dont l'habitude est d'avoir grand'peur.

NAPOLÉON.

D'après l'original comm. par M. le comte Lemarois.

19893. — A FRÉDÉRIC, ROI DE WURTEMBERG,
À STUTTGART.

Mayence, 21 avril 1813.

Monsieur mon Frère, je reçois la lettre de Votre Majesté. Puisqu'elle ne peut pas m'envoyer plus que son contingent, je m'en repose donc sur son zèle et sur son attachement à la cause commune pour le compléter le plus tôt possible; je désire que ce soit au commencement de mai, et qu'en attendant elle le réunisse à Mergentheim.

J'ai remarqué une phrase dans la lettre de Votre Majesté, qui a fixé mon attention; c'est celle-ci : « Une nouvelle officielle, venue de Ratisbonne, assure que la forteresse de Torgau a capitulé. » Or j'ai des nouvelles de Torgau du 19, mes troupes étant entrées hier à Weimar, et l'on ne savait rien de cela à Torgau. Il y a donc mystère là-dessous. La phrase de Votre Majesté est trop précise; on aurait donc fait la capitulation à Ratisbonne. Je prie Votre Majesté de me dire sans réserve tout ce qu'elle sait là-dessus.

NAPOLÉON.

D'après la copie comm. par le gouvernement de S. M. le roi de Wurtemberg.

19894. — AU GÉNÉRAL COMTE BERTRAND,
COMMANDANT LE 4e CORPS DE LA GRANDE ARMÉE, À COBOURG.

Mayence, 23 avril 1813, au matin.

Monsieur le Comte Bertrand, je reçois votre lettre du 21 avril, de Cobourg. Je n'y vois aucune nouvelle de l'ennemi, ni de tout ce que vous avez dû apprendre de Cobourg. Je ne sais pas ce que vous entendez par « exécution des réquisitions pour le 24 : » si c'est pour des chevaux, je vous ai fait dire que l'on ne devait transporter des voitures au delà du Danube qu'attelées; si vos réquisitions sont pour des subsistances, il n'y a pas de doute qu'il faut vivre, et il est impossible que les autorités bavaroises s'y refusent.

Je remarque que vous n'indiquez jamais dans la date de vos lettres l'heure à laquelle vous les écrivez.

NAPOLÉON.

D'après l'original comm. par M. le général comte Henry Bertrand.

19895. — AU GÉNÉRAL CLARKE, DUC DE FELTRE,
MINISTRE DE LA GUERRE, À PARIS.

Mayence, 23 avril 1813.

Monsieur le Duc de Feltre, répondez au roi d'Espagne que je lui ai donné le commandement en chef de mon armée; que je suis surpris, après cela, des plaintes perpétuelles qu'il fait de n'être pas obéi; que cela vient de ce qu'il confond le roi d'Espagne et le commandant en chef de mon armée; que je n'entends pas que mes armées dépendent jamais des ministres espagnols, à qui j'ai droit de ne pas me fier, et qui sont fort indifférents sur le sort de mes soldats; que les ordres qu'il donnera aux généraux et aux officiers de mes armées seront exécutés ponctuellement s'ils sont transmis par le maréchal Jourdan pour les opérations militaires, et par l'ordonnateur Mathieu Faviers pour les affaires administratives; mais que le ministre O'Farrill, ni tout autre, ne doit être employé dans ces relations, et que mon intention n'est pas que mes troupes puissent dépendre, en aucune façon, de l'administration espagnole.

De plus, mandez-lui qu'il ne doit rien attendre de moi dans les circonstances actuelles où se trouve la France, si ce n'est la portion de solde qui est portée au budget; qu'il est donc indispensable, 1° qu'il retranche de ses règlements tout ce qui mettrait la subsistance de mes troupes à la disposition des agents espagnols; 2° qu'il fasse transmettre aux généraux ses ordres pour la sûreté et le mouvement des armées par le maréchal Jourdan, et ceux concernant l'administration par l'ordonnateur Mathieu Faviers.

Écrivez donc dans ce sens au maréchal Jourdan et à l'ordonnateur Faviers. Je ne puis nommer celui-ci intendant; mais il est ordonnateur en chef, et les autres sont ordonnateurs des corps d'armée. Le Roi est général en chef, et les autres généraux commandants des corps d'armée. Écrivez aussi dans ce sens à tous les commandants d'armée.

Rappelez au Roi les instructions que vous lui avez envoyées sur la nécessité d'approvisionner Burgos et Santoña et de former des magasins. Répondez-lui enfin que, pour commander une armée, il faut s'en occuper sans cesse, aller au-devant des nouvelles, pourvoir à tout, et que je vois avec peine que c'est le contraire qu'il a fait depuis quatre mois; qu'il a laissé les troupes dans l'oisiveté, au lieu de les employer à rétablir l'ordre dans la Navarre et sur ses derrières, ce qui les rendrait aujourd'hui disponibles pour repousser les efforts des Anglais; mais que, dans les circonstances actuelles, son premier devoir est d'avoir tous les jours des nouvelles de Bayonne, en faisant marcher l'estafette à raison d'une lieue par heure, ce qui est facile avec une succession de postes bien établie; qu'on aurait ainsi à Valladolid des nouvelles de Bayonne en quatre jours, et, l'estafette ne partirait-elle que tous les deux jours, on aurait encore des nouvelles tous les cinq à six jours; que cela est de la plus grande nécessité.

NAPOLÉON.

D'après la copie. Dépôt de la guerre.

19896. — AU PRINCE DE NEUCHÂTEL ET DE WAGRAM,
MAJOR GÉNÉRAL DE LA GRANDE ARMÉE, À MAYENCE.

Mayence, 23 avril 1813.

Mon Cousin, donnez ordre que le 6° bataillon du 134°, bien habillé, bien armé et formant de 7 à 800 hommes, parte pour se rendre à Würzburg, où il restera en garnison dans la citadelle. Ce bataillon, joint aux bataillons des 127°, 128° et 129° qui s'y trouvent, portera la garnison française de cette place à 1,500 hommes; ce qui, avec le bataillon du prince Primat et les troupes de Würzburg, fera un total de 3,000 hommes. J'ai donné l'ordre également que la compagnie d'artillerie fût complétée à 100 hommes. Je suppose qu'il y a un officier du génie et un d'artillerie dans cette place. Je vais faire compléter l'armement de la citadelle. Vous devez y avoir envoyé un colonel en second pour en prendre le commandement.

Donnez ordre au commandant de faire faire le service des escortes par les troupes du prince Primat et de Würzburg, et de garder intactes dans la citadelle les troupes françaises, surtout le 134°, qui doit y achever de se former. Recommandez au commandant de faire fermer les portes de la ville la nuit, et de se tenir en mesure de défendre la citadelle, et même la ville, contre tout parti de troupes légères ennemies qui pourrait se présenter.

Je donne ordre au général Delaborde de se rendre à Würzburg pour y commander les quatorze bataillons de voltigeurs de la Garde qui reçoivent les conscrits des six années. Ces bataillons se rendront à Würzburg au fur et à mesure qu'ils seront réunis à Mayence.

NAPOLÉON.

D'après l'original. Dépôt de la guerre.

19897. — AU GÉNÉRAL DUROC, DUC DE FRIOUL,
GRAND MARÉCHAL DU PALAIS, À MAYENCE.

Mayence, 23 avril 1813.

La division du général Delaborde, composée des quatorze bataillons de voltigeurs, qui s'habillent et s'organisent à Mayence, se réunira à Würzburg. Vous donnerez ordre au général de brigade Decous de rejoindre les deux bataillons de la vieille Garde qui sont aujourd'hui à Francfort : il y joindra le bataillon de flanqueurs-chasseurs lorsqu'il sera arrivé ; et les bataillons qui forment la 1re brigade du général Barrois, avec les batteries de réserve et une compagnie du train, continueront leur route pour se rendre à Eisenach, et vous me ferez connaître quand ils y arriveront. Une des deux brigades, ou du général Mouton, ou du général Boyeldieu, se réunira à Hanau, et l'autre à Francfort. La première arrivée des deux sera celle qui ira à Hanau. Le général Barrois portera son quartier général le 26 à Hanau, et se mettra en mouvement le 29 pour Eisenach, avec une batterie d'artillerie à cheval et trois batteries d'artillerie à pied, indépendamment des deux de réserve qu'aura amenées la brigade Decous. Faites partir le même jour, sous les ordres du général Barrois, 1,000 à 1,200 chevaux. Remettez un état en règle de tout ce mouvement au major général.

Je désire aussi que vous remettiez au major général un état complet de la Garde, telle qu'elle est aujourd'hui : 1° la division Roguet, qui n'a pas de numéro, mais qui est connue sous le nom de division de vieille Garde ; 2° la 1re division, que commande le général Dumoustier ; 3° la 2e, que commande le général Barrois ; 4° la 3e, que commandera le général Delaborde ; 5° la 4e, qui se forme à Paris.

Aussitôt que je pourrai former ma vieille Garde, vous réunirez les six bataillons que j'ai dans ce moment et les deux qui sont à Paris. Donnez ordre que ces deux bataillons, aussitôt qu'ils seront habillés et rééquipés, nous rejoignent en poste. Ces huit bataillons formeront 3,200 hommes de vieille Garde ; ils seront commandés par le général Roguet. Cette division, comme vieille Garde, me paraît suffisante ; l'augmenter serait s'embarrasser inutilement. La division Dumoustier sera composée de quatorze bataillons ; la division Barrois sera également composée de quatorze bataillons, en lui donnant les deux qui sont à la division Roguet; enfin les deux autres divisions à former seront également de quatorze. Les cinq divisions formeront soixante-deux bataillons, ce qui fait la valeur de 30 à 36,000 hommes sous les armes et un effectif de 50,000 hommes.

Artillerie. J'ai réglé l'organisation de l'artillerie. Il est actuellement nécessaire que vous me fassiez un rapport qui me fasse connaître à quelle époque des batteries seront attachées à la 3e et à la 4e division. Comme de raison, ces deux divisions ne doivent avoir ni batterie à cheval ni batterie de réserve; elles ne doivent avoir que les batteries à pied, telles que je les ai désignées.

Équipages militaires. J'ai dix compagnies d'équipages militaires; ces dix compagnies sont pour le service de la vieille Garde et des deux divisions en avant. Je pense qu'il faudrait organiser deux nouvelles compagnies pour la division Delaborde et la 4e. Ces divisions auront chacune six caissons d'ambulance. C'est donc une 11e et une 12e compagnie qui peuvent être organisées à Francfort. Les hommes peuvent être pris dans les dépôts de Paris déjà appartenant à la Garde, les chevaux et les harnais à Francfort, et les voitures à Metz.

Je vous prie aussi de me régler tout ce qui est relatif aux musiques de ces corps. Je suppose que les régiments de la vieille Garde auront chacun leur musique, et que les autres auront une musique pour six bataillons. Ainsi il faudrait que le régiment des fusiliers-grenadiers et celui des flanqueurs-grenadiers eussent une musique; que les régiments flanqueurs-chasseurs et fusiliers-chasseurs eussent une autre musique; les trois premiers régiments des tirailleurs, une musique; les 4e, 5e et 6e, une musique; les 7e, 8e, 9e, une musique; les 10e, 11e, 12e, une musique: ce qui fait pour l'arme des chasseurs six musiques, et pour celle des grenadiers six musiques : total, douze musiques pour toute la Garde à pied.

J'ai réglé tout ce qui est relatif aux sapeurs.

Je n'ai besoin de rien statuer pour tout ce qui doit être sur les chevaux de bât; seulement, recommandez au général Michel et au général Curial de faire les fonds et d'organiser ce service.

Mes douze compagnies d'équipages militaires peuvent facilement fournir les huit ambulances que la Garde doit avoir et qui n'emploient que 48 caissons. Il restera plus de 400 voitures, qui peuvent charger 6,000 quintaux de farine, c'est-à-dire plus de 600,000 rations, ou des vivres pour la Garde pour quinze à vingt jours.

D'après la minute. Archives de l'Empire.

19898. — AU PRINCE CAMBACÉRÈS,
ARCHICHANCELIER DE L'EMPIRE, À PARIS.

Mayence, 24 avril 1813.

Mon Cousin, je pars ce soir à huit heures pour me rendre à Erfurt, où je serai dans la journée de demain 25. Il n'y a rien de nouveau. Il paraît que l'ennemi reploie les postes qu'il avait sur la droite de la Saale. Le vice-roi me mande de Bernburg, sur la basse Saale, que l'ennemi se dégarnissait beaucoup devant lui : on pense qu'il va repasser l'Elbe; mais ces conjectures sont hasardées. Je vous envoie copie d'une lettre du général Sebastiani au vice-roi, où vous verrez le détail d'une affaire peu importante, mais qui donne un aperçu de la situation des choses de ce côté. Ce général s'avance pour obliger l'ennemi de se retirer derrière le bas Elbe. Pendant ce temps, le général Vandamme organise son corps.

Pressez les ministres de la guerre et de l'administration de la guerre de faire partir des dépôts les détachements de cavalerie. Tout cela part bien lentement.

NAPOLÉON.

D'après la copie comm. par M. le duc de Cambacérès.

19899. — AU GÉNÉRAL CLARKE, DUC DE FELTRE,
MINISTRE DE LA GUERRE, À PARIS.

Mayence, 24 avril 1813.

J'ai lieu d'être content des intentions de l'Autriche. Je ne soupçonne pas ses dispositions; cependant mon intention est d'être en mesure et de ne pas dépendre d'elle. La partie vulnérable à l'égard de l'Autriche est mon royaume d'Italie : mon intention est le plus tôt possible d'y renvoyer le vice-roi.

Occupez-vous de tous les moyens de former une armée en Italie. Cette armée doit se composer du corps d'observation de Vérone, dont les six vieux régiments qui sont en Italie font partie. Complétez les cadres en officiers et sous-officiers, de façon qu'ils offrent vingt-quatre bataillons complets, avec majors, capitaines, etc. Quant aux canons, à raison de deux pièces de 6 par régiment, cela formera douze pièces de canon. Le 14° léger et le 6° léger formeraient chacun un bataillon, organisez-les. Les bataillons des trois demi-brigades provisoires qui se réunissent en Piémont porteraient ces bataillons à trente-cinq bataillons; c'est déjà un commencement d'armée. Le royaume d'Italie doit pouvoir fournir vingt ou vingt-quatre bataillons pour une guerre d'Italie. Enfin écrivez à Naples pour que, outre son contingent, le roi de Naples ait un corps d'infanterie, artillerie et cavalerie, qu'il ne ferait marcher que si l'Autriche devenait suspecte; sinon, il fournirait seulement son contingent. Écrivez-donc directement au Roi sur cet objet.

Ainsi, indépendamment du corps d'observation de Vérone, que j'ai porté à soixante-quatre bataillons, il y aurait de plus dix bataillons italiens et dix bataillons napolitains. Enfin, dans des circonstances aussi extraordinaires, je ferai marcher les demi-brigades destinées à la garde de Toulon et celles destinées à la garde de la Bretagne. Je compte avoir là une armée de 80,000 hommes d'infanterie.

Faites-moi deux états : l'un du corps d'observation de Vérone, destiné à entrer en Allemagne; l'autre du corps plus spécialement chargé de la défense de l'Italie, qu'il faudrait compléter à cent bataillons.

Le corps de Vérone serait divisé en quatre divisions, l'autre corps en deux; en tout, six divisions actives.

J'ai ordonné d'acheter 1,000 chevaux en Suisse, et en Carinthie 1,500 chevaux pour l'artillerie de l'armée d'Italie. Ces 1,500 chevaux formeraient six compagnies du train; dirigez-les sur Turin et Vérone.

Il faut aussi deux compagnies de pontonniers et trois compagnies d'artillerie à cheval. Quatre-vingt-dix-huit bouches à feu sont suffisantes; ce qui, joint à trente pièces fournies par l'Italie, ferait cent vingt-huit bouches à feu. 1,000 chevaux napolitains, 2,000 chevaux italiens auraient besoin de 2 à 3,000 chevaux français pour porter la cavalerie à 5 ou 6,000 hommes, ce qui est suffisant pour ce pays. Je les fournirais si les intentions de l'Autriche devenaient suspectes.

J'ai ordonné d'acheter 1,500 chevaux à Francfort; cela sera suffisant pour le corps d'observation de Mayence. En cas de guerre avec l'Autriche, ce corps, avec les Bavarois et les Wurtembergeois, ferait un corps sur l'Elbe.

Veillez donc à ce que les bureaux présentent un projet, pour un cas extraordinaire de guerre avec l'Autriche, pour avoir cent bataillons et cent vingt-huit bouches à feu, y compris les Français, les Italiens et les Napolitains, et que le corps de Mayence soit renforcé pour garder les frontières et les places fortes.

Quant aux généraux, ordonnez que ceux d'Espagne viennent à Paris en poste. Je vais nommer quatre généraux pour aller en Italie. L'Italie surtout doit vous occuper.

D'après la minute. Archives de l'Empire.

19900. — AU PRINCE DE NEUCHÂTEL ET DE WAGRAM,
MAJOR GÉNÉRAL DE LA GRANDE ARMÉE, À MAYENCE.

Mayence, 24 avril 1813.

Mon Cousin, donnez ordre au duc de Reggio de partir en poste pour être arrivé demain matin à Bamberg. Il y prendra le commandement des 2e et 3e divisions du 4e corps, qui ont le numéro général de 13e et 14e division de la Grande Armée : la 13e, commandée par le général Pacthod, et la 14e par le général Lorencez; l'une de quinze bataillons, l'autre de quatorze. Il aura l'artillerie attachée à ces deux divisions et une des deux batteries de réserve du 4e corps. Son corps prendra le numéro de 12e corps de la Grande Armée. Vous lui ferez connaître l'itinéraire de l'une et de l'autre de ces divisions. Vous attacherez à son corps une des compagnies d'équipages militaires du 4º corps. Ce corps sera ensuite définitivement formé, quand nous aurons fait notre réunion avec les corps de l'Elbe. Je suppose que son corps arrivera dans la journée du 26. Vous instruirez le général Bertrand de ce changement. Le 4º corps ne sera plus composé que de deux divisions : la division Morand et la division italienne. Le général Ruty commandera l'artillerie du 12º corps. Vous lui donnerez ordre d'être rendu demain à Bamberg.

Vous ferez connaître au maréchal duc de Reggio que le général Bertrand a eu ordre de se porter avec ses deux divisions sur Saalfeld, où son avant-garde est arrivée le 22, et où lui-même arrivera aujourd'hui 24 et demain 25 ; que le duc de Reggio doit faire occuper Cobourg, pour être sur-le-champ en communication avec le général Bertrand, y réunir le 12º corps, et pouvoir appuyer le général Bertrand dans sa position à Saalfeld.

Faites connaître au duc de Reggio la position de l'armée et celle du général Marchand ; que j'aurai demain mon quartier général à Erfurt ; que les Bavarois occupent Bamberg et Baireuth, qu'ils paraissent n'avoir d'autre ordre de leur souverain que de garder leurs frontières ; qu'il doit du moins en tirer tous les renseignements qu'ils auraient sur la position de l'ennemi à la droite ; qu'en cas de réunion sur Saalfeld du général Bertrand avec le général Marchand ou tout autre, le plus ancien aura le commandement ; qu'il laisse continuer au général Bertrand le détail de ce qui est relatif à l'organisation de son artillerie et des équipages militaires à Augsburg.

NAPOLÉON.

D'après l'original. Dépôt de la guerre.

19901. — A JÉRÔME NAPOLÉON, ROI DE WESTPHALIE,
À CASSEL.

Mayence, 24 avril 1813.

Mon Frère, je pars à sept heures du soir pour passer à Francfort après dix heures. Je continuerai ma route sans m'arrêter jusqu'à Erfurt. Je vous verrai avec plaisir aussitôt que votre présence ne sera plus nécessaire à Cassel. Je pense que dans ce moment il pourrait y avoir de l'inconvénient à ce que vous quittiez cette ville; mais, aussitôt que l'ennemi sera rejeté sur la rive droite de la Saale, et que la rive gauche sera entièrement libre de partis ennemis, je vous verrai avec grand plaisir.

NAPOLÉON.

D'après l'original comm. par S. A. I. le prince Jérôme.

19902. — A FRÉDÉRIC, ROI DE WURTEMBERG,

À STUTTGART.

Mayence, 24 avril 1813.

Monsieur mon Frère, je reçois la lettre de Votre Majesté du 23 avril. Je la remercie des renseignements qu'elle me donne sur Torgau. Si la nouvelle est sûre, je suis surpris que le roi de Saxe ne me l'ait pas fait connaître; mais il paraît qu'il y a beaucoup d'intrigues auprès de ce respectable souverain. Je renvoie ce courrier à Votre Majesté pour qu'elle puisse m'instruire des premières nouvelles qu'elle recevra, soit de l'ennemi, soit de la Saxe, soit de l'Autriche. Je prie Votre Majesté de me faire connaître ce qu'en dernière analyse elle pense des dispositions de l'Autriche. Le prince Schwarzenberg m'a apporté les assurances les plus positives, et l'empereur écrit dans le même sens à l'Impératrice. J'ai demandé au prince de Schwarzenberg si le corps du général Frimont, qui est du côté de Cracovie, est sous mes ordres; sur sa réponse affirmative, je viens de prévenir le général autrichien de se tenir prêt à dénoncer l'armistice lorsque je lui en enverrai l'avis; et, en effet, je lui en enverrai l'ordre aussitôt que j'aurai passé la Saale.

Dans les propositions qu'a faites l'Autriche, elle n'a éprouvé aucun obstacle de ma part; mais le prince Schwarzenberg, qui a retardé longtemps son départ pour attendre la réponse de l'empereur de Russie, m'a assuré qu'il n'en était pas venu. Une proposition avait été faite par l'Autriche de réunir un congrès à Prague, et j'y avais adhéré de tout mon cœur; mais il paraît que la Russie n'a pas répondu.

Peut-être ne serait-il pas hors de propos que Votre Majesté et le roi de Bavière fissent quelques instances auprès de la cour de Saxe pour l'engager à persister dans le système de la Confédération. Je n'en ai encore fait rien dire à la Bavière, que l'on m'assure devoir être très-surprise du départ du roi de Saxe. J'attendrai de connaître quelle est l'opinion de Votre Majesté là-dessus.

Je pars ce soir pour être demain à Erfurt.

Les nouvelles du vice-roi, qui a toujours sa gauche à l'embouchure de la Saale et sa droite au Harz, sont que l'ennemi se dégarnit devant lui. L'opinion de ce quartier général est que l'ennemi se rapproche de ses ponts de Dessau. Toute mon armée, hormis une division de la Garde, qui arrivera aujourd'hui à Francfort, et le 12º corps, que commande le duc de Reggio, dont le quartier général sera demain ou après à Bamberg, a passé les montagnes de la Thuringe. Votre Majesté ne doit ajouter foi à aucune des nouvelles que l'on fait courir en Allemagne; et, tant que la guerre sera en deçà de l'Elbe, elle peut être certaine que je la préviendrai directement du moindre événement qui pourrait l'intéresser. Cela intéresse trop sa tranquillité pour que je ne le fasse pas avec plaisir.

Je me trouverais en position de finir très-promptement les affaires, si j'avais 15,000 hommes de plus de cavalerie; mais je suis un peu faible dans cette arme. Le premier but de mes opérations est de jeter l'ennemi sur la droite de la Saale, après sur la droite de la Mulde et même sur la droite de l'Elbe. J'ai en mouvement plus de 30,000 hommes de cavalerie, qui me rejoindront dans le courant de mai. Il y aura à Mayence, à la fin de mai, soixante-quatre bataillons, formant quatre divisions sous le titre de Corps d'observation de Mayence; ce corps sera composé de conscrits des six années que je viens de lever et de conscrits de 1814, placés dans d'excellents cadres venant d'Espagne. Ils auront leur artillerie, leur cavalerie. J'aurai en outre deux divisions de ma Garde, de quatorze bataillons chacune, dont une à Würzburg, où elle sera commandée par le général Delaborde, et l'autre à Aschaffenburg. J'aurai à la même époque, réuni sur l'Adige, le corps d'observation de Vérone, fort de quatre-vingts bataillons : mon intention est de laisser ces troupes sur mes derrières pendant juin et juillet. J'annonce ceci à Votre Majesté pour sa tranquillité.

Tous les calculs possibles me portent à penser que l'Autriche persistera dans son système ou sera neutre ; mais, si elle se déclarait contre moi, je me crois, au mois de juillet, délai qui lui serait nécessaire à elle-même pour se préparer, en mesure de faire face à cet accroissement de forces contre moi.

NAPOLÉON.

D'après la copie comm. par le gouvernement de S. M. le roi de Wurtemberg.

19903. — AU GÉNÉRAL DUROC, DUC DE FRIOUL,
GRAND MARÉCHAL DU PALAIS, À ERFURT.

Erfurt, 25 avril 1813.

Donnez ordre au commissaire des guerres et au commandant de la place de faire faire du pain dans la nuit et dans la journée de demain, de manière qu'il y ait demain au soir 50,000 rations de pain à Erfurt. Si les habitants avaient le moyen d'en faire sans qu'on leur fournît des farines, l'intendant pourrait taxer le pain qu'ils fourniraient et qu'on payerait comptant. Ainsi, si les habitants pouvaient s'engager à fournir 200,000 rations de pain, à raison de 50,000 par jour, à compter de demain, on leur payerait ces 200,000 rations au prix qui serait déterminé selon les mercuriales, et le payement se ferait sur-le-champ.

Il n'y a ici que des approvisionnements de siége auxquels je ne veux pas toucher ; il n'y a aucun approvisionnement de réserve : il est de la plus haute importance d'en avoir un. Réunissez cette nuit l'intendant et deux ou trois des principaux membres de l'administration du pays, ainsi que le commissaire des guerres, et avisez aux mesures à prendre pour arriver à ce résultat. Le premier résultat est qu'il faut demain 50,000 rations de pain, et qu'il m'en faut dans l'espace de quatre jours 200,000. On dit qu'on peut faire ici 100,000 rations de pain par jour. Ce que les habitants fourniraient, je le ferais payer comptant, au prix qui sera réglé dans cette assemblée que vous tiendrez, et, comme je vous l'ai dit, selon les mercuriales. Il faudrait qu'en conséquence les habitants fournissent, en bon pain de munition, 50,000 rations demain, et ainsi de suite pendant trois jours. Il faut savoir si, moyennant le payement comptant que j'en ferai, ils pourraient continuer cette fourniture, puisqu'ils pourraient se réapprovisionner.

Mon intention est d'avoir 2 millions de rations de farine en réserve à Erfurt, autant d'eau-de-vie, autant de viande sur pied, et enfin d'avoir 2 millions de boisseaux d'avoine. Comment peut se faire la répartition de toutes ces quantités entre tous les pays voisins? J'ai fait demander à Gotha 3,000 quintaux de farine et 7,000 de grains, seigle et froment, 100,000 boisseaux d'avoine, un million de rations de viande. S'il fallait de l'argent pour arriver promptement à ce résultat, et qu'on ne payât tout qu'à sa juste valeur, je ne verrais pas d'inconvénient à en fournir.

Enfin il est nécessaire d'avoir à Erfurt des hôpitaux pour 4,000 malades, d'établir sur-le-champ les locaux, et de pourvoir à tout ce qui est nécessaire. Je n'entends pas que ce soit aux frais de la ville, je payerai tout. Mais il y a un tas d'objets de détail qu'on ne peut pas porter; il faut les requérir et les faire faire dans le pays voisin.

Enfin, il faut que sur-le-champ l'administration fasse le recensement des moulins de la principauté; ils doivent fournir 1,000 quintaux de farine par jour, et il faut ordonner à chaque meunier de moudre et d'apporter chaque jour telle quantité de farine à Erfurt, qui sera payée comptant et au prix des mercuriales réglé par l'administration. Par ce moyen, on pourrait se procurer 1,000 quintaux de farine par jour. Il faudrait aussi répartir la viande entre les communes et les obliger à la fournir, sauf à la faire payer de suite.

D'après la minute. Archives de l'Empire.

19904. — AU PRINCE DE NEUCHÂTEL ET DE WAGRAM,
MAJOR GÉNÉRAL DE LA GRANDE ARMÉE, À ERFURT.

Erfurt, 26 avril 1813, sept heures du matin.

Mon Cousin, envoyez l'ordre au duc de Raguse de diriger la division Compans sur Weissensee, d'où elle poussera des postes sur Kœlleda, la 3e division sur Gotha, et la 1re en colonne dans les villages entre Erfurt et Gotha; le quartier général à Gotha; le parc général et les équipages militaires à Gotha. Telle doit être la position de ce corps ce soir. Le général Compans aura ordre de bivouaquer ce soir en carré, et jusqu'à ce qu'il y ait des nouvelles du vice-roi, qui doit venir par Querfurt, et du maréchal Ney, qui doit être sur la hauteur de Naumburg. S'il entendait du canon du côté de Naumburg, il s'en approcherait pour concourir à l'affaire. La 1re division doit être placée de manière que la tête de la 1re brigade puisse arriver demain à Weimar, s'il le fallait.

NAPOLÉON.

D'après l'original. Dépôt de la guerre.

19905. — AU PRINCE DE NEUCHÂTEL ET DE WAGRAM,
MAJOR-GÉNÉRAL DE LA GRANDE ARMÉE, À ERFURT.

Erfurt, 26 avril 1813, une heure après midi.

Mon Cousin, donnez ordre au duc de Raguse de porter demain son quartier général à Erfurt; de porter la division Bonet en colonne depuis Erfurt jusqu'à Weimar, la 3e division en colonne depuis Gotha jusqu'à Erfurt, et la 1re division à Weissensee et Kœlleda. Ordonnez au général Compans d'envoyer un officier à Naumburg pour se mettre en communication avec le prince de la Moskova. Donnez ordre que le régiment provisoire, composé de 900 chevaux, se réunisse tout entier demain en avant d'Erfurt; il sera sous les ordres du duc d'Istrie. Le régiment de Hesse-Darmstadt, composé de vieux soldats, fera partie du corps du duc de Raguse; chargez ce maréchal d'envoyer à la rencontre de ce régiment, pour qu'il ne s'arrête pas en route. Donnez ordre également au duc d'Istrie d'envoyer prendre le régiment provisoire et de le réunir à la Garde. Ce régiment figurera bien en ligne derrière la Garde et ne ferait rien isolément. S'il n'y a pas de général de brigade qui commande ce régiment, chargez-en le général Beaumont, qui est ici, et recommandez au duc d'Istrie de le tenir derrière la Garde et de n'en détacher aucune partie. Donnez ordre au duc de Trévise de porter ce soir son quartier général à Weimar et d'y faire venir toute la jeune Garde aussitôt que le prince de la Moskova aura évacué le pays. Donnez ordre que tout le quartier général administratif vienne se placer à Erfurt. Donnez ordre au duc d'Istrie de reconnaître un emplacement pour pouvoir placer sa cavalerie et le régiment provisoire autour de Weimar et en avant, dans la direction de Naumburg et d'Iena.

NAPOLÉON.

D'après l'original. Dépôt de la guerre.

19906. — AU MARÉCHAL NEY, PRINCE DE LA MOSKOVA,
COMMANDANT LE 3° CORPS DE LA GRANDE ARMÉE, À WEIMAR.

Erfurt, 26 avril 1813, une heure après midi.

Le major général vous fait connaître mes instructions pour le mouvement. Je donne ordre au duc de Trévise de porter son quartier général ce soir à Weimar. La Garde est en colonne d'Erfurt à Weimar. Aussitôt que vous aurez évacué les environs de Weimar, le duc de Trévise et le duc d'Istrie y placeront la Garde. J'ai donné ordre au général Compans de se porter de Langensalza à Weissensee, où il sera ce soir. Je lui ai donné ordre, s'il entendait le canon du côté de Naumburg, de s'y porter sur-le-champ. Faites-le reconnaître pour l'attirer à vous, si vous en aviez besoin. J'ai ordonné que vos 200,000 rations de biscuit restassent à Erfurt, afin qu'en cas de retraite et à tout événement nous puissions les y retrouver.

Le 4° corps, que commande le général Bertrand, sera composé de la division Morand, de la division italienne et de la division wurtembergeoise.

J'ai formé un 12° corps sous les ordres du duc de Reggio, qui est aujourd'hui à Cobourg. Ce corps est composé de deux divisions françaises et de deux divisions bavaroises.

Votre corps restera composé de cinq divisions, dont quatre françaises et la division Marchand, où se trouvent les Hessois, les Badois et les troupes du prince Primat. Retirez le bataillon du prince Primat, qui est à Würzburg et qui y est inutile, afin d'en augmenter la division Marchand.

Je porterai demain mon quartier général à Weimar, et j'ordonne à mon petit service de suivre votre quartier général. Je suppose que votre quartier général sera ce soir du côté d'Auerstædt. J'ordonne au général Bertrand, avec ses trois divisions, de se placer sur les hauteurs de Weimar; il fera garder Iena. C'est vous qui serez chargé de garder les débouchés de Dornburg, où vous pourrez placer la division Marchand.

Le vice-roi me mande, en date du 22 au soir, qu'il s'est porté sur Kœthen; que l'ennemi l'a évacué en se dirigeant sur Dessau. Je suppose que ce prince aujourd'hui aura occupé Halle et Merseburg. Le duc de Raguse aura demain son quartier général à Erfurt.

Le roi de Bavière a levé toutes les difficultés que faisaient les Bavarois; ils ont une division de 10,000 hommes, qui complète le corps du duc de Reggio.

Je désire que vous remarquiez dans toutes ces dispositions que votre corps seul est maintenu à cinq divisions. Voyez-y une preuve de la parfaite estime que je fais de vous.

Pour ce moment, ma grande affaire c'est de me réunir au vice-roi et de border toute la Saale depuis Saalfeld jusqu'à l'embouchure de la Saale dans l'Elbe. Il est nécessaire que Naumburg soit mis à l'abri des Cosaques.

D'après la minute. Archives de l'Empire.

19907. — A JÉRÔME NAPOLÉON, ROI DE WESTPHALIE,
À CASSEL.

Erfurt, 26 avril 1813, une heure après midi.

Mon Frère, vous trouverez ci-jointe une lettre pour le vice-roi; envoyez-la-lui en toute diligence. Si vous n'êtes pas inquiété du côté du Weser, approchez-vous d'Artern et de Querfurt avec votre cavalerie, votre infanterie, votre artillerie et la division Teste. Cependant que cela soit subordonné avant tout à la sûreté de votre royaume.

Je porte ce soir mon quartier général à Weimar. Le prince de la Moskova, avec cinq divisions, a son quartier général à Auerstædt, occupant Naumburg. Le général Bertrand, avec le 4e corps, occupe Iena. Le duc de Reggio, avec son corps, occupe Saalfeld. Ma Garde sera ce soir à Weimar. Le duc de Raguse aura demain son quartier général à Erfurt. Le général Compans sera ce soir à Weissensee.

Si vous pouviez avoir seize ou vingt-quatre pièces de canon, 15 ou 1,800 chevaux et n'importe quelle quantité d'infanterie, tout cela ne pourrait qu'être fort utile. Faites placer également les bataillons de la division Teste, et commandez vous-même ce corps.

Envoyez des courriers au général Vandamme pour l'instruire de ce qui se passe; envoyez-en au général Lemarois, et, à Paris, à la Reine, pour l'informer de tout autant que possible.

Donnez ordre à vos préfets de Mühlhausen et de Nordhausen de réunir autant de farine et de bœufs qu'il sera possible et de les diriger sur Naumburg, pour la nourriture de l'armée.

Je n'ai pas de nouvelles de vous depuis le 22.

NAPOLÉON.

D'après la copie comm. par S. A. I. le prince Jérôme.

19908. — A EUGÈNE NAPOLÉON,
VICE-ROI D'ITALIE, COMMANDANT L'ARMÉE DE L'ELBE, À MANSFELD.

Erfurt, 26 avril 1813, une heure après midi.

Mon Fils, je suppose que vous serez aujourd'hui à Halle et Merseburg. Le prince de la Moskova a son quartier général à Auerstædt et occupe Naumburg. Une division du 6ᵉ corps que commande le duc de Raguse sera ce soir à Weissensee. Je porte cette nuit mon quartier général à Weimar. Le général Bertrand a son quartier général en arrière d'Iena, occupant Iena par des troupes légères. Le duc de Reggio a son quartier général à Saalfeld. Je ne sais pas bien où est la 1ʳᵉ division du 1ᵉʳ corps, ni la situation de votre cavalerie. Je suppose que l'ennemi, voyant les mouvements sérieux qui se font, aura rappelé tous les coureurs qu'il avait détachés de Hambourg sur le Weser.

Mon premier but est d'occuper la Saale et de faire, le plus tôt possible, réoccuper Hambourg : la 2ᵉ division et la 6ᵉ, ainsi que la division Saint-Cyr, doivent être suffisantes pour cette opération. Vous aurez fait revenir le général Bourcier à Hanovre; pressez-le donc pour qu'il se dépêche de vous envoyer de la cavalerie et de compléter votre corps. J'ai déjà ici 4,000 hommes, composés de différents détachements destinés aux 1ᵉʳ et 2ᵉ corps. Ma seconde opération sera d'occuper l'Elbe. Faites-moi connaître ce qui forme la garnison de Magdeburg.

NAPOLÉON.

D'après la copie comm. par S. A. I. Mᵐᵉ la duchesse de Leuchtenberg.

19909. — AU MARÉCHAL AUGEREAU, DUC DE CASTIGLIONE,
COMMANDANT LE 11ᵉ CORPS DE LA GRANDE ARMÉE, À WÜRZBURG.

Erfurt, 26 avril 1813.

Mon Cousin, je porte ce soir mon quartier général à Auerstædt. Le prince de la Moskova est, avec cinq divisions, à Naumburg; le général Bertrand, avec trois divisions, à Iena. Je serai ce soir avec six divisions à Weimar. Le duc de Reggio marche avec trois divisions sur Saalfeld.

Donnez ordre au bataillon du prince Primat, qui est à Würzburg, de se diriger sans délai sur Erfurt.

Donnez ordre au duc de Plaisance de partir avec les troupes de cavalerie appartenant à la 1ʳᵉ division de marche du 1ᵉʳ corps de cavalerie et avec celles de la 1ʳᵉ division de marche du 2ᵉ corps de cavalerie, en se dirigeant sur Gotha.

NAPOLÉON.

D'après l'original comm. par M. le général duc de Mortemart.

19910. — AU PRINCE CAMBACÉRÈS,
ARCHICHANCELIER DE L'EMPIRE, À PARIS.

Erfurt, 26 avril 1813.

Mon Cousin, je reçois votre lettre du 22 avril. Le ministre de la marine, jusqu'à cette heure, n'est jamais sorti de la ligne pour les nominations de marins : hormis pour les grades supérieurs, je m'en rapporte à lui.

Il n'a pas été question, dans l'ordre de service, des gouvernements généraux de la Hollande, du Piémont et de la Toscane, parce que cela ne forme pas une différence d'avec le reste de l'Empire.

Je pense que le ministre de la police ne doit adresser ses rapports de police qu'à vous, et que vous ne devez montrer à l'Impératrice que ce qu'il est bon qu'elle sache : il est inutile de lui parler de choses qui pourraient l'inquiéter ou salir son esprit. Vous avez eu donc tort de préjuger la question. Vous trouverez ci-jointe la lettre que j'écris à ce sujet au ministre de la police. La même chose doit être pour tous les ministres; ils ne doivent pas parler à l'Impératrice de choses qui pourraient l'inquiéter ou la peiner.

NAPOLÉON.

D'après la copie comm. par M. le duc de Cambacérès.

19911. — AU GÉNÉRAL SAVARY, DUC DE ROVIGO,
MINISTRE DE LA POLICE GÉNÉRALE, À PARIS.

Erfurt, 26 avril 1813.

Mon intention n'est pas que vous remettiez directement à l'Impératrice vos mémoires sur les affaires de police. Ce ne peut avoir aucun avantage et j'y vois des inconvénients. L'Impératrice est trop jeune pour lui gâter l'esprit ou l'inquiéter par des détails de police. Vous ne devez donc adresser qu'à l'archichancelier la copie des rapports que vous me remettez. L'archichancelier ne lui remettra que ce qu'il est bon qu'elle sache, et en traitant ces sortes d'affaires le plus légèrement possible.

D'après la minute. Archives de l'Empire.

19912. — AU MARÉCHAL NEY, PRINCE DE LA MOSKOVA,
COMMANDANT LE 3ᵉ CORPS DE LA GRANDE ARMÉE, À AUERSTÆDT.

Erfurt, 27 avril 1813, huit heures du matin.

Je reçois votre lettre où je vois que vous avez, ce matin 27, votre quartier général à Auerstædt. Le général Compans avec sa division sera tout réuni à midi à Weissensee; il doit occuper demain Kœlleda. Le vice-roi s'est porté le 23 sur Kœthen, où ses reconnaissances ont trouvé un bivouac d'infanterie; il a fait occuper Eisleben. Il y a des avis qui disent que Winzingerode est à Merseburg. Si le général Souham est entré à Naumburg, on aura des nouvelles certaines. Il serait important d'envoyer une reconnaissance d'infanterie sur Freiburg, pour voir s'il n'y aurait pas un chemin qui conduit à Freiburg sans passer par Naumburg. J'espère qu'aujourd'hui le vice-roi se trouvera à Querfurt, et que la jonction sera opérée. L'occupation d'Iena, de Dornburg, Naumburg, Merseburg, Halle, voilà mon premier projet. On pourra aussi occuper Weissenfels, s'il y a un pont sur la Saale et une route par la rive gauche. Tous les mouvements doivent se faire derrière la Saale comme derrière un rideau, et aucun sur la rive droite.

Je suppose que je ne tarderai pas à avoir des nouvelles des coups de canon que vous me dites avoir entendus du côté de Naumburg hier au soir.

D'après la minute. Archives de l'Empire.

19913. — AU PRINCE DE NEUCHÂTEL ET DE WAGRAM,
MAJOR GÉNÉRAL DE LA GRANDE ARMÉE, À ERFURT.

Erfurt, 27 avril 1813.

Mon Cousin, j'ai donné ordre de faire reconnaître la route de Würzburg à Fulde, celle de Würzburg à Meiningen et Gotha, et celle de Francfort à Gotha; il est nécessaire de compléter la reconnaissance de toutes les routes qui traversent les montagnes de Thuringe. Faites partir le nombre d'ingénieurs géographes nécessaire pour faire les reconnaissances suivantes : 1° la route d'Erfurt à Meiningen par Ichtershausen et traversant la montagne à Oberhof; elle complétera la reconnaissance ordonnée de Meiningen à Würzburg; 2° la route de Schweinfurt à Erfurt par Kœnigshofen, Rœmhild, Themar, Schleusingen, Ilmenau et Ichtershausen (une autre route de Schweinfurt à Erfurt quitte la première à Rœmhild et passe à Hildburghausen et Gehren); 3° la communication entre Meiningen et Cobourg par Hildburghausen; 4° en partant de Cobourg, il faut reconnaître, à gauche, la communication par Eisfeld, Kahlert et Gehren; à droite, la route de Saalfeld par Neustadt, Judenbach et Græfenthal (il doit y avoir une communication entre Neustadt, Sonneberg et Kahlert); 5° à Saalfeld, on trouve trois routes : celle de droite sur Neustadt et Gera; celle du milieu sur Rudolstadt, Orlamünde et Iena; celle de gauche sur Blankenburg et Ilmenau (à Rudolstadt se trouvent des communications sur Weimar, 1° par Blankenhayn, 2° par Berka, 3° par Kranichfeld); il faut savoir aussi si on peut communiquer de Rudolstadt à Blankenburg et Ilmenau; 6° reste à reconnaître la route de Kronach à Schleiz; l'armée y a passé autrefois, mais on ne connaît pas les communications de droite et de gauche. Il doit y avoir des communications entre Lobenstein et Saalfeld, entre Lobenstein et Hof, entre Schleiz et Iena par Neustadt, entre Schleiz et Hof. On dit que la route entre Schleiz et Gera vient d'être réparée. Il faudrait savoir si la route entre Hof, Plauen et Gera est praticable, comme on le dit, entre Plauen et Gera.

Les ingénieurs géographes reconnaîtront avec soin ces routes; ils rendront compte si elles sont praticables ou non pour l'artillerie, décriront les défilés, bois, rivières, leur largeur, leur profondeur, les ponts, les bacs, les gués; ils indiqueront les positions susceptibles de défense, les villes et villages susceptibles d'être facilement mis à l'abri d'un coup de main.

NAPOLÉON.

D'après l'original. Dépôt de la guerre.

19914. — AU MARÉCHAL MARMONT, DUC DE RAGUSE,
COMMANDANT LE 6° CORPS DE LA GRANDE ARMÉE, À ERFURT.

Erfurt, 27 avril 1813.

Je viens de prendre dans les 123° et 134° régiments de ligne des capitaines pour les faire chefs de bataillon dans le 37° léger, des lieutenants pour les faire capitaines, des sous-lieutenants pour les faire lieutenants, et des sergents pour les faire sous-lieutenants. Mon décret va vous être envoyé par le major général. Tous ces hommes sont ici dans la citadelle. Faites-les réunir sans délai et qu'ils partent demain, à la pointe du jour, pour qu'avant midi ils soient reconnus et placés dans les compagnies : il n'y a rien de plus urgent que cela, ce régiment ne pouvant pas marcher avec les officiers ineptes qui s'y trouvent. Vous mettrez en pied les sous-lieutenants que je vous envoie et qui ont tous fait la guerre. Vous renverrez au dépôt d'Erfurt (et vous m'en remettrez la note) tous les capitaines qui n'auraient pas fait la guerre. Vous mettrez à la suite les sous-lieutenants et lieutenants qui seraient dans le même cas. Il est absurde d'avoir dans un régiment des capitaines qui n'ont pas fait la guerre. Ceux que vous renverrez au dépôt, on verra dans la campagne ce qu'on en fera; mais, en attendant, le commandement sera dans la main des hommes que je vous envoie.

D'après la minute. Archives de l'Empire.

19915. — AU GÉNÉRAL CLARKE, DUC DE FELTRE,
MINISTRE DE LA GUERRE, À PARIS.

Erfurt, 27 avril 1813.

Je viens de voir le 37ᵉ d'infanterie légère; il est impossible de voir un plus beau corps en soldats, mais il est impossible en même temps d'en voir un plus mauvais en officiers. Si votre bureau avait pris à tâche de nommer les officiers les plus ineptes de France, il n'aurait pas mieux réussi : ces officiers sont la risée des soldats. Effectivement, ils sont tous tirés des bataillons coloniaux, du service hollandais ou de la garde nationale des Pyrénées et de l'Escaut; la plupart des capitaines n'ont jamais vu le feu. Chaque jour ne fait qu'ajouter à mon mécontentement du travail de vos bureaux dans la partie la plus importante du service : l'organisation. Je désire que vous ne perdiez pas votre temps à vous occuper de police; employez-le à l'organisation de l'armée. Je vais être obligé de destituer et de renvoyer tous ces officiers.

Vous m'envoyez aussi des jeunes gens qui sortent des colléges et qui n'ont pas été à l'école de Saint-Cyr, de manière qu'ils ne savent rien, et c'est dans de nouveaux régiments que vous les placez! Il est impossible de plus mal servir que ne fait ce bureau de votre ministère. Je vous ai ordonné de mettre à la tête de ce bureau un officier général responsable; je regarde cette fonction comme la principale de votre ministère, et c'est celle dont vous vous occupez le moins.

Je vous avais donné ordre aussi, avant mon départ, de faire partir pour Mayence les 88 officiers venant d'Espagne; vous n'en avez rien fait;

vous n'en avez envoyé l'état ni au prince de Neuchâtel, ni au duc de Valmy, ni à moi. J'ai le plus grand besoin de ces officiers, qui me font un vide considérable; il ne vous aurait pas coûté beaucoup de m'en envoyer l'état. On ne sait ni où ces hommes ont été dirigés, ni où ils sont, ni ce qu'ils font.

D'après la minute. Archives de l'Empire.

19916. — A EUGÈNE NAPOLÉON,
VICE-ROI D'ITALIE, COMMANDANT L'ARMÉE DE L'ELBE, À EISLEBEN.

Erfurt, 28 avril 1813, trois heures du matin.

Mon Fils, je reçois votre lettre du 26; je n'ai point encore de lettre de vous du 27. Je vois par cette lettre que le général Lauriston était devant Wettin et que la 31ᵉ division devait être à Querfurt le 27, et, comme le 26 au soir le général Souham était à Naumburg, et le prince de la Moskova à Auerstædt, j'espère que la jonction se sera faite hier 27, et au plus tard aujourd'hui 28. Le prince de la Moskova fera occuper Weissenfels sur la Saale. Il me tarde d'apprendre que vous serez à Merseburg et que la jonction soit faite.

Envoyez-moi sur-le-champ l'état de situation de votre corps d'armée et me faites bien connaître où chaque chose se trouve, tant votre artillerie que votre cavalerie. Faites appuyer toute ma Garde sur votre droite, désirant le plus tôt possible la réunir avec le reste de la Garde qui est à Weimar. Portez votre quartier général aussi près de nous que cela vous paraîtra convenable.

Vous savez que mon principe est de déboucher en masse; c'est donc en masse que je veux passer la Saale avec 300,000 hommes.

Procurez-vous du pain pour quelques jours. Envoyez-moi un officier d'artillerie qui connaisse parfaitement votre artillerie et où existent vos munitions et surtout vos pièces de 12, également tout le personnel de votre artillerie à cheval et tous les moyens de pontonniers que vous avez.

NAPOLÉON.

D'après la copie comm. par S. A. I. Mᵐᵉ la duchesse de Leuchtenberg.

19917. — AU MARÉCHAL NEY, PRINCE DE LA MOSKOVA,

COMMANDANT LE 3ᵉ CORPS DE LA GRANDE ARMÉE, À NAUMBURG.

Erfurt, 28 avril 1813, trois heures et demie du matin.

La 31ᵉ division, commandée par le général Gérard, doit être arrivée hier 27 à Querfurt. Si votre jonction n'a pas été faite hier au soir, elle doit l'être dans la journée d'aujourd'hui. Le 26, le quartier général était à Mansfeld; une division occupait Alsleben; une autre était vis-à-vis Wettin.

Le général Brenier a évacué Iena avant que le général Marchand y fût arrivé, ce qui a donné lieu à un parti de 200 hommes de cavalerie ennemie d'entrer dans la ville, d'y prendre plusieurs otages et des traînards. Le général Marchand n'est arrivé qu'une heure après. Cette faute grossière et cette manière de faire la guerre peuvent compromettre toutes mes opérations. Quand vous donnez un ordre, veillez désormais à ce qu'un poste ne soit évacué qu'après qu'il est remplacé; un débouché comme Iena méritait bien ce soin. Témoignez mon mécontentement au général Brenier; c'est perdre des hommes bien inutilement et faire courir des dangers à l'armée par pure imprévoyance.

Il doit y avoir à Weissenfels un pont sur la Saale et un chemin qui conduit du côté de Querfurt; il serait convenable de s'emparer de cette ville. Je désirerais, s'il est possible, qu'on passât par la rive gauche. Faites palissader dans la journée la tête du pont de Naumburg, surtout sur la route de Merseburg. Je suppose que vous aurez fait occuper Freiburg, afin d'avoir votre communication avec Merseburg.

Thorn s'est rendu le 16 avril. La garnison était réduite par les maladies à 900 Bavarois; ils ont obtenu pour capitulation de retourner en Bavière, avec la simple condition de ne pas servir pendant l'année actuelle. L'officier d'état-major qui a apporté cette nouvelle a laissé le général Barclay de Tolly près de Thorn, avec toute son armée. Ce général était chargé de Thorn et de Danzig.

D'un autre côté, il est certain que le corps du général Sacken est du côté de Cracovie contre les Autrichiens et les Polonais. Les Russes ne peuvent donc point être en mesure de nous disputer sérieusement l'Elbe, et, comme Wittgenstein est assez audacieux, en débouchant avec de fortes masses, on peut lui faire éprouver beaucoup de pertes.

Je pense que le premier point sera d'arriver à Leipzig. Le vice-roi pourrait déboucher par Merseburg.

Il paraît qu'il y a eu une affaire assez chaude à Stettin, où l'ennemi a été brossé et a perdu beaucoup de monde. Ils ont voulu prendre d'assaut Spandau et ont fait sauter un magasin à poudre; ils y ont perdu 1,200 hommes. Enfin il paraît qu'ils ont brûlé Wittenberg, mais n'ont pas pu le prendre; ayant tenté un assaut, ils y ont perdu beaucoup de monde. Ces nouvelles paraissent certaines.

La grande affaire en ce moment, c'est la jonction. Faites passer cette lettre au vice-roi.

D'après la minute. Archives de l'Empire.

19918. — A JÉRÔME NAPOLÉON, ROI DE WESTPHALIE,
À ESCHWEGE.

Erfurt, 28 avril 1813, quatre heures du matin.

Mon Frère, je reçois votre lettre du 27, par laquelle vous m'instruisez que vous serez aujourd'hui 28 à Eschwege et demain à Erfurt. Si vous avez quelque inquiétude pour Hanovre, dirigez vos forces de ce côté; si vous n'avez pas d'inquiétude pour Hanovre, envoyez toutes vos forces qui sont à Nordhausen sur Querfurt, et toutes celles que vous avez du côté de Mühlbausen sur Weissensee. Ces deux colonnes se réuniront sur la Saale par les ordres ultérieurs que vous leur donnerez d'Erfurt, et vous pourrez ainsi assister, à la tête de toutes vos forces, infanterie, cavalerie et artillerie, y compris votre garde, au mouvement que je vais faire pour jeter l'ennemi de l'autre côté de l'Elbe.

Donnez ordre à vos préfets de Mühlbausen et de Nordhausen d'expédier sur Naumburg la plus grande quantité de subsistances qu'il sera possible, des farines, des bœufs et de la viande.

NAPOLÉON.

D'après la copie comm. par S. A. I. le prince Jérôme.

19919. — AU PRINCE DE NEUCHÂTEL ET DE WAGRAM,
MAJOR GÉNÉRAL DE LA GRANDE ARMÉE, À ERFURT.

Erfurt, 28 avril 1813, huit heures du matin.

Mon Cousin, donnez ordre au duc de Raguse de porter ce soir son quartier général à Weimar; de faire partir la division Bonet pour prendre militairement position, et au bivouac, en avant de Weimar, sur les routes de Naumburg, éclairant la route d'Iena par un bataillon; de donner ordre à sa 3ᵉ division de dépasser Erfurt et de se placer en colonne dans les cantonnements entre Erfurt et Weimar; à la division Compans, qui doit être à Kœlleda, de s'approcher de Naumburg, en ne faisant pas cependant une trop grande marche, mais de manière à pouvoir y être demain, s'il est nécessaire.

Donnez ordre sur-le-champ au duc d'Istrie et au duc de Trévise de partir de Weimar avec la Garde à pied et à cheval, ainsi qu'avec mon service, pour faire six lieues sur le chemin de Naumburg, arriver à Auerstædt ce soir, si la journée n'est pas trop forte, et, si elle était trop forte, rester en deçà d'Auerstædt; les troupes bivouaqueront; la cavalerie sera dans les villages. Faites connaître que je vais partir, que j'arriverai à Weimar au moment où l'infanterie partira, voulant marcher à la tête de l'infanterie.

Instruisez de ces dispositions le prince de la Moskova; prévenez-en également le général Bertrand; qu'il fasse connaître à quelle heure il aura occupé Iena; qu'il est nécessaire qu'il fasse venir la division italienne, afin de pouvoir demain se porter sur Naumburg.

D'après l'original non signé. Dépôt de la guerre.

19920. — AU PRINCE DE NEUCHÂTEL ET DE WAGRAM,
MAJOR GÉNÉRAL DE LA GRANDE ARMÉE, À ERFURT.

Erfurt, 28 avril 1813, neuf heures du matin.

Mon Cousin, prévenez le duc de Raguse, le duc d'Istrie, le duc de Trévise, le duc de Reggio, le général Bertrand, le prince de la Moskova, que le quartier général sera ce soir à Eckartsberga, chemin de Weimar à Naumburg.

Faites connaître au duc de Reggio qu'il est nécessaire qu'il se presse d'arriver à Saalfeld et d'appuyer sur Iena, d'occuper Rudolstadt et de se lier avec Iena; que j'espère qu'il sera demain à Saalfeld; que nous avons passé la Saale à Naumburg; que ce soir le quartier général sera près d'Auerstædt, au village d'Eckartsberga; que le duc de Raguse est à Weimar et le général Bertrand à Iena.

Napoléon.

D'après l'original. Dépôt de la guerre.

19921. — AU MARÉCHAL BESSIÈRES, DUC D'ISTRIE,
COMMANDANT LA GARDE IMPÉRIALE, À WEIMAR.

Erfurt, 28 avril 1813, neuf heures du matin.

Mon Cousin, j'arriverai à midi à Weimar; je ne m'arrêterai qu'un quart d'heure pour voir la duchesse; je monterai de suite à cheval pour me mettre à la tête de la Garde. La Garde à pied et à cheval peut donc filer, puisque vous ne pourrez vous mettre en route avant onze heures, et qu'ainsi je trouverai toujours la queue de vos troupes dans Weimar; d'ailleurs la tête de la division Bonet ne tardera pas à y arriver. Mon intention est de porter ce soir mon quartier général à Eckartsberga; ce n'est donc pas la route d'Auerstædt qu'il faut prendre, mais celle d'Eckartsberga. La 31ᵉ division du vice-roi a dû être hier à Querfurt. Il serait bien important de communiquer.

Napoléon.

P. S. Envoyez des coureurs en avant pour savoir si le pont de Naumburg est gardé, et envoyez aussi un détachement de vingt-cinq coureurs pour marcher le plus loin possible dans la direction de Querfurt. Instruisez-les que mon quartier général sera à Eckartsberga. Dites au duc de Weimar que je désire qu'il envoie un de ses courriers à Querfurt; il sera porteur d'une lettre de vous au général commandant le corps du vice-roi pour l'instruire que nous avons passé la Saale à Naumburg, que le quartier général sera ce soir à Eckartsberga, que l'Empereur aura là dans la la main plus de 200,000 hommes. Ce coureur ira vite. Vous lui direz que, s'il a l'esprit de m'apporter le premier la nouvelle de l'arrivée du vice-roi, il aura 50 napoléons. Si vous aimez mieux en charger le maître de poste, vous pouvez le faire.

D'après l'original comm. par M. le duc d'Istrie.

19922. — A JÉRÔME NAPOLÉON, ROI DE WESTPHALIE,
À CASSEL.

Erfurt, 28 avril 1813, onze heures du matin.

Je reçois votre lettre du 27 avril. Je vous avais écrit ce matin. Mon quartier général sera, à deux heures après midi, à Eckartsberga, point situé près d'Auerstædt, à six lieues de Weimar et quatre de Naumburg; le prince de la Moskova est à Naumburg avec tout son corps; le duc de Raguse est campé en avant de Weimar; le général Compans, qui était à Weissensee et à Kœlleda, va se placer aujourd'hui à la hauteur d'Eckartsberga, à quatre lieues de Naumburg. Le 4e corps est à Iena, commandé par le général Bertrand; le 12e corps, commandé par le duc de Reggio, doit arriver demain à Saalfeld. Envoyez sur-le-champ un officier au vice-roi pour le prévenir de ces nouvelles. J'espère que nos communications se feront aujourd'hui par Naumburg; une de ses divisions était hier à Querfurt. Donnez l'ordre au général Hammerstein d'envoyer en poste un officier sur Naumburg pour m'instruire où il est. Ordonnez-lui de se diriger sur Naumburg et de me faire connaître où il se trouve; qu'il envoie des officiers en poste pour communiquer avec le vice-roi, et que ces officiers viennent m'en rendre compte à Eckartsberga.

Envoyez un courrier à la Reine pour l'instruire que j'ai passé la Saale, ainsi que des succès du général Sebastiani.

Ordonnez à votre ministre auprès du roi de Saxe de se rendre à Prague auprès de ce monarque, pour observer ce qui se fait.

Envoyez un courrier au roi de Wurtemberg pour l'instruire du passage de la Saale et de la bonne situation des choses actuelles.

Je pense que vous faites bien de rester à Cassel. Si vous avez votre régiment de cavalerie de la garde, envoyez-le-moi; je vous le renverrai aussitôt que je serai sur l'Elbe. Je donne ordre que les six bataillons de la division Teste, au fur et à mesure de leur arrivée sur le Rhin, se portent sur Cassel, où vous réunirez toute la division. Envoyez-nous des farines et des bœufs sur Naumburg.

Écrivez au prince d'Eckmühl, à Lemarois et à Sebastiani pour les instruire de la situation des choses; et, quoique je suppose que notre réunion se fasse aujourd'hui, cependant, jusqu'à ce que je vous aie fait dire qu'elle est faite, instruisez-moi de tout ce que vous apprendrez du vice-roi. Envoyez des officiers intelligents en poste, et qu'ils viennent me rendre compte. Dites à Lemarois d'envoyer un courrier à Amsterdam, à l'architrésorier, pour lui donner des nouvelles.

D'après la minute. Archives de l'Empire.

19923. — A M. MARET, DUC DE BASSANO,
MINISTRE DES RELATIONS EXTÉRIEURES, À PARIS.

Erfurt, 28 avril 1813.

Monsieur le Duc de Bassano, je vous envoie une lettre du comte de Mercy. Je ne puis qu'être extrêmement mécontent de la manière dont je suis secondé par le ministère des relations extérieures. Vous me laissez les missions près les cours de Bavière et de Saxe incomplètes dans un moment aussi important! A Munich, où aujourd'hui il faudrait le plus de monde possible, vous n'avez personne! Cette manière de faire le service est fort extraordinaire; aussi jamais les affaires étrangères n'ont été plus ignorantes de ce qui se passe. Le roi de Saxe a fait une convention avec l'Autriche pour les troupes polonaises, afin de les autoriser à passer par la Bohême en posant les armes, ce qui est contraire à mes intentions, et vous n'en avez rien su. Mettez plus d'attention désormais à tenir au complet mes missions et à ce qu'elles veillent avec plus de soin dans les pays étrangers. Faites partir, sous vingt-quatre heures, tout ce qui appartient à la mission de Dresde et à celle de Munich. Comment avez-vous pu ignorer la convention faite par la Saxe?

NAPOLÉON.

D'après l'original. Archives des affaires étrangères.

19924. — AU PRINCE DE NEUCHÂTEL ET DE WAGRAM,
MAJOR GÉNÉRAL DE LA GRANDE ARMÉE, À ECKARTSBERGA.

Eckartsberga, 29 avril 1813, cinq heures du matin.

Mon Cousin, écrivez au prince de la Moskova qu'il convient qu'il envoie la division Ricard pour occuper Weissenfels, par la rive gauche; le général Souham pourrait marcher par la rive droite sur Weissenfels, de sorte que le général Souham aurait ce soir deux divisions à Weissenfels. Les divisions Gérard et Brenier se réuniraient à Naumburg : la division Gérard en avant, sur la route de Zeitz, et la division Brenier à Naumburg. La division Compans, qui est à Rastenburg, pourrait se porter, si cela devenait nécessaire, sur Freiburg; mais, moyennant le mouvement que le vice-roi fait aujourd'hui de Querfurt sur Merseburg, il suffit de laisser un poste sur Freiburg. Aujourd'hui la division Compans et la Garde pourraient arriver à Naumburg, afin que tout le corps du prince de la Moskova pût se réunir ce soir ou demain à Weissenfels, pour marcher aussitôt que le vice-roi sera prêt, par Weissenfels et par Merseburg, sur Leipzig. Écrivez au général Compans de se rapprocher de Naumburg. Écrivez au prince de la Moskova de vous envoyer les papiers de la poste de Naumburg et de Weissenfels.

NAPOLÉON.

D'après l'original. Dépôt de la guerre.

19925. — AU PRINCE DE NEUCHÂTEL ET DE WAGRAM,
MAJOR GÉNÉRAL DE LA GRANDE ARMÉE, À NAUMBURG.

Naumburg, 29 avril 1813, quatre heures après midi.

Mon Cousin, donnez ordre au duc de Raguse de porter demain son quartier général à Kœsen, et d'y réunir la 1re et la 2e division, les divisions Compans et Bonet, et de faire venir sa 3e division entre Eckartsberga et Kœsen. Donnez ordre au général Brenier, qui est à Camburg, aussitôt qu'il sera relevé, de partir pour se rendre au village de Wetau, près Naumburg, lieu désigné par le prince de la Moskova et où déjà se trouve rendue la brigade Grillot.

Donnez ordre par estafette au général Marchand, qui est à Camburg ou à Dornburg, que, s'il a reçu des ordres du prince de la Moskova, il les exécute; que, s'il n'en a pas reçu, il se dirige sur Stœssen, et qu'il donne avis du moment où il y arrivera : prévenez-en le prince de la Moskova.

Écrivez au général Bertrand que je suppose que son quartier général sera ce soir à Dornburg ou à Camburg; qu'il fasse connaître l'emplacement qu'il occupe et toutes les nouvelles qu'il aura apprises de l'ennemi.

Écrivez au vice-roi que j'ai reçu sa lettre du 29 à quatre heures du matin; que ce qui est arrivé à Halle est tout simple, que Halle est inattaquable par la rive gauche; que j'attends l'avis de son arrivée à Merseburg; que le prince de la Moskova est à Weissenfels; que je suis ici à Naumburg; qu'il faut qu'il réunisse à Merseburg le 11ᵉ corps, le 5ᵉ et toute son armée; qu'il jette plusieurs ponts sur la Saale et débouche, dans l'un et l'autre sens, du côté de Weissenfels pour se réunir au prince de la Moskova, et du côté de Halle pour couper la route de Halle à Leipzig, ce qui obligera sur-le-champ l'ennemi d'évacuer Halle; que le général Ricard a marché par la rive gauche de Freiburg à Weissenfels, qu'ainsi il doit être en communication avec lui. Écrivez aux deux bataillons que le général Ricard a laissés à Freiburg de rejoindre leur division.

NAPOLÉON.

D'après l'original. Dépôt de la guerre.

19926. — A EUGÈNE NAPOLÉON,
VICE-ROI D'ITALIE, COMMANDANT L'ARMÉE DE L'ELBE, À EISLEBEN.

Naumburg, 29 avril 1813, cinq heures après midi.

Mon Fils, un de vos courriers m'apporte votre lettre d'aujourd'hui 29, à quatre heures du matin. Halle est inattaquable de ce côté, du moment que l'ennemi le veut défendre. Le 11ᵉ corps doit être arrivé à Merseburg; appuyez sur Merseburg avec toute l'armée. Si l'on est entré à Merseburg aujourd'hui, donnez ordre au général de jeter des ponts sur les petites rivières et de pousser sur Halle, en même temps que le général Lauriston se repliera sur Merseburg. Le résultat de cette manœuvre, de refuser votre gauche pour avancer votre droite, sera d'obliger l'ennemi à évacuer Halle, et cela est important pour assurer les opérations, et aussi pour les subsistances.

Le prince de la Moskova était à Weissenfels; le quartier général est ici. Le prince de la Moskova poussera demain probablement une avant-garde sur Lützen. Menez ma Garde, les gendarmes et tout ce qui appartient au quartier général à Merseburg; ils se trouveront là à portée de recevoir mes ordres pour tout ce qui doit rejoindre le grand quartier général.

Je fais construire ici un pont de radeaux sur la Saale sur la route de Merseburg.

NAPOLÉON.

D'après la copie comm. par S. A. I. Mme la duchesse de Leuchtenberg.

19927. — AU PRINCE DE NEUCHÂTEL ET DE WAGRAM,
MAJOR GÉNÉRAL DE LA GRANDE ARMÉE, À NAUMBURG.

Naumburg, 30 avril 1813, quatre heures et demie du matin.

Mon Cousin, écrivez au duc de Tarente, par la grande route de Merseburg, pour lui faire connaître que j'ai fait construire un pont sur la route de Merseburg; que nos communications sont directes et sans empêchement; qu'il réunisse sans délai tout son corps d'armée à Merseburg; qu'il fasse rétablir les ponts sur toutes les petites rivières; qu'il se mette en communication avec le prince de la Moskova, qui est à Weissenfels et a eu une très-belle affaire, où le général Souham a culbuté la division Lanskoï, forte de 6 à 7,000 hommes, infanterie et cavalerie. Dites au duc de Tarente d'envoyer sur Naumburg tous les prisonniers qu'il a faits; qu'il mette un piquet à mi-chemin d'ici à Merseburg pour que les communications soient très-promptes.

Après avoir remis cette lettre au duc de Tarente, votre officier poursuivra son chemin pour aller à la rencontre du vice-roi et lui remettre un duplicata de l'ordre que vous lui avez expédié hier de se porter sur Merseburg et d'y réunir toute son armée. Vous annoncerez au vice-roi l'affaire du prince de la Moskowa, où les soldats se sont couverts de gloire. Mandez également au vice-roi qu'il attire tout sur Merseburg, qu'aussitôt que l'ennemi aura évacué Halle, nous le garderons comme tête de pont; mais que mon intention est de manœuvrer sur la rive gauche de l'Elster et non sur la droite, la droite étant connue comme plus favorable à la cavalerie.

Écrivez au général Bertrand : annoncez-lui la prise de Merseburg, le combat de Weissenfels, qui fait tant d'honneur à nos jeunes soldats, et mandez-lui de se diriger par le plus court chemin sur Stœssen sans trop fatiguer ses troupes, et de faire connaître quand il y arrivera; qu'il y réunisse successivement ses trois divisions.

Écrivez au duc de Reggio d'arriver au plus tôt possible sur Iena. Annoncez au duc de Reggio les événements qui ont eu lieu.

NAPOLÉON.

D'après l'original. Dépôt de la guerre.

19928. — A JÉRÔME NAPOLÉON, ROI DE WESTPHALIE,
à CASSEL.

Naumburg, 30 avril 1813, dix heures du matin.

Mon Frère, je reçois votre lettre du 29 avril à six heures du matin. Hier, à deux heures après midi, le général Souham a rencontré le général russe Lanskoï, qui avait sous ses ordres 6 à 7,000 hommes, infanterie, cavalerie et 12 pièces de canon, l'a attaqué près de Weissenfels, l'a culbuté, lui a pris beaucoup de monde et s'est emparé de Weissenfels. Ce combat n'est remarquable que parce que le général Souham n'avait que de l'infanterie, et que ces jeunes gens ont soutenu les charges de la cavalerie et ont marché sur elle avec une ardeur et un enthousiasme qui permettent de tout espérer. A quatre heures après midi, le duc de Tarente est entré à Merseburg, où étaient 2 à 3,000 Prussiens qui voulaient défendre la ville; il les a culbutés, a pris un major et des prisonniers, et s'est emparé de la place et du pont.

NAPOLÉON.

D'après la copie comm. par S. A. I. le prince Jérôme.

19929. — AU MARÉCHAL NEY, PRINCE DE LA MOSKOVA,
COMMANDANT LE 3ᵉ CORPS DE LA GRANDE ARMÉE, À WEISSENFELS.

Naumburg, 30 avril 1813.

Le vice-roi me mande d'aujourd'hui 30, à neuf heures du matin, qu'il arrive à Merseburg et qu'il opérera sur-le-champ pour se porter derrière Halle, afin d'obliger l'ennemi à évacuer cette ville. Le duc de Raguse, avec ses trois divisions, doit arriver à trois heures après midi à Naumburg; il prendra position de manière à observer Pegau. Donnez ordre au général Marchand de vous rejoindre. Le général Bertrand doit arriver aussi aujourd'hui à Stœssen; demain il y aura la plus grande partie de son corps réunie; il se placera de manière à reconnaître les débouchés de Zeitz.

Je laisse le duc de Trévise et la jeune Garde encore aujourd'hui à Naumburg. J'arriverai vers trois heures à Weissenfels. J'ai donné ordre que deux bataillons de la vieille Garde qui étaient à Naumburg se réunissent à Weissenfels avec huit pièces de canon, et quatre bataillons de vieille Garde qui sont à Merseburg avec le vice-roi s'y rendront également. J'espère que le duc de Reggio arrivera aujourd'hui ou demain à Iena. Je désire bien d'apprendre que nous avons Halle. Prévenez le vice-roi de mon arrivée à Weissenfels; c'est sur ce point qu'il doit diriger ses rapports, et non plus sur Naumburg.

On se plaint de ce que vos troupes commettent beaucoup de désordres, de sorte que les villages désertent : c'est un grand malheur; mettez-y ordre.

Le duc d'Istrie avec sa cavalerie se porte autour de Weissenfels.

D'après la minute. Archives de l'Empire.

19930. — AU PRINCE DE NEUCHÂTEL ET DE WAGRAM,
MAJOR GÉNÉRAL DE LA GRANDE ARMÉE, À NAUMBURG.

Naumburg, 30 avril 1813, midi.

Mon Cousin, donnez ordre aux deux bataillons de la vieille Garde qui sont ici, avec la batterie de huit pièces qui y est attachée, de partir de suite pour se rendre à Weissenfels, où je me rendrai de ma personne dans la journée. Donnez ordre au vice-roi de diriger sur Weissenfels les bataillons de la Garde qui sont à Merseburg. Les bataillons de la vieille Garde se réuniront à ces bataillons, ainsi que les huit pièces de canon, et formeront la division de la vieille Garde, qui sera commandée par le général Roguet et sera sous les ordres immédiats du duc de Dalmatie. Le 1er bataillon du 2e de tirailleurs et le 1er bataillon du 2e de voltigeurs attendront à Weissenfels le passage de la division Dumoustier, où je désire que ces bataillons soient placés, ce qui maintiendra cette division à seize bataillons. Les bataillons napolitain et piémontais feront partie de la division Roguet, ce qui portera cette division à six bataillons. Les gardes d'honneur de Toscane et du Piémont passeront sous les ordres du duc d'Istrie, qui les placera avec la grosse cavalerie pour les ménager. Le duc de Trévise restera à Naumburg la journée d'aujourd'hui avec la division de la jeune Garde et l'artillerie qui y est attachée. Vous donnerez l'ordre au duc d'Istrie de porter son quartier général à Weissenfels et de placer toute sa cavalerie autour de Weissenfels.

Le duc de Raguse aura son quartier général à Naumburg, comme je l'ai déjà ordonné. Il portera la division Compans et la division Bonet dans la direction de Pegau. Vous réitérerez l'ordre au prince de la Moskova de faire évacuer par son infanterie Wetau et Plotha, pour que le duc de Raguse puisse occuper ces villages, et de placer ses divisions, comme je l'ai déjà ordonné, dans la direction de Lützen. Le général Marchand, aussitôt qu'il sera arrivé à Stœssen, devra se diriger sur le 3e corps. Le général Bertrand tiendra son quartier général à Stœssen et poussera de fortes reconnaissances sur Zeitz; aussitôt que je serai instruit de son arrivée et de la situation des choses, je lui donnerai l'ordre d'occuper Zeitz.

Nommez un commandant pour Naumburg. Donnez ordre que la jeune Garde y laisse une compagnie d'hommes éclopés qui feront le service. Le général Bertrand et le duc de Raguse pourront aussi y laisser leurs hommes éclopés. Jusqu'à nouvel ordre, le duc de Raguse tiendra deux bataillons au pont de Kœsen; il ne devra les retirer de ce poste qu'après en avoir obtenu l'autorisation. J'ai donné des ordres au commandant du génie pour mettre les portes de Naumburg à l'abri de la cavalerie légère ennemie, ainsi que la tête de pont qu'a fait construire le prince de la Moskova. Il faut qu'on y travaille sans délai.

NAPOLÉON.

D'après l'original. Dépôt de la guerre.

19931. — AU PRINCE DE NEUCHÂTEL ET DE WAGRAM,
MAJOR GÉNÉRAL DE LA GRANDE ARMÉE, À NAUMBURG.

Naumburg, 30 avril 1813.

Mon Cousin, écrivez au duc de Raguse que, la jonction avec le vice-roi étant entièrement faite par l'occupation de Weissenfels par le prince de la Moskova, et par celle de Merseburg par le maréchal Macdonald, je désire qu'il porte aujourd'hui son quartier général à Naumburg, avec les divisions Bonet et Compans. Sa 3ᵉ division prendra poste à Kœsen et occupera le terrain depuis Eckartsberga jusqu'à Kœsen. Annoncez au duc de Raguse le succès des combats de Weissenfels et de Merseburg.

NAPOLÉON.

D'après l'original. Dépôt de la guerre.

19932. — AU PRINCE CAMBACÉRÈS,
ARCHICHANCELIER DE L'EMPIRE, À PARIS.

Naumburg, 30 avril 1813.

Mon Cousin, j'ai reçu votre lettre du 26. Vous verrez par les nouvelles de l'armée que les affaires vont assez bien ici. La jonction avec l'armée de l'Elbe est opérée.

NAPOLÉON.

D'après la copie comm. par M. le duc de Cambacérès.

19933. — A EUGÈNE NAPOLÉON,
VICE-ROI D'ITALIE, COMMANDANT L'ARMÉE DE L'ELBE, À MERSEBURG.

Weissenfels, 30 avril 1813, onze heures du soir.

Mon Fils, le général Corbineau m'apporte votre lettre du 30 à neuf heures du soir. Faites partir la division de ma Garde à cinq heures du matin pour se rendre ici. Vous laisserez avec elle la batterie d'artillerie à cheval; vous joindrez la batterie d'artillerie à pied à la réserve du 11ᵉ corps. J'ordonne au duc de Raguse de faire partir demain, à cinq heures du matin (1ᵉʳ mai) les cinq bataillons de la division Durutte, qui forment 3,000 hommes, pour se rendre à Merseburg, où je suppose que cette division se trouve. Cela portera donc cette division à 4,000 hommes; elle n'appartient, je crois, ni au 5ᵉ ni au 11ᵉ corps : cela vous formera une réserve de 4,000 hommes dans la main. Le général Reynier va se rendre à Merseburg pour en prendre le commandement. Je crois que vous n'avez plus aucuns Saxons à l'armée; si vous en avez quelques détachements, réunissez-les à cette division. Le général Sebastiani, avec 14,000 hommes, dont beaucoup de cavalerie, se trouve détaché : où se trouve-t-il positivement et quel ordre a-t-il? Je vois également que la 1ʳᵉ division du 1ᵉʳ corps se trouve également détachée en pure perte : où est-elle et quel ordre a-t-elle? Enfin la division du duc de Bellune se trouve également détachée : où est-elle et quel ordre a-t-elle? Il n'y a plus personne devant Magdeburg. Le général prussien Wolberg, qui s'y trouvait, s'est aussi replié sur Dessau. Cela me fait donc une force de 14,000 hommes du général Sebastiani, 6,000 hommes de la 1ʳᵉ division en laissant six bataillons pour Magdeburg, et enfin 8,000 hommes du 2ᵉ corps; total, 28,000 hommes, qui sont en pure perte et qui ne se trouveraient pas à la bataille qui va avoir lieu. Répondez-moi promptement là-dessus.

Je ne conçois pas comment vous avez si peu de cavalerie; c'est qu'elle est toujours disséminée à droite et à gauche. Donnez ordre à tout ce qui est à Hanovre, Brunswick, etc. d'en partir sans délai pour vous rejoindre. S'il y avait de la cavalerie ailleurs, envoyez par des courriers extraordinaires l'ordre qu'elle parte également, puisqu'il va y avoir une bataille et qu'il est important d'avoir toute votre cavalerie. Il paraît que vous pourrez déboucher demain avec près de 60,000 hommes, tandis que, si toutes vos forces avaient été réunies, vous pourriez déboucher avec 88,000 hommes. Le major général vous avait écrit de mettre un poste de cavalerie à mi-chemin de Naumburg; faites-le venir à mi-chemin de

Weissenfels. On n'a fait aucun mouvement ici aujourd'hui, parce qu'on ne vous croyait pas encore en mesure de déboucher. Faites placer demain tout le 11º corps et toutes vos troupes et portez les trois divisions du 11º corps, celles du 5º et du 7º, c'est-à-dire vos sept divisions, en avant de Merseburg. Étendez-vous sur Schladebach. Tâchez d'avoir quelqu'un de ces pays pour vous donner des renseignements. Trois régiments de cavalerie que l'ennemi avait à Zeitz, il les a reployés hier sur Altenburg.

NAPOLÉON.

P. S. Où est votre parc? Faites-le venir sur Merseburg; faites palissader les portes de Merseburg; faites palissader les différents ponts, afin qu'en cas de retraite tout cela puisse être gardé facilement. Faites venir tout le quartier général à Merseburg. Établissez-y sur-le-champ deux hôpitaux pour 4,000 hommes.

D'après la copie comm. par S. A. I. Mme la duchesse de Leuchtenberg.

19934. — AU MARÉCHAL MARMONT, DUC DE RAGUSE,
COMMANDANT LE 6ᵉ CORPS DE LA GRANDE ARMÉE, À NAUMBURG.

Weissenfels, 1ᵉʳ mai 1813, une heure du matin.

Faites partir à cinq heures du matin les cinq bataillons de la division Durutte qui sont avec le général Bonet, pour se rendre à Merseburg, joindre leur division, sans artillerie. Prévenez le vice-roi, par courrier, de l'heure à laquelle ils arriveront à Merseburg. Les quatorze bouches à feu de la division Durutte resteront à la réserve de votre corps jusqu'à nouvel ordre. Le vice-roi, avec 60,000 hommes, est ce matin, 1ᵉʳ mai, à mi-chemin de Merseburg à Leipzig. Approchez vos divisions le plus possible de Weissenfels, afin de pouvoir soutenir le maréchal Ney, si cela était nécessaire. Je n'ai pas encore de nouvelles du général Marchand, qui devait passer à Stœssen; je n'en ai pas davantage du général Bertrand; si vous en avez, donnez m'en : l'un et l'autre devaient venir par Camburg. J'ai donné ordre au maréchal Mortier de se porter par la rive gauche de la Saale (en passant sur le pont que j'ai fait construire près de

Naumburg), avec la division de la Garde, pour se rendre à Weissenfels. Par ce moyen, Naumburg sera tout à fait libre; vous y pourrez placer votre 3ᵉ division. Ce mouvement par la rive gauche rendra aussi la rive droite très-libre pour vos divisions.

Si vous n'avez pas de nouvelles du général Bertrand et du général Marchand, envoyez un officier à Camburg pour en avoir.

D'après la minute. Archives de l'Empire.

19935. — AU PRINCE DE NEUCHÂTEL ET DE WAGRAM,
MAJOR GÉNÉRAL DE LA GRANDE ARMÉE, À WEISSENFELS.

Weissenfels, 1ᵉʳ mai 1813, deux heures du matin.

Mon Cousin, donnez l'ordre au vice-roi de diriger la division Roguet, infanterie et cavalerie, avec une batterie d'artillerie légère sur Weissenfels : elle partira aujourd'hui, à cinq heures du matin, de Merseburg. Les 1ᵉʳˢ bataillons du 2ᵉ régiment de tirailleurs et du 2ᵉ voltigeurs se réuniront à la division Dumoustier, ce qui portera cette division à seize bataillons. Les deux bataillons de la vieille Garde qui étaient à la division Dumoustier, avec les deux bataillons de la vieille Garde qui viennent de la division Roguet, les bataillons des vélites de Turin et de Florence, ainsi que les deux bataillons venant de Paris et qui doivent être maintenant à Erfurt et Weimar, formeront dix-huit bataillons qui, sous les ordres du général Roguet, prendront le nom de division de vieille Garde. Elle aura deux généraux de brigade et sera spécialement affectée à mon service, sous les ordres supérieurs du maréchal duc de Dalmatie. Elle aura pour artillerie les huit pièces de la division Dumoustier; cette batterie sera remplacée à la division Dumoustier par la batterie qui est à la réserve de la Garde, composée de pièces de 6. La réserve de la Garde sera composée d'une batterie de 12, qui arrive aujourd'hui, et de deux batteries de 12, qui sont en arrière et qui arrivent.

La cavalerie de la division Roguet, composée spécialement des gardes d'honneur de Florence et de Turin, rejoindra le duc d'Istrie, qui l'attachera aux grenadiers.

La batterie d'artillerie à cheval qui viendra avec la division Roguet, et qui est de la ligne, sera donnée à la cavalerie de la Garde; ce qui, avec les trois batteries de la Garde, lui fera quatre batteries ou vingt-quatre pièces de canon.

Donnez l'ordre au duc de Raguse de faire partir à cinq heures du matin, en droite ligne, pour Merseburg, par la rive gauche de la Saale, les cinq bataillons de la division Durutte. Vous donnerez l'ordre au vice-roi de réunir ces cinq bataillons à leur division; ce qui la portera à 4,000 hommes. Vous donnerez l'ordre au général Reynier de se rendre à Merseburg pour prendre le commandement de cette division, qui appartient au 5ᵉ corps, et à laquelle se joindront les Saxons aussitôt que faire se pourra.

Donnez l'ordre au général Kirgener, commandant le génie de l'armée du Main, de se porter par la rive gauche de la Saale, sous l'escorte du maréchal Mortier, avec tout le génie, matériel et personnel de l'armée sur Weissenfels.

Donnez l'ordre au duc de Raguse de renvoyer au corps du maréchal Ney tous les sapeurs qui y appartiennent et qui seraient restés pour les ouvrages de Naumburg. Donnez-lui l'ordre de continuer à tenir son quartier général à Naumburg, d'y réunir la 3ᵉ division et son parc, de faire filer les 1ʳᵉ et 2ᵉ divisions le plus près possible de Weissenfels.

Le duc de Raguse fera connaître quelle a été la situation, cette nuit, des divisions Compans et Bonet, et leur situation à six heures du matin.

Si le duc de Raguse entendait le canon, il partirait de Naumburg pour se mettre à la tête de ces deux divisions, et enverrait demander des ordres.

Envoyez un officier à Stœssen pour tâcher d'avoir des nouvelles des généraux Marchand et Bertrand, faire connaître au général Marchand qu'il accélère sa marche pour joindre son corps d'armée, et au général Bertrand que nous n'avons pas de nouvelles de lui depuis le 29.

NAPOLÉON.

D'après l'original. Dépôt de la guerre.

19936. — A EUGÈNE NAPOLÉON,
VICE-ROI D'ITALIE, COMMANDANT L'ARMÉE DE L'ELBE, À MERSEBURG.

Weissenfels, 1er mai 1813, huit heures du matin.

Mon Fils, il est huit heures. A neuf heures, nous nous mettons en mouvement sur Lützen. Je suppose qu'à dix heures vous serez avec toute votre armée, la gauche à Mœritzch, et la droite à Schladebach. Si vous entendez le canon sur Lützen, marchez sur la droite de l'ennemi. Réunissez toute votre cavalerie, afin de pouvoir la faire donner ensemble, en la ménageant et en la faisant couvrir par de l'infanterie.

NAPOLÉON.

P. S. Faites mettre en bon état Merseburg, et faites garder tous les débouchés de l'Elster, qui dans ce temps-ci ne doit pas être guéable.

D'après la copie comm. par S. A. I. Mme la duchesse de Leuchtenberg.

19937. — AU MARÉCHAL MORTIER, DUC DE TRÉVISE,
COMMANDANT DE LA GARDE IMPÉRIALE, À WEISSENFELS.

Lützen, 1er mai 1813, au soir.

Partez demain, à cinq heures du matin, avec la division du général Roguet, la division Dumoustier, toute l'artillerie et tout ce qui appartient à la Garde, afin d'arriver de bonne heure à Lützen.

D'après la minute. Archives de l'Empire.

19938. — AU MARÉCHAL MARMONT, DUC DE RAGUSE,
COMMANDANT LE 6e CORPS DE LA GRANDE ARMÉE, À NAUMBURG.

Lützen, 1er mai 1813, au soir.

Votre quartier général, comme je vous l'ai mandé, sera ce soir au ravin, sur la route entre Weissenfels et Lützen. Réunissez-y tout votre corps d'armée. Faites partir la division qui est à Naumburg, à cinq heures du matin, pour rejoindre. Placez des troupes à la tête du défilé. Renvoyez les bataillons du général Marchand qui avaient été mis là en position. Faites-vous éclairer sur la route de Pegau. Le quartier général est à Lützen, où s'est faite notre jonction avec le vice-roi, qui occupe Markrannstædt. L'ennemi s'est retiré sur Pegau et Zwenkau.

D'après la minute. Archives de l'Empire.

19939. — AU MARÉCHAL OUDINOT, DUC DE REGGIO,
COMMANDANT LE 12e CORPS DE LA GRANDE ARMÉE, À IENA.

Lützen, 1er mai 1813, au soir.

Portez-vous sur Naumburg. Faites-moi connaître quand vous y serez.

D'après la minute. Archives de l'Empire.

19940. — AU GÉNÉRAL COMTE BERTRAND,
COMMANDANT LE 4e CORPS DE LA GRANDE ARMÉE, À STOESSEN.

Lützen, 1er mai 1813, au soir.

Partez demain à six heures du matin, pour vous porter sur Starsiedel. Vous communiquerez avec Marmont, qui est au défilé de Weissenfels, sur la route de Weissenfels à Lützen. Si la division italienne est fatiguée et ne peut suivre, vous la laisserez un jour à Naumburg. Si elle vous a rejoint, elle marchera avec vous. Donnez ordre à la division westphalienne de se rendre à Naumburg; faites-moi connaître quand elle y arrivera.

Faites partir demain à quatre heures du matin un officier qui vienne prévenir l'Empereur, au quartier général, de l'heure où vous arriverez et de la route que vous suivrez.

Prenez langue avec le duc de Raguse au passage, ou défilé, sur le chemin de Weissenfels à Lützen, parce que c'est là que j'adresserais mes ordres si j'en avais à vous donner.

Donnez ordre que ce qui vous vient d'Iena, et tout ce qui vous arrive, passe sur la rive gauche de la Saale, d'Iena à Naumburg; de Naumburg, en repassant la rivière, à Weissenfels, de manière à être sur la rive gauche de la Saale : cela est très-important.

D'après la minute. Archives de l'Empire.

19941. — AU PRINCE CAMBACÉRÈS,
ARCHICHANCELIER DE L'EMPIRE, À PARIS.

Lützen, 1er mai 1813, huit heures du soir.

Mon Cousin, j'ai porté aujourd'hui mon quartier général à Lützen. L'ennemi voulait nous empêcher de déboucher dans les plaines de Lützen; il y avait réuni une nombreuse cavalerie. Notre infanterie, soutenue par beaucoup d'artillerie, l'a repoussé pendant l'espace de quatre lieues. L'ennemi, ayant peu d'artillerie, nous a fait peu de mal; nous lui en avons fait beaucoup.

Le premier coup de canon de cette journée nous a causé une perte sensible : le duc d'Istrie a été frappé d'un boulet au travers du corps et est tombé roide mort. Nos morts, dans cette journée, se montent à vingt-cinq. Je vous écris en toute hâte pour que vous en préveniez l'Impératrice, et que vous le fassiez savoir à sa femme, pour éviter qu'elle ne l'apprenne par les journaux. Faites comprendre à l'Impératrice que le duc d'Istrie était fort loin de moi quand il a été tué.

Je me dépêche de vous envoyer cette estafette; je vous en enverrai une autre demain matin avec les détails de cette journée; mais, je vous le répète, nous n'avons eu que 25 hommes tués, et point d'officier de marque, autre que le maréchal, n'a été touché.

On vous a envoyé ce matin une notice sur la situation de l'armée, que l'on a datée du 2 mai; si elle n'était pas imprimée, faites-la supprimer.

NAPOLÉON.

D'après la copie comm. par M. le duc de Cambacérès.

19942. — AU PRINCE DE NEUCHÂTEL ET DE WAGRAM,
MAJOR GÉNÉRAL DE LA GRANDE ARMÉE, À LÜTZEN.

Lützen, 2 mai 1813, quatre heures du matin.

Donnez ordre au vice-roi de faire partir aujourd'hui le général Lauriston pour se porter sur Leipzig. Le 11e corps se portera sur Markranstædt, d'où il enverra une reconnaissance sur Zwenkau et une reconnaissance sur Leipzig, pour rester en communication avec le général

Lauriston et favoriser ses opérations sur Leipzig. La reconnaissance que le 11ᵉ corps enverra sur Zwenkau se liera avec la reconnaissance que le prince de la Moskova y enverra. Le quartier général du 11ᵉ corps sera à Markrannstædt.

Donnez ordre au prince de la Moskova de rallier ses cinq divisions et d'envoyer deux fortes reconnaissances, une sur Zwenkau, et l'autre sur Pegau. Prévenez-le que le 11ᵉ corps, que commande le duc de Tarente, aura son quartier général à Markrannstædt et enverra une reconnaissance sur Zwenkau.

Le 5ᵉ corps, que commande le général Lauriston et qui est sur la route directe de Leipzig, se portera sur Leipzig.

Le comte Bertrand doit arriver aujourd'hui, à trois heures après midi, près de Kaja.

Le duc de Raguse est au débouché.

NAPOLÉON.

D'après l'original. Dépôt de la guerre.

19943. — AU PRINCE DE NEUCHÂTEL ET DE WAGRAM,
MAJOR GÉNÉRAL DE LA GRANDE ARMÉE, À LÜTZEN.

Lützen, 2 mai 1813, huit heures du matin.

Mon Cousin, expédiez un officier polonais par la Bohême, pour faire connaître au prince Poniatowski la jonction des deux armées, les combats de Weissenfels et de Lützen et la mort du duc d'Istrie, mort isolée, et qui n'a rien de commun avec les événements, puisque le maréchal a été tué d'un coup de canon, et que dans la journée nous n'avons pas perdu 25 hommes; que l'Empereur a une armée formidable; qu'il doit soutenir le contingent autrichien, si cette armée auxiliaire fait son devoir, comme le prince Schwarzenberg l'a assuré à l'Empereur; que dans aucun cas il ne doit poser les armes, et enfin qu'il doit se jeter dans les autres provinces du Grand-Duché, en partisan, pour faire diversion et attirer à lui beaucoup de monde.

D'après l'original non signé. Dépôt de la guerre.

19944. — A EUGÈNE NAPOLÉON,
VICE-ROI D'ITALIE, COMMANDANT L'ARMÉE DE L'ELBE, A MARKRANNSTÆDT.

Lützen, 2 mai 1813, huit heures du matin.

Mon Fils, le major général a dû vous envoyer l'ordre du mouvement : vous y verrez que j'ordonne que le 11° corps soit en mesure pour occuper Zwenkau, ou pour protéger l'occupation de Leipzig par le 5° corps.

Vous pouvez vous porter, avec la plus grande partie de votre cavalerie et avec une division, à mi-chemin de Markrannstædt à Leipzig, afin de soutenir le général Lauriston, s'il en est besoin, et d'être à temps pour revenir soutenir le duc de Tarente, s'il était nécessaire, sur Zwenkau. Mettez votre cavalerie en mouvement. Faites-moi connaître à quelle heure vous croyez que le général Lauriston sera à la hauteur de Leipzig ; je m'y porterai moi-même à mi-chemin d'ici à Leipzig, avec la cavalerie.

Le général Reynier, avec la division Durutte, doit se trouver à Merseburg ; envoyez-lui l'ordre de vous rejoindre. Je n'ai pas besoin de dire que le général Lauriston doit marcher par division, de front, chaque division formant trois ou quatre carrés, éloignés chacun de 3 à 400 toises, ayant de l'artillerie, les autres divisions formant la deuxième et la troisième ligne, en échelons et placées de la même manière.

NAPOLÉON.

D'après la copie comm. par S. A. I. M™* la duchesse de Leuchtenberg.

19945. — AU GÉNÉRAL SAVARY, DUC DE ROVIGO,
MINISTRE DE LA POLICE GÉNÉRALE, À PARIS.

Lützen, 2 mai 1813, huit heures du matin.

Comme tous les articles de journaux qui parlent de l'armée sont faits sans tact, je crois qu'il vaut beaucoup mieux qu'ils n'en parlent pas, d'autant plus qu'on sait que ces articles sont faits sous l'influence de la police. C'est une grande erreur que de s'imaginer qu'en France on puisse faire entrer les idées de cette façon ; il vaut mieux laisser aller les choses leur train. Je vois dans le journal du 28 des articles de Mayence et de

Westphalie; j'en vois dans d'autres journaux : ils sont tous faits dans un bon esprit, mais ils sont maladroits. Ces articles font du mal à l'opinion, et pas de bien; c'est vérité et simplicité qu'il faut. Un mot, telle chose est vraie ou n'est pas vraie, suffit.

D'après la minute. Archives de l'Empire.

19946. — AU MARÉCHAL MARMONT, DUC DE RAGUSE,
COMMANDANT LE 6° CORPS DE LA GRANDE ARMÉE, À RIPPACH.

Lützen, 2 mai 1813, neuf heures du matin.

Je donne ordre au général Bertrand de s'arrêter aujourd'hui à Tauchau, ayant une division au Gleisberg et une à Stœssen, couvrant ainsi Naumburg et Weissenfels, et menaçant Pegau et Zeitz.

Mon intention est que vous vous portiez sur Pegau. Comme vous avez peu de cavalerie, votre marche doit se faire sur plusieurs lignes, s'emparant des villages et se plaçant, chaque division, en trois ou quatre carrés de trois ou quatre bataillons, éloignés de 3 à 400 toises, chaque carré croisant la mitraille et presque la fusillade; les autres divisions en seconde ligne et en échelons. Par ce moyen, on n'a rien à craindre de la cavalerie.

Le prince de la Moskova a son quartier général à Kaja, occupant par son avant-garde Hohenlohe.

Le quartier général est à Lützen, où toute la Garde se trouve. Le vice-roi est à Markranstædt; le général Lauriston sur la route directe de Merseburg à Leipzig, marchant sur Leipzig, où il sera probablement dans deux heures. Tous les renseignements sont que l'ennemi, de Leipzig, est remonté sur Zwenkau, qu'il a des corps à Borna et que l'empereur Alexandre serait à Rochlitz. S'il n'y avait personne ou peu de monde à Pegau, vous appuieriez entre Pegau et Zwenkau. Tâchez d'arriver à Pegau avant cinq heures du soir. Envoyez-moi trois fois dans la journée des nouvelles de ce que vous aurez appris, et que mes officiers sachent bien où vous trouver pour vous porter mes ordres.

Si votre 3° division est fatiguée, elle pourra vous suivre de loin, car je pense qu'une division suffit; mais ce qu'il vous faut, c'est toute votre artillerie.

D'après la minute. Archives de l'Empire.

19947. — AU MARÉCHAL NEY, PRINCE DE LA MOSKOVA,
COMMANDANT LE 3ᵉ CORPS DE LA GRANDE ARMÉE, À KAJA.

Lützen, 2 mai 1813, neuf heures et demie du matin.

J'ai donné ordre au duc de Raguse de se porter sur Pegau. Si, en approchant, il apprend qu'il y ait quelque chose, il prendra position entre Pegau et Zwenkau. Si vous entendez la canonnade de ce côté, tenez-vous prêt à marcher au secours.

Le général Bertrand arrivera ce soir à Tauchau avec une division; une autre division au Gleisberg et une autre à Stœssen, afin d'observer Zeitz et de se porter demain sur Pegau et Zwenkau. Tous les rapports qu'on a sont que l'ennemi se réunit à Zwenkau et que Wittgenstein a été nommé commandant en chef. Faites-moi connaître la position de vos cinq divisions. Vous pouvez retirer le général Marchand de la route de Leipzig, toute ma Garde étant là pour l'appuyer dans la direction de Zwenkau. J'attends le rapport de ce que vous pouvez avoir appris ce matin [1].

D'après la minute. Archives de l'Empire.

19948. — AU PRINCE DE NEUCHÂTEL ET DE WAGRAM,
MAJOR GÉNÉRAL DE LA GRANDE ARMÉE, À LÜTZEN.

Lützen, 2 mai 1813.

Mon Cousin, s'il est vrai que Spandau se soit rendu, aussitôt que le gouverneur sera dans les lignes françaises, vous le ferez arrêter, ainsi que le commandant du génie et le commandant de l'artillerie. Le commandant de l'artillerie et le commandant du génie ne seront pas arrêtés s'ils déclarent à l'officier que vous enverrez qu'ils ont protesté contre la capitulation, auquel cas ils auront ordre de se rendre au quartier géné-

[1] On lit sur la minute : « L'Empereur a fait lui-même à cette lettre des changements dont il n'a pas été pris note. »

ral. S'ils déclarent avoir consenti à la capitulation, ils seront mis aux arrêts jusqu'à ce que l'enquête soit faite; mais la présomption est contre le conseil de défense, pour avoir rendu cette place si promptement, sauf toutefois justification.

NAPOLÉON.

D'après l'original. Dépôt de la guerre.

19949. — AU PRINCE DE NEUCHÂTEL ET DE WAGRAM,
MAJOR GÉNÉRAL DE LA GRANDE ARMÉE, À LÜTZEN.

Lützen, 2 mai 1813.

Mon Cousin, donnez ordre que la colonne de la Garde impériale commandée par le général Decous continue son mouvement par la gauche de la Saale, pour venir nous rejoindre. Donnez le même ordre au général Milhaud; vous lui ferez connaître qu'il marchera à la suite de la Garde et prendra les ordres du général Walther et du général Saint-Germain. Faites-moi connaître quand la division westphalienne arrivera à Naumburg.

NAPOLÉON.

D'après l'original. Dépôt de la guerre.

19950. — AU PRINCE DE NEUCHÂTEL ET DE WAGRAM,
MAJOR GÉNÉRAL DE LA GRANDE ARMÉE, À LÜTZEN.

Lützen, 2 mai 1813.

Mon Cousin, donnez ordre que le génie, l'artillerie et l'administration des armées de l'Elbe et du Main, ces deux armées n'en faisant plus qu'une seule, se réunissent au quartier général.

NAPOLÉON.

D'après l'original. Dépôt de la guerre.

19951. — BULLETIN DE LA GRANDE ARMÉE [1].

Lützen, 2 mai 1813.

Les combats de Weissenfels et de Lützen n'étaient que le prélude

[1] Voir la note sur les *Bulletins de la Grande Armée*, t. XXIII, p. 609.

d'événements de la plus haute importance. L'empereur Alexandre et le roi de Prusse, qui étaient arrivés à Dresde avec toutes leurs forces dans les derniers jours d'avril, apprenant que l'armée française avait débouché de la Thuringe, adoptèrent le plan de lui livrer bataille dans les plaines de Lützen, et se mirent en marche pour en occuper la position; mais ils furent prévenus par la rapidité des mouvements de l'armée française. Ils persistèrent cependant dans leurs projets, et résolurent d'attaquer l'armée pour la déposter des positions qu'elle avait prises.

La position de l'armée française au 2 mai, à neuf heures du matin, était la suivante :

La gauche de l'armée s'appuyait à l'Elster; elle était formée par le vice-roi, ayant sous ses ordres les 5e et 11e corps. Le centre était commandé par le prince de la Moskova, au village de Kaja. L'Empereur avec la jeune et la vieille Garde était à Lützen.

Le duc de Raguse était au défilé de Posern, et formait la droite avec ses trois divisions. Enfin le général Bertrand, commandant le 4e corps, marchait pour se rendre à ce défilé. L'ennemi débouchait et passait l'Elster aux ponts de Zwenkau, Pegau et Zeitz. Sa Majesté, ayant l'espérance de le prévenir dans son mouvement et pensant qu'il ne pourrait attaquer que le 3, ordonna au général Lauriston, dont le corps formait l'extrémité de la gauche, de se porter sur Leipzig, afin de déconcerter les projets de l'ennemi et de placer l'armée française, pour la journée du 3, dans une position toute différente de celle où les ennemis avaient compté la trouver, et où elle était effectivement le 2, et de porter ainsi de la confusion et du désordre dans leurs colonnes.

A neuf heures du matin, Sa Majesté, ayant entendu une canonnade du côté de Leipzig, s'y porta au galop. L'ennemi défendait le petit village de Lindenau et les ponts en avant de Leipzig. Sa Majesté n'attendait que le moment où ces dernières positions seraient enlevées pour mettre en mouvement toute son armée dans cette direction, la faire pivoter sur Leipzig, passer sur la droite de l'Elster et prendre l'ennemi à revers; mais à dix heures l'armée ennemie déboucha vers Kaja, sur plusieurs colonnes d'une noire profondeur; l'horizon en était obscurci. L'ennemi présentait des forces qui paraissaient immenses : l'Empereur fit sur-le-champ ses dispositions. Le vice-roi reçut l'ordre de se porter sur la gauche du prince de la Moskova ; mais il lui fallait trois heures pour exécuter ce mouvement. Le prince de la Moskova prit les armes, et avec ses cinq divisions soutint le combat, qui au bout d'une demi-heure devint terrible. Sa Majesté se porta elle-même à la tête de la Garde derrière le centre de l'armée, soutenant la droite du prince de la Moskova. Le duc de Raguse, avec ses trois divisions, occupait l'extrême droite. Le général Bertrand eut ordre de déboucher sur les derrières de l'armée ennemie, au moment où la ligne se trouverait le plus fortement engagée. La fortune se plut à couronner du plus brillant succès toutes ces dispositions. L'ennemi, qui paraissait certain de la réussite de son entreprise, marchait pour déborder notre droite et gagner le chemin de Weissenfels : le général Compans, général de bataille du premier mérite, à la tête de la 1re division du duc de Raguse, l'arrêta tout court. Les régiments de marine soutinrent plusieurs charges avec sang-froid, et couvrirent le champ de bataille de l'élite de la cavalerie ennemie. Mais les grands efforts d'infanterie, d'artillerie et de cavalerie étaient sur le centre. Quatre des cinq divisions du prince de la Moskova étaient déjà engagées. Le village de Kaja fut pris et repris plusieurs fois. Ce village était resté au pouvoir de l'ennemi : le comte de Lobau dirigea le général Ricard pour reprendre le village ; il fut repris.

La bataille embrassait une ligne de deux lieues, couverte de feu, de fumée et de tourbillons de poussière. Le prince de la Moskova, le général Souham, le général Girard, étaient partout, faisaient face à tout. Blessé de plusieurs balles, le général Girard voulut rester sur le champ de bataille. Il déclara vouloir mourir en commandant et dirigeant ses troupes, puisque le moment était arrivé, pour tous les Français qui avaient du cœur, de vaincre ou de périr.

Cependant on commençait à apercevoir dans le lointain la poussière et les premiers feux du corps du général Bertrand. Au même moment le vice-roi entrait en ligne sur la gauche, et le duc de Tarente attaquait la réserve de l'ennemi et abordait au village où l'ennemi appuyait sa droite.

Dans ce moment, l'ennemi redoubla ses efforts sur le centre; le village de Kaja fut emporté de nouveau; notre centre fléchit; quelques bataillons se débandèrent; mais cette valeureuse jeunesse, à la vue de l'Empereur, se rallia en criant : *Vive l'Empereur!* Sa Majesté jugea que le moment de crise qui décide du gain ou de la perte des batailles était arrivé : il n'y avait plus un moment à perdre. L'Empereur ordonna au duc de Trévise de se porter avec seize bataillons de la jeune Garde au village de Kaja, de donner tête baissée, de culbuter l'ennemi, de reprendre le village, et de faire main basse sur tout ce qui s'y trouvait. Au même moment, Sa Majesté ordonna à son aide de camp le général Drouot, officier d'artillerie de la plus grande distinction, de réunir une batterie de quatre-vingts pièces et de la placer en avant de la vieille Garde, qui fut disposée en échelons comme quatre redoutes, pour soutenir le centre, toute notre cavalerie rangée en bataille derrière. Les généraux Dulauloy, Drouot et Desvaux partirent au galop avec leurs quatre-vingts bouches à feu placées en un même groupe. Le feu devint épouvantable. L'ennemi fléchit de tous côtés. Le duc de Trévise emporta sans coup férir le village de Kaja, culbuta l'ennemi et continua à se porter en avant en battant la charge. Cavalerie, infanterie, artillerie de l'ennemi, tout se mit en retraite.

Le général Bonet, commandant une division du duc de Raguse, reçut ordre de faire un mouvement par sa gauche sur Kaja, pour appuyer les succès du centre. Il soutint plusieurs charges de cavalerie dans lesquelles l'ennemi éprouva de grandes pertes.

Cependant le général comte Bertrand s'avançait et entrait en ligne. C'est en vain que la cavalerie ennemie caracola autour de ses carrés; sa marche n'en fut pas ralentie. Pour le rejoindre plus promptement, l'Empereur ordonna un changement de direction en pivotant sur Kaja. Toute la droite fit un changement de front, la droite en avant.

L'ennemi ne fit plus que fuir, nous le poursuivîmes une lieue et demie. Nous arrivâmes bientôt sur la hauteur que l'empereur Alexandre, le roi de Prusse et la famille de Brandebourg y occupaient pendant la bataille. Un officier prisonnier, qui se trouvait là, nous apprit cette circonstance.

Nous avons fait plusieurs milliers de prisonniers. Le nombre n'a pu en être plus considérable, vu l'infériorité de notre cavalerie et le désir que l'Empereur avait montré de l'épargner.

Au commencement de la bataille, l'Empereur avait dit aux troupes : « C'est une bataille d'Égypte. Une bonne infanterie soutenue par de l'artillerie doit savoir se suffire. »

Le général Gouré, chef d'état-major du prince de la Moskova, a été tué, mort digne d'un si bon soldat! Notre perte se monte à 10,000 tués ou blessés. Celle de l'ennemi peut être évaluée de 25 à 30,000 hommes. La garde royale de Prusse a été détruite. Les gardes de l'empereur de Russie ont considérablement souffert; les deux divisions de dix régiments de cuirassiers russes ont été écrasées.

Sa Majesté ne saurait trop faire d'éloge de la bonne volonté, du courage et de l'intrépidité de l'armée. Nos jeunes soldats ne considéraient pas le danger. Ils ont dans cette grande circonstance révélé toute la noblesse du sang français.

L'état-major général, dans sa relation, fera connaître les belles actions qui ont illustré cette brillante journée, qui, comme un coup de tonnerre, a pulvérisé les chimériques espérances et tous les calculs de destruction et de démembrement de l'Empire. Les trames ténébreuses ourdies par le cabinet de Saint-James pendant tout un hiver se trouvent en un instant dénouées comme le nœud gordien par l'épée d'Alexandre.

Le prince de Hesse-Homburg a été tué. Les prisonniers disent que le jeune prince royal de Prusse a été blessé, que le prince de Mecklenburg-Strelitz a été tué.

L'infanterie de la vieille Garde, dont six bataillons étaient seulement arrivés, a soutenu par sa présence l'affaire avec ce sang-froid qui la caractérise. Elle n'a pas tiré un coup de fusil. La moitié de l'armée n'a pas donné, car les quatre divisions du corps du général Lauriston n'ont fait qu'occuper Leipzig; les trois divisions du duc de Reggio étaient encore à deux journées du champ de bataille. Le comte Bertrand n'a donné qu'avec une de ses divisions, et si légèrement, qu'elle n'a pas perdu 50 hommes; ses 2e et 3e divisions n'ont pas donné. La 2e division de la jeune Garde, commandée par le général Barrois, était encore à cinq journées; il en est de même de la moitié de la vieille Garde, commandée par le général Decous, qui n'était encore qu'à Erfurt; des batteries de réserve formant plus de 100 bouches à feu n'avaient pas rejoint, et elles sont encore en marche depuis Mayence jusqu'à Erfurt; le corps du duc de Bellune était aussi à trois jours du champ de bataille; le corps de cavalerie du général Sebastiani, avec les trois divisions du prince d'Eckmühl, était du côté du bas Elbe. L'armée alliée, forte de 150 à 200,000 hommes, commandée par les deux souverains, ayant un grand nombre de princes de la maison de Prusse à sa tête, a donc été défaite et mise en déroute par moins de la moitié de l'armée française.

Les ambulances et le champ de bataille offraient le spectacle le plus touchant : les jeunes soldats, à la vue de l'Empereur, faisaient trêve à leurs douleurs en criant : *Vive l'Empereur!* « Il y a vingt ans, a dit l'Empereur, que je commande les armées françaises; je n'ai pas encore vu autant de bravoure et de dévouement. »

L'Europe serait enfin tranquille si les souverains et les ministres qui dirigent leurs cabinets pouvaient avoir été présents sur ce champ de bataille. Ils renonceraient à l'espérance de faire rétrograder l'étoile de la France; ils verraient que les conseillers qui veulent démembrer l'Empire français et humilier l'Empereur préparent la perte de leurs souverains.

Extrait du *Moniteur* du 9 mai 1813.

19952. —PROCLAMATION À L'ARMÉE.

De notre camp impérial de Lutzen, 3 mai 1813.

Soldats, je suis content de vous! Vous avez rempli mon attente! Vous avez suppléé à tout par votre bonne volonté et par votre bravoure. Vous avez, dans la célèbre journée du 2 mai, défait et mis en déroute l'armée russe et prussienne commandée par l'empereur Alexandre et le roi de Prusse. Vous avez ajouté un nouveau lustre à la gloire de mes aigles; vous avez montré tout ce dont est capable le sang français. La bataille de Lützen sera mise au-dessus des batailles d'Austerlitz, d'Iena, de Friedland et de la Moskova. Dans la campagne passée, l'ennemi n'a trouvé de refuge contre nos armes qu'en suivant la méthode féroce des barbares ses ancêtres : des armées de Tartares ont incendié ses campagnes, ses villes, la sainte Moscou elle-même. Aujourd'hui, ils arrivaient dans nos contrées, précédés de tout ce que l'Allemagne, la France et l'Italie ont de mauvais sujets et de déserteurs, pour y prêcher la révolte, l'anarchie, la guerre civile, le meurtre; ils se sont faits les apôtres de tous les crimes. C'est un incendie moral qu'ils voulaient allumer entre la Vistule et le Rhin, pour, selon l'usage des gouvernements despotiques, mettre des déserts entre nous et eux. Les insensés! Ils connaissaient peu l'attachement à leurs souverains, la sagesse, l'esprit d'ordre et le bon sens des Allemands. Ils connaissaient peu la puissance et la bravoure des Français.

Dans une seule journée, vous avez déjoué tous ces complots parricides. Nous rejetterons ces Tartares dans leur affreux climat, qu'ils ne doivent pas franchir. Qu'ils restent dans leurs déserts glacés, séjour d'esclavage, de barbarie et de corruption, où l'homme est ravalé à l'égal de la brute!

Vous avez bien mérité de l'Europe civilisée. Soldats, l'Italie, la France, l'Allemagne vous rendent des actions de grâces!

NAPOLÉON.

Extrait du *Moniteur* du 18 mai 1813.

19953. — A JÉRÔME NAPOLÉON, ROI DE WESTPHALIE,
À CASSEL.

Du champ de bataille de Lützen, 3 mai 1813.

Mon Frère, votre aide de camp m'a trouvé sur le champ de bataille, poursuivant l'ennemi, que mon armée a entièrement défait hier. L'empereur de Russie et le roi de Prusse commandaient en personne : leurs gardes ont été écrasées.

Je ne comprends rien au retard qu'éprouve le payement des 500,000 francs; ils sont compris dans la distribution du mois de mars. Envoyez un courrier au duc de Bassano, qui devrait déjà vous avoir fait payer cette somme.

NAPOLÉON.

D'après la copie comm. par S. A. I. le prince Jérôme.

19954. — AU PRINCE LEBRUN,
GOUVERNEUR GÉNÉRAL DES DÉPARTEMENTS DE LA HOLLANDE, À AMSTERDAM.

Pegau, 3 mai 1813.

Je vois dans le *Journal d'Amsterdam* que vous avez mis un extrait de mes lettres dans les journaux : cela me servira de règle pour ne plus vous écrire. Comment peut-on commettre une pareille inconvenance!

D'après la minute. Archives de l'Empire.

19955. — AU PRINCE DE NEUCHÂTEL ET DE WAGRAM,
MAJOR GÉNÉRAL DE LA GRANDE ARMÉE, À PEGAU.

Pegau, 4 mai 1813, quatre heures du matin.

Mon Cousin, ordonnez au vice-roi de partir aujourd'hui à six heures du matin pour se porter sur Borna. Vous lui ferez connaître que je donne ordre au général Lauriston, qui continue à être sous ses ordres, de se porter à Rœtha.

Donnez au général Lauriston l'ordre de se porter sur Rœtha, et, une fois passé, de favoriser le passage du vice-roi à Borna.

Mandez aussi au vice-roi qu'il faut absolument avoir Borna dans la journée, afin de pousser l'ennemi et d'avoir des renseignements sur sa direction.

Donnez ordre au duc de Raguse de partir de meilleure heure qu'il pourra, pour joindre la route de Borna; qu'il fasse connaître sur quel point et à quelle heure il arrivera.

Donnez ordre au général westphalien, s'il est à Naumburg, de se porter sur Zeitz, et, s'il est à Weissenfels, de se porter sur Pegau.

NAPOLÉON.

D'après l'original. Dépôt de la guerre.

19956. — AU MARÉCHAL NEY, PRINCE DE LA MOSKOVA,
COMMANDANT LE 3ᵉ CORPS DE LA GRANDE ARMÉE, À LÜTZEN.

Pegau, 4 mai 1813, quatre heures du matin.

Le major général vous fera connaître mes intentions pour les mouvements d'aujourd'hui. S'il n'y a pas d'inconvénient, je désire que vous vous rendiez à Leipzig : faites-y la plus belle entrée qu'il sera possible, et employez là votre temps à me donner des renseignements de toute espèce. Passez la revue de votre corps; proposez-moi de nommer aux places vacantes pour bien remettre en état ce qui serait désorganisé, et surtout l'artillerie, qu'il ne faut diminuer d'aucune pièce. S'il y a des chevaux tués, on peut facilement s'en procurer d'autres dans le pays où l'on est : il faut que vous ayez le même nombre de pièces que vous aviez avant la bataille.

Le général Reynier commande le 7ᵉ corps, composé de Saxons et de la division Durutte; il se trouve à Merseburg : je le mets sous vos ordres. Je lui donne ordre de se rendre demain à Leipzig, si toutefois il est certain que la colonne ennemie qui avait marché sur Halle l'ait évacué, ce dont je ne doute pas. La division Durutte est forte de 3,000 hommes. Je désire également que le duc de Bellune, qui est à Bernburg, vous rejoigne.

Mon intention est de porter aujourd'hui mon quartier général à Borna pour suivre vivement l'ennemi. Là je me déciderai peut-être à me porter sur Dresde; mais dans ce cas je vous laisserai sur ma gauche, pour vous porter sur Wittenberg, après avoir débloqué Torgau et mis le général Reynier à la tête de son 7ᵉ corps. Je suppose qu'il pourra former là une division de 6 à 7,000 Saxons, ce qui lui fera 10,000 hommes. Je voudrais, à Wittenberg, réunir à vous le général Sebastiani, qui a 14,000 hommes, dont 4,000 de cavalerie; ce qui ne laisserait pas de faire à Wittenberg une très-belle armée. Cela me permettrait, suivant les renseignements ultérieurs que je recevrais, ou de m'en tenir à l'Elbe, ou de déboucher par Wittenberg et de me porter immédiatement sur Berlin. Mais je ne puis pas encore fixer mes idées sur cela, parce que je ne connaîs pas exactement la situation de votre corps; faites-moi-la bien connaître. Vous êtes celui qui avez le plus souffert. Je vous prie de donner ordre aussi qu'on ramasse les fusils sur le champ de bataille.

On m'assure que l'ennemi n'a laissé près de Wittenberg que le général Kleist avec 3 ou 4,000 hommes, une petite colonne qui a marché sur Halle et peu de monde à Dessau. Aussitôt que vous serez arrivé à Leipzig, si vous apprenez que le chemin soit libre de Leipzig à Bernburg, où est le duc de Bellune, donnez-lui ordre de se tenir prêt à vous rejoindre. Je vous prie de m'envoyer de Leipzig des renseignements sur ce qui se passe à Magdeburg, Wittenberg et Torgau. Le général Reynier peut envoyer un officier saxon à Torgau pour y faire connaître le résultat de la bataille, et qu'il vient prendre le commandement du corps.

<small>D'après la minute. Archives de l'Empire.</small>

19957. — AU PRINCE DE NEUCHÂTEL ET DE WAGRAM,

MAJOR GÉNÉRAL DE LA GRANDE ARMÉE, À PEGAU.

Pegau, 4 mai 1813, cinq heures du matin.

Mon Cousin, écrivez au général Bertrand que, jusqu'à ce qu'il soit instruit que le duc de Reggio est arrivé à Zeitz, il envoie de fortes reconnaissances dans la direction de Zeitz et d'Altenburg, afin d'avoir des nouvelles de l'ennemi; qu'il envoie aussi des patrouilles du côté de Borna, et que, s'il entendait une vive canonnade sur ce point, il s'y porte et envoie demander des ordres.

NAPOLÉON.

<small>D'après l'original. Dépôt de la guerre.</small>

19958. — AU MARÉCHAL NEY, PRINCE DE LA MOSKOVA,

COMMANDANT LE 3ᵉ CORPS DE LA GRANDE ARMÉE, À LÜTZEN.

Pegau, 4 mai 1813, neuf heures du matin.

Je reçois des nouvelles du vice-roi, datées sept heures du matin; il est arrivé à Borna. L'armée prussienne et russe fuit à toutes jambes sur Rochlitz. La perte de l'ennemi a été énorme. Nous avons trouvé ici le corps du prince de Hesse-Homburg; je le fais enterrer avec tous les honneurs dus à son rang. On soutient que le prince de Prusse a été blessé. Le désespoir est dans l'âme des Prussiens. Je fais marcher sur Dresde. Je vous ai envoyé ce matin mes intentions. Réunissez le duc de Bellune pour débloquer Wittenberg. Envoyez le général Reynier à Torgau pour y rallier les Saxons. Le général Sebastiani ayant près de 4,000 hommes de cavalerie, il sera possible que je me décide à vous faire marcher sur Berlin pour y prévenir l'ennemi; mais, comme de raison, aussitôt que j'aurai des renseignements plus précis.

D'après la minute. Archives de l'Empire.

19959. — AU PRINCE DE NEUCHÂTEL ET DE WAGRAM,
MAJOR GÉNÉRAL DE LA GRANDE ARMÉE, À PEGAU.

Pegau, 4 mai 1813.

Mon Cousin, écrivez au général Sebastiani, par un officier d'état-major, qu'il ait à se diriger de manière à opérer le plus tôt possible sa réunion avec le prince de la Moskova; qu'il tâche de se réunir en route avec toute l'infanterie, la cavalerie et l'artillerie qu'il trouvera, et qu'il amène tout à l'armée; qu'il prenne sous ses ordres la 1re division de l'armée, commandée par le général Philippon; que, si le duc de Bellune n'est pas réuni au corps du prince de la Moskova, il s'y réunisse aussi, de manière à arriver avec le plus de forces possible, mais aussi de manière à rejoindre promptement le prince de la Moskova; qu'il écrive à Hanovre et à Brunswick pour que toute la cavalerie possible le rejoigne. Il ne laissera à Magdeburg que le régiment westphalien, le régiment de marche de la citadelle, quatre bataillons de la 1re division, deux du 2e corps; ce qui fera huit bataillons français.

Écrivez au duc de Bellune les ordres que vous donnez au général Sebastiani; faites-lui connaître qu'il sera sous les ordres du prince de la Moskova, comme plus ancien maréchal que lui; qu'il réunisse également tous les détachements d'infanterie, cavalerie et artillerie qui seraient à sa portée, et qu'il marche avec précaution. Écrivez au prince de la Moskova que, indépendamment des divisions qui composent son corps d'armée, mon intention est que le 2e corps, commandé par le duc de Bellune, ayant une division de dix bataillons qui était à Bamberg, soit sous ses ordres et le rejoigne; que le général Sebastiani, ayant sous ses ordres la division Puthod, de 10,000 hommes d'infanterie, et 4,000 de cavalerie, soit sous ses ordres et le rejoigne; que la 1re division de l'armée, faisant partie du 1er corps, qui est de seize bataillons et qui est du côté de Magdeburg, laisse quatre bataillons à Magdeburg et le rejoigne avec douze bataillons. Le prince de la Moskova recevra ainsi une augmentation de douze bataillons de la division Puthod, douze de la division du 1er corps, que commande le général Philippon, dix du duc de Bellune, total trente-quatre bataillons avec leurs batteries d'artillerie, plus 4,000 hommes de cavalerie du général Sebastiani; ce qui, avec la division Durutte, lui fera une augmentation de 30,000 hommes, y compris les Saxons. Il y a deux bataillons du régiment étranger et plusieurs bataillons isolés du général Lauriston qui n'ont pas encore dépassé Leipzig; il peut réunir à lui tout ce qui n'aurait pas dépassé Leipzig dans la journée de demain, en en rendant compte. Qu'il envoie des estafettes à ces différents généraux, et qu'il se tienne prêt à manœuvrer pour se porter sur Torgau; qu'il réunisse, en conséquence, le duc de Bellune et les généraux Sebastiani et Philippon, pour qu'il ne leur arrive rien en route.

Écrivez au commandant de Magdeburg et à tous ces généraux en conséquence, et donnez avis partout de la victoire que nous avons remportée.

Napoléon.

D'après l'original. Dépôt de la guerre.

19960. — AU PRINCE DE NEUCHÂTEL ET DE WAGRAM,
MAJOR GÉNÉRAL DE LA GRANDE ARMÉE, À PEGAU.

Pegau, 4 mai 1813.

Mon Cousin, il me semble que je vous avais donné ordre de faire connaître au duc de Reggio que mon intention était qu'il se portât sur Zeitz. Cependant la note que vous m'avez envoyée cette nuit ne dit rien de ce dernier ordre; faites-moi connaître de quelle date il est. J'avais ordonné également que la division wurtembergeoise se rendît sur Pegau en droite ligne pour rejoindre le général Bertrand; elle a fait un détour: donnez-lui l'ordre, puisqu'elle est à Kaja, de rejoindre sur-le-champ le général Bertrand. J'ai donné ordre au général Hammerstein de se porter sur Pegau; dirigez-le sur le duc de Raguse; il fera partie de son corps et marchera avec lui. Comme ce général a un millier d'hommes de cavalerie, il sera utile au duc de Raguse. Le général Milhaud ne doit point passer par Kaja, mais se diriger en droite ligne sur Pegau. Quand est-ce que la colonne commandée par le général Decous est arrivée à Naumburg? Quand en est-elle partie? Avez-vous spécifié dans votre ordre qu'elle vienne sur Pegau?

Les quatre compagnies de pontonniers qui sont arrivées le 1er mai à Erfurt ont-elles eu ordre de continuer leur route? Quant au trésor de l'armée, il est bien à Erfurt; laissez-l'y jusqu'à ce que nous ayons pris une position définitive. Le bataillon du 37e léger peut aussi, sans difficulté, rester quelques jours à Erfurt, s'y reposer et se reformer.

Donnez ordre à la division Lorge de partir de Hanau pour se rendre à Gotha.

NAPOLÉON.

D'après l'original. Dépôt de la guerre.

19961. — AU PRINCE DE NEUCHÂTEL ET DE WAGRAM,
MAJOR GÉNÉRAL DE LA GRANDE ARMÉE, À PEGAU.

Pegau, 4 mai 1813.

Mon Cousin, expédiez l'ordre à la division Milhaud, qui arrive aujourd'hui à Naumburg, de se rendre en droite ligne sur Pegau; même ordre pour la colonne du général Decous. Dites à ces deux généraux de marcher ensemble, afin de se soutenir mutuellement.

Le corps du général Hammerstein fera partie du corps du duc de Raguse; qu'il se dirige donc aujourd'hui sur Borna. Mandez cela au duc de Raguse, pour qu'il apprenne le plus tôt possible que ce corps, ayant 1,000 chevaux, sera mis sous ses ordres.

NAPOLÉON.

D'après l'original. Dépôt de la guerre.

19962. — AU PRINCE CAMBACÉRÈS,
ARCHICHANCELIER DE L'EMPIRE, À PARIS.

Pegau, 4 mai 1813.

Mon Cousin, je reçois vos lettres du 28 et du 29. Vous verrez par les relations envoyées à l'Impératrice quelle est la situation actuelle des affaires. On ne peut pas aller mieux. Rien n'égale surtout la valeur, la bonne volonté et l'amour que me montrent tous ces jeunes soldats; ils sont pleins d'enthousiasme.

NAPOLÉON.

D'après la copie comm. par M. le duc de Cambacérès.

19963. — A FRANÇOIS Ier, EMPEREUR D'AUTRICHE,
À VIENNE.

Pegau, 4 mai 1813.

Monsieur mon Frère et très-cher Beau-Père, connaissant l'intérêt que Votre Majesté prend à tout ce qui m'arrive d'heureux, je m'empresse de lui annoncer la victoire qu'il a plu à la Providence d'accorder à mes armes dans les champs de Lützen. Quoiqu'ayant voulu diriger moi-même tous les mouvements de mon armée, et m'étant trouvé quelquefois à portée de la mitraille, je n'ai éprouvé aucune espèce d'accident, et, grâce au ciel, je jouis de la meilleure santé.

J'ai des nouvelles journalières de l'Impératrice, dont je continue d'être extrêmement satisfait. Elle est aujourd'hui mon premier ministre, et elle s'en acquitte à mon grand contentement; je ne veux pas le laisser ignorer à Votre Majesté, sachant combien cela fera plaisir à son cœur paternel.

Que Votre Majesté croie aux sentiments d'estime et de parfaite considération que je lui porte, et surtout au véritable intérêt que je prends à son bonheur.

NAPOLÉON.

D'après la copie comm. par le gouvernement de S. M. l'Empereur d'Autriche.

19964. — A FRÉDÉRIC, ROI DE WURTEMBERG,
À STUTTGART.

Pegau, 4 mai 1813.

Monsieur mon Frère, j'ai chargé le roi de Westphalie d'écrire à Votre Majesté pour lui faire connaître l'état de mes affaires; j'espère qu'il le fait exactement. Votre Majesté aura appris la victoire signalée que la Providence a accordée à mes armes dans les champs de Lützen. Le roi de Prusse et l'empereur de Russie, avec l'armée russe de Wittgenstein, forte de 150 à 200,000 hommes, dont 30,000 de cavalerie, sont venus m'attaquer au village de Kaja, le 2, à dix heures du matin. Je les ai complétement battus avec ma seule infanterie; je les poursuis l'épée dans les reins, et déjà le vice-roi est arrivé à Borna.

La garde du roi de Prusse a été détruite, celle de l'empereur de Russie a beaucoup souffert; les régiments de cuirassiers russes ont été écrasés; je compte la perte de l'ennemi à 25 ou 30,000 hommes. On dit que plusieurs princes de la maison de Prusse ont été blessés; je viens de faire enterrer le prince de Hesse-Homburg.

Et pourtant les trois divisions du duc de Reggio ne m'avaient pas rejoint; des trois divisions du général Bertrand, deux ne m'avaient pas joint et une a à peine tiré quelques balles; les quatre divisions du général Lauriston n'ont pas participé à l'affaire; la moitié de ma vieille Garde, qui me rejoindra dans trois jours, n'y était pas; les trois divisions du 1er corps, trois du 2e ne m'avaient pas joint; le général Sebastiani, avec 14,000 hommes, dont 4,000 de cavalerie, était sur Lüneburg : j'ai donc remporté cette victoire avec le tiers de mon armée contre toutes les armées ennemies. Cela ne m'étonne pas, vu la mauvaise composition de l'infanterie actuelle russe. L'empereur de Russie et le roi de Prusse se dirigent sur Dresde; je les y poursuis; ceci nous mènera à la Vistule. Voilà donc tant d'espérances de changement et de bouleversement anéanties!

NAPOLÉON.

D'après la copie comm. par le gouvernement de S. M. le roi de Wurtemberg.

19965. — AU PRINCE DE NEUCHÂTEL ET DE WAGRAM,
MAJOR GÉNÉRAL DE LA GRANDE ARMÉE, À BORNA.

Borna, 5 mai 1813, deux heures du matin.

Mon Cousin, écrivez au vice-roi qu'il marche beaucoup trop lentement; qu'il occupe beaucoup trop de place, ce qui embarrasse la marche de l'armée; qu'il y a beaucoup trop de voitures à son corps, et qu'il n'y a pas d'ordre; que la cavalerie traîne à sa suite, comme à l'ordinaire, une grande quantité d'embarras et d'hommes éclopés; qu'il fasse diriger tout cela sur Leipzig; qu'il mette aussi de l'ordre dans ses voitures: qu'il fasse exécuter les règlements et qu'aucun bagage ne marche avec la 1re division d'infanterie; qu'il faut, aujourd'hui 5, que la queue du corps ait dépassé Colditz à midi, et que son quartier général soit entre Colditz et Waldheim, le plus près de Waldheim qu'il pourra; le quartier général de l'armée sera à Colditz à midi; qu'il est nécessaire aussi de marcher aujourd'hui plus réuni.

Donnez ordre au général Bertrand de se porter sur Rochlitz; faites-lui connaître que le vice-roi a dépassé Colditz.

Donnez ordre au duc de Raguse de se diriger entre Colditz et Rochlitz, pour y passer la Mulde, si l'ennemi la défend à Colditz, et pouvoir ainsi tourner la position; qu'il fera reconnaître Rochlitz; que le général Bertrand doit arriver sur Rochlitz, mais très-tard; que le vice-roi sera au delà de Colditz.

Donnez ordre au duc de Reggio de se porter sur Altenburg.

NAPOLÉON.

D'après l'original. Dépôt de la guerre.

19966. — AU PRINCE DE NEUCHÂTEL ET DE WAGRAM,
MAJOR GÉNÉRAL DE LA GRANDE ARMÉE, À BORNA.

Borna, 5 mai 1813, neuf heures du matin.

Mon Cousin, écrivez au prince de la Moskova que j'ai donné ordre au comte Lauriston de se rendre avec son corps à Wurzen, pour nettoyer la route de Wurzen à Dresde, ce qui assurera son flanc droit; que je désire qu'il se dirige le plus tôt possible sur Torgau pour rétablir la communication.

Écrivez au général Thielmann, commandant de Torgau, pour lui faire connaître que le général Reynier va reprendre le commandement du 7ᵉ corps.

NAPOLÉON.

D'après l'original. Dépôt de la guerre.

19967. — AU MARÉCHAL KELLERMANN, DUC DE VALMY,

COMMANDANT SUPÉRIEUR DES 5ᵉ, 25ᵉ ET 26ᵉ DIVISIONS MILITAIRES, À MAYENCE.

Borna, 5 mai 1813.

Je donne ordre au comte Beugnot de fournir 500 chevaux, des lances et tout ce dont il peut disposer dans le Grand-Duché à la brigade du général Dombrowski. Prévenez-en le général Dombrowski pour qu'il se fasse remettre ces fournitures sur-le-champ. Pressez le départ de cette petite division pour l'armée.

NAPOLÉON.

D'après l'original comm. par M. le duc de Valmy.

19968. — AU GÉNÉRAL CLARKE, DUC DE FELTRE,

MINISTRE DE LA GUERRE, À PARIS.

Borna, 5 mai 1813.

Dans la dernière bataille, j'ai vu avec la plus grande peine qu'un bon tiers des obus n'a pas éclaté. Cette affaire est de la plus grande importance. Cela provient de ce qu'ils étaient chargés depuis longues années : cela ne doit pas être; il n'y a ni *mais* ni *si* qui puissent justifier le corps d'artillerie de pareille négligence. J'ai vu beaucoup de ces obus sur le champ de bataille; ils avaient des fusées, mais pas de mèches. Enfin prenez les mesures les plus efficaces pour remédier à un si grand inconvénient. La responsabilité en pèse tout entière sur le corps d'artillerie; un directeur d'artillerie qui expédie des munitions qui ne sont pas en état, selon les lois militaires mérite la mort. Il est nécessaire aussi de prendre quelques mesures pour former des artificiers.

D'après la minute. Archives de l'Empire.

19969. — AU GÉNÉRAL CLARKE, DUC DE FELTRE,
MINISTRE DE LA GUERRE, À PARIS.

Borna, 5 mai 1813.

Monsieur le Duc de Feltre, je reçois votre lettre du 25 avril. Vous dites que je ne vous ai pas fait connaître mon intention pour les dix-sept majors venant d'Espagne; je ne puis pas concevoir cela. Quand je vous ai dit que tous les officiers venant d'Espagne devaient se rendre au quartier général de la Grande Armée, il me semble que cela comprenait colonels, colonels en second, majors, majors en second, chefs de bataillon, etc. En attendant, je me trouve sur le champ de bataille sans officiers. D'ailleurs, la campagne en usera beaucoup; il faut donc en avoir pour les remplacer, sans faire des avancements trop rapides et qui n'atteignent pas le but. Je ne puis donc que vous répéter ce que je vous ai déjà dit dix fois, c'est que tous les officiers qui vous arrivent d'Espagne doivent être dirigés sur Mayence.

Si vous avez besoin d'officiers et de sous-officiers, l'armée d'Espagne est une pépinière inépuisable: je vous autorise à en faire venir.

NAPOLÉON.

D'après la copie. Dépôt de la guerre.

19970. — AU PRINCE DE NEUCHÂTEL ET DE WAGRAM,
MAJOR GÉNÉRAL DE LA GRANDE ARMÉE, À COLDITZ.

Colditz, 5 mai 1813.

Mon Cousin, écrivez au général Lauriston, par un homme du pays, à qui vous promettrez vingt napoléons de récompense s'il apporte la réponse avant six heures du matin. Faites connaître au général qu'il se porte à grandes marches, et par la grande route, sur Dresde, de manière à faire sept à huit lieues par jour; que mon quartier général est arrivé ici aujourd'hui; que tous les corps sont passés par ici, et qu'il ne doit rien y avoir de considérable du côté du prince de la Moskova.

NAPOLÉON.

D'après l'original. Dépôt de la guerre.

19971. — AU PRINCE DE NEUCHÂTEL ET DE WAGRAM,
MAJOR GÉNÉRAL DE LA GRANDE ARMÉE, À COLDITZ.

Colditz, 6 mai 1813, trois heures et demie du matin.

Mon Cousin, écrivez au duc de Raguse que le vice-roi a défait hier le corps de Miloradovitch, au village de Gersdorf; que son avant-garde était sur les hauteurs de Hartha; qu'il est nécessaire que sa 1re division commence à entrer dans la ville à quatre heures du matin et se porte en toute diligence sur Waldheim; qu'une division du général Kleist, qui venait du côté de Wittenberg, est retournée sur Wurzen par Leisnig, qu'elle aura probablement évacué pendant la nuit; qu'il faut qu'il envoie une reconnaissance sur Leisnig, où il est bon que l'on entre pour savoir ce qui s'est passé; que cela ne doit pas arrêter la marche de son corps d'armée dans la direction du vice-roi.

Écrivez au vice-roi que j'ai vu avec plaisir sa relation d'hier, mais qu'il y a bien peu de prisonniers; que, dans un pays où la cavalerie ne peut rien, on aurait dû prendre 2 à 3,000 hommes; qu'il parte à la pointe du jour pour arriver à Nossen dans la journée; que le duc de Raguse le soutient à trois heures de marche; que toute la Garde est en avant de Colditz; qu'il peut donc marcher droit et rapidement; que, comme toutes les colonnes de l'ennemi convergent sur Dresde, il est important d'arriver rapidement devant cette ville, puisque tout ce qui n'aurait pas passé serait rejeté sur la Bohême; que le général Lauriston a reçu ordre de se diriger à grandes marches de Wurzen, par le grand chemin, sur Dresde. Donnez l'ordre au général Bertrand, qui est à Rochlitz, de marcher sur deux colonnes, l'une pour passer la rivière entre Waldheim et Mitweida, l'autre sur Mitweida; faites-lui connaître que le vice-roi est sur Waldheim; qu'il a défait hier le corps de Miloradovitch; que le vice-roi a ordre d'aller aujourd'hui à Nossen; qu'il faut donc qu'il s'approche; que le général Lauriston part aujourd'hui de Wurzen pour faire huit lieues par jour sur la grande route de Dresde; qu'il est donc nécessaire d'arriver tous à la fois sur Dresde; qu'il envoie un officier au duc de Reggio pour avoir de ses nouvelles, car il est à prévoir que, s'il y a une colonne ennemie qui ne soit pas encore arrivée à Dresde, l'ennemi voudra tenir pour gagner vingt-quatre heures.

NAPOLÉON.

D'après l'original. Dépôt de la guerre.

19972. — AU MARÉCHAL NEY, PRINCE DE LA MOSKOVA,
COMMANDANT LE 3ᵉ CORPS DE LA GRANDE ARMÉE, À LEIPZIG.

Colditz, 6 mai 1813, trois heures et demie du matin.

J'ai reçu votre lettre de Leipzig en date du 5 mai, avec les renseignements qui y sont contenus. Le vice-roi a battu hier à Gersdorf et poussé sur Hartha le général Miloradovitch, qui avait deux divisions, formant douze régiments, et à peu près 9,000 hommes sous les armes. Ce général était en marche, mais n'avait pu arriver à la bataille; il a été culbuté et a beaucoup perdu. Nous serons aujourd'hui à Nossen. J'ai fait donner ordre au général Lauriston de marcher en toute hâte sur Dresde; il doit être à Wurzen. Comme mes ordres lui parviennent par des chemins de traverse, et que vous pouvez lui écrire par la grande route, prévenez-le que c'est mon intention qu'il fasse sept à huit lieues par jour, afin d'arriver à la même hauteur que nous à Dresde. Prévenez-le que le général Kleist, avec une division de 5 à 6,000 hommes, était hier au village de Leisnig et se dirigeait sur la route, probablement pour couvrir la route de Wurzen à Dresde. Il serait possible que, si le général Lauriston manœuvrait bien, il pût enlever cette division.

Vous me parlez d'une division qui est à Halle, je suppose qu'elle aura rétrogradé sur Dessau à la nouvelle de la bataille; s'il en était autrement, vous vous trouveriez sur ses derrières et ne la laisseriez pas rejoindre.

J'ai bien de l'impatience de vous savoir sur Torgau et de voir débloquer Wittenberg, car les choses prennent une tournure telle qu'il serait très-possible que je prisse le parti de me porter de suite sur Berlin.

D'après la minute. Archives de l'Empire.

19973. — AU PRINCE DE NEUCHÂTEL ET DE WAGRAM,
MAJOR GÉNÉRAL DE LA GRANDE ARMÉE, À COLDITZ.

Colditz, 6 mai 1813, neuf heures du matin.

Mon Cousin, écrivez au général Bertrand que je le laisse maître de se porter sur Freyberg, afin de déboucher par cette grande route sur Dresde; que le vice-roi sera ce soir à Nossen; peut-être y porterai-je mon quartier général ce soir; peut-être le porterai-je à Etzdorf.

NAPOLÉON.

D'après l'original. Dépôt de la guerre.

19974. — AU MARÉCHAL NEY, PRINCE DE LA MOSKOVA,
COMMANDANT LE 3ᵉ CORPS DE LA GRANDE ARMÉE, À LEIPZIG.

Colditz, 6 mai 1813.

Faites expédier tous les jours de Leipzig 20,000 rations de pain par la grande route sur Dresde, car nous allons être entassés chaque jour davantage les uns sur les autres.

D'après la minute. Archives de l'Empire.

19975. — AU MARÉCHAL NEY, PRINCE DE LA MOSKOVA,
COMMANDANT LE 3ᵉ CORPS DE LA GRANDE ARMÉE, À LEIPZIG.

Colditz, 6 mai 1813.

Les deux compagnies du 6ᵉ bataillon d'équipages militaires sont arrivées hier à Borna; envoyez-les chercher. Envoyez un officier à Naumburg, afin que tout ce qui est destiné à votre corps et à celui du duc de Bellune se dirige sur Leipzig.

Faites faire des hôpitaux à Leipzig pour 6,000 blessés, et faites-y transporter les blessés qui sont à Lützen. Nous serons probablement demain à Dresde. Il paraît que le corps prussien de 20 à 25,000 hommes se retire sur Meissen.

La 1ʳᵉ division de l'armée fera partie du corps du duc de Bellune jusqu'à nouvel ordre. Ce maréchal aura deux divisions, la 1ʳᵉ et la 4ᵉ, ce qui, avec vos cinq divisions et les deux divisions du général Reynier, fera neuf divisions. Les routes doivent être libres pour arriver à Magdeburg. Pressez votre jonction avec le général Sebastiani. Ce général a avec lui une division qui appartient au général Lauriston; faites-moi connaître quand elle arrivera, pour que je désigne où elle doit rejoindre son corps. Je suppose que le général Sebastiani doit avoir 6,000 hommes de cavalerie; c'est une belle armée, avec laquelle je voudrais vous voir déboucher sur Torgau. Pendant ce temps, je pousserai les Russes dans ce pays-ci. Je ne sais si je pourrai passer à Dresde; je crains de trouver embarras pour passer, car j'ai des pontonniers et pas de pontons; ils ne seront pas arrivés avant quinze jours. Si je n'ai pas de bateaux et si l'ennemi défend sérieusement le passage et expose Dresde aux circonstances de la guerre, je serai obligé de revenir sur Torgau; mais votre présence à Torgau avec votre corps d'armée doit imposer à l'ennemi et le faire renoncer au projet de défendre l'Elbe.

D'après la minute. Archives de l'Empire.

19976. — AU MARÉCHAL NEY, PRINCE DE LA MOSKOVA,
COMMANDANT LE 3ᵉ CORPS DE LA GRANDE ARMÉE, A LEIPZIG.

Colditz, 6 mai 1813.

Faites construire un pont de bateaux près de Wurzen et un tambour en palissades, afin que la communication avec Dresde soit sûre et rapide.

D'après la minute. Archives de l'Empire.

19977. — A Mᵐᵉ LA MARÉCHALE BESSIÈRES, DUCHESSE D'ISTRIE,
A PARIS.

Colditz, 6 mai 1813.

Ma Cousine, votre mari est mort au champ d'honneur. La perte que vous faites, et celle de vos enfants, est grande sans doute, mais la mienne l'est davantage encore. Le duc d'Istrie est mort de la plus belle mort et sans souffrir. Il laisse une réputation sans tache : c'est le plus bel héritage qu'il ait pu léguer à ses enfants. Ma protection leur est acquise; ils hériteront aussi de l'affection que je portais à leur père. Trouvez dans toutes ces considérations des motifs de consolation pour alléger vos peines, et ne doutez jamais de mes sentiments pour vous.

NAPOLÉON.

D'après l'original comm. par Mme la duchesse d'Istrie.

19978. — AU MARÉCHAL NEY, PRINCE DE LA MOSKOVA,
COMMANDANT LE 3e CORPS DE LA GRANDE ARMÉE, À SCHILDA.

Waldheim, 7 mai 1813, dix heures du matin.

Le général Sebastiani est parti le 1er mai de Lüneburg, il y a donc aujourd'hui six jours : il doit être près de vous. Il est important que ce général, qui a beaucoup de cavalerie, d'infanterie et d'artillerie, rejoigne le plus tôt possible. Écrivez par des gendarmes saxons, dans différentes directions, pour qu'il rejoigne bientôt. L'arrivée de ces forces du côté de Wittenberg et de Torgau mettra en état de tout entreprendre avec succès sur la rive droite de l'Elbe.

D'après la minute. Archives de l'Empire.

19979. — AU GÉNÉRAL COMTE DE LAURISTON,
COMMANDANT LE 5e CORPS DE LA GRANDE ARMÉE, À LOMMATZSCH.

Nossen, 7 mai 1813, cinq heures après midi.

Le quartier général est aujourd'hui à Nossen; le vice-roi arrive ce soir près de Wilsdruf, au village de Blankenstein. Les habitants du pays prétendent avoir entendu du canon du côté de Meissen, ce matin, à dix heures; il paraît difficile que ce puisse être vous. Je vous expédie un gendarme pour avoir de vos nouvelles. Demain nous marcherons sur Dresde. Il paraît que les Prussiens ont fait leur retraite sur Meissen; on dit qu'ils ont fait quelques retranchements sur les montagnes en avant; c'est ce que les gens du pays vous auront appris et ce que vous aurez été à même de vérifier. Faites-moi connaître par le retour du gendarme tous les renseignements que vous avez, votre position et l'heure à laquelle vous arriverez demain devant Meissen.

D'après la minute. Archives de l'Empire.

19980. — AU GÉNÉRAL COMTE BERTRAND,
COMMANDANT LE 4ᵉ CORPS DE LA GRANDE ARMÉE, À HAYNICHEN.

Nossen, 7 mai 1813, cinq heures après midi.

Monsieur le Comte Bertrand, notre avant-garde est à Wilsdruf. Il est convenable que vous partiez demain de meilleure heure possible pour entrer à Dresde. Vous pouvez mettre en avant toute votre cavalerie, une bonne partie de votre artillerie et une bonne avant-garde pour pousser plus rapidement.

Arrivé à Tharandt, vous ne vous trouverez qu'à une lieue de Wilsdruf, et l'on pourra communiquer. Faites-nous connaître à quelle heure vos trois divisions seront arrivées ce soir, et à quelle heure vous pourrez vous mettre en marche demain.

Le général Lauriston arrive ce soir sur Meissen.

NAPOLÉON.

D'après l'original comm. par M. le général comte Henry Bertrand.

19981. — AU GÉNÉRAL CAULAINCOURT, DUC DE VICENCE,
GRAND ÉCUYER DE L'EMPEREUR, À NOSSEN.

Nossen, 7 mai 1813.

Les caissons du nouveau modèle qui ont été faits contiennent vingt quintaux de farine, ce qui, pour quatre chevaux, fait cinq quintaux par cheval; ce n'est pas beaucoup, mais c'est pourtant tolérable. Vingt quintaux de farine font 1,800 rations de pain; ainsi un de ces caissons porte de la farine pour un bataillon pour deux jours; cinq de ces caissons porteraient de la farine pour dix jours; mais, si l'on charge ces caissons de pain, ils ne portent plus que 900 rations : je désirerais donc un modèle de caisson qui ne pesât pas davantage que le caisson actuel et qui pût cependant porter vingt quintaux de farine comme actuellement, ou, si on voulait, 1,800 rations de pain et à plus forte raison 1,800 rations de biscuit.

D'après la minute. Archives de l'Empire.

19982. — AU VICE-AMIRAL DUC DECRÈS[1],
MINISTRE DE LA MARINE, À PARIS.

Nossen, 7 mai 1813.

Il faut réorganiser l'inspection maritime des côtes de la 32e division. Envoyez le contre-amiral Lhermitte et ce qui est nécessaire pour réorganiser la 32e division et surveiller les côtes. Adoptez un modèle de péniche et de bâtiment pour la défense des bouches de l'Elbe, du Weser et de la Jahde.

D'après la minute. Archives de l'Empire.

19983. — A FRÉDÉRIC, ROI DE WURTEMBERG,
À STUTTGART.

Nossen, 7 mai 1813.

Monsieur mon Frère, depuis le 2 je poursuis l'armée ennemie, qui a brûlé tous les ponts et fait tout ce qu'elle a pu pour retarder ma marche. Les Prussiens se sont retirés sur Meissen, et les Russes sur Dresde. Il y a eu différents combats d'arrière-garde à Gersdorf, Waldheim, Hartha et Blankenstein, où l'ennemi a perdu des prisonniers. Tous les villages de la route sont pleins de ses blessés et de ses morts. Je pense être demain à Dresde, ou du moins dans la partie de la ville qui est sur cette rive.

Le prince de la Moskova marche sur Wittenberg pour manœuvrer sur la rive droite.

NAPOLÉON.

D'après la copie comm. par le gouvernement de S. M. le roi de Wurtemberg.

19984. — AU GÉNÉRAL CAULAINCOURT, DUC DE VICENCE,
GRAND ÉCUYER DE L'EMPEREUR, À PARIS.

Dresde, 8 mai 1813.

Expédiez sur-le-champ l'aide de camp du prince de Neufchâtel, baron Montesquiou, pour Prague, avec la lettre ci-jointe pour M. de Serra.

[1] Nommé duc par décret du 13 avril 1813.

A M. DE SERRA,

MINISTRE DE L'EMPEREUR, À DRESDE.

« Monsieur, l'Empereur est arrivé à Dresde, et fait jeter un pont du côté du village de Briesnitz. Demain et après, l'armée passera pour poursuivre l'ennemi.

« Vous trouverez ci-jointe une lettre du général Reynier et une du prince de la Moskova, qui vous mettront au fait de la conduite du général Thielmann. Vous voudrez bien vous rendre sur-le-champ chez M. de Senft, et lui demanderez des explications là-dessus. Vous lui ferez connaître que M. de Metternich a déclaré à M. de Narbonne que l'Autriche n'avait pas de traité avec la Saxe; que la cour de Saxe est tombée à Prague comme une bombe. Vous ajouterez que d'ailleurs l'Autriche n'a rien à faire à la Confédération, et qu'attenter aux principes de la Confédération, c'est déclarer la guerre à l'Empereur; que l'Empereur a plaint le roi; que l'intérêt et l'amitié que l'Empereur porte au roi l'ont porté jusqu'à présent à la patience, mais que, les circonstances devenant urgentes, vous ne pouvez donner que six heures à la cour de Saxe pour satisfaire sur les points suivants :

« 1° Pour ordonner au général Thielmann de sortir de Torgau avec ses troupes, pour rentrer dans l'organisation du 7ᵉ corps sous le commandement du général Reynier;

« 2° Pour mettre en marche sans délai toute la cavalerie, sans exception, pour se rendre à Dresde;

« 3° Pour que le roi déclare, par une lettre à l'Empereur, qu'il est toujours membre de la Confédération; qu'il connaît les engagements que ce lien impose; qu'il veut les remplir, et qu'enfin il n'a avec aucune puissance aucun traité contraire aux principes de la Confédération. Vous ne manquerez pas d'observer que le roi de Saxe a déshonoré, de gaieté de cœur, l'aigle polonaise que ses ancêtres avaient au contraire honorée; qu'enfin il a fait ce qu'il pouvait y avoir de plus contraire à l'honneur et aux intérêts de l'Empereur, en faisant un traité avec l'Autriche pour le désarmement des Polonais : chose qu'il n'avait pas droit de faire, puisque ces troupes étaient sous les ordres de l'Empereur.

« Si les trois points ci-dessus ne vous étaient pas accordés sans délai, vous voudrez bien faire connaître au roi que je le déclare félon, hors de ma protection, et qu'en conséquence il a cessé de régner. Vous prendrez vos passe-ports et partirez sans délai pour Dresde. »

P. S. Si M. Serra est à Prague, M. de Montesquiou lui remettra cette lettre; s'il n'y est pas, comme M. de Montesquiou n'a pas caractère pour remplir tout ce qu'exigerait cette mission, il ouvrira la lettre et la portera tout simplement à M. de Senft, en demandant sa réponse sur-le-champ, ayant ordre de ne rester que six heures à Prague.

D'après la minute. Archives de l'Empire.

19985. — AU PRINCE DE NEUCHÂTEL ET DE WAGRAM,
MAJOR GÉNÉRAL DE LA GRANDE ARMÉE, À DRESDE.

Dresde, 8 mai 1813, au soir.

Mon Cousin, donnez ordre au général Bertrand de pousser demain une division sur Pirna, de rallier ses deux autres divisions, de placer des piquets sur les différents chemins qui conduisent en Bohême afin de savoir ce qui se passe, et de se bien faire couvrir sur les derrières.

D'après l'original non signé. Dépôt de la guerre.

19986. — AU PRINCE DE NEUCHÂTEL ET DE WAGRAM,
MAJOR GÉNÉRAL DE LA GRANDE ARMÉE, À DRESDE.

Dresde, 9 mai 1813, trois heures du matin.

Mon Cousin, faites connaître au prince de la Moskova que nous sommes entrés à Dresde et en train de construire un pont pour passer sur la rive droite; que j'ai envoyé un membre de la régence à Torgau; que nous aurons d'ailleurs dans quarante-huit heures réponse du roi; que, dans tout état de choses, il est important qu'il arrive rapidement sur Wittenberg; qu'il réunisse son corps, celui du duc de Bellune et celui du général Sebastiani; qu'il laisse le général Reynier dans la position où il l'a placé; que je donne ordre au général Lauriston de laisser une division à Meissen et de se porter entre Torgau et Meissen pour pouvoir appuyer le général Reynier.

Faites connaître au général Lauriston notre arrivée ici. Donnez-lui ordre de laisser une de ses divisions à Meissen et de faire sur-le-champ brûler les blockhaus et détruire tous les travaux qu'ont faits les Prussiens, et de se porter avec le reste de son corps entre Meissen et Torgau. Mandez-lui que le général Reynier est, avec la division Durutte, vis-à-vis Torgau; qu'il sera chargé de le soutenir, et pourra ainsi, selon les circonstances, se porter sur Torgau ou sur Meissen; que le prince de la Moskova se porte sur Wittenberg; qu'il lie bien ses communications avec lui.

Donnez ordre au vice-roi de faire détruire sur-le-champ, dans la nuit, tous les ouvrages que les Russes ont faits à la tête du pont de Dresde, de faire jeter un pont entre Briesnitz et Dresde, et d'y faire sur-le-champ palissader une tête de pont. Donnez le même ordre au général commandant en chef le génie de l'armée.

NAPOLÉON.

D'après l'original. Dépôt de la guerre.

19987. — AU PRINCE DE NEUCHÂTEL ET DE WAGRAM,
MAJOR GÉNÉRAL DE LA GRANDE ARMÉE, À DRESDE.

Dresde, 9 mai 1813, sept heures du soir.

Mon Cousin, donnez ordre au vice-roi de faire occuper cette nuit par un bataillon la maison que vous avez fait occuper sur la rive droite par une compagnie de voltigeurs. Ce bataillon s'y barricadera et s'y retranchera. Donnez ordre que deux bataillons soient à la tête de pont, et qu'il y ait un général de brigade; que les trois divisions du 11e corps soient toutes réunies demain à neuf heures du matin, avec leur artillerie sur l'avant-train, pour pouvoir effectuer le passage; qu'à cet effet le vice-roi y porte son quartier général à sept heures.

Voici les dispositions du passage : les trois batteries de 12 de la Garde, formant vingt-quatre pièces de canon, seront sur la gauche du village qui flanque la plaine, ainsi que seize pièces d'artillerie à cheval de la Garde, ce qui fera quarante pièces d'artillerie qui flanqueront toute cette ligne; les quarante autres pièces d'artillerie de la Garde seront en batterie sur les hauteurs de droite et de gauche du pont; toute l'artillerie du 11ᵉ corps sera sur l'avant-train et réapprovisionnée, pour passer le pont; chaque brigade passera avec son artillerie. Les divisions se rangeront en bataille, la gauche à la hauteur du clocher du village de gauche, la droite au village de droite, et on formera autant de lignes qu'il sera nécessaire pour placer toute la troupe; une division sera jetée dans le village de droite. On ne fera passer aucune cavalerie. Là, je donnerai des ordres selon les dispositions de l'ennemi. Le but de la journée de demain n'est que de descendre sur la rive droite, de prendre l'autre partie de la ville appelée *Neustadt* et de prendre position sur les hauteurs. Donnez les ordres en conséquence aux généraux Sorbier et Dulauloy. Une batterie d'artillerie à pied de la Garde restera dans la ville pour être placée sur le bastion et au pont. Tout le reste sera en batterie pour protéger le passage, s'il y a lieu, afin que l'artillerie du 11ᵉ corps puisse passer.

Donnez ordre au général Rogniat d'envoyer une compagnie de sapeurs et un officier du génie pour bien se retrancher sur l'autre rive. Donnez ordre au général Rogniat de prendre toutes les mesures nécessaires pour réunir les charpentiers et autres ouvriers de la ville, afin de pouvoir, aussitôt qu'on sera maître de l'autre côté, réparer promptement le pont de la ville.

Donnez ordre au général Bertrand d'appuyer avec sa division sur la ville et de venir se placer entre Pirna et Dresde; au duc de Reggio, de s'avancer à deux lieues de Dresde; au duc de Raguse, d'être prêt à partir à huit heures du matin, avec son artillerie et en marche de guerre, pour passer le pont et soutenir le vice-roi; à la jeune Garde, d'être sous les armes; à la vieille Garde, de faire le service de la place. Vous donnerez l'ordre que tout ce qui appartient au général Latour-Maubourg, cuirassiers et cavalerie légère, rejoigne le corps de ce général dans la journée d'aujourd'hui ou demain matin. Donnez ordre que tout le 1ᵉʳ corps de cavalerie que commande le général Latour-Maubourg soit réuni demain à midi dans la plaine devant le pont de radeaux. Je passerai la revue de cette cavalerie; qu'elle ait avec elle son artillerie légère. Donnez les ordres les plus sévères au vice-roi pour qu'aucune voiture, si ce n'est l'artillerie, ne passe demain. A cet effet, toutes les voitures seront parquées dans un lieu qui sera désigné hors de la ville, entre Dresde et le pont. Donnez ordre également que la cavalerie ne mène à sa suite aucun homme démonté, ni aucune espèce d'embarras, aucune voiture d'avoine, de fourrage, aucune charrette, sous quelque prétexte que ce soit. Vous préviendrez que tout ce qui se présentera pour passer le pont sera brûlé et les chevaux confisqués pour l'artillerie.

Donnez ordre que les troupes qui devront traverser la ville la traversent en belle tenue et d'une manière militaire. Le duc de Trévise. le comte Bertrand, le duc de Raguse, se trouveront à neuf heures sur une hauteur près du pont, où moi-même je me trouverai.

D'après la minute. Dépôt de la guerre.

19988. — AU MARÉCHAL NEY, PRINCE DE LA MOSKOVA,
COMMANDANT LE 3ᵉ CORPS DE LA GRANDE ARMÉE, À LANGEN-REICHENBACH.

Dresde, 10 mai 1813, quatre heures du matin.

J'ai jeté hier un pont près le village de Briesnitz. 5 ou 600 hommes d'infanterie qui y étaient passés en bateau ont été attaqués par l'ennemi: mais ils étaient protégés par soixante pièces de canon qui balayaient la plaine en flanc. Une vive canonnade a eu lieu jusqu'à trois heures après midi; l'ennemi a perdu un millier d'hommes et n'a pu rien faire à nos travailleurs, qui ont établi la tête de pont. J'ai fait établir un va-et-vient, pouvant porter 400 hommes. Le pont de radeaux sera prêt à dix heures du matin.

Dans ce moment, le général saxon Gersdorf m'apporte une lettre du roi, avec un ordre pour que la place de Torgau et le général Thielmann soient à ma disposition. Vous êtes le maître de passer par Torgau ou Wittenberg; mais, comme je vous suppose déjà sur Wittenberg, j'envoie l'ordre au général Lauriston d'entrer à Torgau, et au général

Reynier de prendre le commandement du corps saxon, d'en former une division de 8,000 hommes, qui, avec les 4,000 de la division Durutte, fera un commencement de corps d'armée. La cavalerie saxonne arrive de Prague et sera ici dans trois jours; je crois que le roi arrivera lui-même avant tout. Mon intention est que le général Reynier, avec son corps d'armée, soit sous vos ordres; ces 12,000 hommes, joints au corps du duc de Bellune et au général Sebastiani, pourraient vous mettre en état de faire quelque chose. Le général Lauriston pourrait déboucher par Torgau. Si, au contraire, vous n'étiez pas parti et que vous préfériez déboucher par Torgau, le général Lauriston serait aussi sous vos ordres.

D'après la minute. Archives de l'Empire.

19989. — AU PRINCE DE NEUCHÂTEL ET DE WAGRAM,
MAJOR GÉNÉRAL DE LA GRANDE ARMÉE, À DRESDE.

Dresde, 10 mai 1813.

Mon Cousin, la jeune Garde viendra ce soir loger dans les faubourgs, chez l'habitant.

Le vice-roi portera son quartier général dans la ville neuve, où il réunira tout son corps, son artillerie, ses sapeurs et tout ce qui lui appartient, afin de se mettre en marche demain, à la pointe du jour, pour poursuivre l'ennemi.

Le général Bertrand réunira toute sa troupe, cavalerie, infanterie, artillerie, et s'arrangera de manière à traverser la ville demain, de huit à neuf heures du matin, avec ses trois divisions et toute sa cavalerie en tête, son artillerie placée avec ses brigades et divisions, et dans le plus grand ordre.

Le duc de Raguse traversera demain la ville à midi, son corps en grande tenue, avec ses pièces et dans le meilleur ordre. Il fera passer ses bagages, avec tout ce qui peut n'être pas beau à voir, par le pont de radeaux. Sa cavalerie sera en tête.

Le duc de Reggio se portera demain sur les hauteurs où était la jeune Garde, à qui on défendra de brûler son bivouac, afin qu'il serve au duc de Reggio.

Le quartier général se rendra à Dresde. Toute l'artillerie de la Garde et la Garde à pied et à cheval seront placées autour de Dresde.

NAPOLÉON.

D'après l'original. Dépôt de la guerre.

19990. — AU PRINCE DE NEUCHÂTEL ET DE WAGRAM,
MAJOR GÉNÉRAL DE LA GRANDE ARMÉE, À DRESDE.

Dresde, 10 mai 1813.

Mon Cousin, écrivez au prince de la Moskova et au général Lauriston que j'ai passé aujourd'hui l'Elbe, que j'ai rétabli le pont de Dresde, et que demain, à midi, toute l'armée, même le duc de Reggio, sera sur la rive droite; qu'il faut que le général Lauriston rappelle le général Maison, pour que tout son corps passe à Torgau; qu'il faut que le prince de la Moskova passe également sur la rive droite; que je lui enverrai des ordres aussitôt que je saurai positivement s'il passe à Torgau ou à Wittenberg; que les renseignements sont que tous les Russes se retirent par la Silésie; que, quant aux Prussiens, il n'en est pas revenu plus de 20,000 de la bataille, et qu'en supposant qu'ils reçoivent en route 10,000 hommes de renfort ils ne peuvent pas être plus de 30,000 hommes.

NAPOLÉON.

D'après l'original. Dépôt de la guerre.

19991. — AU PRINCE DE NEUCHÂTEL ET DE WAGRAM,
MAJOR GÉNÉRAL DE LA GRANDE ARMÉE, À DRESDE.

Dresde, 10 mai 1813.

Mon Cousin, écrivez au général Reynier que je désapprouve qu'il ait écrit au roi de Saxe; que désormais il ait à s'abstenir de toute correspondance avec le roi de Saxe et ses ministres; qu'il doit s'adresser à vous pour tous ces objets, et que, dans le cas où votre état-major serait trop éloigné, il doit du moins s'adresser à mon ministre près la cour de Saxe. mais ne jamais écrire directement ni au roi ni à ses ministres.

NAPOLÉON.

D'après l'original. Dépôt de la guerre.

19992. — AU GÉNÉRAL BARON ROGNIAT,
COMMANDANT LE GÉNIE DE LA GRANDE ARMÉE, À DRESDE.

Dresde, 10 mai 1813.

Présentez-moi demain un projet de tête de pont pour le pont de Briesnitz, ainsi que pour la construction de trois batteries à la hauteur du village qui flanque toute la plaine. Chacune de ces batteries, à barbette, pourra contenir huit pièces de canon.

Indépendamment du pont de radeaux, il sera construit un pont de bateaux entre le pont actuel et le village de Briesnitz. Il sera planté quelques pilots, pour que le pont soit à l'abri des brûlots qu'on pourrait y jeter.

Le chemin de Briesnitz à la grande route par laquelle nous sommes arrivés sera bien tracé.

Il me sera présenté un projet de tête de pont qui enveloppe toute la ville neuve, ainsi qu'un projet définitif pour réparer le pont de Dresde d'une manière prompte et solide, à l'abri des débordements et des glaces.

D'après la minute. Archives de l'Empire.

19993. — AU PRINCE CAMBACÉRÈS,
ARCHICHANCELIER DE L'EMPIRE, À PARIS.

Dresde, 10 mai 1813.

Mon Cousin, nous voici arrivés à Dresde : je suis maître des deux rives et des places de l'Elbe. Il est probable que je vais me porter en Silésie.

NAPOLÉON.

D'après la copie comm. par M. le duc de Cambacérès.

19994. — A M. FOUCHÉ, DUC D'OTRANTE,
À PARIS.

Dresde, 10 mai 1813.

Monsieur le Duc d'Otrante, je vous ai fait connaître que mon intention était, aussitôt que je serais à même d'entrer dans les états du roi de Prusse, de vous appeler près de moi pour vous mettre à la tête du gouvernement de ce pays. La victoire de Lützen m'ayant mis dans le cas de rejeter l'ennemi au delà de l'Elbe, et mes troupes s'avançant sur l'Oder, je désire qu'au reçu de la présente vous ne perdiez pas un moment et vous vous rendiez secrètement à Dresde. Vous pouvez faire choix de deux ou trois personnes de confiance, de celles sur l'attachement desquelles je ne puis faire aucun doute. Tâchez d'en prendre qui parlent allemand, mais n'en amenez pas plus de trois. Quant aux autres personnes dont vous aurez besoin, vous m'en présenterez l'état à votre arrivée. Que cela ne fasse aucun bruit à Paris. Il faut que vous soyez censé partir pour votre campagne, et que vous soyez déjà ici qu'on vous croie encore chez vous.

La Régente seule a connaissance de votre départ.

Je suis fort aise d'avoir occasion de recevoir de vous de nouveaux services et de nouvelles preuves de votre attachement.

D'après la minute. Archives de l'Empire.

19995. — AU VICE-AMIRAL DUC DECRÈS,
MINISTRE DE LA MARINE, À PARIS.

Dresde, 11 mai 1813.

Monsieur le Duc Decrès, je réponds à votre rapport du 21 avril sur les bataillons d'ouvriers de la marine. Je fais grand cas de ces bataillons. Toutes nos manœuvres de force de terre sont pour eux des jeux. C'est avec peine que j'ai vu que le général Haxo a fait battre le bataillon qui est à Magdeburg, et je crois qu'il a perdu une centaine d'hommes.

Mon intention est que vous dirigiez le plus rapidement possible sur Dresde le bataillon qui vient d'Espagne en le portant à son grand complet, et que vous envoyiez 200 ouvriers d'Anvers sur Magdeburg pour compléter le bataillon qui se trouve dans cette place.

Causez avec le général Gassendi et le général Évain pour savoir le genre d'ouvriers qu'il faut envoyer de préférence à ce bataillon pour construire des ponts et réparer des voitures.

NAPOLÉON.

D'après l'original comm. par Mme la duchesse Decrès.

19996. — AU PRINCE DE NEUCHÂTEL ET DE WAGRAM,
MAJOR GÉNÉRAL DE LA GRANDE ARMÉE, À DRESDE.

Dresde, 12 mai 1813, au matin.

Mon Cousin, faites connaître au duc de Tarente que l'armée de l'Elbe est dissoute; qu'il a le commandement du 11ᵉ corps; qu'il doit correspondre directement avec vous; que sa cavalerie sera composée de deux escadrons du 4ᵉ de chasseurs italiens et de deux escadrons de Würzburg, ce qui fera à peu près 400 hommes. Vous lui ferez connaître que l'avant-garde du 4ᵉ corps est aujourd'hui à Kœnigsbrück; que je désire que son corps continue son mouvement pour se porter sur Bischofswerda, route de Bautzen.

Faites connaître au vice-roi que l'armée de l'Elbe est dissoute; que tout ce qui appartient à l'état-major de l'Elbe doit rejoindre l'état-major général.

Faites connaître de même au général Latour-Maubourg que l'armée de l'Elbe est dissoute; que le général Bruyère continuera à éclairer les mouvements du duc de Tarente.

Faites-moi connaître quand le général Fresia passera ici avec sa division; je désire qu'il ne passe pas le pont sans que j'en sois prévenu, parce que je veux le voir.

NAPOLÉON.

D'après l'original. Dépôt de la guerre.

19997. — AU PRINCE DE NEUCHÂTEL ET DE WAGRAM,
MAJOR GÉNÉRAL DE LA GRANDE ARMÉE, À DRESDE.

Dresde, 12 mai 1813.

Mon Cousin, donnez ordre au prince de la Moskova de faire venir en toute diligence à Torgau le 2ᵉ corps, que commande le duc de Bellune, ainsi que le général Sebastiani, et la division du 1ᵉʳ corps, que commande le général Philippon; je ne conçois pas qu'aujourd'hui, 12, tous ces corps-là n'aient pas rejoint.

NAPOLÉON.

D'après l'original. Dépôt de la guerre.

19998. — A EUGÈNE NAPOLÉON,
VICE-ROI D'ITALIE, À DRESDE.

Dresde, 12 mai 1813.

Mon Fils, partez ce soir, et rendez-vous à Munich pour vous porter de là en Italie. Je donne ordre au ministre de la guerre de mettre sous vos ordres les troupes qui sont dans mon royaume d'Italie et dans les provinces illyriennes.

Vous trouverez en Italie les ordres que j'ai donnés pour la formation d'un corps d'observation de l'Adige. Mon intention est de l'augmenter jusqu'à quatre-vingts ou quatre-vingt-dix bataillons, tant de troupes françaises qu'italiennes, de les faire encore exagérer par l'opinion, afin d'avoir par là de l'ascendant sur l'Autriche, et que ce soit moi qui la menace, et non elle. Faites ce qui est nécessaire pour faire penser que les troupes vont se rendre par le Tyrol à Dresde.

Vous vous ferez rendre compte, en passant par Augsburg, de l'état du 9e bataillon d'équipages militaires et de l'artillerie des 4e et 12e corps.

J'avais donné ordre d'acheter 1,000 chevaux et 200 voitures qui doivent arriver chargées à Ulm : assurez-vous que ces voitures ont été achetées et qu'elles sont parties bien attelées pour Dresde.

Le général Grenier commandera le corps d'observation de l'Adige, qui est destiné à être composé de quatre divisions; mais, si mes affaires avec l'Autriche s'obscurcissaient, je formerais trois corps, chacun de deux divisions, qui, à raison de douze à quinze bataillons par division, formeront quatre-vingts à quatre-vingt-dix bataillons.

Vous aurez soin de veiller à l'instruction des conscrits jusqu'au mois de septembre. Du moment qu'ils auront reçu des vestes, culottes et capotes, on peut les considérer comme habillés.

Il est important de visiter les cadres des 4es bataillons, afin de nommer aux places vacantes et de donner la retraite aux officiers qui ne peuvent plus servir.

NAPOLÉON.

D'après la copie comm. par S. A. I. Mme la duchesse de Leuchtenberg.

19999. — A FRÉDÉRIC-AUGUSTE, ROI DE SAXE,
À DRESDE.

Dresde, 12 mai 1813.

J'apprends avec plaisir que Votre Majesté arrive à Dresde et a couché cette nuit à mi-chemin de Tœplitz. J'éprouve une vraie satisfaction de la réinstaller dans sa capitale, et de lui rendre ses états, que la Providence a voulu que je délivrasse de ses ennemis. Votre Majesté ne doit jamais douter de tous les sentiments que je lui porte et qui sont inaltérables.

D'après la minute. Archives de l'Empire.

20000. — AU PRINCE DE NEUCHÂTEL ET DE WAGRAM,
MAJOR GÉNÉRAL DE LA GRANDE ARMÉE, À DRESDE.

Dresde, 13 mai 1813.

Mon Cousin, donnez ordre au duc de Raguse de porter les deux divisions et son quartier général qui sont à Dresde à mi-chemin de Dresde à Bischofswerda et en prenant la route de Radeberg. Ordonnez-lui de laisser sa cavalerie légère avec un ou deux bataillons dans la direction de Berlin encore la journée d'aujourd'hui, avec ordre d'éclairer tout ce qui est passé de ce côté.

Donnez ordre au général Bertrand de porter son quartier général à Kœnigsbrück et d'envoyer des avant-gardes dans différentes directions pour connaître les mouvements.

Donnez ordre au duc de Reggio de passer aujourd'hui à midi le pont de Dresde, et de venir prendre position avec ses trois divisions dans la ville neuve et les villages environnants. Son quartier général sera dans la ville neuve.

Il faut qu'à quatre heures après midi il n'ait plus personne de ce côté-ci de Dresde.

NAPOLÉON.

D'après l'original. Dépôt de la guerre.

20001. — AU PRINCE DE NEUCHÂTEL ET DE WAGRAM,
MAJOR GÉNÉRAL DE LA GRANDE ARMÉE, À DRESDE.

Dresde, 13 mai 1813.

Mon Cousin, faites connaître au prince de la Moskova que je reçois à l'instant des nouvelles du duc de Bellune : qu'il sera avec le général Sebastiani et les 1re et 4e divisions de l'armée, c'est-à-dire avec près de 25,000 hommes, aujourd'hui 13, à Kœthen; que je lui donne ordre de déboucher sur Wittenberg le 15 à neuf heures du matin, et de faire une demi-marche dans la direction de Luckau et de Berlin; que la cavalerie du général Sebastiani peut y arriver de meilleure heure, afin de balayer toute la route; qu'il faut détruire le pont de Dessau, si l'ennemi en avait un là; que mon intention est que demain, 14, le prince de la Moskova se porte avec ses cinq divisions sur Luckau, où son avant-garde peut être le 15 et son quartier général le 16; que le même jour, 16, il donne l'ordre au duc de Bellune d'être rendu entre Wittenberg et Luckau en menaçant Berlin; qu'il place le 7e corps que commande le général Reynier entre Luckau et le duc de Bellune; qu'il dirige le général Lauriston sur Dobrilugk, où son avant-garde sera le 14 et son quartier général le 15; qu'aujourd'hui, 13, le quartier général du général Bertrand est à Kœnigsbrück; que demain, 14, il sera près de Hoyerswerda; que le duc de Tarente avec le 11e corps est aujourd'hui, 13, à Bischofswerda, et sera probablement le 14 à Bautzen; que d'ici au 15 l'Empereur prendra sa détermination définitive, selon ce qu'aura fait l'ennemi, pour faire occuper Berlin ou pour ordonner tout autre mouvement.

Donnez ordre au prince de la Moskova que la division Puthod, qui appartient au général Lauriston, le rejoigne sur-le-champ, ainsi que le régiment étranger et tout ce qui lui appartient; qu'il appelle à lui la cavalerie du général Sebastiani.

Écrivez au duc de Bellune qu'il recevra les ordres du prince de la Moskova, et que, s'il tardait à les recevoir, le prince partant demain pour se rendre sur Luckau, lui, duc de Bellune, doit être le 15 de bonne heure à Wittenberg et avoir débouché avec tout son corps dans la journée, en plaçant une partie de son avant-garde sur Berlin et une autre sur Luckau.

Écrivez au général Reynier qu'il est sous les ordres du prince de la Moskova.

Écrivez au général Lauriston le mouvement qu'il doit faire.

NAPOLÉON.

D'après l'original. Dépôt de la guerre.

20002. — AU PRINCE DE NEUCHÂTEL ET DE WAGRAM,
MAJOR GÉNÉRAL DE LA GRANDE ARMÉE, À DRESDE.

Dresde, 13 mai 1813.

Mon Cousin, écrivez sur-le-champ au duc de Bellune que j'ai reçu sa lettre par laquelle il me fait connaître qu'il sera le 13 à Kœthen; qu'il est important qu'il arrive le plus tôt possible sur Wittenberg; qu'il appelle à lui le régiment étranger qui est à Halberstadt, que je n'approuve pas qu'on place ce régiment à Magdeburg; qu'il appelle également à lui tous les détachements de troupes qu'il trouvera dans sa direction, n'importe à quel corps ils appartiennent. Il doit prendre les ordres du prince de la Moskova, qui sera le 15 à Luckau. Le duc de Bellune doit, le 15, dépasser Wittenberg, pour se porter dans la direction du prince de la Moskova.

NAPOLÉON.

D'après l'original. Dépôt de la guerre.

20003. — AU GÉNÉRAL COMTE BOURCIER,
COMMANDANT LES DÉPÔTS DE CAVALERIE, À HANOVRE.

Dresde, 13 mai 1813.

Vous avez encore bien de la cavalerie en retard : vous devez cependant avoir beaucoup de chevaux et une grande quantité d'effets de harnachement à Wesel et à Magdeburg. Continuez l'opération des remontes. Je vais incessamment être à Berlin, ce qui mettra le prince d'Eckmühl à même de rentrer à Hambourg, de tranquilliser toute la 32e division et de vous rendre les moyens d'accélérer les remontes. Une fois à Berlin, je crois que le point le plus favorable pour l'établissement du dépôt, vu la facilité qu'on y trouve pour réunir avec rapidité les effets d'habillement et d'équipement, c'est Magdeburg.

<small>D'après la minute. Archives de l'Empire.</small>

20004. — A M. MARET, DUC DE BASSANO,
MINISTRE DES RELATIONS EXTÉRIEURES, À PARIS.

<small>Dresde, 13 mai 1813.</small>

Monsieur le Duc de Bassano, je reçois votre lettre du 7 mai. Je sais bien que vous m'avez fait un rapport; mais je ne peux m'occuper quarante fois de la même chose. Je vous ai donné ordre de faire passer 500,000 francs au roi de Westphalie; je vous ai donné un crédit : vous deviez faire passer cette somme. Je vous avais ordonné d'envoyer un million à M. Bignon, il y a trois mois; c'était une somme urgente : vous deviez la faire passer également. Vous n'avez point réussi, et pourtant il n'y avait de grandes difficultés ni dans l'un ni dans l'autre cas.

Quant aux 200,000 francs du secrétaire interprète Lelorgne, ce n'était point sur les fonds de réserve, mais sur les fonds secrets de votre ministère qu'il les fallait prendre; vous avez eu tort de les prendre sur les fonds de réserve; il faut donc changer cela sur-le-champ.

Dans des circonstances aussi importantes que celles-ci, mes ministres à Munich, à Würzburg, à Prague, où était M. de Serra, et à Vienne, auraient pu me donner des renseignements : aucun d'eux ne peut rien faire, parce qu'ils n'ont pas un sou, ni l'autorisation de faire aucune dépense. Le département des relations extérieures ne me sert à rien du tout.

NAPOLÉON.

<small>D'après la copie. Archives des affaires étrangères.</small>

20005. — AU PRINCE DE NEUCHÂTEL ET DE WAGRAM,
MAJOR GÉNÉRAL DE LA GRANDE ARMÉE, À DRESDE.

<small>Dresde, 13 mai 1813, au soir.</small>

Mon Cousin, les quatre divisions du général Latour-Maubourg seront composées de la manière suivante.

Division Bruyère : les huit régiments français qui sont à présent sous ses ordres et qui comptent 1,200 chevaux, le 1ᵉʳ régiment de chasseurs italiens, le régiment de hussards et de chevau-légers saxons; cela formera trois brigades et 3,600 chevaux.

Division Chastel : comme elle se trouve actuellement formée, ayant déjà 1,800 chevaux.

Division Bordesoulle : composée de six régiments de cuirassiers français, qui ont déjà 1,200 chevaux, et de deux régiments de cuirassiers saxons de 1,200 chevaux; total, 2,400 chevaux. Cette division formera également trois brigades.

Enfin la division Doumerc : composée des trois régiments de cuirassiers et des trois régiments de dragons qui la composent aujourd'hui; plus, du régiment italien Napoléon.

Total du corps du général Latour-Maubourg, 9,000 chevaux; ce qui, avec les 4,000 chevaux de la Garde, formera 13,000 hommes de cavalerie, capables d'obtenir un grand résultat.

L'artillerie à cheval du général Latour-Maubourg se composera de deux batteries françaises qui existent, d'une batterie italienne qui existe, d'une ou deux batteries saxonnes; total, quatre batteries ou vingt-quatre bouches à feu. La batterie italienne sera attachée à la division Doumerc. La batterie saxonne sera attachée à la division Bordesoulle.

Il serait donc convenable que la brigade de cuirassiers saxons eût passé l'Elbe demain, ainsi que la batterie à cheval, et qu'après-demain la cavalerie légère pût également passer pour rejoindre le général Latour-Maubourg.

Vous ferez comprendre l'importance pour le pays de gagner quelques jours, puisqu'il paraît que les Russes commettent toute espèce de dévastations. Vous ferez connaître que je réunis cette cavalerie sous les ordres du général Latour-Maubourg, ce qui met ensemble 10,000 hommes de cavalerie.

NAPOLÉON.

D'après l'original. Dépôt de la guerre.

20006. — AU MARÉCHAL NEY, PRINCE DE LA MOSKOVA,
COMMANDANT LE 3º CORPS DE LA GRANDE ARMÉE, À TORGAU.

Dresde, 13 mai 1813, au soir.

L'état-major général vous a fait connaître mes intentions. Le général Sebastiani doit avoir 4,000 hommes de cavalerie; la 1re et la 4e division du duc de Bellune doivent former au moins 12,000 hommes; la division Puthod, qui appartient au général Lauriston, et qui est en ce moment avec le duc de Bellune, est au moins de 7,000 hommes : le duc de Bellune a donc environ 25,000 hommes sous ses ordres. Je lui ai fait donner ordre de se diriger sur Wittenberg, où il sera le 15 au matin, et là de prendre vos ordres pour son mouvement sur Luckau. Il pourra s'y tenir à portée ou de former votre avant-garde, si je vous ordonne de vous rendre par un à-gauche sur Berlin, ou de vous rejoindre sur Luckau, si cela devient nécessaire. Le général Reynier doit avoir 12,000 hommes; tenez-le de préférence sur votre gauche.

J'ignore votre force; mais je suppose que vos cinq divisions, votre cavalerie et votre artillerie font environ 40,000 hommes; le général Lauriston, ayant réuni tout son corps, à l'exception de la division Puthod, doit avoir, avec son artillerie, environ 25,000 hommes : vous avez donc dans la main une armée de près de 100,000 hommes, dont 6,000 hommes de cavalerie environ. Le major général vous a écrit que je désirais que vous vous portassiez sur Luckau, où vous serez à vingt-deux lieues de Dresde et à vingt et une lieues de Berlin, mais en assurant toujours bien vos communications avec Torgau, et que le général Lauriston fût demain ou après à Dobrilugk.

Le duc de Tarente est à Bischofswerda, où il a eu une affaire assez vive avec l'ennemi et a fait 1,000 prisonniers; le général Bertrand est à Kœnigsbrück; le duc de Reggio et le duc de Raguse sont en seconde ligne sur ces deux routes; la Garde est encore à Dresde.

Je commence à avoir de la cavalerie. J'ai organisé au général Latour-Maubourg, dans ses quatre divisions, environ 12,000 hommes; la cavalerie de la Garde est de 4,000 chevaux et attend de nombreux renforts à chaque instant.

Je ne vois pas encore bien ce qu'ont fait les Prussiens; il est bien certain que les Russes se retirent sur Breslau; mais les Prussiens se retirent-ils sur Breslau, comme on le prétend, ou se sont-ils jetés sur Berlin, comme cela paraît naturel, pour couvrir leur capitale? C'est ce que les renseignements que j'attends cette nuit du général Bertrand, et ceux que je recevrai probablement de votre côté, m'apprendront parfaitement. Vous sentez qu'avec des forces aussi considérables que celles que vous commandez, ce n'est pas le cas de rester en repos. Dégager Glogau, occuper Berlin, pour mettre le prince d'Eckmühl à même de réoccuper Hambourg et de s'avancer avec ses cinq divisions en Poméranie, m'emparer de Breslau, voilà les trois buts importants que je me propose et que je voudrais remplir tous trois dans le mois. Par la position que je vous fais prendre, nous nous trouverons toujours réunis, pouvant nous porter sur la droite ou sur la gauche et avec le plus de masses possibles, selon les renseignements.

La tête de la cavalerie saxonne est arrivée aujourd'hui. Ce sont 3,000 bons chevaux que je réunis au général Latour-Maubourg et qui nous font un grand bien.

Le roi de Saxe a fait hier une entrée triomphante à Dresde; il dîne aujourd'hui avec moi.

Profitez des gens du pays pour m'écrire souvent et promettez de fortes récompenses pour ceux qui vous rapporteront promptement réponse.

D'après la minute. Archives de l'Empire.

20007. — AU MARÉCHAL NEY, PRINCE DE LA MOSKOVA,
COMMANDANT LE 3ᵉ CORPS DE LA GRANDE ARMÉE, À TORGAU.

Dresde, 14 mai 1813, trois heures du matin.

Je reçois des nouvelles positives sur le mouvement du général Blücher, du général York, du général Kleist, du roi de Prusse et des cinq ou six princes de sa famille : tous ont passé le 10 et le 11 sur Kœnigsbrück, venant de Grossenhayn et de Dresde, et se rendant sur Bautzen.

route de Breslau. Il ne paraît donc pas douteux qu'on dégarnit Berlin et qu'il n'y a pour couvrir cette ville que quelques cavaliers et le corps de Bülow : cela rend d'autant plus nécessaire le mouvement ordonné.

Faites revenir au général Lauriston ce qui lui appartient, afin qu'il puisse renforcer l'armée, si l'ennemi veut recevoir bataille, comme on dit les Russes et les Prussiens réunis. Leur arrière-garde montre 30,000 hommes et beaucoup d'artillerie; ils couvrent la petite ville de Bautzen; ils brûlent les villages comme dans la dernière campagne.

J'attends avec impatience des nouvelles de votre armée et les renseignements que vous aurez; mais ceux que j'ai reçus ici, sur le passage de la plus grande partie de l'armée prussienne par la route de Silésie, sont certains.

D'après la minute. Archives de l'Empire.

20008. — AU MARÉCHAL MACDONALD, DUC DE TARENTE,
COMMANDANT LE 11ᵉ CORPS DE LA GRANDE ARMÉE, A BISCHOFSWERDA.

Dresde, 14 mai 1813, neuf heures du matin.

Les nouvelles que je reçois me portent à penser que l'ennemi a cessé les travaux qu'il faisait à Bautzen, que le gros de l'armée est parti, et qu'il a renoncé au projet de faire sur ce point une forte résistance. Vous aurez déjà eu quelques indices sur cela. Il est avantageux que vous entriez dans cette ville, afin de nous étendre, si cela peut se faire avec une simple affaire d'avant-garde.

Si vous allez à Bautzen, vous manderez au duc de Raguse de venir s'établir à Bischofswerda.

D'après la minute. Archives de l'Empire.

20009. — AU MARÉCHAL NEY, PRINCE DE LA MOSKOVA,
COMMANDANT LE 3ᵉ CORPS DE LA GRANDE ARMÉE, À TORGAU.

Dresde, 14 mai 1813.

Vous ne m'avez pas encore envoyé l'état de votre corps depuis la bataille, de sorte que j'ignore ce que vous avez avec vous. Je désire que vous m'envoyiez, par le retour du présent officier, l'état des présents sous les armes et des détachés, ainsi que l'état de votre cavalerie et de votre artillerie. Vous sentez combien ces renseignements sont indispensables.

D'après plusieurs rapports, il paraît que l'ennemi évacue Bautzen pour se porter plus loin. Je suppose qu'aujourd'hui ou demain le duc de Bellune arrivera à Wittenberg, et que vous et le général Lauriston vous êtes en mouvement pour la direction que je vous ai donnée. Je n'attends que de vos nouvelles et de savoir positivement où votre armée arrivera, pour partir moi-même de Dresde.

L'ennemi commet des horreurs, brûle les villages et fait tout ce qu'il a fait en Russie : ce sera une bonne leçon pour les Allemands.

<small>D'après la minute. Archives de l'Empire.</small>

20010. — A M. MARET, DUC DE BASSANO,
MINISTRE DES RELATIONS EXTÉRIEURES, À PARIS.

<small>Dresde, 14 mai 1813.</small>

Monsieur le Duc de Bassano, le comte de Narbonne se plaint beaucoup de l'aide de camp du roi de Naples, le prince Cariati, qui est en ce moment à Vienne, où il se conduit très-mal et ne voit que nos ennemis. Envoyez une estafette à mon ministre à Naples pour faire connaître mon extrême mécontentement de toutes les mauvaises intelligences que le Roi entretient, demander le rappel du prince Cariati et qu'on fasse en sorte de revenir du mauvais système qu'on paraît avoir embrassé et qui pourrait entraîner la ruine du roi de Naples. Il donnera une note formelle là-dessus.

NAPOLÉON.

<small>D'après l'original. Archives des affaires étrangères.</small>

20011. — AU MARÉCHAL MACDONALD, DUC DE TARENTE,
COMMANDANT LE 11ᵉ CORPS DE LA GRANDE ARMÉE, DEVANT BAUTZEN.

<small>Dresde, 15 mai 1813, dix heures du soir.</small>

L'officier d'ordonnance Laplace arrive dans ce moment et me fait connaître que vous avez pris position vis-à-vis Bautzen.

Le général Bertrand avait hier son avant-garde à Klostermarienstern et son quartier général à Camenz ; il doit être aujourd'hui à deux lieues de Bautzen. J'espère que vous aurez communiqué : il se trouve sur votre gauche.

J'ai donné l'ordre au duc de Reggio de se porter en avant de Bischofswerda ; par ce moyen, les quatre corps seront en ligne.

Le prince de la Moskova et le général Lauriston sont partis depuis deux jours de Torgau pour tourner Bautzen. Si l'ennemi continue à rester en force, prenez une bonne position ; assurez-la par quelques flèches, et liez-vous bien avec le général Bertrand. L'arrivée des deux corps, qui font 60,000 hommes, nous mettra dans une grande supériorité. Dans le même temps, 40,000 hommes marchent sur Berlin. Le corps du général Latour-Maubourg, qui va partir, s'organise ; il compte dans ce moment 12,000 chevaux.

Je vous envoie un rapport qui paraît fort extraordinaire ; faites-le vérifier.

D'après la minute. Archives de l'Empire.

20012. — AU PRINCE DE NEUCHÂTEL ET DE WAGRAM,
MAJOR GÉNÉRAL DE LA GRANDE ARMÉE, À DRESDE.

Dresde, 16 mai 1813, quatre heures du matin.

Mon Cousin, envoyez la lettre ci-jointe au duc de Trévise. Faites connaître au général Beaumont qu'il est sous les ordres de ce maréchal.

Donnez ordre au général Latour-Maubourg de faire partir, pour joindre la division Bruyère, tous les détachements de cavalerie qui lui appartiennent, hormis le régiment de chasseurs italiens qui doit être de l'expédition d'aujourd'hui. Vous lui ferez connaître qu'il ait à se mettre en marche sur-le-champ avec toute la cavalerie appartenant au général Chastel, avec la brigade italienne, avec la cavalerie saxonne, et enfin avec ses cuirassiers et dragons, ce qui fera près de 6,000 chevaux. Il laissera devant Dresde tous les détachements de cavalerie appartenant au général Sebastiani. Il trouvera jointe à cet ordre la position du général Beaumont, qui a 1,500 chevaux et qui sera sous ses ordres, ainsi que les deux bataillons d'infanterie française qu'a ce général. Il fera porter le général Beaumont sur Grossenhayn. Le duc de Trévise, sous les ordres de qui il sera, part avec une division de la jeune Garde.

Vous ferez connaître à ce maréchal qu'il aura sous ses ordres le général Latour-Maubourg, qui a près de 6,000 hommes de cavalerie, le général Beaumont, qui en a 1,500, et deux bataillons d'infanterie légère, et enfin la division de la jeune Garde. Il laissera cette division en échelons, une brigade à une lieue d'ici, une brigade à mi-chemin, et une qu'il mènera avec lui, afin de ne pas la fatiguer inutilement. Son expédition a deux buts : 1° d'arriver de bonne heure à Grossenhayn, de cacher le plus possible à l'ennemi la grande quantité de cavalerie qu'il a, afin de se mettre à sa suite avec toute cette cavalerie, de lui enlever son artillerie et son infanterie, s'il en a, et de le poursuivre vertement et sans relâche de manière à le disperser; 2° de se mettre en communication avec le général Lauriston, qui est arrivé hier 15 à Dobrilugk, et avec le prince de la Moskova, qui est arrivé hier à Luckau. L'ennemi ayant beaucoup de patrouilles dispersées sur l'Elbe, il prendra des renseignements partout où il peut en avoir, et les fera poursuivre. Comme le général Beaumont a déjà deux bataillons qui sont à mi-chemin, le duc de Trévise peut choisir les quatre bataillons les plus lestes de la Garde pour marcher avec lui. Le général Beaumont a quatre pièces de canon, le général Latour-Maubourg a vingt-quatre pièces d'artillerie légère : cela est plus que suffisant. Il faut donc qu'il tienne la jeune Garde en réserve, comme je l'ai dit plus haut, pour ne pas la fatiguer inutilement, et la mettre à même de se porter sur Bautzen. Il établira sa communication avec le général Lauriston, aussitôt qu'il croira qu'il n'y a point de danger. De Grossenhayn, il dirigera sur Dobrilugk toute la cavalerie qui appartient au général Chastel (je crois qu'il y a 7 à 800 hommes ici), en les faisant accompagner autant que cela sera nécessaire. De Grossenhayn il écrira, par des gens du pays et des estafettes du pays, au général Lauriston pour lui faire connaître le mouvement qu'il fait, et pour que celui-ci envoie une division à sa rencontre jusqu'à Elsterwerda. S'il y avait quelque rassemblement de l'ennemi du côté d'Ortrand, le duc de Trévise y marrait également, afin de purger entièrement ce côté. Le général Beaumont, qui est depuis plusieurs jours dans cette position, a des renseignements sur ce qu'y a l'ennemi; il faut tâcher de le surprendre, parce qu'il ne s'attend pas à lutter contre une cavalerie supérieure.

NAPOLÉON.

D'après l'original. Dépôt de la guerre.

20013. — AU MARÉCHAL MORTIER, DUC DE TRÉVISE,
COMMANDANT LA JEUNE GARDE, À DRESDE.

Dresde, 16 mai 1813, neuf heures du matin.

Je vous ai mandé, dans mon ordre de ce matin, de ne pas fatiguer inutilement la jeune Garde, qu'il deviendra important de diriger sur Bautzen. Il me paraît difficile qu'il puisse y avoir aujourd'hui de l'infanterie derrière Grossenhayn, vu le mouvement du général Lauriston qu'ils ne peuvent pas ignorer; il est possible même que la cavalerie s'en soit allée. Dans ce cas, ne fatiguez pas inutilement vos troupes; ne mettez en mouvement que ce qui sera nécessaire pour envoyer au général Lauriston les 8 ou 900 hommes qui appartiennent à la division Chastel, et correspondre avec le général Chastel. Si cette colonne ennemie se trouvait toujours dans cette position, donnez-lui une bonne leçon, puisque, indépendamment des Cosaques, il y a des hussards prussiens, qui seront moins lestes à s'échapper.

D'après la minute. Archives de l'Empire.

20014. — AU PRINCE DE NEUCHÂTEL ET DE WAGRAM,
MAJOR GÉNÉRAL DE LA GRANDE ARMÉE, À DRESDE.

Dresde, 16 mai 1813.

Répondez au général Haxo, qui doit être à Hambourg, de faire lever le plan de Tangermünde, parce que, si 4 à 500 hommes et cinq à six pièces de canon pouvaient tenir là, on pourrait l'occuper comme poste. Du reste, la place de Tangermünde n'a rien de commun avec mes projets sur l'embouchure du Havel et du canal de Plauen. Une place à l'embouchure du Havel et une autre à l'embouchure du Plauen sont indispensables; mais je me réserve de les faire construire lorsque je serai maître de la rive droite.

Si à l'embouchure du Havel on rencontre une position favorable, on peut commencer les travaux sur-le-champ; s'il y a les mêmes inconvénients qu'à Plauen, il ne faut rien faire à présent.

Si le général Haxo croit qu'avec six pièces de canon 4 ou 500 hommes puissent avec succès occuper Tangermünde, et que le château puisse tenir quinze ou vingt jours, qu'il ordonne sur-le-champ les travaux. Ce serait comme une vedette de Magdeburg. Mais il faut qu'avec des obusiers et des pièces de campagne on ne puisse pas prendre ce poste, sans quoi ce serait une dépense inutile.

D'après la minute. Archives de l'Empire.

20015. — AU COMTE MOLLIEN,
MINISTRE DU TRÉSOR PUBLIC, À PARIS.

Dresde, 16 mai 1813.

Monsieur le Comte Mollien, je vois avec surprise que les dépenses faites pour le transport des troupes se montent à 829,352 francs. Je vois dans le détail beaucoup de choses inutiles. Cette mesure extraordinaire ne doit être ordonnée que par moi-même, à moins que l'on n'entende les transports par le Rhin, qui sont une économie au lieu d'être une dépense. Mon intention est que ces dépenses soient divisées en deux parties : 1° celles qui regardent la Garde; elles seront portées au ministère de la guerre, chapitre des *Marches de la Garde;* 2° les autres à l'administration de la guerre, chapitre des *Étapes.* C'est effectivement une économie pour les dépenses d'étapes. Le ministre de l'administration de la guerre doit organiser un service régulier sur le Rhin, puisque ce moyen de transport épargne le temps, l'argent et la fatigue pour les troupes conduites ainsi.

Faites connaître l'extrait de cette lettre au ministre de l'administration de la guerre.

NAPOLÉON.

D'après l'original commu. par Mme la comtesse Mollien.

20016. — AU PRINCE DE NEUCHÂTEL ET DE WAGRAM,
MAJOR GÉNÉRAL DE LA GRANDE ARMÉE, À DRESDE.

Dresde, 17 mai 1813, deux heures du matin.

Mon Cousin, expédiez un courrier au duc de Trévise pour qu'aujourd'hui 17 l'infanterie de la Garde et la cavalerie Latour-Maubourg rétrogradent et prennent position entre Dresde et Bischofswerda, afin de pouvoir se trouver, le 18, rendues au camp devant Bautzen. Écrivez au général Bertrand que je suis surpris de ce qu'il n'ait pas encore fait dans la matinée du 16 sa jonction avec le duc de Tarente; qu'il faut donc qu'avec son corps il s'approche de Bautzen, et qu'il prenne la même ligne d'opération que le duc de Tarente par Bischofswerda; qu'il pourra laisser des corps d'observation à Camenz; que ce mouvement est très-urgent, puisque l'ennemi a toute son armée à Bautzen.

Écrivez au duc de Tarente que les renseignements qu'on reçoit de tous côtés ne laissent pas de doute que l'ennemi ne veuille livrer bataille à Bautzen; que je suppose que le général Bertrand se sera placé sur sa gauche avec son corps; que le duc de Reggio sera aussi en position; que, dans la journée du 18, toute la jeune Garde et la cavalerie Latour-Maubourg seront rendues au camp; que l'Empereur y sera de sa personne, et que le prince de la Moskova sera rendu à la position qu'il doit occuper avec 60 à 70,000 hommes.

NAPOLÉON.

D'après l'original. Dépôt de la guerre.

20017. — INSTRUCTIONS[1]
POUR LE GÉNÉRAL CAULAINCOURT, DUC DE VICENCE.
À DRESDE.

Dresde, 17 mai 1813.

L'essentiel est de se parler. Vous me ferez savoir du quartier général ce qui a été dit. En connaissant les vues de l'empereur Alexandre, on finira par s'entendre. Mon intention au surplus est de lui faire un pont

[1] Ces instructions ont été dictées par l'Empereur.

d'or, pour le délivrer des intrigues de Metternich. Si j'ai des sacrifices à faire, j'aime mieux que ce soit au profit de l'empereur Alexandre, qui me fait bonne guerre, et du roi de Prusse, auquel la Russie s'intéresse, qu'au profit de l'Autriche, qui a trahi l'alliance, et qui, sous le titre de médiateur, veut s'arroger le droit de disposer de tout, après avoir fait la part qui lui convient.

D'ailleurs, avant la bataille qui va être livrée, l'empereur de Russie ne doit pas se regarder encore comme fort engagé dans la lutte. Cette considération, que l'affaire de Lützen ne peut pas détruire, doit porter ce prince à s'entendre avec moi, parce que cette bataille sera nécessairement très-meurtrière de part et d'autre; que, si les Russes la perdent, ils quitteront la partie, mais en ennemis vaincus; au lieu qu'en traitant aujourd'hui, et en obtenant de bonnes conditions pour son allié le roi de Prusse, et sans l'intervention de l'Autriche, l'empereur Alexandre prouverait à l'Europe que la paix est due à ses efforts, au succès de ses armes; de cette façon, ce prince sortira de la lutte d'une manière honorable, et réparera noblement l'échec de Lützen. Tout l'honneur de cette paix serait donc à l'empereur Alexandre seul, tandis qu'en se servant de la médiation de l'Autriche, cette dernière puissance, quel que fût l'événement de la paix ou de la guerre, aurait l'air d'avoir mis dans la balance la destinée de toute l'Europe.

La Russie ne peut avoir oublié la marche du contingent de l'Autriche dans la campagne précédente, et l'empereur Alexandre doit être flatté de pouvoir faire la paix sans le secours de cette puissance, qui, après avoir été si peu amie dans des circonstances difficiles, n'est entraînée que par un intérêt personnel à quitter les rangs de son alliance récente avec la France. Enfin l'empereur Alexandre doit saisir avec joie cette occasion de se venger avec éclat de la sotte diversion des Autrichiens en Russie.

Ainsi, sans vous arrêter à telle ou telle partie des instructions, vous devez chercher à nouer une négociation directe sur cette base. Une fois qu'on en sera venu à se parler, on finira toujours par tomber d'accord.

D'après la copie. Archives des affaires étrangères.

20018. — A FRANÇOIS Ier, EMPEREUR D'AUTRICHE,
AU CHÂTEAU DE LAXENBURG.

Dresde, 17 mai 1813.

Monsieur mon Frère et très-cher Beau-Père, ce que Votre Majesté me dit dans sa lettre sur l'intérêt qu'elle me porte m'a touché vivement. Je le mérite de sa part par les sentiments si vrais que je lui porte. Si Votre Majesté prend quelque intérêt à mon bonheur, qu'elle soigne mon honneur. Je suis décidé à mourir, s'il le faut, à la tête de ce que la France a d'hommes généreux, plutôt que de devenir la risée des Anglais et de faire triompher mes ennemis. Que Votre Majesté songe à l'avenir; qu'elle ne détruise pas le fruit de trois ans d'amitié et ne renouvelle pas les trames passées qui précipiteraient l'Europe dans des convulsions et des guerres dont l'issue serait interminable; qu'elle ne sacrifie pas à de misérables considérations le bonheur de notre génération, celui de sa vie et le véritable intérêt de ses sujets, pourquoi ne dirais-je pas, d'une partie de sa famille qui lui est si sincèrement attachée. Que Votre Majesté ne doute jamais de tout mon attachement.

NAPOLÉON.

D'après la copie comm. par le gouvernement de S. M. l'empereur d'Autriche.

20019. — A FRANÇOIS Ier, EMPEREUR D'AUTRICHE,
AU CHÂTEAU DE LAXENBURG.

Dresde, 17 mai 1813.

Monsieur mon Frère et très-cher Beau-Père, j'ai reçu la lettre de Votre Majesté. J'ai entretenu le comte de Bubna plusieurs heures. Je lui ai dit tout ce que je pensais avec franchise et vérité. Je désire la paix plus que personne. Je consens à l'ouverture d'une négociation pour une paix générale et à la réunion d'un congrès dans une ville intermédiaire des séjours des diverses cours belligérantes. Aussitôt que je serai instruit que l'Angleterre, la Russie, la Prusse et les alliés ont accepté cette proposition, je m'empresserai d'envoyer un ministre plénipotentiaire au congrès, et j'engagerai mes alliés à faire de même. Je ne fais pas de difficulté d'admettre même au congrès les plénipotentiaires des insurgés d'Espagne, pour qu'ils puissent y stipuler leurs intérêts. Si la Russie, la Prusse et les autres puissances belligérantes veulent traiter sans l'Angleterre, j'y consens également. Je serai prêt à envoyer mon ministre plénipotentiaire aussitôt que je serai instruit que cette proposition a été agréée, et j'engagerai mes alliés à en faire autant, dès que je connaîtrai l'époque de la réunion. Si, une fois le congrès ouvert, il est dans l'intention des puissances belligérantes de conclure un armistice, comme cela s'est fait dans plusieurs circonstances, et comme il en a été question à Paris avec le prince de Schwarzenberg, je suis prêt à y adhérer. Votre Majesté verra dans ce langage, qui est le même que je tiens depuis six mois, mon désir d'épargner le sang humain et de mettre un terme aux malheurs qui affligent tant de peuples.

NAPOLÉON.

D'après la copie comm. par le gouvernement de S. M. l'empereur d'Autriche.

20020. — AU PRINCE DE NEUCHÂTEL ET DE WAGRAM,
MAJOR GÉNÉRAL DE LA GRANDE ARMÉE, À DRESDE.

Dresde, 18 mai 1813, quatre heures du matin.

Mon Cousin, donnez ordre au duc de Trévise et au général Latour-Maubourg de se porter aujourd'hui en avant de Bischofswerda.

Aussitôt que sa tête sera arrivée, le duc de Reggio se portera entièrement en ligne. Vous réitérerez l'ordre au duc de Reggio de faire occuper Neukirch et les positions de la droite, de manière qu'il n'y ait aucun ennemi dans ces bois.

Donnez ordre également au général Latour-Maubourg de faire fouiller toute la droite et vivement poursuivre tous ces Cosaques sur les routes de Neustadt et de Neukirch.

Donnez ordre à toute la vieille Garde, avec les réserves des batteries de la Garde, de partir de sept à huit heures du matin, pour se rendre à une journée, sur la route de Bautzen.

Donnez ordre à la division Barrois de se tenir également prête à partir à onze heures du matin. Je pense qu'il serait nécessaire de faire distribuer une livre de riz à chaque soldat de la vieille Garde et de la division Barrois; cela ferait une réserve pour quatre jours en cas d'embarras dans les transports.

Réitérez l'ordre au général Bertrand de se mettre en communication avec le général Lauriston et le prince de la Moskova, qui arrivent aujourd'hui à Hoyerswerda.

Je suppose que le petit quartier général est parti. Faites partir tout ce qui est nécessaire pour un jour de bataille. Remettez-moi l'état de la garnison qui reste à Dresde et de toutes les différentes troupes qui pourront arriver demain ou après, infanterie et cavalerie.

NAPOLÉON.

D'après l'original. Dépôt de la guerre.

20021. — AU PRINCE DE NEUCHÂTEL ET DE WAGRAM,
MAJOR GÉNÉRAL DE LA GRANDE ARMÉE, À DRESDE.

Dresde, 18 mai 1813, quatre heures du matin.

Mon Cousin, donnez ordre au général Beaumont de rester en observation pour couvrir Dresde à Moritzburg, ayant des postes à Grossenhayn, à Radeburg et sur la route de Kœnigsbrück, et d'instruire de tous les mouvements le quartier général qui est à Bautzen, et le général Durosnel, qui reste à Dresde; d'envoyer des espions et de bien s'éclairer sur toutes les routes; surtout de ne se laisser surprendre aucun poste. Envoyez directement cet ordre sur la route de Grossenhayn, et envoyez-en un duplicata par le duc de Trévise, sous les ordres de qui le général Beaumont était hier et avant-hier, et qui est à même de savoir où il se trouve.

NAPOLÉON.

D'après l'original. Dépôt de la guerre.

20022. — AU PRINCE DE NEUCHÂTEL ET DE WAGRAM,
MAJOR GÉNÉRAL DE LA GRANDE ARMÉE, À DRESDE.

Dresde, 18 mai 1813, quatre heures du matin.

Mon Cousin, donnez ordre de faire partir aujourd'hui, avant neuf heures du matin, pour le quartier général, l'équipage de pont, les sapeurs et tout ce qui compose le génie de l'armée, en laissant ce qui est nécessaire pour la confection du pont et des travaux que j'ai ordonnés; qu'ils prennent du pain pour quatre jours.

Donnez ordre que tout le matériel des ponts, du génie, de l'artillerie et des équipages militaires, tous les caissons soient parqués, attelés ou non attelés, sur la rive gauche, dans le lieu qui sera indiqué par le général Durosnel, et que rien ne reste sur la rive droite.

Réitérez l'ordre que les hôpitaux soient placés sur la rive gauche.

Enfin prévenez l'administration qu'il faut qu'on puisse évacuer la rive droite en six heures, si les circonstances l'exigeaient.

Donnez ordre au commandant du génie de laisser ici ce qui est nécessaire pour continuer les travaux de la tête de pont.

Faites-moi un rapport sur les officiers de la place, sur l'infanterie, la gendarmerie et les dépôts de cavalerie qui seront laissés à Dresde.

NAPOLÉON.

D'après l'original. Dépôt de la guerre.

20023. — AU MARÉCHAL OUDINOT, DUC DE REGGIO,
COMMANDANT LE 12ᵉ CORPS DE LA GRANDE ARMÉE, À ROTHNAUSLITZ.

Dresde, 18 mai 1813, dix heures du matin.

Je vous ai envoyé l'ordre d'envoyer une colonne d'infanterie et de cavalerie pour chasser l'ennemi de Neustadt et de Neukirch et de toutes les positions de la droite, de manière que votre droite appuie à la Bohême; je suppose que vous l'avez fait. Si vous ne l'avez pas fait, faites-le sans délai. Cette position de l'ennemi sur notre droite est honteuse et contraire à tous les principes de la guerre. Il n'y a de Bautzen et de Bischofswerda à la Bohême que trois à quatre lieues; il faut chasser l'ennemi de là. Occupez-vous-en sans délai, et rendez-moi compte par le retour de l'officier d'ordonnance que je vous expédie.

D'après la minute. Archives de l'Empire.

20024. — AU PRINCE DE NEUCHÂTEL ET DE WAGRAM,
MAJOR GÉNÉRAL DE LA GRANDE ARMÉE, À DRESDE.

Dresde, 18 mai 1813, au matin.

Mon Cousin, faites connaître au prince de la Moskova, par un officier intelligent et par un écrit en chiffre, que nous sommes à une portée de canon de la petite ville de Bautzen, que l'ennemi occupe comme tête de position et où il a fait des retranchements; que sur la droite sont placés les Prussiens et sur la gauche les Russes; que je désire qu'avec le général Lauriston et toutes ses forces réunies, en marche militaire, il se dirige sur Drehsa; ayant ainsi dépassé la Sprée, il se trouvera avoir tourné la position de l'ennemi; il prendra là une bonne position; que je suppose qu'il est dans le cas d'arriver bien entièrement le 19 à Hoyerswerda. Il s'approchera de nous le 19, et le 20 il pourra se porter sur la position; ce qui aura l'effet, ou que l'ennemi évacue pour se retirer plus loin, ou de nous mettre à même de l'attaquer avec avantage.

NAPOLÉON.

D'après l'original. Dépôt de la guerre.

20025. — AU GÉNÉRAL COMTE DUROSNEL,
GOUVERNEUR DE DRESDE.

Dresde, 18 mai 1813.

Monsieur le Comte Durosnel, le général Fresia restera à Dresde pour commander les dépôts d'infanterie et de cavalerie. Le général Beaumont, avec 1,000 chevaux, sera à Moritzburg, ayant ses postes sur Grossenhayn, Kœnigsbrück, Radeburg, c'est-à-dire sur toutes les avenues de Dresde. Il a ordre de correspondre avec vous et de vous tenir au courant de tous les mouvements de l'ennemi.

Vous ferez camper les quatre bataillons qui sont ici en dedans des palissades, sur la rive droite, de façon qu'ils soient chaque jour, à la pointe du jour, sous les armes. Les hommes des dépôts seront formés en petits bataillons que vous organiserez, et ils seront chargés d'un service spécial. La police sera faite par la garde bourgeoise. Le service du château sera fait par 800 grenadiers saxons et 100 hommes de cavalerie saxonne. Ces grenadiers saxons seront chargés de la défense des ponts.

J'ai ordonné qu'il y eût ici douze pièces d'artillerie saxonne; on pourra en placer deux sur chaque bastion, à la droite et à la gauche de la ville, deux sur la place qui enfile le pont. Par ce moyen, six pièces peuvent défendre les ponts. On peut en placer six autres sur la rive droite, en en plaçant deux sur chaque bastion de droite et de gauche, et deux pour soutenir les bataillons en les couvrant par des palissades.

Il y aura ici un officier de gendarmerie et 50 gendarmes, y compris les gendarmes d'élite, pour la police des ponts de la ville et de la rive droite; ils seront chargés de maintenir l'ordre dans les convois de blessés ou autres qui arriveront. Il arrivera aujourd'hui, demain et après-demain, beaucoup d'hommes isolés; j'ai donné l'ordre d'en faire un état; cela vous renforcera. Il restera un officier du génie et un officier d'artillerie.

Ayez soin que le service se fasse militairement. L'artillerie parquera sur la rive gauche jusqu'à l'issue d'une bataille, afin que, si la bataille était perdue, on pût passer sur la rive gauche sans rien perdre. J'ai ordonné qu'on établît des tambours à la tête des ponts. Ayez soin que tout le monde soit sous les armes à la pointe du jour, et soyez de votre personne aux ponts et sur la rive droite tous les jours, au soleil levant.

Entendez-vous avec l'aide de camp du roi, le général Gersdorf, qui est un homme intelligent, pour être au courant de tout ce qui se passe. Faites réparer, aujourd'hui et demain, les palissades de la ville, de manière que tout soit en bon état et bien fermé, que la troupe puisse être à l'abri derrière contre les coups de main des Cosaques. Faites établir des barrières avec palissades sur les chaussées.

D'après la minute. Archives de l'Empire.

20026. — AU GÉNÉRAL COMTE BERTRAND,
COMMANDANT LE 4° CORPS DE LA GRANDE ARMÉE, À GROSS-WELKA.

Dresde, 18 mai 1813.

Monsieur le Comte Bertrand, je vous envoie copie d'un renseignement reçu de Kœnigsbrück. N'avez-vous rien laissé pour occuper Kœnigsbrück ou Camenz? Au reste, le corps du général Lauriston, arrivant aujourd'hui à Hoyerswerda nettoiera nécessairement le pays. Vous devez prévenir de ceci le général Lauriston, afin qu'il mette une division à moitié chemin, et vous enverrez une brigade sur la route pour établir la communication et l'assurer. Le général Lauriston devra envoyer prévenir le prince de la Moskova que l'Empereur couche ce soir au camp devant Bautzen.

NAPOLÉON.

D'après l'original comm. par M. le général comte Henry Bertrand.

20027. — AU GÉNÉRAL COMTE BERTRAND,
COMMANDANT LE 4ᵉ CORPS DE LA GRANDE ARMÉE, À GROSS-WELKA.

Dresde, 18 mai 1813.

Monsieur le Comte Bertrand, le major général doit vous avoir écrit de correspondre avec le général Lauriston et le prince de la Moskova. Ils doivent arriver ce soir à Gross-Dœbern et à Hoyerswerda. Envoyez une forte reconnaissance en infanterie et en cavalerie dans cette direction, et faites dire par un officier ou par un de vos aides de camp, mais sans écrire, ou bien en le faisant par chiffre, que le prince de la Moskova doit manœuvrer pour tourner la position de l'ennemi, pour se porter sur Drehsa. Le général Lauriston et le prince de la Moskova se rapprochant de vous, il est indispensable de vous tenir en communication avec eux par votre gauche.

Je pars aujourd'hui pour me rendre au quartier général, à mi-chemin de Dresde à Bautzen. Je me rendrai au camp dans la nuit. Faites-moi passer ce soir vos rapports sur l'ennemi et sur la possibilité de manœuvrer par votre gauche.

NAPOLÉON.

D'après l'original comm. par M. le général comte Henry Bertrand.

20028. — AU MARÉCHAL MACDONALD, DUC DE TARENTE,
COMMANDANT LE 11ᵉ CORPS DE LA GRANDE ARMÉE, DEVANT BAUTZEN.

Dresde, 18 mai 1813.

Je pars de Dresde avec toute ma Garde, pour me rendre à mi-chemin de Bautzen. Je serai à votre quartier général à la pointe du jour pour reconnaître l'ennemi. Faites préparer un croquis dans lequel sera placé tout ce que vous avez vu, afin de faciliter ma reconnaissance. Le général Lauriston et le prince de la Moskova doivent arriver à Hoyerswerda. Le général Bertrand se sera mis en communication avec vous.

J'ai ordonné au duc de Reggio de balayer les Cosaques sur la droite.

J'apprends que votre batterie d'artillerie de 12 n'est partie que ce matin de Dresde. Envoyez à sa rencontre pour qu'elle vous arrive demain.

D'après la minute. Archives de l'Empire.

20029. — A EUGÈNE NAPOLÉON,
VICE-ROI D'ITALIE, À MILAN.

Dresde, 18 mai 1813.

Mon Fils, je pars aujourd'hui de Dresde pour me porter sur l'ennemi, qui a concentré ses forces et qui a été rejoint par le corps de Barclay de Tolly sur la position de Hochkirch, sur la route de Breslau. Il n'a rien laissé pour couvrir Berlin.

Le comte de Bubna est venu à mon quartier général. L'Autriche paraît fort embarrassée de son rôle.

Il est nécessaire que vous formiez avec toute l'activité dont vous êtes capable l'armée qui sera sous vos ordres. Occupez-vous sur-le-champ de l'organisation de vos six régiments. Vous les habillerez d'abord en vestes, pantalons et shakos. Le général Grenier doit être arrivé. Le général Vignolle pourra prendre provisoirement le commandement d'une division.

Faites augmenter l'armement et les approvisionnements d'Osoppo, de Palmanova, et de la petite place de Malghera, près de Venise. Faites-le cependant sans trop de dépense. Vous devez lever tous les obstacles et acheter des chevaux d'artillerie. Je ne vous parle pas de l'armée d'Italie, qui vous regarde particulièrement. Il importe que l'Autriche voie le plus tôt possible vos divisions campées et les places armées. Établissez une police active sur les frontières pour savoir tout ce qui se passe. Faites dire dans les gazettes de Turin et de Milan, et partout.

que vous aurez bientôt 150,000 hommes. Organisez vos ambulances. Nommez provisoirement à tous les emplois vacants, et envoyez-m'en l'état pour que je puisse prendre les décrets. Mettez-vous en correspondance avec le prince Borghese.

Organisez 3 à 4,000 hommes de cavalerie italienne, ainsi qu'une quarantaine de bouches à feu d'artillerie italienne. J'ai arrêté l'organisation de votre artillerie française à quatre-vingt-seize bouches à feu; je la tiercerai si cela est nécessaire.

Écrivez à Corfou, par la voie de terre, pour qu'on envoie à Rome, des 14e léger et 6e de ligne, les officiers, sergents et caporaux nécessaires pour former les 8es bataillons de ces régiments. Donnez-vous enfin tous les mouvements convenables pour avoir, à la fin de juin, une armée en Italie, de manière à faire sentir à l'Autriche qu'elle ne peut nous inquiéter qu'en pouvant vous opposer une armée de 60 à 80,000 hommes, ce qu'elle est hors d'état de faire.

Engagez le roi de Bavière à fortifier dans le Tyrol quelques gorges, quelques *chiuse* et quelques fortins, afin d'être maître des passages et de contenir les habitants. Ayez l'œil sur les places fortes, tant en France qu'en Italie. S'il y avait le moindre débarquement, soit à Rome, soit en Toscane, c'est à vous à y pourvoir. Vous ne changerez rien à l'organisation des troupes dans les 28e, 29e et 30e divisions militaires, ni dans les provinces illyriennes, mais, comme commandant en chef de l'armée d'Italie, vous vous ferez rendre compte de tout et vous surveillerez tout.

NAPOLÉON.

D'après la copie comm. par S. A. I. Mme la duchesse de Leuchtenberg.

20030. — A EUGÈNE NAPOLÉON,
VICE-ROI D'ITALIE, À MILAN.

Dresde, 18 mai 1813.

Mon Fils, le comte Daru vous aura envoyé un décret que j'ai pris pour ériger en duché la terre de Galiera en faveur de votre fille aînée. Faites-en prendre possession. Mon intention est que jusqu'à la date de ce décret les revenus de cette terre soient versés à mon domaine privé, et que depuis sa date ils appartiennent à votre fille. Je désire que, tant qu'elle sera mineure, ces revenus avec les intérêts soient placés sur les cinq pour cent de France. En supposant qu'elle rende 200,000 francs, ce sera 200,000 francs qui seront placés sur la tête de votre fille, ce qui fera une augmentation de revenu de 12 ou 15,000 francs, le tout appartenant à votre fille et devant, comme de raison, en cas qu'elle meure, passer à ses héritiers naturels. Faites prendre possession du palais de Bologne: quoique appartenant à la duchesse, il servira au roi d'Italie dans ses voyages.

Les affaires continuent ici à bien marcher.

Exercez une grande surveillance en Italie. Il n'y a pas d'inconvénient à ce que le duc de Lodi fasse connaître confidentiellement à ses connaissances à Vienne l'armée qu'on réunit en Italie, qu'on arme les places et la disposition où l'on est de ne pas se laisser faire la loi. Ces confidences arrivant dans le parti le plus mal disposé à la cour de Vienne seront utiles. Le duc de Lodi est assez avant dans nos affaires pour pouvoir faire ces confidences. Je désire lui donner un témoignage de ma satisfaction pour le temps qu'il a correspondu avec moi pendant votre absence; faites-moi connaître ce que je pourrais faire à cet égard.

Il y a trop longtemps que vous êtes en Italie pour que j'aie besoin de vous répéter ce que je vous disais au commencement : placez les troupes le plus loin possible du Pô et des marais; mettez très-peu de monde à Venise et surtout très-peu à Mantoue et à Peschiera. Cela est important, surtout pour les jeunes conscrits.

Vous pourrez m'écrire par l'estafette de Paris, et, si cela était urgent, m'envoyer une estafette extraordinaire sur Dresde. Ayez l'œil sur ce que fait l'Autriche. Envoyez des agents et rendez-moi compte de tout.

Faites-moi connaître si vous avez conservé le chiffre pour correspondre avec moi; comme je l'ai ici, vous pouvez vous en servir si vous l'avez encore, mais, moi, je ne m'en servirai que quand je saurai que vous l'avez gardé.

NAPOLÉON.

D'après la copie comm. par S. A. I. Mme la duchesse de Leuchtenberg.

20031. — AU GÉNÉRAL CAULAINCOURT, DUC DE VICENCE,
MINISTRE PLÉNIPOTENTIAIRE, À DRESDE.

Dresde, 18 mai 1813.

Monsieur le Duc de Vicence, étant résolu à tous les moyens de rétablir la paix, ou générale ou continentale, nous avons proposé la réunion d'un congrès, soit à Prague, soit en tout autre lieu intermédiaire aux séjours des puissances belligérantes. Nous espérons que ce congrès conduira promptement au rétablissement de la paix, dont tant de peuples éprouvent le besoin. Nous nous sommes en conséquence déterminé à conclure un armistice ou suspension d'armes avec les armées russe et prussienne, pour tout le temps que durera le congrès. Voulant prévenir la bataille qui, par la position qu'a prise l'ennemi, paraît imminente, et éviter à l'humanité une effusion de sang inutile, notre intention est que vous vous rendiez aux avant-postes, où vous demanderez à être admis auprès de l'empereur Alexandre, pour lui faire cette proposition et négocier, conclure et signer toute convention militaire ayant pour but de suspendre les hostilités. C'est à cet effet que nous vous écrivons la présente lettre close, pour en faire usage si elle vous est demandée, et en forme de pleins pouvoirs.

NAPOLÉON.

D'après la copie. Archives des affaires étrangères.

20032. — AU PRINCE DE NEUCHÂTEL ET DE WAGRAM,
MAJOR GÉNÉRAL DE LA GRANDE ARMÉE, À HARTAU.

Hartau, 19 mai 1813.

Mon Cousin, écrivez au duc de Reggio que mon quartier général sera ce soir à Klein-Fœrtschen, devant Bautzen, qu'il donne ordre à la division Lorencez de se mettre en ligne avec la division Pacthod. La division bavaroise se mettra en seconde ligne derrière la division Lorencez; elle aura des postes et fera des patrouilles vers la frontière de Bohême.

D'après l'original non signé. Dépôt de la guerre.

20033. — A FRANÇOIS Ier, EMPEREUR D'AUTRICHE,
AU CHÂTEAU DE LAXENBURG.

Wurschen, 22 mai 1813, neuf heures du soir.

Monsieur mon Frère et très-cher Beau-Père, j'ai livré bataille le 20 et le 21 à l'armée russe et prussienne, retranchée aux camps de Bautzen et de Hochkirch. La Providence m'a accordé la victoire. Je m'empresse d'informer Votre Majesté que ma santé est fort bonne, comptant sur l'intérêt qu'elle me porte.

NAPOLÉON.

D'après la copie comm. par le gouvernement de S. M. l'empereur d'Autriche.

20034. — AU PRINCE DE NEUCHÂTEL ET DE WAGRAM,
MAJOR GÉNÉRAL DE LA GRANDE ARMÉE, À GOERLITZ.

Gœrlitz, 23 mai 1813.

Mon Cousin, faites-moi connaître tout ce qui existe actuellement à Dresde des troupes qu'y a retenues le général Durosnel.

Donnez ordre également que le bataillon bavarois qui est à mi-chemin de Dresde à Gœrlitz rejoigne son corps; que le bataillon de vélites de la Garde qui est à Bautzen rejoigne la Garde; que la garnison de Bautzen soit formée par un régiment westphalien. Il sera fourni à ce régiment deux pièces de canon saxonnes, de celles qui sont à Dresde. Nommez un officier général ou supérieur français pour commander à Bautzen. Par ces dispositions, la garnison de Dresde se trouvera affaiblie de deux bataillons. Le général Durosnel fera placer 100 hommes au point intermédiaire entre Bautzen et Dresde, pour garder la poste.

Le commandant de Bautzen sera sous les ordres du général Durosnel, ainsi que tous les autres commandants de troupes françaises en Saxe.

Donnez ordre que le bataillon du 37e de ligne et tout ce qui serait à Dresde parte pour Gœrlitz, ne laissant à Dresde que les bataillons westphaliens, les grenadiers saxons et les deux bataillons des flanqueurs de la jeune Garde. Donnez ordre que l'autre bataillon des flanqueurs de la jeune Garde, qui doit être en chemin de Paris à Erfurt, continue sa route pour Dresde; par ce moyen, la brigade de flanqueurs se trouvera réunie.

Donnez ordre au 3ᵉ corps de partir de Weissenberg, où il est, pour aller demain à Gœrlitz. Mon intention est que vous désigniez l'étape d'ici à Bautzen; que vous y nommiez un commandant, que vous y placiez des gendarmes pour garder la poste; que ce commandant ait une centaine d'hommes sous ses ordres et qu'on retranche une maison, de manière que cette petite garnison soit à l'abri de tous les événements. Par ce moyen, de Dresde ici, il y aura quatre journées. Nommez un commandant pour Gœrlitz; la garnison sera composée de deux bataillons. Vous les ferez d'abord fournir par les Saxons du général Reynier.

Faites-moi connaître ce qui reste dans les places d'Erfurt, de Würzburg et de Torgau. Faites-moi connaître également quand les régiments de voltigeurs de la Garde, qui s'organisent à Mayence, arriveront à Erfurt, et enfin le mouvement d'un grand nombre de bataillons de marche qui doivent être en route pour l'armée. Indiquez-moi où se trouvent la division Saint-Germain, le corps du duc de Padoue et les détachements d'Italie.

Donnez ordre qu'il soit établi une manutention et des magasins à Gœrlitz.

NAPOLÉON.

D'après l'original. Dépôt de la guerre.

20035. — A M. MARET, DUC DE BASSANO,
MINISTRE DES RELATIONS EXTÉRIEURES, À DRESDE.

Gœrlitz, 24 mai 1813.

Monsieur le Duc de Bassano, écrivez au baron de Saint-Aignan pour qu'il fasse connaître aux ducs de Gotha et de Weimar qu'ils aient à reformer leur contingent, et qu'ils arment leurs villes, de manière qu'elles soient à l'abri des partisans ennemis, et qu'elles empêchent les coureurs prussiens de faire aucun mal au pays et à l'armée française. Cela doit être commun à tous les autres princes de Saxe, de Reuss, de Schwarzburg, etc. Les villes qui ont plus de 2,000 habitants seront responsables des prises qui seraient faites sur l'armée et dans leur enceinte par des détachements d'une force inférieure, à laquelle elles peuvent raisonnablement résister.

NAPOLÉON.

D'après l'original. Archives des affaires étrangères.

20036. — AU PRINCE DE NEUCHÂTEL ET DE WAGRAM,
MAJOR GÉNÉRAL DE LA GRANDE ARMÉE, À GOERLITZ.

Gœrlitz, 24 mai 1813.

Mon Cousin, faites connaître au prince d'Eckmühl que je désire qu'aussitôt qu'il sera entré à Hambourg il y reste avec une division de Hambourg, et la 3e, qu'il fera venir de Wesel et qu'il réunira à Bremen et Hambourg, et qu'il fasse partir de Hambourg le général Vandamme, avec les 2e et 5e divisions et l'artillerie nécessaire, dans la direction de Mecklenburg et de Berlin, afin de couvrir le flanc gauche du corps qui est sur Berlin.

NAPOLÉON.

D'après l'original. Dépôt de la guerre.

20037. — AU PRINCE DE NEUCHÂTEL ET DE WAGRAM,
MAJOR GÉNÉRAL DE LA GRANDE ARMÉE, À GOERLITZ.

Gœrlitz, 24 mai 1813.

Mon Cousin, faites-moi connaître quand le duc de Padoue arrivera à Leipzig, et quand il aura une division bien organisée de 3,000 chevaux, avec deux batteries d'artillerie à cheval.

Donnez ordre au duc de Reggio de partir avec les trois divisions de son corps d'armée et de manœuvrer sur Berlin. Le général Beaumont, avec les deux bataillons, l'artillerie et les 1,200 chevaux qu'il a sous ses ordres, rejoindra le duc de Reggio et sera sous son commandement. Le bataillon que ce maréchal a laissé à moitié chemin de Dresde à Bautzen le rejoindra également. La garnison de Bautzen sera composée, comme je l'ai déjà ordonné, des deux bataillons westphaliens qui sont partis de Dresde. S'ils n'étaient pas arrivés demain quand le duc de Reggio se mettra en marche, le duc y laissera, jusqu'à leur arrivée, deux de ses bataillons. Le duc de Reggio doit opérer son mouvement en se portant d'abord sur Hoyerswerda, où il pourra être demain; de là, en se portant sur Luckau et Lübben. Vous lui ferez connaître que l'armée va se diriger sur Glogau, et que ses communications auront donc lieu par sa droite; qu'il est probable que nous sommes aujourd'hui à Bunzlau, où le quartier général sera demain. Faites également connaître au duc de Reggio que le duc de Padoue arrivera à Leipzig, où il réunit son corps de cavalerie, qui sera bientôt de 4,000 chevaux. Mandez-lui que je mets à sa disposition : 1° un corps composé de quatre bataillons de la 1re division et de deux de la 4e; 2° deux bataillons des 125e et 124e régiments qui sont à Torgau. Ces huit bataillons seront commandés par un des généraux de brigade qui sont à Magdeburg. Il y sera attaché une batterie de huit pièces de canon, c'est-à-dire la 2e batterie destinée au 2e corps. Le duc de Reggio donnera des ordres pour que cette division vienne le joindre lorsqu'il sera sur Berlin; elle augmentera ses forces de huit bataillons et de huit bouches à feu; son artillerie doit être en état, puisqu'elle a peu tiré à la bataille. Son principal but est de contenir Bülow et de le rejeter au delà de l'Oder. Le général Lorencez ayant été blessé, il serait nécessaire de lui envoyer un général de division.

NAPOLÉON.

D'après l'original. Dépôt de la guerre.

20038. — AU PRINCE DE NEUCHÂTEL ET DE WAGRAM,
MAJOR GÉNÉRAL DE LA GRANDE ARMÉE, À GOERLITZ.

Goerlitz, 24 mai 1813.

Mon Cousin, instruisez le prince d'Eckmühl des événements qui viennent de se passer ici. Faites-lui connaître que mon intention est de fortifier Hambourg avec une citadelle ou réduit, où 4,000 hommes puissent se défendre longtemps; par ce moyen, ces 4,000 hommes défendront les remparts tout le temps convenable et auront toujours pour refuge cette citadelle.

J'ai l'intention d'établir une place à l'embouchure du Havel. Cette place doit remplir le même rôle que Wittenberg : Wittenberg est le point le plus proche de Berlin sur le haut Elbe; cette place du Havel en est le point le plus proche sur le bas Elbe, et elle complétera la défense de l'Elbe. Le gouverneur de Magdeburg fournira le bataillon qui doit y rester, et le commandant de Magdeburg donnera les fonds nécessaires et les officiers du génie. Les travaux seront commencés sans délai, et même sans attendre mon approbation. Je m'en rapporte à la direction que donnera le gouverneur de Magdeburg. Vous en écrirez directement au gouverneur de Magdeburg, et vous instruirez le prince d'Eckmühl de toutes ces dispositions.

NAPOLÉON.

D'après l'original. Dépôt de la guerre.

20039. — AU PRINCE DE NEUCHÂTEL ET DE WAGRAM,
MAJOR GÉNÉRAL DE LA GRANDE ARMÉE, À GOERLITZ.

Gœrlitz, 24 mai 1813.

Mon Cousin, donnez ordre au duc de Valmy de faire partir le général Dombrowski avec son infanterie, sa cavalerie et son artillerie, en le dirigeant en droite ligne sur Dresde.

NAPOLÉON.

D'après l'original. Dépôt de la guerre.

20040. — AU GÉNÉRAL BARON ROGNIAT,
COMMANDANT LE GÉNIE DE LA GRANDE ARMÉE, À DRESDE.

Gœrlitz, 24 mai 1813.

Les circonstances me portent à attacher une nouvelle importance à la citadelle de Würzburg. Remettez-moi sous les yeux les sommes que j'ai accordées pour cette citadelle sur les fonds de l'armée du Main, et faites-moi connaître celles qui sont nécessaires pour la mettre en état. Ordonnez sur-le-champ les travaux convenables et fournissez les fonds nécessaires.

D'après la minute. Archives de l'Empire.

20041. — AU GÉNÉRAL BARON ROGNIAT,
COMMANDANT LE GÉNIE DE LA GRANDE ARMÉE, À DRESDE.

Gœrlitz, 24 mai 1813.

Réitérez vos ordres pour qu'au 1er juin la tête de pont de Dresde soit entièrement terminée, qu'elle soit bien palissadée et à l'abri d'un coup de main, enfin qu'elle puisse jouer tout son rôle. Les palissades doivent être de gros arbres. Donnez des ordres pour que le pont de Dresde soit réparé de manière à être à l'abri des glaces et des inondations. L'architecte de la ville doit être chargé de ces réparations, qui doivent être faites avant le 10 juin, et d'une manière solide, mon intention étant alors de faire reployer les ponts de bateaux.

Donnez des ordres pour que le poste déjà établi pour un bataillon entre Dresde et Bautzen puisse être défendu par 100 hommes qui seraient à l'abri de la cavalerie légère ennemie.

Faites faire la reconnaissance de Bautzen, et mettez cette place en état de défense en établissant des tambours aux portes et en établissant les points que doivent prendre les deux bataillons qui occuperont cette ville. On mettra en état le château, de manière que ces deux bataillons puissent s'y retirer comme dans un réduit.

Faites établir entre Bautzen et Gœrlitz, à Weissenberg, au point que vous déterminerez, une maison retranchée et palissadée, où 100 hommes puissent être à l'abri de la cavalerie ennemie.

Faites faire également une reconnaissance de Gœrlitz. Vous ferez établir sur la hauteur de la rive droite une bonne redoute palissadée, avec un blockhaus, arranger les portes et préparer les postes nécessaires pour que deux bataillons y soient à l'abri des attaques de la cavalerie.

Envoyez 100,000 francs à Wittenberg, pour qu'on pousse les travaux avec la plus grande activité; on ne doit pas perdre un moment pour pousser les travaux des fortifications, même en attendant que j'aie adopté un projet définitif. Mon intention est de faire de Wittenberg une place permanente et que je garderai; présentez-moi les projets nécessaires; j'y dépenserai 5 ou 600,000 francs. Il faut calculer les travaux de manière que chaque mois la situation de la place devienne meilleure, de manière que ce point important de l'Elbe soit entièrement occupé.

Mon intention est également d'établir une place sur l'Elbe, à moitié chemin de Hambourg à Magdeburg, à l'embouchure du Havel. Le commandant du génie de Magdeburg sera chargé de la construction de cette place. D'abord elle ne sera occupée que comme un poste, mais elle sera augmentée successivement, de sorte que j'aurai sur l'Elbe Kœnigstein, la tête de pont de Dresde, Torgau, Wittenberg, Magdeburg, cette place du Havel et Hambourg. Quant à Hambourg, j'attends les plans que j'avais fait rédiger, pour arrêter définitivement le projet. J'ai donné ordre que l'on postât 1,200 hommes à l'embouchure du Havel. La place doit être établie à l'embouchure du canal, de manière à faire tête de pont sur la rive droite, et à couvrir le pont qu'il est important d'avoir sur ce point, qui est le plus près de Berlin sur le bas Elbe.

D'après la minute. Archives de l'Empire.

20042. — BULLETIN DE LA GRANDE ARMÉE.

Gœrlitz, 24 mai 1813.

L'empereur Alexandre et le roi de Prusse attribuaient la perte de la bataille de Lützen à des fautes que leurs généraux avaient commises dans la direction des forces combinées, et surtout aux difficultés attachées à un mouvement offensif de 150 à 180,000 hommes. Ils résolurent de prendre la position de Bautzen et de Hochkirch, déjà célèbre dans l'histoire de la guerre de Sept Ans, d'y réunir tous les renforts qu'ils attendaient de la Vistule et d'autres points en arrière, d'ajouter à cette position tout ce que l'art pourrait fournir de moyens, et là de courir les chances d'une nouvelle bataille, dont toutes les probabilités leur paraissaient être en leur faveur.

Le duc de Tarente, commandant le 11e corps, était parti de Bischofswerda le 15, et se trouvait le 15 au soir à une portée de canon de Bautzen, où il reconnut toute l'armée ennemie. Il prit position.

Dès ce moment, les corps de l'armée française furent dirigés sur le camp de Bautzen.

L'Empereur partit de Dresde le 18; il coucha à Hartau, et le 19 il arriva, à dix heures du matin, devant Bautzen. Il employa toute la journée à reconnaître les positions de l'ennemi.

On apprit que les corps russes de Barclay de Tolly, de Langeron et de Sass, et le corps prussien de Kleist, avaient rejoint l'armée combinée, et que sa force pouvait être évaluée de 150 à 160,000 hommes.

Le 19 au soir, la position de l'ennemi était la suivante : sa gauche était appuyée à des montagnes couvertes de bois et perpendiculaires au cours de la Spree, à peu près à une lieue de Bautzen. Bautzen soutenait son centre. Cette ville avait été crénelée, retranchée et couverte par des redoutes. La droite de l'ennemi s'appuyait sur des mamelons fortifiés qui défendaient les débouchés de la Spree, du côté du village de Nimmschütz : tout son front était couvert sur la Spree. Cette position très-forte n'était qu'une première position.

On apercevait distinctement, à 3,000 toises en arrière, de la terre fraîchement remuée, et des travaux qui marquaient leur seconde position. La gauche était encore appuyée aux mêmes montagnes, à 2,000 toises en arrière de celles de la première position et fort en avant du village de Hochkirch. Le centre était appuyé à trois villages retranchés, où l'on avait fait tant de travaux, qu'on pouvait les considérer comme des places fortes. Un terrain marécageux et difficile couvrait les trois quarts du centre. Enfin leur droite s'appuyait, en arrière de la première position, à des villages et à des mamelons également retranchés.

Le front de l'armée ennemie, soit dans la première, soit dans la seconde position, pouvait avoir une lieue et demie.

D'après cette reconnaissance, il était facile de concevoir comment, malgré une bataille perdue comme celle de Lützen, et huit jours de retraite, l'ennemi pouvait encore avoir des espérances dans les chances de la fortune. Selon l'expression d'un officier russe à qui on demandait ce qu'ils voulaient faire : « Nous ne voulons, disait-il, ni avancer ni reculer. — Vous êtes maîtres du premier point, répondit un officier français; dans peu de jours, l'événement prouvera si vous êtes maîtres de l'autre. » Le quartier général des deux souverains était au village de Nechern.

Au 19, la position de l'armée française était la suivante :

Sur la droite était le duc de Reggio, s'appuyant aux montagnes sur la rive gauche de la Spree, et séparé de la gauche de l'ennemi par cette vallée. Le duc de Tarente était devant Bautzen, à cheval sur la route de Dresde. Le duc de Raguse était sur la gauche de Bautzen, vis à-vis le village de Nimmschütz. Le général Bertrand était sur la gauche du duc de Raguse, appuyé à un moulin à vent et à un bois, et faisant mine de déboucher de Jeschütz sur la droite de l'ennemi.

Le prince de la Moskova, le général Lauriston et le général Reynier étaient à Hoyerswerda, sur la route de Berlin, hors de ligne et en arrière de notre gauche.

L'ennemi, ayant appris qu'un corps considérable arrivait par Hoyerswerda, se douta que les projets de l'Empereur étaient de tourner la position par la droite, de changer le champ de bataille, de faire tomber tous ces retranchements élevés avec tant de peine, et l'objet de tant d'espérances. N'étant encore instruit que de l'arrivée du général Lauriston, il ne supposait pas que cette colonne fût de plus de 18 à 20,000 hommes. Il détacha donc contre elle, le 19 à quatre heures du matin, le général York, avec 12,000 Prussiens, et le général Barclay de Tolly, avec 18,000 Russes. Les Russes se placèrent au village de Klix, et les Prussiens au village de Weissig.

Cependant le comte Bertrand avait envoyé le général Peyri, avec la division italienne, à Kœnigswartha, pour maintenir notre communication avec les corps détachés. Arrivé à midi, le général Peyri fit de mauvaises dispositions; il ne fit pas fouiller la forêt voisine; il plaça mal ses postes, et à quatre heures il fut assailli par un *hourra* qui mit du désordre dans quelques bataillons. Il perdit 600 hommes, parmi lesquels se trouve le général de brigade italien Balathier, blessé, deux canons et trois caissons; mais la division ayant pris les armes s'appuya au bois, et fit face à l'ennemi.

Le comte de Valmy étant arrivé avec de la cavalerie se mit à la tête de la division italienne, et reprit le village de Kœnigswartha. Dans ce même moment, le corps du comte Lauriston, qui marchait en tête du prince de la Moskova pour tourner la position de l'ennemi, parti de Hoyerswerda, arriva sur Weissig. Le combat s'engagea, et le corps d'York aurait été écrasé, sans la circonstance d'un défilé à passer, qui fit que nos troupes ne purent arriver que successivement. Après trois heures de combat, le village de Weissig fut emporté, et le corps d'York, culbuté, fut rejeté de l'autre côté de la Spree.

Le combat de Weissig serait seul un événement important. Un rapport détaillé en fera connaître les circonstances.

Le 19, le comte Lauriston coucha donc sur la position de Weissig, le prince de la Moskova à Maukendorf, et le comte Reynier à une lieue en arrière. La droite de la position de l'ennemi se trouvait évidemment débordée.

Le 20, à huit heures du matin, l'Empereur se porta sur la hauteur en arrière de Bautzen. Il donna ordre : au duc de Reggio de passer la Spree et d'attaquer les montagnes qui appuyaient la gauche de l'ennemi; au duc de Tarente de jeter un pont sur chevalets sur la Spree, entre Bautzen et les montagnes; au duc de Raguse de jeter un autre pont sur chevalets sur la Spree, dans l'enfoncement que forme cette rivière sur la gauche, à une demi-lieue de Bautzen; au duc de Dalmatie, auquel Sa Majesté avait donné le commandement supérieur du centre, de passer la Spree pour inquiéter la droite de l'ennemi; enfin au prince de la Moskova, sous les ordres duquel étaient le 3ᵉ corps, le comte Lauriston et le général Reynier, de se rapprocher sur Klix, de passer la Spree, de tourner la droite de l'ennemi, et de se porter sur son quartier général de Wurschen, et de là sur Weissenberg.

A midi, la canonnade s'engagea. Le duc de Tarente n'eut pas besoin de jeter son pont sur chevalets : il trouva devant lui un pont de pierre, dont il força le passage. Le duc de Raguse jeta son pont; tout son corps d'armée passa sur l'autre rive de la Spree. Après six heures d'une vive canonnade et plusieurs charges que l'ennemi fit sans succès, le général Compans fit occuper Bautzen; le général Bonet fit occuper le village de Nieder-Kayna, et enleva au pas de charge un plateau qui le rendit maître de tout le centre de la position de l'ennemi; le duc de Reggio s'empara des hauteurs, et à sept heures du soir l'ennemi fut rejeté sur sa seconde position. Le général Bertrand passa un des bras de la Sprée; mais l'ennemi conserva les hauteurs qui appuyaient sa droite, et par ce moyen se maintint entre le corps du prince de la Moskova et notre armée.

L'Empereur entra à huit heures du soir à Bautzen, et fut accueilli par les habitants et par les autorités avec les sentiments que devaient avoir des alliés, heureux de se voir délivrés des Stein, des Kotzebue et des Cosaques. Cette journée, qu'on pourrait appeler, si elle était isolée, la bataille de Bautzen, n'était que le prélude de la bataille de Wurschen.

Cependant l'ennemi commençait à comprendre la possibilité d'être forcé dans sa position. Ses espérances n'étaient plus les mêmes, et il devait avoir dès ce moment le présage de sa défaite. Déjà toutes ses dispositions étaient changées : le destin de la bataille ne devait plus se décider derrière ses retranchements; ses immenses travaux et 300 redoutes devenaient inutiles; la droite de sa position, qui était opposée au 4ᵉ corps, devenait son centre, et il était obligé de jeter sa droite, qui formait une bonne partie de son armée, pour l'opposer au prince de la Moskova, dans un lieu qu'il n'avait pas étudié et qu'il croyait hors de sa position.

Le 21, à cinq heures du matin, l'Empereur se porta sur les hauteurs, à trois quarts de lieue en avant de Bautzen.

Le duc de Reggio soutenait une vive fusillade sur les hauteurs que défendait la gauche de l'ennemi. Les Russes, qui sentaient l'importance de cette position, avaient placé là une forte partie de leur armée, afin que leur gauche ne fût pas tournée. L'Empereur ordonna aux ducs de Reggio et de Tarente d'entretenir ce combat, afin d'empêcher la gauche de l'ennemi de se dégarnir et de lui masquer la véritable attaque, dont le résultat ne pouvait pas se faire sentir avant midi ou une heure.

A onze heures, le duc de Raguse marcha à 1,000 toises en avant de sa position, et engagea une épouvantable canonnade devant les redoutes et tous les retranchements ennemis.

La Garde et la réserve de l'armée, infanterie et cavalerie, masquées par un rideau, avaient des débouchés faciles pour se porter en avant par la gauche ou par la droite, selon les vicissitudes que présenterait la journée. L'ennemi fut tenu ainsi incertain sur le véritable point d'attaque.

Pendant ce temps, le prince de la Moskova culbutait l'ennemi au village de Klix, passait la Sprée et menait battant ce qu'il avait devant lui jusqu'au village de Preititz. A dix heures, il enleva le village; mais, les réserves de l'ennemi s'étant avancées pour couvrir le quartier général, le prince de la Moskova fut ramené et perdit le village de Preititz. Le duc de Dalmatie commença à déboucher à une heure après midi. L'ennemi, qui avait compris tout le danger dont il était menacé par la direction qu'avait prise la bataille, sentit que le seul moyen de soutenir avec avantage le combat contre le prince de la Moskova était de nous empêcher de déboucher. Il voulut s'opposer à l'attaque du duc de Dalmatie. Le moment de décider la bataille se trouvait dès lors bien indiqué. L'Empereur, par un mouvement à gauche, se porta, en vingt minutes, avec la Garde, les quatre divisions du général Latour-Maubourg et une grande quantité d'artillerie, sur le flanc de la droite de la position de l'ennemi, qui était devenue le centre de l'armée russe.

La division Morand et la division wurtembergeoise enlevèrent le mamelon dont l'ennemi avait fait son point d'appui.

Le général Desvaux établit une batterie dont il dirigea le feu sur les masses qui voulaient reprendre la position. Les généraux Dulauloy et Drouot, avec 60 pièces de batteries de réserve, se portèrent en avant. Enfin le duc de Trévise, avec les divisions Dumoustier et Barrois de la jeune Garde, se dirigea sur l'auberge de Klein-Baschütz, coupant le chemin de Wurschen à Bautzen.

L'ennemi fut obligé de dégarnir sa droite pour parer à cette nouvelle attaque. Le prince de la Moskova en profita et marcha en avant. Il prit le village de Preititz, et s'avança, ayant débordé l'armée ennemie, sur Wurschen. Il était trois heures après midi, et, lorsque l'armée était dans la plus grande incertitude du succès, et qu'un feu épouvantable se faisait entendre sur une ligne de trois lieues, l'Empereur annonça que la bataille était gagnée.

L'ennemi voyant sa droite tournée se mit en retraite, et bientôt sa retraite devint une fuite.

A sept heures du soir, le prince de la Moskova et le général Lauriston arrivèrent à Wurschen. Le duc de Raguse reçut alors l'ordre de faire un mouvement inverse de celui que venait de faire la Garde; il occupa tous les villages retranchés, et toutes les redoutes que l'ennemi était obligé d'évacuer, s'avança dans la direction d'Hochkirch, et prit ainsi en flanc toute la gauche de l'ennemi, qui se mit alors dans une épouvantable déroute. Le duc de Tarente, de son côté, poussa vivement cette gauche et lui fit beaucoup de mal.

L'Empereur coucha sur la route au milieu de sa Garde, à l'auberge de Klein-Baschütz. Ainsi l'ennemi, forcé dans toutes ses positions, laissa en notre pouvoir le champ de bataille couvert de ses morts et de ses blessés, et plusieurs milliers de prisonniers.

Le 22, à quatre heures du matin, l'armée française se mit en mouvement. L'ennemi avait fui toute la nuit par tous les chemins et par toutes les directions. On ne trouva ses premiers postes qu'au delà de Weissenberg, et il n'opposa de la résistance que sur les hauteurs en arrière de Reichenbach. L'ennemi n'avait pas encore vu notre cavalerie.

Le général Lefebvre-Desnoëttes, à la tête de 1,500 chevaux des lanciers polonais et des lanciers rouges de la Garde, chargea, dans la plaine de Reichenbach, la cavalerie ennemie et la culbuta. L'ennemi, croyant qu'ils étaient seuls, fit avancer une division de cavalerie, et plusieurs divisions s'engagèrent successivement. Le général Latour-Maubourg, avec ses 14,000 chevaux et les cuirassiers français et saxons, arriva à leur secours, et plusieurs charges de cavalerie eurent lieu. L'ennemi, tout surpris de trouver devant lui 15 à 16,000 hommes de cavalerie, quand il nous en croyait dépourvus, se retira en désordre. Les lanciers rouges de la Garde se composent en grande partie des volontaires de Paris et des environs; le général Lefebvre-Desnoëttes et le général Colbert, leur colonel, en font le plus grand éloge. Dans cette affaire de cavalerie, le général Bruyère, général de cavalerie légère, de la plus haute distinction, a eu la jambe emportée par un boulet.

Le général Reynier se porta avec le corps saxon sur les hauteurs au delà de Reichenbach, et poursuivit l'ennemi jusqu'au village de Holtendorf. La nuit nous prit à une lieue de Gœrlitz. Quoique la journée eût été extrêmement longue, puisque nous nous trouvions à huit lieues du champ de bataille, et que les troupes eussent éprouvé tant de fatigues, l'armée française aurait couché à Gœrlitz; mais l'ennemi avait placé un corps d'arrière-garde sur la hauteur en avant de cette ville, et il aurait fallu une demi-heure de jour de plus pour la tourner par la gauche. L'Empereur ordonna donc qu'on prît position.

Dans les batailles du 20 et du 21, le général wurtembergeois Franquemont et le général Lorencez ont été blessés. Notre perte dans ces journées peut s'évaluer à 11 ou 12,000 hommes tués ou blessés. Le soir de la journée du 22, à sept heures, le grand maréchal duc de Frioul étant sur une petite éminence à causer avec le duc de Trévise et le général Kirgener, tous les trois pied à terre et assez éloignés du feu, un des derniers boulets de l'ennemi rasa de près le duc de Trévise, ouvrit le bas-ventre au grand maréchal et jeta roide mort le général Kirgener. Le duc de Frioul se sentit aussitôt frappé à mort; il expira douze heures après.

Dès que les postes furent placés et que l'armée eut pris ses bivouacs, l'Empereur alla voir le duc de Frioul. Il le trouva avec toute sa connaissance et montrant le plus grand sang-froid. Le duc serra la main de l'Empereur, qu'il porta sur ses lèvres. «Toute ma vie, lui dit-il, a été consacrée à votre service, et je ne la regrette que par l'utilité dont elle pouvait vous être encore. — Duroc, dit l'Empereur, il est une autre vie! C'est là que vous irez m'attendre, et que nous nous retrouverons un jour. — Oui, Sire; mais ce sera dans trente ans, quand vous aurez triomphé de vos ennemis et réalisé toutes les espérances de notre patrie..... J'ai vécu en honnête homme; je ne me reproche rien. Je laisse une fille: Votre Majesté lui servira de père.»

L'Empereur, serrant de la main droite le grand maréchal, reste un quart d'heure la tête appuyée sur sa main gauche dans le plus profond silence. Le grand maréchal rompit le premier ce silence. «Ah! Sire, allez-vous-en; ce spectacle vous peine! » L'Empereur, s'appuyant sur le duc de Dalmatie et sur le grand écuyer, quitta le duc de Frioul sans pouvoir lui dire autre chose que ces mots : « Adieu donc, mon ami! » Sa Majesté rentra dans sa tente, et ne reçut personne pendant toute la nuit.

Le 23, à neuf heures du matin, le général Reynier entra dans Gœrlitz. Des ponts furent jetés sur la Neisse, et l'armée se porta au delà de cette rivière.

Le 23, au soir, le duc de Bellune était sur Rothenburg; le comte Lauriston avait son quartier général à Hochkirch, le comte Reynier en avant de Trotschendorf sur le chemin de Lauban, et le comte Bertrand en arrière du même village; le duc de Tarente était sur Schœnberg; l'Empereur était à Gœrlitz.

Un parlementaire envoyé par l'ennemi portait plusieurs lettres où l'on croit qu'il est question de négocier un armistice.

L'armée ennemie s'est retirée, par Bunzlau et Lauban, en Silésie. Toute la Saxe est délivrée de ses ennemis, et dès demain 24 l'armée française sera en Silésie.

L'ennemi a brûlé beaucoup de bagages, fait sauter beaucoup de parcs, disséminé dans les villages une grande quantité de blessés. Ceux qu'il a pu emmener sur des charrettes n'étaient pas pansés; les habitants en portent le nombre à plus de 18,000. Il en est resté plus de 10,000 en notre pouvoir.

La ville de Gœrlitz, qui compte 8 à 10,000 habitants, a reçu les Français comme des libérateurs.

La ville de Dresde et le ministère saxon ont mis la plus grande activité à approvisionner l'armée, qui jamais n'a été dans une plus grande abondance.

Quoiqu'une grande quantité de munitions ait été consommée, les ateliers de Torgau et de Dresde, et les convois qui arrivent par les soins du général Sorbier, tiennent notre artillerie bien approvisionnée.

On a des nouvelles de Glogau, Küstrin et Stettin. Toutes ces places étaient en bon état.

Ce récit de la bataille de Wurschen ne peut être considéré que comme une esquisse. L'état-major général recueillera les rapports, qui feront connaître les officiers, soldats et les corps qui se sont distingués.

Dans le petit combat du 22, à Reichenbach, nous avons acquis la certitude que notre jeune cavalerie est, à nombre égal, supérieure à celle de l'ennemi.

Nous n'avons pu prendre de drapeaux; l'ennemi les retire toujours du champ de bataille. Nous n'avons pris que 19 canons, l'ennemi ayant fait sauter ses parcs et ses caissons. D'ailleurs l'Empereur tient sa cavalerie en réserve, et, jusqu'à ce qu'elle soit assez nombreuse, il veut la ménager.

<small>Extrait du *Moniteur* du 30 mai 1813.</small>

20043. — AU GÉNÉRAL COMTE DUROSNEL,
GOUVERNEUR DE DRESDE.

Gœrlitz, 25 mai 1813.

Vos lettres au major général me font voir que l'on avait quelques inquiétudes à Dresde. Je suppose qu'elles sont maintenant dissipées. Le duc de Reggio doit être aujourd'hui à Hoyerswerda, marchant sur Berlin. Je marche moi-même sur Bunzlau, où le quartier général sera aujourd'hui, et de là sur Glogau et Francfort; et Berlin se trouvera ainsi tourné. J'ai donné ordre que le général Beaumont joigne le duc de Reggio. Si cependant, contre mon attente, les inquiétudes continuaient et étaient fondées, vous pourriez garder à Dresde l'infanterie, la cavalerie et l'artillerie qui y arrivent. Le général Delaborde ne doit pas tarder à arriver avec les 4e et 5e de voltigeurs et un régiment de flanqueurs, ce qui, avec les deux bataillons de flanqueurs qui sont déjà à Dresde, fera huit bataillons. Les 9e, 10e, 11e et 12e les suivront bientôt.

Le duc d'Otrante arrivera bientôt à Dresde, où il attendra mes ordres. Mon ministre peut sans inconvénient le présenter au roi et à la cour.

Ne recevez rien des Saxons, ni comme frais de table, ni pour aucun autre objet. Mettez-vous cependant sur un pied décent, et ayez une table convenable. Je couvrirai les dépenses extraordinaires que vous seriez obligé de faire.

La poste de Bohême continue sans doute à arriver. Entendez-vous avec les ministres pour en retirer les lettres qui pourraient donner des renseignements sur l'armée et sur tout ce que fait l'Autriche. Faites travailler avec la plus grande activité aux ouvrages de la ville neuve, de manière qu'au 1er juin tous les bastions soient armés de pièces de 12 ou de 6. L'artillerie nécessaire sera tirée de Torgau et de Kœnigstein. Veillez sur les dépôts de cavalerie de Dresde et de Leipzig; ayez l'œil sur Torgau et Wittenberg. Donnez un peu d'énergie au ministre de l'intérieur, pour qu'il arme une garde de police afin d'arrêter les partisans, en leur courant sus au son du tocsin, surtout sur la rive gauche de l'Elbe et sur les points si éloignés que l'armée ennemie ne doit pas y être.

Indépendamment de votre correspondance avec le major général, je désire que vous m'écriviez tous les jours. Les postes doivent être bien assurées; il doit y avoir partout des gendarmes saxons qui arrêteront les traîneurs. Bautzen et Gœrlitz et les stations intermédiaires sont mises à l'abri d'un coup de main.

Enfin prenez toutes les mesures nécessaires pour avoir 10 à 15,000 quintaux de farine à Dresde, afin de pouvoir, dans tous les cas, subvenir aux besoins de l'armée. Faites achever la manutention de douze fours.

J'ai ordonné qu'on travaillât avec activité à Wittenberg et qu'on envoyât des fonds au commandant du génie. Écrivez-en au général Lapoype. Il faut qu'il y ait au moins 4,000 ouvriers tous les jours. Mon intention est d'occuper cette place d'une manière permanente.

Correspondez avec le commandant d'Erfurt pour connaître ce qui vous vient, et écrivez que tous les détachements marchent en ordre, puisqu'on m'assure que des partisans m'ont pris 30 cuirassiers, qu'ils ont surpris dans un village du côté d'Iena.

Concertez-vous avec l'aide de camp Gersdorf pour qu'on reforme le contingent saxon et qu'on recomplète la cavalerie et l'artillerie.

D'après la minute. Archives de l'Empire.

20044. — A FRÉDÉRIC AUGUSTE, ROI DE SAXE,
À DRESDE.

Gœrlitz, 25 mai 1813.

J'ai reçu la lettre que Votre Majesté m'a écrite relativement aux batailles des 20 et 21. J'attendais pour lui répondre d'avoir un moment de liberté, et d'avoir délivré ses états des armées russes et prussiennes. Mon armée a occupé hier Lauban, et dans ce moment nous sommes à Bunzlau. Le duc de Reggio sera ce soir à Hoyerswerda, marchant sur Berlin. Il sera nécessaire que Votre Majesté ordonne des mesures pour qu'on réprime les patrouilles de Cosaques et de partisans qui pillent le pays et inquiètent les derrières de l'armée. Il faudrait organiser des brigades de cavalerie et des gardes de police qui pussent prêter main-forte à la gendarmerie, et y placer quelques officiers pour assurer la tranquillité du pays.

Le général Thielmann ayant pris du service à l'étranger sans la permission de Votre Majesté est coupable; il est criminel, puisque ce service étranger est ennemi, et qu'il a porté chez l'ennemi ses connaissances locales. Je désirerais que Votre Majesté le fît saisir dans ses biens, et, par un grand acte de vigueur, fît connaître à ses sujets son mécontentement et son indignation contre ceux de ses serviteurs qui prennent du service chez ses ennemis.

Je vais partir pour me rendre à Bunzlau. Quoique le pays ait beaucoup souffert, je pense qu'il est indispensable que Votre Majesté forme de nouveau son armée, afin de protéger ses états et de m'aider dans la guerre.

Le roi de Danemark vient de m'écrire que le comte Bernstorf a échoué dans sa négociation, ce que je savais déjà par les journaux anglais. Les Anglais ont voulu, au préalable, imposer au Danemark l'obligation de renoncer à la Norvége en faveur de la Suède. En conséquence, l'animosité est plus forte que jamais, et le Danemark rentre dans tous les liens de l'alliance, qui n'avaient été un moment relâchés que d'après mon consentement, donné en considération de la situation critique de ce pays.

D'après la minute. Archives de l'Empire.

20045. — A M. MARET, DUC DE BASSANO,
MINISTRE DES RELATIONS EXTÉRIEURES, À DRESDE.

Bunzlau, 25 mai 1813, au soir.

Monsieur le Duc de Bassano, écrivez au baron Saint-Aignan pour qu'il passe une note dans les termes les plus forts aux différents princes près lesquels il est accrédité, pour leur témoigner mon mécontentement de ce que quelques partisans qui commettent des brigandages sur les derrières de l'armée sont favorisés dans leurs états; que je les en rends responsables; qu'il faut qu'ils fassent une battue générale pour purger le pays; que tout ce qui me sera pris me sera remboursé par une contribution que je mettrai sur le pays; qu'enfin, si cela continue, je finirai par voir dans les gouvernements de la mauvaise volonté.

NAPOLÉON.

D'après l'original. Archives des affaires étrangères.

20046. — AU PRINCE DE NEUCHÂTEL ET DE WAGRAM,
MAJOR GÉNÉRAL DE LA GRANDE ARMÉE, À BUNZLAU.

Bunzlau, 26 mai 1813, six heures du matin.

Le prince de la Moskova se portera avec les 5e et 7e corps sur Haynau et poussera une avant-garde sur Liegnitz et une sur Glogau.

Le général Latour-Maubourg se portera sur la droite, dans la direction de Goldberg. Il sera joint par le duc de Raguse, sous les ordres duquel il sera.

Le duc de Raguse, avec le corps du général Latour-Maubourg, manœuvrera pour couper l'arrière-garde ennemie et tomber sur son flanc droit, communiquera avec le duc de Tarente et le comte Bertrand, et poussera vivement l'ennemi.

Le 3e corps prendra position à une lieue en avant de Bunzlau et sera là aux ordres du prince de la Moskova.

La division Chastel restera avec le 5e corps.

NAPOLÉON.

D'après l'original. Dépôt de la guerre.

20047. — AU PRINCE DE NEUCHÂTEL ET DE WAGRAM,
MAJOR GÉNÉRAL DE LA GRANDE ARMÉE, À BUNZLAU.

Bunzlau, 26 mai 1813.

Mon Cousin, vous enverrez l'ordre au duc de Bellune de se porter sur Sprottau, et de tâcher d'y arriver aujourd'hui, et, si là il apprend que quelque chose s'est dirigé dans la direction de Berlin, il se dirigera à sa suite.

NAPOLÉON.

P. S. Il enverra des partis dans les différentes directions pour avoir des nouvelles du corps de Bülow, et savoir si celui-ci s'est rapproché de l'Oder et de Berlin ou a continué son mouvement sur Luckau. Enfin, s'il apprend que le siége de Glogau soit levé, il tâchera de communiquer avec cette place; mais son principal but doit être de se tenir prêt à se porter sur Berlin pour seconder le duc de Reggio, qui marche sur cette ville, et tomber sur les derrières de Bülow.

D'après l'original. Dépôt de la guerre.

20048. — AU PRINCE DE NEUCHÂTEL ET DE WAGRAM,
MAJOR GÉNÉRAL DE LA GRANDE ARMÉE, À BUNZLAU.

Bunzlau, 26 mai 1813.

Mon Cousin, faites comprendre mes intentions au duc de Raguse. L'ennemi, ne s'attendant pas à avoir sur ses flancs une aussi grande quantité de cavalerie, pourrait éprouver beaucoup de mal. Le prince de la Moskova se rend aujourd'hui à Haynau. Le général Bertrand et le duc de Tarente doivent être arrivés aujourd'hui à Goldberg. Si le duc de Raguse pouvait prendre une position intermédiaire pour se rendre sur Liegnitz, on pourrait demain déboucher sur Liegnitz, en trois colonnes: toutefois il doit s'appuyer à celle des deux routes où, d'après les renseignements qu'il recueillera, la plus forte partie de l'armée ennemie aura passé.

Mandez au duc de Bellune que je vois avec peine qu'il ait été un jour sans correspondre; qu'il pouvait envoyer un homme du pays qui, sous la promesse d'une forte récompense, aurait traversé les postes ennemis, s'il en avait rencontré; qu'il ait soin de recueillir à Sprottau des renseignements et de m'en faire part à Bunzlau; car, s'il n'était rien passé sur la route de Berlin et que Bülow se fût rapproché de Berlin et de l'Oder, le duc de Bellune pourrait recevoir l'ordre de se porter demain sur Glogau, afin de débloquer entièrement cette place.

Vous êtes-vous assuré que le duc de Reggio ait reçu votre ordre? Je suis surpris que vous n'en ayez reçu aucune nouvelle. Il devrait être aujourd'hui du côté de Luckau. Réitérez-lui vos ordres.

NAPOLÉON.

D'après l'original. Dépôt de la guerre.

20049. — AU PRINCE DE NEUCHÂTEL ET DE WAGRAM,
MAJOR GÉNÉRAL DE LA GRANDE ARMÉE, À BUNZLAU.

Bunzlau, 26 mai 1813.

Donnez ordre au duc de Trévise de partir demain à quatre heures du matin pour se rendre sur Liegnitz. Donnez ordre à la vieille Garde et à la Garde à cheval de partir à cinq heures pour se rendre également sur Liegnitz. Donnez ordre aux troupes du génie de partir à quatre heures du matin pour se rendre à Liegnitz. Il est donc nécessaire que le régiment du 3e corps qui doit prendre le service de Bunzlau soit rendu à quatre heures du matin dans la ville. Le 3e corps partira également de sa position actuelle, pour se rendre à Liegnitz, demain à six heures du matin. Le quartier général partira à quatre heures du matin.

NAPOLÉON.

D'après l'original. Dépôt de la guerre.

20050. — AU COMTE DARU,
DIRECTEUR DE L'ADMINISTRATION DE LA GRANDE ARMÉE, À BUNZLAU.

Bunzlau, 26 mai 1813.

Monsieur le Comte Daru, présentez-moi un projet de décret pour former un bataillon d'équipages militaires d'ambulance. Ce bataillon sera composé de douze compagnies; chaque compagnie sera de 50 voitures et une forge; chaque voiture sera organisée comme les ambulances de la Garde : 1 homme, 2 chevaux et une voiture; ce qui fera par compagnie 60 hommes, 120 chevaux, compris les haut-le-pied, 50 voitures et une forge; et pour les douze compagnies, 720 hommes, 1,440 chevaux, 600 voitures, 12 forges. Ces voitures seront destinées principalement à retirer les blessés du champ de bataille. Il y aura cependant sur chaque voiture un petit coffret contenant du linge à pansement, un peu de charpie, un choix d'instruments, un peu d'eau-de-vie, enfin l'équivalent de l'ambulance à dos de mulet que j'accorde à un bataillon. Chacune de ces voitures pouvant porter 4 hommes, j'aurai donc de quoi porter 2,400 blessés; mais, pour ne pas augmenter les cadres et ne pas m'induire dans de nouvelles dépenses, on pourrait convertir un des bataillons qui s'organisent en France, tel par exemple que le 14e, qui n'a pas encore ses voitures, en un bataillon de cette espèce. Il faudrait que ce bataillon fût sous les ordres des chirurgiens de l'armée. En accordant une compagnie à chaque corps d'armée, il en resterait encore six pour le quartier général. Des infirmiers à pied seraient attachés à ce bataillon, de sorte qu'aussitôt qu'un homme se trouverait blessé à ne pouvoir pas marcher on le mettrait dans une de ces voitures. Faites-moi un projet là-dessus. Il me semble qu'on se trouve bien de ces petites voitures qu'a la Garde, et qu'elles ont rendu de grands services. En accordant 50 de ces voitures à un corps d'armée, on pourrait donc en accorder 12 à chaque division, ce qui ferait l'équivalent des moyens de pansement portés par les 12 chevaux de peloton; ce qui, avec cette ambulance des chevaux de peloton, deviendrait tellement considérable qu'on pourrait diminuer les ambulances.

Dans les marches, ces voitures pourraient aussi servir à porter les hommes écloppés et fatigués jusqu'au lieu où l'on forme des dépôts pour des hommes écloppés et fatigués. Faites-moi le devis de ce que cette nouvelle organisation coûtera.

Napoléon.

D'après la copie comm. par M. le comte Daru.

20051. — AU PRINCE CAMBACÉRÈS,
ARCHICHANCELIER DE L'EMPIRE, À PARIS.

Bunzlau, 26 mai 1813.

Mon Cousin, je reçois votre lettre du 20. Nous sommes enfin en pleine Silésie; nous poursuivons l'ennemi vivement. On prend à Paris beaucoup trop sérieusement l'alarme sur l'Autriche. Les choses n'en sont pas à ce point; mais il est tout simple que je sois en mesure partout. Les affaires ici vont bien.

NAPOLÉON.

D'après la copie comm. par M. le duc de Cambacérès.

20052. — INSTRUCTIONS POUR LE DUC DE VICENCE,
RELATIVEMENT A L'ARMISTICE [1].

Bunzlau, 26 mai 1813.

Le duc de Vicence se rendra, à onze heures, au village de Neudorf. Il aura une copie certifiée par lui de la lettre close du 18 mai, et il la remettra aux plénipotentiaires de l'ennemi. Il sera en même temps muni de la copie des pleins pouvoirs donnés par le général Barclay de Tolly.

Le duc de Vicence remarquera que nous ne sommes pas d'accord sur la question principale, qu'ils ne veulent pas de congrès et qu'ils veulent continuer la guerre, dans l'espérance d'entraîner l'Autriche en la chargeant de prononcer une sentence, chose inconvenante et absurde.

Ce n'est pas le cas de faire sentir cette inconvenance et cette absurdité, et de contester; il faut, avant tout, que le duc de Vicence remette une copie de la lettre close qui renferme ses pouvoirs, et que les plénipotentiaires de l'ennemi la prennent.

L'armistice doit être motivé par un préambule sur la réunion du congrès, à peu près en ces termes : « Leurs Majestés, etc. voulant entamer des négociations pour parvenir à une paix définitive, ont résolu de réunir à cet effet leurs plénipotentiaires en un congrès, et, en attendant, de faire cesser le plus tôt possible les hostilités entre les armées respectives, etc. »

[1] Ces instructions, bien que signées par le duc de Bassano, ont été dictées par l'Empereur.

Les plénipotentiaires doivent être prévenus contre ce préambule. Ils en présenteront probablement un dans le sens de leurs pleins pouvoirs. Le duc de Vicence s'y opposera, en faisant entendre que la paix est un problème indéterminé qui ne peut être décidé par personne, et qui doit être négocié. Il proposera alors un autre préambule dans ces termes :

« Leurs Majestés, etc. voulant aviser au moyen de faire cesser la guerre malheureusement allumée entre elles, sont convenues à cet effet d'une suspension d'armes, etc. »

Par cette rédaction, la question du congrès est éludée.

Il est important qu'avant d'entamer la discussion d'aucune condition le préambule soit arrêté, afin que, si l'on rompait sur les conditions de l'armistice, on sache si les plénipotentiaires étaient préparés sur la question du préambule, ainsi qu'on peut le prévoir d'après les pleins pouvoirs qui leur ont été remis par le général Barclay de Tolly.

Le duc de Vicence pourra dire que l'Autriche a consenti au congrès.

Cette matière épuisée, on en viendra aux conditions de l'armistice.

1° Nous prendrons pour limites la rive gauche de l'Oder, que nous avons déjà, et la ligne de démarcation que nous avions en Silésie pendant la campagne dernière, que nous avons dépassée et sur laquelle nous ne ferons pas difficulté de revenir.

2° Quant à Danzig, Modlin et Zamosc, aucune de ces places ne sera assiégée; aucun ouvrage ne sera fait à portée du canon, et les armées ennemies se chargeront de fournir aux garnisons les vivres à raison de leur consommation, et ce, tous les cinq jours.

3° Un courrier pourra partir tous les huit jours pour porter des nouvelles aux garnisons et en rapporter.

4° Quant à la durée de l'armistice, une condition essentielle est qu'elle soit étendue à tout le temps des négociations.

Si les plénipotentiaires ennemis n'y consentent pas, on pourra borner la durée de l'armistice à trois mois, c'est-à-dire jusqu'au 1er septembre.

Enfin, après avoir insisté fortement, on pourra consentir à réduire l'armistice à deux mois, à condition que l'on se préviendra quinze jours d'avance; c'est-à-dire que si, à l'expiration de l'armistice, il n'est pas prorogé, on aura quinze jours avant la reprise des hostilités. Un armistice qui pourrait être rompu au bout de quinze jours serait tout à l'avantage de l'ennemi, à qui quinze jours suffiraient pour remettre son armée en ligne; tandis qu'un armistice qui serait moindre de deux mois et demi ne servirait en rien à l'Empereur, qui n'aurait pas le temps de rétablir sa cavalerie.

Le ministre des relations extérieures,
Duc de Bassano.

NOTE SUR LA DÉMARCATION DE LA LIGNE D'ARMISTICE.

En juillet 1807, la ligne de neutralité partait de Rawicz, passait près de Leubel, Wersingawa, Seifersdorf; joignait l'Oder près Pogarell, le quittait près Maltsch; suivait la frontière de Breslau jusque vers Zobten, de là celle de Brieg jusqu'au comté de Glatz, celle de Glatz jusqu'à la frontière de Bohême.

Je renonce à la rive droite de l'Oder, hormis une lieue autour de Glogau, autour de Küstrin, autour de Stettin.

Je renonce, s'il le faut, mais après avoir longtemps disputé, au duché de Schweidnitz; alors la ligne passerait près de Striegau, Græben, Kupferberg, et se rattacherait à la frontière de Bohême.

D'après la copie. Archives des affaires étrangères.

20053. — AU PRINCE DE NEUCHÂTEL ET DE WAGRAM,
MAJOR GÉNÉRAL DE LA GRANDE ARMÉE, À LIEGNITZ.

Liegnitz, 29 mai 1813, deux heures après midi.

Mon Cousin, donnez ordre au duc de Raguse de se porter, avec le 6ᵉ corps et la cavalerie du général Latour-Maubourg, de Jauer, en avant d'Eisendorf, route de Neumarkt. Faites-lui connaître que le prince de la Moskova se porte à Neumarkt avec le 5ᵉ et le 7ᵉ corps, et que le quartier général y sera probablement ce soir avec la Garde; que le 3ᵉ corps reste en avant de Liegnitz; que le duc de Tarente et le 4ᵉ corps resteront à Jauer.

Donnez ordre au duc de Tarente et au 4ᵉ corps de se porter sur Jauer. Le duc de Tarente poussera une avant-garde sur Striegau, en choisissant une bonne position. Vous lui ferez connaître également la situation de l'armée, et que je marche sur Breslau.

NAPOLÉON.

D'après l'original. Dépôt de la guerre.

20054. — AU PRINCE DE NEUCHÂTEL ET DE WAGRAM,

MAJOR GÉNÉRAL DE LA GRANDE ARMÉE, À ROSNIG.

Rosnig, 30 mai 1813.

Mon Cousin, donnez ordre que le pain qu'on nous envoie de Dresde soit désormais biscuité, sans quoi il nous arriverait moisi.

NAPOLÉON.

D'après l'original. Dépôt de la guerre.

20055. — AU PRINCE DE NEUCHÂTEL ET DE WAGRAM,

MAJOR GÉNÉRAL DE LA GRANDE ARMÉE, À ROSNIG.

Rosnig, 30 mai 1813.

Mon Cousin, écrivez en Westphalie pour demander que le Roi envoie à Dresde le reste de son contingent.

Donnez ordre que le général Dombrowski, avec son infanterie, sa cavalerie et son artillerie, se dirige sur Dresde en passant par Leipzig, où le général Durosnel l'emploiera, s'il est nécessaire, à soutenir le duc de Padoue; mais, à cela près, cette division n'éprouvera aucun retard dans sa marche sur Dresde. Je n'approuve pas la disposition qu'a prise le duc de Valmy de faire marcher cette colonne détachement par détachement. Donnez ordre au général Dombrowski de réunir toutes ses troupes et de marcher en masse; 4 à 5,000 hommes peuvent marcher en une seule colonne. Je n'approuve pas que le dépôt de cette division soit placé à Trèves; il faut le mettre à Düsseldorf, où il sera plus près et mieux.

J'avais donné ordre, et je ne sais qui a pu prendre sur lui d'en disposer autrement, que la route d'Augsburg se dirigeât sur Würzburg, et de Würzburg sur Fulde; réitérez cet ordre de la manière la plus positive; je ne veux avoir qu'une seule route pour l'armée. J'autorise toutefois qu'un corps qui serait fort de plus de 3,000 hommes puisse venir d'Augsburg sur Baireuth; mais cette direction ne serait pas considérée comme route de l'armée, et seulement comme un mouvement d'une colonne particulière. La route de l'armée, pour ce qui vient d'Italie, doit passer par Augsburg, Würzburg et Fulde. Il est nécessaire d'écrire cela non-seulement aux commandants militaires et aux gouverneurs, mais aussi à mes différents ministres plénipotentiaires, qui se permettent, sur la demande des gouvernements, de changer la route de l'armée, ce qui est d'un inconvénient majeur. Ce n'est pas à eux de se mêler de savoir si une route est plus courte et plus commode. La direction des routes militaires est une des opérations les plus importantes. Faites une enquête pour savoir qui a changé cette route.

Il serait nécessaire d'avoir à Augsburg un adjudant commandant pour diriger tout ce qui arrive d'Italie. Le vice-roi pourrait l'envoyer d'Italie. Les colonnes de plus de 3,000 hommes qui passeront par Baireuth marcheront militairement. Leurs commandants seront tenus de s'informer auprès des autorités bavaroises, saxonnes et françaises, de tout ce qui pourrait se passer sur leur droite et sur leur gauche, afin, à la moindre incertitude ou doute, d'appuyer toujours sur la gauche. Enfin il est nécessaire de réitérer les ordres sur la route pour que les escadrons du 19e de chasseurs, les escadrons italiens et les escadrons des 13e et 14e de hussards, qui viennent d'Italie, ne marchent pas isolément. Je n'ai aucune confiance dans ces troupes. Qu'ils se groupent à Augsburg et se réunissent en une colonne, vu qu'un escadron de 200 hommes de ces troupes pourrait être maltraité par 100 partisans. Faites faire le relevé sur vos états de mouvements, et faites-moi connaître où l'on pourrait arrêter ces escadrons pour qu'ils se réunissent en une colonne.

Faites connaître au général Durosnel que, nous éloignant de Dresde, il est nécessaire que les convois soient plus forts; qu'il est absurde de compter dans l'escorte les soldats du train et des équipages et les employés; qu'il ne faut compter que les baïonnettes et les sabres; que je ne pense pas qu'une escorte doive être moindre d'un millier d'hommes.

Donnez ordre au général Saint-Germain, qui est à Bautzen, de se réunir à la colonne de la Garde, ou à toute autre si celle-là était passée. Le général Durosnel pourra le charger du commandement d'un convoi, mais de manière que cette cavalerie fasse partie d'un convoi où il y aurait au moins 3,000 hommes.

NAPOLÉON.

D'après l'original. Dépôt de la guerre.

20056. — AU GÉNÉRAL COMTE DUROSNEL,
GOUVERNEUR DE DRESDE.

Rosnig, 30 mai 1813.

Donnez l'assurance aux ministres du roi de Saxe que toutes les munitions de guerre fournies par la Saxe à l'armée seront remplacées de France, soit la poudre, soit les boulets; et ainsi cela ne doit être considéré que comme un prêt.

D'après la minute. Archives de l'Empire.

20057. — AU GÉNÉRAL CAULAINCOURT, DUC DE VICENCE,
MINISTRE PLÉNIPOTENTIAIRE, À NEUDORF.

Rosnig, 30 mai 1813, midi.

Monsieur le Duc de Vicence, il me paraît par votre lettre que ces messieurs prétendraient que j'évacuasse toute la haute Silésie, et même mes communications avec Glogau; il y a tant d'absurdité dans ce dire que ce n'est pas concevable. Cependant je suppose que vous vous êtes mal expliqué; car vous dites dans votre lettre que « les armées repren- « draient leurs positions si la paix ne se faisait point, » ce qui suppose que de leur côté ils auraient reculé aussi.

Vous pouvez donner pour nouvelle aux plénipotentiaires que le général Bülow a été battu le 28, en avant de Hoyerswerda, que la veille un corps de 100 Cosaques et douze officiers avait été surpris, et que cette armée était poursuivie vivement; que, quant à Hambourg, nous avons dû y entrer le 24; que les Danois font cause commune avec nous, et que 18,000 hommes de leurs troupes se sont réunis au prince d'Eckmühl.

J'en reviens à ce que vous m'écrivez : le principe de toute négociation de suspension d'armes est que chacun reste dans la position où il se trouve; les lignes de démarcation sont ensuite l'application de ce principe. Au reste, s'ils tiennent à des conditions aussi absurdes que celles que vous expliquez dans votre lettre, il n'y a pas lieu à s'arranger, et il est inutile de continuer davantage les conférences. Dans ce cas, revenez le plus tôt possible ici.

NAPOLÉON.

D'après la copie. Archives des affaires étrangères.

20058. — AU PRINCE CAMBACÉRÈS,
ARCHICHANCELIER DE L'EMPIRE, À PARIS.

Rosnig, 30 mai 1813.

Mon Cousin, je suis fâché que vous n'ayez pas conseillé à l'Impératrice de faire grâce, le 23 au matin, à l'homme condamné à mort. Vous avez été trop magistrat dans cette affaire. Il n'aurait pas fallu que cette grâce vînt du droit de l'individu, mais du propre mouvement de l'Impératrice, à cause du jour. Saisissez la première occasion de lui faire faire un ou deux actes de son propre mouvement; ce qui est sans inconvénient pour la justice, et qui serait d'un bon effet sur l'opinion publique.

NAPOLÉON.

D'après la copie comm. par M. le duc de Cambacérès.

20059. — AU GÉNÉRAL CLARKE, DUC DE FELTRE,
MINISTRE DE LA GUERRE, À PARIS.

Rosnig, 30 mai 1813.

Il faut écrire au prince d'Essling pour qu'il ne me constitue pas en dépenses inutiles; que j'ai jugé sa présence nécessaire à Toulon pour donner de l'énergie aux autorités civiles et militaires, pour mettre de l'ensemble entre les troupes de terre et les soldats de la marine qui doivent concourir à la défense de Toulon, et pour couvrir toutes les petites rivalités par une grande autorité, mais que je suis bien loin d'avoir aucune espèce de crainte pour Toulon; qu'il ne faut donc pas me constituer dans des dépenses qui seraient onéreuses dans la situation actuelle des finances de la guerre; que dans un port comme Toulon, si des circonstances impérieuses se présentaient, on trouverait dans les magasins de la marine, dans l'approvisionnement de l'escadre et dans tout ce que fournirait la Provence, toutes les ressources dont on aurait besoin.

Je désire que vous fassiez mettre dans des journaux de ces provinces des articles qui fassent croire qu'un grand camp se forme à Toulon, et que vous vous serviez du nom du prince d'Essling pour répandre le bruit qu'on organise de ce côté une grande armée prête à se porter soit en Sicile, soit en Italie; c'est encore un des objets pour lesquels le prince d'Essling a été placé là.

Concertez-vous avec le ministre de la marine pour concourir à tout ce qui est nécessaire pour faire croire à la sortie de l'escadre de Toulon avec des troupes de débarquement. Il faut que les journaux de France, d'Italie et d'Allemagne répètent des articles variés et frappés dans ce but.

D'après la minute. Archives de l'Empire.

20060. — A EUGÈNE NAPOLÉON,
VICE-ROI D'ITALIE, À MILAN.

Rosnig, 30 mai 1813.

Mon Fils, je reçois votre lettre du 19. J'ai vu avec peine les banqueroutes qui ont eu lieu à Venise. Je regrette surtout la maison Bignami. S'il n'y avait pas de sa faute et qu'elle fût victime du malheur, vous viendriez à son secours, s'il en est encore temps. Cette maison me paraissait distinguée par l'attachement qu'elle m'a montré.

Mon intention est que vous pourvoyiez à l'organisation de mes troupes en Italie, et que vous activiez autant que possible la marche et la formation de l'artillerie, des administrations et l'arrivée des effets d'équipement et d'habillement. Vous prendrez toutes vos dispositions pour les troupes françaises, en forme d'ordres du jour, et vous en enverrez copie au ministre de la guerre, et au ministre de l'administration de la guerre lorsque cela le concernera.

Je n'ai rien à ajouter aux instructions que je vous ai données. Faites augmenter progressivement l'armement de Palmanova et son approvisionnement de siège, surtout en objets qui ne dépérissent pas, tels que le riz, la farine, etc. Quant aux bestiaux, on sera à temps de les réunir quand le besoin sera près. Je ne saurais trop vous recommander ma place de Malghera, près de Venise; faites-y travailler avec la plus grande activité, et que le génie et l'artillerie y soient en règle. Avec les équipages et le grand nombre d'officiers de marine qui sont à Venise, et la petite place de Malghera étant en état, Venise doit être considérée comme le boulevard de mes états en Italie.

Je suis extrêmement mécontent du général Peyri : envoyez-moi le plus tôt possible le général Fontanelli ou le général Palombini.

NAPOLÉON.

D'après la copie comm. par S. A. I. Mme la duchesse de Leuchtenberg.

20061. — A FRÉDÉRIC, ROI DE WURTEMBERG,
À STUTTGART.

Rosnig, 30 mai 1813.

Monsieur mon Frère, j'ai reçu la lettre de Votre Majesté, du 24 mai. Je la remercie des renseignements qu'elle me donne sur la situation des affaires à Vienne. Je la prie d'avoir les yeux ouverts, et de m'instruire exactement de tout ce qui viendra à sa connaissance. Votre Majesté a déjà prévu que j'avais envoyé le vice-roi en Italie en partie pour cet objet. J'ai fait connaître, il y a déjà longtemps, à Votre Majesté qu'il y aurait toujours quelques bataillons français à sa disposition, à Mayence et à Strasbourg, pour réprimer les troubles qui pourraient naître dans le Vorarlberg. Le cas arrivant, il suffirait que Votre Majesté le fît connaître ou au ministre de la guerre ou au duc de Valmy. Toutefois mes relations avec Vienne paraissent encore loin de cette dernière extrémité.

NAPOLÉON.

D'après la copie comm. par le gouvernement de S. M. le roi de Wurtemberg.

20062. — AU PRINCE DE NEUCHÂTEL ET DE WAGRAM,
MAJOR GÉNÉRAL DE LA GRANDE ARMÉE, À NEUMARKT.

Neumarkt, 31 mai 1813, dix heures du matin.

Mon Cousin, donnez ordre au prince de la Moskova de se porter aujourd'hui sur Breslau avec le 5ᵉ corps; il laissera le 7ᵉ corps à Lissa pour garder la communication et pour éloigner moins de forces du centre de l'armée. Je désire que les troupes restent campées aux portes de Breslau, qu'il n'entre dans la ville que ce qui est nécessaire pour y établir la police, qu'on y fasse faire des vivres pour envoyer à l'armée, et qu'on se tienne toujours prêt à se porter où les circonstances l'exigeraient.

NAPOLÉON.

P. S. On fera d'abord rétablir les ponts, s'ils étaient brûlés, pour pouvoir manœuvrer sur les deux rives.

D'après l'original. Dépôt de la guerre.

20063. — A M. MARET, DUC DE BASSANO,
MINISTRE DES RELATIONS EXTÉRIEURES, À DRESDE.

Neumarkt, 31 mai 1813.

Monsieur le Duc de Bassano, les troupes suédoises étant entrées à Hambourg, il est convenable que vous me proposiez sur-le-champ une déclaration de guerre à la Suède.

Le rapport et les pièces à l'appui seront envoyés au Sénat. M. Otto en fera la lecture.

NAPOLÉON.

D'après l'original. Archives des affaires étrangères.

20064. — AU GÉNÉRAL CLARKE, DUC DE FELTRE,
MINISTRE DE LA GUERRE, À PARIS.

Neumarkt, 31 mai 1813.

La question que vous propose M. le général César Berthier, relativement à la conduite qu'il aura à tenir envers la reine Caroline de Sicile, est probablement oiseuse. Toutefois vous devez lui répondre que, si le cas arrivait, il doit la traiter avec les honneurs dus à son rang et le plus de considération possible; à double titre, comme grand'mère de l'Impératrice, et surtout comme reine malheureuse, persécutée par les Anglais.

D'après la minute. Archives de l'Empire.

20065. — AU PRINCE DE NEUCHÂTEL ET DE WAGRAM,
MAJOR GÉNÉRAL DE LA GRANDE ARMÉE, À NEUMARKT.

Neumarkt, 31 mai 1813, onze heures et demie du soir.

Mon Cousin, écrivez sur-le-champ au duc de Raguse que vous avez reçu sa lettre d'aujourd'hui, à quatre heures et demie du soir, où il y a plusieurs phrases chiffrées; que le 3ᵉ corps est à Diezdorf et le général Latour-Maubourg à Moys; que de Diezdorf à Moys il n'y a que 3,300 toises; que vous ne concevez donc pas comment il se trouve en l'air ayant trois divisions et un corps de cavalerie, et à 3,000 toises de l'armée. Dites-lui que, dans ce genre de guerre, il faut éviter de se trop serrer, et que, les Russes ayant beaucoup de cavalerie, leur situation est toute différente; qu'à Diezdorf il y a une route qui va sur Schweidnitz, d'où il ne se trouve qu'à six petites lieues; qu'il n'aura pas fait attention à la route dont vous lui avez parlé hier, qui de Striegau va à l'Oder. Cette route est large et bonne, et faite depuis peu d'années; je l'ai fait reconnaître jusqu'au point où elle rejoint l'Oder; elle sert spécialement à conduire des charbons à ce fleuve.

Dites-lui qu'il n'entre pas dans des détails qui fassent connaître s'il a devant lui de l'infanterie; que toutes les reconnaissances faites près de son camp n'ont vu que de la cavalerie fort loin; qu'on assure aussi avoir entendu une canonnade aujourd'hui entre le Zobtenberg et Schweidnitz ou Striegau, et qu'il fasse connaître s'il n'en a rien entendu. Recommandez-lui de vous faire savoir demain, à la pointe du jour, ce qu'il a devant lui, et répétez-lui qu'il faut éviter l'inconvénient de prendre une position trop serrée, qui empêche les armes de se déployer et donne un grand avantage à la cavalerie ennemie.

Dites-lui que tout ce qui est à Neumarkt et au village de Diezdorf viendrait rapidement à son secours; de tâcher de communiquer avec le duc de Tarente et de vous donner de ses nouvelles; qu'avec la cavalerie du général Latour-Maubourg, en la faisant soutenir par quelques bataillons et de l'artillerie, il aurait pu pousser très-loin aujourd'hui ses reconnaissances et savoir positivement ce qu'il a devant lui; il paraît qu'il n'en a rien fait, puisqu'il a des inquiétudes là-dessus; que quelques gens affidés disent que l'ennemi est en mouvement de Schweidnitz sur Zobten. Ce serait alors la poussière qu'il aurait vue sur une ligne qui serait à six lieues de lui. Si ce mouvement se vérifiait, c'est que l'ennemi voudrait se rapprocher de Breslau par sa droite. Dites-lui de pousser demain de fortes reconnaissances et de vous instruire des résultats; que le duc de Tarente a mandé hier, 30, qu'il marcherait le 31 sur Striegau; que cette canonnade entendue pourrait être son mouvement sur Striegau. Dites-lui que, si le duc de Tarente était venu à Striegau, il serait utile qu'il se portât en avant, sur la route de Schweidnitz sur la Striegauerwasser, du côté, par exemple, de Neuhof ou de Kostenbluth, en prenant là une bonne position.

Faites-lui connaître que nous devons être entrés aujourd'hui à Breslau.

NAPOLÉON.

D'après l'original. Dépôt de la guerre.

20066. — AU GÉNÉRAL CAULAINCOURT, DUC DE VICENCE,
MINISTRE PLÉNIPOTENTIAIRE, À ECKERSDORF.

Neumarkt, 1ᵉʳ juin 1813, dix heures du matin.

Monsieur le Duc de Vicence, je reçois votre lettre de trois heures du matin. Les assertions que vous tiennent les plénipotentiaires sont tout à fait ridicules et j'ai peine à comprendre comment ils peuvent se laisser aller à de pareils propos. J'ai dix rapports sur l'affaire du duc de Reggio; et, ce qui répond à tout, c'est qu'il est à trois journées du champ de bataille. Le rapport qu'ils assiégent Vittenberg est absurde; j'ai des nouvelles de cette place du 31. La nouvelle qu'il y avait 2,000 hommes à Magdeburg est plaisante; il y a dans cette place 15,000 hommes. Quant à leur dire, que nous sommes dans une fausse position, je ne parle pas de la position où ils se trouvent, il est extraordinaire qu'ils veuillent connaître la mienne et en parler.

Toutefois les principes que vous m'annoncez pour l'armistice ne me paraissent pas s'éloigner des instructions que je vous avais données, puisque tous les états de Saxe seraient délivrés. Dans les états du roi de Saxe, je comprends ceux de Dessau, qui sont de petits fiefs enclavés. Ils font passer la ligne de manière que je ne pourrais occuper aucune ville, parce que, la rivière passant au milieu de Liegnitz, cette même ligne partagerait Lœwenberg et Goldberg; il serait donc convenable que la ligne passât à une lieue de chacune de ces villes; mais c'est un objet de peu d'importance. En parlant du thalweg de l'Elbe, il faudrait accorder une lieue sur la rive droite autour de Magdeburg. Quant à Vittenberg, il n'est besoin d'aucune stipulation de cette nature, puisque Vittenberg est enclavé dans la Saxe à plus d'une lieue des frontières.

La seule difficulté est Hambourg; tout me porte à penser qu'au moment où la nouvelle arrivera à Hambourg nous serons maîtres de la place, ou du moins que nous la cernerons, puisque le prince d'Eckmühl a tenu, le 25, un conseil avec les officiers danois et M. le comte de Kaas, ministre de l'intérieur, que le roi de Danemark envoie auprès de moi; que d'ailleurs les batteries tirent à boulets rouges sur la ville, et que les Danois m'offrent 15,000 hommes. Mais ce point est si loin, qu'on pourrait se tirer d'embarras en ne faisant pas d'armistice sur ce point. Il y a un mois de marche d'ici là; il est donc évident que des renforts ne sauraient être dirigés de ce côté. On pourrait donc ne pas en parler, et faire finir l'armistice à Boitzenburg, sur la frontière de la 32ᵉ division, vu qu'il serait contraire à la Constitution que je fisse un acte quelconque comme Empereur qui laissât l'ennemi sur le territoire français. Ces messieurs doivent comprendre que le biais que je propose est dans des sentiments tout à fait conciliants. Il se passera de ce côté ce qu'on voudra; cette partie est trop éloignée pour avoir aucune influence, et le mode qu'on propose aura d'autant plus d'avantages qu'il faudra vingt articles sur Hambourg, puisqu'il y aurait à prévoir le cas où les Français et les Danois cerneraient la ville, celui où ils y seraient entrés, etc.

Quant à mes convois, vous savez que je n'en ai pas encore perdu un seul, et que la route de l'armée depuis Mayence n'a pas encore été un moment interceptée, vu que tout marche réuni sous des escortes de 1,500 à 2,000 hommes. Il est vrai que des voitures d'artillerie ayant pris la route de Baireuth ont été interceptées par des partisans : le matériel a été repris. Mais ces discussions sont tout à fait vaines.

J'ai fait dresser les pouvoirs par le prince de Neuchâtel; vous pouvez les échanger aujourd'hui, afin d'avoir le temps de discuter. Vous recevrez avec les pouvoirs des lettres du prince de Neuchâtel qui vous autorisent à suspendre tous les mouvements en avant que feraient les différents corps d'armée; vous expédierez donc un officier français et un officier russe par le plus court chemin sur Breslau, pour arrêter la colonne où elle se trouvera, et, si on se battait, pour suspendre les hostilités; vous en ferez autant du côté de Jauer et du duc de Raguse. Vous remarquerez que dans vos pouvoirs il est dit : le *statu quo*, chacun devant conserver ce qu'il a dans ce moment.

Aussitôt que vous aurez pris toutes les mesures de concert avec les plénipotentiaires russe et prussien pour faire cesser les hostilités, il sera convenable que vous choisissiez une maison à mi-chemin des avant-postes, où il y aura garnison française et russe, et que le terrain à un quart de lieue autour soit déclaré neutre. Cette petite circonstance n'ayant aucune importance et pouvant se faire facilement, une compagnie de cavalerie qu'enverra le général Latour-Maubourg et une compagnie de voltigeurs seront suffisantes.

Voici actuellement ce qui se passe du côté de Breslau. Hier, le prince de la Moskowa est arrivé à une lieue de cette ville, à sept heures du soir, sur la petite rivière de Lohe, et y a trouvé un corps de 10 à 12,000 hommes avec lequel il a tiré quelques coups de fusil et de canon. Il l'aura probablement attaqué ce matin à quatre heures, à moins que ce corps ne se soit retiré. Il est inutile de parler de cette circonstance, mais seulement vous ferez expédier d'abord l'ordre dans la direction de Breslau, afin que, si l'on se battait, on suspendît le différend.

L'avantage qu'aurait remporté le général Saint-Priest est sans doute l'escarmouche qu'il a eue hier avec les Wurtembergeois, où chacun cependant a gardé ses postes. Le duc de Tarente, ayant eu pour instruction de ne pas avancer et de garder sa position, n'a pas voulu s'engager davantage. Tout est avantage pour ces messieurs; il paraît qu'ils ont l'esprit singulièrement tourné.

Vous sentez que vous ne pouvez pas vous départir de la base que chacun garde ce qu'il a : aussitôt que la suspension d'armes pour trente-six heures sera arrêtée, que les ordres seront envoyés sur Breslau et Jauer, vous ferez connaître aux plénipotentiaires que la négociation de l'armistice doit avoir lieu sur cette base, et vous leur ferez admettre cette base. Ce principe une fois admis, vous diviserez l'armistice en trois parties :

1° L'armée qui est ici, pour laquelle je demande à conserver tout ce que j'ai, en prenant une ligne qui passe par tous les postes que j'occuperai au moment de la suspension d'armes, c'est-à-dire la ligne qu'indiquent vos pleins pouvoirs;

2° L'armée du général Bülow et du duc de Reggio : ils traceront une ligne selon la position où ils se trouveront au moment où leur arrivera la notification de la signature de l'armistice; on ne peut pas les comprendre dans la première suspension d'armes, parce qu'ils sont trop loin;

3° Enfin les partis sur la rive droite de l'Elbe et de l'Oder, car j'ai de forts partis qui poursuivent sur la rive droite de l'Oder un bataillon qui s'était réfugié sur Posen; il sera convenable que les uns repassent l'Elbe et les autres l'Oder. Je ne parle pas des partisans et des patrouilles, parce qu'ils seraient exposés, mais des corps qui auraient leurs communications : chacun pourrait garder la position où il se trouvera au moment de la signature de l'armistice.

Quant à la 32° division militaire, c'est un point de délicatesse et d'honneur dans lequel l'empereur Alexandre doit entrer plus que personne. Vous leur représenterez que, s'ils veulent véritablement la paix, aucune paix ne peut être faisable aux dépens du territoire constitutionnel de l'Empire. C'est en vain qu'ils pourraient dire que l'empereur Alexandre n'a pas reconnu la réunion de Hambourg. Je n'avais pas reconnu la réunion de la Lithuanie, et cependant l'empereur Alexandre n'aurait pas voulu entendre à la cession de quelques points de ce territoire lorsque je l'occupais. Pourquoi me croirait-il ici moins de délicatesse et d'énergie? En nous donnant Hambourg, etc. par l'armistice, on arracherait ces malheureuses villes aux angoisses auxquelles elles sont en proie, et ce serait même une manière fort honorable de s'en tirer, si toutefois ces villes ne sont pas déjà occupées par nous.

Je vous envoie le dernier paquet que je reçois du prince d'Eckmühl; vous y verrez l'état des choses de ce côté. Une batterie de mortiers était établie dans les îles. Le prince d'Eckmühl avait trois divisions d'infanterie, et, le 25, un conseil s'est tenu chez le prince, où se sont trouvés M. de Kaas, ministre de l'intérieur, qui vient auprès de moi comme envoyé extraordinaire, et les officiers danois. On avait déjà les ordres de la cour de Danemark pour que toute l'armée danoise qui était dans le Holstein marchât avec l'armée française. Il est donc probable que Hambourg est pris ou assiégé. Je ne puis donc pas stipuler pour la rive gauche de l'Elbe : 1° parce que je suis maître de Hambourg; 2° parce qu'il serait déshonorant et contraire aux principes de nos constitutions de stipuler aucun armistice qui laisse l'ennemi sur notre territoire, tandis que nous nous trouvons sur le territoire étranger. Mais un biais tout simple, c'est de faire finir l'armistice aux limites de la 32° division, entre Lüneburg et Boitzenburg, et de laisser aller les choses sur le bas Elbe. Comme il y a un mois de marche d'ici là pour l'une et l'autre armée, on ne peut pas craindre qu'on fasse des détachements de ce côté; c'est donc réellement un autre théâtre.

Quant à la durée de l'armistice, vous ferez remarquer qu'il est difficile en un mois de négocier la paix; que deux mois paraissent nécessaires, d'autant plus que depuis la signature de l'armistice il se passera au moins cinq à six jours avant qu'on ait nommé les plénipotentiaires. Vous devez donc proposer de mettre deux mois. S'ils ne veulent pas, il faudrait accorder six jours comme ils le proposent pour dénoncer l'armistice, et quinze jours pour commencer les hostilités. Vous ferez connaître que les quinze jours permettront de disséminer les troupes, et par là d'être moins à charge au pays, puisque l'on aura toujours le temps de les réunir. Il faudra stipuler que les quinze jours devront compter du moment où la notification en aura été faite au quartier général du général commandant l'armée, et où on en aura tiré reçu.

Ainsi donc, je désire que vous rédigiez l'armistice en trois parties :

1° L'armée ici où nous nous trouvons, dont la ligne sera déterminée par les points qu'occuperont les avant-postes au moment de l'échange des pleins pouvoirs;

2° L'armée qui couvre Berlin, où l'armistice sera déterminé par la ligne qu'occuperont les deux armées au moment de la signature de l'armistice;

3° La rive gauche de l'Elbe, qu'on évacuera en même temps que la rive droite de l'Oder;

4° enfin le territoire français où la 32° division, ou on laissera continuer les choses comme elles sont.

Il sera convenable qu'après avoir bien expliqué cela vous le mettiez par écrit, afin que les plénipotentiaires l'envoient à leur quartier général et qu'on en délibère. La justice de ces propositions est trop évidente pour que l'empereur Alexandre n'y consente pas. Si on ne veut pas accorder le léger avantage d'envoyer des lettres tous les dix jours aux garnisons, renoncez-y. Mettez seulement qu'on ne fera aucun ouvrage à la portée du canon, et qu'il y aura un commissaire français près l'armée de blocus pour l'approvisionnement de la garnison.

Je n'ai pas besoin de vous dire que, s'ils veulent stipuler pour la deuxième partie de l'armistice, j'adopte les bases que vous proposez, c'est-à-dire l'évacuation de la Saxe, y compris celle du pays de Dessau; mais ceci doit être le résultat. Le moyen d'y arriver doit être d'en faire un article à part.

Vous direz un mot de la Norvége; vous ferez connaître que le prince héréditaire de Danemark s'est rendu dans ce pays, et vous demanderez si l'empereur Alexandre ne jugerait pas de sa générosité, pour une nation qui lui a été toujours attachée, que l'armistice s'étendît à la Norvége; mais cette question accidentelle est tout à fait hors de ligne.

Napoléon.

P. S. Je vous écrirai dans une heure.

D'après la copie. Archives des affaires étrangères.

20067. — AU GÉNÉRAL CAULAINCOURT, DUC DE VICENCE,
MINISTRE PLÉNIPOTENTIAIRE, À ECKERSDORF.

Neumarkt, 1" juin 1813, trois heures après midi.

Monsieur le Duc de Vicence, je n'ai point de lettres de vous depuis celle de trois heures après minuit. Je vous ai réexpédié le même officier pour vous annoncer les pleins pouvoirs du prince de Neuchâtel. Le prince de Neuchâtel vous a envoyé ses pleins pouvoirs par un de ses officiers, et peu de temps après je vous ai expédié mon officier d'ordonnance Desaix, avec une longue lettre de moi. Comme je vais monter à cheval pour me porter sur la route d'Eisendorf, j'espère y trouver de vos nouvelles. Je désire être instruit sur-le-champ, aussitôt que vous aurez échangé vos pleins-pouvoirs et qu'on aura donné de part et d'autre l'ordre de cesser les hostilités.

Vous sentez l'importance que je sois instruit de cela, parce que, s'il n'y avait pas suspension des hostilités, il y aurait des dispositions militaires à faire pour la journée de demain. Je suppose aussi que, si vous entendiez le canon du côté de Jauer, vous m'en instruiriez.

Actuellement que nous sommes bien en possession de Breslau, si l'on pouvait admettre Breslau en compensation de Hambourg, il me semble que cela finirait tous les différends et tout se trouverait arrangé. Il faudrait avoir soin alors que la ligne de démarcation passât sur le couvent de Liegnitz, pour former une position militaire, et passât à une lieue des deux petites villes de Goldberg et de Lœwenberg. Il me semble que j'évacuerais un bien grand espace de pays depuis Breslau jusqu'à une lieue de Liegnitz pour compensation de Hambourg, qui peut-être, dans ce moment même, est dans ma possession. D'après les renseignements que j'ai reçus, il paraît que ce sont les Suédois qui doivent se rendre du côté de Hambourg.

Je vous recommande toujours de préparer quelque ouverture directe. Je désire la paix, je la désire solide, mais il faut qu'elle soit négociée et honorable. C'est spécialement sous ce point de vue que j'attache de l'importance à un armistice. Je n'ai rien à vous répéter sur la longueur de l'armistice : je le voudrais de deux mois, afin d'avoir un temps raisonnable pour discuter et signer la paix.

NAPOLÉON.

P. S. Je viens de recevoir les députés de Breslau; le bourgmestre était à leur tête. Il paraît que les autorités principales sont restées dans la ville; elles en ont obtenu la permission du roi. Il serait fâcheux de perdre par l'armistice cette ville, à moins que ce ne fût pour terminer les affaires de Hambourg.

<small>D'après la copie. Archives des affaires étrangères.</small>

20068. — A EUGÈNE NAPOLÉON,
VICE-ROI D'ITALIE, À MILAN.

Neumarkt, 1er juin 1813.

On négocie dans ce moment une suspension d'armes de six semaines; je vous ferai connaître demain si elle a réussi; j'ai débloqué Glogau; je suis à Breslau.

Bubna est arrivé à Liegnitz; il a eu une conférence avec le duc de Bassano. La maison d'Autriche paraît fort exigeante; il faut s'attendre à la guerre avec elle. Retenez les conscrits qui devaient venir ici. Faites rejoindre en Italie les cadres des six bataillons qui sont à Augsburg. Retenez l'artillerie, les chevaux, les cavaliers; retenez tout en Italie. Sortez de Milan; voyez vous-même vos troupes et organisez-vous. Approvisionnez Palmanova, Osoppo, Raguse, Zara, et mettez-vous en état. Retenez le 19e de chasseurs. Laissez passer le 13e et le 14e de hussards, parce que ce sont des Italiens qu'il est bon de dépayser. Faites comme si vous deviez être attaqué à la fin de juin par l'Autriche. Écrivez secrètement au roi de Naples dans ce sens. Aussitôt que vous aurez votre armée à Vérone, vous serez en mesure de la porter sur Laybach. Combien d'hommes pensez-vous avoir à la fin de juin? Aurez-vous à cette époque cent vingt pièces d'artillerie attelées?

Cette lettre contient tout. Agissez en conséquence. Ne perdez pas un moment.

NAPOLÉON.

<small>D'après la copie comm. par S. A. I. Mme la duchesse de Leuchtenberg.</small>

20069. — AU GÉNÉRAL CAULAINCOURT, DUC DE VICENCE,
MINISTRE PLÉNIPOTENTIAIRE, À PLEISCHWITZ.

Neumarkt, 2 juin 1813.

Monsieur le Duc de Vicence, le prince de Neuchâtel a été chargé de vous faire connaître mes intentions. J'espère que vous finirez enfin cette nuit. Faites en sorte que le pays neutre comprenne non-seulement ce que nous occupons, mais aussi quelque chose de ce qu'occupent les armées russes. Il faut stipuler que l'on nommera des commissaires de part et d'autre pour veiller à l'exécution des stipulations. Ayez soin de comprendre bien mes principes et de vous montrer très-scrupuleux dans la rédaction de ce qui est relatif à Hambourg. Cela a pour but de faire sentir l'importance que j'attache à ce qui est constitutionnellement réuni à l'Empire.

Faites aussi en sorte que la notification de l'armistice aux places de Danzig, Modlin, Zamosc, Stettin et Küstrin soit envoyée par un officier français et un officier russe; que l'officier puisse entrer dans la place, y donner des nouvelles, en recevoir qui me mettent bien au fait de la situation de la place, et veiller à l'exécution des stipulations. Faites connaître que les vivres doivent être donnés par l'ennemi, sauf le compte de payement qui en sera fait, par liquidation, au quartier général français. Ne stipulez point qu'on ne fera pas de travaux dans les places; cela serait absurde et nous obligerait à recevoir dans nos places un inspecteur russe, ce qui est impossible. Il est tout simple qu'une place fasse ce qu'elle peut pour se mettre en état; il est tout simple également que, pendant l'armistice, on ne fasse point de travaux sous le canon des places. Il vaudrait mieux ne pas parler de cette circonstance de faire des travaux, s'il devait en résulter qu'on n'en ferait pas dans les places.

N'oubliez pas qu'il soit nommé une commission pour veiller à l'exécution de l'armistice. Cette commission pourrait se tenir à Breslau; on y enverrait de part et d'autre les plaintes qu'on pourrait avoir à former sur la non-exécution des articles convenus et sur tous les différends qui seraient survenus.

Surtout soignez bien la ligne de démarcation aux environs de Liegnitz.

NAPOLÉON.

P. S. Je vous ai mandé de rectifier la ligne en conservant Jauer, et de manière à nous donner Hirschberg, qui est une bonne ville; faites comprendre Striegau dans le pays neutre. Faites en sorte qu'avant minuit je sache à quoi m'en tenir. La suspension d'armes en ce moment est tout en faveur de l'ennemi.

<small>D'après l'original. Archives des affaires étrangères.</small>

20070. — AU GÉNÉRAL CLARKE, DUC DE FELTRE,
MINISTRE DE LA GUERRE, À PARIS.

Neumarkt, 2 juin 1813.

Vous verrez, par les nouvelles du *Moniteur*, qu'on négocie pour un armistice. Il serait possible qu'il fût signé aujourd'hui ou demain. Cet armistice arrête le cours de mes victoires. Je m'y suis décidé par deux raisons : mon défaut de cavalerie, qui m'empêche de frapper de grands coups, et la position hostile de l'Autriche. Cette cour, sous les couleurs les plus aimables, les plus tendres, je dirais même les plus sentimentales, ne veut rien moins que me forcer, par la crainte de son armée réunie à Prague, à lui restituer la Dalmatie et l'Istrie, et même au delà de l'Isonzo. Elle veut de plus la rive gauche de l'Inn et le pays de Salzburg, et enfin la moitié du grand-duché de Varsovie, en donnant l'autre moitié à la Prusse et à la Russie. Elle espère arriver à ces avantages par la seule présence d'une centaine de mille hommes et sans hostilités réelles.

L'armistice sera, je pense, pour tous les mois de juin et de juillet, et j'espère que, dans les premiers jours de juillet, le vice-roi pourra camper à Laybach avec 60,000 hommes et cent pièces d'artillerie, et que les cinq divisions du corps d'observation de Mayence, avec les deux divisions de la jeune Garde, ce qui fait sept divisions, pourront se porter sur la Regnitz et au camp de Pirna, et qu'ainsi l'Autriche verra que j'ai 150,000 hommes à lui opposer.

Je compte porter d'abord mon quartier général à Glogau, et ensuite je me rendrai de ma personne à Dresde, afin d'être plus près de la France et de l'Italie, et pouvoir, avant que de jeter le gant, réunir mes troupes sur la Regnitz, au camp de Pirna et au camp de Laybach.

Communiquez la substance de cette lettre au ministre de l'administration de la guerre, et redoublez d'efforts pour que l'artillerie, la cavalerie et l'infanterie marchent dans les diverses directions que j'ai ordonnées. Si je le puis, j'attendrai le mois de septembre pour frapper de grands coups. Je veux être alors en position d'écraser mes ennemis, quoiqu'il soit possible que, lorsqu'elle me verra en état de le faire, l'Autriche se serve de son style pathétique et sentimental pour reconnaître la chimère et le ridicule de ses prétentions. J'ai voulu vous écrire cette lettre pour que vous connaissiez bien ma pensée une fois pour toutes, et que vous vous entendiez avec le ministre de l'administration de la guerre pour bien organiser mon armée d'Italie et celle de Mayence. Si vous avez à me parler de ces matières dans votre correspondance, il faut que ce soit en chiffre.

Faites-vous rendre compte par le général Caffarelli de tout ce qui est prêt à partir dans la Garde; et que tout parte à mesure que cela sera habillé, cavalerie, infanterie et artillerie : l'artillerie surtout, car c'est l'artillerie de ma Garde qui décide la plupart des batailles, parce que, l'ayant toujours sous la main, je puis la porter partout où il est nécessaire.

D'après la minute. Archives de l'Empire.

20071. — A EUGÈNE NAPOLÉON,
VICE-ROI D'ITALIE, À MILAN.

Neumarkt, 2 juin 1813.

Je vous ai envoyé hier un courrier extraordinaire. Je vous en envoie un second aujourd'hui, et je vous en enverrai un troisième dès que l'armistice sera signé.

Je ne dois pas vous dissimuler que ce qui me porte à arrêter le cours de mes victoires, ce sont les armements de l'Autriche et le désir de gagner du temps pour que votre armée puisse être campée à Laybach, et avoir deux armées, l'une campée sur la Regnitz et l'autre au camp de Pirna. L'insolence de l'Autriche n'a pas de terme : avec un style mielleux, je dirais même sentimental, elle voudrait m'ôter la Dalmatie, l'Istrie et peut-être même plus que jusqu'à l'Isonzo; elle voudrait démembrer la frontière de Bavière, reprendre la rive gauche de l'Inn, recouvrer la partie de la Galicie qu'elle a cédée par la paix de Vienne. Ce sont des insensés, et ils sont bien loin de leur compte. Il est impossible d'être plus perfide que cette cour. Si on lui cédait ce qu'elle demande maintenant, elle voudrait ensuite l'Italie et l'Allemagne. Certainement elle n'aura rien de moi.

Après la signature de l'armistice, je porterai mon quartier général à Glogau; immédiatement ensuite je me rapprocherai, de ma personne, de Dresde pour être plus à la portée de mes états d'Italie et de France. Il sera alors convenable d'établir une estafette par Vérone, de Milan à Dresde, pour que vous puissiez communiquer avec moi et recevoir mes ordres avec la plus grande promptitude. J'espère que l'armistice se tiendra jusqu'au 1er août, et j'espère aussi que, dans les premiers jours de juillet, vous pourrez être campé à Laybach avec 50,000 hommes et cent pièces d'artillerie. Cela est nécessaire pour influer sur les négociations, si toutefois elles doivent aller à bien, ce dont je doute; mais ce qui ne sera possible que moyennant la position de votre armée menaçant de marcher sur Vienne, et la position de l'armée de Mayence sur la Regnitz et au camp de Pirna, que je compte aller reconnaître moi-même. Lorsque l'Autriche verra ainsi trois armées prêtes à lui être opposées, elle commencera à ouvrir les yeux sur la folie et le ridicule de ses prétentions.

NAPOLÉON.

D'après la copie comm. par S. A. I. Mme la duchesse de Leuchtenberg.

20072. — AU GÉNÉRAL CAULAINCOURT, DUC DE VICENCE,
MINISTRE PLÉNIPOTENTIAIRE, À PLEISCHWITZ.

Neumarkt, 3 juin 1813, six heures et demie du matin.

Monsieur le Duc de Vicence, le major général vous a fait connaître mes intentions; j'espère donc, à neuf ou dix heures, savoir à quoi m'en tenir. Il ne faut pas se dissimuler que cet armistice, tel que je le propose dans mon ultimatum, n'est pas honorable pour moi. Pourquoi, en effet, abandonner pour un armistice de six semaines un pays de l'importance de Breslau? C'est moi qui abandonne tout, l'ennemi rien. Le duc de Reggio couvre la Saxe; l'ennemi n'y a que des patrouilles; occuperait-il quelques villages de la Saxe, cela peut-il entrer en comparaison avec les plus beaux pays du monde et la ville la plus grande de ce pays? L'ennemi voudrait-t-il m'humilier en me chassant, par un armistice, d'une ville dans laquelle je suis entré par le résultat de la bataille? Lorsque je consens à l'abandonner, et que je neutralise cette ville, j'accorde tout ce que l'honneur peut accorder, et ce qui est contraire au *statu quo*.

Quant à ce que les plénipotentiaires disent que l'ennemi a sur la rive gauche de l'Elbe : le duc de Padoue est à Leipzig avec 30,000 hommes.

Il faudrait donc que l'ennemi fût absurde pour cacher de l'autre côté de l'Elbe autre chose que des partisans et des corps francs.

Dites-leur donc, en rompant, que c'est dans le seul désir de la paix que j'ai consenti à un armistice aussi désavantageux, et par pure cajolerie j'ai consenti à abandonner la capitale de la Silésie; dites-leur qu'avant huit jours je serai à Berlin; qu'ils ne seront pas plus heureux dans la bataille qui va avoir lieu que dans les deux précédentes, et qu'enfin ils auront montré, au lieu de dispositions pacifiques, qu'ils ne voulaient que m'amuser et gagner quelques jours, puisque aucun intérêt qu'un intérêt de vanité ne peut les porter à demander Breslau. En effet, si la paix ne se fait pas, et si l'armistice vient à se rompre, les armées alliées se trouvent à une demi-marche de Breslau, et l'armée française à deux marches; il est clair par là que, militairement parlant, Breslau leur appartient.

Quant au délai de l'armistice, le terme proposé est une insulte. Ne dirait-on pas que je suis dans une place assiégée, et comment souffrez-vous qu'on emploie de pareils termes vis-à-vis de vous? Je veux un armistice, mais je le veux en homme d'état et en souverain; je voulais l'armistice avant la bataille de Wurschen comme je le veux après. Mais veut-on y mettre un terme? Il faut que ce terme donne le temps de commencer et de finir la négociation. Nous sommes aujourd'hui au 3 juin, l'armistice ne sera pas ratifié avant le 5; avant le 10 on ne sera pas d'accord sur la manière de négocier; du 10 juin au 20 juillet il n'y a que quarante jours pour négocier et conclure. Nous avons employé dix-huit jours à Tilsit; les souverains étaient en présence; ils se voyaient trois fois par jour; ici les souverains sont éloignés, et la négociation est bien autrement compliquée. Je veux négocier la paix et non la recevoir comme une capitulation. Les ennemis se trompent s'ils espèrent qu'il en sera différemment que par le passé. L'expérience leur a prouvé qu'ils s'étaient trompés constamment. Prévenez-les qu'ils seront battus à la prochaine bataille; que je resterai maître de Breslau, où j'aurai de bons cantonnements; que je resterai maître de Berlin; que j'ai avec moi et derrière moi des forces telles que rien ne peut m'empêcher d'arriver de tous côtés sur l'Oder; que je ne fais aucun cas de tout le terrain qu'ils me donnent, et que je comprends très-bien que c'est moi qui donne tout; qu'enfin j'ai été jusqu'aux limites de ce que l'honneur me permettait de faire.

NAPOLÉON.

D'après la copie. Archives des affaires étrangères.

20073. — A M. MARET, DUC DE BASSANO,
MINISTRE DES RELATIONS EXTÉRIEURES, À LIEGNITZ.

Neumarkt, 3 juin 1813.

Nous sommes en discordance pour l'armistice. Les Russes veulent se placer à Breslau, et moi je veux que Breslau soit neutre. Je voudrais que l'armistice durât jusqu'au 20 juillet, eux voudraient qu'il expirât le 5; la différence se réduit là. Signera-t-on? c'est un problème.

Faites part de cette négociation à M. de Bubna. Faites-lui connaître l'incertitude et la différence où nous sommes : qu'après que j'ai consenti à évacuer Breslau par amour de la paix, les Russes veulent l'occuper, et que, comme on en fait au quartier général français une affaire d'amour-propre et d'honneur, il est douteux que nous l'accordions; que dans tous les cas il est convenable que vous et M. de Bubna vous vous rendiez à Dresde, parce que, si les hostilités devaient recommencer, je changerais ma ligne d'opération. Je désire donc que vous partiez ce soir; vous marcherez toute la nuit avec une escorte que vous donnera le général Marchand, et vous continuerez, pareillement escorté, jusqu'à Dresde. C'est là votre place; c'est là que vous traiterez avec M. de Bubna; c'est là que vous me serez utile comme centre de correspondance, et c'est là que vous devez arrêter tous les ministres et agents diplomatiques qui voudraient se rendre auprès de moi. Si l'armistice se conclut, je me rendrai de ma personne à Dresde, pour être plus rapproché, laissant l'armée dans les cantonnements. Je pense donc que vous partirez aujourd'hui à six heures du soir pour Bunzlau.

Ayez un air de confiance en disant tout cela à M. de Bubna. Il comprendra très-bien ce qu'est le changement de ligne d'opération que je me propose. Je veux me rapprocher de Breslau, en prenant cette ville pour base d'opération, et en prenant ma ligne de communication par la rive droite sur Glogau, où j'ai beaucoup de munitions. Vous demanderez, à Bunzlau, la moitié du bataillon qui s'y trouve pour vous escorter, et ainsi de suite jusqu'à Dresde.

Vous mènerez avec vous M. de Bubna. Prévenez de cela le général Marchand, qui recevra demain, à la pointe du jour, des ordres, et dites-lui qu'il se tienne très-militairement.

Si vous avez des nouvelles du duc de Reggio, qui était le 29 à Hoyerswerda, communiquez-les-moi; il y a plusieurs jours que je n'en ai reçu. Le duc de Bellune marche sur Sagan, d'où il manœuvrera entre Berlin et l'Oder. Je réunis une réserve à Leipzig, sous les ordres du duc de Padoue, afin de réprimer les courses des partisans ennemis, ainsi que celles des corps francs dans le genre de celui de Schill. Le duc de Bellune mène avec lui une division de cavalerie légère, et le général Sebastiani vient le rejoindre avec ses trois autres divisions. Voilà la situation des affaires.

Écrivez-moi de tous les points où vous passerez, et arrivez le plus promptement possible à Dresde.

Vous ferez facilement comprendre à M. de Bubna que, si l'armistice n'est pas signé et que l'ennemi n'évacue pas Schweidnitz, en se retirant sur Glatz et Neisse, il y aura bientôt une affaire et que nous marcherons demain.

Arrangez-vous de manière que l'estafette qui partira ce soir d'ici ne vous passe point; elle vous portera des lettres qui vous feront connaître l'état définitif des choses.

D'après la minute. Archives de l'Empire.

20074. — AU PRINCE DE NEUCHÂTEL ET DE WAGRAM,
MAJOR GÉNÉRAL DE LA GRANDE ARMÉE, À NEUMARKT.

Neumarkt, 3 juin 1813.

Mon cousin, vous écrirez au duc de Vicence que ce que je lui ai mandé hier est mon ultimatum, et qu'en conséquence il rompra la négociation si on n'accorde pas l'armistice jusqu'au 20 juillet, avec six jours pour le dénoncer, en sorte que les hostilités ne puissent recommencer avant le 26 juillet; il la rompra également si la ligne de neutralité ne passe pas au delà de la ville de Breslau, cette ville restant neutre, c'est-à-dire qu'elle ne soit occupée par aucun quartier général ni troupes françaises, ni par aucun quartier général, troupes, landwehr ou landsturm des troupes alliées. J'espère que tout cela sera terminé à huit ou neuf heures ce matin, et que je saurai à dix heures à quoi m'en tenir. Le duc de Vicence leur dira que, quant au pays qu'ils prétendent céder ailleurs, ils ne cèdent rien; c'est moi qui cède tout; mais, en supposant que les alliés occupent deux ou trois villages en Saxe ou du côté de l'Elbe, il m'est indifférent que ces villages soient neutres.

Si la négociation était rompue, il serait nécessaire que des officiers russes et français partissent en même temps, expédiés par les plénipotentiaires, pour parcourir ensemble et de concert le front de la ligne afin de faire connaître la rupture de la suspension d'armes, et convenir de l'heure de la reprise des hostilités afin qu'il ne puisse y avoir ni malentendu ni louche là-dessus. Le duc de Vicence fera sentir combien cela est important, afin que la confiance réciproque reste entière pour d'autres circonstances.

NAPOLÉON.

D'après l'original. Dépôt de la guerre.

20075. — AU PRINCE DE NEUCHÂTEL ET DE WAGRAM,
MAJOR GÉNÉRAL DE LA GRANDE ARMÉE, À NEUMARKT.

Neumarkt, 3 juin 1813, deux heures et demie après midi.

Mon Cousin, donnez ordre au duc de Bellune de partir avec son corps d'armée le plus tôt possible et de se diriger en grande marche sur Sagan, d'où il manœuvrera pour se réunir au duc de Reggio pour tomber sur le flanc gauche du général Bülow, qui doit être vis-à-vis le duc de Reggio, entre Hoyerswerda et Luckau. Il semblerait que le duc de Bellune pourrait venir de Sagan sur Forste, et manœuvrer alors selon les circonstances. Le duc de Bellune aura avec lui une des divisions légères du général Sebastiani, de manière qu'il ait un millier de chevaux.

Donnez ordre au général Sebastiani de se porter avec le reste de sa cavalerie demain par Parchwitz sur le chemin de Neumarkt à Schweidnitz, du côté d'Eisendorf ou de Moys. Vous lui donnerez ordre de donner une division de cavalerie légère de 1,000 chevaux au duc de Bellune.

Faites part de ces dispositions au général Durosnel. Écrivez-les en chiffre au duc de Bellune et au duc de Reggio par deux ou trois exprès. Recommandez au duc de Bellune et au duc de Reggio, une fois qu'ils seront réunis, de tâcher de se diriger sur Berlin. Recommandez au duc de Bellune de tenir toujours la droite du duc de Reggio du côté de l'Oder.

NAPOLÉON.

D'après l'original. Dépôt de la guerre.

20076. — AU PRINCE DE NEUCHÂTEL ET DE WAGRAM,
MAJOR GÉNÉRAL DE LA GRANDE ARMÉE, À NEUMARKT.

Neumarkt, 3 juin 1813.

Mon Cousin, donnez ordre au général Durosnel de former quatre colonnes, chacune de 150 hommes d'infanterie et 100 de cavalerie, pour poursuivre les partisans ennemis qui se trouvent en Saxe. Il attachera à chacune de ces colonnes des officiers saxons pour la diriger. Des fonds seront fournis aux commandants des colonnes pour les dépenses secrètes. On aura soin de ne pas y employer de Westphaliens, à moins qu'on ne puisse être assuré qu'ils ne déserteront pas.

NAPOLÉON.

D'après l'original. Dépôt de la guerre.

20077. — AU PRINCE DE NEUCHÂTEL ET DE WAGRAM,
MAJOR GÉNÉRAL DE LA GRANDE ARMÉE, À NEUMARKT.

Neumarkt, 3 juin 1813.

Mon Cousin, le commandement du duc de Castiglione s'étendra sur Bamberg, Baireuth et toute la Regnitz. Ce maréchal aura l'inspection de Kronach, de Forchheim et des autres places de cette rivière. Les duchés de Saxe-Cobourg et de Saxe-Meiningen seront dans son commandement. Le corps d'observation de Mayence sera sous ses ordres.

Le général Pernety commandera son artillerie.

Le ministre de l'administration de la guerre lui nommera un ordonnateur, et le ministre de la guerre un commandant du génie.

Il se concertera avec la cour de Bavière par l'intermédiaire de mon ministre, et aussitôt qu'il aura 6,000 hommes réunis à Francfort il portera son quartier général à Würzburg. Le roi de Bavière mettra sous ses ordres la portion des troupes qu'il destine à observer ses frontières, sur la rive gauche du Danube.

Toutes ces dispostions resteront secrètes.

Vous en écrirez au roi de Bavière. Je pense qu'il sera nécessaire qu'il forme également sur l'Inn, à Passau, un corps d'observation, de manière qu'il soit vu, mais cependant qu'il ne soit pas trop menaçant.

NAPOLÉON.

D'après l'original. Dépôt de la guerre.

20078. — AU PRINCE DE NEUCHÂTEL ET DE WAGRAM,
MAJOR GÉNÉRAL DE LA GRANDE ARMÉE, À NEUMARKT.

Neumarkt, 3 juin 1813.

Mon Cousin, faites connaître au duc de Castiglione que mon intention est qu'on travaille avec activité à la forteresse de Würzburg; qu'elle soit fortement approvisionnée, et que les portes de la ville soient organisées de manière que la garnison y soit à l'abri des troupes légères.

Il faut que le duc de Castiglione se fasse rendre compte de la situation de Kronach et des forts de la Regnitz. Tout cela doit être armé et approvisionné.

Qu'il corresponde activement avec le ministre de la guerre pour faire arriver ses généraux de division et de brigade et ses commandants d'artillerie et du génie, afin d'organiser promptement son corps.

Je désirerais qu'il pût porter son quartier général à Würzburg du 15 au 20 juin, et commencer d'avoir autour de lui la tête de quatre divisions, qui, selon ce que m'annonce le ministre de la guerre, seront tout à fait arrivées à Mayence dans le courant de juin.

Comme je suppose que le roi de Bavière mettra sous les ordres du duc de Castiglione la division qu'il destine à garder sa gauche, ce sera en tout cinq divisions, et au moins 50,000 hommes.

NAPOLÉON.

D'après l'original. Dépôt de la guerre.

20079. — AU GÉNÉRAL CLARKE, DUC DE FELTRE,
MINISTRE DE LA GUERRE, À PARIS.

Neumarkt, 3 juin 1813.

La bataille de Lützen et celle de Wurschen nous ont coûté 40,000 fusils; j'estime que nous en avons besoin au moins de 30,000; il faut en diriger 15,000 sur Erfurt et 15,000 sur Dresde.

D'après la minute. Archives de l'Empire.

20080. — AU GÉNÉRAL ARRIGHI, DUC DE PADOUE,
COMMANDANT LE 3ᵉ CORPS DE CAVALERIE, À LEIPZIG.

Neumarkt, 4 juin 1813, trois heures du matin.

Monsieur le Duc de Padoue, le major général vous a fait connaître que mon intention est de réunir à Leipzig un corps de réserve de cavalerie, infanterie et artillerie. Vous devez avoir dans ce moment à Leipzig, 1° une colonne de cavalerie arrivée le 25 mai, sous les ordres du général Lorge, forte de 1,400 hommes; 2° une seconde colonne de cavalerie, sous les ordres du général Ameil, forte de 1,000 hommes; 3° des détachements de cavalerie partis de Mayence du 20 au 28, et qui dans ce moment doivent être arrivés à Leipzig, forts de 2,000 hommes; total, 4,400 hommes de cavalerie, avec douze pièces d'artillerie à cheval. Le 9 juin, il arrivera à Leipzig une brigade wurtembergeoise de 1,200 hommes de cavalerie, et la 3ᵉ brigade d'infanterie wurtembergeoise forte de 3,000 hommes, avec six pièces de canon. Le 15, il arrivera à Leipzig la division Dombrowski, forte de 1,800 hommes d'infanterie, 1,200 de cavalerie et six pièces d'artillerie à cheval. Le 3ᵉ bataillon du 3ᵉ régiment de la marine arrivera le 16 juin à Leipzig. Vous pourrez tirer de Torgau et Wittenberg deux bataillons des 123ᵉ et 124ᵉ, ce qui fera un corps de 2,000 hommes. Enfin vous pourrez tirer de Magdeburg quatre bataillons de la division Teste, avec ce général qui est dans cette place, et six bataillons des 1ʳᵉ et 4ᵉ divisions d'infanterie, ce qui formera une division de dix bataillons, et vous donnera ainsi un corps de 7,000 chevaux, 12,000 hommes d'infanterie et douze pièces d'artillerie. Ce corps s'accroîtra tous les jours par l'arrivée des détachements du 3ᵉ corps de cavalerie; des détachements sont en marche pour le porter à 9,000 hommes. Vous connaissez les généraux qui entrent dans la composition de ce 3ᵉ corps : la plupart sont à Francfort ou à Mayence; écrivez à ceux en qui vous avez le plus de confiance pour qu'ils vous rejoignent en poste.

Vous avez le commandement supérieur de Magdeburg et de Wittenberg; vous devez tirer de ces places ce qui vous est nécessaire. Je crois que vous pouvez en tirer une batterie d'artillerie à pied pour le général

Teste. Ce général sait que deux batteries sont destinées à sa division, il doit connaître où elles se trouvent. Aussitôt que vous aurez des forces suffisantes, vous vous porterez sur Dessau pour brûler le pont qu'on dit que l'ennemi y a construit, et vous établirez ainsi la communication entre Wittenberg et Magdeburg. Vous organiserez trois ou quatre colonnes d'infanterie et de cavalerie, s'il le faut avec de l'artillerie, pour se mettre aux trousses des partisans ennemis, les détruire et maintenir libre toute la rive gauche de l'Elbe.

Quand ce but sera atteint, vous pourrez passer l'Elbe, vous placer en avant de Wittenberg, et là faire ce qui sera nécessaire pour assurer vos lignes de communications avec Torgau, Wittenberg et Magdeburg, et seconder les corps qui manœuvrent sur Berlin.

Vous devez correspondre, d'abord avec le général Durosnel, qui commande toute la Saxe; avec les gouverneurs de Torgau, Wittenberg et Magdeburg; avec celui d'Erfurt; avec le prince d'Eckmühl à Hambourg; avec le roi de Westphalie; avec le duc de Castiglione à Francfort; avec le baron Saint-Aignan, mon ministre près les princes de Saxe, à Weimar; avec le baron Reinhard, mon ministre à Cassel; avec le général Bourcier, directeur des dépôts à Hanovre; afin de pouvoir être instruit de tout, et de pourvoir à tout ce qui arriverait sur la rive gauche de l'Elbe.

C'est vous qui dirigerez tous les détachements que le général Bourcier envoie à l'armée pour le 1er et le 2e corps de cavalerie. Vous les réunirez en forces suffisantes, et vous les ferez passer à Dresde pour rejoindre ces corps, de manière qu'il ne leur arrive aucun accident. Enfin chargez-vous de la direction supérieure du dépôt de cavalerie de Leipzig. Tout ce qui devra partir de ce dépôt pour se rendre à l'armée, vous le réunirez aux détachements qu'envoie le général Bourcier, de manière qu'ils arrivent d'une manière sûre.

Vous devez correspondre tous les jours avec le major général, afin de l'instruire de tout.

Vous avez l'autorité nécessaire pour frapper fortement sur Leipzig. Cette ville doit fournir tout ce qui est nécessaire pour l'armée et les hôpitaux.

Pesez sur la ville de Halle, s'il est vrai que ses habitants se soient aussi mal comportés. Faites des exemples sur les villes et villages, et même sur les petits princes qui favoriseraient les partisans ennemis.

Mon intention est que, moyennant ces dispositions, vous ne gardiez aucun détachement de marche, soit d'infanterie, soit de cavalerie, et que vous les mettiez tous, bien équipés et bien armés, en mouvement pour rejoindre l'armée.

En cas de mouvement combiné, le roi de Westphalie pourrait fournir une colonne d'infanterie, de cavalerie et d'artillerie pour seconder vos opérations.

Vous aurez pour commander votre infanterie un général de brigade wurtembergeois, le général de division Teste, un général de brigade polonais de la division Dombrowski, et enfin, s'il est nécessaire, vous pouvez employer le général Lapoype, en vous assurant qu'il reste un bon commandant à Wittenberg.

NAPOLÉON.

D'après l'original comm par M. le duc de Padoue.

20081. — A M. MARET, DUC DE BASSANO,
MINISTRE DES RELATIONS EXTÉRIEURES, À DRESDE.

Neumarkt, 4 juin 1813, trois heures du matin.

Monsieur le Duc de Bassano, je reçois votre lettre par laquelle vous m'annoncez que vous partez à neuf heures de Liegnitz. Il est trois heures du matin et tout est encore incertain sur l'armistice. Il se pourrait que ces messieurs eussent voulu gagner du temps; mais cela ne peut tarder.

Donnez partout la bonne nouvelle que nous nous sommes emparés, entre Breslau et Brieg, de soixante bâtiments chargés de munitions de guerre et de bouche qui avaient été destinées à l'armée de siège de Glogau et qui viennent d'être dirigées sur cette place.

Le plénipotentiaire danois est arrivé à Dresde. Retenez-le, envoyez-moi la lettre du roi. Faites un traité avec ce plénipotentiaire; que ce traité soit offensif et défensif; qu'il garantisse mes états et que je garantisse ceux du roi. Dans ce traité, je mettrai une armée de tant à la disposition du roi pour défendre le Holstein, et il mettra une armée de tant à ma disposition pour le même objet.

NAPOLÉON.

D'après l'original comm. par M. le duc de Bassano.

20082. — A M. MARET, DUC DE BASSANO,
MINISTRE DES RELATIONS EXTÉRIEURES, À DRESDE.

Neumarkt, 4 juin 1813, trois heures du matin.

Monsieur le Duc de Bassano, j'ai organisé à Leipzig, sous les ordres du duc de Padoue, un corps de réserve de 8 à 10,000 hommes de cavalerie, de trente à quarante pièces d'artillerie et de 12 à 15,000 hommes d'infanterie; total, 25 à 30,000 hommes. Vous trouverez tous les détails chez le général Durosnel. Je vous en instruis pour que vous correspondiez avec ce général, qui est chargé de remédier à tout ce qui arrive sur les derrières, et que vous lui envoyiez tous les renseignements qui pourraient arriver à votre connaissance.

D'un autre côté, le général Durosnel réunit à Dresde une brigade de flanqueurs de la Garde de quatre bataillons, une division de voltigeurs de la Garde, commandée par le général Delaborde, de quatorze bataillons, total dix-huit bataillons de la Garde; un bataillon illyrien, plusieurs bataillons westphaliens et plusieurs bataillons saxons; ce qui fait à Dresde, pour la défense de la ville et de la tête de pont, un corps considérable.

NAPOLÉON.

D'après l'original comm. par M. le duc de Bassano.

20083. — AU GÉNÉRAL CAULAINCOURT, DUC DE VICENCE,
MINISTRE PLÉNIPOTENTIAIRE, À PLEISCHWITZ.

Neumarkt, 4 juin 1813, dix heures du matin.

Monsieur le Duc de Vicence, cette rédaction, « L'armistice sera de « deux mois, à condition que le second sera la conséquence des bases de « paix qui auront été établies dans le premier mois. » est inadmissible. C'est un style de capitulation et non d'armistice entre deux armées égales et qui, par amour de la paix, font cesser les hostilités. Cela ferait supposer qu'une des deux parties contractantes ne ferait la paix que pressée par la force. Or, comme la proposition est faite par les ennemis, cela indique assez que ce serait convenir que c'est moi qui fais la paix par la crainte de leurs armes. Il faut qu'ils soient bien fous et aient une bien fausse idée des choses, s'ils nourrissent encore cette idée. Toutefois il n'en serait pas moins vrai que cet article, ainsi rédigé, serait déshonorant pour moi, et propre à rompre toute négociation de paix, car l'idée seule que les ennemis croient me menacer me porterait à les braver; et, pour leur faire voir que je ne demande pas un armistice indéfini, restez toujours au terme du 20 juillet, toujours sur le même raisonnement qu'il faut quarante jours pleins pour essayer si l'on peut s'entendre. N'excluez pas toutefois les deux mois s'ils y adhèrent. En y réfléchissant, et lorsque vous aurez développé cette idée, ils sentiront eux-mêmes l'inconvenance et l'absurdité de leur modification. S'il y a suspension d'hostilités pendant deux mois, l'avantage n'est ni pour eux ni pour moi, et peut-être même qu'en approfondissant ce point il serait facile de leur faire comprendre que tout ce qui tend à leur faire gagner l'hiver est, militairement parlant, à leur avantage.

Je suis vraiment fâché que cette négociation dure si longtemps. Pendant ces délais, l'ennemi gagne tout ce qu'il peut gagner; ses troupes se réorganisent, et moi je reste en l'air. Je suis plus fâché encore que vous ne sentiez pas la conséquence d'un article comme celui que vous m'envoyez. Toute négociation de paix entre les deux parties serait impossible, si les ennemis continuaient à avoir l'idée que je puis être, en désirant la paix, influencé par la peur de la guerre. La proposition de cet article serait une chose funeste, si je ne la considérais pas comme irréfléchie.

Si nous ne voulions pas traiter de la paix, nous n'aurions pas la sottise de traiter d'un armistice dans le moment actuel, et surtout nous ne l'aurions pas prolongé pendant ces quatre jours qui ont été tout à l'avantage des alliés. Tâchez d'en finir avant midi.

NAPOLÉON.

D'après la copie. Archives des affaires étrangères.

20084. — A M. MARET, DUC DE BASSANO,
MINISTRE DES RELATIONS EXTÉRIEURES, À DRESDE.

Neumarkt, 4 juin 1813, quatre heures après midi.

Monsieur le Duc de Bassano, l'armistice[1] a été signé aujourd'hui à deux heures après midi. Envoyez un courrier au duc de Valmy pour qu'il fasse passer la dépêche ci-jointe, par le télégraphe, à l'Impératrice. Instruisez aussi de cette nouvelle à Cassel et à Hambourg. Faites-en part au roi de Saxe. La durée de l'armistice est jusqu'au 1ᵉʳ août. Les états du roi sont couverts par la ligne que nous conservons.

Mon intention est d'établir mon quartier général à Dresde, parce que je serai plus près de mes états. Faites-le connaître au roi de Saxe; mais je ne veux pas loger au palais, parce qu'il n'y a pas de jardin. Je voudrais être logé dans une maison de campagne à un quart de lieue de la ville. Pilnitz est un peu loin; cependant je logerai à Pilnitz s'il y a un logement suffisant; à défaut de Pilnitz, il faudrait me trouver une autre campagne également voisine de la ville.

NAPOLÉON.

DÉPÊCHE TÉLÉGRAPHIQUE À L'IMPÉRATRICE.

Un armistice de deux mois, pendant lequel on doit négocier la paix, a été conclu entre les deux armées le 4 juin, entre Schweidnitz et Breslau.

D'après l'original comm. par M. le duc de Bassano.

20085. — A MARIE-LOUISE, IMPÉRATRICE-REINE ET RÉGENTE,
À SAINT-CLOUD.

Neumarkt, 4 juin 1813.

Vous recevrez ci-joint un décret que j'ai pris pour élever un monument sur le mont Cenis. Vous ferez mettre ce décret au *Moniteur*.

D'après la minute. Archives de l'Empire.

[1] Voir *le Moniteur* du 5 octobre 1813.

DÉCRET.

Article premier. Un monument sera élevé sur le mont Cenis. Sur la face de ce monument qui regardera le côté de Paris seront inscrits les noms de tous nos cantons des départements en deçà des Alpes. Sur la face qui regardera Milan seront inscrits les noms de tous nos cantons des départements au delà des Alpes et de notre royaume d'Italie.

A l'endroit le plus apparent du monument sera gravée l'inscription suivante :

« L'Empereur Napoléon, sur le champ de bataille de Wurschen, a ordonné l'érection de ce monument, comme un témoignage de sa reconnaissance envers ses peuples de France et d'Italie, et pour transmettre à la postérité la plus reculée le souvenir de cette époque célèbre où, en trois mois, 1,200,000 hommes ont couru aux armes pour assurer l'intégrité du territoire de l'Empire et de ses alliés. »

Art. 2. Nos ministres de l'intérieur de France et d'Italie sont chargés de l'exécution du présent décret.

En notre camp impérial de Klein-Burschwitz, sur le champ de bataille de Wurschen, le 21 mai 1813, à quatre heures du matin.

NAPOLÉON.

Extrait du *Moniteur* du 12 juin 1813.

20086. — A MARIE-LOUISE, IMPÉRATRICE-REINE ET RÉGENTE,
À SAINT-CLOUD.

Neumarkt, 4 juin 1813.

Madame et chère amie, je vous prie de parler à l'archichancelier et au ministre de la guerre pour qu'ils chargent nos jeunes et meilleurs orateurs de faire l'oraison funèbre des ducs d'Istrie et de Frioul. Il faudrait faire faire des ouvrages soignés, et qui fussent terminés dans deux mois. Vous pourriez aussi en dire deux mots au grand maître de l'Université, qui pourrait désigner les individus.

NAPOLÉON.

D'après l'original comm. par M. le baron Meneval.

20087. — AU GÉNÉRAL CLARKE, DUC DE FELTRE,
MINISTRE DE LA GUERRE, À PARIS.

Neumarkt, 4 juin 1813.

Mon intention est de garder Wittenberg et de faire mettre cette place dans le meilleur état de défense. J'ai donné ordre au général Rogniat d'y faire faire de grandes dépenses et d'y réunir une grande quantité d'ouvriers. J'ai également ordonné de grands travaux à Glogau.

Mon intention est que deux nouvelles places soient construites sur l'Elbe, l'une à l'embouchure du Havel, et l'autre à l'embouchure du canal de Plauen. Ce doivent être des places de troisième ordre. J'ai chargé le général Haxo, gouverneur de Magdeburg, d'en choisir les points et d'en arrêter les plans. Le directeur du génie à Magdeburg doit être chargé des détails de la comptabilité. Ces places seront construites sur les fonds de l'armée.

Napoléon.

D'après la copie. Dépôt de la guerre.

20088. — AU GÉNÉRAL COMTE RAPP,
GOUVERNEUR DE DANZIG.

Neumarkt, 5 juin 1813.

Le major général vous fait connaître la situation des affaires. J'espère que la paix sera conclue dans le courant de l'année; mais, si mes vœux étaient déçus, je viendrais vous débloquer. Nos armées n'ont jamais été plus nombreuses ni plus belles. Vous verrez par les journaux toutes les mesures que j'ai prises et qui ont réalisé 1,200,000 hommes sous les armes et 100,000 chevaux. Mes relations sont fort amicales avec le Danemark, où le baron Alquier est toujours mon ministre. Je n'ai pas besoin de vous recommander d'être sourd à toutes les insinuations, et, dans tout événement, de tenir la place importante que je vous ai confiée.

Faites-moi connaître, par le retour de l'officier, ceux des militaires qui se sont distingués. L'avancement et les décorations que vous jugerez qu'ils auront mérités et que vous demanderez pour eux, vous pouvez les considérer comme accordés et leur en faire porter les marques jusqu'à la concurrence de dix croix d'officier et de cent croix de chevalier. Choisissez des hommes qui aient rendu des services importants, et envoyez-en la liste par le retour de l'officier, afin que le chancelier de la Légion d'honneur soit instruit de ces nominations.

Vous pouvez également remplir dans vos cadres toutes les places vacantes jusqu'au grade de capitaine inclusivement. Envoyez aussi l'état de toutes ces promotions.

D'après la minute. Archives de l'Empire.

20089. — ORDRE.

Neumarkt, 5 juin 1813.

Le prince de la Moskova aura son quartier général à Liegnitz; il administrera le cercle de Liegnitz et celui de Lüben.

Le 7ᵉ corps pourra se mettre en marche demain pour se rendre à petites journées à Gœrlitz et camper sur les hauteurs de la ville.

Le 3ᵉ corps pourra commencer son mouvement demain pour se rendre sur Liegnitz, Parchwitz et Lüben, où camperont les différentes divisions de ce corps.

Le prince de la Moskova pourra laisser une division à Neumarkt ainsi que la cavalerie légère, pour maintenir la communication avec le 5ᵉ corps, qui est à Breslau.

Le 5ᵉ corps restera à Breslau autant que le permettra la convention; après, le 5ᵉ corps se retirera sur Goldberg, où ce cercle sera à la disposition du général Lauriston, et formera deux ou trois camps en avant des petites villes de ce cercle.

Le duc de Tarente se retirera sur Lœwenberg et fera deux ou trois camps de son corps d'armée; le cercle de Lœwenberg sera à sa disposition.

Le duc de Raguse pourra partir demain pour se rendre à Bunzlau, où sera son quartier général; le cercle de Bunzlau sera à sa disposition pour son corps d'armée.

Le général Bertrand commencera son mouvement demain pour se

rendre à Sprottau, où sera son quartier général; le cercle de Sprottau sera à sa disposition.

Le général Lauriston conservera la division Chastel.

Le général Latour-Maubourg se mettra en mouvement pour Sagan, où il cantonnera son corps dans les lieux les plus favorables pour sa cavalerie.

Le général Sebastiani se rendra à Steinau; il cantonnera sa cavalerie le long de l'Oder.

Le duc de Trévise aura l'administration du cercle de Glogau et de celui de Steinau; il commencera demain son mouvement pour se rendre à Parchwitz et à Rauden, où il campera la jeune Garde comme il le voudra. La place de Glogau sera sous ses ordres. La cavalerie du général Sebastiani sera aussi sous ses ordres.

Tout le monde sera prévenu que le quartier général sera ce soir à Liegnitz, où chacun fera connaître le lieu où il se trouve. On fera de petites marches. On cantonnera d'abord les troupes jusqu'à ce que les généraux aient choisi des camps et aient le temps de faire faire des baraques.

L'intendant général nommera autant d'auditeurs qu'il y a d'arrondissements, lesquels seront chargés d'administrer sous les ordres des maréchaux, pour subvenir et faire pourvoir à tous les besoins de l'armée.

Le duc de Bellune continuera sa route pour Sagan, il lui sera donné des ordres pour son mouvement ultérieur; il fera connaître quand il y arrivera.

D'après la minute. Archives de l'Empire.

20090. — AU GÉNÉRAL COMTE BERTRAND,
COMMANDANT LE 4ᵉ CORPS DE LA GRANDE ARMÉE, À SEICHAU.

Liegnitz, 6 juin 1813.

J'ai reçu votre lettre. Il est vrai que je n'ai pas été satisfait de la manière dont vos troupes se sont trouvées placées le 19, et de ce qu'au premier coup de canon vous ne vous êtes pas informé de ce que c'était et n'avez pas marché au secours de la division italienne. Je ne l'ai pas été davantage de ce que vous avez évacué le plateau en avant de Jauer, lorsque vous n'aviez devant vous que vingt-deux bataillons ennemis, et que les divisions Peyri et Morand étaient encore tout entières. Vous avez fait preuve, dans différentes circonstances, de talents distingués; mais la guerre ne se fait qu'avec de la vigueur, de la décision et une volonté constante; il ne faut ni tâtonner ni hésiter. Employez le temps de l'armistice à bien organiser votre corps, et, à l'ouverture des hostilités, on pourra compter sur lui. L'expérience que vous avez déjà acquise, quoiqu'en peu de mois, doit être d'un grand profit dans un esprit comme le vôtre.

Au lieu d'un mauvais général, vous avez actuellement à la tête de la division italienne un excellent général de division, le général Fontanelli.

Le roi de Wurtemberg vous envoie sa 3ᵉ brigade et des renforts pour le reste de son corps; cette division sera donc fort belle. La division italienne a de nouveaux renforts en route. Établissez une sévère discipline, et, dans les affaires, n'hésitez pas à avoir confiance en vos troupes.

Croyez, du reste, que mes sentiments pour vous sont toujours les mêmes, et que je pense qu'avec encore un peu d'expérience de manier les troupes vous mériterez de moi dans l'arme de l'infanterie, comme vous en avez mérité dans votre arme primitive.

D'après la minute. Archives de l'Empire.

20091. — A M. MARET, DUC DE BASSANO,
MINISTRE DES RELATIONS EXTÉRIEURES, A DRESDE.

Liegnitz, 6 juin 1813.

Monsieur le Duc de Bassano, le corps du prince Poniatowski arrivera, à ce qu'il paraît, à Zittau vers le 10 juin; nous sommes aujourd'hui le 6, il n'y a donc plus un moment à perdre pour pourvoir aux besoins de ce corps. Le baron Bignon doit être près de vous; il doit connaître l'emploi qu'il a fait de tout ce que j'ai mis à sa disposition. Mon intention est de pourvoir sur-le-champ à tous les besoins du corps polonais sur les fonds qui sont portés dans votre budget. Le baron Bignon doit avoir une idée de ses besoins en armement, en habillement, en solde. Je prendrai ce corps à ma solde depuis le 1ᵉʳ juin. Aussitôt que vous m'aurez répondu et que j'aurai donné mes ordres, il sera nécessaire que le baron Bignon se rende à Zittau.

Envoyez un courrier au prince Poniatowski pour qu'il envoie à Dresde quelqu'un qui connaisse les besoins de son corps. Écrivez-lui qu'à dater du 1er juin son corps est à ma solde. Faites-moi connaître à combien se monte un mois de solde, afin qu'à leur arrivée à Zittau l'argent nécessaire pour leur payer un mois s'y trouve. La solde sera la même que la solde polonaise, et je suppose qu'avec 400,000 francs on doit pouvoir assurer la solde de ce corps pour le mois de juin. Faites connaître aussi au roi de Saxe qu'à dater du 1er juin je prends le corps polonais à ma solde. Ce corps aura probablement besoin d'effets d'habillement et d'équipement; il faut voir sur-le-champ si on peut lui en procurer en Saxe.

Napoléon.

D'après l'original comm. par M. le duc de Bassano.

20092. — A M. MARET, DUC DE BASSANO,
MINISTRE DES RELATIONS EXTÉRIEURES, À DRESDE.

Haynau, 6 juin 1813.

Monsieur le Duc de Bassano, d'après tout ce qu'on m'a dit des Polonais, il paraît que ces troupes sont fort mal habillées. Il y a huit régiments d'infanterie qui font 6,200 hommes. Il y a seize régiments de cavalerie faisant 5,200 hommes, avec 5,000 chevaux de cavalerie, une compagnie d'artillerie à cheval, une compagnie de pontonniers, 600 hommes d'artillerie à pied et 100 hommes de troupes du génie. Ce corps est à habiller : il faudrait calculer sur 12,000 hommes; mais on m'assure que 7,000 habits suffiront. Voyez les fournisseurs du roi de Saxe, afin de faire fournir, à Dresde ou à Gœrlitz, les draps nécessaires, et de faire confectionner les habits. Écrivez-en au prince Poniatowski, afin qu'il vous fasse connaître les dispositions qu'il aurait prises pour l'habillement de son corps. Il faut que cela soit poussé avec une grande activité, pour qu'au 10 juillet tout ce corps se trouve habillé et enharnaché.

Demandez à Erfurt l'état de situation des régiments polonais qui s'y trouvent, provenant de la garnison de Spandau; demandez également l'état des troupes polonaises qui sont à Wittenberg. Il me semble qu'il faudrait réduire chaque régiment à deux bataillons, ce qui ne ferait que des bataillons de 400 hommes et des compagnies de 60 hommes. Cela serait faible, mais cela pourrait se manœuvrer et emploierait la plupart des officiers. Joint au régiment qu'a le général Dombrowski, qui a aussi deux bataillons, cela ferait dix régiments ou vingt bataillons. On recruterait quelques prisonniers et quelques hommes qu'on pourrait trouver pour former 10,000 hommes, ce qui ferait une bonne division d'infanterie. Afin d'employer tous les généraux que le prince Poniatowski peut avoir dans son corps, ces vingt bataillons seraient formés en deux divisions et cinq brigades, chacune de quatre bataillons, la 1re division étant de trois brigades et la 2e de deux. Écrivez en France pour savoir si au nombre des prisonniers il se trouve des Polonais.

On donnera à la 1re division, de trois brigades, deux batteries d'artillerie à pied, chacune de huit pièces, ce qui fait seize pièces; à la 2e division, de deux brigades, une batterie d'artillerie à pied de huit pièces; à la cavalerie deux batteries d'artillerie à cheval de six pièces chacune, et enfin, pour tout le corps, une batterie de réserve de huit pièces de 12, ce qui ferait en tout quarante-quatre bouches à feu. Je crois que ce corps en a vingt; ce serait donc vingt-quatre pièces à lui fournir.

Les seize régiments de cavalerie seraient joints aux deux régiments du général Dombrowski, et réduits à seize; chaque régiment de quatre compagnies et chaque compagnie de 100 hommes, ce qui met le régiment à 400 hommes. Ces seize régiments formeront deux divisions, chacune de deux brigades; chaque brigade de quatre régiments ou 1,600 hommes, et chaque division de huit régiments ou 3,200 hommes. Une batterie d'artillerie à cheval serait attachée à chaque division.

Récapitulation du corps polonais : quatre divisions, deux d'infanterie, deux de cavalerie.

Infanterie. — 1re division : trois brigades, six régiments, douze bataillons; 2e division : deux brigades, quatre régiments, huit bataillons.

Cavalerie. — 1re division : deux brigades, huit régiments; 2e division : deux brigades, huit régiments.

Artillerie. — Artillerie à cheval, deux batteries; artillerie à pied, trois batteries; réserve, une batterie.

Total, 8,000 hommes d'infanterie, 6,400 hommes de cavalerie. 44 bouches à feu.

Une compagnie de sapeurs, avec son caisson d'outils.

Une compagnie de pontonniers, avec son caisson d'outils.

J'attends, pour prononcer définitivement, les observations du prince Poniatowski et le projet de répartition de ses généraux et officiers dans les cadres. Vous lui ferez observer que ces bataillons sont bien faibles, ainsi que les brigades et les divisions; mais que je suppose qu'il a un grand nombre de généraux et d'officiers supérieurs, ce qui rend ces cadres nécessaires pour les employer. Il y aura par division un commissaire des guerres. Une compagnie de gendarmerie sera formée de tous les gendarmes. Quant aux officiers qui resteraient sans être placés d'après cette nouvelle organisation, s'ils étaient plus de 200, on pourrait en former un escadron de gardes d'honneur de deux ou trois compagnies, pour en disposer au besoin et à mesure que les cadres s'augmenteraient. Aussitôt que nous serons dans le pays, ces vingt bataillons pourront être portés à 16,000 hommes, et ensuite on pourra former les 3es bataillons de ces régiments, ce qui fera encore 8,000 hommes.

Moyennant ces dispositions, les cadres des régiments qui étaient à Spandau et qui sont à Wittenberg, ainsi que ceux de la légion de la Vistule, se trouveraient fondus dans ce corps. La solde, l'équipement, l'habillement, le harnachement, l'achat des chevaux d'artillerie et de remonte pour la cavalerie de ce corps, tout cela sera aux frais de votre département. Vous pourrez vous servir du baron Bignon pour diriger tous les détails; mais prenez toutes les mesures nécessaires pour assurer l'habillement, le harnachement et l'achat des chevaux d'artillerie, et enfin pour mettre ce corps complétement en état. Je suppose que.

dans une ville comme Dresde, il sera facile de faire deux cents habits par jour.

Il faudra aussi qu'il soit organisé dans ce corps une compagnie d'équipages militaires de 40 voitures, dont 6 pour l'ambulance.

NAPOLÉON.

D'après l'original comm. par M. le duc de Bassano.

20093. — A MARIE-LOUISE, IMPÉRATRICE-REINE ET RÉGENTE,
À SAINT-CLOUD.

Haynau, 7 juin 1813.

Madame et chère amie, j'ai reçu la lettre par laquelle vous m'avez fait connaître que vous avez reçu l'archichancelier étant au lit : mon intention est que, dans aucune circonstance et sous aucun prétexte, vous ne receviez qui que ce soit étant au lit. Cela n'est permis que passé l'âge de trente ans.

NAPOLÉON.

D'après l'original comm. par M. le baron Meneval.

20094. — AU PRINCE CAMBACÉRÈS,
ARCHICHANCELIER DE L'EMPIRE, À PARIS.

Haynau, 7 juin 1813.

Mon Cousin, je n'approuve pas que l'Impératrice aille à Notre-Dame. Ces grandes pompes doivent être rares, sans quoi elles deviennent triviales. Si l'Impératrice y allait pour la victoire de Wurschen, elle serait obligée d'y aller pour toutes les autres victoires. Autant il était bien fait d'y aller pour la victoire de Lützen, victoire inattendue et qui a changé la position de nos affaires, autant cette fois ce serait inutile. Avec un peuple comme le nôtre, il faut plus de tenue que cela.

Je n'approuve pas non plus qu'on n'ait pas chanté le *Te Deum* à cause de la Pentecôte. Je désire qu'en général le *Te Deum* soit chanté le dimanche qui suit immédiatement la réception de la nouvelle. Le retard n'a que des inconvénients; la guerre a ses chances. Il serait ridicule de chanter un *Te Deum* pour une victoire, lorsque, dans l'intervalle, on aurait appris une défaite.

NAPOLÉON.

D'après la copie comm. par M. le duc de Cambacérès.

20095. — AU PRINCE CAMBACÉRÈS,
ARCHICHANCELIER DE L'EMPIRE, À PARIS.

Haynau, 7 juin 1813.

Mon Cousin, vous recevrez un décret par lequel je transmets le duché de Frioul à la fille du grand maréchal. Je désire que vous fassiez connaître ce décret à sa veuve, et que vous régliez tout ce qui est relatif au placement des 100,000 francs par an, ainsi qu'au placement des intérêts. Le duché étant de plus de 200,000 francs, il restera donc 100,000 francs à la disposition de la veuve.

Je suppose que, moyennant cette disposition, je n'ai plus rien à régler à cet égard; si cependant quelque mesure restait encore à prendre, je désirerais que, de concert avec le comte Defermon, vous m'en présentassiez le projet, car j'ai à cœur que les intérêts de la pupille soient bien ménagés et indépendants des intérêts de la mère, afin qu'à sa majorité elle puisse ajouter 100,000 francs de revenu au revenu du duché, ce qui en fera un des plus riches partis de France.

S'il y a un tuteur ou curateur à nommer, je désire que vous nommiez un conseiller d'état, tel, par exemple, que le comte Molé, qui, étant jeune encore, pourrait assister au mariage de la pupille.

NAPOLÉON.

D'après la copie comm. par M. le duc de Cambacérès.

20096. — A MADAME LA COMTESSE DE MONTESQUIOU,
GOUVERNANTE DES ENFANTS DE FRANCE, À SAINT-CLOUD.

Haynau, 7 juin 1813.

Madame la Comtesse de Montesquiou, je vois avec plaisir que mon fils grandit et continue à donner des espérances. Je ne puis que vous témoigner ma satisfaction pour tous les soins que vous en prenez.

La mort du duc de Frioul m'a peiné. C'est depuis vingt ans la seule fois qu'il n'ait pas deviné ce qui pouvait me plaire.

NAPOLÉON.

D'après l'original comm. par le général comte de Montesquiou-Fezensac.

20097. — A M. MARET, DUC DE BASSANO,
MINISTRE DES RELATIONS EXTÉRIEURES, À HAYNAU.

Haynau, 7 juin 1813.

Monsieur le Duc de Bassano, donnez ordre à mon ministre à Weimar de se retirer à Erfurt, et de remettre une note au duc, où il lui fera connaître que je suis extrêmement mécontent de sa conduite; qu'il sera responsable de tout le tort fait à l'armée par des partis ennemis dans ses états; que je n'admettrai comme force supérieure que les détachements qui auraient de l'infanterie et de l'artillerie. Mon ministre lui dira en même temps qu'il ne tient aucun de ses engagements; qu'il n'a point fourni son contingent, tandis qu'au contraire ses troupes ont servi contre moi devant Glogau; que le commandant qu'il avait choisi l'a trahi, et que cependant je n'apprends point qu'il ait sévi contre lui, ni témoigné quelque indignation de sa conduite; qu'il doit enfin prendre garde aux suites de tout cela. La même note sera remise au duc de Saxe-Cobourg, et mon ministre témoignera, au contraire, ma satisfaction au prince de Reuss-Schleiz.

Écrivez à mon ministre près le grand-duc de Würzburg que je préfère la cavalerie à l'infanterie : la cavalerie est fort bonne; je préférerais donc que Würzburg me fournît moins d'infanterie, et me fournît un escadron de cavalerie de plus.

NAPOLÉON.

D'après l'original. Archives des affaires étrangères.

20098. — AU PRINCE DE NEUCHÂTEL ET DE WAGRAM,
MAJOR GÉNÉRAL DE LA GRANDE ARMÉE, À HAYNAU.

Haynau, 7 juin 1813.

Mon Cousin, il sera organisé un 4ᵉ corps de cavalerie. Ce corps sera composé, 1° des deux divisions de cavalerie polonaise, fortes de 6,000 chevaux; 2° d'une division de grosse cavalerie que je me réserve de désigner. Le comte de Valmy commandera ce corps; il se rendra à Zittau, où il devra être du 11 au 12. C'est à Zittau que ce corps se réunira. Il y sera attaché quatre batteries d'artillerie à cheval, savoir : deux d'artillerie polonaise et deux d'artillerie française.

NAPOLÉON.

D'après l'original. Dépôt de la guerre.

20099. — AU PRINCE DE NEUCHÂTEL ET DE WAGRAM,
MAJOR GÉNÉRAL DE LA GRANDE ARMÉE, À HAYNAU.

Haynau, 7 juin 1813.

Mon Cousin, écrivez au roi de Westphalie pour qu'il complète son contingent. Sa division fera partie du 11e corps. Remettez-moi sous les yeux l'état de l'infanterie et de l'artillerie westphaliennes qui se trouvent ici, et proposez-moi de les diriger sur le 11e corps. Cette division a, je crois, un numéro. Prévenez le duc de Tarente de cette disposition, qui augmentera son corps d'armée d'une division. Je crois que l'artillerie se trouve sous les ordres du duc de Raguse; elle doit passer également au corps du duc de Tarente. Toutes les troupes westphaliennes qui sont à Dresde rejoindront également le 11e corps, aussitôt qu'il y aura dans cette ville huit bataillons de la jeune Garde; quatre y sont déjà arrivés.

NAPOLÉON.

D'après l'original. Dépôt de la guerre.

20100. — AU PRINCE DE NEUCHÂTEL ET DE WAGRAM,
MAJOR GÉNÉRAL DE LA GRANDE ARMÉE, À HAYNAU.

Haynau, 7 juin 1813.

Mon Cousin, vous ferez connaître au comte Bertrand et aux différents généraux que mon intention est que les troupes soient campées. Elles pourront cantonner jusqu'à ce que les emplacements aient été choisis et les camps formés. Je laisse les généraux maîtres de former un seul camp, ou de faire camper leurs corps par division, à portée des petites villes où il y aurait le plus de ressources. Les camps seront placés dans des lieux sains et à portée des forêts, afin que les troupes puissent profiter de l'ombrage, chose si importante dans cette saison.

Faites faire l'état de tout ce qui appartient à la division du général Sebastiani, qui est avec le duc de Bellune, afin que de Dresde on dirige tous ces hommes sur Krossen, sans les envoyer d'abord au corps du général Sebastiani.

Donnez ordre que la division de cavalerie du général Doumerc, qui est au 11º corps, se rende à Sagan pour se joindre au 1ᵉʳ corps de cavalerie.

Donnez ordre de faire l'état des régiments de la division Chastel qui reste avec le général Lauriston.

NAPOLÉON.

D'après l'original. Dépôt de la guerre.

20101. — AU COMTE DARU,
DIRECTEUR DE L'ADMINISTRATION DE LA GRANDE ARMÉE, À HAYNAU.

Haynau, 7 juin 1813.

Monsieur le Comte Daru, le grand maréchal duc de Frioul était dépositaire de la clef (que nous devons tenir près de nous) de notre trésor de réserve, soit du domaine extraordinaire, soit de la Couronne. Notre intention est que vous vous fassiez faire la remise sans délai de ladite clef et que vous en soyez dépositaire; vous ferez connaître cette disposition au baron de la Bouillerie, et vous y verrez une preuve de la confiance que nous avons en vous.

NAPOLÉON.

D'après la copie comm. par M. le comte Daru.

20102. — A M. DE CHAMPAGNY, DUC DE CADORE.
INTENDANT GÉNÉRAL DE LA COURONNE, À PARIS.

Bunzlau, 7 juin 1813.

Mon intention étant de donner une preuve de ma satisfaction au duc de Lodi, vous lui ferez présent d'un de mes tableaux en pied des Gobelins. Je suppose qu'il y en a de faits; dans le cas contraire, faites-en mettre un sur la toile, mais qu'il soit copié de Gérard, et annoncez-le au duc de Lodi.

D'après la minute. Archives de l'Empire.

20103. — A M. MARET, DUC DE BASSANO,
MINISTRE DES RELATIONS EXTÉRIEURES, À DRESDE.

Bunzlau, 7 juin 1813.

Monsieur le Duc de Bassano, le prince d'Eckmühl est entré à Hambourg le 30 mai, et j'espère qu'il sera entré également à Lübeck avant le 2. Il paraît que les troupes danoises se sont réunies aux nôtres. Faites mettre cette nouvelle dans les journaux de Dresde et de Leipzig, et mandez-le au comte de Narbonne, à Vienne. Cela me fait beaucoup de plaisir.

Je pense qu'il serait convenable de faire un traité avec le Danemark; l'autre ayant été violé par l'entrée des troupes danoises à Hambourg, nous ne pouvons plus y avoir confiance. La garantie de la Norvége et des états de Danemark serait faite par moi. Le Danemark prendrait l'engagement de ne point faire la paix avec l'Angleterre que de concert avec moi, ou avec mon consentement. Quant aux troupes, la quantité que fournira le Danemark sera spécifiée, ainsi que ce que je pourrai fournir pour défendre le Holstein. Enfin comprenez aussi dans le traité la sortie d'une grande quantité de chevaux, moyennant payement en argent comptant. Je ne me refuserai point à payer la solde d'un certain nombre de troupes, mais surtout de la cavalerie et de l'artillerie, et ces troupes seraient tout à fait à ma disposition et pourraient venir jusqu'en Silésie et jusqu'à Stettin. Aussitôt qu'elles seront sorties du Holstein, je consens qu'elles soient à ma solde.

Si le Danemark pouvait donner une bonne division de 6 à 8,000 hommes d'infanterie et de 5 à 6,000 hommes de cavalerie, avec une artillerie proportionnée, je les payerais volontiers, mais surtout la cavalerie. Dites au ministre que le roi pourrait faire une spéculation avantageuse en fournissant lui-même les chevaux, puisqu'il les pourrait payer en papier ou comme il l'entendrait, tandis que je les lui payerais en argent comptant.

NAPOLÉON.

P. S. Envoyez la lettre ci-jointe au roi par une estafette extraordinaire, qui passera par Augsburg et Leipzig.

D'après la copie. Archives des affaires étrangères.

20104. — AU MARÉCHAL DAVOUT, PRINCE D'ECKMÜHL,
COMMANDANT LE 1ᵉʳ CORPS DE LA GRANDE ARMÉE, À HAMBOURG.

Bunzlau, 7 juin 1813.

Mon Cousin, témoignez ma satisfaction au général Vandamme sur l'occupation de Hambourg. Je vous envoie un officier d'ordonnance qui est officier du génie; il verra en détail Hambourg, les îles, Harburg, Lüneburg, Lübeck, si vous y êtes, le fort de Cuxhaven, et viendra me rendre compte de tout ce que vous faites et de quelle manière se dirigent les travaux. Le major général a dû vous faire connaître mon système, c'est celui que j'ai adopté pour toutes les grandes villes. Une ville comme Hambourg ne pourrait être défendue que par une garnison de 25,000 hommes et un matériel immense, et, pour courir les chances de perdre une garnison de 25,000 hommes et un matériel immense, il faudrait une place qui pût se défendre au moins pendant deux mois de tranchée ouverte. Or, pour donner à l'enceinte de Hambourg une résistance de deux mois de tranchée ouverte, il ne faut pas moins de dix ans et 30 à 40 millions. Toutefois je veux conserver Hambourg, non-seulement contre les habitants, contre les troupes de ligne, mais même contre un équipage de siége. Je veux que, si 50,000 hommes se présentent devant Hambourg, la ville soit non-seulement à l'abri d'un coup de main, mais puisse se défendre, obliger l'ennemi à ouvrir la tranchée et soutenir quinze ou vingt jours de tranchée ouverte.

Ces résultats, je veux les obtenir cette année avec la seule dépense de 2 ou 3 millions, avec un matériel de cent à cent cinquante bouches à feu et une simple garnison de 6,000 hommes. Je veux que, dans cette hypothèse, la ville prise après un blocus de quinze à vingt jours de tranchée ouverte, je ne perde rien, ni en canons ni en hommes, et que la garnison puisse se réfugier dans une citadelle et se défendre pendant un ou deux mois de tranchée ouverte, selon la capacité et le degré de perfection auquel sera portée cette citadelle. La simple exposition de ce système l'explique. Il faut travailler à l'exécuter sans perdre une heure. Vingt-quatre heures après l'arrivée de mon officier d'ordonnance, 10,000 travailleurs doivent être à l'ouvrage. Vous devez, 1° faire abattre impitoyablement toutes les maisons sur le rempart, sauf évaluation de l'indemnité, qui sera payée par la ville; 2° vous devez faire abattre toutes les maisons sur le glacis; 3° toutes les maisons qui sont sur la citadelle; 4° vous devez en même temps faire relever tous les parapets, en creusant tous les fossés; 5° faire faire des ponts-levis à toutes les portes; 6° faire faire des demi-lunes devant toutes les portes; 7° mettre de l'eau autant que les fossés en pourront contenir; 8° faire ce qui est nécessaire pour pratiquer une inondation dans les parties qui en sont susceptibles; 9° fermer à la gorge tous les bastions les plus importants et les plus grands avec un mur crénelé, les moins importants avec une bonne palissade; 10° faire travailler à un chemin couvert et à un glacis, faire palissader les chemins couverts; 11° faire placer sur chaque bastion au moins quatre pièces de canon, deux d'un calibre de 12 ou supérieur, deux d'un calibre inférieur; 12° faire placer des mortiers, pour pouvoir tirer contre la ville, dans les deux bastions les plus grands, et spécialement dans le bastion et la partie de l'enceinte qui est entre deux lacs et qui peut facilement être isolée et considérée comme citadelle; 13° rétablir les retranchements qui couvrent le grand faubourg, les bien palissader, y établir quelques blockhaus; 14° occuper toutes les îles par un système de redoutes et de digues, faire même des ponts sur pilotis sur les petits bras; faire deux bacs sur chaque gros bras, comme je l'ai pratiqué à Anvers, l'un pour la marée descendante et l'autre pour la marée montante, de manière que 100 chevaux et 500 hommes d'infanterie puissent passer à la fois; relever, armer et palissader Harburg. Supposez tous ces ouvrages faits, et ils peuvent l'être en peu de mois, il est évident que quatre compagnies d'artillerie et 5,500 hommes seront maîtres de Hambourg.

Pour compléter le système, tracez une citadelle entre la rivière et la ville, de sorte que la citadelle, les îles et Harburg fassent un seul système. Cette citadelle peut d'abord être faite en terre, avec des fossés pleins d'eau, de bonnes palissades et des blindages en bois pour les magasins d'artillerie, pour les magasins à poudre et pour la garnison. Vous voyez que, la ville prise après un siége en règle, la garnison se réfugierait dans la citadelle, dans les îles et dans Harburg. Tout cela peut se faire dans l'année. Les années prochaines, je ferai revêtir la citadelle en pierres et lui donnerai toute la force possible.

Voilà le système défensif que j'ai adopté pour Hambourg. Je donne l'ordre au général Haxo de le tracer, de l'exécuter et de l'étudier. Mais il est bien important que vous profitiez du premier moment pour jeter à bas toutes les maisons qui gêneraient l'emplacement de la citadelle, comme je l'ai dit plus haut. Je sais que le général Haxo avait projeté de placer la citadelle du côté d'Altona : cela n'est pas possible, cela effrayerait les Danois. D'ailleurs, mon intention est que la citadelle soit une tête de pont sur la rive droite, Harburg une tête de pont sur la rive gauche, les îles un moyen de communication. Vous savez que je n'ai point vu Hambourg; que l'on doit étudier l'esprit de l'ordre que je donne, et non la lettre, de manière qu'au 15 juillet il n'y ait aucune difficulté à laisser 6,000 hommes isolés à Hambourg, et que leur communication avec la rive gauche soit à l'abri de toute inquiétude.

NAPOLÉON.

D'après l'original comm. par Mme la maréchale princesse d'Eckmühl.

20105. — AU PRINCE CAMBACÉRÈS,
ARCHICHANCELIER DE L'EMPIRE, À PARIS.

Bunzlau, 8 juin 1813, au matin.

Mon Cousin, le grand écuyer doit avoir écrit au comte Remusat pour demander des comédiens pour Dresde. Je désire assez que cela fasse du bruit dans Paris, puisque cela ne pourra faire qu'un bon effet à Londres et en Espagne, en y faisant croire que nous nous amusons à Dresde. La saison est peu propre à la comédie : il ne faut donc envoyer que six ou sept acteurs tout au plus, mais de bons choix et capables de monter six ou sept pièces. Il faudrait également les faire voyager sans éclat et de manière à ne faire aucun embarras sur la route. Il n'en faut pas moins laisser faire à Paris les demandes comme si toute la tragédie devait partir, et laisser bavarder sur ce sujet. Remusat choisira, ou la Comédie Française ou Feydeau. Si l'on ne pouvait pas avoir du bon, il faudrait abandonner cette idée.

NAPOLÉON.

D'après la copie comm. par M. le duc de Cambacérès.

20106. — AU PRINCE CAMBACÉRÈS,
ARCHICHANCELIER DE L'EMPIRE, À PARIS.

Gœrlitz, 8 juin 1813.

Mon Cousin, le baron Meneval, maître des requêtes, secrétaire des commandements de l'Impératrice, ne doit rien faire. Je n'approuve point que vous l'ayez chargé d'effacer ce qui doit être retranché des nouvelles qu'on met dans les journaux. C'est au ministre de la guerre à avoir soin de cela. Il est tout naturel, cependant, de communiquer les nouvelles à l'Impératrice avant de les mettre dans les gazettes, mais cela n'influe en rien sur ce qui doit être publié. Je ne conçois pas comment vous avez pu être embarrassé d'une chose aussi simple.

NAPOLÉON.

D'après la copie comm. par M. le duc de Cambacérès.

20107. — AU MARÉCHAL DAVOUT, PRINCE D'ECKMÜHL,
COMMANDANT LE 1er CORPS DE LA GRANDE ARMÉE, À HAMBOURG.

Dresde, 10 juin 1813.

Mon Cousin, j'ai envoyé à la police toutes les lettres que vous m'avez fait passer relativement au comte d'Artois. Il me paraît important que vous vous serviez de cet enseigne de vaisseau hambourgeois, qui a la décoration de la Légion d'honneur, comme d'un agent, et que vous le renvoyiez sans délai auprès du comte d'Artois en Angleterre, en lui promettant une récompense proportionnée aux services qu'il vous rendra.

Les neuf bataillons qui manquaient à la 3ᵉ division étaient à Utrecht : je leur ai depuis longtemps donné ordre de se rendre à Wesel : ainsi ces bataillons doivent être aujourd'hui près de leurs corps. J'ai ordonné que la 1ʳᵉ division, qui est du côté de Krossen, sous les ordres du duc de Bellune, se rendît à Wittenberg. Il est indispensable que vous fassiez partir la 5ᵉ division, en la dirigeant également sur Wittenberg.

Je vous ai écrit et fait connaître mes intentions relativement aux fortifications de Hambourg et à tout ce qui concerne son armement. Je donne ordre que le général Baltus se rende à Hambourg pour commander l'artillerie, et que 200 milliers de poudre soient dirigés de Wesel sur Hambourg, ainsi que quatre compagnies d'artillerie. Faites en sorte qu'il y ait cent cinquante bouches à feu en batterie sur les remparts et dans les ouvrages, dans les premiers jours de juillet. Faites travailler aux ponts et aux bacs sur l'Elbe, vis-à-vis de Hambourg. Le général Haxo a ordre de se rendre momentanément à Hambourg ; ce général a ordre de fournir un officier du génie pris à Magdebourg. Il faut utiliser tous les Danois, cavalerie, infanterie et artillerie. Leur infanterie vaudra bien sans doute l'infanterie des villes hanséatiques et la landwehr berlinoise. Les batteries qui appartiennent à la division de Hambourg sont en marche pour la rejoindre.

Vous aurez donc quatre divisions. Il sera nécessaire d'en avoir trois, ou au moins deux, pour opérer dans la direction de Berlin, aussitôt que l'armistice viendrait à être dénoncé, si toutefois la paix n'a pas lieu.

NAPOLÉON.

D'après l'original comm. par Mᵐᵉ la maréchale princesse d'Eckmühl.

20108. — AU GÉNÉRAL CLARKE, DUC DE FELTRE,
MINISTRE DE LA GUERRE, À PARIS.

Dresde, 11 juin 1813.

Monsieur le Duc de Feltre, j'ai reçu la lettre que le roi de Naples vous a écrite le 18 mai. Répondez-lui que tout me porte à penser que l'Autriche a des prétentions incompatibles avec l'honneur de la France, et qu'elle voudrait profiter des circonstances pour revenir sur les pertes qu'elle a faites dans les guerres précédentes. Il paraît qu'elle ne voudrait rien moins que les provinces illyriennes, une partie du pays de Salzburg et du Tyrol, et même une partie des provinces vénitiennes; qu'elle a en conséquence réuni 60 à 80,000 hommes à Prague, ce qui m'a porté à réunir 80,000 hommes à Würzburg et autant à Laybach; qu'il est impossible que le royaume de Naples puisse se priver d'une force de 30,000 hommes, mais que je désirerais qu'il pût fournir du moins une bonne division de 10 à 12,000 hommes d'infanterie, avec 1,500 chevaux et vingt-cinq pièces de canon, et la fît partir dans les premiers jours de juillet pour Bologne, où elle attendrait l'issue des événements. Si la guerre avait lieu, elle se dirigerait sur Laybach, et, si l'on s'arrangeait, elle reviendrait sur Naples. Je désire même que la marche de cette colonne soit connue, puisque cela peut avoir de l'influence sur la négociation. Je voudrais que le Roi donnât le commandement de ses troupes à un général français.

Enfin écrivez-lui qu'il doit comprendre que, l'Adige une fois perdu, son royaume le serait aussi, et que, s'il attendait pour faire ce mouvement que la bataille eût été donnée du côté de Laybach ou de l'Isonzo, il ne serait plus temps; qu'il faut donc définitivement qu'au 15 juillet sa division soit sous Bologne et puisse se porter au secours du vice-roi, qui, à cette époque, sera campé sur les hauteurs de Laybach; qu'il fasse connaître positivement et sans tergiverser ce qu'il peut et veut faire; mais que ce qui ne sera pas sorti de son royaume dans les premiers jours de juillet ne pourra plus compter; que c'est surtout de la cavalerie et de l'artillerie qu'il faudrait; que, si sa division ne peut être de 12,000 hommes d'infanterie, elle soit au moins de 12,000 hommes en tout.

NAPOLÉON.

D'après l'original. Archives des affaires étrangères.

20109. — AU GÉNÉRAL BARON ROGNIAT,
COMMANDANT LE GÉNIE DE LA GRANDE ARMÉE, À DRESDE.

Dresde, 11 juin 1813.

Une partie de la défense de Glogau consiste en mines. Il est nécessaire qu'il y ait un officier du génie qui soit bon mineur et entende cette défense, et que vous destiniez une compagnie de mineurs pour cette place. Cette compagnie s'exercera pendant l'armistice, et organisera son service de manière à bien faire la guerre souterraine en cas de siége.

D'après la minute. Archives de l'Empire.

20110. — AU MARÉCHAL AUGEREAU, DUC DE CASTIGLIONE,
COMMANDANT LE CORPS D'OBSERVATION DE BAVIÈRE, À FRANCFORT.

Dresde, 11 juin 1813.

Mon Cousin, le major général vous aura fait connaître mes intentions sur la réunion à Bamberg, à Würzburg, à Aschaffenburg et à Hanau des quatre divisions du corps d'observation de Mayence. Aussitôt que vous aurez deux divisions fortes chacune de plus de six bataillons, portez votre quartier général à Würzburg. J'ai besoin et je désire qu'on vous sache là. J'ai besoin que votre quartier général se trouve placé à Würzburg avant le 1er juillet. Je désire que là vous fassiez une proclamation pour faire connaître que je vous ai donné une nouvelle preuve de confiance en mettant sous vos ordres les six divisions qui composent l'armée de Mayence; que toutes les troupes qui rejoignent cette armée ont déjà mérité les éloges de l'Empereur dans les batailles d'Ulm, d'Austerlitz, d'Iéna, de Friedland, de Wagram et dans les campagnes d'Espagne; que vous espérez qu'elles seront dignes de la réputation qu'elles ont acquise, et des vainqueurs de Lützen et de Wurschen qui, en si peu de temps, ont su confondre les espérances fallacieuses de nos ennemis.

Faites mettre dans les journaux de Francfort et autres, à mesure que les bataillons arriveront, que beaucoup de troupes venant d'Espagne passent le Rhin, et que cette armée est encore plus belle et plus vieille que celle qui s'est distinguée à Lützen et à Wurschen; enfin faites le plus de bruit que vous pourrez. Au lieu de *corps d'observation*, dites votre *armée*. Faites mettre dans les journaux le nom du général Pernety, commandant en chef votre artillerie; faites-y mettre le nom du général Dode, qui commande le génie; faites-y mettre aussi le nom des généraux qui commandent vos divisions, afin que dès la fin de juin l'Allemagne ait les yeux fixés sur vous et s'occupe beaucoup de la formation de votre armée.

NAPOLÉON.

D'après l'original comm. par M. le duc de Mortemart.

20111. — AU COMTE DARU,
DIRECTEUR DE L'ADMINISTRATION DE LA GRANDE ARMÉE, À DRESDE.

Dresde, 11 juin 1813.

Monsieur le Comte Daru, vous voudrez bien faire passer sur-le-champ cent moulins à la place de Glogau; ils resteront affectés au service de cette place, et ils seront pris parmi ceux envoyés par le ministre de la guerre. Ces cent moulins, étant supposés faire par jour 20,000 rations de farine, fourniront au delà des besoins de la place; leur excédant servira pour l'armée. Instruisez-moi de l'arrivée de ces moulins à leur destination.

Il faut en outre mille moulins pour distribuer aux bataillons; leur utilité va devenir bien grande en s'approchant de la Pologne; aussi faut-il qu'ils soient arrivés avant la fin de la campagne. Faites-moi un rapport là-dessus.

NAPOLÉON.

D'après la copie comm. par M. le comte Daru.

20112. — AU COMTE DARU,
DIRECTEUR DE L'ADMINISTRATION DE LA GRANDE ARMÉE, À DRESDE.

Dresde, 11 juin 1813.

Monsieur le Comte Daru, je suis très-mécontent des hôpitaux de Dresde: il n'y a pas même de distributions régulières de pain, il n'y a pas de vivres et il n'y a pas de charpie. Je ne conçois point comment, dans une ville comme Dresde et après toutes les mesures que j'ai ordonnées, ce service ne va pas mieux. Réunissez demain chez vous l'intendant général, le chirurgien en chef, le médecin en chef, l'ordonnateur et le régisseur des hôpitaux, pour arrêter les mesures convenables afin que les hôpitaux aient abondance de tout. La faute de ce désordre est entièrement à l'administration de l'armée. Elle demande à l'administration du pays des réquisitions d'objets de détail que celle-ci ne peut fournir. Tous ces petits objets ne peuvent se procurer qu'avec de l'argent, et c'est le cas d'en donner, ainsi que je l'ai déjà fait dans de pareilles circonstances. Quant au linge à pansement et à la charpie, ils ne peuvent pas manquer, d'après les précautions prises. Vous me rendrez compte de cela demain à midi, et vous me remettrez sous les yeux le règlement que j'avais fait à Posen[1], en 1806. J'entends que l'on ne requière à Dresde aucun des petits objets qui doivent être achetés, tels que médicaments, etc. Il faut pourvoir à cela par des marchés réguliers. J'ai signé deux ordres du jour relativement aux mesures à prendre à l'égard de tous les hommes blessés aux doigts ou à la main, qui peuvent être soupçonnés de s'être blessés volontairement.

Le moyen d'évacuation par la rivière étant trop lent, présentez-moi un projet pour établir des hôpitaux dans les petites villes, à une ou deux journées de Dresde, sur la rive gauche de l'Elbe, en choisissant de grands bâtiments et en les fournissant de tout ce qui est nécessaire. Ce sera également un des objets du travail que vous m'apporterez demain, afin qu'il ne reste à Dresde que les 5 ou 6,000 blessés que peuvent contenir les hôpitaux.

NAPOLÉON.

D'après la copie comm. par M. le comte Daru.

20113. — A EUGÈNE NAPOLÉON,
VICE-ROI D'ITALIE, À MILAN.

Dresde, 11 juin 1813.

Mon Fils, il est nécessaire que, sans faire semblant de rien et sans ostentation, vous fassiez reconnaître la position que vous ferez occuper par votre armée sur les hauteurs de la Carniole, entre Laybach et . . .[2], de manière à s'y trouver dans une position offensive, mais cependant en restant sur le territoire des provinces illyriennes, à attirer ainsi toute l'attention de l'ennemi, et à l'empêcher de se porter sur le Tyrol et en Italie.

[1] Pièce n° 11451. (tome XIV, page 893). — [2] Lacune dans le texte.

Cette position ne serait pas hostile, vu que les troupes resteraient cantonnées aux environs de Laybach; mais l'emplacement serait bien reconnu d'avance, ainsi que les points sur lesquels on pourrait élever des redoutes. Une armée fait en huit jours bien des retranchements. Une pareille armée sera campée à Pirna, au débouché de la Bohême, et une troisième sur la Rednitz, en avant de Baireuth. Les Bavarois auront un corps d'observation pour garder l'Inn. Il faudra donc que l'Autriche ait plus de 200,000 hommes, effort qu'elle est aujourd'hui hors d'état de faire et qu'elle pourrait tout au plus réaliser au printemps prochain. L'aspect de ces dispositions lui fera sentir que je ne veux pas avoir les mains liées.

Napoléon.

D'après la copie comm. par S. A. I. Mme la duchesse de Leuchtenberg.

20114. — A EUGÈNE NAPOLÉON,
VICE-ROI D'ITALIE, À MILAN.

Dresde, 11 juin 1813.

Mon Fils, je vous ai bien recommandé de faire beaucoup parler de vous. Je vous réitère le même ordre. Faites mettre dans les journaux que vous avez huit divisions; faites-y mettre les noms de vos généraux de division.

Faites-moi connaître si je puis compter que le général Grenier aura son quartier général du 20 au 25 juin à Vérone, et s'il y aura déjà là une quarantaine de bataillons français et italiens avec de la cavalerie et de l'artillerie; enfin si, dans les premiers jours de juillet, la tête de cette division pourrait arriver à Udine, où serait porté le quartier général du général Grenier.

Il faudrait faire camper une division à Udine, une à Osoppo, une à Vérone et l'autre à Bassano. Enfin, de toutes manières et par des articles réitérés, faites-vous apercevoir; faites parler des marchés passés en Suisse pour votre artillerie, des nombreux trains qui à chaque instant vous arrivent; que les articles de vos journaux soient répétés dans ceux d'Augsburg, et que de tous côtés on apprenne l'existence de votre armée.

Faites-moi connaître si le 15 juillet vous pourrez porter votre quartier général à Laybach. Quel nombre de bataillons, d'escadrons et de pièces d'artillerie aurez-vous alors?

Remettez-moi un état qui me fasse connaître, jour par jour, où seront, depuis le 1er juillet jusqu'au 30, toutes vos batteries et tous vos bataillons.

NAPOLÉON.

D'après la copie comm. par S. A. I. Mme la duchesse de Leuchtenberg.

20115. — A M. MELZI, DUC DE LODI,
CHANCELIER DU ROYAUME D'ITALIE, À MILAN.

Dresde, 12 juin 1813.

Je reçois votre lettre du 1er juin. Vous pouvez écrire à votre neveu [1] par la voie du ministre de la police. Si votre neveu vous donne sa parole qu'il ne vous quittera point, je donnerai les ordres sur-le-champ pour qu'il vous soit rendu. J'attendrai donc que vous me fassiez une nouvelle demande. Mais assurez-vous bien qu'il ne se mêlera plus dans aucune intrigue.

Je suis bien aise de trouver une occasion de vous donner des preuves de ma satisfaction.

D'après la minute. Archives de l'Empire.

20116. — A M. MARET, DUC DE BASSANO,
MINISTRE DES RELATIONS EXTÉRIEURES, À DRESDE.

Dresde, 13 juin 1813.

Monsieur le Duc de Bassano, faites connaître à M. Bogne, qui est à Baireuth, au baron de Saint-Aignan, à Weimar, au comte Germain, à Würzburg, et au baron Reinhard, à Cassel, que j'ai chargé le général Castex de former plusieurs colonnes pour poursuivre les partisans ennemis; qu'ainsi il est nécessaire qu'ils envoient à ce général tous les renseignements qu'ils auront sur les partisans. Ils les enverront par des estafettes qu'ils adresseront au général commandant la colonne la plus proche de leur résidence.

NAPOLÉON.

D'après l'original. Archives des affaires étrangères.

[1] Le général Palafox.

20117. — A M. MARET, DUC DE BASSANO,
MINISTRE DES RELATIONS EXTÉRIEURES, A DRESDE.

Dresde, 13 juin 1813.

Monsieur le Duc de Bassano, je ne veux point du contingent de Weimar en infanterie, ni de celui de Gotha. Passez de nouveaux traités avec ces deux princes pour que leurs contingents soient fournis en cavalerie, en les diminuant proportionnellement à la dépense. Je crois que la dépense nécessaire à la cavalerie est à celle de l'infanterie comme 2 est à 1. Conférez là-dessus avec le comte Daru, et faites-moi un rapport sur cet objet. La cavalerie saxonne ou allemande est bonne, tandis que l'infanterie est médiocre.

Je vous ai déjà mandé que je désirais que le contingent de Würzburg fût augmenté en cavalerie et diminué en infanterie.

NAPOLÉON.

D'après l'original. Archives des affaires étrangères.

20118. — AU PRINCE DE NEUCHÂTEL ET DE WAGRAM,
MAJOR GÉNÉRAL DE LA GRANDE ARMÉE, A DRESDE.

Dresde, 13 juin 1813.

Mon Cousin, donnez ordre à toute la cavalerie légère saxonne qui est avec le général Latour-Maubourg de se rendre à Gœrlitz, afin de pouvoir s'y recomposer. Instruisez de cette disposition l'aide de camp du roi de Saxe; faites connaître à cet aide de camp, qui remplit les fonctions de ministre de la guerre, que j'espère qu'au 15 juillet j'aurai à Gœrlitz deux divisions d'infanterie saxonne, formant 16,000 hommes présents sous les armes, et les régiments de cavalerie légère au complet. Il faudrait que chaque division eût deux batteries à pied de huit pièces chacune, savoir : six pièces de 6 et deux obusiers, ce qui ferait seize pièces par division ou trente-deux pièces pour les deux divisions; il faudrait qu'il y eût une batterie d'artillerie à cheval de six pièces, et enfin une batterie de réserve de six pièces de 12 et de deux obusiers, ou, s'il n'y a pas d'obusiers, de huit pièces de 12. Le général Reynier aurait donc quarante-six pièces de canon saxonnes portées au grand complet. Écrivez-lui pour lui faire connaître que son corps sera composé de deux divisions saxonnes, chacune de 8,000 hommes, et de la division Durutte, qui en a 6,000, ce qui fera 22,000 hommes d'infanterie; enfin de toute la cavalerie saxonne, qui, je suppose, ira de 2,500 à 3,000 chevaux: quant à l'artillerie, elle sera composée de deux batteries françaises de la division Durutte, seize pièces, de quatre batteries à pied saxonnes (deux par division), trente-deux pièces, de huit pièces de 12, réserve, d'une batterie à cheval saxonne, six pièces; en tout, soixante-deux bouches à feu.

Il est convenable que les divisions saxonnes aient leurs compagnies de sapeurs et leurs ambulances, de sorte que le corps du général Reynier soit de 25 à 30,000 hommes.

NAPOLÉON.

D'après l'original. Dépôt de la guerre.

20119. — AU GÉNÉRAL SAVARY, DUC DE ROVIGO,
MINISTRE DE LA POLICE GÉNÉRALE, À PARIS.

Dresde, 13 juin 1813.

Le ton de votre correspondance ne me plaît pas; vous m'ennuyez toujours du besoin de la paix. Je connais mieux que vous la situation de mon Empire, et cette direction donnée à votre correspondance ne produit pas un bon effet sur moi. Je veux la paix, et j'y suis plus intéressé que personne : vos discours là-dessus sont donc inutiles; mais je ne ferai pas une paix qui serait déshonorante, ou qui nous ramènerait une guerre plus acharnée dans six mois. Ne répondez pas à cela; ces matières ne vous regardent pas, ne vous en mêlez pas.

D'après la copie. Archives de l'Empire.

20120. — AU GÉNÉRAL LACUÉE, COMTE DE CESSAC,
MINISTRE DIRECTEUR DE L'ADMINISTRATION DE LA GUERRE, À PARIS.

Dresde, 13 juin 1813.

Il paraît qu'il se commet des vols dans les magasins de Münster; faites faire une enquête et de sérieux exemples. Ces gardes-magasins ne font que voler.

D'après la minute. Archives de l'Empire.

20121. — AU VICE-AMIRAL DUC DECRÈS,
MINISTRE DE LA MARINE, À PARIS.

Dresde, 13 juin 1813.

Je désire qu'au 15 septembre une vingtaine de mes frégates soient en appareillage, avec six mois de vivres et avec les instructions que vous jugerez les plus convenables, pour établir des croisières et faire le plus de mal possible à l'ennemi. Il faudra avoir soin de placer sur ces frégates les jeunes marins pour les former, en en retirant les vieux pour les mettre sur les vaisseaux. Adressez-moi tous les ordres nécessaires, de manière que je les reçoive à Dresde avant le 10 juillet, pour que je vous les renvoie signés, afin que la sortie de ces frégates n'éprouve aucun retard. Les Américains se plaignent de ce que nous n'envoyons pas de frégates pour fatiguer l'ennemi, et ils désireraient même que six de mes vaisseaux fussent envoyés dans leurs ports. Conférez là-dessus avec le ministre d'Amérique, quand il sera arrivé à Paris. Je ne verrais pas de difficulté à envoyer en Amérique six vaisseaux et à les vendre aux Américains pour ce qu'ils valent, ou bien à envoyer six de mes vaisseaux dans leurs ports, pourvu que ce fût une opération faisable et qui amenât un résultat. Mais vous savez que mon principe est de ne pas hasarder mes vaisseaux et de ne faire sortir que mes frégates, jusqu'à ce qu'il y ait plus d'équilibre entre les deux marines.

Quant à l'Escaut, mon intention est qu'une escadre de neuf vaisseaux sorte de l'Escaut pour se rendre à Brest ou à Cherbourg. A cet effet, si ces neuf vaisseaux ne pouvaient pas sortir avant les glaces de décembre, ils entreraient à Flessingue pour sortir entre deux glaces. Faites-moi connaître si cela peut se réaliser. J'attache la plus grande importance à cette opération. Mon premier intérêt maritime est d'avoir à Brest une flotte de vingt-cinq vaisseaux. Donnez des ordres pour que les deux vaisseaux qui sont à Lorient appareillent au mois de septembre pour se rendre également à Brest.

Quant à Cherbourg, je n'en entends plus parler, ce qui me fait supposer que le batardeau n'est pas encore ôté. Faites-moi connaître quand cette grande opération aura lieu et quand les quatre vaisseaux qui sont en construction à Cherbourg seront lancés à l'eau. Je mets aussi beaucoup d'importance à avoir une escadre de six à sept vaisseaux dans la rade de Cherbourg.

<small>D'après la minute. Archives de l'Empire.</small>

20122. — AU VICE-AMIRAL DUC DECRÈS,
MINISTRE DE LA MARINE, À PARIS.

Dresde, 13 juin 1813.

Monsieur le Duc Decrès, je vois avec plaisir que *le Régulus* a passé. Tâchez de faire également passer, d'ici au mois de septembre, cinq autres vaisseaux, afin qu'ils puissent appareiller en octobre pour se rendre à Brest. Je mets une grande importance à avoir à Brest une escadre de vingt vaisseaux. Si ces vaisseaux, par des circonstances quelconques, ne pouvaient entrer à Brest, ils pourraient se rendre à Cherbourg.

NAPOLÉON.

<small>D'après l'original comm. par Mme la duchesse Decrès.</small>

20123. — A FRÉDÉRIC, ROI DE WURTEMBERG,
À STUTTGART.

Dresde, 13 juin 1813.

Monsieur mon Frère, j'ai reçu les lettres de Votre Majesté du 5, du 6 et du 7 juin. J'ai donné ordre à mon ministre des relations extérieures de donner des passe-ports à la personne que Votre Majesté veut envoyer à Londres. Je ne pense pas qu'on soit dans le cas de faire avec succès des ouvertures de paix à l'Angleterre, qui a décliné celles que la Russie et la Prusse lui ont proposées, et qui paraît résolue à faire la paix sur des principes que ces puissances, qu'on ne soupçonnera pas de m'être favorables, ont trouvés tellement absurdes et tellement inadmissibles.

qu'elles n'ont pas voulu même les entendre. Dans le moment de leur enivrement, ces puissances ont proposé comme base de la paix le traité de Lunéville; l'Angleterre l'a rejetée avec indignation comme trop favorable à la France.

L'armistice n'est pas nécessairement suivi d'un congrès; je l'ai proposé, mais cela n'est pas encore éclairci. D'après mes propositions, les envoyés des puissances belligérantes y seraient appelés, et par conséquent le ministre de Votre Majesté.

NAPOLÉON.

D'après la copie comm. par le gouvernement de S. M. le roi de Wurtemberg.

20124. — AU MARÉCHAL DAVOUT, PRINCE D'ECKMÜHL,
COMMANDANT LE 1ᵉʳ CORPS DE LA GRANDE ARMÉE, À HAMBOURG.

Dresde, 15 juin 1813.

Mon Cousin, je vous ai fait connaître la nouvelle dislocation de votre corps en trois divisions. Je vous ai fait connaître mon intention que la 50ᵉ division, dite de Hambourg, fût augmentée du 33ᵉ léger, ce qui portera cette division à seize bataillons. J'ai ordonné qu'une batterie d'artillerie à pied et une batterie d'artillerie à cheval, en tout quatorze bouches à feu, fussent attachées à cette division. Je vous ai fait connaître par un de mes officiers d'ordonnance mon intention de mettre Hambourg dans un état respectable. Depuis, j'y ai envoyé le général d'artillerie Baltus et mon aide de camp le général Drouot. J'ai aussi ordonné qu'on dirigeât de Wesel sur Hambourg 200 milliers de poudre et tout ce qui est nécessaire pour l'armement de la place. Je vous envoie la copie d'une lettre que j'écris au ministre de la guerre[1].

Hambourg est beaucoup trop sur la gauche, et, en y laissant la 1ʳᵉ, la 2ᵉ, la 3ᵉ, la 3ᵉ *bis* et la 50ᵉ division, qui font soixante et quinze à quatre-vingts bataillons, cela me priverait de forces beaucoup trop considérables. Je vous enverrai donc probablement dans peu de jours l'ordre de réunir à Magdeburg la 1ʳᵉ et la 2ᵉ division, qui font trente

[1] Pièce n° 20125.

bataillons, avec deux batteries d'artillerie à cheval et une batterie de réserve sous les ordres du général Vandamme. Mon intention est de joindre à ce corps la division commandée par le général Teste; de sorte que le général Vandamme, à la rupture de l'armistice, se trouvera avec 25,000 hommes à deux journées en avant de Wittenberg et à deux journées de Berlin, outre les 6,000 hommes de cavalerie du duc de Padoue. Le corps du duc de Reggio est à Baruth et à Luckau, ce qui réunira sur ma gauche une cinquantaine de mille hommes. Pendant ce temps, vous occuperez Hambourg avec la 3ᵉ division, la 3ᵉ *bis*, la 50ᵉ et un corps danois de 15,000 hommes, ainsi que les postes les plus importants de la 32ᵉ division militaire, et, selon les forces qui vous seraient opposées, vous marcheriez dans le Mecklenburg, en prenant l'offensive; ou bien, si l'ennemi vous présentait des forces trop considérables, vous resteriez sur la défensive, et il faudrait même tout préparer pour qu'au besoin vous puissiez laisser la garde de Hambourg à 7 ou 8,000 hommes, y compris les douaniers, les gendarmes et les canonniers, et porter votre quartier général sur la rive gauche de l'Elbe, à Harburg ou à Lüneburg: ce qui vous laisserait dans la main toute la 3ᵉ division et une partie de la 3ᵉ *bis* pour défendre la rive gauche et vous opposer à toutes les tentatives de l'ennemi.

La possession de Hambourg est de la plus haute importance politique et d'une grande importance militaire; et je ne puis être tranquille sur ce point important que lorsque Hambourg pourra être regardé comme une place forte, qu'il sera approvisionné pour plusieurs mois et muni de tout ce qui est nécessaire pour la défense.

Le cas arrivant où la dislocation ci-dessus aurait lieu, vous conserveriez l'artillerie de la 3ᵉ division et l'artillerie de la 50ᵉ, avec une batterie de réserve; ce qui fait une quarantaine de bouches à feu, sans compter l'artillerie du corps danois.

Quant à la cavalerie, vous avez un millier de chevaux. Je viens de donner ordre au général Bourcier de vous envoyer un millier d'hommes de cavalerie légère, que vous ferez monter et équiper à Hambourg.

Pour les équipages militaires, les quatre compagnies des 10ᵉ et 12ᵉ bataillons qui seront les plus tôt prêtes suivront le corps du général Vandamme, qui fera au reste toujours partie du 1ᵉʳ corps, dont il sera un détachement. Je vous écris tout cela pour votre instruction.

L'officier d'ordonnance qui vous porte cette lettre est un officier d'artillerie ; faites-lui visiter la place, les îles et Harburg, voir l'armement, etc. Après cela, vous me le renverrez.

Écrivez par estafette à Wesel pour qu'avant le 15 juillet vous ayez à Hambourg les munitions et tout ce qui est nécessaire pour la défense. Prenez vos précautions pour qu'à cette époque les magasins soient en état.

NAPOLÉON.

D'après l'original comm. par Mᵐᵉ la maréchale princesse d'Eckmühl.

20125. — AU GÉNÉRAL CLARKE, DUC DE FELTRE,
MINISTRE DE LA GUERRE, À PARIS.

Dresde, 15 juin 1813.

Monsieur le Duc de Feltre, mon Ministre de la guerre, donnez ordre que 100,000 kilogrammes de poudre soient envoyés sans délai de Wesel sur Hambourg, et qu'on tire de Delft, des places de la Hollande et même de Magdeburg, sans cependant affaiblir cette dernière, tout ce qui sera nécessaire pour l'armement de Hambourg, où je désire avoir, avant le 10 juillet, cent cinquante pièces de canon placées sur les remparts et dans les batteries extérieures, approvisionnées à six cents coups, et au moins deux millions de cartouches et tout ce qui est nécessaire pour une longue défense.

Donnez ordre aussi qu'il y ait des approvisionnements pour dix mille bouches pendant six mois.

Vous rappellerez mes ordres précédents, pour que toutes les dépenses du génie, de l'artillerie et des approvisionnements soient faites aux dépens de la ville.

NAPOLÉON.

D'après la copie comm. par Mᵐᵉ la maréchale princesse d'Eckmühl.

20126. — AU GÉNÉRAL CAULAINCOURT, DUC DE VICENCE,
GRAND ÉCUYER DE L'EMPEREUR, À DRESDE.

Dresde, 15 juin 1813.

Je vous prie de me faire connaître tous les jours l'heure à laquelle est partie l'estafette de Paris et l'heure à laquelle elle arrive. Vous me remettrez les mêmes renseignements sur l'estafette de Neumarkt, de Hambourg et Magdeburg, et sur toutes les autres estafettes.

D'après la minute. Archives de l'Empire.

20127. — AU PRINCE DE NEUCHÂTEL ET DE WAGRAM,
MAJOR GÉNÉRAL DE LA GRANDE ARMÉE, À DRESDE.

Dresde, 16 juin 1813.

Mon Cousin, je reçois votre lettre du 15; je n'ai jamais ordonné que les soldats du 85° et du 108° fussent incorporés dans le 3° corps, cela serait absurde; si cela vous a été écrit, c'est par erreur; c'est dans le 1er corps qu'ils doivent l'être. Donnez ordre que ces hommes se rendent sur-le-champ à Wittenberg, en les faisant même embarquer sur l'Elbe pour qu'ils arrivent plus promptement, et que là ils soient incorporés dans les 2es bataillons de ces régiments. Les officiers et sous-officiers rentreront en France à leurs 5es bataillons.

Autrefois vous m'annonciez la réception de mes ordres, et alors je m'apercevais s'il y avait eu quelque erreur de copie.

NAPOLÉON.

D'après l'original. Dépôt de la guerre.

20128. — AU PRINCE DE NEUCHÂTEL ET DE WAGRAM,
MAJOR GÉNÉRAL DE LA GRANDE ARMÉE, À DRESDE.

Dresde, 16 juin 1813.

Mon Cousin, il est nécessaire de réunir à Zittau tous les Polonais qui sont à Wittenberg et à Erfurt et qui veulent servir, afin d'organiser le corps polonais. Il faut donc les remplacer dans les garnisons de Wittenberg et d'Erfurt. Faites-moi un rapport là-dessus.

NAPOLÉON.

D'après l'original. Dépôt de la guerre.

20129. — AU PRINCE DE NEUCHÂTEL ET DE WAGRAM,
MAJOR GÉNÉRAL DE LA GRANDE ARMÉE, À DRESDE.

Dresde, 16 juin 1813.

Mon Cousin, écrivez au roi de Bavière que j'ai vu avec plaisir qu'il formait un camp à Munich et que le général de Wrede en avait le commandement; que je désire être instruit de la force de ce camp, infanterie, cavalerie et artillerie; que je désire également que Kufstein soit en bon état, et qu'on fasse réarmer et mettre aussi Augsburg en état, de manière que cette ville soit à l'abri des partisans et d'un coup de main. Cela me paraît très-important.

NAPOLÉON.

D'après l'original. Dépôt de la guerre.

20130. — AU PRINCE DE NEUCHÂTEL ET DE WAGRAM,
MAJOR GÉNÉRAL DE LA GRANDE ARMÉE, À DRESDE.

Dresde, 16 juin 1813.

Mon Cousin, il manque au complet des équipages d'artillerie de l'armée quarante-six batteries, dont dix-huit de division, dix de réserve, dix-huit à cheval. Ces batteries seront fournies par les places ci-après désignées et d'après la répartition suivante, savoir :

Magdeburg, quatre batteries de division, trois de réserve et cinq à cheval. Des quatre batteries de division, deux sont pour la 5e division du 2e corps, qui les prendra à son passage, une est pour le 11e corps et une pour la division Teste. Des trois batteries de réserve, une est pour le 2e corps, qu'elle joindra avec la 5e division, deux sont pour le 11e corps, qui rendra au 6e corps la batterie qu'il a. Des cinq à cheval, une est destinée au 2e corps, qu'elle joindra avec la 5e division; une est pour le 11e corps, deux sont pour le 1er corps et une pour le 2e corps de cavalerie. Total, douze batteries.

Mayence doit fournir huit batteries de division, trois de réserve et huit à cheval. Les huit batteries de division sont pour le corps de Mayence. Des trois de réserve, une est pour le 4e corps et deux sont pour celui de Mayence. Des huit batteries à cheval, quatre sont pour le 3e corps de cavalerie, deux sont pour le 4ᵉ *idem* et deux sont pour le corps de Mayence. Total, dix-neuf batteries.

Wesel doit fournir cinq batteries de division, quatre de réserve et cinq à cheval. Des cinq batteries de division, une est destinée à la 50ᵉ division, une à la division Teste, une au 12ᵉ corps et deux au 2ᵉ corps avec la 6ᵉ division. Des quatre batteries de réserve, deux sont pour le 1ᵉʳ corps, une est pour le 2ᵉ et une pour le 12ᵉ. Des cinq batteries à cheval, deux sont destinées au 1ᵉʳ corps, une au 2ᵉ avec la 6ᵉ division, une au 12ᵉ corps et une à la 50ᵉ division.

Dresde fournira une batterie de division au 7ᵉ corps.

Au moyen de l'exécution de ces dispositions, l'artillerie de l'armée se trouvera complétée à cent huit batteries françaises et vingt-six étrangères; ce qui fait un total de neuf cent quatre-vingt-seize bouches à feu, sans comprendre l'artillerie de la Garde.

NAPOLÉON.

D'après l'original. Dépôt de la guerre.

20131. — A JÉRÔME NAPOLÉON, ROI DE WESTPHALIE,
À CASSEL.

Dresde, 16 juin 1813.

Mon Frère, je reçois votre lettre du 14 juin. Je ne trouve pas mauvais, il s'en faut, que, dans les circonstances où vous vous trouviez, vous ayez écrit au général Dombrowski et l'ayez détourné de sa route. Vous l'avez fait pour le général Teste, et je l'ai trouvé fort bien, et je le trouverai également bien dans toutes les occasions, puisque vous agissez avec connaissance de cause; mais, dans aucun cas, je ne saurais trouver bien que vous ayez donné un ordre en mon nom.

Des colonnes mobiles sont en marche de tous côtés pour saisir tout ce qui reste sur la rive gauche de l'Elbe, mon intention n'étant point de le laisser passer. Envoyez les renseignements que vous aurez au duc de Padoue, commandant le 3ᵉ corps de cavalerie à Leipzig, et au général Doucet, commandant à Erfurt.

NAPOLÉON.

D'après la copie comm. par S. A. I. le prince Jérôme.

20132. — A M. MARET, DUC DE BASSANO,
MINISTRE DES RELATIONS EXTÉRIEURES, À DRESDE.

Dresde, 17 juin 1813.

Monsieur le Duc de Bassano, faites partir sur-le-champ une personne du ministère des relations extérieures, pour se rendre comme chargé d'affaires auprès du prince de Dessau. Il surveillera en même temps les états des autres princes d'Anhalt. Il vous rendra compte de tout ce qui s'y fait et de tout ce qui se passe. Donnez-lui l'ordre de vous écrire à cet effet tous les jours par l'estafette. C'est un bon observateur que je veux placer là; il faut qu'il envoie des agents à Berlin pour être instruit de tout ce qui s'y passe. Ce chargé d'affaires doit être parti cette nuit à minuit.

NAPOLÉON.

D'après l'original. Archives des affaires étrangères.

20133. — AU PRINCE DE NEUCHÂTEL ET DE WAGRAM,
MAJOR GÉNÉRAL DE LA GRANDE ARMÉE, À DRESDE.

Dresde, 17 juin 1813.

Mon Cousin, écrivez au duc de Padoue d'envoyer des officiers au roi de Westphalie pour savoir où se trouvent les partisans. Il enverra des ordres au général Dombrowski pour battre le pays, à moins qu'il ne soit déjà en chemin sur Dresde.

NAPOLÉON.

D'après l'original. Dépôt de la guerre.

20134. — AU PRINCE DE NEUCHÂTEL ET DE WAGRAM,
MAJOR GÉNÉRAL DE LA GRANDE ARMÉE, À DRESDE.

Dresde, 17 juin 1813.

Mon Cousin, faites connaître au duc de Raguse que la solde va être payée pour deux mois; que le trésor est parti d'Erfurt, et qu'on l'attend à chaque instant; qu'en conséquence le payeur de son corps d'armée peut venir et faire ses préparatifs pour prendre ses fonds. Le duc de Raguse doit trouver d'ailleurs des ressources dans le pays pour les souliers et la réorganisation de son matériel et de son artillerie; qu'il donne des ordres à l'auditeur intendant du pays.

NAPOLÉON.

D'après l'original. Dépôt de la guerre.

20135. — AU PRINCE DE NEUCHÂTEL ET DE WAGRAM,
MAJOR GÉNÉRAL DE LA GRANDE ARMÉE, À DRESDE.

Dresde, 17 juin 1813.

Mon Cousin, écrivez au général Lapoype, ainsi qu'au gouverneur de Magdeburg, au prince d'Eckmühl et à tous les généraux des corps d'armée, que j'ai besoin d'avoir tous les jours le rapport de ce qui se passe dans leurs arrondissements et sur leurs frontières, d'être informé de tout ce qui arrive à leur connaissance, et principalement de tous les mouvements qui ont lieu sur la ligne de démarcation. Réitérez-leur l'ordre de ne laisser passer ni chevaux, ni bœufs, ni vivres, ni rien de ce qui peut être utile à l'armée.

NAPOLÉON.

D'après l'original. Dépôt de la guerre.

20136. — AU PRINCE DE NEUCHÂTEL ET DE WAGRAM,
MAJOR GÉNÉRAL DE LA GRANDE ARMÉE, À DRESDE.

Dresde, 17 juin 1813.

Mon Cousin, donnez ordre au prince de la Moskova, au duc de Trévise, au duc de Raguse, au duc de Reggio, au duc de Bellune, au duc de Tarente, au général Reynier, au général Lauriston, au général Bertrand, d'établir entre eux des postes de correspondance, de manière qu'ils s'écrivent journellement et soient instruits de tout ce qu'il y a de nouveau.

Mandez au duc de Tarente et au général Reynier l'heure de départ de l'estafette de Glogau à Haynau et de Liegnitz à Dresde, afin qu'ils puissent en profiter. Mandez la même chose au prince Poniatowski, afin qu'il puisse correspondre avec Breslau, Gœrlitz et Bautzen, afin qu'il soit instruit de tout ce qu'il y a de nouveau.

NAPOLÉON.

D'après l'original. Dépôt de la guerre.

20137.—AU PRINCE DE NEUCHÂTEL ET DE WAGRAM,
MAJOR GÉNÉRAL DE LA GRANDE ARMÉE, À DRESDE.

Dresde, 17 juin 1813.

Mon Cousin, écrivez au duc de Reggio que je lui accorde 300 quintaux de riz à prendre à Torgau. Mon intention est qu'une once par jour soit donnée aux soldats, comme remède contre la dyssenterie. Cela fera l'approvisionnement de son corps pendant trente jours. Écrivez la même chose au général Bertrand; que l'un et l'autre envoient prendre cet approvisionnement à Torgau. Écrivez au duc de Trévise que mon intention est qu'il donne tous les jours une once de riz aux soldats; il doit avoir son approvisionnement pour quarante jours. Écrivez la même chose au prince de la Moskova; il a avec lui 300 quintaux de riz, qu'il le fasse distribuer à raison d'une once par jour. Écrivez la même chose au duc de Raguse; je lui accorde 150 quintaux de riz à prendre à Torgau et 150 quintaux à prendre à Dresde; qu'il les envoie chercher. Écrivez la même chose au général Lauriston; on m'assure qu'il a 300 quintaux de riz. Faites connaître au duc de Dalmatie qu'il doit donner, des caissons de la Garde, une once de riz par jour à tous les soldats de la Garde qui sont à Dresde, et qu'il fasse son approvisionnement de manière qu'à dater du 20 de ce mois toute la Garde reçoive une once par jour jusqu'au 20 septembre.

NAPOLÉON.

D'après l'original. Dépôt de la guerre.

20138.—AU PRINCE DE NEUCHÂTEL ET DE WAGRAM,
MAJOR GÉNÉRAL DE LA GRANDE ARMÉE, À DRESDE.

Dresde, 17 juin 1813.

Mon Cousin, écrivez au duc de Padoue qu'il m'est revenu des plaintes graves sur sa conduite à Hanau; qu'il a reçu dans cette ville 10 louis par jour; que cette conduite est indigne de son rang et de la situation où il est placé; qu'il ne reçoive rien à Leipzig et qu'il ait sur-le-champ à renvoyer tout ce qu'il a reçu à ceux qui le lui ont payé. Écrivez-lui confidentiellement que cette conduite m'a fait beaucoup de peine, dans un moment où les peuples sont écrasés par le logement du soldat et par les frais de la guerre. Écrivez la même chose au duc de Castiglione; qu'il ne prenne rien et qu'il restitue l'argent reçu; que, dans l'état d'obération où sont les princes, ils tiennent compte de toutes les charges, et que cela m'est rapporté; enfin, de ne rien prendre et de veiller à ce qu'il ne soit rien pris.

NAPOLÉON.

D'après l'original. Dépôt de la guerre.

20139. — AU MARÉCHAL DAVOUT, PRINCE D'ECKMUHL,
COMMANDANT LE 1ᵉʳ CORPS DE LA GRANDE ARMÉE, À HAMBOURG.

Dresde, 17 juin 1813.

Mon Cousin, j'ai le plus grand besoin de riz; c'est le seul moyen d'empêcher la dyssenterie dans l'armée. Faites faire un marché avec les transports du commerce, et dirigez sur Dresde 5,000 quintaux de riz; envoyez-nous les 5,000 autres par eau. Comme je retire tous les approvisionnements de Magdeburg, ne perdez pas un moment à diriger les 50,000 quintaux de blé et de seigle sur Magdeburg.

Frappez une réquisition de 150,000 francs de médicaments et expédiez-les sur Dresde.

NAPOLÉON.

D'après l'original comm. par Mᵐᵉ la maréchale princesse d'Eckmühl.

20140. — AU MARÉCHAL DAVOUT, PRINCE D'ECKMÜHL,
COMMANDANT LE 1ᵉʳ CORPS DE LA GRANDE ARMÉE, À HAMBOURG.

Dresde, 17 juin 1813.

Mon Cousin, faites-moi connaître positivement quelle est la situation des troupes que vous avez devant vous : 1° les Suédois, où sont-ils, et à combien les évalue-t-on? 2° Czernitchef et Voronzof? ils étaient du côté de Leipzig dans les premiers jours de juin; 3° Tettenborn, Walmoden et les mauvaises troupes qu'ils ont ramassées?

NAPOLÉON.

D'après l'original comm. par Mᵐᵉ la maréchale princesse d'Eckmühl.

20141. — AU MARÉCHAL DAVOUT, PRINCE D'ECKMÜHL,
COMMANDANT LE 1ᵉʳ CORPS DE LA GRANDE ARMÉE, À HAMBOURG.

Dresde, 17 juin 1813.

Mon Cousin, je suis fâché que vous n'ayez pas fait partir la 5ᵉ division toute ensemble; nous sommes en temps de guerre, on doit bivouaquer tous les soirs. Vous ne me faites pas connaître si vous envoyez cette division avec ses deux batteries ou sans artillerie. Faites partir le 152ᵉ régiment sans délai. Les jeunes troupes sont très-bonnes et valent les anciennes. Je viens de renvoyer à leurs régiments à Wittenberg les détachements du 85ᵉ et du 108ᵉ qui étaient à Thorn. Il y a là de très-bons soldats.

NAPOLÉON.

D'après l'original comm. par Mᵐᵉ la maréchale princesse d'Eckmühl.

20142. — AU COMTE DARU,
DIRECTEUR DE L'ADMINISTRATION DE LA GRANDE ARMÉE, À DRESDE.

Dresde, 17 juin 1813.

Monsieur le Comte Daru, je résume tout ce que je vous ai dit dans mon travail de ce matin sur les subsistances : 1° Vous donnerez sur-le-champ des ordres pour que les 20,000 quintaux de farine qui sont à Erfurt soient expédiés sur Dresde, sans délai, et par les relais des charrois que j'ai établis, de sorte qu'il arrive 500 quintaux par jour. Il faudrait ainsi quarante jours pour faire venir les 20,000 quintaux. 2° Vous donnerez sur-le-champ des ordres pour que les 40,000 quintaux de farine qui sont à Magdeburg soient dirigés sans délai sur Dresde, par terre et par eau. Les transports par terre suivront la rive gauche. Envoyez, à cet effet, à Magdeburg un agent des transports. Vous me ferez connaître combien de bateaux il faudrait pour porter ces 40,000 quintaux. On ferait remonter tous les bateaux qu'on trouverait. Je suppose qu'ils portent chacun 500 quintaux; il en faudrait donc 40 pour apporter 20,000 quintaux; les 20,000 autres pourraient venir par terre, et, à raison de 500 quintaux par jour, il faudra également quarante jours. Le transport par terre devra se faire au moyen de marchés.

Ces deux moyens pris, il est nécessaire que vous fassiez passer un marché en Bohême, ou bien en Saxe, pour avoir 20,000 quintaux de farine, livrables à Dresde, à commencer le plus tôt possible, à raison de 500 quintaux par jour; ce qui, en quarante jours, assurerait l'arrivée à Dresde de 20,000 quintaux de farine de plus. Je sais qu'il se présente des entrepreneurs qui offrent de traiter pour 60 ou 80,000 quintaux; on pourrait accepter pour 20,000, s'ils consentaient à fournir sur-le-champ 100 quintaux par jour; on pourrait même faire en sorte qu'ils profitassent de la permission que nous avons de tirer des grains de la Bohême. Quant au prix à fixer, on pourrait prendre la valeur du quintal à Mayence, en y ajoutant 12 francs, ou bien le prix auquel il en vient de Bohême, plus les frais de transport et quelque chose pour la convenance.

Le million de rations de biscuit qui est à Erfurt sera, sans délai et de la même manière, dirigé sur Dresde. On fabriquera de plus chaque jour à Dresde 10,000 rations de biscuit, ce qui, dans les quarante jours de l'armistice, donnera 400,000 rations. Tous les bataillons d'équipages militaires qui partiront de Wesel ou de Mayence seront chargés de farine ou de riz. Toutes les farines qui arriveraient à Dresde de cette manière seront en sus des quantités indiquées ci-dessus.

Un quatrième moyen sera de faire passer un marché à Bamberg ou à Baireuth pour 10,000 quintaux qui seraient transportés à Dresde. Vous donnerez pour base du prix du quintal transporté à Dresde le prix de Mayence, plus 12 francs et la latitude de 3 francs pour la convenance. Cette nouvelle voie fournirait encore 500 quintaux par jour. Comme de raison, c'est de la farine et non du grain qu'il faut.

De cette manière j'aurai le 20 juillet à Dresde 80 à 100,000 quintaux de farine. Le pays devant me fournir à Dresde 30,000 rations de pain par jour, je suppose que, pendant ces quarante jours, je ne prendrai sur ce qui arriverait que 18,000 rations ou 200 quintaux par jour, ce qui ne ferait pas plus de 10,000 quintaux pour les quarante jours; en sorte qu'au moment de la rupture de l'armistice j'aurai à Dresde 1,400,000 rations de biscuit et 80 à 90,000 quintaux de farine. Dix ou douze jours avant la reprise des hostilités, où j'aurai arrêté définitivement mon plan de campagne, j'ordonnerai de transporter des farines sur Bautzen, Gœrlitz et Bunzlau. Indépendamment de cela, tous les caissons des corps d'armée arriveront à Dresde avant la fin de l'armistice, et repartiront chargés de farine afin de suivre leurs corps. Je suppose qu'il y a à l'armée des caissons pour porter 20,000 quintaux de farine.

Place de Glogau. — Vous avez autorisé un marché pour la fourniture de 20,000 quintaux à Glogau, ce qui, avec les 10,000 quintaux qui s'y trouvent, fournirait près de 3 millions de rations; en en laissant 1 million pour l'approvisionnement de la place, il y en aurait 2 qu'on pourrait prendre pour le service de l'armée. Vous donnerez ordre au commissaire ordonnateur de chaque corps de faire faire du biscuit et de prendre les mesures nécessaires pour qu'à la rupture de l'armistice chaque corps ait pour dix jours de biscuit, six jours de pain biscuité et quatre jours de pain, ce qui ferait vingt jours de vivres.

Riz. — Mon intention est que d'ici au 20 septembre, c'est-à-dire pendant trois mois, il soit donné à l'armée une once de riz par jour, moins comme nourriture que comme remède. Je calcule que cela exigerait 20,000 quintaux de riz. 1,000 quintaux existent à Glogau. La jeune Garde en a 300, ce qui assurera son service pendant trente jours. Vous prescrirez à l'ordonnateur de la jeune Garde de ne pas tenir ce riz en magasin et d'en donner une once par jour à chaque soldat. Vous ordonnerez la même chose à l'ordonnateur du 3e corps, qui doit en avoir aussi 300 quintaux. Vous pourriez tirer des 1,000 quintaux qui sont à Glogau ce qui serait nécessaire pour assurer le service du 2e corps, et suppléer à ce qui manquerait au 3e pour un mois. Sur les 700 quintaux qui sont à Torgau, vous en donnerez 300 au 12e corps, qui est à Luckau, et 300 au 4e corps, qui est à Sprottau, ce qui suffirait à ces deux corps pour un mois. Les 200 quintaux que la jeune Garde a à Dresde serviront à la vieille Garde et à la jeune Garde campées devant cette ville. Donnez ordre que les 1,300 quintaux qui sont à Erfurt et les 1,200 quintaux qui sont à Magdeburg soient sans délai dirigés sur Dresde. Il faudra de plus conclure à Dresde des marchés pour la fourniture de 10,000 quintaux, pourvu que le prix ne passe pas 60 francs par quintal. Si vous ne pouviez conclure à ce prix, vous feriez un marché pour 1,000 quintaux au prix de 70 francs. Ces 1,000 quintaux seraient versés à 200 quintaux par jour, en commençant le plus tôt possible; cela servira pour le 6ᵉ corps ainsi que pour le 11ᵉ et le 5ᵉ corps. Cela assurerait leur service pendant un mois, et, pendant ce temps, les 1,300 quintaux d'Erfurt et les 1,200 quintaux de Magdeburg arriveraient.

Ainsi, en récapitulant, il y a : 300 quintaux de la jeune Garde ; 300 du 3ᵉ corps ; 500 à prendre sur les 1,000 qui sont à Glogau ; 700 à Torgau : 200 de la Garde à Dresde ; 1,000 à acheter à Dresde, à quelque prix que ce soit ; 1,300 venant d'Erfurt ; 1,200 venant de Magdeburg ; total, 5,500 quintaux, qui pourront suffire à 300,000 hommes pendant trente jours. Comme le besoin est de 20,000 quintaux, il reste 14,500 quintaux à vous procurer. Donnez des ordres pour qu'il soit sur-le-champ passé des marchés à Francfort et à Mayence jusqu'à la concurrence de 5,000 quintaux, au prix de 40 à 45 francs par quintal, et qu'ils soient envoyés, par les relais établis, à Erfurt et de là à Dresde. J'en ai requis 10,000 quintaux à Hambourg ; donnez ordre que 5,000 de ces quintaux soient aussitôt chargés, au moyen de marchés passés avec les entrepreneurs des transports du commerce, et dirigés sur Dresde ; les 5,000 autres quintaux seront transportés par eau sur Magdeburg. 5,000 quintaux pourraient être achetés à Bamberg, Nuremberg, etc. pourvu que, rendus à Dresde, ils ne reviennent qu'à 60 francs le quintal. Enfin ordonnez qu'à Leipzig on mette la main sur tous les magasins de riz, et tout ce qui sera possible sera dirigé sur Dresde, sauf à le payer après. J'ordonne que, s'il se trouvait à Hambourg plus de 10,000 quintaux de riz, on mette la main sur tout celui qui y existe, et qu'on en requierre 5,000 quintaux à Bremen. Tout cela sera dirigé sur Dresde.

La santé du soldat doit passer avant les calculs d'économie ou toute autre considération. Le riz est le meilleur moyen de se mettre à l'abri des diarrhées et des dyssenteries.

MAGDEBURG. — La place de Magdeburg se trouvera ainsi épuisée, mais tout y sera remplacé par les 50,000 quintaux de grains que j'ai requis à Hambourg et les 50,000 quintaux requis dans la 32ᵉ division militaire, qui y seront transportés, ainsi que la moitié des 10,000 quintaux de riz que j'ai requis à Hambourg. L'eau-de-vie, le rhum et le vin requis à Hambourg y seront également transportés.

ERFURT. — Erfurt se trouverait aussi au dépourvu. Il est du plus grand intérêt militaire que j'aie toujours à Erfurt 500,000 rations de biscuit et 10,000 quintaux de farine. Pour y pourvoir, le commissaire ordonnateur des subsistances tiendra conseil avec les agents des subsistances, et, sur leur rapport, vous adopterez un des partis suivants, selon que vous le jugerez le plus convenable : faire venir de Mayence 10,000 quintaux de farine qui y sont, les 2,000 quintaux qui sont à Fulde et les 1,000 quintaux qui sont à Francfort, et enfin les 10,000 quintaux qui sont à Wesel; ou bien passer un marché pour faire acheter ces 23,000 quintaux, en tout ou en partie, dans le royaume de Westphalie ou en Saxe. Choisissez ce qui sera le plus sûr et le plus économique, mais que votre décision soit prise, et vos ordres partis demain, avant midi. Il faut aussi qu'il y ait toujours à Erfurt 1,000 quintaux de riz.

Bœufs. — On fera venir de Magdeburg les bœufs qui s'y trouvent pour l'approvisionnement de siége, puisque je suppose qu'il y a assez de viande salée pour les subsistances d'une garnison de 10,000 hommes pendant trois mois. D'ailleurs, on pourrait les faire remplacer, si c'était nécessaire, sur les 6,000 bœufs requis dans la 32e division militaire. On pourra aussi faire venir les bœufs qui sont à Erfurt, en les remplaçant par un marché fait en Westphalie. Enfin il sera pris des mesures pour que le pays fournisse tous les jours à Dresde 30,000 rations de viande. Faites-moi connaître si tous ces moyens réunis peuvent suffire pour les besoins. Il faudrait, indépendamment du service courant, avoir à Dresde une réserve de 2 ou 3 millions de rations, ce qui exige 4 ou 5,000 bœufs. Le commissaire ordonnateur des subsistances se concertera là-dessus avec les agents de cette partie, et, sur son rapport, vous arrêterez les mesures les plus propres à arriver à ce résultat; mais il est nécessaire que, dès demain, tous les ordres d'exécution soient partis.

NAPOLÉON.

D'après la copie comm. par M. le comte Daru.

20143. — DÉCISION.

Dresde, 17 juin 1813.

Le bourgmestre de Naumburg demande que les troupes qui vont à Leipzig ou en viennent changent de direction pendant la durée de la foire annuelle, du 20 juin au 10 juillet, le gain des habitants consistant dans les locations qu'ils font aux marchands et aux étrangers.

Approuvé. On fera connaître au bourgmestre que je suis bien aise de donner ce témoignage à la ville de Naumburg, qui s'est fort bien comportée.

NAPOLÉON.

D'après l'original. Dépôt de la guerre.

20144. — A JÉRÔME NAPOLÉON, ROI DE WESTPHALIE,
À CASSEL.

Dresde, 17 juin 1813.

Mon Frère, je reçois votre lettre du 14 juin. Je ne vois pas de difficulté à ce que vous veniez à Dresde. Cependant, pour éviter tout cérémonial à la cour de Saxe, il faut y venir incognito.

NAPOLÉON.

D'après la copie comm. par S. A. I. le prince Jérôme.

20145. — AU PRINCE DE NEUCHÂTEL ET DE WAGRAM,
MAJOR GÉNÉRAL DE LA GRANDE ARMÉE, À DRESDE.

Dresde, 18 juin 1813.

Mon Cousin, vous donnerez ordre au général Vandamme de partir de Hambourg le 25 pour se rendre à Magdeburg, où il établira son quartier général. Il mènera avec lui, 1° une des deux batteries d'artillerie à cheval attachées au 1er corps; 2° une des deux batteries de 12 attachées au 1er corps; 3° les 1ers et 4es bataillons des régiments qui composent la 1re division; les 1ers et 4es bataillons des régiments qui composent la 2e division.

1re division. — 7e d'infanterie légère, 12e, 21e, 17e, 30e d'infanterie de ligne.

2e division. — 13e léger, 25e, 33e, 57e, 85e de ligne.

La 2ᵉ division se réunira à Magdeburg, la 1ʳᵉ à Wittenberg; le quartier général sera à Magdeburg. En conséquence, les 2ᶜˢ bataillons qui sont à Wittenberg des 13ᵉ d'infanterie légère, 25ᵉ, 33ᵉ, 57ᵉ, 85ᵉ de ligne, se rendront à Magdeburg pour y attendre les 1ᶜʳˢ et 4ᶜˢ bataillons de ces mêmes régiments et former la 2ᵉ division. Les 1ᶜʳˢ et 4ᶜˢ bataillons des 7ᵉ léger, 12ᵉ, 17ᵉ, 21ᵉ et 30ᵉ de ligne, se rendront à Wittenberg; les 2ᶜˢ bataillons attendront dans cette place les 1ᶜʳˢ et 4ᶜˢ.

Les 2ᶜˢ bataillons des 15ᵉ léger, 48ᵉ, 61ᵉ, 108ᵉ et 111ᵉ de ligne, partiront vingt-quatre heures après la réception du présent ordre, soit de Wittenberg, soit de Magdeburg; ils formeront une seule brigade et se rendront à Hambourg. Il y aura donc à Hambourg :

1° La 50ᵉ division ou division de Hambourg, qui est aujourd'hui de 5,000 hommes;

2° La 3ᵉ division, savoir : 15ᵉ d'infanterie légère, quatre bataillons; 48ᵉ, 61ᵉ, 108ᵉ, 111ᵉ d'infanterie de ligne, seize bataillons; total, vingt bataillons;

3° La division *bis* composée des 3ᶜˢ bataillons des 7ᵉ léger, 12ᵉ, 17ᵉ, 21ᵉ et 30ᵉ de ligne, qui formeront une brigade, et des 3ᶜˢ bataillons des 13ᵉ léger, 25ᵉ, 33ᵉ, 57ᵉ et 85ᵉ de ligne, qui formeront une 2ᵉ brigade.

Le prince d'Eckmühl formera la 3ᵉ division, qui se trouvera ainsi à trois brigades. En conséquence, il aura sous ses ordres, à Hambourg, la division de Hambourg, qui, après l'incorporation des bataillons de marche, doit être, comme je l'ai dit plus haut, de 5,000 hommes; la 3ᵉ division, c'est-à-dire vingt bataillons ou 12,000 hommes; la 3ᵉ division *bis*, dix bataillons ou 6,000 hommes; total, 23,000 hommes.

Artillerie. — Deux batteries de la 3ᵉ division, seize pièces; une batterie de la 50ᵉ, huit pièces; une batterie à cheval de la 50ᵉ, six pièces; une des batteries à cheval du corps d'armée, six pièces; une batterie de réserve du corps d'armée, huit pièces; total, quarante-quatre pièces.

Le général Vandamme aura à Magdeburg : la 1ʳᵉ division, quinze bataillons; la 2ᵉ division, quinze bataillons. La division Teste tiendra garnison à Magdeburg jusqu'à nouvel ordre.

Artillerie. — 1ʳᵉ division, seize pièces; 2ᵉ division, seize pièces; artillerie à cheval, six pièces; artillerie de réserve, huit pièces; total, quarante-six pièces; plus les seize pièces de la division Teste. Total général, quarante bataillons ou 24,000 hommes et soixante-deux pièces.

Ce corps sera appelé corps du général Vandamme; mais il fera toujours partie du 1ᵉʳ corps. Il aura pour commandant d'artillerie le général Baltus. Le commandant du génie y enverra un chef de bataillon, deux officiers du génie pour chaque division et deux compagnies de sapeurs. Il y aura en outre un ordonnateur du 1ᵉʳ corps et un payeur.

Le général Jouffroy commandera l'artillerie de la partie du corps qui est sous les ordres du prince d'Eckmühl, et il sera spécialement chargé de la défense de Hambourg.

Vous donnerez ordre au colonel du génie Deponthon de se rendre à Hambourg; il aura le commandement supérieur du génie, et, en cas d'événement, il resterait dans la place.

Vous prendrez les mesures nécessaires pour que ces ordres s'exécutent avec la plus grande activité.

Donnez des ordres pour que le prince d'Eckmühl réunisse à Hambourg et Harburg toute la division de Hambourg; qu'il réunisse sa 3ᵉ division de vingt bataillons en avant de Hambourg; qu'il réunisse la 3ᵉ division *bis* à Lüneburg, en laissant deux bataillons sur la côte; qu'il borde toute la rive gauche de l'Elbe. Mon intention est qu'avec ce corps d'armée et les Danois il puisse prendre l'offensive dans le Mecklenburg, aussitôt que l'armistice viendrait à être rompu. Il n'a pas encore envoyé l'état de situation de la division danoise, infanterie, cavalerie, artillerie.

Comme la 3ᵉ division est actuellement de vingt bataillons, il est maître d'y mettre le général Loison et de mettre le général Thiebault à la 3ᵉ *bis*. Je le laisse maître également de scinder la 3ᵉ division, de manière à avoir trois divisions de dix bataillons chacune, mais ce ne serait que pour le service et non pour l'organisation : ou bien il peut mettre quatre bataillons de la 3ᵉ division avec la 3ᵉ *bis*, de manière que la 3ᵉ division se trouve être de seize bataillons et la 3ᵉ *bis* de quatorze.

NAPOLÉON.

D'après l'original. Dépôt de la guerre.

20146. — AU PRINCE DE NEUCHÂTEL ET DE WAGRAM,
MAJOR GÉNÉRAL DE LA GRANDE ARMÉE, À DRESDE.

Dresde, 18 juin 1813.

Mon Cousin, je vois par les lettres du duc de Bellune que l'ennemi se refuse à évacuer la ville de Krossen et tout son territoire situé sur la rive gauche de l'Oder. Les commissaires de Neumarkt ont répondu aux réclamations du duc de Bellune que « les prétentions des ennemis étaient fondées. » Ces commissaires n'ont donc pas compris le paragraphe de l'article IV du traité d'armistice, qui dit positivement : « Depuis l'embou-« chure de la Katzbach, la ligne de démarcation suivra le cours de l'Oder « jusqu'à la frontière de Saxe et de Prusse, etc. »

Ainsi donc la frontière de Saxe et de Prusse sur l'Oder commençant à un point situé entre Niemaschkleba, en Saxe, et Neuendorf, dans le territoire de Krossen, il est bien facile de se convaincre, à l'inspection de la carte, que la ligne d'armistice suit le cours de l'Oder jusque vers Niemaschkleba, et que par conséquent Krossen et son territoire sur la rive gauche de l'Oder doivent être remis aux troupes du duc de Bellune. Écrivez dans ce sens aux commissaires de Neumarkt pour que ces difficultés soient levées.

NAPOLÉON.

D'après l'original. Dépôt de la guerre.

20147. — AU PRINCE DE NEUCHÂTEL ET DE WAGRAM,
MAJOR GÉNÉRAL DE LA GRANDE ARMÉE, À DRESDE.

Dresde, 18 juin 1813.

Mon Cousin, répondez au général Haxo de ne point s'occuper de la construction d'une place à l'embouchure du canal de Plauen, sur la rive gauche de l'Elbe, puisque les localités s'y opposent; mais que mon intention est, aussitôt que nous serons maîtres de la rive droite, d'y faire construire cette place, en l'établissant au point d'intersection et en occupant la rive gauche par une tête de pont. Ainsi les travaux doivent être ajournés. Si les localités ne sont pas plus favorables pour la place à établir à l'embouchure du Havel, il faudra aussi l'ajourner. Faites connaître en même temps au général Haxo que je l'ai nommé commandant du génie de ma Garde, et que, aussitôt qu'il aura tracé à Hambourg les ouvrages et résolu les principales questions, mon intention est qu'il se rende à Wittenberg pour y étudier les ouvrages à faire pour faire de Wittenberg une grande place. Le tracé de l'enceinte est très-défectueux. J'ai ordonné pour le moment qu'on se contentât de la couvrir par un chemin couvert; qu'on relevât de petites lunettes; qu'on augmentât l'échantillon et le profil de la place, et qu'on établît des blindages dans l'intérieur pour les besoins de la garnison. Faites-lui connaître que, aussitôt que les ouvrages seront construits, mon intention est qu'on y établisse des couronnes ou tous autres ouvrages dans le genre de ceux d'Alexandrie, de manière que cette place offre une résistance de quarante jours.

Je sais que ces travaux seront considérables, mais cela se fera successivement et avec le temps. Le général Haxo devra rester plusieurs jours à Wittenberg, pour bien étudier le terrain et bien asseoir son opinion.

NAPOLÉON.

D'après l'original. Dépôt de la guerre.

20148. — AU GÉNÉRAL COMTE SORBIER,
COMMANDANT L'ARTILLERIE DE LA GRANDE ARMÉE, À DRESDE.

Dresde, 18 juin 1813.

J'ai le plus grand besoin de fusils. Le corps polonais en a laissé 10,000 aux environs de Cracovie; j'ai donné des ordres pour les faire venir le plus tôt possible. Envoyez un officier à Zittau pour se concerter avec le prince Poniatowski, afin qu'ils viennent en toute diligence.

On a dû ramasser à Lützen des fusils; envoyez-les à Wittenberg pour les faire réparer. Faites venir au plus tôt 10,000 baïonnettes pour donner aux soldats qui en manquent.

Envoyez des officiers d'artillerie avec de l'argent pour faire venir au plus tôt des fusils en poste, de manière qu'ils arrivent en six jours au lieu de dix-huit.

Écrivez au roi de Westphalie pour obtenir 10,000 fusils et autant de baïonnettes.

Donnez des bons pour qu'il soit délivré en France le même nombre de fusils et de baïonnettes.

Il y a 5,000 fusils à Strasbourg; envoyez des officiers d'artillerie pour les faire venir jour et nuit.

J'ai besoin de 30,000 fusils, savoir: 5,000 à Erfurt; 15,000 à Dresde; 5,000 à Wittenberg; 5,000 à Magdeburg. Au moment où les hostilités recommenceraient, j'aurais 30,000 hommes sans fusils.

J'ai besoin à Dresde de 1,000 cuirasses et de 500 casques de cuirassiers; écrivez à Mayence pour les faire venir.

Écrivez de même à Wesel pour mettre en mouvement tout ce qu'il y a de fusils, dont j'ai le besoin le plus pressant.

Écrivez au ministre du roi de Wurtemberg pour obtenir, s'il se pouvait, d'envoyer 1,000 fusils, que l'on ferait partir par un convoi; on les ferait rendre à Strasbourg et on en payerait les frais de transport.

Écrivez la même chose au roi de Bavière.

Faites venir une compagnie d'armuriers de France; établissez-en à Erfurt, à Wittenberg, à Magdeburg.

Le prince d'Eckmühl a retiré 5,000 fusils du désarmement de Hambourg. Écrivez pour qu'on en fasse venir à Dresde 2,500, en faisant un marché pour les transports.

D'après la minute. Archives de l'Empire.

20149. — AU GÉNÉRAL CLARKE, DUC DE FELTRE,
MINISTRE DE LA GUERRE, À PARIS.

Dresde, 18 juin 1813.

Monsieur le Duc de Feltre, j'ai pris un décret pour l'organisation du corps d'observation de Mayence, qui prendra le titre de corps d'observation de Bavière. Vous verrez que ce corps sera de six divisions, faisant soixante et dix bataillons; sur ce nombre, vous êtes chargé d'en choisir six parmi les cadres revenant d'Espagne. Cela fera 54,000 hommes d'infanterie, et, en y joignant une division bavaroise de 6,000 hommes, 60,000 hommes.

Quant à la cavalerie, vous verrez que j'y ai placé les 13e et 14e de hussards. Proposez-moi les moyens d'y mettre deux régiments de cuirassiers ou dragons.

J'ai nommé le général de division Milhaud pour aller prendre le commandement de cette cavalerie.

L'artillerie est fixée à cent vingt pièces; mais pour le moment on commencera par en organiser soixante et seize, aux termes de l'article 5 du décret. Le reste sera envoyé à mesure qu'on aura eu le moyen de l'organiser.

NAPOLÉON.

D'après la copie. Dépôt de la guerre.

20150. — AU VICE-AMIRAL DUC DECRÈS,
MINISTRE DE LA MARINE, À PARIS.

Dresde, 18 juin 1813.

Monsieur le Duc Decrès, les ennemis ont fait de grands travaux à Hambourg, on travaille avec la plus grande activité à les compléter. Hambourg est désormais une place forte. J'y ai nommé le général Hogendorp gouverneur, et j'y place une garnison de 10 à 12,000 hommes. J'y aurai un arsenal de construction de terre. Je veux qu'il y ait un contre-amiral, qui se renfermera au besoin dans la place et sera sous les ordres du gouverneur. Ce contre-amiral aura un équipage de flottille que vous compléterez à 1,000 hommes, tous Français ou Italiens; en cas de siége, il défendra la communication avec Harburg et les passes, et une partie servira comme canonniers. Mon intention est qu'il soit établi à Hambourg une administration de la marine, et un petit arsenal de construction pour la construction de bricks, canonnières et péniches. A cet effet, vous y enverrez des compagnies d'ouvriers de 150 hommes chacune, que vous tirerez d'Anvers; les trois quarts devront être Français, mais l'autre quart pourra être Hollandais. Recommandez de n'admettre sur la flottille aucun homme de la 32e division militaire. Tous les malheurs de cette division sont provenus de ce que j'ai tardé de faire fortifier Hambourg. Faites-moi connaître le jour où la flottille sera réorganisée, l'arsenal établi, l'administration installée. Expédiez dans les vingt-quatre heures des ordres pour que les employés et les marins nécessaires partent sur-le-champ d'Anvers, de Boulogne, du Havre et de Cherbourg. Il faudra organiser à Hambourg une maistrance, toute composée de Français, pilotes, voiliers, charpentiers, etc.

NAPOLÉON.

D'après l'original comm. par Mme la duchesse Decrès.

20151. — AU COMTE MOLLIEN,
MINISTRE DU TRÉSOR PUBLIC, À PARIS.

Dresde, 18 juin 1813.

Monsieur le Comte Mollien, je reçois votre lettre du 12 juin. Je ne suis et n'ai jamais été de votre opinion sur les bons de la caisse d'amortissement. Le comte Daru a dû déjà vous écrire sur cet objet. Je pense que la meilleure de toutes les choses, c'est de payer tout argent comptant; mais qu'il y a beaucoup moins d'inconvénients pour le service et le crédit à payer en bons qui sont admissibles en acquisition de domaines et en droits de douanes qu'à retarder les payements, et que, dans l'état actuel des choses, il n'y a pas de meilleur payement que les bons de la caisse d'amortissement. Si vous en aviez mis pour 60 ou 80 millions sur la place, le public s'y serait accoutumé. Le cours m'importe peu, parce qu'il ne peut avoir une influence sérieuse sur un papier qui est remboursable dans un an ou dans deux, qui porte intérêt à 5 pour 100 et qui est admissible en acquisition de domaines et en droits de douanes. Un pareil papier ne se dégrade jamais. Il est possible qu'il perde plus ou moins : l'argent ne perd-il pas contre l'or? et cette perte est quelquefois considérable quand il y a de grands besoins; cela ne fait rien cependant à la valeur de l'argent. La cote de la Bourse ne représente pas plus la valeur réelle de l'argent que celle des 5 pour 100. Il y a des moments où le besoin d'argent fait mettre en vente du 5 pour 100, mais qu'est-ce que le nombre des inscriptions qui se négocient en comparaison de la masse existante? Ce n'est qu'un mouvement sur la surface de l'eau et qui n'en trouble en rien le fond. L'homme sensé qui a ses capitaux en 5 pour 100 en retire exactement les intérêts et s'inquiète peu des mouvements de la Bourse. Toutefois il y a cette différence : c'est qu'on a vu les 5 pour 100 tombés à 80 et que beaucoup d'individus qui voudraient réaliser dans un an ou deux pourraient craindre que pareille chose n'arrivât; au lieu qu'avec des bons de la caisse d'amortissement on a l'assurance d'être remboursé argent comptant dans un an ou deux, et que d'ici à cette époque ces bons peuvent être admis en payement de domaines ou en droits de douanes. Occupez-vous moins de leur dépréciation; allez hardiment; laissez coter la Bourse et accoutumez le public à ces bons par une émission de 40 à 50 millions. Surtout envoyez-en dans les départements; faites que l'administration de la guerre ne doive jamais rien aux hospices; qu'elle ne doive rien aux départements et aux communes pour des réquisitions; que le ministre de la guerre paye avec cette monnaie tout ce qu'il doit pour des indemnités de terrain et pour diverses fournitures faites par les départements; que tout l'arriéré de l'habillement, tout ce qui est dû pour les transports militaires, soit payé là-dessus. De cette manière les fournisseurs, qui seront payés plus exactement, auront plus de crédit, feront mieux leur service, et dès lors tout le monde y gagnera.

NAPOLÉON.

D'après l'original comm. par Mme la comtesse Mollien.

20152. — A EUGÈNE NAPOLÉON,
VICE-ROI D'ITALIE, À MILAN.

Dresde, 18 juin 1813.

Mon Fils, je vous envoie un décret que je viens de rendre. Le ministre de la guerre vous l'expédiera, mais je vous le communique directement pour que vous le mettiez sur-le-champ en exécution. Vous verrez que le corps d'observation de Vérone prend le titre de corps d'observation d'Italie. Il ne vous échappera point que j'ai formé la 7ᵉ division, ou division de réserve, de six bataillons qui sont en Bretagne et de huit bataillons napolitains, c'est-à-dire de bataillons fort éloignés. J'ai placé dans les quatre premières divisions les bataillons qui sont en Provence, mais je les ai répartis de manière qu'au 1er juillet vous pourrez avoir vos six divisions, sinon à quatorze bataillons, au moins à onze ou douze chacune. Des divisions de douze bataillons suffisent à la rigueur pour faire la guerre en Italie, puisque cela fait un effectif de plus de 8,000 hommes présents sous les armes. D'ailleurs, il importe surtout que les Autrichiens voient le plus grand nombre de divisions qu'il est possible : ce nombre est la première chose dont ils seront instruits, et cela donne en outre les moyens d'organiser convenablement l'état-major, l'artillerie et le génie.

Il faudra commencer par mettre une batterie d'artillerie à pied à chaque division ; ensuite on organisera une batterie de réserve et une batterie d'artillerie à cheval ; ensuite la seconde batterie à pied de chaque division, les autres batteries à cheval et la seconde batterie de réserve.

On n'a pas besoin en Italie d'équipages militaires ; je m'en suis toujours passé ; il vous suffira d'avoir une compagnie avec ses quarante caissons pour vos ambulances. Vous pourrez, à cet effet, arrêter tout ce qui n'a pas passé Vérone ; vous écrirez à Turin et à Florence pour savoir ce qui y reste et ce qu'on pourra y organiser. Vous organiserez également une ou deux compagnies pour le royaume d'Italie.

Le général Grenier, que je crois en Italie, prendra d'abord le commandement. Je vais penser à vous envoyer deux autres lieutenants généraux, afin que vous ayez deux généraux supérieurs pour commander deux corps séparés. Je vous ai envoyé le général Peyri. Il est bien important d'avoir le général Palombini ; je réitère l'ordre qu'il se rende en Italie. Je suppose que le général Pino pourra commander la garde. Le général d'Anthouard pourra commander l'artillerie. Si toute cette armée se trouve telle que je l'ai organisée par mon décret, elle vous donnerait un effectif de 75,000 hommes d'infanterie et de 5,000 hommes de cavalerie, et avec 5,000 hommes d'artillerie et du génie ce serait une armée de 85,000 hommes. Je mande au ministre de la guerre de compléter en France huit ou dix bataillons, qui vous seront également envoyés ; car il m'est revenu beaucoup de cadres d'Espagne et j'ai encore beaucoup d'hommes dans les dépôts. Le plus faible dans tout cela, c'est la cavalerie. J'ai envoyé en Italie le général Guyon, que vous connaissez et qui a l'habitude de servir sous vos ordres, pour commander une partie de la cavalerie. Je vous enverrai un général de division de cavalerie. J'ai aussi demandé au ministre de la guerre de voir à vous composer un second régiment français de 1,000 hommes de cavalerie. Je n'ai pas compris dans l'organisation de ce corps les régiments croates ni les régiments étrangers.

Si cependant l'Autriche cessait de nous donner des inquiétudes et que ce corps dût venir en Allemagne, il en serait autrement. D'abord il n'aurait point de division italienne, parce que je préférerais de laisser les troupes italiennes en Italie pour bien se former. Je laisserais la plupart des demi-brigades provisoires en Provence et en Bretagne, et je ferais seulement venir, sous le commandement du général Grenier, trois divisions fortes de quarante-deux bataillons, savoir : le 9ᵉ de ligne, trois bataillons; le 35ᵉ, trois; le 84ᵉ, trois; le 92ᵉ, trois; le 53ᵉ, trois; le 106ᵉ, trois; le 42ᵉ, deux; le 102ᵉ, deux; les six bataillons de la division Durutte; deux bataillons croates; deux bataillons dalmates; la 28ᵉ demi-brigade provisoire, trois bataillons; la 29ᵉ, trois; la 30ᵉ, quatre; parce que tous les détachements qui composent ces demi-brigades ont des bataillons à l'armée. Cela ferait ainsi quarante-deux bataillons, trois divisions à quatorze bataillons chacune. Ce corps partirait de Vérone, fort de 34,000 hommes d'infanterie. Son artillerie serait alors de deux batteries d'artillerie à cheval françaises ou douze pièces, six batteries de division françaises ou quarante-huit pièces, et deux batteries de réserve ou seize pièces, total soixante et seize pièces françaises. Il aurait une compagnie des équipages militaires avec ses quarante caissons. La cavalerie serait d'un régiment de cavalerie italienne de 1,000 hommes et d'un régiment français aussi de 1,000 hommes. Cela ferait en tout un corps d'une quarantaine de mille hommes, et vous auriez en Italie l'armée italienne et tous les autres bataillons.

J'ai donné ordre que les six cadres des compagnies qui étaient à Glogau, ainsi que ce qui appartient à la garde italienne, partent pour se rendre en Italie.

Napoléon.

<small>D'après la copie comm. par S. A. I. Mme la duchesse de Leuchtenberg.</small>

20153. — A FRÉDÉRIC VI, ROI DE DANEMARK,
À COPENHAGUE.

Dresde, 18 juin 1813.

Monsieur mon Frère, j'ai vu avec plaisir qu'au milieu des vicissitudes de la politique les sentiments de Votre Majesté pour moi ont été invariables. Les mauvaises dispositions de la Suède envers la France sont le résultat du refus que j'ai fait constamment d'adhérer à la spoliation de la Norvége. Lorsque, depuis, des événements malheureux obligèrent mes troupes de repasser l'Elbe, et que Votre Majesté me fit connaître son désir de traiter avec l'Angleterre, j'y ai adhéré; mon alliance lui aurait été funeste, et j'ai été le premier à désirer qu'elle fît tout ce qui pouvait assurer l'intégrité de ses états. J'ai rendu à Votre Majesté les quatre équipages danois qu'elle avait mis à ma disposition dans un moment où j'avais lieu de craindre qu'elle ne dirigeât sa politique contre la France. Mais les événements ont été plus loin; les troupes de Votre Majesté ont violé le territoire français. Depuis lors, les explications qui m'ont été données par le président de Kaas et la lettre de Votre Majesté m'ont entièrement satisfait et ont éloigné toute espèce de ressentiment. Votre Majesté a tout réparé, en faisant remettre ses troupes à la disposition de mes généraux. Elle peut donc compter sur mes sentiments.

Toutefois Votre Majesté doit sentir que les relations entre les états s'établissent par des traités; que je ne puis considérer le dernier comme existant, puisque Votre Majesté a tenté des négociations avec l'Angleterre et la Russie, et que, de plus, ses troupes sont entrées sur mon territoire. Je pense donc qu'il convient de négocier un traité, soit à Dresde, soit à Copenhague, basé sur les relations qui existent entre les deux états, et qui fixera nos rapports et nos obligations d'une manière définitive. Cela n'ajoutera rien aux sentiments d'estime et d'amitié que je porte à Votre Majesté, et qui sont indépendants des événements du monde.

NAPOLÉON.

D'après la copie comm. par le gouvernement de S. M. le roi de Danemark.

20154. — AU PRINCE DE NEUCHÂTEL ET DE WAGRAM,
MAJOR GÉNÉRAL DE LA GRANDE ARMÉE, À DRESDE.

Dresde, 19 juin 1813.

Mon Cousin, je vois avec peine la mauvaise situation de l'armée bavaroise. Cet état, qui compte quatre millions d'habitants, n'a pas 4,000 hommes de cavalerie; c'est une bien mauvaise économie qui, dans ces temps de guerre, l'expose à être la proie des troupes légères de l'ennemi et des moindres partisans.

La comparaison avec l'armée wurtembergeoise présente une différence tout à l'avantage du Wurtemberg : ce gouvernement a fourni son contingent, dans lequel on compte 2,000 hommes de cavalerie; les Bavarois n'ont pas de cavalerie à l'armée; le roi de Wurtemberg a en outre de la cavalerie dans ses états, et le roi de Bavière n'a pas 2,000 chevaux; cela ne fait pas honneur à l'administration bavaroise.

NAPOLÉON.

D'après l'original. Dépôt de la guerre.

20155. — AU PRINCE DE NEUCHÂTEL ET DE WAGRAM,
MAJOR GÉNÉRAL DE LA GRANDE ARMÉE, À DRESDE.

Dresde, 19 juin 1813.

Mon Cousin, j'ai été extrêmement mécontent de l'enquête faite sur la reddition de Thorn. Je remarque d'abord que non-seulement le corps de la place n'était pas attaqué, mais que même aucun ouvrage avancé n'avait été pris, et que toutes les attaques avaient été repoussées, est-il dit, par la mitraille des ouvrages avancés ou du rempart. On allègue que la garnison ne pouvait pas faire de sorties; si cela était une raison de rendre une place, il ne vaudrait pas la peine d'en avoir. La crainte d'être enlevé de vive force était chimérique; d'ailleurs c'est une chance qu'on doit toujours courir. Si, dans la crainte d'être défait, on n'allait pas à l'ennemi, il serait inutile de lever des armées. Mais comment concevoir une pareille crainte, quand les tranchées ennemies étaient encore à cent toises des ouvrages avancés, que les ouvrages étaient fraisés et palissadés, et que la ville était entourée d'un fossé plein d'eau? Enfin, indépendamment de la ligne magistrale, il y avait une seconde ligne formée par une vieille muraille précédée d'un fossé.

Faites donc former une nouvelle commission et faire une enquête en règle. On interrogera les commandants du génie et de l'artillerie, et on leur demandera positivement combien de jours la place aurait pu encore tenir. La lunette B n'était pas même encore prise.

Quant à la raison qu'il y avait dans la place des cadres précieux à conserver, cette raison seule accuserait le commandant. Les commandants de place n'ont pas de politique à faire; le soin de l'Empire ne leur est pas confié; ils sont chargés de défendre un poste, et ils doivent le faire jusqu'à la dernière extrémité, puisque chaque jour qu'ils ajoutent à la défense de leur place peut les mettre à même d'être secourus, ou être de la plus grande utilité à l'état, en empêchant l'ennemi de disposer de ses troupes. Placez dans cette nouvelle commission d'enquête trois généraux de division. Quant à la poudre, cela doit être l'objet d'une enquête, car l'artillerie serait bien coupable si elle avait laissé cette place avec aussi peu de poudre.

Quand même il résulterait de l'enquête que personne n'est coupable, il faut qu'elle soit faite d'un ton très-ferme; on doit y rappeler tous les principes. Avant qu'une place puisse capituler, les ouvrages avancés doivent être pris, et la ligne magistrale attaquée; le fossé doit être passé et la place doit avoir soutenu plusieurs assauts. En un mot, une place doit se défendre jusqu'à ce qu'il n'y ait plus ni pain ni munitions, ou bien jusqu'à ce que l'ennemi, ayant passé le fossé, soit logé sur la brèche; encore le gouverneur est-il coupable s'il n'a pas établi un retranchement pour rendre la brèche inutile.

Napoléon.

D'après l'original. Dépôt de la guerre.

20156. — DÉCISION.

Dresde, 19 juin 1813.

Le major général propose la destitution du chef de bataillon commandant de place à Liegnitz, qui exigeait des magistrats 1,000 francs par mois pour frais de table.	Le mettre aux arrêts pour quinze jours. NAPOLÉON.

D'après l'original. Dépôt de la guerre.

20157. — AU MARÉCHAL DAVOUT, PRINCE D'ECKMÜHL,
COMMANDANT LE 1ᵉʳ CORPS DE LA GRANDE ARMÉE, À HAMBOURG.

Dresde, 20 juin 1813.

Mon Cousin, vous recevrez la copie du décret que je viens de prendre pour l'armement de Hambourg. Vous y verrez que vous avez en ce moment une pièce de 36, neuf de 24, sept de 18, une de 16, douze de 12, six de 8, trente-trois de 6 et trois obusiers de 8 pouces, ce qui fait trente-trois bouches à feu du calibre de 12 ou d'un calibre supérieur. Vous ferez mettre sur-le-champ ces pièces en batterie sur les remparts; les pièces de 6 devront être placées sur les flancs des ouvrages. Vous ferez également mettre en batterie une vingtaine de caronades de 24, et ferez travailler de suite à la confection des affûts qui pourront être nécessaires aux autres. Les caronades sont d'un très-bon service dans la défense des places, et même dans bien des circonstances elles sont préférables aux autres bouches à feu.

J'envoie le sieur Pailhou, l'un de mes officiers d'ordonnance, à Groningen, pour faire expédier promptement tout le matériel d'artillerie que cette place doit fournir pour l'armement de Hambourg, et de manière que tout soit arrivé dans cette dernière place du 10 au 15 juillet. Cet officier correspondra avec vous et vous rendra compte de tout ce qu'il expédiera. Les premiers convois qui vous arriveront apporteront une partie des poudres et projectiles nécessaires à l'approvisionnement des bouches à feu que vous avez en ce moment. Les autres convois seront composés de manière que, chaque fois qu'il vous en arrivera un, vous vous trouverez avoir de plus à votre disposition une douzaine de bouches à feu bien approvisionnées et bien outillées. Ces expéditions demandent à être faites avec beaucoup d'intelligence. Vous ferez les réquisitions nécessaires pour que des relais de 200 chevaux au moins soient établis sur la route de Groningen, de six lieues en six lieues, afin d'accélérer l'arrivée du matériel que cette place doit envoyer.

Vous correspondrez avec le commandant de l'artillerie de Magdeburg, et presserez le départ des principaux objets d'artillerie que cette place doit fournir à celle de Hambourg.

D'après l'état ci-joint, les bouches à feu en général ne sont approvisionnées qu'à cinq cents coups chacune; mais, lorsque cet approvisionnement sera arrivé, je prendrai des mesures pour qu'il soit augmenté.

NAPOLÉON.

D'après l'original comm. par Mme la maréchale princesse d'Eckmühl.

20158. — A M. MARET, DUC DE BASSANO,
MINISTRE DES RELATIONS EXTÉRIEURES, À DRESDE.

Dresde, 21 juin 1813.

Monsieur le Duc de Bassano, vous trouverez ci-joint un extrait des journaux anglais relatif à Naples[1]. Vous en enverrez copie à mon ministre à Naples, pour qu'il le montre au ministre Gallo.

NAPOLÉON.

D'après l'original. Archives des affaires étrangères.

[1] Extrait du *Morning Chronicle*, du 11 juin 1813. (Traduction.)
« Nous apprenons avec la plus grande surprise, par des avis reçus hier de la Sicile, à la date du 8 avril, qu'il paraît y avoir quelque apparence d'arrangement amical et de commerce entre lord William Bentinck et les ministres de Murat à Naples. Il paraît qu'on est convenu d'une cessation de toute hostilité entre la Sicile et Naples, et une lettre, datée de Messine le 7 avril, porte que les relations avaient été rétablies avec les îles situées dans les baies de Gaëte et de Naples, et qu'on avait la perspective d'un commerce avantageux avec le continent par l'intermédiaire de ces établissements. Il serait curieux de voir un autre maréchal français élevé au trône se ranger au nombre de nos amis et de nos alliés. La mission de Beauharnais à Milan a-t-elle quelque liaison avec la défection supposée de Murat? »

20159. — AU PRINCE DE NEUCHÂTEL ET DE WAGRAM,
MAJOR GÉNÉRAL DE LA GRANDE ARMÉE, À DRESDE.

Dresde, 21 juin 1813.

Mon Cousin, témoignez mon mécontentement au prince d'Eckmühl de ce qu'il n'a point fait partir la 5ᵉ division toute à la fois. Donnez-lui ordre de faire partir le général Vandamme avec son corps tout à la fois; mon intention est qu'il arrive au plus tard le 11 à Magdeburg, afin de pouvoir entrer en ligne le 20.

Donnez ordre que la 5ᵉ division se réunisse tout entière à Wittenberg. Le général Sorbier prendra des mesures pour qu'au 20 juin les deux batteries destinées à cette division soient à Wittenberg, afin que le 2 juillet elle en parte pour rejoindre le 2ᵉ corps, selon les ordres que je donnerai. Remettez-moi cela sous les yeux le 26.

Donnez ordre que le général Vial arrive à Wittenberg en même temps que la tête de ses troupes, c'est-à-dire les bataillons des 11ᵉ et 24ᵉ légers.

Mettez exactement sur mon livret le mouvement de toutes ces troupes.

NAPOLÉON.

D'après l'original. Dépôt de la guerre.

20160. — AU PRINCE DE NEUCHÂTEL ET DE WAGRAM,
MAJOR GÉNÉRAL DE LA GRANDE ARMÉE, À DRESDE.

Dresde, 21 juin 1813.

Mon Cousin, témoignez mon mécontentement au duc de Bellune de ce qu'il n'est pas entré sur-le-champ à Krossen, comme il en avait l'ordre; que ce n'est que par ces tâtonnements qu'il a pu faire naître les difficultés qui ont eu lieu, vu que l'article de l'armistice est positif; qu'il aura sans doute préféré rester dans un meilleur pays, mais qu'il a mal exécuté mes ordres. Mandez-lui de faire connaître quelle est la quantité de forces que l'ennemi a du côté de Krossen. L'ennemi y a-t-il un pont sur l'Oder?

NAPOLÉON.

D'après l'original. Dépôt de la guerre.

20161. — AU PRINCE DE NEUCHÂTEL ET DE WAGRAM,
MAJOR GÉNÉRAL DE LA GRANDE ARMÉE, À DRESDE.

Dresde, 21 juin 1813.

Mon Cousin, donnez ordre aux ingénieurs géographes de faire reconnaître les chemins qui de Bautzen vont à Kœnigstein, Pirna et Dresde. Faites-moi connaître aussi le meilleur chemin de Kœnigstein à Bautzen et ce qu'il faut faire pour le mettre entièrement en bon état. Faites faire la même chose pour la route de Dresde à Pilnitz, sur la rive droite, et faites reconnaître comment cette route se lie avec celle de Bautzen.

Toutes ces reconnaissances, avec la reconnaissance de l'Elbe depuis la frontière de la Bohême jusqu'à Dresde, doivent être faites très-promptement; ce sera la première qu'on me présentera. Faites faire également la reconnaissance des frontières de la Bohême depuis Dresde jusqu'à Baireuth.

On ne doit pas, pour ces reconnaissances, lever sur le terrain; on se servira des cartes existantes; seulement on fera des mémoires sur les positions, sur les villages, la nature du pays et les communications de tout genre.

NAPOLÉON.

D'après l'original. Dépôt de la guerre.

20162. — AU PRINCE DE NEUCHÂTEL ET DE WAGRAM,
MAJOR GÉNÉRAL DE LA GRANDE ARMÉE, À DRESDE.

Dresde, 21 juin 1813.

Mon Cousin, donnez ordre que les ponts jetés sur la Saale soient relevés.

NAPOLÉON.

D'après l'original. Dépôt de la guerre.

20163. — DÉCISION.

Dresde, 21 juin 1813.

| Le prince de Neuchâtel soumet à l'Em- | Faites porter plainte de cela |

pereur une lettre du prince de la Moskova, en date de Liegnitz, 15 juin, où il est dit : « L'armée ennemie ne respecte point les conditions de l'armistice. Chaque jour des partis de Cosaques et de hussards prussiens parcourent le pays neutre. Il en est même venu jusqu'aux portes de Liegnitz enlever des vivres, en défendant avec menaces aux habitants de nous rien fournir, et leur disant que l'armée combinée était mécontente de l'armistice. Un parti de Cosaques est venu, il y a deux jours, jusqu'à Steinau, pour réclamer des vivres qu'il y avait en magasin. Le général Lauriston me rend compte qu'après le départ des Français de la ville de Jauer les Cosaques y sont entrés et y ont commis toutes sortes de désordres et de vexations envers les habitants. »

par les commissaires de Neumarkt; qu'ils disent qu'en conséquence nos patrouilles vont entrer aussi dans le pays neutre, si on n'y met pas ordre.

NAPOLÉON.

D'après l'original. Dépôt de la guerre.

20164. — AU GÉNÉRAL LACUÉE, COMTE DE CESSAC,
MINISTRE DIRECTEUR DE L'ADMINISTRATION DE LA GUERRE, À PARIS.

Dresde, 21 juin 1813.

J'ai reçu votre lettre du 12 juin; je n'en approuve point le contenu. Des marchés à 580 francs par cheval de cuirassiers, 520 par cheval de dragons et 420 par cheval de cavalerie légère, sont inadmissibles. La condition de réserve des chevaux de quatre ans est encore plus inadmissible. On trouve des chevaux dans toute l'Allemagne et à un bien meilleur prix. Je viens d'en requérir dans la 32ᵉ division militaire et à Hambourg; j'ai augmenté les achats du général Bourcier; enfin, s'il le faut, j'en requerrai aussi dans la 31ᵉ division et dans la 25ᵉ, où il y en a encore beaucoup; j'en requerrai pareillement dans l'intérieur de la France. Mais des marchés à 580 francs seraient une ruine. Les chevaux à quatre ans ne serviraient à rien, et ils auraient l'inconvénient de détruire mes espérances de remonte pour l'année prochaine. Il faut donc résilier ces marchés. En général, tout ce qu'ont fourni les départements est meilleur que ce qu'ont livré les fournisseurs.

Faites-moi un rapport général sur les hommes de cavalerie qui restent à monter en France, en me faisant connaître ce qui sera monté à Francfort, ce qui sera monté par les nouveaux marchés que fait le général Bourcier et par les réquisitions de la 32e division militaire.

Le Danemark paraît disposé à me fournir 10,000 chevaux, moyennant un prix raisonnable.

D'après la minute. Archives de l'Empire.

20165. — AU PRINCE CAMBACÉRÈS,
ARCHICHANCELIER DE L'EMPIRE, À PARIS.

Dresde, 22 juin 1813.

Mon Cousin, conformément à la désignation de M. le comte de Fontanes, chargez les sieurs Villemain et Victorin Fabre de faire l'oraison funèbre, l'un du duc de Frioul et l'autre du duc d'Istrie. Il n'y a pas besoin de prêtres.

NAPOLÉON.

D'après la copie comm. par M. le duc de Cambacérès.

20166. — AU PRINCE CAMBACÉRÈS,
ARCHICHANCELIER DE L'EMPIRE, À PARIS.

Dresde, 22 juin 1813.

Mon Cousin, vous m'avez adressé deux projets de décret, l'un pour la pension de la veuve du duc de Frioul, l'autre pour régler l'administration de la dotation transmise à sa fille. J'ai réglé la pension de la veuve à 50,000 francs; mais cette pension ne sera payable sur ce taux que dans le cas où la dotation rendra net plus de 160,000 francs. Si elle rendait moins, la pension serait réduite au tiers du produit net, après le prélèvement d'une somme de 10,000 francs pour l'entretien de la jeune duchesse. C'est une mesure qu'il faut prendre pour toutes les grandes dotations, car ces biens sont plus sujets que d'autres à des vicissitudes, et il est juste que les pensions suivent le sort des biens sur lesquels elles sont affectées; sans cela il pourrait arriver que les pensions absorbassent le revenu. Je désire que ce système soit consacré par un règlement général que vous ferez discuter au Conseil d'état, et qui devra s'appliquer même aux pensions que j'ai déjà accordées sur les grandes dotations.

Quant à l'administration des biens qui composent la dotation transmise à l'enfant du duc de Frioul, l'intendant général du domaine extraordinaire propose la nomination d'un agent comptable. Je n'en veux point : je veux un tuteur. Si le comte Molé se charge avec plaisir de cette tutelle, il faut la lui confier; si, comme en effet il n'avait pas de liaisons particulières avec le grand maréchal, il désire ne point en être chargé, il faut désigner quelqu'un qui ait été plus intimement lié avec le duc de Frioul, comme le duc de Rovigo ou le comte Lavallette.

En général, pour les personnes de cet ordre, je veux que la tutelle, quant aux dotations, soit soumise à des règles particulières. J'ai le droit de retour sur ces sortes de biens; ceux qui en jouissent sont des feudataires; plusieurs sont officiers de ma Maison : par toutes ces circonstances, je me réserve le droit de nommer ou de faire nommer le tuteur qui doit administrer la dotation en cas de minorité. Ceci est hors des règles du Code Napoléon. Autrefois le roi nommait les tuteurs des princes de sa famille ou des personnes à qui il s'intéressait. Je suis le tuteur né de tous les donataires, et j'ai un intérêt direct à la conservation des dotations. Les parents du donataire mineur, à qui la tutelle serait dévolue dans les règles ordinaires du droit, sont au contraire les ennemis naturels de la dotation; ils ont intérêt d'augmenter momentanément le revenu aux dépens du capital; ils peuvent être tentés, par exemple, de négliger des réparations, de couper des bois. La justice et les convenances veulent donc que j'intervienne pour la nomination du tuteur; seulement il peut être plus convenable que je fasse faire cette nomination par le conseil du sceau ou par les cours impériales.

Je désire que vous fassiez rédiger sur cela un projet de décret, qui sera discuté au Conseil d'état.

NAPOLÉON.

D'après la copie comm. par M. le duc de Cambacérès.

20167. — A M. MARET, DUC DE BASSANO,
MINISTRE DES RELATIONS EXTÉRIEURES, À DRESDE.

Dresde, 22 juin 1813.

Monsieur le Duc de Bassano, donnez ordre à mon ministre à Naples, dans le cas où l'on y arrêterait nos corsaires et où l'on avilirait le moindrement mon pavillon, de quitter sur-le-champ cette ville. Avant de se retirer, il devrait remettre une note pour faire connaître au cabinet napolitain que toutes ses menées me sont connues, et que, s'il faisait la plus légère insulte à mon pavillon, il s'en repentirait un jour.

Témoignez au baron Durand que je suis peu satisfait de son manque d'énergie et de dignité.

NAPOLÉON.

D'après l'original. Archives des affaires étrangères.

20168. — AU PRINCE DE NEUCHÂTEL ET DE WAGRAM,
MAJOR GÉNÉRAL DE LA GRANDE ARMÉE, À DRESDE.

Dresde, 22 juin 1813.

Mon Cousin, prévenez les commissaires de Neumarkt de ce qui est arrivé du côté de Leipzig. Vous leur manderez que, ayant fait connaître l'armistice dès le 8 au major Lützow, il a déclaré qu'il ferait la guerre pour son compte; que du 8 au 18 il a continué à mettre des contributions en Saxe, à arrêter les malles de Bavière et celles de Dresde, et à arrêter les hommes isolés et les employés de l'armée qu'il trouvait sur la ligne; qu'alors on a fait marcher des troupes contre lui; que ce n'est que quand il les a sues à une journée de Plauen qu'il s'est décidé à en partir; que, arrivé auprès de Leipzig, on lui a offert de le conduire dans cette ville pour qu'il restituât ce qu'il avait pris depuis l'armistice, et qu'il s'est engagé alors une affaire avec un détachement wurtembergeois peu nombreux et qu'il espérait pouvoir culbuter; qu'enfin des Prussiens du côté de Dessau, prétendant n'être pas de l'armée de Barclay de Tolly, ne veulent pas reconnaître l'armistice. Les commissaires doivent savoir cela pour diriger leur conduite, quoique l'armistice porte expressément que tout le monde sera rentré dans les lignes de démarcation fixées avant le 12.

NAPOLÉON.

D'après l'original. Dépôt de la guerre.

20169. — AU PRINCE DE NEUCHÂTEL ET DE WAGRAM,
MAJOR GÉNÉRAL DE LA GRANDE ARMÉE, À DRESDE.

Dresde, 22 juin 1813.

Le général du génie fera occuper les hauteurs de Lilienstein par un chemin couvert palissadé qui entourera le rocher de tous côtés. Ce chemin couvert sera placé le mieux possible, de manière à avoir le commandement convenable sur la campagne. Trois flèches seront adossées à ce chemin couvert, l'une battant contre la gauche, et un flanc voyant jusqu'à Kœnigstein, celle de droite voyant toute la droite; et une caponnière sera établie, pour arriver jusqu'à la rivière, afin d'avoir par là de l'eau, derrière le rocher regardant Kœnigstein. On construira des baraques pour le commandant, pour 300 hommes et pour des vivres pour un mois. Les pas de souris, pour monter sur le rocher, seront améliorés pour que 100 hommes d'infanterie légère puissent y monter et couvrir le rocher de tirailleurs.

Neuf pièces au-dessus du calibre de 12 et trois obusiers seront placés dans cet ouvrage.

Deux ponts seront établis au bas de la rampe de Kœnigstein et dans la direction la plus droite de Lilienstein. Deux rampes seront pratiquées dans les chemins creux, de manière qu'ils ne puissent être vus ni de droite ni de gauche. Une flèche sera établie sur la crête la plus favorable qui couvre les deux ponts, et quatre ou cinq pièces de canon seront placées là pour battre tout l'intérieur entre Kœnigstein et Lilienstein et assurer leur communication. Cela se trouvera à peu près à mi-chemin.

Ainsi, avec 300 hommes dans le fort de Kœnigstein, 300 dans les fortifications de Lilienstein, 200 à la tête de pont, total 800 hommes, cela doit résister à 50,000 hommes qui auraient jeté deux ponts sur l'Elbe et le bloqueraient de tous côtés.

Ainsi le premier objet est de lier la hauteur de Lilienstein avec la place de Kœnigstein, non comme opération de campagne, mais comme siége, et d'être ainsi, avec peu de monde, maître de deux ponts sur l'Elbe. Avec le temps, le roi revêtira en maçonnerie les trois lunettes, ainsi que la tête de pont, et par ce moyen Kœnigstein deviendra d'un véritable intérêt militaire. On pourra aussi, avec le temps, établir deux ponts sur pilotis pour être à l'abri des glaces et de tout événement.

Deuxième objet. Pour camper 10,000 hommes entre Kœnigstein et Lilienstein, et considérer tout cet intervalle comme une tête de pont qui puisse contenir toute l'arrière-garde de l'armée, il sera établi une ou deux lunettes pour lier Lilienstein avec la rivière, et on couvrira toute cette gorge par un chemin couvert palissadé, ayant deux places d'armes et deux débouchés.

Troisièmement. Comme mon intention est de camper de 30 à 60,000 hommes sur ledit plateau, on reconnaîtra le camp retranché qui est naturellement formé par le ruisseau de Polenz et celui de gauche. On me fera connaître les ouvrages à y faire pour que ces 30,000 hommes ne puissent pas être attaqués par 100,000; et, avant tout, on se saisira des débouchés de ce camp retranché par un réduit qui défendra la rampe, de sorte que, quand même il n'y aurait que 2 à 3,000 hommes campés en avant de Kœnigstein, ils soient maîtres de descendre sur le chemin de Neustadt et sur le chemin de Stolpen et passer le défilé, sans que l'ennemi puisse profiter des localités pour l'empêcher.

Les outils, l'artillerie et les magasins seront dans Kœnigstein.

Le génie fera réparer le chemin de Kœnigstein à Neustadt et de Kœnigstein à Stolpen, de manière que 30,000 à 60,000 hommes puissent déboucher sur Bautzen, sur Lœbau, sur Dresde ou sur la Bohême.

Les ingénieurs géographes reconnaîtront le chemin de Kœnigstein à Neustadt; ils lèveront et placeront sur la carte le chemin de Kœnigstein à Stolpen, et aussi de Kœnigstein en Bohême par la rive gauche. Toutes les positions seront levées.

Mon intention est que de ce camp on puisse passer, au besoin, sur la rive gauche ou sur la droite, et être toujours assuré, en laissant 10,000 hommes à la garde de son pont, de quelque côté que vienne l'ennemi.

Les ingénieurs géographes reconnaîtront également tous les chemins et toutes les gorges sur les rives droite et gauche de Kœnigstein à Bautzen et toute la route de Bautzen à Dresde, toute la forêt qui couvre Dresde, et sur la rive gauche jusques et y compris tous les débouchés de Bohême qui arrivent sur Tœplitz et près de Karlsbad. Cette reconnaissance sera liée à la reconnaissance depuis la Bohême jusqu'à Meissen, qui fera partie de la grande reconnaissance de l'Elbe.

Le major général enverra copie de cet ordre, 1° au ministre de la guerre du roi de Saxe; 2° au général du génie; 3° au général d'artillerie: 4° au colonel chef des ingénieurs géographes. Il faut que tous ces travaux topographiques, que ces fortifications du génie et de l'artillerie soient finis avant le 1ᵉʳ juillet et me soient remis au plus tard le 2.

NAPOLÉON.

D'après l'original. Dépôt de la guerre.

20170. — AU PRINCE DE NEUCHÂTEL ET DE WAGRAM,
MAJOR GÉNÉRAL DE LA GRANDE ARMÉE, À DRESDE.

Dresde, 22 juin 1813.

Mon Cousin, l'ordre que je viens de donner pour le camp de Kœnigstein exige les dispositions suivantes :

Donnez ordre au général Boyeldieu de partir demain, à quatre heures du matin, avec un régiment de flanqueurs, pour prendre position au village de Kœnigstein, où ce général portera son quartier général.

Donnez ordre au général du génie de désigner un chef de bataillon, deux officiers du génie et une compagnie de sapeurs qui partiront avec le général Boyeldieu.

Donnez ordre au général d'artillerie de faire partir une compagnie de pontonniers, avec un chef de bataillon d'artillerie, pour commander l'artillerie.

Les ingénieurs du fort de Kœnigstein seront sous les ordres du général français, et des mesures seront prises pour jeter un pont, pour tracer les rampes et la tête de pont, ainsi que tous les ouvrages prescrits.

Aussitôt que le pont sera jeté, le régiment de flanqueurs campera sur la rive droite, et le second régiment de flanqueurs s'y réunira. Le camp sera établi en arrière de la hauteur de Lilienstein; le général l'établira dès lors sur la rive droite. Jusqu'à ce que le débouché puisse être établi pour le pont, dans l'endroit indiqué, on pourra établir le pont dans l'endroit le plus convenable au débouché actuel. Mais, avant le 1er juillet, le pont doit être établi dans le lieu indiqué, de manière que, si 50,000 hommes cernaient tout le système, le pont fût à l'abri de toute insulte.

Les troupes seront nourries par les magasins de Kœnigstein. L'artillerie sera fournie par l'artillerie de Kœnigstein.

Aussitôt que le général Boyeldieu sera sur la rive droite, il se mettra en communication avec les cantonnements de la Garde à cheval. Le cantonnement le plus voisin mettra toujours deux escadrons de service à la disposition du général Boyeldieu pour éclairer les frontières de la Bohême sur l'une et l'autre rive.

NAPOLÉON.

D'après l'original. Dépôt de la guerre.

20171. — AU PRINCE DE NEUCHÂTEL ET DE WAGRAM,
MAJOR GÉNÉRAL DE LA GRANDE ARMÉE, À DRESDE.

Dresde, 22 juin 1813.

Mon Cousin, j'avais ordonné au duc de Reggio de faire reconnaître Lübben et de faire faire des retranchements à cette place, qui est un point important, au milieu des marais, et qui peut être facilement retranchée. Il n'a pas répondu et n'a pas fait connaître si mes intentions ont été remplies.

NAPOLÉON.

D'après l'original. Dépôt de la guerre.

20172. — AU PRINCE DE NEUCHÂTEL ET DE WAGRAM,
MAJOR GÉNÉRAL DE LA GRANDE ARMÉE, À DRESDE.

Dresde, 22 juin 1813.

Mon Cousin, réitérez l'ordre au prince d'Eckmühl que le 152e régiment et le corps du général Vandamme, c'est-à-dire tout ce qui appartient à la 1re et à la 2e division, avec une des deux batteries à cheval, une batterie de réserve et les batteries de chaque division, le général Baltus, l'ordonnateur et les administrateurs du 1er corps soient rendus à Magdebourg et Wittenberg du 5 au 9 juillet.

Faites connaître au prince d'Eckmühl que dans cette situation il ne doit point disséminer ses troupes. Toute la division danoise, infanterie, cavalerie et artillerie, doit être réunie sur la gauche, du côté de Lübeck. Il doit réunir les vingt bataillons de la 3e division, formés en trois brigades, sous les ordres du général Loison, autour de Hambourg, et toute la 50e division à Hambourg, pour y tenir garnison, et enfin il doit faire approcher de l'Elbe la 3e division *bis*. Par ce moyen, je pourrai lui ordonner, selon les circonstances, de déboucher, aussitôt que les hostilités seront commencées, avec les vingt bataillons de la 3e division et dix bataillons de la 50e, ou un corps de 20,000 hommes, y compris l'artillerie et la cavalerie, et ce qui, avec 10,000 Danois, fera 30,000 hommes, pour se porter sur la gauche de Berlin, entre Berlin et Stettin, tandis qu'on marcherait sur Berlin de différents côtés. Il laisserait alors, pour garder Hambourg, les dépôts de la 3e division, de la 50e division et de la 3e division *bis*, de manière que cela formât au moins 10,000 hommes.

Dites-lui que, pour me décider là-dessus, j'ai besoin de connaître la force et la position des Suédois, des troupes hanséatiques et des autres troupes qu'il a devant lui. Comme il ne m'a rien encore envoyé là-dessus, j'ignore ce qu'il a en tête : c'est cependant l'important. J'ai aussi besoin d'avoir l'état exact des troupes danoises.

NAPOLÉON.

D'après l'original. Dépôt de la guerre.

20173. — NOTES.

Dresde, 22 juin 1813 [1].

Il faut partir du principe que je dois être prêt le 20 juillet.

[1] Date présumée.

J'ai dit aux généraux d'emmener vingt jours de biscuit, dix jours de pain et dix jours de farine. Mon intention (que je ne leur ai pas dite) est de leur ordonner, le 5 juillet, d'envoyer tous les caissons vides à Dresde, pour les charger de farine. L'armée a besoin, terme moyen, de huit jours pour venir à Dresde. Ils partiront de Dresde le 15. Ils seront là avant la rupture de l'armistice.

Me faire connaître, compagnie par compagnie, combien il y aura de caissons et si on sera prêt à les remplir de farine. En supposant que chaque corps ait 120 voitures à 20 quintaux, cela fera 2,400 quintaux par corps, 240,000 rations, ou pour 24,000 hommes pour dix jours; ce qui est d'abord une chose immense.

Mais, si j'avais du riz, mon intention serait de composer la ration de la manière suivante : 12 onces de pain et 4 onces de riz. Alors, le caisson portant 20 quintaux, le caisson portera 2,000 rations d'une livre, et 120 caissons 240,000 livres.

Il est convenu que le soldat doit porter quatre rations de pain ou 6 livres pesant; je voudrais augmenter de 6 livres : 3 livres de riz dans un sac et un pain de 3 livres; il porterait donc 96 onces de plus. Les 48 onces de riz feraient douze jours, et deux rations de plus de pain à 24 onces feraient douze jours de vivres; cela joint à la ressource des localités. Ainsi le soldat porterait pour douze jours de vivres. 3 livres de riz pour 200,000 hommes font 6,000 quintaux de riz. De sorte que je suppose que j'ai 120 voitures par corps d'armée. J'ai le 1er corps qui s'approvisionnerait à Magdeburg et Wittenberg sans difficulté.

Les 2e, 11e, 7e, 3e, 4e, 5e, 12e, 8e (huit corps d'armée) feront 960 voitures. Ces 960 voitures, à 20 quintaux chacune, porteront près de 20,000 quintaux, dont 14,000 de farine et 6,000 de riz.

L'administration aura-t-elle au 12 juillet 6,000 quintaux de riz et 14,000 de farine?

6,000 quintaux de riz feraient 600,000 livres ou 2,400,000 rations; 14,000 quintaux de farine feraient 1,400,000. Ainsi il y aurait 3,800,000 rations pour 200,000 hommes pendant quinze jours.

Ces caissons, arrivés aux corps, se déchargeraient de 7,000 quintaux de riz qu'on ferait porter par les soldats, et prendraient des farines dans les diverses localités.

Me faire connaître le jour où on coupera le froment et le seigle. Il paraît que le seigle sera coupé au 15 juillet; il faudrait donc que les 14,000 quintaux fussent en froment.

Résumé. — Les besoins de l'armée sont de deux espèces : 1° arriver jusqu'au 26 juillet; 2° avoir vingt jours de vivres; ce serait du 26 juillet au 15 août.

Pour vivre jusqu'au 25 juillet, il est bon d'avoir des magasins à Bunzlau, Gœrlitz et Bautzen. Les magasins seraient mieux utilisés, si on coupait le seigle le 10 juillet.

Pour mes vingt jours pour l'armée, je viens de dire que je ferais venir les caissons et leur donnerais 14,000 quintaux de farine et 6,000 de riz.

Me voilà donc arrivé au 15 août. Je tirerai de Glogau 20,000 quintaux; en supposant qu'il y en ait 30,000, il en resterait 10,000, ou 900,000 rations, ou pour 9,000 hommes pendant cent jours, ou pour 4,500 pendant deux cents jours; cela serait suffisant.

Ces 20,000 quintaux feraient 1,800,000 rations, ou pour 180,000 hommes pendant dix jours. Glogau fournirait donc pour dix jours à toute l'armée.

Au 20 août, je dois avoir sur les lieux autant de seigle que je voudrai. Notez, outre cela, que Dresde pourrait être compté comme devant me fournir pour dix jours. En cela je ne me règle pas sur la quantité qu'il y aura à Dresde, qui sera peu considérable, mais sur le temps que je voudrai garder ma ligne d'opération.

Il faut faire entrer dans ce calcul les compagnies d'équipages que j'attends.

Il faudrait avoir à Glogau de quoi faire 80,000 rations de pain par jour; les caissons de l'armée iraient y chercher le pain; ordonner aussi à Glogau qu'en cas de siége l'approvisionnement soit de riz et de blé, afin d'épargner la farine.

Si je prends le parti de me replier derrière l'Elbe, les magasins de Bautzen, Gœrlitz et Bunzlau seront consommés dans le passage.

Ensuite il faudrait à Kœnigstein 60,000 rations par jour, et 120,000 à Dresde; ce qui ferait toujours 2,000 quintaux consommés par jour, et pendant dix jours 20,000, ou 40,000 quintaux pour arriver au 20 août, 60,000 quintaux pour arriver au 1er septembre.

J'attends à Dresde 40,000 quintaux de Magdeburg, 20,000 d'Erfurt, 20,000 des marchés; total, 80,000. Le pays me fournira toujours bien 500 quintaux par jour; ce qui ferait 15,000 par mois; c'est-à-dire 100,000 quintaux assurés, et, avec le riz, pour 200,000 hommes.

Je voudrais que Daru chargeât Daure de demander du froment plutôt que du seigle.

Annoncer aux fournisseurs qu'après la récolte le seigle ne sera pas payé au même prix.

Avoir 10,000 quintaux à Gœrlitz, Bautzen et Bunzlau, et 20,000 disponibles à Glogau. Cela me fait 30,000 quintaux, qui, avec un peu de riz, me feraient 3,000,000 de rations, ou pour 150,000 hommes pendant vingt jours; ce qui, avec les ressources de Dresde et les 20,000 quintaux qu'on en emporterait, ferait 50,000 quintaux, situation fort raisonnable.

Daru donnera des ordres au général Lapoype pour que les rations soient de 16 onces de pain, une ration de riz, une de légumes.

D'après la copie comm. par M. le comte Daru.

20174. — A M. LELORGNE D'IDEVILLE,
SECRÉTAIRE INTERPRÈTE DE L'EMPEREUR, À DRESDE.

Dresde, 22 juin 1813.

Votre agence me rend très-peu de services. Vous ne m'avez pas encore remis un seul rapport de la Bohême, où tout le monde pénètre si facilement. Vous ne m'en avez remis aucun de Berlin, ni du Mecklenburg. ni de la Pologne. Vous n'avez pas même su découvrir où étaient les partisans, qui se trouvaient cependant dans la Saxe même. Vous vous réduisez à la traduction des journaux : c'est quelque chose, mais ce n'est pas assez. Il paraît que votre affaire n'est pas bien organisée, car vous ne réussissez en rien. Dans aucune campagne je n'ai été aussi mal servi.

Le sénateur polonais Wibicki est à Glogau; vous devez correspondre avec lui : faites-lui connaître que vous mettez des fonds à sa disposition pour qu'il envoie des agents en Pologne, afin d'avoir des nouvelles positives.

Le préfet de Posen est également à Dresde et peut être employé de la même manière, ainsi que beaucoup d'autres Polonais.

<small>D'après la minute. Archives de l'Empire.</small>

20175. — ENTRETIEN DE L'EMPEREUR

AVEC LE COMTE DE METTERNICH [1],

LE 23 JUIN 1813.

« Vous voilà donc, Metternich! dit Napoléon, en le voyant; soyez le bienvenu! Mais, si vous voulez la paix, pourquoi venir si tard? Nous avons déjà perdu un mois, et votre médiation devient presque hostile à force d'être inactive. Il paraît qu'il ne vous convient plus de garantir l'intégrité de l'Empire français : eh bien, soit; mais pourquoi ne pas me l'avoir déclaré plus tôt? que ne me le faisiez-vous dire franchement à mon arrivée de Russie, par Bubna ou plus récemment par Schwarzenberg? Peut-être aurais-je été à temps de modifier mes plans; peut-être même ne serais-je pas rentré en campagne.

« En me laissant m'épuiser par de nouveaux efforts, vous comptiez sans doute sur des événements moins rapides. Ces efforts hardis, la victoire les a couronnés. Je gagne deux batailles; mes ennemis affaiblis sont au moment de revenir de leurs illusions : soudain vous vous glissez au milieu de nous; vous venez me parler d'armistice et de médiation, vous leur parlez d'alliance, et tout s'embrouille. Sans votre funeste intervention, la paix entre les alliés et moi serait faite aujourd'hui.

« Quels ont été jusqu'à présent les résultats de l'armistice? Je n'en connais point d'autres que les deux traités de Reichenbach, que l'Angleterre vient d'obtenir de la Prusse et de la Russie. On parle aussi d'un traité

---

[1] Il existe de cet entretien célèbre deux versions; celle du baron Fain, secrétaire de l'Empereur, reproduit avec le plus de vérité les sentiments et les paroles de Napoléon Ier.

avec une troisième puissance; mais vous avez M. de Stadion sur les lieux, Metternich, et vous devez être mieux informé que moi à cet égard.

« Convenez-en : depuis que l'Autriche a pris le titre de médiateur, elle n'est plus de mon côté; elle n'est plus impartiale; elle est ennemie. Vous alliez vous déclarer quand la victoire de Lützen vous a arrêtés; en me voyant encore à ce point redoutable, vous avez senti le besoin d'augmenter vos forces, et vous avez voulu gagner du temps.

« Aujourd'hui, vos 200,000 hommes sont prêts; c'est Schwarzenberg qui les commande; il les réunit en ce moment, ici près, là, derrière le rideau des montagnes de la Bohême. Et, parce que vous vous croyez en état de dicter la loi, vous venez me trouver. La loi! Et pourquoi ne vouloir la dicter qu'à moi seul? Ne suis-je plus celui que vous défendiez hier? Si vous êtes médiateur, pourquoi du moins ne pas tenir la balance égale?

« Je vous ai deviné, Metternich : votre cabinet veut profiter de mes embarras, et les augmenter autant que possible, pour recouvrer tout ou partie de ce qu'il a perdu. La grande question pour vous est de savoir si vous pouvez me rançonner sans combattre, ou s'il vous faudra vous jeter décidément au rang de mes ennemis; vous ne savez pas encore bien lequel des deux partis doit vous offrir le plus d'avantages, et peut-être ne venez-vous ici que pour mieux vous en éclaircir. Eh bien, voyons, traitons, j'y consens. Que voulez-vous? »

Cette attaque était vive. M. de Metternich se jette à la traverse avec un attirail complet de phrases diplomatiques. Le seul avantage que l'Empereur son maître soit jaloux d'acquérir, c'est l'influence qui communiquerait aux cabinets de l'Europe l'esprit de modération, le respect pour les droits et les possessions des états indépendants qui l'animent lui-même. L'Autriche veut établir un ordre de choses qui, par une sage répartition des forces, place la garantie de la paix sous l'égide d'une association d'états indépendants.

« Parlez plus clair, dit l'Empereur en l'interrompant, et venons au but, mais n'oubliez pas que je suis un soldat qui sait mieux rompre que plier. Je vous ai offert l'Illyrie pour rester neutre; cela vous convient-il?

Mon armée est bien suffisante pour amener les Russes et les Prussiens à la raison, et votre neutralité est tout ce que je demande. »

« Ah! Sire, reprend vivement M. de Metternich, pourquoi Votre Majesté resterait-elle seule dans cette lutte? Pourquoi ne doublerait-elle pas ses forces? Vous le pouvez, Sire, car il ne tient qu'à vous de disposer entièrement des nôtres. Oui, les choses en sont au point que nous ne pouvons plus rester neutres; il faut que nous soyons pour vous ou contre vous. »

A ces mots, le ton de la conversation fléchit; l'Empereur conduit M. de Metternich dans le cabinet des cartes. Après un assez long intervalle, la voix de l'Empereur s'élève de nouveau. « Quoi! non-seulement l'Illyrie, mais la moitié de l'Italie et le retour du Pape à Rome! et la Pologne, et l'abandon de l'Espagne! et la Hollande, et la Confédération du Rhin, et la Suisse! Voilà donc ce que vous appelez l'esprit de modération qui vous anime! Vous ne pensez qu'à profiter de toutes les chances; vous n'êtes occupé qu'à transporter votre alliance d'un camp à l'autre, pour être toujours du côté où se font les partages, et vous venez me parler de votre respect pour les droits des états indépendants! Au fait, vous voulez l'Italie, la Russie veut la Pologne, la Suède veut la Norvége, la Prusse veut la Saxe, et l'Angleterre veut la Hollande et la Belgique. En un mot, la paix n'est qu'un prétexte : vous n'aspirez tous qu'au démembrement de l'Empire français! Et pour couronner une telle entreprise, l'Autriche croit qu'il lui suffit de se déclarer! Vous prétendez ici d'un trait de plume faire tomber devant vous les remparts de Danzig, de Küstrin, de Glogau, de Magdeburg, de Wesel, de Mayence, d'Anvers, d'Alexandrie, de Mantoue, de toutes les places les plus fortes de l'Europe, dont je n'ai pu obtenir les clefs qu'à force de victoires! Et moi, docile à votre politique, il me faudrait évacuer l'Europe, dont j'occupe encore la moitié, ramener mes légions la crosse en l'air derrière le Rhin, les Alpes et les Pyrénées, et, souscrivant à un traité qui ne serait qu'une vaste capitulation, me livrer comme un sot à mes ennemis, et m'en remettre pour un avenir douteux à la générosité de ceux-là même dont je suis aujourd'hui le vainqueur! Et c'est quand mes drapeaux flottent encore aux bouches de la Vistule et sur les rives de l'Oder, quand mon armée triomphante est aux portes de Berlin et de Breslau, quand de ma personne je suis ici à la tête de trois cent mille hommes, que l'Autriche, sans coup férir, sans même tirer l'épée, se flatte de me faire souscrire à de telles conditions! Sans tirer l'épée! cette prétention est un outrage! Et c'est mon beau-père qui accueille un tel projet! c'est lui qui vous envoie! Dans quelle attitude veut-il donc me placer en présence du peuple français? Il s'abuse étrangement s'il croit qu'un trône mutilé puisse être en France un refuge pour sa fille et son petit-fils? Ah! Metternich, combien l'Angleterre vous a-t-elle donné pour vous décider à jouer ce rôle contre moi?»

À ces mots, qu'il n'est plus possible de retenir, M. de Metternich a changé de couleur; un profond silence succède, et l'on continue de marcher à grands pas. Le chapeau de l'Empereur est tombé à terre; on passe et repasse plusieurs fois devant. Dans toute autre situation, M. de Metternich se serait empressé de le relever; l'Empereur le ramasse lui-même.

De part et d'autre on est quelque temps à se remettre.

Napoléon, reprenant la conversation avec plus de sang-froid, déclare qu'il ne désespère pas encore de la paix, si l'Autriche veut écouter enfin ses véritables intérêts. Il insiste pour qu'on réunisse le congrès, et demande formellement que, dans le cas où les hostilités recommenceraient, la négociation n'en soit pas pour cela interrompue, afin que cette porte du moins reste toujours ouverte à la réconciliation des peuples.

En congédiant M. de Metternich, l'Empereur a soin de lui dire que la cession de l'Illyrie n'est pas son dernier mot.

Extrait du *Manuscrit de 1813*, par le baron Fain.

20176. — AU MARÉCHAL SOULT, DUC DE DALMATIE,
COMMANDANT LA VIEILLE GARDE, À DRESDE.

Dresde, 23 juin 1813.

Donnez ordre au général Roguet de faire ramasser tous les bateaux depuis Pirna jusqu'à la frontière de Bohême, et de faire faire un grand nombre de chevalets pour faire construire son pont; l'Elbe étant très-étroit près de Kœnigstein, il suffira de huit ou dix bateaux. Recommandez-lui de faire en sorte que le pont soit établi demain.

D'après la minute. Archives de l'Empire.

20177. — AU PRINCE DE NEUCHÂTEL ET DE WAGRAM,
MAJOR GÉNÉRAL DE LA GRANDE ARMÉE, À DRESDE.

Dresde, 23 juin 1813.

Remettez-moi l'état des équipages militaires avec leur distribution. Voyez l'ordonnateur chargé de ce service, et remettez-moi un projet d'ordre pour que toutes les compagnies détachées rejoignent leurs bataillons.

Écrivez à tous les maréchaux et généraux commandant les corps d'armée, pour leur faire connaître que le dépôt général des équipages militaires est établi à Dresde, et qu'ils doivent, sans aucun délai, diriger sur Dresde toutes les voitures à réparer, les chevaux blessés, les harnais disponibles et les hommes sans chevaux.

Donnez ordre que le général Picard et tous les équipages militaires soient sous les ordres supérieurs du général Belliard. Le général Picard suivra toujours le quartier général. Tous les ordres de route qu'il donnera aux équipages seront visés par le général Belliard.

Vous donnerez ordre au général Belliard de passer en revue tous les équipages militaires et de voir leur chargement, et, avant de faire faire un mouvement, de prendre vos ordres pour que vous preniez vous-même les miens, afin d'être certain que ces mouvements sont conformes à mes intentions.

Le dépôt établi à Dresde sera commandé par un major ou chef de bataillon des équipages, et sera sous les ordres du général Fresia. Il y aura également un lieutenant d'ouvriers pour diriger les réparations des voitures. Faites-moi connaître la composition de l'état-major des équipages militaires. Écrivez dès ce soir, par l'estafette, aux commandants et aux ordonnateurs des corps, pour qu'ils fassent partir sur-le-champ pour Dresde tout ce qu'ils doivent y envoyer au dépôt. Le général Durosnel désignera le lieu propre à l'emplacement de ce parc, où seront établis des forges et un atelier de réparations pour les voitures et les harnais.

NAPOLÉON.

D'après l'original. Dépôt de la guerre.

20178. — A M. MARET, DUC DE BASSANO,
MINISTRE DES RELATIONS EXTÉRIEURES, À DRESDE.

Dresde, 24 juin 1813.

Monsieur le Duc de Bassano, vous trouverez ci-jointe l'organisation que je veux donner au corps du prince Poniatowski. Apportez-la-moi à signer demain matin au lever, après lui avoir demandé ses observations. Vous verrez que mon intention est de ne point revenir sur ce qui a été fait. J'ai organisé par des décrets le corps du général Dombrowski, ainsi qu'un régiment de la Vistule et un autre régiment polonais sous le n° 4, formé des 4°, 7° et 9° régiments. Ces régiments étaient à la solde de la France, et il sera facile de remettre leur comptabilité en état, sans déranger rien de ce que j'ai décrété.

J'ai donc organisé toutes les troupes arrivées avec le prince Poniatowski en cinq régiments d'infanterie et six régiments de cavalerie, chaque régiment de huit compagnies d'après la formation française. Je laisse à chaque régiment de cavalerie son administration, mais les cinq régiments d'infanterie, formant dix bataillons, n'auront qu'une seule administration. Il y a en France des régiments qui ont plus de dix bataillons. L'artillerie et les sapeurs n'auront qu'une seule administration : celle de la compagnie de gendarmerie sera jointe au régiment de cuirassiers, où cette compagnie comptera comme un escadron.

NAPOLÉON.

D'après l'original comm. par M. le duc de Bassano.

20179. — AU PRINCE DE NEUCHÂTEL ET DE WAGRAM,
MAJOR GÉNÉRAL DE LA GRANDE ARMÉE, À DRESDE.

Dresde, 24 juin 1813.

Mon Cousin, écrivez au duc de Padoue que sa lettre à M. de Voronzof est beaucoup trop longue; qu'il a l'air de se justifier; qu'il n'a pas de comptes à rendre à ce général. Sa lettre est même mal faite : il devait dire que Lützow n'avait pas reconnu l'armistice; qu'il avait continué d'enlever des courriers, de lever des contributions, etc. qu'il avait attaqué un détachement de 300 hommes qu'il croyait n'être pas soutenus, et que c'était la cause de ce qui lui était arrivé. Écrivez-lui qu'il est également fâcheux que le parlementaire soit arrivé jusqu'à Leipzig; il ne devait pas passer l'Elbe; il devait être arrêté aux avant-postes de Dessau; que la 5ᵉ division, ou seconde du 2ᵉ corps, doit être arrivée sur l'Elbe; que, s'il avait quelque chose à craindre, il pourrait s'en servir; qu'il y a aussi à Wittenberg cinq bataillons de la première division, ce qui fait donc dix-sept bataillons d'infanterie française avec deux batteries.

NAPOLÉON.

D'après l'original. Dépôt de la guerre.

20180. — AU MARÉCHAL DAVOUT, PRINCE D'ECKMÜHL,
COMMANDANT LE 1ᵉʳ CORPS DE LA GRANDE ARMÉE, À HAMBOURG.

Dresde, 24 juin 1813.

Mon Cousin, j'ai reçu votre lettre du 21 juin. Vous ne me faites pas connaître quelle quantité de riz vous avez trouvée à Hambourg. On en achète ici pour l'armée à 68 francs le quintal. Envoyez-nous en le plus possible. Nous en avons déjà éprouvé les meilleurs effets; les distributions qui en ont eu lieu ont fait entièrement cesser la diarrhée, qui commençait à menacer l'armée.

NAPOLÉON.

D'après l'original comm. par Mᵐᵉ la maréchale princesse d'Eckmühl.

20181. — AU MARÉCHAL DAVOUT, PRINCE D'ECKMÜHL,
COMMANDANT LE 1ᵉʳ CORPS DE LA GRANDE ARMÉE, À HAMBOURG.

Dresde, 24 juin 1813.

Mon Cousin, j'ai donné l'ordre au directeur général de l'administration de l'armée d'envoyer en poste à Hambourg un moulin en fer, afin que vous puissiez sur-le-champ en mettre en construction une cinquantaine à Hambourg. Les ouvriers ne doivent pas y manquer. Je donne ordre, en même temps, au ministre de la guerre de vous en envoyer cinquante. Chacun de ces moulins peut faire 5 quintaux par jour; pour les cent, cela fait 500 quintaux de farine; 500 quintaux de farine font 500,000 rations, c'est-à-dire le double de ce dont la garnison aura besoin. Faites placer cinquante de ces moulins dans un atelier et cinquante dans un autre, et qu'on travaille sans interruption à moudre.

NAPOLÉON.

D'après l'original comm. par Mme la maréchale princesse d'Eckmühl.

20182. — AU COMTE DARU,
DIRECTEUR DE L'ADMINISTRATION DE LA GRANDE ARMÉE, À DRESDE.

Dresde, 25 juin 1813.

Monsieur le Comte Daru, le major général donne des ordres pour que 4,000 quintaux de farine soient dirigés sur Glogau et mis sur les voitures du 17e bataillon d'équipages militaires, qui appartiennent au quartier général. Faites-les partir aussitôt qu'il sera possible, afin qu'elles soient de retour du 10 au 12 et puissent repartir pour suivre le mouvement de l'armée.

Le major général donne ordre également au duc de Trévise de verser dans Glogau toutes les farines et biscuits qu'il aurait à la suite de son corps d'armée, et d'envoyer ses voitures à Dresde pour s'y charger de riz, de farine et de biscuit.

Le duc de Dalmatie reçoit ordre de fournir 200 voitures portant 4,000 quintaux, pour être dirigées sur Glogau. Il faut qu'elles commencent à partir demain, et continuent le 27 et le 28, afin que tout cela soit de retour du 10 au 12.

Le major général donne ordre à tous les corps d'envoyer la plus grande partie de leurs équipages militaires, et tout ce qu'ils pourront avoir de voitures, pour se charger ici de riz et de farine qu'elles transporteront aux magasins centraux. Au fur et à mesure de leur arrivée, elles passeront à la parade, et vous prendrez mes ordres.

Le duc de Reggio a ordre d'envoyer ses voitures à Torgau et à Wittenberg pour s'y charger de farine et de riz venant de Magdeburg.

Il faut aussi que l'on fasse partir 4,000 quintaux de farine de Magdeburg pour Glogau. On peut se procurer des voitures dans le pays. Elles suivront la rive gauche jusqu'à Wittenberg, où elles passeront sur le pont, et de là elles se dirigeront en droite ligne sur Glogau.

Par ce moyen, nous aurions 12,000 quintaux à Glogau, ce qui, avec les 12,000 quintaux qui y sont et les 20,000 du marché, ferait 44,000 quintaux.

Donnez ordre que l'on fasse 50,000 rations de biscuit à Bunzlau; le duc de Raguse pourra s'en charger; qu'on en fasse autant à Gœrlitz et à Bautzen. Ce biscuit est destiné à rester dans les magasins pour servir dans des occasions extraordinaires. Il sera nécessaire qu'au 21 juillet on entretienne dans chacune de ces places 100,000 rations de biscuit, et qu'on commence au 15 juillet à fabriquer du pain biscuité, de manière à en avoir, le 26, dans chacune de ces places, 100,000 rations.

Ordonnez qu'il soit fait du biscuit à Glogau pour compléter, avec ce qui y existe, 500,000 rations.

Donnez des ordres pour qu'à Magdeburg on tienne à la disposition du général Vandamme 100,000 rations de biscuit, pris sur celui de siége, et qu'on y ait pour le 25 juillet 60,000 rations de pain biscuité, également à la disposition du général Vandamme.

Donnez des ordres à Dresde pour qu'on y ait, au 20 juillet, 500,000 rations de biscuit, y compris ce qui arriverait d'Erfurt, et que l'on ait, le 20 au matin, 200,000 rations de pain biscuité qui puissent durer vingt jours. Cet approvisionnement sera entretenu de manière que tous les convois dirigés sur l'armée soient tous en pain biscuité, et qu'on puisse en donner pour quatre jours aux troupes qui partiront de Dresde, et qui se monteront à plus de 30,000 hommes.

Vous ferez part de ces dispositions au major général.

NAPOLÉON.

D'après la copie comm. par M. le comte Daru.

20183. — AU GÉNÉRAL COMTE DUROSNEL,
GOUVERNEUR DE DRESDE.

Dresde, 25 juin 1813.

Je suis instruit que tous les chevaux achetés ici coûtent 20 francs de plus qu'ils ne doivent coûter, à cause des sommes données pour les recevoir. Toutes ces sommes sont donc perdues pour moi. Prenez toutes les mesures de police pour pouvoir m'éclairer sur ces choses si nuisibles à mon service et sur une affaire aussi honteuse.

<small>D'après la minute. Archives de l'Empire.</small>

20184. — AU GÉNÉRAL CLARKE, DUC DE FELTRE,
MINISTRE DE LA GUERRE, À PARIS.

Dresde, 25 juin 1813.

Les moulins sont toujours un problème. Je désire que vous ordonniez que dix de ces moulins soient placés dans un même atelier, et que vous nommiez une commission pour assister aux expériences. Chacun de ces moulins moudra 5 quintaux par jour, en travaillant jour et nuit, et ce travail sera continué pendant un mois. Il sera tenu procès-verbal des accidents, et l'on constatera l'état de ces moulins au bout du mois. On prétend qu'après trois jours de travail la noix se casse, et qu'alors ils ne sont plus d'aucune utilité.

<small>D'après la minute. Archives de l'Empire.</small>

20185. — AU GÉNÉRAL CLARKE, DUC DE FELTRE,
MINISTRE DE LA GUERRE, À PARIS.

Dresde, 25 juin 1813.

Monsieur le Duc de Feltre, je vous ai mandé de m'envoyer un livret des corps d'infanterie au 15 juin sur le modèle du livret que vous m'avez envoyé au 30 mars.

Je désire également avoir un état sur le même principe pour l'artillerie et le génie, de sorte que je voie bien où sont les bataillons du train, où sont leurs chevaux, où sont leurs dépôts.

Je désire aussi y trouver tous les renseignements dont j'ai besoin sur l'artillerie à cheval, sur les mineurs, sur les sapeurs. Ayez soin qu'à chaque page il y ait des notes qui me fassent connaître l'organisation et m'évitent des recherches.

Je désire y trouver aussi ce qu'il y a de disponible sans destination.

NAPOLÉON.

D'après la copie. Dépôt de la guerre.

20186. — AU GÉNÉRAL LACUÉE, COMTE DE CESSAC,
MINISTRE DIRECTEUR DE L'ADMINISTRATION DE LA GUERRE, À PARIS.

Dresde, 25 juin 1813.

Monsieur le Comte de Cessac, je reçois votre lettre du 20 juin. Je ne sais pas bien ce que c'est que le caisson léger n° 2, attelé de deux chevaux. L'expérience paraît avoir prouvé en faveur des caissons n° 2, tels que la Garde les a fait faire, et tout le monde leur donne la préférence sur toute autre espèce de voitures. On voudrait cependant qu'ils fussent un peu renforcés, pour qu'il n'y eût aucun inconvénient à les charger de deux milliers; mais il faudrait que cette opération n'augmentât pas le poids de plus de 80 livres. On pourrait aussi renforcer ces caissons par un bon choix de matériaux. Ils tiennent facilement quatre tonneaux de farine de 450 livres chacun, et de plus un sac; ils contiennent plus facilement encore 20 quintaux de farine en sacs : chaque cheval ne traîne donc que 5 quintaux. Un des conducteurs est à cheval et l'autre est assis en cocher.

On préfère ces voitures aux voitures à la comtoise. Celles-ci ont deux chevaux et ne portent que 4 quintaux; chaque cheval ne traîne donc que 2 quintaux. Deux voitures à la comtoise ont l'inconvénient d'avoir deux hommes, deux voitures, quatre chevaux, et ne portent pas la moitié de ce que porte un caisson; ce qui augmente beaucoup les convois sur les routes. Si l'on perd un des chevaux qui attellent une voiture à la comtoise, l'autre ne peut pas bien se tirer d'affaire, tandis que les caissons ayant quatre chevaux peuvent perdre un cheval ou deux chevaux, et même un homme, et aller encore. Il ne faut donc plus construire de voitures à la comtoise, et désormais les parcs de Sampigny et de Plaisance ne doivent établir que des caissons n° 2 conformes à ceux de la Garde, mais renforcés dans leurs parties principales et pouvant peser à cet effet 80 livres de plus, afin qu'ils puissent porter facilement 20 quintaux. Quant aux voitures à la comtoise qui existent, il faut, 1° les faire couvrir comme on a fait à Metz pour les compagnies du 17e bataillon; 2° que le conducteur soit à cheval au lieu d'être en cocher.

Donnez des ordres pour faire construire un bon nombre de caissons n° 2 à Sampigny.

Comme on reconnaît que les caissons d'ancien modèle peuvent aussi servir sans inconvénient, on en usera tant qu'on en aura.

Vous recevrez un décret par lequel j'ordonne que les neuf 7es compagnies soient organisées et complétées en chevaux et en voitures. Ces neuf compagnies devront toutes avoir des caissons du modèle n° 2; ce sera 40 caissons par compagnie et 360 pour les neuf compagnies. Vous pourrez employer là toutes les voitures d'ancien modèle que vous avez, je crois, à Sampigny et à Plaisance.

Vous devez avoir aussi à Sampigny des modèles du n° 2. Je pense donc que la moitié des voitures qu'il vous faut existe; l'autre moitié sera confectionnée aux parcs de Sampigny et de Plaisance, dans le courant de juillet, août et septembre.

Ces neuf compagnies seront destinées, savoir : deux au corps d'observation d'Italie, quatre au corps d'observation de Bavière, trois recevront une destination ultérieurement, selon les besoins du service, et serviront à réparer les pertes qu'on aurait faites. Le décret que je viens de prendre sur les équipages militaires contient toutes ces dispositions.

Faites partir de chaque dépôt d'équipages militaires 20 hommes bien habillés et bien équipés. Comme ils viendront à pied, donnez-leur des souliers pour leur marche. Dirigez-les sur le dépôt de Dresde. Envoyez aussi quelques maîtres-ouvriers pour surveiller l'atelier où j'ordonne qu'on confectionne quelques voitures du modèle n° 2.

NAPOLÉON.

D'après l'original. Dépôt de la guerre.

20187. — AU PRINCE DE NEUCHÂTEL ET DE WAGRAM,
MAJOR GÉNÉRAL DE LA GRANDE ARMÉE, À DRESDE.

Dresde, 28 juin 1813.

Mon Cousin, il est nécessaire que vous réunissiez le général commandant l'artillerie, le général commandant le génie et le comte Daru, pour dépouiller et comparer tous les états reçus de Danzig, de manière à distinguer les états faux des véritables, et faire prendre copie de ceux-ci, selon qu'ils concernent leurs attributions. Vous enverrez également aux ministres de la guerre et de l'administration de la guerre ceux qui les concernent. Il convient qu'on connaisse au bureau de l'artillerie les armes qui existent à Danzig, etc.

Vous ordonnerez à l'officier qui est allé à Danzig de faire un rapport par écrit de ce qu'il a dit de ma part au général Rapp et de ce que celui-ci lui a répondu. Vous me présenterez ce rapport, et vous le joindrez aux papiers de Danzig.

Faites faire un rapport sur toutes ces places, et faites-le relier avec les états de tout ce qui s'y trouvait au moment de l'armistice. Vous me remettrez cela comme un livret qui me servira de bases à consulter selon les circonstances.

NAPOLÉON.

D'après l'original. Dépôt de la guerre.

20188. — AU PRINCE DE NEUCHÂTEL ET DE WAGRAM,
MAJOR GÉNÉRAL DE LA GRANDE ARMÉE, À DRESDE.

Dresde, 28 juin 1813.

Mon Cousin, écrivez au général Castex qu'il est indispensable qu'il fasse former le nombre de colonnes nécessaire, commandées par des officiers intelligents, pour aller à la recherche des partisans prussiens, et les arrêter partout où on les rencontrera.

Témoignez mon mécontentement au duc de Padoue de ce que le partisan Colomb n'est pas encore pris, et de ce qu'il n'annonce point l'arrestation des débris de la bande de Lützow.

NAPOLÉON.

D'après l'original. Dépôt de la guerre.

20189. — AU MARÉCHAL SOULT, DUC DE DALMATIE,
COMMANDANT LA VIEILLE GARDE, À DRESDE.

Dresde, 28 juin 1813.

Donnez ordre au général Roguet de profiter du loisir qu'il se trouve avoir pour aller reconnaître tous les débouchés du camp de Kœnigstein, savoir : ceux de Neustadt vers la frontière de Bohême, sur la rive droite et vers la même frontière, sur la rive gauche en suivant l'Elbe, ainsi que les différents débouchés qui du camp aboutissent à la grande route de Bohême à Dresde. Il fera faire un croquis de tout cela par quelqu'un de ses aides de camp; mais il faut qu'il reconnaisse lui-même ces débouchés, ainsi que toutes les positions militaires, afin qu'il soit bien au fait de tout ce pays.

D'après la minute. Archives de l'Empire.

20190. — AU GÉNÉRAL LEBRUN, DUC DE PLAISANCE,
AIDE DE CAMP DE L'EMPEREUR, À DRESDE.

Dresde, 28 juin 1813.

Monsieur le Duc de Plaisance, le major général vous donne l'ordre d'aller inspecter les 1er et 2e corps de cavalerie et la cavalerie des corps d'armée. Vous commencerez par celui du duc de Reggio, et vous me ferez connaître d'abord ce qui concerne sa personne. Est-il rétabli? Serait-il en état de rentrer en campagne? Comment sont ses généraux de division, et où se trouvent-ils? Quels sont ses généraux de brigade? Vous me ferez connaître la situation de tout son corps, mais à peu près seulement et sans en passer la revue : vous ne passerez que celle de la cavalerie. Vous me rendrez donc compte de la situation de son infanterie, de son artillerie, des équipages militaires, des magasins et des hôpitaux, ainsi que de toutes les nouvelles qui peuvent circuler dans le corps ou dans le pays, en un mot de tout ce qui peut m'intéresser. Vous irez jusqu'à Baruth voir la ligne des avant-postes et prendre des renseignements sur la route de Berlin et sur ce qui s'y passe.

Vous ferez la même chose pour tous les autres corps. Vous visiterez les hôpitaux et vous ferez connaître aux commissaires des guerres que tous les amputés et hommes blessés trop grièvement pour pouvoir resservir doivent être évacués sur Dresde.

En passant près de Glogau, vous entrerez dans cette place, vous y verrez tout en détail et vous m'en ferez un rapport.

Vous adresserez au major général tout ce qui est relatif à votre mission officielle, mais vous m'adresserez directement tous les autres renseignements et tout ce qui ne serait pas de cette mission.

NAPOLÉON.

D'après l'original comm. par M. le général duc de Plaisance.

20191. — AU GÉNÉRAL COMTE LEMAROIS,
GOUVERNEUR DE MAGDEBURG.

Dresde, 28 juin 1813.

Monsieur le Comte Lemarois, je désire que vous m'écriviez tous les jours pour m'instruire de tout ce qui est relatif à votre commandement, surtout de toutes les batteries que le directeur du parc a de disponibles, de tous les bateaux qui partent pour Dresde chargés de subsistances, et de ceux qui arrivent de Hambourg en remplacement.

Il y avait à Magdeburg 74,000 quintaux de blé pour l'approvisionnement de siége : j'ai ordonné qu'on en laissât 20,000, afin que la place ne restât pas tout à fait dégarnie; il y en aura donc disponibles 54,000 quintaux. J'ai ordonné que, sur ces 54,000 quintaux, 40,000 fussent dirigés sur Dresde, et que 14,000 restassent à Magdeburg à la disposition de l'armée. Ce blé, tel qu'il est, ne peut servir à rien; ayez soin de le faire convertir le plus promptement possible en farine et de le renfermer dans des sacs. 50.000 quintaux doivent venir de Hambourg et 50,000 quintaux de la 32ᵉ division, ce qui fera 100,000 quintaux. Correspondez avec le prince d'Eckmühl, afin que vous puissiez assurer vos remplacements.

Il y avait à Magdeburg 1,200 bêtes à cornes; j'ai ordonné qu'on les dirigeât sur Dresde; mais il vous restera toujours une grande quantité de viande salée. Faites-moi connaître quelle est la quantité que vous avez, et, si les circonstances vous mettaient dans le cas d'être assiégé, en peu de jours vous feriez faire une rafle à vingt lieues à la ronde, qui vous remplacerait les 1,200 bêtes à cornes qu'on vient de vous ôter. D'ailleurs, 7,000 bœufs doivent être dirigés de la 32ᵉ division. Correspondez avec le prince d'Eckmühl pour connaître leur arrivée et me l'annoncer.

Il y a à Magdeburg 1,200 quintaux de riz. J'ai demandé que ce riz fût envoyé par Dresde; vous le ferez remplacer par pareille quantité tirée de Hambourg.

Vous devez envoyer de la poudre, des pièces et des boulets à Hambourg; votre commandant d'artillerie doit en avoir l'état. Je désire que vous pressiez ces envois, afin qu'avant le 15 juillet Hambourg soit en état de se défendre. Le général Haxo a tracé une tête de pont et une place à Werben; cette place défendra naturellement Magdeburg. Faites-moi connaître s'il est possible d'armer cette place et de la mettre en état de défense d'ici au 25 juillet. Dans ce cas, vous y mettrez un commandant, un officier d'artillerie, et y placerez quelques pièces de canon. Le commandement depuis Dessau jusqu'à Werben, sur la rive gauche, dépend de Magdeburg.

Faites faire une visite des hôpitaux. Faites renvoyer sur Wesel tous les amputés, tous les hommes absolument hors de service, ainsi que tous les malades et blessés ennemis prisonniers. Organisez-vous pour recevoir 3,000 malades.

On dit qu'il y a une abbaye hors de la ville; faites-la environner de palissades, et faites-la couvrir par une petite flèche, pour qu'elle soit à l'abri de toute attaque des troupes légères. J'ai vu avec peine, le mois passé, que des Cosaques s'étaient approchés à une lieue de la ville. Faites établir, à une lieue autour de la ville, sur tous les chemins, trois ou quatre maisons où une cinquantaine d'hommes soient à l'abri de toute attaque de cavalerie légère : un retranchement et une simple palissade suffiront; faites-y mettre même une pièce de 3, s'il est nécessaire. Ces retranchements, éloignés de 8 à 900 toises les uns des autres, vous rendront toujours maître de l'ennemi, à une lieue de la ville. Le général Haxo m'a rendu compte que le poste de Tangermünde était bon pour y placer environ 200 hommes à l'abri des troupes légères ennemies : faites vérifier cela.

Je désirerais que le dépôt de cavalerie se rendît de Hanovre à Magdeburg; mais on allègue le défaut d'écuries. Est-ce que vous ne pourriez pas requérir des planches, et faire construire ainsi, en baraques, des écuries pour 2,000 chevaux? Si vous pouvez faire faire ce travail en huit jours, j'ordonnerai au général Bourcier de se rendre à Magdeburg, ce qui serait fort avantageux pour vous, puisque cela vous donnerait un renfort de 3 à 4,000 hommes à pied et un fonds de 2,000 chevaux.

Envoyez-moi le plan des environs à une lieue de Magdeburg, sur les deux rives, où soient indiquées les maisons que vous faites retrancher, pour que je puisse voir si vous avez bien saisi mon intention. La grande force de l'ennemi consistant en cavalerie légère, c'est en multipliant les palissades qu'on peut s'y opposer. Vous devez constamment ordonner à tous les postes que vous tiendrez sur la rive gauche pour défendre le passage de s'entourer sur-le-champ de palissades : les arbres ne manquent pas dans ce pays. J'ai pratiqué cette méthode, dans la campagne dernière, jusqu'à Moscou, et je n'ai pas eu un seul poste de 50 hommes que 10,000 Cosaques aient entamé. Indiquez-moi aussi, sur la carte, le lieu où vous placerez vos écuries.

Vous recevrez du major général des ordres par lesquels j'ai définitivement prescrit les dispositions que je viens de vous indiquer.

NAPOLÉON.

D'après l'original comm. par M. le comte Lemarois.

20192. — NOTE SUR LA DÉFENSE DE DRESDE.

Dresde, 28 juin 1813.

L'enceinte des faubourgs de Dresde a 3,000 toises; il faut par conséquent 30,000 palissades, ce qui, à 150 voitures par jour, pourra être transporté en dix jours.

3,000 toises font quinze fronts ou seize saillants, espacés à 200 toises, ce qui n'est pas une grande distance. Pour occuper ces saillants par des lunettes de 80 toises de développement, il faudrait 200 hommes par jour, pendant dix jours, pour exécuter chacune, et par conséquent 3,200 travailleurs pour les seize lunettes.

En calculant 4 travailleurs pendant dix jours pour faire une toise courante de glacis, cela fait 12,000 travailleurs pour 3,000 toises de glacis pendant dix jours ; mais en approfondissant le terre-plein de deux pieds au-dessous de la campagne, on peut calculer qu'il faudra moitié moins de travailleurs.

En supposant maintenant qu'on adopte une enceinte bastionnée continue, 800 hommes termineraient un front en dix jours : par conséquent les quinze fronts seraient exécutés en dix jours par 12,000 hommes. Il faudrait également 12,000 hommes pendant dix jours pour exécuter un chemin couvert tout autour ; ce qui ferait 24,000 travailleurs par jour, pendant dix jours, pour l'enceinte bastionnée et son chemin couvert, ou 8,000 travailleurs pendant trente jours.

Le général Rogniat me présentera un projet sur ces idées. En occupant les saillants par seize lunettes bien palissadées dans le fossé et à la gorge, et en armant chaque lunette de trois pièces de canon dont la mitraille se perdrait à demi-portée, on aurait une bonne défense.

Je ne trouve pas que ces lunettes m'offrent assez de sûreté ; il faudrait encore des cavaliers, ce qui peut être fait avec le temps. On pourrait encore tracer quatre ou cinq couronnes.

Si l'on formait une enceinte avec seulement une palissade qui tracerait une ligne magistrale bastionnée, on occuperait les saillants par des lunettes à 50 toises de la palissade, et, comme la longueur de la lunette serait aussi de 50 toises, on éloignerait, par ce moyen, l'ennemi de 100 toises de la palissade, qui serait par là moins fortement battue par le canon. Ces lunettes seraient à flancs bastionnés et se flanquant entre elles ; on pourrait ensuite les unir par un fossé, la gorge serait palissadée, le fossé fraisé, et elles communiqueraient avec la palissade en arrière par une bonne caponnière. Je voudrais qu'on pût placer toute l'artillerie des seize lunettes dans deux ou trois, en cas de besoin ; je sais que l'ennemi, en réunissant vingt à vingt-cinq pièces de canon et autant d'obusiers contre une seule lunette, l'écrasera ; car, en fait d'artillerie, c'est celui qui en réunit le plus qui écrase son adversaire; il faut donc pouvoir réunir une artillerie égale à la sienne sur le point attaqué. Pour cela il faut : 1° que le terre-plein des lunettes soit continu et qu'il y ait partout des plates-formes; 2° que la disposition des caponnières soit telle, qu'on puisse retirer les pièces et les placer sur les lunettes attaquées, sans que l'ennemi s'en aperçoive, afin qu'il ne change pas d'attaque. Si la face et le flanc des lunettes ont 50 toises, cela fera 100 toises de développement pour chaque lunette, et par conséquent de la place pour trente-cinq pièces d'artillerie. Ces canons, tirant à couvert contre un ennemi à découvert, mettront l'ouvrage à l'abri d'une attaque de canon.

Tout cela devrait être fini et palissadé le 25 juillet. Le génie aurait en moyens d'exécution le 8° bataillon d'ouvriers de la marine.

Il sera établi à chaque lunette un magasin à poudre, afin de n'avoir pas besoin de caissons.

On pourrait, par la suite, ajouter au saillant de l'enceinte palissadée des cavaliers qui domineraient les lunettes. Ce serait un surcroît qui augmenterait la force du camp.

Je voudrais que les caponnières que j'établis pour communiquer à la palissade puissent me servir de barbette pour tirer du canon, soit d'un côté, soit de l'autre.

Les cavaliers établis au saillant des palissades doivent être tracés dans le double but de battre les lunettes, afin d'obliger l'ennemi de s'y loger méthodiquement, et de battre le terrain en avant de la palissade, afin que l'ennemi ne puisse pas la forcer et qu'on puisse tenir derrière, sous la protection du canon des cavaliers.

Tout cela fini, il paraît évident qu'on pourrait regarder Dresde comme une place forte, non pas en abandonnant l'Elbe, mais tant que l'armée serait en avant de ce fleuve. Il n'y aurait ni troupes légères, ni corps de cavalerie, ni partis ennemis qui pussent forcer ces fortifications. J'aurais alors une place pour recevoir les dépôts, les hôpitaux, les magasins, les voitures de toute espèce; car il ne faut pas moins d'une enceinte de 4 à 5,000 toises pour servir de dépôt à une armée comme la mienne.

D'après la copie. Dépôt de la guerre.

20193. — AU GÉNÉRAL CLARKE, DUC DE FELTRE,

MINISTRE DE LA GUERRE, À PARIS.

Dresde, 28 juin 1813.

J'ai reçu votre lettre du 19 mai, bureau du génie. Je ne sais pas à quoi peut servir la place de Corte; mais la place de Calvi est plus importante. Il n'y a à Ajaccio qu'une mauvaise citadelle. Je pense donc qu'il suffit de maintenir à Ajaccio et à Calvi la ligne des maisons comme elle se trouve, en conservant également l'esplanade du fort Monzillo. Quant à Corte, il ne faut plus entretenir cette place : c'est une dépense inutile. Calvi, au contraire, a quelque importance, toute la ville étant fortifiée et étant en état de soutenir un siége.

D'après la minute. Archives de l'Empire.

20194. — A EUGÈNE NAPOLÉON,

VICE-ROI D'ITALIE, À MILAN.

Dresde, 28 juin 1813.

Mon Fils, je reçois votre lettre du 22, par l'estafette qui vient d'être établie avec Milan. Le comte de Metternich vient d'arriver ici. Nous allons voir si le congrès pourra se réunir à Prague; mais toutes les probabilités paraissent à la guerre.

NAPOLÉON.

D'après la copie comm. par S. A. I. Mme la duchesse de Leuchtenberg.

20195. — A LA PRINCESSE THÉRÈSE,

ARCHIDUCHESSE D'AUTRICHE, À DRESDE.

Dresde, 28 juin 1813.

Ma Cousine, je reçois de Paris une gravure de la miniature d'Isabey représentant l'Impératrice Marie-Louise, que je voulais vous apporter moi-même; mais je monte en voiture pour faire une course, et je ne veux pas en différer l'envoi. L'ouvrage me paraît ressemblant et très-bien fait. Je suis témoin que la personne qu'il représente vous est si attachée, que vous seriez ingrate si ce cadeau ne vous faisait pas plaisir.

D'après la minute. Archives de l'Empire.

20196. — AU COMTE DARU,
DIRECTEUR DE L'ADMINISTRATION DE LA GRANDE ARMÉE, À DRESDE.

Dresde, 29 juin 1813.

Monsieur le Comte Daru, vous donnerez des ordres pour défendre les marchés de transports à Mayence et pour les transports à Wesel; la concurrence de l'artillerie et de l'administration les rend trop dispendieux. Il y a un autre moyen à employer, celui des réquisitions. Il faut d'abord établir trois lignes de transports de Mayence à Dresde : la première ligne passera par Fulde, Erfurt, Iéna et Gera; la deuxième ligne passera par Würzburg, Bamberg et Chemnitz; la troisième ligne passera par Francfort, Cassel et Leipzig. Ces trois lignes seront employées les jours pairs pour le service de l'administration, et les jours impairs pour le service de l'artillerie. On aura ainsi 150 voitures par jour, ce qui, à raison de 10 quintaux par voiture, fait 45,000 quintaux par mois; quantité suffisante pour les besoins de l'armée : 22,000 quintaux et demi pour l'administration et 22,000 et demi pour l'artillerie.

Les deux services se remplaceront l'un l'autre pour profiter des relais. Dans les occasions extraordinaires, on préviendra quatre jours d'avance les régences. Il y aura un officier d'artillerie et un commissaire des guerres pour régler et surveiller tout ce qui est relatif au chargement. Les voitures ramèneraient en revenant les blessés et les malades, et on les transporterait sur Mayence.

NAPOLÉON.

D'après la copie comm. par M. le comte Daru.

20197. — AU GÉNÉRAL CLARKE, DUC DE FELTRE,
MINISTRE DE LA GUERRE, À PARIS.

Dresde, 29 juin 1813.

Vous avez reçu le décret que j'ai pris pour l'armement d'Erfurt. Il est fort important que cet armement soit complet avant le 1er août. Faites mettre en route sans délai ce que doivent fournir Mayence et Strasbourg. Envoyez à Erfurt un officier d'artillerie passable. J'ai ordonné l'établissement d'un petit arsenal de réparation à Erfurt : il faudrait mettre un homme capable à la tête. Il faut qu'on s'approvisionne de bois par réquisition et que l'armement soit entretenu en bon état.

Je juge qu'il est nécessaire que le premier inspecteur du génie, après avoir fait son travail à Hambourg, vienne visiter Erfurt; il se fera remettre tout ce que j'ai dicté sur cette place, et il ordonnera ce que son zèle et la connaissance qu'il a de son métier lui inspireront pour remplir mes intentions.

<small>D'après la minute. Archives de l'Empire.</small>

20198. — A FRANÇOIS Ier, EMPEREUR D'AUTRICHE,
À VIENNE.

Dresde, 30 juin 1813.

Monsieur mon Frère et très-cher Beau-Père, le comte de Metternich m'a remis la lettre de Votre Majesté. Je désire la paix. Si les Russes sont aussi modérés que moi, elle se fera promptement. Si, au contraire, ils veulent me porter à des concessions que repoussent mon honneur et les intérêts de mes alliés, ils ne réussiront à rien. Votre Majesté connaît les sentiments que je lui porte : j'espère qu'elle ne se laissera pas entraîner à une guerre qui ferait le malheur de ses états et accroîtrait les maux du monde.

Dans toute hypothèse, Votre Majesté ne doit jamais douter de l'estime et de l'amitié avec lesquelles je suis, Monsieur mon Frère et très-cher Beau-Père, de Votre Majesté Impériale, le bon Frère et Gendre,

NAPOLÉON.

<small>D'après la copie. Archives des affaires étrangères.</small>

20199. — A M. MARET, DUC DE BASSANO,
MINISTRE DES RELATIONS EXTÉRIEURES, À DRESDE.

Dresde, 30 juin 1813.

Monsieur le Duc de Bassano, vous pouvez répondre à M. Alquier que je ne vois aucun inconvénient à garantir l'emprunt du Danemark, soit à Hambourg, soit en Hollande, soit à Paris, soit dans tout autre pays.

NAPOLÉON.

<small>D'après l'original. Archives des affaires étrangères.</small>

20200. — A MADAME DUROC, DUCHESSE DE FRIOUL,
À PARIS.

Dresde, 30 juin 1813.

Madame la Duchesse de Frioul, j'ai reçu votre lettre du 19 juin. Vous savez combien j'ai été affligé de la perte du grand maréchal. Sa fille peut être assurée de ma constante protection. Je lui en ai donné un témoignage en lui substituant le duché de Frioul, et en m'occupant de ses intérêts. Vous pouvez, de votre côté, compter sur toute mon affection et sur le désir que j'ai de vous donner, dans toutes les circonstances, des preuves de l'intérêt que je prends à la famille du grand maréchal.

D'après la minute. Archives de l'Empire.

20201. — AU PRINCE DE NEUCHÂTEL ET DE WAGRAM,
MAJOR GÉNÉRAL DE LA GRANDE ARMÉE, À DRESDE.

Dresde, 30 juin 1813.

Mon Cousin, faites connaître au général Bertrand que j'approuve l'organisation de la garde bourgeoise de Leipzig; mais qu'un bataillon de 2,000 hommes sera trop fort; qu'il eût été préférable d'en faire trois, chacun de 650 hommes, mais que, si l'organisation est faite, il faut maintenir ce qui a été fait; que, dès le 1er juillet, il faut que la garde et la police de la ville soient faites par la garde bourgeoise, et que les troupes françaises n'aient plus à faire que le service de leurs casernes, afin que, ces troupes venant à partir, on ne s'aperçoive de rien.

Écrivez au général Lauer qu'il doit faire payer la solde à tous les soldats qui se trouvent à Torgau.

Donnez ordre au gouverneur de Glogau de placer des postes à une lieue de Glogau, et, s'il était nécessaire, de repousser la force par la force.

Écrivez au général Lapoype qu'il ne doit rien évacuer de ce qu'il possède; que l'ennemi a gardé Krossen, qu'il ne devait pas occuper; que d'ailleurs l'enclave dont il s'agit n'appartient pas à la Prusse, mais à la Confédération du Rhin : qu'il faut renvoyer ces discussions aux commissaires respectifs, et que, si l'ennemi avait recours à la force, il faudrait repousser la force par la force.

Écrivez au général Lauriston que tout ce qu'on publie de l'empereur d'Autriche est faux.

Répondez aux commissaires de Neumarkt qu'ils doivent s'opposer à ce qu'on tire aucun homme et aucune espèce de vivres de la partie neutre.

Répondez à ces mêmes commissaires que je ne mets aucun obstacle à la foire de Breslau, pourvu que la note de tous les transports qui y arriveront soit prise, et que les plénipotentiaires adverses prennent l'engagement qu'aucun de ces transports ne sera retenu pour le service des alliés et que tous seront renvoyés.

Napoléon.

D'après l'original. Dépôt de la guerre.

20202. — AU MARÉCHAL DAVOUT, PRINCE D'ECKMÜHL,
COMMANDANT LE 1ᵉʳ CORPS DE LA GRANDE ARMÉE, À HAMBOURG.

Dresde, 30 juin 1813.

Mon Cousin, je reçois votre lettre du 26 juin. Je vois avec plaisir que vous avez envoyé quatre batteries d'artillerie et une batterie de réserve avec le général Vandamme. Les deux batteries d'artillerie à cheval sont en chemin de Wesel pour vous rejoindre. Je donne ordre qu'on organise le plus tôt possible une nouvelle batterie de réserve à Wesel pour vous. La 6ᵉ division *bis* sera, au 10 juillet, réunie à Wesel; déjà plusieurs bataillons y sont arrivés; c'est à tout événement une réserve qui peut vous être utile.

J'ai attaché l'adjudant commandant Fernig au général Hogendorp; il figurera sur les états comme adjudant commandant employé dans la 50ᵉ division. Il est très-important que vous ayez : deux batteries d'artillerie pour la 3ᵉ division, seize pièces; une batterie pour la 50ᵉ division, huit pièces; une batterie à cheval de votre corps d'armée, six pièces; une à cheval pour la 50ᵉ division, six pièces; une de réserve, huit pièces; total, quarante-quatre pièces.

Votre corps d'armée aura donc trois batteries de réserve, savoir : une avec le général Vandamme et une que le général Lemarois a dirigée sur Magdeburg; ce qui fera deux pour le général Vandamme. J'ordonne que vous formiez la troisième à Hambourg, en tirant le matériel de Groningen. Expédiez les ordres nécessaires à l'officier d'ordonnance que j'ai dans cette place. Vous vous servirez des chevaux du pays. Ainsi il y aura à Hambourg deux batteries à cheval, trois batteries de division et une batterie de réserve.

NAPOLÉON.

<small>D'après l'original comm. par Mme la maréchale princesse d'Eckmühl.</small>

20203. — AU MARÉCHAL DAVOUT, PRINCE D'ECKMÜHL,
COMMANDANT LE 1er CORPS DE LA GRANDE ARMÉE, À HAMBOURG.

Dresde, 30 juin 1813.

Mon Cousin, je reçois votre lettre du 27 juin. J'ai fait donner l'ordre positif au sieur Bourrienne de cesser toute espèce de correspondance avec Hambourg. Mon ordre lui sera signifié d'ici au 5 juillet. Si, passé cette époque, il écrivait encore, je désire que vous me le fassiez connaître, afin que je puisse le faire arrêter. Tâchez de découvrir toutes les friponneries de ce misérable, afin que je puisse lui faire restituer ce qui ne lui appartient pas.

NAPOLÉON.

<small>D'après l'original comm. par Mme la maréchale princesse d'Eckmühl.</small>

20204. — AU GÉNÉRAL CLARKE, DUC DE FELTRE,
MINISTRE DE LA GUERRE, À PARIS.

Dresde, 30 juin 1813.

Je reçois votre lettre du 23 juin. Vous pouvez calculer que j'ai aujourd'hui 15,000 hommes qui n'ont pas de fusils; c'est donc 15,000 hommes que j'ai de moins. J'ai donc besoin de fusils avant tout. Vous verrez, par les ordres que j'ai donnés, que j'ai interdit à l'artillerie de Mayence tout marché de transports, et que j'ai organisé trois lignes de relais par réquisition de Mayence à Dresde, l'une par Würzburg, l'autre par Erfurt et la troisième par Cassel. Les frais de transports seront soldés tous les jours, et, de cette façon, ne me reviendront qu'à 10 ou 12 francs le quintal. C'est à Dresde que j'ai besoin de fusils, bien plutôt qu'à Erfurt. J'ai mandé au duc de Valmy de m'envoyer tous les fusils de dragons et généralement tout ce qu'il pourrait. Si vous pouviez diriger des fusils, soit de Naarden, soit de Wesel, sur Magdeburg, on les y transporterait également par réquisition. J'ai 60,000 fusils à Danzig, mais, pour le moment, cela ne peut pas me servir.

D'après la minute. Archives de l'Empire.

20205. — AU VICE-AMIRAL DUC DECRÈS,
MINISTRE DE LA MARINE, À PARIS.

Dresde, 30 juin 1813.

Monsieur le Duc Decrès, vous recevrez un décret que j'ai pris pour l'établissement d'un chantier de construction sur l'Elbe. Je ne suis pas maître de ne pas établir ce chantier; la Bohême, la Prusse, la Saxe et tous les autres états de l'Allemagne dont les rivières affluent dans l'Elbe, ont des bois, des fers et des chanvres, et il est indispensable que je leur donne ce débouché. L'établissement d'un arsenal de construction dans l'Elbe est donc une mesure à la fois maritime et politique; c'est une charge attachée à la souveraineté des pays entre l'Elbe et le Rhin, de même que l'arsenal de construction de Venise est une charge attachée à la possession des provinces illyriennes et des rives de la Brenta, de l'Isonzo et du Tagliamento. Donnez des ordres pour qu'on s'occupe de cela avec la plus grande activité.

Vous savez que j'ai pris des mesures pour que Hambourg fût une place de premier ordre, et que les travaux sont tellement avancés que dès les premiers jours d'août 15,000 hommes pourront s'y renfermer et y soutenir un long siége. Aussitôt que la commission aura arrêté ses projets et qu'ils m'auront été envoyés, je les approuverai et j'ordonnerai le commencement des travaux. Je pourrai aussi vous ordonner d'aller vous-même examiner et vérifier le tout. La construction de douze vaisseaux dans l'Elbe sera économique et fera partie de ce vaste plan de guerre contre l'Angleterre. Je suppose que dans le cours d'une année les fortifications seront suffisamment avancées pour protéger les établissements maritimes; en sorte qu'au 1ᵉʳ juillet 1814 on puisse établir les cales et mettre les vaisseaux sur le chantier. Alors, si la paix avec l'Angleterre avait lieu dans quelques années, elle nous trouverait avec une escadre déjà toute formée dans l'Elbe.

Discutez là-dessus avec l'amiral Rosily et l'ingénieur Beautemps-Beaupré, et donnez-leur toutes les instructions nécessaires pour faciliter leur mission.

NAPOLÉON.

D'après l'original comm. par Mᵐᵉ la duchesse Decrès.

20206. — AU MARÉCHAL DAVOUT, PRINCE D'ECKMÜHL,
COMMANDANT LE 13ᵉ CORPS DE LA GRANDE ARMÉE, À HAMBOURG.

Dresde, 1ᵉʳ juillet 1813.

Mon Cousin, le major général vous fera connaître la nouvelle formation que j'ai donnée à l'armée. J'ai créé un 13ᵉ corps, dont je vous ai donné le commandement. Je destine ce corps à la défense de la 32ᵉ division. Vous aurez sous vos ordres les deux divisions françaises du 13ᵉ corps, la division danoise et la 50ᵉ division; ce qui vous fera la valeur d'une soixantaine de bataillons. La confiance que j'ai en vous, et qui me porte à vous laisser à la tête d'une position aussi importante, m'a mis dans le cas de faire ces changements. Toutes les divisions, étant chacune de quatorze bataillons, sont plus maniables. La 3ᵉ division *bis* étant dissoute, chaque bataillon qui la compose rejoindra son régiment.

Je donne ordre qu'on vous envoie le matériel qui vous est nécessaire pour organiser l'artillerie. Vous devez avoir quatre batteries à pied pour les 3ᵉ et 40ᵉ divisions, trente-deux pièces; deux batteries de réserve pour le 13ᵉ corps, seize pièces; une batterie à cheval pour le 13ᵉ corps, six pièces; total, sept batteries pour le 13ᵉ corps ou cinquante-quatre pièces; plus une batterie d'artillerie à cheval, six pièces, et une batterie à pied pour la 50ᵉ division, huit pièces; ce qui vous fera soixante-huit pièces d'artillerie.

Vous aurez quatre compagnies d'équipages militaires les 3°, 4°, 5° et 6° du 12° bataillon.

Le général Bourcier a dû vous envoyer un régiment de marche de cavalerie de 1,250 hommes à pied, qui se compose de deux escadrons de cavalerie légère, 500 hommes, un escadron de dragons, 250 hommes, et deux escadrons de cuirassiers, 500 hommes; total, 1,250 hommes. Je donne ordre qu'on vous envoie des dépôts de France de quoi compléter le 28° de chasseurs à 1,250 hommes. Vous monterez tous ces hommes; ce qui, avec le régiment lithuanien, vous fera près de 3,000 chevaux. Veillez à ce qu'on ne mette dans le 28° de chasseurs, qui doit rester à Hambourg, aucun homme de la 32° division ni des départements de la Lippe et de la Hollande.

NAPOLÉON.

D'après l'original comm. par Mme la maréchale princesse d'Eckmühl.

20207. — AU MARÉCHAL DAVOUT, PRINCE D'ECKMÜHL,
COMMANDANT LE 13° CORPS DE LA GRANDE ARMÉE, À HAMBOURG.

Dresde, 1er juillet 1813.

Mon Cousin, il serait possible que l'armistice fût prolongé jusqu'au 15 août. Si je me décide à cette mesure, ce sera spécialement pour Hambourg, puisque cela vous ferait près d'un mois de gain, ce qui vous donnerait moyen d'achever l'armement et les ouvrages de Hambourg et de mettre cette place et Harburg en meilleur état. Les bataillons de la 3° division *bis* auraient aussi le temps d'arriver et la 50° division se compléterait à 10,000 hommes. Tenez cette nouvelle secrète, mais agissez toujours comme si les hostilités devaient recommencer au 20 juillet.

NAPOLÉON.

D'après la copie comm. par Mme la maréchale princesse d'Eckmühl.

20208. — AU MARÉCHAL SOULT, DUC DE DALMATIE,
LIEUTENANT DE L'EMPEREUR, COMMANDANT EN CHEF DES ARMÉES EN ESPAGNE, À DRESDE.

Dresde, 1er juillet 1813.

Mon Cousin, vous partirez aujourd'hui avant dix heures du soir. Vous voyagerez incognito, en prenant le nom d'un de vos aides de camp. Vous arriverez le 4 à Paris, où vous descendrez chez le ministre de la guerre; vous irez avec lui chez l'archichancelier. Il vous mettra au fait de la dernière situation des choses. Vous ne resterez pas plus de douze heures à Paris; de là vous continuerez votre route pour aller prendre le commandement de mes armées en Espagne. Vous m'écrirez de Paris.

Pour éviter toutes les difficultés, je vous ai nommé mon lieutenant général, commandant mes armées en Espagne et sur les Pyrénées. Mon intention n'en est pas moins que vous receviez les ordres de la Régence, et que vous écriviez et rendiez compte au ministre de la guerre de tout ce qui concerne votre commandement. Vos rapports me parviendront par ce ministre. Les gardes et toutes les troupes espagnoles seront sous vos ordres.

Vous prendrez toutes les mesures pour rétablir mes affaires en Espagne, pour conserver Pampelune, Saint-Sébastien et Pancorvo, enfin toutes mesures que les circonstances demanderont.

Mon intention est que tous les généraux ou officiers que vous jugeriez convenable de renvoyer en France restent à Bayonne, et qu'aucun d'eux ne puisse aller à Paris sans un ordre du ministre de la guerre.

D'après la minute. Archives de l'Empire.

20209. — AU GÉNÉRAL MOUTON, COMTE DE LOBAU,
COMMANDANT LA VIEILLE GARDE, À DRESDE.

Dresde, 1er juillet 1813.

Ayant donné au duc de Dalmatie une mission qui le tiendra pendant plusieurs mois éloigné de l'armée, mon intention est que vous soyez chargé des fonctions qu'il remplissait pour le commandement de ma Garde, infanterie, cavalerie et artillerie. Tous les rapports vous seront adressés, et vous ferez avec moi tout le travail pour l'organisation et les mouvements.

D'après la minute. Archives de l'Empire.

20210. — AU GÉNÉRAL COMTE LEMAROIS,
GOUVERNEUR DE MAGDEBURG.

Dresde, 1er juillet 1813.

Monsieur le Comte Lemarois, il serait possible que l'armistice fût prolongé jusqu'au 15 août. C'est une raison de travailler avec plus d'activité aux ouvrages de Werben. Je ne puis que vous répéter ce que je vous ai écrit là-dessus. Tenez secret ce qui est relatif à la prolongation de l'armistice.

Je suppose que vous avez pris des dispositions pour construire des écuries, et que vous avez pris des planches partout où vous en aurez trouvé ; enfin que le général Bourcier est déjà en marche pour se rendre avec sa cavalerie sur Magdeburg.

NAPOLÉON.

D'après l'original comm. par M. le comte Lemarois.

20211. — AU COMTE DARU,
DIRECTEUR DE L'ADMINISTRATION DE LA GRANDE ARMÉE, À DRESDE.

Dresde, 1er juillet 1813.

Monsieur le Comte Daru, nommez une commission pour faire l'épreuve des moulins portatifs. On en placera cinq dans un atelier où l'on fera moudre à chacun cinq quintaux par jour, et pendant plusieurs jours de suite. On tiendra procès-verbal de cette épreuve. Je désire avoir ce procès-verbal, afin d'arrêter mes idées sur ces moulins, dont il paraît que le succès est encore contesté. Faites commencer l'épreuve demain.

Quant à la répartition de ces moulins, il me semble qu'il suffit d'envoyer le modèle à Hambourg, où le prince d'Eckmühl en fera construire, ce qui en fera cent d'économisés. Il en restera donc six cents ; il faut les distribuer, non par corps d'armée, mais par régiment.

Ce qui m'importe surtout, c'est d'avoir le procès-verbal de ces moulins, car il serait inutile de faire une dépense dont le succès ne serait pas sûr.

NAPOLÉON.

D'après la copie comm. par M. le comte Daru.

20212. — AU BARON DE LA BOUILLERIE,
TRÉSORIER GÉNÉRAL DE LA COURONNE ET DU DOMAINE EXTRAORDINAIRE, À PARIS.

Dresde, 1ᵉʳ juillet 1813.

Je ne comprends rien à votre lettre du 26. Je ne vous ai pas autorisé à avancer 3 millions à la Garde, mais seulement 1 million. Je ne sais pas quel autre que moi a le droit de vous donner des ordres; je ne comprends donc rien à votre lettre. Il ne faut pas tomber une autre fois dans une pareille légèreté. En place de ce million que vous avancerez successivement à la Garde, vous aurez soin de prendre des ordonnances qui seront payées au trésor quinze jours plus tôt ou quinze jours plus tard.

D'après la minute. Archives de l'Empire.

20213. — AU GÉNÉRAL CLARKE, DUC DE FELTRE,
MINISTRE DE LA GUERRE, À PARIS.

Dresde, 1ᵉʳ juillet 1813.

On m'assure que le sieur ...., colonel du 4ᵉ régiment étranger, n'a jamais fait la guerre; qu'il n'a point la tenue d'un officier supérieur; que sa femme, qui a une conduite équivoque, se mêle des affaires du régiment. Mon intention est que vous me fassiez sur-le-champ un rapport sur cet officier, et que vous n'attendiez pas ma réponse pour l'appeler à d'autres fonctions. Choisissez, pour le remplacer, un de nos bons colonels, Français de naissance. Ce corps est beau, il lui faut un bon commandant. Faites aussi une enquête sur les chefs de bataillon : il n'y a pas d'inconvénient à y mettre de bons chefs de bataillon français.

D'après la minute. Archives de l'Empire.

20214. — A EUGÈNE NAPOLÉON,
VICE-ROI D'ITALIE, À MILAN.

Dresde, 1ᵉʳ juillet 1813.

Mon Fils, l'Autriche continue à se comporter mal. Des régiments doivent avoir été mobilisés du côté de Vienne pour se porter en Styrie. Il est de fait cependant qu'avec tous les efforts imaginables l'Autriche ne peut pas avoir sur pied plus de 100,000 hommes, qu'elle est obligée de partager entre vous, la Bavière et le corps d'armée qui est ici. Envoyez des espions pour être bien au fait de tous les régiments qui arrivent, et connaître leurs divisions à mesure qu'elles se forment. Faites bien reconnaître par les ingénieurs le terrain entre la Piave et Grætz.

J'ai cependant accepté la médiation de l'Autriche. Des négociations vont s'ouvrir à Prague le 5 juillet. Il paraît qu'on a des projets de prolonger l'armistice jusqu'au 16 août. Il est cependant toujours nécessaire que vous soyez à la fin de juillet en colonnes, depuis la Piave jusqu'à l'Adige. Padoue n'est pas un pays sain; il n'y faut pas laisser de troupes pendant les chaleurs. Je suppose que vous n'en avez pas laissé à Mantoue. Les meilleurs cantonnements, dans cette saison, sont Vérone, Brescia et Bassano. Ne me mettez personne à Trévise; Trévise n'est pas assez sain. Feltre et Conegliano sont plus sains.

Je vois avec plaisir que nous correspondons par l'estafette en quatre-vingt-seize heures. Tenez-moi donc bien au fait de tout ce qui se passe, et envoyez-moi tous les cinq jours l'état de situation de votre corps, de votre artillerie, de votre génie, et que je voie bien les généraux qui vous arrivent.

NAPOLÉON.

D'après la copie comm. par S. A. I. Mme la duchesse de Leuchtenberg.

20215. — A M. MARET, DUC DE BASSANO,
MINISTRE DES RELATIONS EXTÉRIEURES, À DRESDE.

Dresde, 2 juillet 1813.

Monsieur le Duc de Bassano, le roi de Westphalie désire avoir des troupes françaises à son service : cette mesure me paraît indispensable. Je désire, en conséquence, que le baron Reinhard se rende près du Roi et rédige une convention à cet égard.

1° La France fournira au Roi les hommes nécessaires pour former un régiment de quatre escadrons de hussards, chaque escadron de 250 hommes, ce qui ferait un complet de 1,000 hommes à cheval; tous les officiers et sous-officiers seront Français. Le Roi fera la demande des officiers, avec lesquels il traitera de gré à gré. Ils passeront au service de

Westphalie avec un grade supérieur à celui qu'ils ont au service de France. Après avoir été employés deux ans dans ce nouveau grade au service de Westphalie, ils seront susceptibles de le conserver dans l'armée française, s'ils y rentrent du gré du ministère de France et de celui de Westphalie. Les hommes, officiers et soldats, auront le même traitement qu'en France, tant pour la solde que pour les masses. Ils auront droit à des retraites et à des récompenses; ils ne seront tenus de prêter aucun serment particulier, leur obéissance au Roi étant suffisamment comprise dans leur serment comme Français et dans le serment qu'il ont prêté à l'Empereur.

2° Il sera fourni de la même manière le cadre d'une compagnie d'artillerie à cheval de 200 hommes. Les soldats du train seront des Westphaliens.

3° Aussitôt qu'il sera possible, on organiserait de la même manière un régiment d'infanterie légère de deux bataillons, chaque bataillon de six compagnies, chaque compagnie de 140 hommes, ayant une compagnie d'artillerie avec deux pièces de canon et une compagnie de dépôt. Ce régiment serait spécialement chargé de la garde de Cassel.

Dans le même traité, on pourrait aussi dire que le Roi formera un escadron de gardes du corps de 250 Français, pour garder sa personne concurremment avec les gardes du corps westphaliens. Il pourra former ce corps de l'élite des Français qui auront été à son service, et d'hommes tirés, quand ce serait possible, des régiments de la Garde impériale. Pour les deux régiments d'infanterie légère, le Roi pourrait avoir en France des recruteurs qui enrôleraient des hommes à prix d'argent: bien entendu qu'on ne prendrait pas d'hommes de la conscription. Quant au régiment de hussards ou chevau-légers français, aussitôt que la convention sera signée, je ferai fournir les hommes nécessaires, afin que le Roi puisse les monter promptement et en former autour de sa personne un corps qui ait quelque consistance: ce régiment s'appellerait *hussards de la garde*.

NAPOLÉON.

D'après l'original Archives des affaires étrangères.

20216. — AU GÉNÉRAL SAVARY, DUC DE ROVIGO,
MINISTRE DE LA POLICE GÉNÉRALE, À PARIS.

Dresde, 2 juillet 1813.

Je vous ai déjà mandé qu'il fallait mettre dans le *Moniteur* tout ce que les journaux anglais publient sur les affaires de Sicile[1]. Il y a beaucoup d'articles que vous ne mettez pas et sur lesquels il faudrait appuyer, entre autres les violences exercées envers la reine Caroline, qu'on a envoyée à Constantinople, et toutes les scènes qu'on a faites au roi.

D'après la minute. Archives de l'Empire.

20217. — AU GÉNÉRAL COMTE BELLIARD,
AIDE-MAJOR GÉNÉRAL DE LA GRANDE ARMÉE, À DRESDE.

Dresde, 2 juillet 1813.

Présentez-moi un projet d'organisation pour la cavalerie de l'armée. Il faut qu'il y ait un général de division ou de brigade pour commander la cavalerie attachée à chaque corps d'armée, qui sera au moins d'un millier de chevaux.

Le 1er corps, que commande le général Vandamme et qui sera le 8 à Wittenberg, a le 9e régiment de chevau-légers. Donnez des ordres pour que tous les détachements de ce régiment le rejoignent à Wittenberg. Il faudra y joindre un deuxième régiment pour faire un millier de chevaux, et vous me proposerez un général de brigade pour commander la cavalerie de ce corps.

Le 2e corps a aujourd'hui une division de cavalerie. Il faut lui former une brigade composée de deux régiments, faisant 800 à 1,000 chevaux, avec un général de brigade pour la commander.

Le 3e corps a le 10e hussards et un régiment badois, commandés par le général Beurmann, cela fait plus de 1,200 chevaux, ce qui est suffisant.

Le 4e corps a deux brigades wurtembergeoises, qui font 1,500 chevaux, ce qui est suffisant.

[1] Voir *le Moniteur* du 8 juillet 1813.

Le 5ᵉ corps a aujourd'hui une division. Il faudra lui former une brigade composée de deux régiments, faisant de 800 à 1,000 chevaux, avec un général de brigade pour la commander.

Le 6ᵉ corps aura également une brigade qu'il faut former de deux régiments, avec un général pour la commander.

Le 7ᵉ corps aura une brigade saxonne.

Le 8ᵉ corps est le corps polonais.

Le 11ᵉ corps aura quatre escadrons napolitains, un escadron de Würzburg et le 4ᵉ de chasseurs italiens; ce qui fait plus de 1,000 hommes. Il faut un général de brigade pour commander cette cavalerie.

Le 12ᵉ corps aura la cavalerie westphalienne et la cavalerie hessoise, faisant plus de 1,500 hommes. Il faudra un général de brigade.

Le 13ᵉ corps aura le 28ᵉ de chasseurs, un régiment de marche qui se rend à pied à Hambourg pour y être monté, et le 17ᵉ lithuanien. Il faudra un général de division pour commander cette cavalerie.

Après avoir ainsi pourvu au commandement de la cavalerie attachée aux corps d'armée, vous me proposerez les généraux à placer pour commander les divisions et les brigades des quatre corps de cavalerie.

Il y a plusieurs généraux qu'il conviendrait de remplacer, tels que des généraux de brigade hollandais, qui n'ont jamais fait la guerre, ou de mauvais généraux de cavalerie.

Nous avons de bons généraux de cavalerie; il faut chercher où ils se trouvent.

Mon intention est qu'il soit formé, dans chacun de ces quatre corps, un corps de partisans de 1,500 hommes, commandé par un général de brigade, qui ne recevrait que l'instruction générale de battre le pays pour éclairer la marche de l'armée et aller à la recherche des partisans ennemis. Il faudrait trouver pour ces commandements quatre hommes dans le genre du général Ameil. Ces corps de partisans feraient partie respectivement d'un corps de cavalerie, de manière que, quand leurs hommes seraient fatigués, ils pourraient être relevés par d'autres détachements du même corps.

D'après la minute. Archives de l'Empire.

20218. — AU GÉNÉRAL COMTE LEMAROIS,
GOUVERNEUR DE MAGDEBURG.

Dresde, 3 juillet 1813.

Monsieur le Comte Lemarois, vous avez plein pouvoir à Magdeburg. A la moindre opposition de la part des habitants ou du préfet, vous devez mettre la ville en état de siége et en prendre la police. Si le bâtiment de la douane peut servir pour hôpital, vous avez bien fait de le prendre, mais vous n'avez pas assez d'hôpitaux. Dans toutes les guerres, et surtout dans celle-ci, où la force de l'ennemi est dans sa cavalerie légère, c'est dans les places fortes qu'il faut placer les hôpitaux. Marchez donc vivement et faites-vous obéir.

Si le fort de Werben ne peut pas être mis en état avant la fin du mois, il ne faudrait y rien faire; cela y attirerait l'ennemi, qui déferait ce que nous aurions fait, ce qui est toujours une insulte.

En prenant la douane, vous ne faites plus d'écuries que pour 1,500 chevaux; dans une ville comme Magdeburg, il me paraît bien extraordinaire que vous ne trouviez pas des écuries pour 500 chevaux. Marchez avec activité et convertissez tout Magdeburg en hôpitaux, en écuries, en arsenaux et en logements de troupes.

NAPOLÉON.

D'après l'original comm. par M. le comte Lemarois.

20219. — AU COMTE DARU,
DIRECTEUR DE L'ADMINISTRATION DE LA GRANDE ARMÉE, À DRESDE.

Dresde, 3 juillet 1813.

Monsieur le Comte Daru, faites-moi connaître ce que j'ai ordonné pour les hôpitaux, et présentez-moi un projet d'ordre pour que j'aie les hôpitaux et dépôts de convalescents ci-après :

A Dresde, des hôpitaux pour 8,000 malades, des dépôts pour 2,000 convalescents; à Magdeburg, des hôpitaux pour 4,000 malades, des dépôts pour 2,000 convalescents; à Wittenberg, des hôpitaux pour 1,000 malades, des dépôts pour 1,000 convalescents; à Torgau, des hôpitaux pour 1,000 malades, des dépôts pour 1,000 convalescents; à Erfurt, des hôpitaux pour 4,000 malades, des dépôts pour 2,000 convalescents; à Leipzig, des hôpitaux pour 2,000 malades, des dépôts pour 1,000 convalescents; à Glogau, des hôpitaux pour 4,000 malades, des dépôts pour 2,000 convalescents; total, des locaux pour 24,000 malades, 11,000 convalescents. Mon intention est de me servir des places fortes spécialement pour contenir mes hôpitaux et dépôts de cavalerie. La distribution ci-dessus entre les places placerait environ 35,000 malades et convalescents, c'est-à-dire à peu près tous les malades de l'armée.

NAPOLÉON.

D'après la copie comm. par M. le comte Daru.

20220. — AU GÉNÉRAL CLARKE, DUC DE FELTRE,
MINISTRE DE LA GUERRE, À PARIS.

Dresde, 3 juillet 1813.

Monsieur le Duc de Feltre, le roi de Westphalie a besoin d'avoir un régiment de hussards français à son service, car il n'a personne autour de lui, et le pays peut être agité de manière qu'il ne s'y trouve pas en sûreté. Mon intention est de lui fournir 1,200 hommes; faites-moi connaître de quel dépôt on pourra les tirer. On les fera partir en pantalons et en vestes; le Roi les habillera et les montera. Il faut aussi lui donner des officiers; vous prendrez mes ordres sur ceux qu'on pourrait lui accorder.

D'après la copie. Dépôt de la guerre.

20221. — A EUGÈNE NAPOLÉON,
VICE-ROI D'ITALIE, À MONZA.

Dresde, 3 juillet 1813.

Mon Fils, j'approuve l'emplacement que vous donnez au corps d'observation d'Italie; savoir, depuis l'Isonzo jusqu'à l'Adige. D'ailleurs, au fur et à mesure que les événements s'avanceront, je vous préviendrai s'il faut rapprocher de la Piave les divisions qui seraient à Brescia ou à Vérone.

NAPOLÉON.

D'après la copie comm. par S. A. I. Mme la duchesse de Leuchtenberg.

20222. — AU PRINCE DE NEUCHÂTEL ET DE WAGRAM,
MAJOR GÉNÉRAL DE LA GRANDE ARMÉE, À DRESDE.

Dresde, 4 juillet 1813.

Mon Cousin, donnez ordre aux marins de la Garde d'armer autant de bateaux qu'ils le pourront. Vous y ferez placer 1,000 malades, du nombre de ceux qui ne peuvent être guéris avant trois mois, et on les conduira à Magdeburg, où ces bateaux seront chargés, en retour, de vivres et d'objets d'artillerie que cette place doit fournir.

Dresde est encore encombré d'une trop grande quantité de malades et de blessés; il est important de la diminuer, puisque, dès que les hostilités auraient recommencé, les blessés arriveraient de tous les points à Dresde. Je crois qu'il y a aujourd'hui à Dresde 9,000 malades ou blessés, sans compter les blessés qui sont campés et qui seront bientôt guéris; sur ces 9,000 malades ou blessés, je suppose qu'un millier sera bientôt guéri, et qu'au moins 2,000 seront évacués soit sur Magdeburg, pour ceux qui peuvent être guéris dans quelques mois, soit sur la France, pour tous ceux qui sont amputés ou hors de service.

Donnez ordre qu'on mette la plus grande activité possible dans toutes ces évacuations.

NAPOLÉON.

D'après l'original. Dépôt de la guerre.

20223. — AU MARÉCHAL KELLERMANN, DUC DE VALMY,
COMMANDANT SUPÉRIEUR DES 5ᵉ, 25ᵉ ET 26ᵉ DIVISIONS MILITAIRES, À MAYENCE.

Dresde, 4 juillet 1813.

Mon Cousin, je reçois votre lettre du 2 juillet. Je vois avec plaisir que le corps d'observation de Bavière arrive à 18,000 hommes. J'ai envoyé le général Bonet pour commander la 42ᵉ et la 43ᵉ division. Je désire que vous pressiez le plus possible la formation de l'artillerie de ce corps.

NAPOLÉON.

D'après l'original comm. par M. le duc de Valmy.

20224. — A M. MARET, DUC DE BASSANO,
MINISTRE DES RELATIONS EXTÉRIEURES, À DRESDE.

Dresde, 5 juillet 1813.

Monsieur le Duc de Bassano, faites connaître au baron Alquier que j'approuve son projet de faire sur Danzig des expéditions de plusieurs bâtiments de trente tonneaux. Je vois que l'expédition d'un de ces bâtiments ne coûtera que 3 ou 4,000 francs; comme j'ai donné 50,000 francs pour cet objet, il pourra donc en faire partir dix ou douze.

Mon intention est qu'il parte successivement un de ces bâtiments toutes les semaines. Chacun d'eux portera, 1° une lettre en chiffre du baron Alquier au gouverneur, le général Rapp, dans laquelle il lui fera connaître la position des affaires de l'Europe; à cet effet, vous enverrez au baron Alquier le chiffre dont le major général se sert avec le général Rapp; 2° la suite des *Moniteur* et des gazettes de Copenhague depuis le 1er mai jusqu'à l'époque du départ du bâtiment; 3° du vin, du rhum, de l'eau-de-vie, des médicaments, du riz, des harengs, enfin tout ce que pourra porter le bâtiment en objets de nature à être utiles à la garnison. Arrivée à Danzig, la cargaison appartiendra au patron, qui la vendra ce qu'il pourra. Il serait de la plus grande importance de faire arriver à Danzig de la viande salée, du poisson sec et autres choses qui peuvent remplacer la viande, ainsi que du riz.

Quant aux gratifications, le patron recevrait à son arrivée 2,400 francs du général Rapp, ce qui serait porté dans la lettre chiffrée, et 2,400 francs à son retour à Copenhague. Ces 4,800 francs ne feraient point partie des frais de l'expédition, et dès lors ne seraient pas pris sur le fonds de 50,000 francs pour lequel un crédit sera ouvert au baron Alquier. L'expédition de dix bâtiments, à 3,000 francs pour chacun, ne ferait que 30,000 francs; mais il lui est ouvert un crédit de 50,000 francs, afin qu'il puisse faire partir des bâtiments d'un port plus considérable, qui porteraient une plus grande quantité de riz, de poissons secs, de beurre, etc.

Faites connaître au baron Alquier qu'il a carte blanche pour cet objet, et qu'il est inutile qu'il perde un temps précieux à consulter. Le prince de Neuchâtel lui enverra des lettres par le général Rapp; mais, dans le cas où il n'en aurait point reçu, il n'en fera pas moins partir chaque semaine un bâtiment. C'est une grande consolation pour une garnison que de recevoir des nouvelles par les lettres d'un homme accrédité comme ambassadeur.

Vous manderez de plus au baron Alquier que ces expéditions ne peuvent pas être considérées comme un moyen d'approvisionnement pour cette place et sont seulement des moyens de communication; mais qu'il doit y avoir des moyens de pourvoir à cet approvisionnement, surtout vers l'arrière-saison, quand les glaces obligeront les Anglais à s'éloigner. Les expéditions de ce genre doivent être une affaire d'or pour ceux qui les feront.

Voici les principes sur lesquels elles pourraient être faites : le baron Alquier s'engagera à payer un prix qu'il stipulera pour chaque quintal métrique de blé, de riz, de viande salée, de poissons secs, etc. ou pour chaque barrique d'eau-de-vie, de rhum ou de vin, etc. qui seraient introduits dans Danzig. Des marchandises coloniales pourraient aussi y être introduites; vous lui ferez connaître qu'il peut fixer ces prix au double, et même au quadruple de ce que valent en temps ordinaire les mêmes objets vendus à Danzig; mais que tous les risques de l'expédition doivent être au compte de l'armateur. En prenant des papiers prussiens, ces expéditions n'offriront presque aucun danger pour des marins habiles qui pourront entrer de nuit dans Danzig.

Les bâtiments pourront se charger, à leur retour, de bois et de tout ce que Danzig fournirait. Les objets livrés à Danzig seront payés comptant, à Copenhague, sur le vu des récépissés du général Rapp. Les fonds pourraient être déposés d'avance chez un banquier danois. Au reste, tous les risques doivent être au compte de l'armateur, sans quoi on ne pourrait réussir. L'opération doit être faite assez en grand pour faire entrer dans Danzig 5 ou 6 millions de rations de vivres, en blé, riz, viande salée, etc. à cet effet, il y sera employé 3 ou 4 millions de francs.

Si un armateur voulait lier son opération avec l'introduction des denrées coloniales en France, cela pourrait avoir lieu; mais tout doit être calculé en argent pour connaître à quoi s'en tenir. Le mieux serait donc de ne traiter que pour de l'argent et à prix fixe. Le baron Alquier doit pouvoir trouver facilement des Danois, et même des Suédois, qui entreprendront cette spéculation.

Quant au fort de Weichselmünde, il n'y a pas de doute qu'il est en notre pouvoir; s'il n'y était pas, il serait aussi impossible d'entrer par mer dans Danzig que dans Magdeburg. On pourrait donc stipuler dans le traité que les pertes occasionnées par suite de la prise de Weichselmünde par l'ennemi ne seraient pas au compte de l'armateur.

Quoique Danzig soit bien approvisionné, cette place est d'une si grande importance, que le baron Alquier doit avoir carte blanche pour cette opération.

Recommandez-lui de traiter cette affaire très-secrètement; il doit employer des agents habiles et ne rien épargner. Chacun des bâtiments expédiés pour cet approvisionnement porterait aussi une lettre chiffrée de lui et des journaux.

Comme j'attache à cette opération la plus haute importance, je désire que vous envoyiez à Copenhague quelqu'un qui soit bien au fait des affaires maritimes, pour être chargé de toute la comptabilité de cette opération sous les ordres du baron Alquier. Je n'aime pas que mes ministres aient des fonds entre leurs mains; le baron Alquier dirigera toute l'opération, mais la personne que vous enverrez, et qui doit être d'une probité reconnue, tiendra la caisse; mais ceci ne s'applique qu'à la grande opération de l'approvisionnement. Pour la première opération sur le fonds de 50,000 francs, cela ne vaut pas la peine. Je suis convaincu que d'ici au mois de novembre Danzig peut être approvisionné par le Danemark et la Suède pour six mois.

Suivez cette affaire avec la plus grande activité. Écrivez tous les jours au baron Alquier, et faites-lui connaître que je compte sur 5 à 6 millions de rations de vivres d'ici au 1er décembre.

NAPOLÉON.

D'après l'original. Archives des affaires étrangères.

20225. — AU PRINCE DE NEUCHÂTEL ET DE WAGRAM,
MAJOR GÉNÉRAL DE LA GRANDE ARMÉE, À DRESDE.

Dresde, 5 juillet 1813.

Écrivez au général Bertrand, à Leipzig, qu'il faut laisser passer tous les marchands qui se présenteront pour la foire de Naumburg, mais qu'il faut interroger tout ce qui viendra de l'autre côté de l'Elbe sur ce qui se passe à Berlin et sur l'armée prussienne.

NAPOLÉON.

D'après l'original. Dépôt de la guerre.

20226. — AU PRINCE DE NEUCHÂTEL ET DE WAGRAM,
MAJOR GÉNÉRAL DE LA GRANDE ARMÉE, À DRESDE.

Dresde, 5 juillet 1813.

Mon Cousin, il faudrait que le général de gendarmerie eût une correspondance avec le commandant de gendarmerie du duc de Reggio, afin d'avoir des rapports de tout ce qui arrive de Berlin et l'interrogatoire qu'il fera subir à cet effet aux voyageurs.

Écrivez au général Lapoype, à Wittenberg, et aux commandants de Torgau et de Dessau, d'interroger tout ce qui passerait l'Elbe, venant du côté de la Prusse, pour avoir des nouvelles de l'ennemi.

Pressez le commandant de Torgau d'accélérer le départ de l'artillerie de Torgau pour Wittenberg, et chargez le général Lapoype de faire mettre sur-le-champ cette artillerie en batterie.

Donnez-moi un état général (en le faisant mettre sur la carte) de toutes les positions qu'ont choisies les commandants, depuis Hambourg jusqu'à la Bohême, pour établir des maisons retranchées. Instruisez le commandant du génie des dix à douze mille outils qui sont arrivés à Torgau, pour qu'il puisse s'en servir pour ses travaux.

NAPOLÉON.

D'après l'original. Dépôt de la guerre.

20227. — AU PRINCE DE NEUCHÂTEL ET DE WAGRAM,
MAJOR GÉNÉRAL DE LA GRANDE ARMÉE, À DRESDE.

Dresde, 5 juillet 1813.

Mon Cousin, donnez ordre que tous les ponts que l'ennemi a brûlés dans sa retraite, depuis Lützen jusqu'ici et depuis Iena jusqu'ici, soient incessamment réparés et remis dans l'état où ils étaient. Donnez des ordres aux baillis et envoyez des officiers sur ces deux lignes. Il faut que ces ponts soient rétablis dix jours après la réception de votre ordre. Dans l'état actuel, les débouchés sont difficiles, et ils seraient impraticables l'hiver.

NAPOLÉON.

D'après l'original. Dépôt de la guerre.

20228. — AU PRINCE DE NEUCHÂTEL ET DE WAGRAM,
MAJOR GÉNÉRAL DE LA GRANDE ARMÉE, À DRESDE.

Dresde, 5 juillet 1813.

Mon Cousin, écrivez au roi de Bavière pour qu'il vous fasse connaître avec quelle partie de ses forces actives le général de Wrede pourrait entrer en Bohême, si, dans le cas où l'Autriche nous déclarait la guerre, le théâtre de la guerre se portait sur Prague, tandis que le vice-roi entrerait en Styrie.

NAPOLÉON.

D'après l'original. Dépôt de la guerre.

20229. — AU GÉNÉRAL LACUÉE, COMTE DE CESSAC,
MINISTRE DIRECTEUR DE L'ADMINISTRATION DE LA GUERRE, À PARIS.

Dresde, 5 juillet 1813.

J'attends avec impatience des renseignements de l'armée d'Espagne. J'ai donné au duc de Dalmatie toute l'autorité nécessaire pour réorganiser l'armée. J'ai défendu au roi d'Espagne de se mêler de mes affaires. Je suppose que le duc de Dalmatie renverra aussi le maréchal Jourdan. A moins que les pertes ne soient plus considérables que je ne le sais en ce moment, j'espère que 100,000 hommes vont se trouver réunis sur la Bidassoa et aux débouchés de Jaca, et que, aussitôt que vous aurez pu lui réunir quelque artillerie et quelques transports, le duc de Dalmatie se portera en avant pour délivrer Pampelune et rejeter les Anglais au delà de l'Èbre. Cependant je suis encore dans l'obscur des événements, et je ne sais pas encore bien ce qui s'est passé.

D'après la minute. Archives de l'Empire.

20230. — AU MARÉCHAL GOUVION SAINT-CYR,
À DRESDE.

Dresde, 5 juillet 1813.

Je vous destine à commander un corps d'observation qui serait porté de 30 à 60,000 hommes, selon les circonstances, et qui, de Kœnigstein, manœuvrerait sur les deux rives de l'Elbe et pourrait déboucher sur un corps qui, de Bohême, se porterait sur Dresde par Neustadt, Zittau; ou bien qui, par la rive gauche, s'y porterait par Peterswalde ou Karlsbad. Je désire donc que vous alliez reconnaître Kœnigstein; que vous y voyiez les ouvrages que j'ai fait faire; que vous reconnaissiez les trois débouchés qui vont sur Stolpen, Schandau et Krossen. Je désire que vous donniez vos instructions aux ingénieurs sur la manière d'être maître du grand défilé.

Voyez également sur la rive gauche les communications de Kœnigstein avec les routes qui de Dresde vont à Peterswalde, et la manière de s'assurer du passage des ravins. Voyez les positions à occuper entre Peterswalde et Dresde, parcourez toute la frontière le long de la Bohême et voyez tous les débouchés qui s'y trouvent; on m'assure qu'il y en a onze, mais qu'il n'y en a qu'un qui puisse servir aux mouvements d'une grande armée. Parcourez toutes ces localités sans faire connaître votre grade; étudiez le terrain, et poussez même jusqu'au débouché qui de la Bohême descend sur Hof.

D'après la minute. Archives de l'Empire.

20231. — AU COMTE DARU,
DIRECTEUR DE L'ADMINISTRATION DE LA GRANDE ARMÉE, À DRESDE.

Dresde, 5 juillet 1813.

Monsieur le Comte Daru, faites-moi connaître comment il serait possible de se procurer 100,000 boisseaux d'avoine pour la cavalerie de la Garde, qui en manque. En ai-je à Torgau? En ai-je à Wittenberg? En ai-je à Magdeburg? Enfin pourrait-on se procurer ici 100,000 boisseaux d'avoine, et à quel prix? Proposez-moi demain, à mon lever, des ouvertures là-dessus.

NAPOLÉON.

D'après la copie comm. par M. le comte Daru.

20232. — NOTE
SUR LE CAMP RETRANCHÉ DE DRESDE.

Dresde, 5 juillet 1813.

Comme je l'ai dit hier, je ne trouve pas le camp retranché et les ouvrages de la rive droite assez avancés pour entreprendre le camp retranché de la rive gauche. Qu'est-ce que les ouvrages de ce camp? Ils ne forment pas un camp retranché; le dispositif n'en est pas bon : un cercle qui refuse ses ailes est une mauvaise disposition de guerre. Sur la rive droite j'ai voulu un camp retranché, parce qu'on peut supposer que des circonstances de guerre pourraient m'obliger à défendre la rive droite et à y mettre 50 à 60,000 hommes. Je ne peux plus comprendre le camp retranché sur la rive gauche : la droite en aval et la gauche en amont j'y serais bloqué et je perdrais mes communications avec la France. Si des circonstances de guerre m'obligeaient à prendre sur cette rive la position d'un camp retranché, j'en choisirais la direction, non pas le long de la rivière, mais dans le sens perpendiculaire à son cours. Ce dispositif ne servira donc à rien. Je ne dois ni ne peux prévoir le cas où je serais obligé de défendre la rive gauche en me jetant sur la rive droite : aussi n'est-ce pas un camp que j'ai voulu faire, mais les faubourgs que j'ai voulu couvrir. Au reste, on ne peut couvrir ces derniers contre une attaque sérieuse, et c'est mal s'engager que d'entreprendre une chose qui ne serait pas possible.

La place a 1,200 toises de pourtour; il y a une escarpe et une contrescarpe; la partie démolie peut être dans un état tel, qu'elle force l'ennemi à ouvrir la tranchée, et, en supposant qu'il arrive par la rive droite et qu'il vienne opérer sur la rive gauche, les ponts, magasins, hôpitaux, manutentions sont en sûreté : c'est le résultat d'une place forte; il ne faudrait que de 3 à 6,000 hommes pour le remplir. Si dans une guerre l'ennemi avait une cavalerie plus nombreuse que la nôtre (ce qui le porterait à hasarder la sienne, surtout si elle lui était inutile un jour de bataille), et qu'elle eût l'instinct de ce genre d'opérations, la place de Dresde rendrait-elle ses faubourgs, cette cavalerie eût-elle les pièces légères qu'elle conduit à sa suite? Non. Il n'est pas de commandant sachant son devoir qui voulût céder les faubourgs à de la simple cavalerie. Seulement il faut aider ce commandant; c'est le seul but que je me suis proposé. Il faut lui préparer des fermetures, de manière que la population et les ressources des faubourgs soient à l'abri de toute attaque de la cavalerie légère. C'est ce qui me porte à penser que créneler les murs, s'assurer des communications pour que des pièces de campagne puissent parcourir au trot l'enceinte des faubourgs, fermer par des palanques les ouvertures où il n'y a pas de murs, ne conserver que six ou huit issues pour la circulation publique, forme l'ensemble de ce qui est à exécuter pour préparer la défense des faubourgs. Les sorties devront être fermées par de bonnes barrières et couvertes avec des tambours en charpente; les maisons doivent être crénelées, et l'on doit désigner à l'avance celles à occuper. En cas d'insuffisance des murailles, on aurait des palanques. Le génie demande pour cela 20,000 palissades; c'est tout ce que l'on peut demander.

Tous ces ouvrages une fois faits, on sera toujours à temps de placer des lunettes en avant des débouchés qu'on laissera ouverts. Ainsi, au résumé, je demande un projet qui rende impraticables toutes les issues qui des faubourgs conduisent à la campagne; il y en a aujourd'hui quarante à soixante; je demande qu'elles soient rendues impraticables en première et en deuxième ligne, et qu'il n'y ait que six portes au moins et douze au plus; les postes qui les garderont devront pouvoir communiquer entre eux et le long des fossés où est la palanque, de manière que le service des faubourgs se fasse comme celui de la place. Je pense que, pour le moment, c'est tout ce que l'on peut entreprendre. Quand cela sera exécuté, je verrai ce qu'il y aura à faire. Je tiendrais également au projet d'abandonner le faubourg que j'habite, dans le cas où la garnison se trouverait trop faible pour le défendre, et de se retirer derrière la petite rivière, où une seule issue, comme le pont, est suffisante.

Cette manière d'envisager la question est la plus naturelle; elle donne moins d'ouvrage; elle donnera une meilleure défense, parce que des maisons qui auront des vues sur les points à défendre et des murs qui seront crénelés seront toujours plus forts qu'une simple palanque. Il me faut donc un projet pour ce système de défense.

NAPOLÉON.

D'après la copie. Dépôt de la guerre.

20233. — AU PRINCE CAMBACÉRÈS,

ARCHICHANCELIER DE L'EMPIRE, À PARIS.

Dresde, 6 juillet 1813.

Mon Cousin, j'ai ordonné que des réquisitions fussent faites dans les départements environnant Bayonne pour les besoins de l'armée d'Espagne. Le comte Mollien, qui a les copies de mes décrets, les mettra sous vos yeux.

Dans la distribution que j'ai signée pour le mois de juillet, j'ai ouvert un crédit en bons de la caisse d'amortissement; il faut que dans le conseil des ministres vous insistiez pour que les ministres de la guerre et de l'administration de la guerre mettent tout leur discernement à bien employer ces bons. Il est tout simple que, l'argent n'arrivant pas aussitôt que les besoins, j'emploie cette ressource. Ces bons ne peuvent jamais être comparés à des assignats, puisqu'ils portent intérêt à 5 pour 100, qu'ils sont remboursables dans un an ou dix-huit mois, et qu'en attendant ils sont admissibles en payement des biens des communes: que, d'ailleurs, la quantité des biens en vente est de beaucoup supérieure à la quantité des bons en émission. Insistez là-dessus, et soutenez le courage du comte Mollien, qui parfois a des vues de finances trop étroites. Veillez aussi à ce que les ministres aident le trésor de tous leurs efforts.

Napoléon.

D'après la copie comm. par M. le duc de Cambacérès.

20234. — AU GÉNÉRAL CLARKE, DUC DE FELTRE,
MINISTRE DE LA GUERRE, À PARIS.

Dresde, 6 juillet 1813.

Monsieur le Duc de Feltre, vous demandez 300,000 francs pour rétablir le matériel de l'artillerie de l'armée d'Espagne. Vous avez vu que j'ai mis un million à votre disposition pour les dépenses de cette armée; mon intention est que vous preniez un soin particulier d'y employer des bons de la caisse d'amortissement le plus que vous pourrez.

Je désire également que vous fassiez couper dans les forêts, soit impériales, soit communales, soit même dans celles des particuliers, tous les bois dont on aura besoin pour des palissades, pour des blindages et pour les constructions d'artillerie. Vous vous concerterez à ce sujet avec le ministre des finances, qui abrégera toutes les formes. Cela ne sera porté dans les comptes que pour mémoire et cela ne me coûtera rien.

Il est important que sur les fonds rentrés avec l'armée, n'importe à quel corps ils appartiennent, il soit payé un mois de solde à l'armée. Vous ne payerez ni gratification, ni traitement extraordinaire, mais simplement la solde, en la donnant aux soldats pour cinq jours, et par mois aux officiers.

Vous aurez soin de déclarer aux généraux que tous les frais de représentation et dépenses extraordinaires qui leur étaient alloués sur pays ennemi sont comme non avenus en France. N'ayez aucun égard aux réclamations. L'armée d'Allemagne ne jouit pas de ces suppléments, et d'ailleurs cela n'a jamais été accordé que sur des fonds de réquisition; le trésor ne peut pas les reconnaître. Vous refuserez toutes les demandes d'indemnités pour pertes d'équipages. Ils ont fait ces pertes après une bataille et par leur faute.

NAPOLÉON.

D'après la copie. Dépôt de la guerre.

20235. — AU COMTE MOLLIEN,
MINISTRE DU TRÉSOR PUBLIC, À PARIS.

Dresde, 6 juillet 1813.

Monsieur le Comte Mollien, vous recevrez deux décrets en date de ce jour, qui ordonnent, l'un, qu'il sera fait des réquisitions pour la nourriture de l'armée d'Espagne; l'autre, qu'une partie du prix des journées d'hôpitaux pour les malades et blessés de ladite armée sera payée, dans les départements voisins de la frontière, en bons de la caisse d'amortissement admissibles en payement de domaines nationaux, de même que le prix entier des denrées requises dans les mêmes départements. Par ce moyen, le trésor ne sera point appauvri, et les départements n'auront point à souffrir : on sentira d'ailleurs que c'est un moment de crise. Vous voyez qu'il est important que les payements s'effectuent tous les quinze jours. Envoyez donc des bons dans toutes les préfectures qui seront désignées, et suivant les évaluations qui seront déterminées par le ministre de l'administration de la guerre, afin que ces payements se fassent exactement.

NAPOLÉON.

D'après l'original comm. par Mme la comtesse Mollien.

20236. — AU GÉNÉRAL CLARKE, DUC DE FELTRE,
MINISTRE DE LA GUERRE, À PARIS.

Dresde, 6 juillet 1813.

Vous ferez connaître au duc de Dalmatie le décret que j'ai pris pour réorganiser l'armée d'Espagne. Il choisira les généraux. Je désire qu'il forme autant de divisions qu'il aura de fois 6,000 hommes : ainsi, s'il réunit 72,000 hommes, il aura douze divisions. Il ne doit pas y avoir de corps d'armée; il n'y aura que des divisions. Le général en chef mettra le nombre de divisions qu'il jugera convenable sous les ordres de ses lieutenants.

Quant aux trois généraux, lieutenants du général en chef, faites-leur un traitement qui, tout compris, ne dépasse pas 40,000 francs.

D'après la minute. Archives de l'Empire.

20237. — AU GÉNÉRAL CLARKE, DUC DE FELTRE,
MINISTRE DE LA GUERRE, À PARIS.

Dresde, 6 juillet 1813.

Je ne connais pas encore ce qui est arrivé à l'armée d'Espagne. Je vois surtout avec peine que le général Clausel n'ait pas encore rejoint. Il est fâcheux que l'armée ait abandonné la Navarre sans avoir recueilli ce général. Je suppose que vous avez envoyé sur les lieux, et que vous aurez incessamment un rapport exact sur la situation des choses.

Dans ce moment, je vois surtout deux objets importants : 1° prendre position de manière à couvrir Saint-Sébastien, et 2° manœuvrer, avant que les vivres de Pampelune ne soient consommés, pour délivrer cette place.

En Espagne, le moment de la récolte ne doit pas être éloigné, et l'on trouvera des vivres en Navarre et en Biscaye.

D'après la minute. Archives de l'Empire.

20238. — AU PRINCE DE NEUCHÂTEL ET DE WAGRAM,
MAJOR GÉNÉRAL DE LA GRANDE ARMÉE, À DRESDE.

Dresde, 6 juillet 1813.

Mon Cousin, donnez ordre au général Pajol de se rendre demain à Freyberg. Il y prendra le commandement d'une brigade de cavalerie légère, composée du 7e de chevau-légers, qui va être joint par ses 3e et 4e escadrons, et qui sera ainsi bientôt à 1,000 hommes, et du régiment de chasseurs italiens, qui va également avoir 1,060 hommes. Il surveillera l'instruction de ces régiments.

Il enverra trois piquets composés de lanciers et d'Italiens, commandés par de bons officiers, sur la frontière et sur les trois grandes communications : 1° de Dresde à Prague, dans la direction de Tœplitz; 2° de Prague à Leipzig, au lieu où elle rencontre la frontière de Saxe; 3° sur la grande route de Karlsbad à Chemnitz. Ces trois postes fourniront de petits postes pour les routes intermédiaires, qui sont au nombre de huit, et qui, avec les trois grandes communications, forment onze routes. Ces postes se tiendront paisibles; ils ne laisseront rien passer de Saxe en Bohême qui soit suspect, ni de Bohême en Saxe. Ils interrogeront les voyageurs, et ne laisseront passer que ceux qui auraient des passe-ports. Ils arrêteront les marchandises coloniales qu'on voudrait faire passer, et ils rendront compte de ce qui serait à leur connaissance. Le quartier général sera à Freyberg.

NAPOLÉON.

D'après l'original. Dépôt de la guerre.

20239. — AU PRINCE DE NEUCHÂTEL ET DE WAGRAM,
MAJOR GÉNÉRAL DE LA GRANDE ARMÉE, À DRESDE.

Dresde, 6 juillet 1813.

Mon Cousin, donnez ordre au duc de Castiglione d'envoyer des officiers du génie et d'état-major pour reconnaître deux bonnes positions, dont l'une couvrirait les débouchés de Hof et de Plauen sur la Bohême, et l'autre les débouchés de Baireuth. Il faut qu'il fasse reconnaître tous les débouchés sur la Bohême, depuis le Danube jusqu'à Hof.

NAPOLÉON.

D'après l'original. Dépôt de la guerre.

20240. — A EUGÈNE NAPOLÉON,
VICE-ROI D'ITALIE, À MILAN.

Dresde, 6 juillet 1813.

Mon Fils, je reçois votre dépêche du 1er juillet, avec la lettre du consul de Trieste du 28 juin. Après un événement comme celui-là[1], il n'y a pas un moment à perdre pour donner ordre au duc d'Abrantès de se

[1] Le duc d'Abrantès venait de donner des signes d'une grave affection cérébrale.

rendre chez lui, en Bourgogne. L'administration passera dans les mains de l'intendant. Envoyez un militaire prendre le commandement par intérim, jusqu'à ce que j'aie nommé un autre gouverneur : pouvez-vous donner cette mission à un de vos aides de camp, qui vous rendra compte de tout, et soumettra ce qu'il y a d'important à votre décision? Ayez pour ce malheureux homme tous les ménagements qu'exige sa position, mais ôtez-le vite d'un pays où il offre un spectacle affligeant.

J'ai signé le décret que vous m'avez envoyé pour le 112°.

NAPOLÉON.

D'après la copie comm. par S. A. I. Mme la duchesse de Leuchtenberg.

20241. — AU PRINCE DE NEUCHÂTEL ET DE WAGRAM,
MAJOR GÉNÉRAL DE LA GRANDE ARMÉE, À DRESDE.

Dresde, 7 juillet 1813.

Mon Cousin, je partirai demain 8, ou au plus tard le 9, d'ici, pour me rendre à Torgau, où je déjeunerai. J'irai dîner à Wittenberg ; j'y verrai les 5° et 6° divisions avec leur artillerie. J'irai le 9 à Dessau, où je coucherai, et je verrai la 1re division. Je me rendrai de là à Magdeburg, où j'arriverai le 10, et j'y verrai les 2° et 23° divisions. Donnez des ordres pour que toutes ces troupes soient prêtes et que la rive droite de l'Elbe, surtout de Dessau à Magdeburg, soit bien surveillée. Comme ma Garde ne pourra pas m'escorter de Dessau à Magdeburg, le duc de Padoue y pourvoira. Je reviendrai par Leipzig, où je verrai tout le corps du duc de Padoue. Faites-moi connaître où je pourrai voir la brigade wurtembergeoise et la brigade Dombrowski ; où sont-elles dans ce moment?

NAPOLÉON.

D'après l'original. Dépôt de la guerre.

20242. — AU MARÉCHAL DAVOUT, PRINCE D'ECKMÜHL,
COMMANDANT LE 13° CORPS DE LA GRANDE ARMÉE, À HAMBOURG.

Dresde, 7 juillet 1813.

Mon Cousin, je réponds à votre lettre du 4. Je pense qu'il ne faut faire aucuns travaux à Lübeck. On peut seulement augmenter ceux de

Travemünde. Je vous ai fait connaître que, quelques jours avant la reprise des hostilités, vous devez concentrer les troupes françaises sur Hambourg et réunir les troupes danoises sur votre gauche; mais il est probable que d'ici à ce temps il aura été conclu un traité avec le roi de Danemark, de sorte que nous saurons à quoi nous en tenir.

La réunion de la 40° division à Werben vous mettra à même de garder toute la rive gauche de l'Elbe. Le 2° et le 5° bataillon du 3° de ligne seront le 7 à Wesel; ils seront donc arrivés avant le 1er août à Hambourg. Un bataillon du 33° léger, fort de 900 hommes, doit partir de Flessingue; un second bataillon se complète au moyen de conscrits réfractaires à Wesel, et un troisième se rend en droite ligne à Hambourg. J'espère donc qu'avant le 1er août la 50° division sera forte de 10 à 12,000 hommes. Vous aurez besoin d'habillements; mais j'ai recommandé que tous ces soldats partissent de France bien armés. J'ai ordonné cependant, en outre, que 3,000 fusils et 6,000 baïonnettes fussent envoyés à Hambourg.

Les détachements du 28° de chasseurs sont en marche pour se rendre à Hambourg; ses cinq escadrons, forts de 1,200 hommes, seront réunis au 1er août à Hambourg; prenez des mesures pour les y monter. Les trois régiments provisoires de cuirassiers, composés de douze 4es escadrons, faisant 2,400 hommes, arriveront à Hambourg avant le 10 août; c'est à vous à prendre des mesures pour les monter. Le décret que j'ai rendu et la lettre que je vous ai écrite ce matin là-dessus vous mettront au fait de tout ce qui concerne ces régiments. Si, au moment de la rupture de l'armistice, une partie de ces 4,000 hommes de cavalerie n'était pas montée, vous pourrez en tirer parti pour le service de place; ils ont des carabines ou des mousquetons, et vous les feriez exercer au tir du canon.

J'espère donc que la 50° division, la cavalerie, la gendarmerie, les douaniers et les marins formeront à Hambourg et à Harburg une garnison de 18 à 20,000 hommes, pendant que vous aurez disponibles la 3° division et la 40° ainsi que les Danois. Vous entrerez alors, suivant les circonstances, dans le Mecklenburg, ou bien vous prendrez position en avant de Hambourg, ou bien enfin, si cela était nécessaire, vous repasseriez l'Elbe pour couvrir la rive gauche.

Occupez-vous des ateliers d'habillement, et établissez solidement les ateliers et la comptabilité des 3º, 29º et 105º de ligne, 33º léger et 28º de chasseurs. Ces cinq corps doivent avoir leurs dépôts à Hambourg, et ils doivent suivre le sort de cette place.

L'artillerie est en marche sur Hambourg, de Magdeburg, de Wesel et de Groningen. Ayez soin que vos poudres soient placées dans trois points différents, afin que, si vous perdiez un magasin, il vous en restât deux. Veillez à ce que les trois réduits soient établis et les mortiers mis en batterie contre la ville.

J'attends les six millions que vous m'annoncez pour compléter les dix premiers.

NAPOLÉON.

D'après l'original comm. par Mᵐᵉ la maréchale princesse d'Eckmühl.

20243. — AU VICE-AMIRAL DUC DECRÈS,
MINISTRE DE LA MARINE, À PARIS.

Dresde, 7 juillet 1813.

Monsieur le Duc Decrès, j'approuve que vous ayez fait partir 600 matelots de Cherbourg pour Hambourg; il est fâcheux que vous n'ayez pu les faire partir de Boulogne ou de Dunkerque, qui sont plus près de Hambourg. J'ai destiné 1,000 hommes du 5º équipage à se renfermer au besoin dans Hambourg; les hostilités pouvant recommencer vers le 10 août, il faut qu'avant cette époque ces 1,000 hommes soient arrivés à Hambourg. Je ne vois pas d'inconvénient à ce que vous fassiez passer des bâtiments à Delfzyl, puisqu'ils y vont par les canaux de l'intérieur; mais il y aurait de l'inconvénient à les envoyer de Delfzyl à Hambourg, parce qu'à la reprise des hostilités il serait possible que ces côtes fussent troublées, et qu'alors ces bâtiments seraient exposés. Il faut donc laisser dans le Zuiderzee les bâtiments qui y sont, et ne composer la flottille de l'Elbe que de vingt-cinq bâtiments, en se servant des bâtiments du pays et des dix bateaux qui, étant déjà à Delfzyl, pourront être rendus à

Hambourg avant la rupture de l'armistice. J'écris au prince d'Eckmühl de les envoyer chercher par un détachement du 5ᵉ équipage de flottille.

On pourra faire achever les corvettes et les bricks qui sont sur le chantier de Hambourg, et y faire construire quelques chaloupes canonnières espagnoles; mais il ne faut faire aucun mouvement qui puisse compromettre des bâtiments.

Je réponds à vos questions :

1° Vous demandez pourquoi je ne parle point de Wesel et de la Jahde : mon intention est que le 5ᵉ équipage et le contre-amiral Lhermitte pourvoient à la sûreté de la côte; mais je ne parle que de Hambourg, parce que je suppose qu'en cas d'événement cet équipage et cet amiral se renfermeront dans Hambourg.

2° J'ai déjà répondu à votre deuxième question. Les marins que vous envoyez à Hambourg doivent s'y rendre par la route la plus courte, le plus promptement possible, et sans passer par Amsterdam.

3° En établissant 600 forçats à Hambourg, j'ai eu deux buts : d'abord de ne pas encombrer nos ports de forçats étrangers, et l'autre de les employer en partie aux travaux de la marine et en partie aux travaux des fortifications. Les 300 ouvriers militaires de la marine seront également employés, sous les ordres du gouverneur, aux travaux de la marine et aux travaux de la guerre. Si ceux de la marine sont les plus pressés, ils y seront employés de préférence; dans le cas contraire, ce sera à ceux de la guerre. Une compagnie pourrait en être attachée au service de la marine, et l'autre au service de la guerre. Mon intention est que le gouverneur puisse employer toutes les ressources de la marine, et, comme ces marins sont attachés spécialement au service de Hambourg, vous leur expliquerez que le gouverneur mettra autant d'intérêt à ce qui les concerne qu'au service de terre.

Il faut donc que le contre-amiral Lhermitte et l'administration aient pour principe de se considérer comme attachés à la place de Hambourg, et de tout faire pour seconder le gouverneur, et qu'ils obéissent à tous ses ordres.

Il est bien entendu que cela ne regarde pas la comptabilité.

J'approuve que vous complétiez les ouvriers de la marine par un recrutement extraordinaire.

NAPOLÉON.

<small>D'après l'original comm. par Mme la duchesse Decrès.</small>

20244. — AU PRINCE CAMBACÉRÈS,
ARCHICHANCELIER DE L'EMPIRE, À PARIS.

Dresde, 8 juillet 1813.

Mon Cousin, je vous envoie un rapport du duc de Vicence. Je lui ai répondu, comme de raison, que je ne me mêlais pas de ces détails, que je ne pouvais descendre jusque-là. Mais je vois avec peine que le duc de Rovigo réagit. Le duc de Rovigo ne connaît ni Paris ni la Révolution; si on le laissait faire, il aurait bientôt mis le feu en France. En vous entretenant de ce fournisseur, ce n'est pas de lui que je vous parle, mais de toutes les mesures de cette nature. A-t-on quelque chose à reprocher à cet homme depuis seize ans? On l'éloigne de Paris comme ayant été violent révolutionnaire. Si on pèse ainsi sur la classe des gens domiciliés et tranquilles, il est à craindre que cela ne produise le plus mauvais effet et n'excite une inquiétude générale. Si le duc de Rovigo voulait éloigner de la France tous ceux qui ont pris part à la Révolution, il n'y resterait plus personne. Et comment peut-on faire un crime à des hommes de cette classe de leur exaltation dans la Révolution, lorsque le Sénat, le Conseil d'état et l'armée sont pleins de gens qui y ont marqué par la violence de leurs opinions? Je dois supposer qu'on n'avait rien à reprocher à cet homme, puisque les gens de ma maison, qui ne sont nullement partisans des opinions révolutionnaires, le gardaient comme fournisseur. Vous ferez connaître au duc de Rovigo que mon intention est qu'il n'éloigne personne de Paris sans vous en avoir parlé auparavant. Dites-lui aussi que, s'il se laisse entraîner par le préfet de police ou des hommes de cette robe, qui ne connaissent ni la situation de la France ni celle de Paris, il aura bientôt mis tout en feu et ébranlé mon gouvernement, qui est fondé sur la garantie de toutes les opinions. Vous demanderez au duc de Rovigo de vous remettre sur-le-champ l'état de toutes les personnes qu'il a exilées de Paris, en les divisant en deux classes, l'une contenant tous ceux qui se sont mal conduits et qui, ne possédant rien, désirent toujours des troubles; l'autre contenant les hommes domiciliés et tranquilles, auxquels on n'a rien à reprocher que leurs anciennes opinions. On doit laisser, sans les inquiéter, tous ceux qui appartiennent à cette dernière classe. Au train dont va le duc de Rovigo, je suppose qu'il réagirait bientôt sur tous les généraux qui ont été chauds révolutionnaires. Comme il m'est revenu de plusieurs côtés que beaucoup de gens de cette classe ont été exilés, demandez au duc de Rovigo de vous en remettre l'état exact.

NAPOLÉON.

D'après la copie comm. par M. le duc de Cambacérès.

20245. — A M. MARET, DUC DE BASSANO,
MINISTRE DES RELATIONS EXTÉRIEURES, A DRESDE.

Dresde, 8 juillet 1813.

Monsieur le Duc de Bassano, il est honteux pour votre département que je ne connaisse point les forces de l'Autriche et que je n'aie aucun mémoire sur la situation actuelle des finances de cette puissance. J'ignore le nombre des divisions, des régiments et des bataillons que l'Autriche a mis en activité, et où ces corps se trouvent; mon ambassade à Vienne n'a fourni aucun renseignement. Les relations extérieures ont des fonds pour des dépenses secrètes, et leur métier est d'être instruites des armements et de la situation des corps d'armée des autres états; mais elles ne me disent rien. Enfin je devrais avoir régulièrement, par Copenhague, la suite de tous les journaux de Pétersbourg, de Riga et de Stockholm, et, par Vienne, celle de toutes les gazettes de Berlin et de Varsovie; mais je ne reçois rien de tout cela. Vous ne conduisez pas votre département avec l'activité et le travail soutenu qu'exigent les relations extérieures d'un aussi grand empire. Voilà plusieurs fois que je me plains des relations extérieures, mais cela n'a de résultats que pour quelques jours. Vous ne les dirigez pas avec assez de suite et de fermeté. Il y a beaucoup de secrétaires de légation qui sont ineptes, tels, à ce qu'on m'assure, que le premier secrétaire d'ambassade à Vienne. Il est absurde de conserver dans un poste aussi important un homme sans talent. J'en regarderai les relations extérieures comme responsables, si je ne reçois pas exactement, par Copenhague, les journaux de Pétersbourg et de Stockholm, et, par Vienne, ceux de Berlin et de Varsovie, ainsi que des renseignements sur tous les mouvements militaires.

NAPOLÉON.

D'après l'original. Archives des affaires étrangères.

20246. — A M. MARET, DUC DE BASSANO,
MINISTRE DES RELATIONS EXTÉRIEURES, À DRESDE.

Dresde, 8 juillet 1813.

Monsieur le Duc de Bassano, je vous envoie un rapport que me fait le général Drouot, l'un de mes aides de camp. Il paraît qu'il n'a été mis aucun ordre ni aucun ensemble dans les fournitures à faire pour le corps du prince Poniatowski. Tout le monde a passé des marchés qui n'ont point été soumis à mon approbation; en sorte que j'ignore ce qui a été fait. Vous-même, vous ne vous êtes pas fait rendre compte des prix stipulés, pour savoir s'ils étaient supérieurs ou inférieurs à ceux des marchés passés pour les troupes françaises. Les draps qui ne doivent être fournis qu'en cinquante-six jours sont une absurdité; ils devraient déjà l'être. Enfin il n'y a eu ni ordre ni activité dans cette opération importante que je vous avais confiée.

Faites-moi un rapport général sur cet objet. Vous m'y ferez connaître. 1° tous les marchés passés, en comparant leurs prix avec ceux des marchés passés par l'ordonnateur de l'habillement de l'armée, afin de savoir s'ils sont plus ou moins élevés; 2° tous ceux qu'il faudrait résilier, comme ne pouvant pas être exécutés au 1er août. Enfin vous me proposerez un mode pour mettre de l'ensemble dans toutes ces fournitures, et vous me remettrez l'état de tout ce dont le corps polonais a encore besoin. Je vois avec peine qu'un mois précieux a été perdu.

NAPOLÉON.

D'après l'original. Archives des affaires étrangères.

20247. — AU PRINCE DE NEUCHÂTEL ET DE WAGRAM,
MAJOR GÉNÉRAL DE LA GRANDE ARMÉE, À DRESDE.

Dresde, 8 juillet 1813.

Mon Cousin, je vous envoie mes ordres relativement aux travaux de Dresde et de Kœnigstein, ainsi qu'à l'armement de la place de Dresde. Prenez les dispositions nécessaires pour leur exécution.

I

Toutes les redoutes qui forment le camp retranché de la rive droite de l'Elbe, en avant de Dresde, seront tracées le 10 juillet et commencées le 11. Celles entreprises comme celles à entreprendre seront confiées, pour leur exécution, aux six régiments de la jeune Garde établis au camp. Chaque régiment fournira un atelier de 200 hommes qui travaillera depuis quatre heures du matin jusqu'à midi, et un autre de 200 hommes qui relèvera le premier et travaillera jusqu'à huit heures du soir. Les bataillons n° 1 travailleront le matin, ceux n° 2 le soir. Il sera désigné, par chaque régiment, deux capitaines et deux lieutenants pour diriger les travaux; ils seront toujours de service. Lorsque les redoutes seront achevées, le génie prendra mes ordres pour qu'il leur soit accordé une gratification. Le génie s'entendra avec ces officiers pour que, chaque redoute étant donnée à la tâche, le soldat puisse gagner de 8 à 9 sous dans sa demi-journée. Le général Delaborde prendra les mesures nécessaires pour que cet argent profite au bien-être du soldat et améliore son ordinaire; aucune retenue ne devra lui être faite, ni pour son habillement, ni pour son service. Chaque redoute portera le nom du régiment qui l'aura construite.

Les mêmes dispositions seront appliquées aux régiments de la jeune Garde employés au camp retranché en avant de Kœnigstein.

II

1° Il sera creusé le long de la berge et sur la rive droite du ruisseau Weisseritz un fossé de 7 à 8 pieds de large, pouvant recevoir 6 pieds de profondeur d'eau, de manière à bien fermer de ce côté les faubourgs de Dresde; les terres provenant de l'excavation seront jetées en avant et disposées en ligne de crémaillère pouvant recevoir du canon et des fusiliers. On palissadera cette ligne, on placera une barrière au pont, on élèvera une traverse en arrière pour recevoir une pièce de canon, et l'on préparera des chevaux de frise pour se barricader au besoin en avant du pont.

2° De l'extrémité gauche de cette crémaillère jusqu'en amont de l'Elbe, on tracera huit flèches de 60 toises de pourtour : elles seront ainsi éloignées de 200 à 250 toises les unes des autres. On n'en construira d'abord que quatre, de manière qu'elles soient bien vues les unes des autres et donnent des feux sur toutes les issues. Elles seront palissadées et armées de canons.

3° Tous les murs des faubourgs seront réunis dans leurs lacunes par des palissades; les issues, réduites à six, auront des barrières, des traverses pour recevoir une pièce de canon, et des chevaux de frise pour se barricader si des circonstances l'exigeaient.

4° Ces ouvrages devront être tracés pour le 11 juillet et commencés le 12.

5° L'artillerie de la Garde fournira 150 chevaux, les équipages de la Garde 100, l'artillerie de l'armée 100, pour le transport des palissades : ils seront à la disposition du commandant du génie de l'armée.

6° On fera descendre du haut Elbe des trains de palissades; 100 marins de la Garde seront mis à la disposition du génie pour effectuer ce transport par eau.

7° Le major général prendra toutes les dispositions nécessaires pour l'exécution du présent ordre.

III

Chacun des bastions de la place de Dresde, sur la rive gauche, sera armé de deux pièces de petit calibre placées dans les flancs bas, de manière à être dérobées à la fusillade des maisons; les saillants recevront aussi chacun deux pièces. Les quatre flèches en avant des faubourgs recevront chacune quatre pièces de canon, et les traverses en arrière des issues auront une pièce. La grande lunette sur la rive droite sera armée de trois pièces de gros calibre, de deux obusiers et d'un mortier.

Le gouverneur de Dresde parcourra demain la place; il sera accompagné des commandants d'artillerie et du génie, afin d'arrêter le projet d'armement, connaître les pièces qu'il sera possible d'avoir et le meilleur dispositif à leur donner.

Il y aura, en outre, en réserve, trois batteries : une de huit pièces de 12, une de huit pièces de 6 et une de huit obusiers; total, vingt-quatre bouches à feu. Elles seront employées où les circonstances l'exigeront; on les attellera alors, soit avec des chevaux pris dans les dépôts, soit avec ceux de la ville.

IV

La route de Stolpen à Hohnstein ayant été réparée par les soins des officiers de l'état-major, les officiers du génie feront réparer celles de Hohnstein à Kœnigstein. Il sera pratiqué à cet effet trois routes : 1° une première qui soit telle que l'ennemi, fût-il parvenu à occuper les hauteurs du ruisseau de Polenz, ne puisse pas par la fusillade ou le canon inquiéter la communication; 2° la route actuelle qui passe par le rocher de Ziegenrück et traverse le ravin du Polenz; elle pourra être gênée par la fusillade de la rive gauche de ce ravin, mais, comme le fond de celui-ci est impraticable, l'ennemi ne pourra pas intercepter cette communication; 3° la troisième route viendra de Hohnstein et Waitsdorf à Porschdorf et Schandau : on aura ainsi trois bons débouchés. Mais, si l'ennemi venait de Neustadt et s'emparait du plateau en avant de Hohnstein, on n'aurait plus que la première et la seconde pour communiquer : il faudra donc établir deux ou trois redoutes pour en être maître et les placer en avant de Hohnstein.

Tous ces ouvrages seront tracés avant le 11 juillet, et le 12 on commencera à y travailler; on y emploiera les deux régiments de la Garde qui sont à Kœnigstein, et, en outre, les ouvriers du pays qui étaient occupés à la route de Stolpen à Hohnstein. Le génie, en confiant l'exécution des redoutes aux régiments de la Garde, effectuera les payements sur la même base que pour ceux employés au camp retranché de Dresde sur la rive droite. Les régiments seront d'ailleurs dirigés de la même manière pour les tâches et les heures de travail.

Le pays entre Neustadt et les frontières de Bohême sera bien étudié et représenté sur une grande échelle, afin que l'on connaisse parfaitement le terrain s'il fallait opérer sur cette partie.

NAPOLÉON.

D'après l'original. Dépôt de la guerre.

20248. — AU COMTE DARU,
DIRECTEUR DE L'ADMINISTRATION DE LA GRANDE ARMÉE, À DRESDE.

Dresde, 8 juillet 1813.

Monsieur le Comte Daru, voyez aujourd'hui le ministre de l'intérieur de Saxe. Faites-lui connaître que cesser le service des fourrages, c'est comme abandonner le gouvernement, puisque, s'il n'est plus fait de distribution de fourrages, il faudra ou en requérir militairement dans tous les villages, ou que les soldats aillent l'enlever dans les maisons, ce qui mettrait le pays au pillage.

NAPOLÉON.

D'après la copie comm. par M. le comte Daru.

20249. — AU GÉNÉRAL COMTE DUROSNEL,
GOUVERNEUR DE DRESDE.

Dresde, 8 juillet 1813.

Envoyez un officier de la gendarmerie d'élite et 12 gendarmes, ainsi qu'un détachement de 100 chevau-légers de la Garde, pris dans ceux qui sont cantonnés aux environs de Pirna, s'établir sur la grande route de Dresde à Prague, à l'extrême frontière, en plaçant des postes sur toutes les routes latérales. Cet officier vous rendra compte de tous les voyageurs qui iront de Dresde à Prague, ou viendront de Prague à Dresde, ainsi que de tous ceux qui vont et viennent des eaux de Tœplitz. Il vous instruira également de tout ce qui passe sur ces routes en chevaux, bestiaux, voitures chargées de marchandises; en un mot, il vous tiendra au courant de tous les mouvements. Vous me remettrez tous les jours ce rapport.

L'officier de gendarmerie que vous choisirez doit être un officier de confiance, intelligent et sachant l'allemand. Il enverra des agents sur la frontière de Bohême pour être instruit de la situation et des mouvements des troupes autrichiennes.

D'après la minute. Archives de l'Empire.

20250. — AU PRINCE CAMBACÉRÈS,
ARCHICHANCELIER DE L'EMPIRE, À PARIS.

Dresde, 9 juillet 1813.

Mon Cousin, j'ai pris des mesures pour l'armée d'Espagne. J'ai ordonné que des réquisitions fussent faites en Languedoc et qu'elles fussent payées en bons de la caisse d'amortissement, admissibles en payement des biens communaux; j'ai mis à cet effet, dans la distribution de juillet, des fonds à la disposition des ministres. Je vois, par le rapport du ministre des finances, qu'il a déjà mis la main sur 100 millions des biens des communes; mais ce n'est encore qu'un tiers de ce que j'entends. Il n'y a qu'un seul moyen de rendre ces ventes faciles, c'est de payer tout ce que doivent les ministres en bons de la caisse d'amortissement, sans faire attention s'ils perdent à la Bourse 5 ou 6 pour 100; cela ne nous regarde point. Ces bons ont une valeur trop réelle, puisqu'ils portent intérêt, puisqu'ils sont remboursables en dix-huit mois et qu'ils peuvent être employés à l'achat des biens communaux, pour qu'on attache quelque importance à ce qu'ils perdent ou à ce qu'ils gagnent. Ce n'est pas un papier-monnaie. Mais, en supposant qu'ils perdent quelque chose, c'est une prime qui excitera les porteurs de ces bons à pousser plus promptement les achats des biens des communes.

Je vous renvoie votre projet pour la jeune duchesse de Frioul, afin que vous le fassiez passer au Conseil d'état.

NAPOLÉON.

D'après la copie comm. par M. le duc de Cambacérès.

20251. — A M. GAUDIN, DUC DE GAËTE,
MINISTRE DES FINANCES, À PARIS.

Dresde, 9 juillet 1813.

Je vous prie de me faire connaître quels sont les départements où l'on n'a pas pris possession des biens des communes. Ce qui m'avait porté à ne pas prendre possession des biens situés dans ces départements, c'était l'impossibilité de les vendre; mais mon intention étant d'émettre des bons pour payer des réquisitions qui seront faites dans ces départements, il deviendrait possible alors de placer les bons dans la vente de ces biens. Il est donc nécessaire que vous donniez des ordres préparatoires pour la mise en vente de ces biens, afin que, lorsque j'ordonnerai la vente, elle puisse avoir lieu sans délai.

D'après la minute. Archives de l'Empire.

20252. — AU PRINCE DE NEUCHÂTEL ET DE WAGRAM,
MAJOR GÉNÉRAL DE LA GRANDE ARMÉE, À DRESDE.

Dresde, 9 juillet 1813.

Vous m'avez envoyé diverses situations de l'armée, dans lesquelles on a ôté tous les états de situation des corps, de manière qu'il faut une grande peine pour voir à quoi se montent les revues. Renvoyez-moi tous ces états.

Je ne comprends pas non plus l'état de situation de l'armée. Il porte le 149e à 2,700 hommes comme présents sous les armes, et absents 600. Cependant il ne porte l'effectif qu'à 2,700. Je ne comprends pas cela. Demandez à ce corps l'état de situation.

Le duc de Raguse ne donne pas à ses divisions les numéros qu'elles ont dans l'armée; il leur donne des numéros de son corps, qui n'ont rien de commun avec ceux qu'elles ont dans l'armée.

Je vous renvoie tous les états de situation que vous m'avez envoyés: examinez-les et faites-les relever, corps par corps, division par division, régiment par régiment, bataillon par bataillon, compagnie par compagnie; que je voie cela par un seul tableau, un dépouillement abrégé de tout ce qui existe. Envoyez un travail pareil pour l'artillerie et pour les équipages, de manière que je voie la situation en peu de mots. Vous y ferez joindre ce qu'il y a déjà, jour par jour, jusqu'au 10, et du 10 au 20; la situation au 30 et au 10, en prenant note de tout ce qui est en route.

D'après la minute. Archives de l'Empire.

20253. — AU PRINCE DE NEUCHÂTEL ET DE WAGRAM,
MAJOR GÉNÉRAL DE LA GRANDE ARMÉE, À DRESDE.

Dresde, 9 juillet 1813.

Mon Cousin, écrivez au duc de Bellune, qui se plaint toujours de n'avoir pas de cercle, que c'est sa faute; qu'il avait ordre d'occuper Krossen et qu'il ne l'a pas fait; que ses tâtonnements sont cause que j'ai perdu ce cercle important qui donne à l'ennemi un débouché qui peut m'être nuisible; qu'à la guerre, quand on a un ordre, il faut l'exécuter; qu'autre chose était de se rendre à Krossen, ou d'en faire la question; qu'il a laissé passer ainsi huit jours et changer l'état de la question.

NAPOLÉON.

D'après l'original. Dépôt de la guerre.

20254. — AU PRINCE DE NEUCHÂTEL ET DE WAGRAM,
MAJOR GÉNÉRAL DE LA GRANDE ARMÉE, À DRESDE.

Dresde, 9 juillet 1813.

Mon Cousin, il faut écrire au prince d'Eckmühl qu'en montrant de la défiance aux Danois et aux alliés il les mettra contre lui; que, si les Danois avaient voulu correspondre avec la Suède, ils n'auraient pas manqué de moyens pour cela; qu'il faut donc leur montrer plus de confiance qu'il ne fait.

NAPOLÉON.

D'après l'original. Dépôt de la guerre.

20255. — AU PRINCE DE NEUCHÂTEL ET DE WAGRAM,
MAJOR GÉNÉRAL DE LA GRANDE ARMÉE, À DRESDE.

Dresde, 9 juillet 1813.

Mon Cousin, donnez ordre à deux ingénieurs géographes de partir sur-le-champ pour continuer la reconnaissance des frontières de Bohême. Le premier se rendra à Jœhstadt, d'où il décrira la route d'Annaberg à Jœhstadt et Kaaden; il reconnaîtra ensuite les communications de la Saxe avec Karlsbad et celles de Plauen et Hof avec Eger, par Adorf et Asch; il décrira pareillement toutes les petites communications intermédiaires et qui traversent les montagnes. Le second se rendra à Neustadt, d'où il ira à Neusalza, Zittau, Marklissa et Friedeberg; il décrira les routes qui, sur toute cette ligne de frontières, pénètrent en Bohême par Neusalza, Zittau, Seidenberg, Lissa, etc. Tous deux auront soin de bien indiquer la qualité des routes, praticables ou non pour les voitures, ainsi que la nature du pays; leurs mémoires seront accompagnés de croquis destinés à faire suite au travail déjà fait.

NAPOLÉON.

D'après l'original. Dépôt de la guerre.

20256. — AU GÉNÉRAL COMTE LEMAROIS,
GOUVERNEUR DE MAGDEBURG.

Dresde, 9 juillet 1813.

Je reçois votre lettre du 6 juillet. Vous avez 240,000 boisseaux d'avoine à Magdeburg. « Ce n'est pas possible, » m'écrivez-vous : cela n'est pas français. Je suis donc mécontent de votre lettre. Faites partir sur-le-champ deux bateaux chargés d'avoine pour les chevaux de la Garde, qui se meurent. Cette avoine sera remplacée par ce qui arrive dans le pays, par la récolte qui est prochaine et, enfin, par ce qui est envoyé de la 32e division.

D'après la minute. Archives de l'Empire.

20257. — AU GÉNÉRAL BARON DEJEAN,
AIDE DE CAMP DE L'EMPEREUR, À DRESDE.

Dresde, 9 juillet 1813.

Pendant que vous resterez ici, vous irez tous les jours voir aux ateliers d'habillement et d'équipement militaires.

D'après la minute. Archives de l'Empire.

20258. — AU COMTE DARU,
DIRECTEUR DE L'ADMINISTRATION DE LA GRANDE ARMÉE, À DRESDE.

Dresde, 9 juillet 1813.

Monsieur le Comte Daru, donnez ordre sur-le-champ que 10,000 quintaux de farine, poids de marc, 500 quintaux de riz et 1,000 quintaux de légumes, de la réserve de Mayence, soient placés en réserve dans la citadelle de Würzburg. S'il y a du biscuit à Mayence, vous en enverrez également à Würzburg. Cette réserve à Würzburg devra servir, en cas d'événement, soit pour le corps d'observation de Bavière, soit pour la Grande Armée.

Faites-moi connaître la situation d'Erfurt. Il est indispensable qu'il y ait dans ce magasin central, indépendamment de l'approvisionnement de siége, 10,000 quintaux de farine, 500 quintaux de riz et 1,000 de légumes. Faites-moi un rapport à ce sujet. Je suppose que vous avez ordonné la plus grande activité dans les moutures.

NAPOLÉON.

D'après la copie comm. par M. le comte Daru.

20259. — A EUGÈNE NAPOLÉON,
VICE-ROI D'ITALIE, À VENISE.

Dresde, 9 juillet 1813.

Mon Fils, j'ai à Venise 5 à 6 millions de mercure, et dans les provinces illyriennes beaucoup de minéraux. Donnez des ordres, et prenez des mesures pour leur exécution, afin que tous les minéraux qui existent dans les magasins m'appartenant dans les provinces illyriennes soient transportés à Venise; en sorte que, si le pays venait à être occupé par l'ennemi, il n'y trouvât rien. Prenez également des mesures, et je vous laisse carte blanche à cet égard, pour faire vendre le mercure que j'ai à Venise et faire rentrer l'argent dont j'ai besoin. Je crains que le comte Defermon ne m'empêche de le vendre, parce qu'il tient les prix trop haut. Cela me fait perdre des fonds et leurs intérêts depuis plusieurs années.

NAPOLÉON.

D'après la copie comm. par S. A. I. Mme la duchesse de Leuchtenberg.

20260. — A FRÉDÉRIC, ROI DE WURTEMBERG,
À LUDWIGSBURG.

Dresde, 9 juillet 1813.

Monsieur mon Frère, j'ai reçu la dernière lettre de votre Majesté ainsi que le chiffre que M. de Linden a remis au duc de Bassano. Il paraît que le courrier qui était porteur de ma lettre du 2 juin a été pris. J'envoie à votre Majesté une copie de cette lettre.

Il y a beaucoup d'embarras pour les négociations pour la paix, et elles ne sont pas encore commencées. Elles doivent avoir lieu à Prague. J'attends une réponse aujourd'hui ou demain. L'Autriche se donne beaucoup de mouvement, mais les affaires paraissent encore bien loin de s'arranger. On le serait déjà sans l'intervention de l'Autriche. L'avenir nous fera connaître ce qu'elle veut.

NAPOLÉON.

D'après la copie comm. par le gouvernement de S. M. le roi de Wurtemberg.

20261. — AU PRINCE DE NEUCHÂTEL ET DE WAGRAM,
MAJOR GÉNÉRAL DE LA GRANDE ARMÉE, À DRESDE.

Wittenberg, 11 juillet 1813.

Mon Cousin, donnez ordre à la division Dufour de partir demain 12 pour se rendre à Guben, où elle arrivera le 17, et à celle du général Vial de partir le 13 pour y arriver le 18. Vous donnerez des ordres pour que chacune de ces divisions parte de Wittenberg avec trois jours de vivres, et pour qu'à son passage à Herzberg elle en prenne pour trois autres jours.

Écrivez au duc de Bellune pour lui faire connaître la marche de ces deux divisions. Donnez-lui l'ordre de porter son quartier général à Guben et d'évacuer entièrement le cercle de Grünberg. Il placera une de ses divisions à Lieberose, une à Friedland et une à Fürstenberg : il sera ainsi à trois petites journées de Berlin et à une de Francfort. Écrivez-lui de se tenir en communication avec le duc de Reggio, que vous instruirez également du passage de ces deux divisions.

NAPOLÉON.

P. S. Un commissaire des guerres se rendra à Herzberg pour commander les vivres.

D'après l'original. Dépôt de la guerre.

20262. — AU PRINCE CAMBACÉRÈS,
ARCHICHANCELIER DE L'EMPIRE, À PARIS.

Magdeburg, 12 juillet 1813.

Mon Cousin, je vous envoie une lettre relative au traitement qu'éprouvent les Français prisonniers en Angleterre. Je désire que vous réunissiez chez vous les ministres de la guerre, de la marine et de la police, et que vous rédigiez un projet pour faire faire une enquête devant une commission composée de sénateurs et de maréchaux. Cette enquête sera publique et imprimée; on y fera paraître tous les hommes estropiés qui sont revenus d'Angleterre.

NAPOLÉON.

D'après la copie comm. par M. le duc de Cambacérès.

20263. — AU PRINCE CAMBACÉRÈS,
ARCHICHANCELIER DE L'EMPIRE, À PARIS.

Magdeburg, 12 juillet 1813.

Mon Cousin, je reconnais la nécessité de donner des secours aux réfugiés espagnols. J'ai chargé le duc de Bassano d'y affecter un million sur les fonds extraordinaires de son budget. Il a dû en écrire au comte Otto, qui présidera la commission destinée à répartir ces secours, et qui verra de quelle manière on pourrait la composer.

NAPOLÉON.

D'après la copie comm. par M. le duc de Cambacérès.

20264. — AU GÉNÉRAL CLARKE, DUC DE FELTRE,
MINISTRE DE LA GUERRE, À PARIS.

Magdeburg, 12 juillet 1813.

Je viens de visiter Magdeburg avec la plus grande attention. Je désire que vous fassiez établir dans cette ville une fonderie, pour y couler des boulets, ce qui utilisera une grande quantité de vieux fers qui s'y trouvent. Envoyez de France les ouvriers nécessaires. J'ai visité les salles d'armes: j'y ai vu 12,000 fusils français à réparer; mais il n'y a qu'une quarantaine d'ouvriers, de sorte que dans deux ans cette réparation ne sera pas terminée. Je donne ordre à la compagnie d'armuriers qui est à Erfurt de se rendre ici, mais ce ne sera pas suffisant; il faudrait envoyer 2 ou 300 ouvriers tirés de nos manufactures : sans cela ce sont des fusils perdus pour toute la campagne. Il doit y avoir en Hollande et à Metz beaucoup d'armuriers qui ne font rien.

J'ai vu aussi 12,000 fusils étrangers. J'ai ordonné qu'on les déballât, afin de les utiliser pour l'armée.

Il y a beaucoup de sabres de grosse cavalerie, mais il n'y en a pas de cavalerie légère.

Le général Neigre construit par mois 150 caissons du modèle autrichien. Il est convenable qu'il continue, afin d'avoir toujours à Magdeburg une réserve de quelques centaines de caissons. Mais, moyennant les batteries qu'il doit fournir, il ne restera plus d'équipages de campagne dans cette place.

J'ai été fort content du parti que le génie a tiré des fonds qu'on lui a donnés pour mettre la place en bon état.

D'après la minute. Archives de l'Empire.

20265. — AU COMTE DARU,
DIRECTEUR DE L'ADMINISTRATION DE LA GRANDE ARMÉE, À DRESDE.

Magdeburg, 12 juillet 1813.

Monsieur le Comte Daru, il n'a encore paru personne à Magdeburg pour organiser le dépôt des équipages militaires; de sorte que les inspecteurs envoyés par le général Belliard diront qu'ils n'ont rien trouvé. Pourquoi donc n'exécute-t-on pas les ordres?

On peut placer ici 4 à 5,000 malades. L'air est sain, le pays est beau: Magdeburg est un véritable dépôt d'armée.

NAPOLÉON.

D'après la copie comm. par M. le comte Daru.

20266. — AU COMTE DARU,
DIRECTEUR DE L'ADMINISTRATION DE LA GRANDE ARMÉE, À DRESDE.

Magdeburg, 12 juillet 1813.

Monsieur le Comte Daru, les 250 malades que vous avez expédiés de Dresde sont arrivés ici en trois jours et demi. Comme il ne manque pas de marins de la Garde à Dresde, faites-les partir avec le plus de bateaux qu'il sera possible de trouver, et évacuez ainsi autant de blessés et malades que vous pourrez. Vous pouvez en diriger 1,000 sur Torgau, 1,000 sur Wittenberg et au moins 15 à 1,600 sur Magdeburg. Ce sera donc environ 4,000 blessés ou malades que vous tirerez de Dresde.

200,000 boisseaux d'avoine sont chargés ici pour être transportés à Dresde. Je donne ordre que, sur les 8,000 quintaux de farine qui étaient destinés au général Vandamme, on n'en expédie que 4,000 à Dresde.

Écrivez à Wittenberg qu'on prenne les maisons qu'occupait l'université, pour porter à mille le nombre des lits d'hôpitaux qu'on doit établir dans cette place.

Je comprends ces diverses dispositions dans un ordre du jour que je viens de signer.

NAPOLÉON.

D'après la copie comm. par M. le comte Daru.

20267. — AU GÉNÉRAL COMTE LEMAROIS,
GOUVERNEUR DE MAGDEBURG.

Magdeburg, 12 juillet 1813.

Monsieur le Comte Lemarois, réunissez chez vous le commissaire ordonnateur et l'agent supérieur des vivres de la place, ainsi que le commandant du génie et celui de l'artillerie, pour régler définitivement l'approvisionnement de siége de Magdeburg. Votre première opération devra donc être d'arrêter la colonne de ce qui est nécessaire pour cet approvisionnement; comme nous sommes au moment de la récolte, c'est maintenant qu'il faut le compléter. Je pense qu'il doit être établi sur le pied de 20,000 hommes et 2,000 chevaux pendant deux cents jours; sauf à se procurer, au moment de l'investissement, des blés, des fourrages et des bestiaux par voie militaire, autour de la place, en aussi grande quantité que l'on pourra; et dans un pays aussi fertile, en battant l'estrade à dix lieues à la ronde, on doit pouvoir beaucoup augmenter cet approvisionnement. Le foin et la paille actuellement existants seront remplacés par de nouveau foin et de nouvelle paille, et seront mis en consommation à fur et mesure des remplacements. Ces fourrages seront placés sur trois points différents, de manière qu'on ne risque jamais que d'en perdre une partie. Présentez-moi un projet pour requérir le foin, la paille et l'avoine nécessaires dans un rayon de trente lieues autour de la place. Il est convenable de bien compléter, sur-le-champ, l'approvisionnement en viandes salées. Quant aux viandes fraîches, on aura le temps de s'en procurer au dernier moment : d'ailleurs il y aura un fonds d'approvisionnement existant par ce qui vient de Hambourg. Il faudra aussi avoir un approvisionnement de tous les objets nécessaires pour 4,000 malades pendant deux mois.

J'ai ordonné qu'il y eût à Magdeburg, outre l'approvisionnement de siége, un approvisionnement fixe pour 10,000 hommes pendant un an, dont la moitié aux frais du royaume de Westphalie et l'autre moitié aux frais de la France ; ce qui fait pour 10,000 hommes pendant six mois. Faites-moi connaître si la partie aux frais de la Westphalie a été réunie, ainsi que la partie aux frais de la France.

NAPOLÉON.

D'après l'original comm. par M. le comte Lemarois.

20268. — A M. MARET, DUC DE BASSANO,
MINISTRE DES RELATIONS EXTÉRIEURES, À DRESDE.

Magdeburg, 13 juillet 1813.

Monsieur le Duc de Bassano, j'ai reçu votre lettre du 11.

Je serai cette nuit à Leipzig, et dans la nuit du 14 au 15 à Dresde. J'irai de Leipzig à Dresde par la rive gauche.

NAPOLÉON.

D'après l'original comm. par M. le duc de Bassano.

20269. — AU COMTE MOLLIEN,
MINISTRE DU TRÉSOR PUBLIC, À PARIS.

Magdeburg, 13 juillet 1813.

Monsieur le Comte Mollien, j'ai reçu votre lettre du 8 juillet. Il n'y a pas de doute que les événements d'Espagne occasionneront un supplément de 6 à 10 millions au budget des dépenses de l'administration de la guerre. Vous avez vu de quelle manière j'ai fait cette distribution, en exigeant que les payements fussent faits en bons et que les services se fissent par réquisition. Je ne me dissimule pas qu'il peut y avoir des inconvénients à cette manière de faire le service, mais cela me paraît sans remède. Cela aura du moins l'avantage d'accélérer la vente des biens des communes.

NAPOLÉON.

D'après l'original comm. par Mme la comtesse Mollien.

20270. — AU PRINCE DE NEUCHÂTEL ET DE WAGRAM,
MAJOR GÉNÉRAL DE LA GRANDE ARMÉE, À DRESDE.

Dresde, 15 juillet 1813.

Mon Cousin, écrivez au duc de Bellune que vous m'avez mis sous les yeux sa lettre du 13; qu'elle n'a fait que confirmer l'opinion où j'étais qu'il a mal agi le jour où il a hésité et consulté la commission de Neumarkt; que les Russes eux-mêmes s'en sont moqués; que les Prussiens n'auraient voulu rien céder, et que, si sur tous les autres points on en avait agi comme lui, on n'aurait pas même eu Dessau, quoique Dessau fût sur la rive gauche; qu'enfin il ne fallait pas faire une question de ce qui était de droit; que j'ai donc perdu, par son hésitation, le cercle de Krossen et ce débouché important; que je suis également mécontent qu'il ait donné des ordres au général Vial et à la 5e division; qu'il est temps enfin de savoir obéir, et de savoir aussi se contenir dans ses bornes.

NAPOLÉON.

D'après l'original. Dépôt de la guerre.

20271. — AU PRINCE DE NEUCHÂTEL ET DE WAGRAM,
MAJOR GÉNÉRAL DE LA GRANDE ARMÉE, À DRESDE.

Dresde, 15 juillet 1813.

Mon Cousin, tous les rapports qui me reviennent sur les moulins portatifs me les présentent comme peu utiles dans les places fortes, où des moulins composés de meules ordinaires, mises en mouvement par des chevaux ou par des hommes, sont préférables, vu qu'on assure que les nouveaux moulins ne donnent pas de son, et dès lors ne rendent qu'une farine grossière qui ne peut être de quelque usage que dans les circonstances urgentes.

Ordonnez la construction, dans les places fortes, de meules à mettre en mouvement par des chevaux et par des hommes; et faites distribuer tous les moulins qui sont à Magdeburg et à Dresde à tous les corps, à raison de deux par bataillon; ceux de Magdeburg seront donnés au corps du général Vandamme. Faites-moi connaître le nombre qu'il en faudrait pour en donner trois par bataillon. Il faudrait prescrire de les faire porter sur les caissons d'ambulance des bataillons.

NAPOLÉON.

D'après l'original. Dépôt de la guerre.

20272. — AU PRINCE DE NEUCHÂTEL ET DE WAGRAM,
MAJOR GÉNÉRAL DE LA GRANDE ARMÉE, À DRESDE.

Dresde, 15 juillet 1813.

Mon Cousin, écrivez sur la ligne à tous les maréchaux pour leur faire connaître que la prolongation de l'armistice a été consentie jusqu'au 10 août par l'intermédiaire de l'Autriche; que cependant rien n'a encore été signé par les plénipotentiaires de Neumarkt, qui n'avaient pas d'instructions et qui probablement les recevront dans peu de jours; que toutefois il est nécessaire de se tenir prêt à rentrer en campagne, si l'ennemi dénonçait l'armistice le 20 juillet.

Écrivez la même chose au prince d'Eckmühl.

NAPOLÉON.

D'après l'original. Dépôt de la guerre.

20273. — AU VICE-AMIRAL DUC DECRÈS,
MINISTRE DE LA MARINE, À PARIS.

Dresde, 16 juillet 1813.

Monsieur le Duc Decrès, j'ai reçu votre lettre du 10 juillet. Je ne pourrais partager l'opinion qu'une escadre ennemie peut mouiller en dedans du Verdon, qu'autant que vous trouveriez dans cette rade un mouillage éloigné de plus de 2,400 toises de tous les points de la côte; or, certainement, un tel mouillage n'y existe point. Je ne comprends pas davantage comment nos vaisseaux pourraient être attaqués dans la rade de Talmont, à moins que vous ne supposiez que l'ennemi eût fait un débarquement. Faites toujours passer la frégate dans la rade de la Gironde, puisque cela est nécessaire au projet de croisière pour l'hiver prochain.

Voici bientôt le temps où toutes les frégates doivent avoir leurs instructions, afin qu'elles soient en appareillage au 15 septembre.

NAPOLÉON.

D'après l'original comm. par Mme la duchesse Decrès.

20274. — AU PRINCE DE NEUCHÂTEL ET DE WAGRAM,
MAJOR GÉNÉRAL DE LA GRANDE ARMÉE, À DRESDE.

Dresde, 16 juillet 1813.

Mon Cousin, donnez ordre au duc de Castiglione d'envoyer le général du génie Dode parcourir toute la ligne des frontières de Bohême, depuis Passau jusqu'au delà de Karlsbad. Ce général fera connaître le nombre de débouchés qui, de Bohême, vont en Bavière, en distinguant ceux qui peuvent servir pour une armée de ceux qui ne peuvent servir que pour des détachements. Il indiquera également les positions qu'on pourra prendre pour empêcher une armée de déboucher. Il portera une attention spéciale aux débouchés qui viennent sur Baireuth, sur Hof, sur Zwickau et Chemnitz.

NAPOLÉON.

D'après l'original. Dépôt de la guerre.

20275. — AU GÉNÉRAL ARRIGHI, DUC DE PADOUE,
COMMANDANT LE 3ᵉ CORPS DE CAVALERIE, À LEIPZIG.

Dresde, 16 juillet 1813.

Monsieur le Duc de Padoue, je désire avoir des ménagements pour la Saxe, qui me fournit dans ce moment 20,000 hommes d'infanterie et 4,000 de cavalerie, et qui supporte effectivement tout le poids de la guerre. Faites-moi un rapport sur toutes les réquisitions que vous avez faites à Leipzig, sur ce qui a été fourni et sur les moyens d'alléger les charges imposées à ce pays.

Faites-moi connaître combien il y a d'hommes et de chevaux au dépôt de Leipzig. Le prince de Neuchâtel pense qu'il y a plus de chevaux que d'hommes. Il est urgent de supprimer le dépôt de Leipzig. S'il y a plus de chevaux que d'hommes, je vous ferai envoyer des hommes; si, au contraire, il y avait plus d'hommes que de chevaux, il faudrait envoyer le surplus des hommes à Magdeburg.

La ville de Leipzig devait fournir 3,000 habits à Wittenberg; ils n'y sont pas encore arrivés. Prenez des mesures pour en hâter la livraison.

Il m'a paru que Leipzig était entouré d'une muraille et n'avait qu'un certain nombre de portes. Mon intention serait de faire arranger ces portes de manière que la garde bourgeoise pût mettre la ville à l'abri des Cosaques. Je ne verrais pas de difficulté à y laisser un bataillon d'infanterie et quatre pièces de canon, ce qui, avec la garde bourgeoise, suffirait pour défendre la ville contre 12 ou 1,500 Cosaques. Envoyez-moi le plan de la ville, en me faisant connaître votre opinion sur ce projet. Je désire que vous me répondiez sur-le-champ à ces différentes demandes.

J'ai donné des ordres pour qu'à Wittenberg, Magdeburg et Torgau, on laissât passer toutes les marchandises françaises et saxonnes expédiées par le commerce de Leipzig.

NAPOLÉON.

D'après l'original comm. par M. le duc de Padoue.

20276. — AU MARÉCHAL KELLERMANN, DUC DE VALMY,
COMMANDANT SUPÉRIEUR DES 5ᵉ, 25ᵉ ET 26ᵉ DIVISIONS MILITAIRES, À MAYENCE.

Dresde, 16 juillet 1813.

Mon Cousin, faites connaître à l'Impératrice, par le télégraphe, que l'armistice est prolongé jusqu'à la mi-août et que le duc de Vicence et le comte de Narbonne se sont rendus à Prague, comme mes plénipotentiaires au congrès.

NAPOLÉON.

D'après l'original comm. par M. le duc de Valmy.

20277. — AU MARÉCHAL KELLERMANN, DUC DE VALMY,
COMMANDANT SUPÉRIEUR DES 5ᵉ, 25ᵉ ET 26ᵉ DIVISIONS MILITAIRES, À MAYENCE.

Dresde, 16 juillet 1813.

Mon Cousin, faites préparer ma maison à Mayence. Je vous confie, pour vous seul, que l'Impératrice se rendra le 23 ou le 24 à Mayence, et que peut-être irai-je l'y voir. Je désire que cela ne se sache pas d'avance.

NAPOLÉON.

D'après l'original comm. par M. le duc de Valmy.

20278. — AU COMTE BIGOT DE PRÉAMENEU,
MINISTRE DES CULTES, À PARIS.

Dresde, 17 juillet 1813.

Monsieur le Comte Bigot de Préameneu, mon Ministre des cultes, l'évêque de Nantes[1] était le prêtre le plus éclairé de l'Empire, le docteur le plus distingué en Sorbonne : il peut être mis à côté des évêques qui ont le plus honoré l'Église gallicane. Personne n'était plus pénétré du véritable esprit de l'Évangile ; personne ne savait mieux respecter les droits des souverains et distinguer les droits de l'Église d'avec les abus monstrueux et les maximes folles et insensées de la cour de Rome, maximes aujourd'hui si ridicules, et qui ont fait verser tant de sang et causé tant

[1] L'abbé Duvoisin.

de déchirements dans les siècles d'ignorance. Si tous les théologiens, si tous les évêques avaient aussi bien connu l'esprit de la religion et avaient eu autant de lumières et de bonne foi, Luther, Calvin, Henri VIII, n'auraient pas fait secte, et le monde entier serait catholique. Je désire qu'aux frais de notre trésor impérial un monument soit élevé dans la cathédrale de Nantes à la mémoire de ce digne prélat.

<small>D'après la minute. Archives de l'Empire.</small>

20279. — AU COMTE MOLLIEN,
<small>MINISTRE DU TRÉSOR PUBLIC, À PARIS.</small>

Dresde, 17 juillet 1813.

Monsieur le Comte Mollien, je reçois votre lettre du 12 juillet. J'y vois un état des bons de la caisse d'amortissement qui se monteraient à 195 millions; mais je ne vois pas bien si c'est de l'argent mangé. Par exemple, les 71 millions qui sont à la caisse de la couronne et du domaine extraordinaire doivent être mangés. Il en doit être de même de ceux portés à la Banque. Je ne suis pas sûr que les 62 millions qui sont à la caisse de service soient également mangés : ils peuvent y être comme appartenant à la caisse générale. Je ne puis avoir d'idée de cette affaire qu'autant que les comptes seront portés au livre du mois, parce que les comptes isolés ne disent rien, au lieu qu'un compte général où tout est porté dans la même hypothèse m'offre bien mieux l'ensemble des choses. Il faudrait donc ajouter au livret un état pour les bons de la caisse d'amortissement, comme vous y avez ajouté un état pour les obligations.

Mais je pense que ce n'est pas suffisant, et qu'il faudrait, en outre, mentionner vis-à-vis l'article des recettes de douanes, et vis-à-vis les recettes provenant des ventes des domaines communaux, la portion de ces bons, non pas de ceux que vous avez reçus, mais de ceux que vous avez mangés, c'est-à-dire négociés et fait entrer dans des payements. Au reste, ceci est un détail de comptabilité, et vous êtes plus à même que moi de juger ce qui convient à cet égard. Je désire seulement que dans le prochain état vous mettiez ce qui est nécessaire pour bien m'éclaircir la situation des bons. Les bons ordinaires de la caisse d'amortissement ne peuvent pas entrer dans la recette, puisque vous n'avez droit à aucun, et que, s'il s'en trouve à la caisse, c'est comme lettre de change ou argent; ainsi il n'y a point de recette à faire pour ceux-là. Si je dis mal, vous me rectifierez.

A l'article des *Bons des douanes*, il faudrait mettre : le payement sur les cinquante licences a été évalué tant; il a été perçu tant en argent; il ne restait donc par présomption à recevoir que tant; pour cette somme, on a créé tant de bons, dont tant ont fait recette au trésor et ont été donnés en payement. Même mention sera faite pour les bons communaux. Vous sentez le besoin de faire bien cadrer cela avec les comptes du mois; car, enfin, en lisant ce livret, et récapitulant mes ressources, je ferais un faux raisonnement si je disais : je devais recevoir 148 millions de bons des communes; je n'ai reçu qu'un million : j'ai donc 147 millions à recevoir. Ce calcul serait faux, si en même temps le trésor avait employé dans ses payements 147 millions de bons, puisque cette ressource se trouverait ainsi mangée d'avance. Arrangez donc ces états de manière qu'ils ne me laissent aucun doute et qu'il n'y ait aucun double emploi.

NAPOLÉON.

D'après l'original comm. par Mme la comtesse Mollien.

20280. — AU MARÉCHAL DAVOUT, PRINCE D'ECKMÜHL,
COMMANDANT LE 13ᵉ CORPS DE LA GRANDE ARMÉE, À HAMBOURG.

Dresde, 17 juillet 1813.

Mon Cousin, mon officier d'ordonnance qui était allé à Groningen arrive; il m'assure que tout ce que j'ai prescrit d'expédier sur Hambourg est parti, même les batteries de réserve, et que le premier convoi doit être arrivé aujourd'hui 17. Le duc de Valmy me mande également que les 200,000 kilogrammes de poudre qui devaient être expédiés de Wesel doivent être arrivés à Hambourg. Ainsi voilà Hambourg, pour l'artillerie, dans la situation la plus respectable. Je suppose que les travaux se continuent pendant tout le mois de juillet avec la plus grande activité, et qu'au 15 août, époque où l'on pourrait recommencer les hostilités, Hambourg sera dans une situation de défense également respectable.

Je désire toujours qu'avec tout le 13ᵉ corps, c'est-à-dire la 3ᵉ division et la 40ᵉ, ayant en réserve tout ce qu'il y aura de disponible de la 50ᵉ, toute votre artillerie de campagne, et enfin les Danois, vous puissiez occuper un camp sur la rive droite, en avant de Hambourg, de sorte qu'ayant une vingtaine de mille hommes dans la main vous soyez inattaquable par des forces supérieures, et que vous puissiez pourtant les menacer et les contenir jusqu'à ce qu'un corps de 80,000 hommes, que je ferai marcher sur Berlin, ait tourné tout cela et vous ait mis à même de marcher en avant. En même temps, votre présence en avant de Hambourg, ayant ainsi une position offensive, aura l'avantage d'obliger l'ennemi à avoir des forces de votre côté, et de l'empêcher de se concentrer contre l'armée que j'enverrai sur Berlin.

NAPOLÉON.

D'après l'original comm. par Mᵐᵉ la maréchale princesse d'Eckmühl.

20281. — AU GÉNÉRAL COMTE SORBIER,
COMMANDANT L'ARTILLERIE DE LA GRANDE ARMÉE, À DRESDE.

Dresde, 17 juillet 1813.

Il est probable que la campagne commencera du 15 au 20 août. La première opération sera de débloquer Küstrin et Stettin. Il serait donc nécessaire d'avoir tout prêts à Glogau les boulets, la poudre et les munitions d'artillerie nécessaires pour compléter l'approvisionnement de ces deux places; de sorte que si, huit jours après, l'armée se portait dans une autre direction, les places restassent parfaitement ravitaillées sous le point de vue de l'artillerie.

Je désire donc que vous fassiez dresser l'état de l'armement de Küstrin et de Stettin, et que vous me fassiez connaître ce qui manque, d'après les états qu'ont apportés les officiers venus dernièrement de ces places. Comme ces approvisionnements devront être tirés de Glogau, il est indispensable de réunir dans cette place tout ce qui sera nécessaire, et de s'assurer des bateaux qui en devront faire le transport sur Stettin et Küstrin.

Une autre opération, qui sera également des premières de la campagne, sera le siége de Spandau : c'est en conséquence que je vous ai donné ordre de faire préparer un équipage de siége à Magdeburg, à Torgau et à Wittenberg, afin de le diriger sur Spandau quand il sera temps, et de pouvoir prendre cette place en peu de jours.

D'après la minute. Archives de l'Empire.

20282. — AU COMTE DARU,
DIRECTEUR DE L'ADMINISTRATION DE LA GRANDE ARMÉE, À DRESDE.

Dresde, 17 juillet 1813.

Monsieur le Comte Daru, une des premières opérations de la campagne, qui probablement commencera du 15 au 20 août, sera le ravitaillement des places de Stettin et de Küstrin. Je désire que vous me dressiez l'état de tout ce qui manquera au 1er septembre à ces deux places, pour pouvoir les réapprovisionner, proportionnément à la garnison qu'elles ont, jusqu'au 1er juin prochain.

L'ordonnateur Daure fera ces états en deux parties : 1° ce qu'on embarquera à Glogau, et 2° ce qu'on trouvera dans les environs de ces places. Pour les farines et blés, on embarquera à Glogau au moins la moitié du nécessaire, et on fera en sorte de se procurer le reste aux environs. Pour le riz, il faudra avoir à Glogau toute la quantité nécessaire. Pour les légumes, on pourra les trouver autour des places. Les vins, les eaux-de-vie, les médicaments, il faudrait les avoir à Glogau, pour les embarquer sur l'Oder. Les bois, les fourrages, les avoines, la viande sur pied, on les trouverait à vingt lieues autour des places. Les viandes salées, il faudrait les avoir préparées à Glogau.

Faites-moi donc un travail raisonné là-dessus, et fondé sur les derniers états de situation que vous avez reçus. Les effets d'habillement nécessaires, chemises, souliers, etc. seront embarqués à Glogau. Dressez-moi un état d'après lequel on puisse voir clairement tout ce qu'il y a à réunir à Glogau et à y tenir prêt à être embarqué pour descendre l'Oder jusqu'à Küstrin et Stettin.

NAPOLÉON.

D'après la copie comm. par M. le comte Daru.

20283. — AU COMTE DARU,
DIRECTEUR DE L'ADMINISTRATION DE LA GRANDE ARMÉE, À DRESDE.

Dresde, 17 juillet 1813.

Monsieur le Comte Daru, il serait nécessaire d'expédier de Magdeburg, de Wittenberg et de Dresde un approvisionnement suffisant de vins pour l'hospice de Glogau, qui paraît en manquer.

NAPOLÉON.

D'après la copie comm. par M. le comte Daru.

20284. — A EUGÈNE NAPOLÉON,
VICE-ROI D'ITALIE, À MONZA.

Dresde, 17 juillet 1813.

Mon Fils, je reçois votre lettre du 11 juillet. J'envoie dans les provinces illyriennes le duc d'Otrante comme gouverneur, et le général Fresia pour commander les troupes. J'ai ordonné au ministre de l'administration de la guerre d'accélérer l'envoi des gibernes et des sacs en peau qui vous manquent encore. Je pense que les hostilités ne commenceront que vers le 15 août; vous avez donc encore un mois. Je suppose que le général Grenier est déjà à Udine avec deux ou trois divisions. Hâtez le plus que vous pourrez l'organisation de vos troupes.

J'attends depuis longtemps le régiment de hussards croates; faites-moi connaître quand il a passé à Vérone, et où il est actuellement.

NAPOLÉON.

D'après la copie comm. par S. A. I. M⁻ᵉ la duchesse de Leuchtenberg.

20285. — AU GÉNÉRAL COMTE HOGENDORP,
GOUVERNEUR DE HAMBOURG.

Dresde, 18 juillet 1813.

Monsieur le Général Hogendorp, je reçois votre lettre du 14 juillet. J'y vois que vous venez d'éprouver un nouveau malheur : vous avez perdu votre dernier enfant. Je prends part à vos chagrins, et je désire que l'assurance que je vous en donne puisse vous être de quelque consolation.

NAPOLÉON.

D'après l'original comm. par M. le comte de Hogendorp fils.

20286. — AU PRINCE DE NEUCHÂTEL ET DE WAGRAM,
MAJOR GÉNÉRAL DE LA GRANDE ARMÉE, À DRESDE.

Dresde, 19 juillet 1813.

Mon Cousin, vous écrirez la lettre ci-jointe aux commissaires de Neumarkt. Ils pourront en remettre une copie non certifiée aux commissaires des alliés, mais en disant que cette lettre n'était pas faite pour leur être communiquée, et qu'ils ne le font que pour mieux leur donner à connaître ma pensée.

Ils feront observer combien cette contradiction entre le général en chef et les agents diplomatiques est nuisible, et combien il est fâcheux que pour des vétilles on retarde une négociation qui pourrait amener la paix. Ils diront que le duc de Vicence n'est point parti à cause de cette incertitude, et ne partira point tant que la prolongation de l'armistice ne sera pas signée à Neumarkt, parce que, dans les affaires militaires, nous ne pouvons nous en rapporter qu'à cette signature garantie par l'honneur militaire, et non aux formes diplomatiques, trop souvent démenties par les puissances étrangères; mais que deux heures après la réception de la signature de Neumarkt le duc de Vicence partira pour Prague. Ils ajouteront, dans le discours, qu'on pourrait sur-le-champ dénoncer l'armistice et continuer les négociations pendant qu'on se battrait.

Recommandez aux commissaires de tâcher de savoir où est l'empereur Alexandre.

Napoléon.

A MM. DE MOUSTIER ET DE FLAHAULT,
COMMISSAIRES POUR L'ARMISTICE, À NEUMARKT.

Messieurs, je n'ai pu voir qu'avec la plus grande peine la lettre de M. le général en chef Barclay de Tolly à MM. les plénipotentiaires russe et prussien.

L'armée française n'a jamais eu besoin de l'armistice, et, si Sa Majesté avait pu penser que le 20 juillet arriverait sans qu'on ait pu commencer aucune négociation, elle n'aurait jamais adhéré à la suspension des hostilités. En effet, la proposition de l'armistice n'a eu lieu que peu de jours après une bataille gagnée; les armées alliées auraient été obligées de repasser la Vistule. Le corps du général de Voronzof, qui s'était engagé sur Leipzig, avait une armée française de 15,000 hommes à deux journées de Dessau, qui manœuvrait sur son pont; enfin les corps du prince d'Eckmühl et du général Vandamme et le corps auxiliaire danois, qui débouchaient par Hambourg, allaient se réunir sur Berlin avec le corps du duc de Bellune et le corps du duc de Reggio.

Mais, désirant la paix, Sa Majesté a sacrifié toute espèce d'avantages à l'espérance de voir une négociation entamée pour la paix.

Cependant la négociation qui aurait dû être ouverte le 10 juin, ce qui, jusqu'au 20 juillet, aurait donné les quarante jours qui paraissaient nécessaires, n'avait pu être commencée par le refus des puissances alliées d'envoyer leurs plénipotentiaires dans un lieu intermédiaire. Ce n'est qu'à la fin de juin que M. le comte Metternich a eu une conférence avec les alliés, et le 30 juin il est venu à Dresde. Sa Majesté ne fit pas à ce ministre la proposition de prolonger l'armistice; car elle considérait cette prolongation comme contraire à ses intérêts. Seulement on proposa que, dans la convention où il s'agissait d'accepter la médiation de l'Autriche, il fût dit que les négociations continueraient, quand même l'une ou l'autre armée dénoncerait l'armistice au 20 juillet. Ce n'eût pas été le premier exemple qu'une négociation eût marché pendant qu'on se battait.

Sa Majesté, toutefois, constante dans son désir de ne pas répandre un sang inutile, ne se refuse pas à une prolongation d'armistice calculée de manière à acquérir les quarante jours qui étaient nécessaires pour la négociation.

On croyait que les plénipotentiaires se réuniraient le 5 juillet à Prague, ce qui, au 15 août, aurait fait les quarante jours. Sa Majesté s'engagea donc à ne pas dénoncer l'armistice jusqu'au 10 août, et l'Autriche se chargea d'y faire adhérer les alliés.

Effectivement, des notes signées par le chancelier Hardenberg et par le comte de Nesselrode, datées du 11 juillet, et que les Autrichiens nous ont transmises, ont fait connaître que les alliés n'ont écrit que le 11 et que la communication de leur lettre n'a pu arriver à Dresde que le 16. Le congrès n'a donc pu s'ouvrir le 5 juillet. Au moment même je recevais de vous, Messieurs, la nouvelle que les plénipotentiaires des alliés avaient reçu du général en chef Barclay de Tolly l'ordre de conclure une prolongation d'armistice. Sa Majesté a donc nommé pour ses plénipotentiaires le duc de Vicence et le comte de Narbonne. On n'attendait plus pour faire partir leurs pouvoirs que la signature de la prolongation de l'armistice, et l'on avait l'espoir que la négociation pourrait s'ouvrir le 18.

Votre lettre, Messieurs, éloigne encore cet espoir. M. le général en chef Barclay de Tolly propose que l'armistice n'ait lieu que jusqu'au 4 août. Sa Majesté voit avec peine que pour des vétilles on retarde ainsi l'ouverture d'une négociation importante.

Sa Majesté ne verrait aucun inconvénient à y consentir, s'il était possible que, obligée de son côté à ne pas dénoncer l'armistice d'ici au 10 août, elle admît cependant que les alliés pussent dénoncer l'armistice au 4. D'ailleurs, la déclaration des deux cours en date du 11 juillet est positive. Vous ferez donc remarquer, Messieurs, que le congrès se trouve encore retardé; qu'il est impossible d'adhérer à la proposition de M. le général en chef Barclay de Tolly, puisque les cours alliées, par le canal de leurs agents diplomatiques, ont adhéré à la convention proposée par l'Autriche; qu'il faudrait alors rapporter cette convention de médiation, et qu'en vérité il y aurait du ridicule à opérer tant de retardement pour six jours.

Il faut que les alliés se forment de la position de l'armée française une idée aussi étrange que celle qu'ils s'en étaient formée avant la bataille de Lützen, pour supposer que les hostilités puissent offrir des probabilités en leur faveur. Ils seront repoussés au delà de la Vistule plus promptement qu'ils ne l'ont été encore au delà de l'Elbe; ils trouveront une armée qui, en infanterie, cavalerie et artillerie, les surprendra davantage encore que ne les ont surpris les armées françaises à Lützen, etc. Je me permets, Messieurs, cette digression, parce qu'en vérité il y a de la désobligeance et même de l'insulte à en agir ainsi avec une armée qu'on devrait traiter au moins sur le pied de l'égalité, lorsqu'elle-même consent à mettre de côté tout sentiment de supériorité. Je ne doute pas que M. le général en chef Barclay de Tolly n'ait consulté Sa Majesté l'empereur de Russie; mais Sa Majesté paraît être éloignée de son quartier général. Il en résultera encore des retards, et cela éloignera donc l'ouverture du congrès.

Cependant il serait impossible de négocier, si ce n'est dans une position égale de part et d'autre. Il est donc probable qu'avant plusieurs jours le congrès ne peut pas avoir lieu. Nous aurons alors atteint la fin de l'armistice sans avoir les quarante jours nécessaires pour négocier et arriver à la conclusion de la paix.

Mais Sa Majesté ne voit pas de difficulté à ce que, le terme de l'armistice expirant au 10 août sans que les négociations soient terminées, si une des deux parties belligérantes veut dénoncer l'armistice, les hostilités commencent le 16, tandis que les négociations continueraient néanmoins pendant l'espace de quarante jours à dater de la réunion des plénipotentiaires, quoique Sa Majesté, constante dans son principe, soit toujours prête, tant qu'il y aura un espoir fondé de faire la paix, à sacrifier l'inconvénient pour elle de laisser faire à l'ennemi des fortifications sur la gauche de l'Oder et de perdre la bonne saison pour arriver avant l'hiver sur la Vistule. Au reste, les plénipotentiaires, une fois réunis à Prague, statueront sur toutes les questions et sur la conduite à tenir ultérieurement, après le 16 août.

Vous ne manquerez pas, Messieurs, de faire observer, d'ailleurs, que l'époque de la moisson du seigle serait une époque tout à fait favorable à l'Empereur, puisqu'alors tous les habitants de la campagne sont dans les champs, et que la Prusse, sur le territoire de laquelle se ferait la guerre, éprouverait d'autant plus de mal que ses moissons seraient troublées et ne pourraient se faire.

Quant à la seconde question, elle est conforme à l'usage de la guerre. Nous ne pouvons point nous en dispenser; d'autant plus que des lettres que nous recevons de Danzig, du 6 juillet, nous apprennent que le prince de Wurtemberg persiste à ne fournir des vivres que dans une quantité bien insuffisante; il ne veut en fournir que le quart de ce qui est nécessaire. Je fais trop de cas de l'honneur de M. le général en chef, et M. le baron Barclay de Tolly nous a donné trop de preuves de la loyauté de son caractère, pour ne pas penser qu'il donne les ordres convenables pour assurer l'exécution de ce qui est convenu. Toutefois les règles de la prudence et mon devoir me prescrivent de me mettre à même de rendre compte à l'Empereur de l'exécution des conditions.

P. S. On peut envoyer à Danzig le parlementaire par la route qu'on voudra; on peut le faire passer de nuit par les endroits qu'on ne voudrait pas qu'il vît; on peut même lui bander les yeux : tout cela est conforme aux usages militaires.

Faites bien comprendre à ces Messieurs que nous ne voulons dans aucune circonstance rien dicter; mais que nous ne voulons pas qu'on nous dicte rien, et que, toutes les fois que nous nous bornons à demander l'égalité la plus parfaite, on ne peut rien nous refuser. Or nous sommes engagés jusqu'au 10 août, il faut donc que les alliés s'engagent jusqu'au 10 août.

D'après la copie. Archives des affaires étrangères.

20287. — AU MARÉCHAL DAVOUT, PRINCE D'ECKMÜHL,
COMMANDANT LE 13ᵉ CORPS DE LA GRANDE ARMÉE, À HAMBOURG.

Dresde, 19 juillet 1813.

Mon Cousin, je viens de conclure un traité offensif et défensif avec le Danemark. Je vais vous en faire connaître les principales dispositions pour votre gouverne; mais vous devez les tenir secrètes jusqu'à nouvel ordre. Le Danemark s'engage à déclarer la guerre à la Russie, à la Prusse et à la Suède, au moment de la reprise des hostilités, tout comme la France s'engage à la même époque à déclarer la guerre à la Suède. Le Danemark doit mettre à vos ordres une division de 10,000 hommes d'infanterie, 2,500 chevaux, quarante pièces de canon, ce qui fera au total plus de 12,000 hommes. Ces troupes, aussitôt qu'elles auront le pied sur mon territoire, doivent, quant à la solde, être payées par moi, comme les troupes françaises. Le Danemark aura vingt canonnières pour la défense de l'Elbe, lesquelles seront réunies à vingt canonnières françaises. Le Danemark doit me fournir 10,000 chevaux, moyennant le payement que j'en ferai argent comptant. Le contingent danois pourra être employé jusqu'à la Vistule. Le Danemark doit approvisionner et armer Glückstadt, de manière que cette place puisse soutenir six mois de blocus et un siége proportionné à sa force.

De mon côté, je dois joindre aux troupes danoises un corps d'armée de 20,000 hommes. Si les circonstances appelaient mes troupes dans le Holstein, elles seraient nourries par le pays, mais je payerais leur solde. Je fournirai vingt chaloupes ou canonnières pour la défense de l'Elbe; je ferai armer et approvisionner Hambourg, de manière que cette place puisse soutenir six mois de blocus et un siége proportionné à sa force. Je dois payer les 10,000 chevaux en argent comptant.

Les ratifications s'échangeront demain, à Dresde. A cette occasion, il sera signé une petite convention relativement à la fourniture des chevaux, pour en régler l'âge, la taille et le prix. J'ai fait demander que 5,000 me fussent livrés avant le 15 août, et 5,000 avant le 1er septembre. Il sera important d'avoir le plus tôt possible ces chevaux. Il ne faut pas pour cela rapporter la réquisition, ni aucun marché, vu que j'ai dans mes dépôts de cavalerie encore 10 à 12,000 hommes à monter. Demain partiront probablement les ratifications. Vous en serez instruit et verrez alors le général danois. Il sera même bon que vous passiez la revue du corps d'armée; et dès ce moment vous le ferez payer, en payant les présents sous les armes sur le pied français.

Votre corps d'armée se composera donc : 1° de la 3ᵉ division qui, avant le 10 août, sera composée de quatorze bataillons ; 2° de la 40ᵉ division, quatorze bataillons; total, vingt-huit bataillons actifs; 3° de la 50ᵉ division, qui pourra toujours vous offrir douze bataillons en réserve; total, quarante bataillons.

Je suppose qu'avant cette époque vous pourrez toujours avoir 3,000 hommes de cavalerie, ce qui vous fera un corps de 25,000 Français et de 12,000 Danois, ou de 35 à 40,000 hommes. Toutes ces troupes, prenant une bonne position en avant de Hambourg, imposeront au prince royal et pourront prendre l'offensive, comme je vous l'ai mandé, aussitôt que ma gauche sera entrée à Berlin.

Votre artillerie sera composée de deux batteries à cheval, douze pièces; cinq batteries à pied, quarante; deux batteries de réserve, seize: total, soixante-huit pièces.

Les Danois ont quarante pièces : sur ces quarante pièces, il y en a vingt de 6, dont seize pièces et quatre obusiers, et vingt pièces de 3. Lorsque vous en serez là, vous leur proposerez de garder leurs pièces de 3, et d'employer les attelages, charretiers et canonniers, à atteler et servir huit pièces de 6 et quatre obusiers, savoir douze pièces. Ces douze pièces ont besoin chacune de deux caissons, ce qui fera, avec les rechanges et forges, 40 voitures. Les vingt pièces de 3 exigeraient 40 voitures. Le nombre sera donc égal. Seulement il faudrait quelques chevaux de plus, dans le cas où l'usage des Danois serait d'atteler les pièces de 3 avec deux chevaux. Ce sera donc huit pièces de 6 et quatre obusiers que vous aurez à fournir aux Danois. Quant aux caissons, on les convertira en caissons de 6. Les Danois se trouveront avoir trente-deux bouches à feu, qu'on organisera comme les nôtres. Ces trente-deux pièces jointes aux soixante-huit de votre corps feront un parc de cent pièces de canon.

Du 10 au 15 août, tout ce qui est nécessaire pour compléter le 28e de chasseurs sera arrivé; cela vous fera 1,000 chevaux; vous pouvez compléter les Lithuaniens à 5 ou 600 chevaux; ce qui, joint aux 2,400 chevaux de la brigade de cuirassiers de Hambourg, mettra sous vos ordres plus de 4,000 chevaux, qui feront avec les 2,000 chevaux danois 6,000 chevaux. Vous avez déjà trois généraux de brigade : restera un général de division de cavalerie à vous envoyer pour commander toute cette cavalerie.

Je suppose que tout ce qui est nécessaire pour compléter l'approvisionnement de Hambourg sera arrivé et que Hambourg, Harburg et les îles seront bien armés dans les premiers jours d'août. S'il en est besoin, il faudra tout négliger pour concentrer toutes vos forces sur la rive droite, en vous appuyant sur Hambourg. Quand même l'ennemi passerait l'Elbe entre Hambourg et Magdeburg, cela ne devrait avoir aucune influence sur vous, dont l'armée aurait toujours derrière elle Hambourg et le Holstein, et, par cette position sur la rive droite, conserverait l'offensive, quand même l'ennemi aurait passé sur la rive gauche.

Si, au moment de la reprise des hostilités, vous pouvez même réunir une plus grande partie de cavalerie, on vous la laissera; elle marcherait avec vous pour rejoindre l'armée par Berlin. Vous pourriez emmener avec vous les 1,200 chevaux que vous a envoyés le général Bourcier. Je ne puis que vous répéter que ceci ne doit en rien déranger les mesures que vous avez prises. Il faut seulement que vous demandiez des selles au général Bourcier. Je pense que ce général peut avoir à sa disposition 3,000 selles, et que vous pouvez en faire faire à Hambourg.

Je n'instruis pas le général Bourcier du traité dont je viens de vous parler; demain on lui en donnera communication. Ce général compte avoir des dispositions faites pour 12,000 chevaux; si on y ajoute les 10,000 chevaux des Danois, cela fera 22,000 chevaux. Je crois que le général Bourcier a 11,000 hommes à pied à monter : ce serait donc 5 à 6,000 hommes à pied à faire venir de France. Les 5,000 autres seraient pris dans les dépôts de cavalerie, au fur et à mesure que la cavalerie active aurait des hommes démontés. Considérez cette remonte des Danois comme augmentant nos moyens, sans contremander aucune des mesures que vous avez prises.

NAPOLÉON.

D'après l'original comm. par Mme la maréchale princesse d'Eckmühl.

20288. — A EUGÈNE NAPOLÉON,
VICE-ROI D'ITALIE, À MONZA.

Dresde, 19 juillet 1813.

Mon Fils, je reçois votre lettre du 14 juillet. J'ai envoyé le duc d'Otrante comme gouverneur des provinces illyriennes. Il passera par Grætz; il ira vous voir. Interrogez-le longuement sur tout ce qu'il aura vu à Grætz, et envoyez-m'en un rapport.

Écrivez au ministre pour qu'il vous envoie des généraux de brigade. Redoublez de précaution partout pour vous garantir de la peste. Vous ne devez pas souffrir que des généraux de brigade soient chefs d'état-major : il ne doit y avoir dans ces places que des adjudants commandants. Faites en conséquence entrer le général Dupeyroux dans une division.

NAPOLÉON.

D'après la copie comm. par S. A. I. M⁰ᵉ la duchesse de Leuchtenberg.

20289. — AU GÉNÉRAL HAXO,
COMMANDANT LE GÉNIE DE LA GARDE IMPÉRIALE, À DRESDE.

Dresde, 19 juillet 1813.

Partez avant minuit pour vous rendre à Luckau. Je partirai moi-même à deux heures du matin pour m'y rendre. Je prendrai la route de Grossenhayn ; prenez la route de Hoyerswerda. Vous verrez Luckau et Lübben, et vous serez à même de recevoir mes ordres, mon intention étant d'établir dans ces deux endroits, et par le secours des eaux et des palissades, une place où trois bataillons avec vingt pièces de canon puissent mettre à l'abri une boulangerie, un hôpital et quelques munitions de réserve. Le colonel Blin s'est déjà occupé de ce travail. Il faut que ces places soient en état de me servir au 15 août. Je vous envoie les plans et rapports qui m'ont été remis sur ces deux localités.

D'après la minute. Archives de l'Empire.

20290. — AU PRINCE DE NEUCHÂTEL ET DE WAGRAM,
MAJOR GÉNÉRAL DE LA GRANDE ARMÉE, À LUCKAU.

Luckau, 20 juillet 1813.

Mon Cousin, donnez ordre au duc de Raguse de faire mettre la place de Bunzlau à l'abri d'un coup de main et en état de résister plusieurs jours à une avant-garde d'infanterie et de cavalerie. Donnez le même ordre au général Reynier pour la place de Gœrlitz, et au prince de la Moskova pour la place de Liegnitz. Il faut que dans chacune de ces places deux bataillons d'infanterie, avec deux ou trois pièces de canon, puissent bien se défendre. Il faut principalement employer, comme moyens de défense, les eaux et les bois. Enfin je désire que dans quinze jours les hôpitaux, magasins, dépôts de convalescents, etc. soient à l'abri de toutes les attaques de l'infanterie légère et de la cavalerie ennemie.

Napoléon.

D'après l'original. Dépôt de la guerre.

20291. — AU COMTE DARU,
DIRECTEUR DE L'ADMINISTRATION DE LA GRANDE ARMÉE, À DRESDE.

Luckau, 20 juillet 1813.

Monsieur le Comte Daru, l'employé des transports qui a amené le convoi de 4,000 quintaux de farine en a laissé plus du quart en route; on est même porté à penser qu'il en a vendu une partie. Faites faire à ce sujet une enquête sévère, mon intention étant, s'il est reconnu coupable, d'en faire faire une justice exemplaire.

Napoléon.

D'après la copie comm. par M. le comte Daru.

20292. — A M. MARET, DUC DE BASSANO,
MINISTRE DES RELATIONS EXTÉRIEURES, À DRESDE.

Dresde, 22 juillet 1813.

Monsieur le Duc de Bassano, je vous envoie un rapport du ministre de la guerre. Envoyez-en copie à mon ministre à Cassel. Aussitôt que la convention sera signée[1], ces 1,200 hommes seront à la disposition du Roi. Si la convention n'est pas signée, alors on prendra mes ordres pour les diriger sur le dépôt de Magdeburg.

Napoléon.

D'après l'original. Archives des affaires étrangères.

20293. — AU PRINCE CAMBACÉRÈS,
ARCHICHANCELIER DE L'EMPIRE, À PARIS.

Dresde, 22 juillet 1813.

Mon Cousin, je reçois votre lettre du 17 juillet. Je suis revenu ce

[1] Convention relative à la formation d'un corps de troupes françaises destiné à la garde du roi de Westphalie.

matin d'une course d'une cinquantaine de lieues que j'ai faite en basse Lusace.

Je suppose que l'Impératrice est partie et qu'elle couchera ce soir à Châlons. Je ne pense pas qu'elle soit avant le 25 à Mayence; je compte y être rendu pour ce jour-là.

NAPOLÉON.

D'après la copie comm. par M. le duc de Cambacérès.

20294. — AU VICE-AMIRAL DUC DECRÈS,
MINISTRE DE LA MARINE, À PARIS.

Dresde, 22 juillet 1813.

Je reçois votre lettre du 16 juillet. Il faut que vous preniez pour la marine le tiers des Hollandais; je reprendrai plus tard un millier d'anciens Français. Mais les Hollandais ne valent rien pour le service de terre; ils n'ont que de l'eau dans les jambes.

D'après la minute. Archives de l'Empire.

20295. — AU PRINCE DE NEUCHÂTEL ET DE WAGRAM,
MAJOR GÉNÉRAL DE LA GRANDE ARMÉE, À DRESDE.

Dresde, 23 juillet 1813.

Mon Cousin, écrivez aux maréchaux qui commandent les différents corps d'armée que je désire qu'ils passent revue de leur corps dans les premiers jours d'août, afin de proposer à toutes les places vacantes et de renvoyer tous les officiers qui, par leur âge ou par toute autre raison, seraient incapables de faire campagne.

Donnez ordre également que l'on tire à la cible, et que chaque maréchal établisse un prix par compagnie, ou par bataillon, pour celui qui tirera le mieux. Le but est non-seulement d'exercer la troupe, mais aussi de mettre un peu de gaieté et d'intérêt dans les camps. Enfin il est convenable qu'on y établisse toute espèce de jeux et tout ce qui peut donner de l'émulation. Comme ma fête tombe à peu près vers l'époque de la rupture de l'armistice, proposez-moi une mesure pour que l'armée la célèbre le dimanche précédent, qui est le 8 août. Les préparatifs qu'on fera dans tous les camps amuseront d'autant le soldat. Faites-moi connaître ce qui a été fait à Vienne à une époque semblable.

NAPOLÉON.

D'après l'original. Dépôt de la guerre.

20296. — AU PRINCE DE NEUCHÂTEL ET DE WAGRAM,
MAJOR GÉNÉRAL DE LA GRANDE ARMÉE, À DRESDE.

Dresde, 23 juillet 1813.

Donnez ordre que toute l'armée tire à la cible de la manière suivante.

Chaque compagnie tirera un coup à la cible, et les neuf meilleurs tireurs auront une gratification de 3 francs.

Les neuf meilleurs tireurs de chaque compagnie se réuniront pour tirer à la cible par bataillon, ce qui fera cinquante-quatre par bataillon; les neuf meilleurs tireurs auront chacun un prix de 6 francs.

Les neuf meilleurs tireurs de chaque bataillon se réuniront pour tirer à la cible par division, ce qui, en supposant les divisions l'une portant l'autre de douze bataillons, fera cent huit tireurs par division; les neuf meilleurs auront chacun un prix de 12 francs.

Les neuf meilleurs tireurs qui auront eu le prix de chaque division seront réunis pour tirer à la cible, ce qui, à raison de trois divisions par corps d'armée, fera vingt-sept tireurs; et les neuf meilleurs tireurs du corps d'armée auront chacun un prix de 20 francs.

Le 27 juillet, chaque compagnie tirera à la cible.

Le 28, les neuf meilleurs tireurs de chaque compagnie tireront à la cible du bataillon.

Le 29, les neuf meilleurs tireurs de chaque bataillon tireront à la cible de la division.

Le 1er août, les neuf meilleurs tireurs de chaque division tireront à la cible du corps d'armée.

La dépense de cet exercice, qui aura lieu dans tous les corps d'armée, ne sera que d'une cartouche par homme, et, quant aux prix, la dépense peut être évaluée de la manière suivante :

1° *Prix de 3 francs, cible des compagnies.* — Neuf prix de 3 francs coûteront 27 francs par compagnie; ce qui fera pour un bataillon, à raison de six compagnies, 162 francs; pour une division, à raison de douze bataillons, 1,944 francs; et pour un corps d'armée, à raison de trois divisions par corps d'armée, 5,832 francs.

2° *Prix de 6 francs, cible des bataillons.* — Neuf prix de 6 francs coûteront 54 francs par bataillon : ce qui fera pour une division, à raison de douze bataillons, 648 francs; et pour un corps d'armée, à raison de trois divisions, 1,944 francs.

3° *Prix de 12 francs, cible des divisions.* — Neuf prix de 12 francs coûteront par division 108 francs; ce qui fera par corps d'armée, à raison de trois divisions, 324 francs.

4° *Prix de 20 francs, cible par corps d'armée.* — Neuf prix de 20 francs coûteront par corps d'armée 180 francs.

Ainsi la dépense des prix sera par corps d'armée : pour la cible des compagnies, 5,832 francs; pour la cible des bataillons, 1,944 francs; pour la cible des divisions, 324 francs; pour la cible des corps d'armée, 180 francs; total, 8,280 francs. Ainsi, pour dix corps d'armée, ce serait une dépense qui n'excéderait que peu 80,000 francs. Ceux qui obtiendront le prix du corps d'armée, 20 francs, auront obtenu celui de la division, 12 francs, celui du bataillon, 6 francs, et celui de la compagnie, 3 francs; ce qui leur fera un prix total de 41 francs.

Les maréchaux prescriront tout ce qui sera nécessaire pour faire de ces exercices autant de petites fêtes. La musique accompagnera ceux qui auront remporté les prix. Mon but étant, 1° d'apprendre aux troupes à tirer, 2° d'égayer le camp, vous recommanderez qu'on fasse tout ce qu'on pourra pour obtenir ces deux résultats.

D'après la minute. Archives de l'Empire.

20297. — AU GÉNÉRAL LACUÉE, COMTE DE CESSAC,
MINISTRE DIRECTEUR DE L'ADMINISTRATION DE LA GUERRE, À PARIS.

Dresde, 23 juillet 1813.

Il y a bien longtemps que vous ne m'avez envoyé un livret de situation des équipages militaires, de sorte que, à l'exception des bataillons qui sont à la Grande Armée, savoir les 2e, 6e, 7e, 9e, 10e, 12e, 14e, 15e, 17e, ce qui fait neuf, j'ignore où se trouvent les autres. Ils sont probablement en Espagne. Les hommes doivent avoir ramené leurs chevaux; il n'y aurait donc que des voitures à leur donner.

D'après la minute. Archives de l'Empire.

20298. — AU PRINCE DE NEUCHÂTEL ET DE WAGRAM,
MAJOR GÉNÉRAL DE LA GRANDE ARMÉE, À DRESDE.

Dresde, 24 juillet 1813.

Mon Cousin, mandez au général Vandamme qu'il est probable que son corps opérera par Wittenberg; que je désire qu'il prenne ses mesures de manière qu'au 10 août il ait pour vingt jours de vivres; savoir : quatre jours de pain, six jours de biscuit et dix jours de farine. Il se procurera cela chez les princes de Dessau. Il faudra qu'il ait aussi un approvisionnement assuré en viande et en eau-de-vie pour vingt jours. Vous lui ferez connaître que les 1re, 2e et 3e compagnies du 10e bataillon des équipages militaires sont destinées à son corps d'armée. Il doit déjà avoir une partie de la 1re compagnie, et il recevra bientôt le reste de celle-là et la 2e compagnie, qui s'organisent à Cassel. La 3e compagnie s'organise à Wesel, d'où elle le rejoindra. Aussitôt que le général Vandamme aura deux de ces compagnies, il renverra la compagnie du 14e bataillon au duc de Bellune.

Demain 25 juillet, quatre bataillons de la 6e division *bis* doivent arriver à Magdeburg; il y aura donc à Magdeburg deux bataillons westphaliens, deux bataillons du 134e, deux bataillons du 4e régiment polonais et quatre bataillons de la 6e division *bis*; total, dix bataillons. Aussitôt que ces dix bataillons seront réunis à Magdeburg, ce que je suppose être le 25 ou le 26, le général Vandamme fera partir la division Teste, pour se rapprocher d'une marche de Tessau, en portant son quartier général à Kœthen ou à Bernburg, de sorte que la division Philippon puisse, en une marche, passer le pont de Wittenberg; que la 2e division puisse le passer en deux marches, et que la 23e division puisse le passer en trois marches.

Recommandez au général Vandamme de s'occuper de la formation du 9ᵉ de lanciers et du régiment de Dessau. Il doit avoir actuellement tous ses bataillons; et faites-lui connaître que j'espère qu'après la revue, qu'il doit passer le 5 août, il rendra compte qu'il a toute son infanterie, toute son artillerie, ses ambulances, ses administrations, etc.

NAPOLÉON.

D'après l'original. Dépôt de la guerre.

20299. — AU PRINCE DE NEUCHÂTEL ET DE WAGRAM,
MAJOR GÉNÉRAL DE LA GRANDE ARMÉE, À DRESDE.

Dresde, 24 juillet 1813.

Mon Cousin, je croyais avoir donné l'ordre depuis longtemps qu'on levât l'état de siége de la ville de Leipzig. Donnez ordre au duc de Padoue de faire connaître au cercle de cette ville qu'il a été exempté des différentes fournitures qui lui avaient été demandées; que, si le cercle avait fait des préparatifs ou des achats pour cette fourniture, on les lui prendrait moyennant payement.

NAPOLÉON.

D'après l'original. Dépôt de la guerre.

20300. — AU MARÉCHAL DAVOUT, PRINCE D'ECKMÜHL,
COMMANDANT LE 13ᵉ CORPS DE LA GRANDE ARMÉE, À HAMBOURG.

Dresde, 24 juillet 1813.

Mon Cousin, les hostilités ne pourront recommencer que le 16 août. Je suppose donc que dès le 1ᵉʳ août toutes vos portes seront organisées, vos remparts garnis d'artillerie et la place en parfait état de défense. Je suppose que le gouverneur, les commandants d'artillerie et du génie, le commandant en second de la place, le contre-amiral, les chaloupes canonnières, que tout le monde enfin sera à son poste, et qu'on aura désarmé les habitants, établi une sévère police, organisé le service des pompes, et que je serai sans inquiétude sur le sort de cette place importante.

La 50ᵉ division sera au 10 août forte de 12,000 hommes; vous pourrez donc la diviser en deux, laisser 4 à 5,000 hommes pour la garde de Hambourg (et vous faire du reste une bonne division de 6 à 7,000 hommes), ce qui, joint aux hommes du dépôt de cavalerie et de l'artillerie, aux matelots, à la gendarmerie, aux douanes, assurera toujours une garnison de 8,000 Français à Hambourg. Vous sentez qu'il serait ridicule de tenir toute la 50ᵉ division à ne rien faire dans Hambourg, tant que la position que vous prendrez couvrira cette place.

Ainsi vous pourrez réunir dans cette position la 3ᵉ division forte de 8,000 hommes; la 40ᵉ, de 9,000 hommes; la partie active de la 50ᵉ, de 6,000 hommes; infanterie française, 23,000 hommes; infanterie danoise, 10,000 hommes; total de l'infanterie, 33,000 hommes; cavalerie française, 3,000 hommes; cavalerie danoise, 2,000 hommes; total de la cavalerie, 5,000 hommes; total général, 38,000 hommes. Vos quatre divisions auront leur artillerie, quatre compagnies d'équipages militaires, leurs ambulances, etc. ce qui fera une armée de plus de 40,000 hommes. Je désire qu'au 5 août ces 40,000 hommes soient campés en avant de Hambourg, dans une belle position, ayant des postes d'infanterie et de cavalerie sur le cordon; que, par cette position offensive, vous puissiez contenir l'armée suédoise et tout ce que l'ennemi a dans le Mecklenburg, et l'empêcher de se porter sur Berlin à la rencontre d'une armée de 60,000 hommes que j'y enverrai; qu'enfin vous soyez prêt à suivre le mouvement de l'ennemi, ou à l'attaquer s'il était en force inférieure. Vous pouvez avoir quelques détachements d'infanterie et de cavalerie le long de l'Elbe, mais de manière que vous puissiez les reployer promptement au moment de la reprise des hostilités, afin que vos troupes soient toutes réunies et que vous n'ayez à avoir aucune crainte ni aucune échauffourée.

Le ministre de la guerre doit vous avoir annoncé les différents détachements de la 50ᵉ division qui arrivent; ainsi vous devez bien savoir à quoi vous en tenir. Pressez l'arrivée de tous vos détachements et de toutes vos remontes de cavalerie. Faites-moi connaître la position où vous voulez camper vos quatre divisions. Je suppose que vous aurez assuré vos vivres en farine et biscuit pour un mois. Je suppose aussi que vous aurez pris connaissance du corps danois. N'attendez pas au dernier moment pour concentrer toutes les troupes françaises; ce qui ne vous empêchera pas d'occuper Lübeck par un commandant français, par de la gendarmerie et quelques postes de cavalerie légère et de voltigeurs français. Faites-moi connaître positivement ce que vous croyez que vous pourrez avoir d'hommes de cavalerie le 15 août, soit à pied, soit à cheval. Vous savez toutes les dispositions qui ont été faites à cet égard.

NAPOLÉON.

D'après l'original comm. par M*me* la maréchale princesse d'Eckmühl.

20301. — AU GÉNÉRAL LACUÉE, COMTE DE CESSAC,
MINISTRE DIRECTEUR DE L'ADMINISTRATION DE LA GUERRE, À PARIS.

Dresde, 24 juillet 1813.

Monsieur le Comte de Cessac, vous verrez les mesures que j'ai prises pour que les vingt et un régiments de cavalerie de l'armée d'Espagne aient soixante et treize escadrons formant environ 15,000 hommes. A vue de pays, c'est 3 à 4,000 chevaux qu'il faudra se procurer. Proposez-moi un marché ou une répartition entre les différents départements. Vous remarquerez que je n'ai porté qu'à 180 hommes les escadrons de dragons. Je pense que cette cavalerie pour l'armée d'Espagne sera suffisante. Avec un effectif de 15 à 16,000 hommes, on pourra toujours avoir 12,000 hommes présents sous les armes. Si ce n'était pas suffisant, on verrait à organiser en France, ou aux escadrons de guerre, un autre escadron. D'ailleurs, si les hostilités recommençaient ici, on réorganiserait le 4e escadron de chaque régiment, de sorte qu'au lieu de soixante et treize escadrons, il y en aurait quatre-vingt-quatorze.

NAPOLÉON.

D'après l'original. Dépôt de la guerre.

20302. — AU GÉNÉRAL LACUÉE, COMTE DE CESSAC,
MINISTRE DIRECTEUR DE L'ADMINISTRATION DE LA GUERRE, À PARIS.

Dresde, 24 juillet 1813.

Monsieur le Comte de Cessac, vous verrez par mon décret qu'au lieu d'un bataillon d'équipages militaires pour l'armée d'Espagne j'en veux deux. Pour compléter ces bataillons, prenez toutes les voitures qui sont à Sampigny. Présentez-moi un projet de décret pour régler le nombre de chevaux qu'il faut lever pour compléter les attelages de ces deux bataillons. Je vous ai déjà accordé les mulets. Faites passer ce service avant celui des 7es compagnies des bataillons de la Grande Armée. Pour marcher plus rapidement, faites aller de front l'organisation de ces deux bataillons, en organisant d'abord trois compagnies de l'un et de l'autre. Vous trouverez des voitures à Bayonne, à Bordeaux et dans tout le Midi. Les voitures n° 1 et n° 2 sont également bonnes.

NAPOLÉON.

D'après l'original. Dépôt de la guerre.

20303. — AU BARON DE LA BOUILLERIE,
TRÉSORIER GÉNÉRAL DE LA COURONNE ET DU DOMAINE EXTRAORDINAIRE, À PARIS.

Dresde, 24 juillet 1813.

Mon intention est d'avoir toujours 4 millions en réserve dans la caisse du sieur Peyrusse; ces 4 millions sont pour les besoins de l'armée et ne doivent avoir rien de commun avec le service de la Maison. Sur ces 4 millions de réserve, il ne doit être fait aucun payement qu'en vertu d'un ordre de moi. Dans ce moment, le payeur n'a que 3,480,000 francs; je laisse de côté les 480,000 francs pour le service de la Maison, et je ne trouve que 3 millions pour la réserve : c'est donc un million que vous devez envoyer pour porter cette réserve à 4 millions. Mais je dispose de 600,000 francs, que je charge le sieur Peyrusse de verser à Mayence, dans la caisse du payeur général de l'armée, contre des traites du trésor impérial; ainsi ce payeur n'aura plus que 2,400,000 francs en caisse : c'est donc 1,600,000 francs que vous aurez à lui envoyer. Je désire que vous preniez toutes vos dispositions, de manière que ces 1,600,000 francs soient arrivés à Mayence avant le 10 août.

Quant aux fonds pour le service de la Maison, vous devez y pourvoir conformément au budget de chaque chef de service et selon les besoins, sans que j'entre pour rien dans cette comptabilité.

D'après la minute. Archives de l'Empire.

20304. — A M. MARET, DUC DE BASSANO,
MINISTRE DES RELATIONS EXTÉRIEURES, À DRESDE.

Mayence, 27 juillet 1813.

Monsieur le Duc de Bassano, je vous renvoie des discussions avec les Polonais. Donnez tous les ordres que vous jugerez convenables. Je m'en suis rapporté à vous dès le commencement, et je m'en rapporte encore à vous : je ne veux rien changer qui diminue votre responsabilité. Si, au 10 août, les Polonais sont bien habillés, équipés et armés, vous aurez rempli mes intentions ; s'ils ne sont ni habillés, ni équipés, ni armés, vous m'aurez mal servi.

NAPOLÉON.

D'après l'original comm. par M. le duc de Bassano.

20305. — A M. MARET, DUC DE BASSANO,
MINISTRE DES RELATIONS EXTÉRIEURES, À DRESDE.

Mayence, 27 juillet 1813.

Monsieur le Duc de Bassano, je reçois votre lettre du 25 juillet. J'étais instruit depuis longtemps de la nouvelle position qu'avait prise l'armée russe. Cela doit vous servir dans vos conversations avec le comte de Bubna et dans vos lettres au comte de Narbonne, pour faire connaître combien était critique la position de l'ennemi au moment où j'ai conclu l'armistice ; que la position qu'ils ont prise depuis est une position naturelle ; que l'armistice n'a été d'une véritable utilité que pour l'ennemi ; que, quant à moi, je n'y ai consenti que dans l'espérance d'arriver à la paix.

Je suis arrivé ici en quarante-deux heures. J'ai trouvé l'Impératrice bien portante.

NAPOLÉON.

D'après l'original. Archives des affaires étrangères.

20306. — AU COMTE MOLLIEN,
MINISTRE DU TRÉSOR PUBLIC, À PARIS.

Mayence, 27 juillet 1813.

Monsieur le Comte Mollien, mon intention est que sur le budget des relations extérieures, exercice 1813, un million soit prélevé pour des secours à accorder aux Espagnols réfugiés. J'ai chargé le ministre d'état Otto de la distribution de ce secours, qui devra être payé à raison de 200,000 francs par mois, depuis le 1⁰ʳ juillet. Prévenez-en le comte Otto : qu'il écrive au duc de Bassano pour les ordonnances de juillet et d'août ; qu'il fasse sur-le-champ l'état des secours à accorder pour juillet, et qu'il fasse payer. Il fera faire pour août un autre état qui sera envoyé au duc de Bassano, pour être soumis à mon approbation.

NAPOLÉON.

D'après l'original comm. par Mᵐᵉ la comtesse Mollien.

20307. — AU GÉNÉRAL CLARKE, DUC DE FELTRE,
MINISTRE DE LA GUERRE, À PARIS.

Mayence, 27 juillet 1813.

Je reçois votre lettre du 20 juillet. Au 1ᵉʳ juillet, il y avait 290,000 fusils, soit neufs, soit de dragons, soit étrangers; pendant juillet, août, septembre, octobre, novembre et décembre, on fera 110,000 fusils : au 1ᵉʳ janvier 1814, j'aurai donc 400,000 fusils. Pour les fusils à réparer, vous en réparerez 60,000 d'ici au 1ᵉʳ janvier : il faudrait activer ces réparations, de manière que tout fût réparé d'ici au 1ᵉʳ janvier prochain. Actuellement, de ces 400,000 fusils il faut ôter les consommations, les fusils qui restaient à distribuer au 1ᵉʳ juillet aux troupes et gardes nationales, et enfin ce que l'on consommera dans le reste de l'année. Comme les 30,000 d'Erfurt sont portés dans l'existant, il faut les considérer comme consommés, et, en portant à tout hasard 120,000 autres pour la consommation du reste de l'année, la consommation se monterait donc à 150,000 fusils, en supposant qu'il n'y ait aucune nouvelle conscription. Et comme l'existant est de 400,000, que la consommation est supposée de 150,000, il resterait donc 250,000 armes. Ainsi, en supposant la levée de la conscription de 1814, cela emploierait 120,000 fusils.

En n'évaluant qu'à 60,000 le nombre nécessaire avant le 1ᵉʳ janvier, cela réduirait notre existant en France à 190,000. Je suppose qu'en janvier, février et mars vous en ferez 55,000, qui armeraient le reste de la conscription, de sorte que nous arriverions au 1ᵉʳ avril 1814, ayant armé toute la conscription et ayant 190,000 fusils. Il faut donc activer partout nos moyens de réparation et de construction.

Je vois sur l'état n° 2 qu'il n'y a à Brest que 1,400 fusils; il y en faut au moins 12,000 pour armer les ouvriers et les équipages. Voyez si la marine en a; si elle n'en a pas, tâchez de compléter ce nombre de fusils sur ce point important.

Je vois qu'il y a 12,000 fusils à Toulon; ce nombre ne serait pas suffisant non plus; il y en faut au moins 20,000. Je suppose que la marine en a plus de 8,000.

Je crois convenable que vous ayez à Anvers, Cherbourg, Brest, la Rochelle et Toulon de quoi armer, 1° tous les ouvriers des arsenaux, 2° tous les équipages, puisqu'en cas d'événement ils défendraient les places.

D'après la minute. Archives de l'Empire.

20308. — AU VICE-AMIRAL DUC DECRÈS,
MINISTRE DE LA MARINE, À PARIS.

Mayence, 27 juillet 1813.

Je ne vois pas de difficulté pour l'inscription que vous voulez mettre au fond du bassin de Cherbourg. Mettez-y des médailles de toute espèce : Denon pourra vous en donner en cuivre.

D'après la minute. Archives de l'Empire.

20309. — AU COMTE DARU,
DIRECTEUR DE L'ADMINISTRATION DE LA GRANDE ARMÉE, À DRESDE.

Mayence, 27 juillet 1813.

Monsieur le Comte Daru, les hôpitaux à Erfurt sont très-mal; il faut que vous y envoyiez des fournitures pour pouvoir y bien établir les 4,000 malades. Il faut aussi que la garnison soit nourrie des magasins, car ce pays est écrasé et bien misérable. J'attends demain trois des principaux habitants, avec lesquels je compte arranger les affaires d'Erfurt.

J'ai ordonné que 3,000 convalescents qui sont à Erfurt fussent dirigés en cinq ou six bataillons de marche sur Magdeburg, où ils seront armés et habillés. Les magasins d'habillement ne contiennent encore rien à Erfurt. Quand donc commencera-t-on à former des magasins d'habillement dans ce pays?

NAPOLÉON.

D'après la copie comm. par M. le comte Daru.

20310. — AU GÉNÉRAL COMTE SORBIER,
COMMANDANT L'ARTILLERIE DE LA GRANDE ARMÉE, À DRESDE.

Mayence, 27 juillet 1813.

J'ai ordonné qu'on mette Luckau à l'abri d'un coup de main : voyez le général du génie pour en concerter l'armement. J'ai ordonné qu'on mette aussi Bunzlau à l'abri d'un coup de main : concertez-vous également avec le génie pour connaître le nombre de pièces qu'il y faut. J'ai ordonné que Stolpen fût mis en état : voyez également l'armement qui y sera nécessaire. Soumettez tout cela à mon approbation. Il est indispensable que du 10 au 15 août ces points soient armés.

Pour les dépôts de cartouches, il est préférable de les avoir à Luckau pour le corps du duc de Reggio, et à Bunzlau pour les autres corps, puisque ces places seront mises à l'abri d'un coup de main.

D'après la minute. Archives de l'Empire.

20311. — A EUGÈNE NAPOLÉON,
VICE-ROI D'ITALIE, À MONZA.

Mayence, 28 juillet 1813, au matin.

Mon Fils, je reçois votre lettre du 20. Je vous ai mandé hier que j'étais venu passer quelques jours à Mayence et que je serais de retour à Dresde dans les premiers jours d'août.

Le corps d'observation de Bavière, qui est aujourd'hui à Baireuth, à Bamberg et à Würzburg, devient très-beau.

Vous ne devez pas compter sur les bataillons qui étaient destinés à votre armée et qui étaient en Bretagne. Vous pouvez compter sur ceux qui étaient en Provence; ils ont ordre de partir.

Il est probable que les hostilités ne commenceront que le 16 ou le 17 août. Il est donc indispensable qu'au 10 août vous ayez votre quartier général à Udine, que toutes vos troupes y soient réunies, et que vous puissiez, le 11, vous mettre en marche pour Grætz. Le 1er de hussards et le 31e de chasseurs, qui reviennent d'Espagne, se complètent chacun à 1,200 hommes à Vienne en Dauphiné. Jusqu'à cette heure, je ne sache pas qu'il y ait une armée autrichienne à Grætz et Klagenfurt. Le passage du duc d'Otrante et celui du général Fresia doivent vous avoir donné des renseignements bien positifs là-dessus. Je désire que vous m'envoyiez le plus tôt possible un rapport qui me fasse connaître quelle est la position de votre armée au 1er août, infanterie, cavalerie et artillerie, et quelle en sera la situation au 10 août, ainsi que le lieu que chaque division et bataillon occupera à cette dernière époque.

J'ai contremandé le mouvement des deux régiments étrangers. Cependant, vous pourriez tirer de chaque régiment un bataillon que vous tiendriez en observation sur les derrières, ne serait-ce que pour garantir les côtes et réprimer les insurrections, sans toutefois faire avancer ces bataillons dans la direction de l'Allemagne.

NAPOLÉON.

D'après la copie comm. par S. A. I. Mme la duchesse de Leuchtenberg.

20312. — AU PRINCE DE NEUCHÂTEL ET DE WAGRAM,
MAJOR GÉNÉRAL DE LA GRANDE ARMÉE, À MAYENCE.

Mayence, 28 juillet 1813.

Mon Cousin, ai-je donné ordre que la 32e division, commandée par le général Teste, quitte Magdeburg pour se rapprocher de Dessau, en prenant position à Kœthen? Avez-vous prévenu le général Vandamme qu'il débouchera par Wittenberg, et qu'il faut que toutes ses divisions soient prêtes; qu'on dirige sur Wittenberg tout ce qu'il aura en arrière de lui, et que je désire qu'il puisse s'assurer de trente jours de vivres? Si vous n'avez pas donné ces ordres, donnez-les sur-le-champ, et ordonnez au général Vandamme de m'envoyer à Dresde un officier, le 3 août, pour me faire connaître sa situation au 2 août.

Prévenez le duc de Padoue qu'au 10 août il recevra l'ordre de se mettre en marche; qu'il fasse connaître quelle sera la situation de son corps d'armée à cette époque; qu'il faut que toute sa cavalerie soit en état. Demandez-lui les forces qu'il a; s'il a son ambulance; si les régiments ont leur ambulance régimentaire; si chaque soldat a ses quatre fers pendus à sa selle, ce qui est d'une haute nécessité. Écrivez-lui de faire aussi en sorte d'avoir pour dix jours de vivres; qu'il est probable qu'il passera l'Elbe à Wittenberg; qu'il ne doit laisser personne à Leipzig; que tout ce qui serait du dépôt et ne serait pas encore monté, il doit l'envoyer à Magdeburg; que tout ce qu'il y aurait de bagages et autres effets doit être dirigé sur Magdeburg ou Wittenberg; qu'enfin ses mesures doivent être telles que, si l'ennemi venait à Leipzig, il n'y prît rien aux corps, hormis les hôpitaux qu'on est obligé de laisser, et qu'il est probable d'ailleurs que l'ennemi n'y viendra pas; qu'il est nécessaire qu'il visite les hôpitaux pour en faire partir au fur et à mesure les convalescents, habillés ou non, et les diriger sur Wittenberg, où on les placera dans le dépôt de leur corps, où ils seront habillés et armés; qu'il est nécessaire également qu'il fasse évacuer sur France tous les hommes qui seraient hors de service, et qu'il engage tous les officiers malades ou blessés à se faire évacuer sur France, s'ils ne peuvent plus servir, ou du moins à se renfermer dans les places fortes. Enfin recommandez au duc de Padoue de prendre toutes ses mesures pour entrer en campagne. Dites-lui que je suppose qu'au 10 août son corps sera de 9,000 combattants, officiers compris.

NAPOLÉON.

D'après l'original. Dépôt de la guerre.

20313. — AU GÉNÉRAL CLARKE, DUC DE FELTRE,
MINISTRE DE LA GUERRE, À PARIS.

Mayence, 28 juillet 1813.

Notre frontière du Rhin est incomplète, et il est nécessaire de la compléter. Pour cela, il faudrait remplir le vide qui existe entre Mayence et Wesel, en faisant des places à Cologne et à Coblenz. Ce ne seraient point des places de dépôt, Mayence et Wesel nous suffisent sous ce rapport, ce seraient des points définitifs qui serviraient de ralliement et qui inquiéteraient l'ennemi, s'il voulait passer de ce côté.

J'ai, dans le temps, visité l'enceinte de Cologne. On pourrait facilement la mettre à l'abri d'un coup de main, et 4,000 hommes, ayant pour eux les habitants, défendraient cette ville contre toute entreprise de troupes légères, jusqu'à l'arrivée de l'équipage de siége. Les dépenses à faire pour cela ne sont pas considérables; elles se feraient d'ailleurs successivement. Tout consisterait à établir sur ce point une belle citadelle, un pentagone par exemple, ou un hexagone capable de toute la défense dont ce genre d'ouvrage est susceptible. Ce pentagone ou hexagone aurait deux ou trois de ses côtés du côté du Rhin; il n'aurait alors réellement que trois fronts d'attaque. Il devrait défendre la navigation du fleuve, dominer sur la ville et l'abriter, et protéger une tête de pont qui serait sur la droite.

Ainsi, avec une dépense de quelques millions, on serait constamment maître de la grande ville de Cologne, on l'occuperait pendant toute la guerre, on serait maître du pont, et ce ne serait qu'à l'arrivée d'une artillerie de siége considérable que, la brèche se trouvant faite à l'enceinte, les 4 ou 5,000 hommes de garnison se retireraient dans la citadelle, et là se défendraient pendant tout le temps de résistance que comporte ce genre d'ouvrage. C'est le seul moyen d'occuper une grande ville avec peu d'hommes et en dépensant peu d'argent.

Le second point est celui de Coblentz. Je crois que cela doit se réduire à la position d'Ehrenbreitstein. Peut-on, avec quelques millions, se mettre en état de réoccuper Ehrenbreitstein, placer vis-à-vis un ouvrage qui assure le pont et le passage du fleuve, permette de déboucher sur la rive droite et interdise absolument la navigation?

S'il était vrai qu'en dépensant quelques millions pour ces deux ouvrages on fût assuré, avec le seul emploi de 8 à 10,000 hommes, d'occuper ces deux postes importants, il serait difficile de mieux utiliser son argent et de mieux compléter la ligne militaire.

Le temps est arrivé où je désire m'occuper sérieusement de l'établissement de ces places. J'ai souvent agité la question, et c'est à ce que je viens de vous dire que je me suis depuis longtemps arrêté. C'est au corps du génie à me soumettre les projets qui peuvent remplir mes intentions.

J'occupe Coblenz, parce que c'est un des grands débouchés de l'Allemagne et de la France, parce qu'il est à l'embouchure de la Moselle, qui est une grande voie de communication avec Metz, parce que c'est une des plus belles positions connues, et que là je peux obtenir un grand résultat avec peu d'argent.

On a longtemps balancé entre Cologne et Bonn; mais, occupant Coblenz, Bonn serait trop rapproché, et d'ailleurs Cologne doit être occupé comme grande ville. C'est une belle tête de pont sur le Rhin. Mais, dans la situation actuelle, une armée qui y arriverait et s'en emparerait aurait là un point d'appui pour de vastes opérations, une belle place de dépôt et de grandes ressources. Il faut donc l'occuper. Cologne et Coblenz occupés, l'ennemi ne peut tirer aucun parti de Bonn, et il ne reste plus de places jusqu'à Wesel; il n'y a plus sur la rive gauche que des bourgades sans importance et qui n'offrent aucune ressource à une armée.

Je désire donc que les officiers du génie et le premier inspecteur me présentent le plus tôt possible un projet pour Ehrenbreitstein et pour l'établissement à Cologne d'une citadelle qui ait les propriétés ci-dessus indiquées. Il faut toujours que le terrain soit bien nivelé, de manière que cet hiver je puisse prendre un parti, commencer les travaux au printemps et les pousser avec une grande activité.

Ce système une fois adopté, il faudra entièrement raser les fortifications de Bonn, pour qu'il n'y ait aucune espèce de position qui puisse servir de tête de pont à l'ennemi.

Il faut aussi qu'on s'étudie à établir les ouvrages de manière qu'on arrive en peu d'années à un résultat : c'est un art que les ingénieurs négligent trop dans la conduite de leurs travaux.

D'après la minute. Archives de l'Empire.

20314. — AU PRINCE CAMBACÉRÈS,
ARCHICHANCELIER DE L'EMPIRE, À PARIS.

Mayence, 29 juillet 1813.

Mon Cousin, je vous envoie directement un décret que je viens de prendre. Il y a, sans doute, parmi les membres de la commission que j'ai désignés des individus qui ne sont pas en ce moment à Paris, et qu'il faudra faire venir; mais on peut procéder sans eux. J'ai pensé que dans cette conjoncture les noms étaient pour beaucoup.

Le comte Otto remplira les fonctions de ministère public, ainsi que le comte Molé.

Vous ferez bien sentir à la commission que mon intention est d'obliger, à quelque prix que ce soit, les Anglais à renoncer aux pontons. Le marin, même le plus exercé, répugne à habiter sur la mer; il y contracte des maladies d'une espèce particulière. Il ne peut pas être mis en doute que, si les pontons sont favorables aux Anglais, leur usage n'en est pas moins un acte de barbarie. Il faut qu'on entende beaucoup de témoins, et publiquement, pour constater de quelle manière nos prisonniers sont traités.

Le travail doit être fait dans ce sens, qu'il soit établi que les prisonniers doivent avoir la faculté de se promener et de respirer l'air de la terre.

Le résultat de l'enquête sera envoyé au *Transport-Office*, et on déclarera que, si les pontons ne sont pas supprimés, et si l'on ne place les prisonniers dans les villes et sur terre, selon l'usage de tous les pays, il sera usé de représailles et établi en France des pontons de même forme, de même nature, sur lesquels on placera le même nombre d'individus qui sont renfermés sur les pontons anglais.

C'est dans ce sens que l'enquête doit être faite, et on doit lui donner beaucoup de publicité. C'est aux marins à déclarer combien l'air de la mer est contraire aux gens même bien portants, dangereux, etc.

D'après la minute. Archives de l'Empire.

20315. — AU PRINCE DE NEUCHÂTEL ET DE WAGRAM,
MAJOR GÉNÉRAL DE LA GRANDE ARMÉE, À MAYENCE.

Mayence, 29 juillet 1813.

Mon Cousin, donnez ordre à la 42e division de partir demain 30, de Baireuth, pour se rendre à Hof, où elle sera arrivée le 1er.

Faites connaître au duc de Castiglione que je partirai d'ici le 1er au soir; que je serai le 2 au matin à Würzburg; que j'y verrai les deux divisions, tout ce qu'il y a de son corps à Würzburg, ainsi que la citadelle, et que je continuerai ensuite ma route pour Bamberg, où je verrai, le 2 au soir, les deux autres divisions; que, le 3, je verrai la division qui est à Baireuth, celle qui est à Hof et la cavalerie du général Milhaud; qu'ainsi je serai, dans la nuit du 3 au 4, de retour à Dresde.

Prévenez aussi le général Pajol pour qu'il y ait des escortes partout; mais recommandez qu'on garde le secret. Ce sera le prince de Neuchâtel qui sera censé devoir passer. Je veux arriver à Würzburg, à Bamberg et à Baireuth, dans le plus parfait incognito; qu'on ignore même que j'arrive. Il faut que le duc de Castiglione et le général Pajol soient seuls dans le secret, et leur dire que le secret est d'autant plus nécessaire qu'il serait possible que cela changeât.

NAPOLÉON.

D'après l'original. Dépôt de la guerre.

20316. — AU PRINCE DE NEUCHÂTEL ET DE WAGRAM,
MAJOR GÉNÉRAL DE LA GRANDE ARMÉE, À MAYENCE.

Mayence, 29 juillet 1813.

Mon Cousin, donnez ordre au général Nansouty de prendre le commandement de la cavalerie de la Garde. Il jouira du traitement dont il jouissait dans la campagne passée comme commandant d'un corps de cavalerie. Vous lui ferez connaître qu'il ait à être rendu à Dresde le 1er ou au plus tard le 2 août. Il prendra et recevra mes ordres par le canal du comte de Lobau. Ce dernier prendra le titre d'aide-major de la Garde. Vous prescrirez que ces deux nominations soient mises à l'ordre de la Garde.

Donnez ordre également que le général Friant commande la division de la vieille Garde, dont le général Curial commandera la brigade de chasseurs et le général Michel la brigade de grenadiers.

Conférez avec le comte Lobau, et présentez-moi l'organisation des bureaux qui lui sont nécessaires pour pouvoir convenablement remplir les fonctions d'aide-major d'un corps aussi considérable que la Garde, en infanterie, cavalerie, artillerie et administration.

NAPOLÉON.

D'après l'original. Dépôt de la guerre.

20317. — AU GÉNÉRAL CAULAINCOURT, DUC DE VICENCE,
MINISTRE PLÉNIPOTENTIAIRE AU CONGRÈS DE PRAGUE.

Mayence, 29 juillet 1813.

Monsieur le Duc de Vicence, le duc de Bassano me mande que vous êtes arrivé le 27 à Prague. Je vous expédie un officier d'ordonnance pour vous donner de mes nouvelles. Je compte être le 3 à Dresde, et probablement le 2 à Baireuth.

Le duc de Dalmatie est entré en Espagne le 24, à la tête de son armée, qui est de près de 100,000 hommes et pourvue d'une nombreuse artillerie. Il marchait sur Pampelune pour débloquer cette place. Les Anglais se retiraient et étaient surpris de ce prompt mouvement, auquel ils étaient loin de s'attendre. J'attends la nouvelle qu'il a forcé les Anglais à lever le siége de Pampelune, ou qu'il y a eu une bataille. Ceci est pour votre gouverne.

Du 15 au 30 août, 12,000 hommes arrivent à Mayence. Ce sont de vieux soldats, les ayant tirés de l'armée d'Espagne où je les ai remplacés par un égal nombre de nouveaux cavaliers. Ces hommes de vieille cavalerie ne peuvent être en ligne que vers le milieu de septembre. Je les regarde comme un renfort réel.

Comme le temps approche de la dénonciation de l'armistice, puisque vous ne recevrez vraisemblablement cette lettre que le 2 août, votre langage doit être simple. Si l'on veut continuer l'armistice, je suis prêt; si l'on veut se battre, je suis prêt. Vous connaissez assez ma position actuelle pour savoir que je me suis mis en mesure, même contre les Autrichiens Ainsi, si la Russie et la Prusse veulent recommencer les hostilités tout en négociant, les chances ne pourraient que m'être favorables, d'autant plus que les armées que j'ai destinées à observer l'Autriche resteraient sur mes derrières, et me mettraient en garde contre les caprices et les changements de système de l'Autriche.

NAPOLÉON.

D'après la copie. Archives des affaires étrangères.

20318. — AU VICE-AMIRAL DUC DECRÈS,
MINISTRE DE LA MARINE, À PARIS.

Mayence, 29 juillet 1813.

Monsieur le Duc Decrès, le duc de Vicence a dû arriver aujourd'hui à Prague; ainsi il est vraisemblable qu'au 1er août les négociations seront entamées. Réussiront-elles? C'est un problème. Si la guerre a lieu, ce qui probablement sera décidé vers la fin du mois, mon intention serait de reprendre les 10 ou 12,000 conscrits de la marine que je vous ai donnés cette année. Il faudrait qu'ils fussent tous dirigés sur Mayence, où le ministre de la guerre enverrait des cadres qu'ils serviraient à remplir. Ces hommes y arriveraient avec leurs sacs, masses de linge et de chaussure, ce qui m'éviterait une première mise. Je crois que vous avez des gibernes. Ils viendraient avec leurs fusils, gibernes, sacs de peau, shakos et capotes; ils seront passablement habillés en traversant la France, et, à leur arrivée, il ne sera plus question que de leur donner l'habit d'uniforme.

Concertez-vous pour cela avec les ministres de la guerre et de l'administration de la guerre. Tenez votre travail prêt, et écrivez-moi votre opinion.

NAPOLÉON.

P. S. Il ne faut rien mettre en mouvement jusqu'à ce que je vous envoie des ordres.

D'après l'original comm. par Mme la duchesse Decrès.

20319. — AU PRINCE CAMBACÉRÈS,
ARCHICHANCELIER DE L'EMPIRE, À PARIS.

Mayence, 31 juillet 1813.

Mon Cousin, l'Impératrice compte partir le 2 août; elle n'arrivera à Cologne que le 3 au soir. Elle se propose de faire ce voyage sur le Rhin. Elle couchera probablement le 4 à Aix-la-Chapelle, le 5 à Givet, le 6 à Réthel, le 7 ou le 8 à Compiègne : elle sera donc le 9 ou le 10 à Saint-Cloud.

NAPOLÉON.

D'après la copie comm. par M. le duc de Cambacérès.

20320. — A M. DE CHAMPAGNY, DUC DE CADORE,
INTENDANT GÉNÉRAL DE LA COURONNE, À PARIS.

Mayence, 31 juillet 1813.

Ma maison de Mayence a les cuisines au-dessous de mon appartement, ce qui rend cet appartement inhabitable. Je désirerais donc que ces cuisines fussent ôtées et qu'en place on complétât le grand appartement du rez-de-chaussée. Il y a de ce côté-là de la maison une église et une caserne qui tombent en ruine. Je viens de prendre un décret pour en ordonner la démolition et pour faire construire sur cet emplacement un grand commun, divisé en deux parties, pour les cuisines et les écuries. Cette démolition peut, sans inconvénient, avoir lieu dans l'année; mais la bâtisse ne peut se faire que successivement et en plusieurs années. Il faudra charger le premier architecte de reviser tous ces plans et devis. S'il y a moyen, je voudrais qu'on pût aussi augmenter un peu le grand appartement, en construisant deux petits salons de service en avant des appartements de l'Empereur et de l'Impératrice.

D'après la minute. Archives de l'Empire.

20321. — AU GÉNÉRAL CLARKE, DUC DE FELTRE,
MINISTRE DE LA GUERRE, À PARIS.

Mayence, 31 juillet 1813.

Je viens de prendre un décret pour les casernes et hôpitaux de Mayence.

Il n'y avait de place à l'hôpital que pour 900 lits; cela est insuffisant dans une ville aussi importante que celle-ci. Par les dispositions que je viens d'ordonner, il y aura des hôpitaux en nombre suffisant pour contenir 2,000 malades, et l'on pourrait y ajouter, en cas de besoin, les trois casernes dont j'ordonne la construction; ce qui fera pour 6,000 malades.

Les places fortes doivent contenir les hôpitaux et tous les embarras d'une armée. Mayence est la place de France où le casernement offre le moins de ressources. Il faut que vous donniez des instructions à l'officier du génie pour que ces constructions coûtent le moins possible. Avec 3 ou 400 francs on doit loger un homme; si on peut y mettre plus d'économie encore, il faut le faire : c'est parce qu'on veut trop bien faire qu'on ne fait rien.

Ce qui aujourd'hui est le plus urgent, c'est de terminer la manutention : vous verrez que j'ai accordé les fonds nécessaires pour cela. La manutention est dans un couvent; il faut que ce local puisse contenir tous les magasins.

D'après la minute. Archives de l'Empire.

20322. — AU MARÉCHAL KELLERMANN, DUC DE VALMY,
COMMANDANT SUPÉRIEUR DES 5ᵉ, 25ᵉ ET 26ᵉ DIVISIONS MILITAIRES, À MAYENCE.

Mayence, 31 juillet 1813.

Mon Cousin, donnez ordre sur-le-champ qu'on ouvre les fenêtres de l'hôpital militaire qui donnent sur un jardin, et qu'on a fermées par ménagement pour le propriétaire de ce jardin. Que ces fenêtres soient ouvertes dans la journée.

NAPOLÉON.

D'après l'original comm. par M. le général Rebillot.

20323. — AU COMTE DARU,
DIRECTEUR DE L'ADMINISTRATION DE LA GRANDE ARMÉE, À DRESDE.

Mayence, 31 juillet 1813.

Monsieur le Comte Daru, je vois avec plaisir que les hôpitaux de Dresde sont aujourd'hui à 4,600 lits.

Torgau peut contenir jusqu'à 3,000 malades; faites-moi connaître ce qui peut dans ce moment être évacué sur cette place. Je ne suppose pas qu'elle en contienne aujourd'hui plus de 1,000 : ce serait donc 2,000 à y envoyer.

Je ne sais pas si Wittenberg et Magdeburg ont leur complet en malades; s'ils ne l'ont pas, profitez du reste de l'armistice pour continuer l'évacuation.

Je considérerai comme avantageuse toute opération qui nous rendra plus libres à Dresde au moment de la reprise des hostilités. Donnez ordre que les évacuations que feraient les corps à cette époque soient dirigées sur Glogau et Torgau, et le moins possible sur Dresde.

NAPOLÉON.

D'après la copie comm. par M. le comte Daru.

FIN DU VINGT-CINQUIÈME VOLUME.

TABLE ANALYTIQUE

DU TOME XXV.

Nota. — Les dates inscrites entre parenthèses sont les dates des lettres de l'Empereur. Les chiffres placés à la fin des phrases indiquent les pages.

A

Administration. — (8 juillet 1813.) Répression d'actes arbitraires, 548, 549. — V. Police générale.

Affaires religieuses. — (13 mars 1813.) Observations à Bigot de Préameneu au sujet d'une lettre de l'évêque de Nantes; raisons pour lesquelles l'Empereur entend maintenir la formule du serment imposé aux ecclésiastiques; attitude que doivent garder les évêques français; conséquences qu'aurait un retour du pape à ses prétentions de pouvoir temporel; effets de l'influence des cardinaux di Pietro et Litta sur le Saint-Père. 84.

Aigles impériales, 94.

Aix (Île d'). V. Frontières (Défense des).

Albe (Baron Bacler d'), directeur du cabinet topographique de l'Empereur, 32.

Albuféra (Duc d'). V. Suchet.

Aldini (Comte), ministre secrétaire d'état du royaume d'Italie, en résidence à Paris, 151.

Alexandre Ier, empereur de Russie. — (2 mai 1813.) Présence présumée du czar à Rochlitz, 297. — Plan conçu par ce souverain à Lützen; sa position pendant la bataille. 300. 302. 303. — V. Russie.

Alexandre (Berthier), prince de Neuchâtel et de Wagram, vice-connétable, major général de la Grande Armée. V. Grande Armée (Organisation et dépôts) et la liste des lettres adressées à Alexandre, p. 663.

Alquier (Baron), ministre de France à Copenhague, 420, 514, 531 à 533. — V. Danemark.

Ambulances. V. Santé (Service de).

Ameil (Baron), général de brigade, 413, 527.

Amortissement (Caisse d'), 215 à 217, 470, 471, 555, 565. — V. Trésor public.

Amsterdam. V. Hollande.

Angleterre. — (18 mars 1813.) Imminence d'un débarquement des Anglais du côté de Hambourg, 122. — (26 mars.) Affluence de navires de commerce anglais aux bouches de l'Elbe, 146, 147. — (2 avril.) Points vers lesquels l'Empereur pense que les Anglais tournent leurs efforts, 178. — (19 avril.) Observation à Clarke au sujet de l'annonce d'une prétendue expédition anglaise à l'embouchure de la Jahde, 238. — (13 juin.) Refus de l'Angleterre de traiter avec Napoléon sur les bases proposées par la Prusse et la Russie, 447, 448. — (12 juillet.) Mauvais traitements essuyés par les prisonniers français en Angleterre; enquête ordonnée à ce sujet par Napoléon, 561. — (29 juillet.) Commission nommée pour l'enquête; l'Empereur est décidé à user de représailles contre les prisonniers anglais, si le cabinet de Londres ne renonce pas au système des pontons, 601.

ANHALT-DESSAU (Duché d'). V. DESSAU (Anhalt-).

ANTHOUARD (Comte d'), général de division, 472.

APPROVISIONNEMENTS (*de la Grande Armée et des places*). — (6 mars 1813.) Ordre d'approvisionner Wittenberg, 44. — (7 mars.) Provisions de farines à réunir à Mayence, Kehl, Kastel et Wesel, 51. — (11 mars.) Ordre au vice-roi d'approvisionner son armée au moyen de réquisitions, 69, 70. — (12 mars.) Vivres à réunir à Magdeburg, 77. — Nécessité de procéder par voie de réquisition dans le royaume de Westphalie, 78. — Observations à ce sujet au roi de Westphalie; impossibilité, vu la rapidité des mouvements de l'armée et l'importance des agglomérations de troupes, d'avoir recours, pour se procurer des subsistances, à la voie commerciale des marchés; il faut, dans la Westphalie, comme en Saxe et en Bavière, former par réquisition les magasins d'approvisionnement, 81 à 84. — (13 mars.) Provision de rations de Stettin, 89. — Ordre relatif aux subsistances du 3ᵉ corps; manutention à établir à Würzburg, 93, 95. — (14 mars.) Réquisitions à faire faire par Lauriston, 99. — (15 mars.) Ressources offertes en subsistances par les pays qu'occupe l'armée du vice-roi; nouveaux ordres concernant les réquisitions à y exercer, 108. — (16 mars.) Ordres relatifs à l'approvisionnement des places de Hollande, 111. — (20 mars.) Ordre de construire des manutentions à Magdeburg, Erfurt, Wittenberg, Torgau et Dresde, 131. — Mesures à prendre pour assurer l'approvisionnement du 3ᵉ corps à Würzburg, 133. — (19 avril.) Instructions à Bertrand pour l'approvisionnement de ses troupes, 243, 244. — (20 avril.) Manutentions à faire construire par le prince de la Moskowa, 249. — (25 avril.) Ordres touchant les provisions de rations à réunir à Erfurt; tous les moulins du pays seront mis à contribution, 263, 264. — (26 avril.) Bœufs et farines à diriger sur Naumburg, 268. — (28 avril.) Même ordre, 276. — (6 mai.) Rations à expédier de Leipzig sur Dresde, 319. — (7 mai.) Ordre de chercher un modèle de caisson léger pouvant porter 20 quintaux de farine, 322. — (23 mai.) Manutention et magasins à établir à Gœrlitz, 362. — (25 mai.) Ordres relatifs aux subsistances à réunir à Dresde, 377. — (30 mai.) Approvisionnements de Palmanova, 390, 391. — (17 juin.) Approvisionnements en riz assurés aux divers corps; blés et seigles à diriger sur Magdeburg et Dresde, 456, 457. — Instructions concernant l'approvisionnement de la Grande Armée et des places de Dresde, Glogau, Magdeburg et Erfurt; moyens de transport à employer; marchés à passer en Allemagne pour se procurer ces subsistances, 458, 462. — (22 juin.) Nouveaux ordres pour l'approvisionnement de l'armée jusqu'au 26 juillet; utilité d'avoir des magasins à Bunzlau, Gœrlitz et Bautzen; provisions à tirer des différentes places, 489 à 492. — (25 juin.) Farines et biscuit à expédier sur Glogau; rations à préparer dans les diverses places; nécessité d'entretenir cet approvisionnement, 500, 501. — (5 juillet.) Expéditions de bâtiments à organiser des ports du Danemark pour assurer l'approvisionnement de Danzig, 531 à 533. — (9 juillet.) Approvisionnement d'avoine à expédier à la cavalerie de la Garde, 558. — Réserve de subsistances à réunir à Würzburg et à Erfurt, 559. — (12 juillet.) Avoines et farines à expédier sur Dresde, 563. — Ordre de régler définitivement l'approvisionnement de Magdeburg; explications à ce sujet, 563. — (17 juillet.) Subsistances à réunir à Stettin, Küstrin et Glogau, 572, 573. — (31 juillet.) Ordre de terminer la manutention de Mayence, 606.

ARMÉE DE L'ELBE. V. GRANDE ARMÉE (*Organisation et dépôts*).

ARMÉE DE L'INTÉRIEUR. V. FRONTIÈRES (*Défense des*).

ARMÉE D'ESPAGNE. — (6 mars 1813.) Ordre pour le renvoi immédiat en France des officiers et des cadres inutiles à l'armée d'Espagne; effectif auquel seront réduits les régiments d'infanterie, 39, 40. — (16 mars.) Convoi d'argent expédié à l'armée d'Espagne, 115. — (2 avril.) Régiments destinés à recruter l'armée d'Espagne, 177. — (5 mai.) Officiers à fournir à la Grande Armée par l'armée d'Espagne. 316. — (18 juin.) Cadres rappelés d'Espagne. 468. — (6 juillet.) Réquisitions à faire dans les départements pyrénéens pour les besoins de l'armée d'Espagne; crédit ouvert dans cette vue en bons de la caisse d'amortissement, 539. — Ordres touchant le rétablissement du matériel d'artillerie de l'armée d'Espagne, 540. — Bases sur lesquelles le maréchal Soult devra réorganiser cette armée, 541, 542. — (24 juillet.) Mesures à prendre pour compléter les régiments de cavalerie de l'armée d'Espagne, 591. — Équipages militaires à organiser pour cette armée, 591, 592.

Armée du Main. V. Grande Armée (*Organisation et dépôts*).

Armes et munitions de guerre, 85, 109 à 111. 127, 412. 450, 467. 468. 517. 518. 562. 594.

Armistice de Pleischwitz. — (18 mai 1813.) Ordre au duc de Vicence d'aller négocier auprès d'Alexandre Ier. aux avant-postes des Russes, la conclusion d'un armistice, 360. — (26 mai.) Instructions pour le duc de Vicence relativement à l'armistice : nécessité d'arrêter. avant d'entamer la discussion, la rédaction du préambule dans lequel l'armistice doit être motivé; conditions à débattre : places, courriers. durée de la suspension d'armes. ligne de démarcation, 383 à 385. — (30 mai.) Refus de l'Empereur de consentir à évacuer la haute Silésie; ordre d'annoncer aux plénipotentiaires des Prusso-Russes les nouveaux succès des armes françaises; résolution de Napoléon de rompre les conférences si les commissaires alliés ne renoncent pas à leurs prétentions. 388. 389. — (1er juin.) Réfutation des fausses assertions des coalisés au sujet de la position respective des Prusso-Russes et de Napoléon;

indication des points de tracé de la ligne de démarcation; difficultés relatives à Hambourg et à la 32e division militaire; moyen terme proposé par l'Empereur; ordre au duc de Vicence d'échanger immédiatement ses pleins pouvoirs en concertant avec les plénipotentiaires russe et prussien une cessation d'hostilités et la neutralisation d'un terrain à mi-chemin des avant-postes; triple objet de l'armistice; état des choses du côté de Hambourg; raisons pour lesquelles l'Empereur ne peut stipuler pour la rive gauche de l'Elbe; nécessité de fixer au moins à deux mois la durée de la suspension d'armes; conditions relatives aux places; mot à dire incidemment sur l'opportunité d'étendre l'armistice à la Norvége. 394 à 399. — Ordre à Caulaincourt d'instruire l'Empereur de la cessation des hostilités dès qu'elle aura été convenue; possibilité d'admettre, à la rigueur, un arrangement d'après lequel Breslau serait cédé en compensation de Hambourg; nouveaux ordres au sujet des points de tracé de la ligne de démarcation; Napoléon désire que l'armistice aboutisse à un paix solide et honorable, 400. — (2 juin.) Ordre au duc de Vicence de hâter la fin des négociations; instructions concernant la notification à envoyer aux places de Danzig, Modlin, Zamosc, Stettin et Küstrin; stipulations relatives à la subsistance et à l'armement de ces places: commission mixte à nommer pour veiller à l'exécution de l'armistice; rectification à apporter à la ligne de démarcation, 402, 403. — Avis au général Clarke des négociations pour l'armistice; double raison qui décide l'Empereur à suspendre le cours de ses opérations militaires durant deux mois, 403. — (3 juin.) Observations sur le caractère de l'armistice consenti par Napoléon et sur l'importance des concessions faites à l'ennemi par la neutralisation de Breslau; le duc de Vicence insistera sur la supériorité de force et de position de l'Empereur; les alliés montrent qu'ils ne veulent pas sincèrement la paix en proposant pour la suspension d'armes un délai qui laisse à peine le temps de négocier; Napoléon, sûr de vaincre encore, est décidé à rompre sur-le-champ, plutôt que de souscrire aux conditions qui lui sont posées, 405 à 407. — Avis à Bassano des difficultés survenues dans la négociation de l'armistice; ordre à ce ministre de se rendre à Vienne pour y conférer avec le comte de Bubna, 407. — Ordre à Caulaincourt de rompre les conférences si les alliés n'acceptent pas les conditions proposées comme ultimatum par Napoléon, 409. — (4 juin.) L'Empereur annonce au duc de Bassano que rien n'est encore résolu au sujet de l'armistice. 415. — Refus de Napoléon d'accepter la rédaction de l'article concernant la durée de l'armistice; raisons de ce refus; fausse idée que les Prusso-Russes se font de la position respective des contractants; ordre au duc de Vicence de s'en tenir à ses propositions; inconvénients de tous ces délais, plus avantageux en somme pour les alliés que pour les Français; nécessité de terminer la négociation, 416, 417. — Signature de l'armistice, 418. — (18 juin.) Refus de l'ennemi d'évacuer la ville et le territoire de Krossen, sur la rive gauche de l'Oder; ordre de répondre à cette prétention en rappelant aux commissaires français siégant à Neumarkt les termes précis du traité, qui exigent la remise au duc de Bellune de ce point de la frontière, 466. — (21 juin.) Ordre de se plaindre aux commissaires des alliés de violations de l'armistice commises par des partis de Cosaques et par des hussards, 480, 481. — (22 juin.) Refus du major Lützow de reconnaître l'armistice de Pleischwitz; actes d'hostilité commis sur divers points; on avisera de ces circonstances les commissaires français de Neumarkt, 484. — (24 juin.) Observation concernant une lettre du duc de Padoue au général russe Voronzof relativement aux violations de l'armistice commises par le major Lützow; l'Empereur se plaint qu'un parlementaire de l'ennemi ait franchi l'Elbe, 498, 499. — (30 juin.) Nouvelle difficulté dans l'exécution de l'armistice; ordre en conséquence; conditions auxquelles la foire de Breslau pourra se tenir, 515. 516. — (1er juillet.) Éventualité d'un prolongement de l'armistice jusqu'au 15 août; motifs de l'Empereur pour se décider à cette mesure, 520. — (15 juillet.) Ordre d'en écrire aux chefs de corps, qui se tiendront néanmoins prêts à rentrer en campagne, à tout événement. 566. — (19 juillet.) L'Empereur attend la signature de la prolongation de l'armistice pour envoyer le duc de Vicence à Prague, 575. — Instructions aux commissaires français de Neumarkt sur la réponse à faire à la déclaration de Barclay de Tolly, qui propose que l'armistice expire le 4 août; retards apportés en conséquence dans l'ouverture du congrès de Prague; fausse idée que se font les alliés de la position de l'armée française; l'Empereur consent à ce que, les hostilités une fois recommencées, les négociations continuent néanmoins pendant l'espace de quarante jours, mais il est nécessaire de traiter de part et d'autre sur le pied de l'égalité, en stipulant que la suspension d'armes sera prolongée jusqu'au 10 août, 575 à 579.

ARRIGHI, duc de Padoue, commandant le 3e corps de cavalerie de la Grande Armée, 10, 12, 91. 93, 148, 149, 362, 363, 364, 408, 413. 453, 454, 456, 499, 505, 544, 568, 598.

ARTILLERIE. — (2 mars 1813). Artillerie des 1er et 2e corps et du corps d'observation de l'Elbe; ordre au vice-roi de compléter son organisation sous ce rapport, 9, 15, 17. — (4 mars.) Itinéraire prescrit aux convois d'artillerie à destination de Magdeburg; nécessité de les faire escorter, 28, 29. — (6 mars.) Cadres de l'artillerie et du train à renvoyer d'Espagne en France, 40. — (11 mars.) Ordres concernant la composition de l'artillerie des corps d'observation de l'Elbe, du Rhin et d'Italie; ateliers de construction de Magdeburg; nombre de bouches à feu à donner à la Garde, 60 à 63, 66. — Convoi d'artillerie envoyé au corps d'observation de l'Elbe, 68. — (12 mars.) Artillerie à diriger sur Francfort, 81. —

(13 mars.) Composition de l'artillerie du 3ᵉ corps, 91. — (14 mars.) Dispositions prises pour assurer, au besoin, 300 bouches à feu au vice-roi et à Lauriston, 99, 100. — (20 mars.) L'Empereur compte sur une réorganisation prochaine de l'artillerie du 3ᵉ corps, 133. — Force du 5ᵉ corps en bouches à feu, 134. — (28 mars.) Envoi de pièces d'artillerie au 4ᵉ corps, 159. — (5 avril.) Incorporation d'officiers d'artillerie de marine dans l'artillerie de terre, 188. — Envoi d'artillerie au 3ᵉ corps, 188. — (10 avril.) Nombre de bouches à feu dont peut disposer le prince de la Moskova, 209. — (12 avril.) Question au général Sorbier sur le retard de seize compagnies d'artillerie destinées à l'armée du Main, 218. — (13 avril.) Importance que l'Empereur attache à ce qu'on complète l'artillerie de Ney, de Marmont et de la Garde, 225. — (23 avril.) Instructions à Duroc pour l'organisation de l'artillerie de la Garde, 256. — (24 avril.) Intention de l'Empereur de réunir 128 bouches à feu en Italie, 258, 259. — Ordres pour l'organisation de l'artillerie du 12ᵉ corps, 259, 260. — (5 mai.) Observations sur la mauvaise qualité des obus fournis par le directeur de l'artillerie; ordre de former de bons artificiers, 315. — (16 juin.) Dispositions à prendre pour compléter les équipages d'artillerie de l'armée; batteries à fournir par Magdeburg, Mayence, Wesel et Dresde 452, 453. — (18 juin.) Organisation de l'artillerie du 1ᵉʳ corps et du corps de Vandamme, 464, 465. — Artillerie du corps d'observation de Bavière, ci-devant de Mayence, 469. — (30 juin.) Nouvelles instructions sur l'organisation de l'artillerie du corps de Davout, 516, 517. — (1ᵉʳ juillet.) Organisation de l'artillerie du 13ᵉ corps, 519. — (19 juillet.) Artillerie du contingent danois, 581. — V. Génie.

Artois (Comte d'), 436.

Atthalin, capitaine, officier d'ordonnance de l'Empereur, 43.

Aubignosc (D'), directeur général de la police à Hambourg, 210, 251.

Augereau, duc de Castiglione, maréchal, commandant le corps d'observation de Mayence. devenu ensuite corps d'observation de Bavière. — (2 mars 1813.) Renvoi du duc de Castiglione par le vice-roi; observation de l'Empereur à ce sujet, 16. — (5 mars.) Nouvelle observation dans le même sens, 33. — (8 avril.) Ordre à Augereau d'aller prendre le commandement de Francfort et de tout le duché de ce nom. 199. — (26 avril.) Avis au duc de Castiglione des positions occupées par l'armée; ordres à transmettre par ce maréchal, 269. — (3 juin.) Circonscription territoriale mise sous les ordres d'Augereau, commandant le corps d'observation de Mayence; ce maréchal portera son quartier général à Würzburg, 411, 412. — (11 juin.) Proclamation à faire par le duc de Castiglione aux troupes du corps d'observation de Mayence; ordre à ce maréchal de faire exagérer à dessein, par les journaux du pays, l'importance de son corps, afin d'attirer l'attention de l'Allemagne, 439. — (17 juin.) Défense à Augereau de recevoir aucun argent des villes de la Confédération du Rhin, 457. — (6 juillet.) Positions aux débouchés de Hof, Plauen et Baireuth à faire reconnaître par le duc de Castiglione, 543. — (29 juillet.) Avis à Augereau d'une tournée projetée par l'Empereur de ce côté, 602.

Autriche. — (7 avril 1813.) Satisfaction de l'Empereur au sujet de ses relations avec l'Autriche, 195. — (24 avril.) Sans concevoir aucune défiance grave contre le cabinet de Vienne, l'Empereur songe à prendre des mesures pour parer à toute éventualité et assurer, en cas de besoin, la défense de l'Italie. 257 à 259. — Napoléon demande au roi de Wurtemberg des renseignements sur les véritables dispositions de l'Autriche; assurances amicales de François Iᵉʳ et de Schwarzenberg; mise à la disposition de l'Empereur du corps autrichien du général Frimont; ouvertures faites par l'Autriche à la Russie pour la réunion d'un congrès à Prague; Napoléon continue de compter sur la neutralité de la cour de Vienne; ses dispositions en prévision d'une rupture possible, 261 à 263. — (17 mai.) Désir de Napoléon d'écarter l'intervention de l'Autriche pour traiter directement avec le czar : il n'ignore pas quel but poursuit le cabinet de Vienne à la faveur de la médiation proposée; le duc de Vicence insistera auprès d'Alexandre sur le rôle ambigu de l'Autriche, et lui rappellera la diversion que devait faire le contingent autrichien pendant la campagne de Moscou. 348, 349. — (25 mai.) Nécessité de se bien tenir au courant de tous les actes du cabinet de Vienne, 377. — (26 mai.) L'Empereur invite Cambacérès à ne point trop s'alarmer de la conduite de l'Autriche, 383. — (1ᵉʳ juin.) Avis au vice-roi des exigences montrées par les plénipotentiaires de l'Autriche dans la négociation de l'armistice; ordre de prendre toutes les mesures d'armement en prévision d'une guerre avec ce pays, 401. — (2 juin.) L'Empereur compte sur l'armistice pour se mettre en état d'intimider l'Autriche par la présence de deux nouvelles armées en Carinthie et en Bavière, et la forcer de renoncer à ses prétentions secrètes sur la Pologne, l'Illyrie et la région de l'Inn, 403, 404. — Observations dans ce sens au vice-roi; ferme résolution de l'Empereur de ne pas subir la loi du cabinet de Vienne; mesures d'armement à prendre en conséquence par Eugène, 404, 405. — (1ᵉʳ juillet.) Mobilisation de régiments autrichiens du côté de la Styrie; avis de ces mouvements au vice-roi, 523, 524. — Acceptation par l'Empereur de la médiation de l'Autriche. 524. — (8 juillet.) L'Empereur se plaint de n'être point renseigné sur les forces et les finances de l'Autriche; nécessité de changer le premier secrétaire d'ambassade à Vienne, 549.

AUTRICHIENNES (Troupes), 96, 97.

B

BADE (Grand-duché de). — (1ᵉʳ mars 1813). Démarche à faire auprès de cette cour pour la mise en mouvement de son contingent. 1. — (2 mars.) Envoi à Karlsruhe d'un officier chargé de hâter la réunion des troupes badoises à Würzburg. 8. — (13 mars.) Contingent fourni par Bade au 3ᵉ corps. 91 à 93. — (4 avril.) Régiment de dragons à demander au gouvernement de Karlsruhe. 183.

BADE (Troupes de). 13, 19, 64, 65, 66, 75. 79. 132. 133, 151. 182, 188. 194. 226. 228, 240, 266. 526.

BAILLY DE MONTHION (Comte). général de division. 96. 97. 102.

BALATHIER. général de brigade, 369.

BALTUS (Baron), général de brigade, 437. 448. 465. 489.

BARCLAY DE TOLLY, général russe. — (28 avril 1813.) Position de Barclay près de Thorn. 275. — (24 mai.) Part que prend ce général à la bataille de Bautzen, 367 à 376. — V. ARMISTICE DE PLEISCHWITZ, PRUSSO-RUSSES.

BARROIS (Baron), général de division, dans la Garde, 255, 256, 303, 351, 352, 372.

BAUTZEN (Bataille de), 367 à 376. V. BULLETINS DE LA GRANDE ARMÉE.

BAVAROISES (Troupes). 13. 18, 23, 35, 65, 66, 70. 79. 121, 127, 135, 156, 182, 208. 209. 228, 235. 239, 240, 242. 243, 245, 260. 266. 267. 275. 360, 361, 469.

BAVIÈRE. — (2 mars 1813.) Envoi à Munich d'un officier chargé de hâter la réunion des troupes bavaroises à Bamberg, Baireuth et Kronach, 8. — Avis au roi Jérôme Napoléon du nouveau contingent organisé par la Bavière, 18. 19. — Invitation au roi Maximilien-Joseph de faire connaître à l'Empereur la force et l'état de situation de son contingent militaire; nécessité d'en hâter la réunion et de mettre en même temps le fort de Kronach en état de défense; choix du général de Wrede pour commander les troupes bavaroises, 23. — (3 mars.) Envoi en Bavière d'un officier chargé d'inspecter les travaux d'armement de Kronach, 25. — (11 mars.) Avis à Ney de la réunion du contingent bavarois, 65. — (12 mars.) Le contingent bavarois prend le nom de 9ᵉ corps de la Grande Armée, 74, 75. — Magasins d'approvisionnements formés par le roi de Bavière pour la Grande Armée, 83. — (13 mars.) Contingent de cavalerie fourni par la Bavière. 92. — (8 avril.) Démarche à faire à Munich pour que Kronach et Forchheim soient approvisionnés en munitions de guerre, 201, 202. — (19 avril.) Note sur la position de la Grande Armée à communiquer au ministre de France à Munich, 240, 241. — (18 mai.) Démarche à faire auprès de la Bavière pour qu'elle fasse fortifier quelques passages du Tyrol, 358. — (3 juin.) Ordre à Augereau de se concerter avec la cour de Munich au sujet des troupes bavaroises à mettre sous les ordres de ce maréchal; nécessité de placer un autre corps bavarois à Passau, 411, 412. — (16 juin.) Formation à Munich d'un camp bavarois, sous le commandement du général de Wrede; ordre de mettre Kufstein et Augsburg à l'abri d'un coup de main, 452. — (19 juin.) L'Empereur se plaint de la mauvaise situation du contingent bavarois, insuffisant en cavalerie, 475. — (5 juillet.) Éventualité d'une entrée des forces bavaroises en Bohême, 535.

BEAUMONT DE CARRIÈRE (Baron), général de division, 132, 265, 344, 345, 352, 354, 363, 376, 411, 412.

BEAUTEMS-BEAUPRÉ, ingénieur hydrographe en chef de la marine, 519.

BELLE-ÎLE. V. FRONTIÈRES (*Défense des*).

BELLIARD (Comte), général de division, aide-major général, 30, 70, 497, 526, 562.

BERG (Grand-duché de), 168, 170, 171, 186.

BERNARD, colonel, aide de camp de l'Empereur, 7, 8, 60, 112.

BERNSTORF (Comte DE), ministre danois, 378.

BERTHEZÈNE (Baron), général de brigade, 207.

BERTHIER (Alexandre). V. ALEXANDRE.

BERTHIER (César), comte, général de division, 392.

BERTRAND (Comte), général de division, commandant le corps d'observation d'Italie (4ᵉ corps de la Grande Armée). — (2 mars 1813.) Prochaine mise en mouvement vers l'Allemagne du corps d'observation d'Italie, 10, 13. — Manœuvres de guerre auxquelles Bertrand devra exercer ses troupes, 14, 19. — (6 mars.) Réunion du 4ᵉ corps, qui se réorganise à Augsburg, au corps d'observation d'Italie; avis à Bertrand de cette mesure, 40, 41. — (7 mars.) Ordre à Bertrand de commencer à mettre son corps en mouvement; il restera jusqu'à nouvel ordre à Vérone et se tiendra en correspondance avec Augsburg, 51. — (11 mars.) Artillerie du corps d'observation d'Italie, 61, 62. — Ordres relatifs au mouvement de ce corps, 63. — (12 mars.) Le corps d'observation d'Italie prend le nom de 4ᵉ corps de la Grande Armée, 74, 75. — (13 mars.) Le 4ᵉ corps débouche par le Tyrol pour se porter sur Nuremberg, 93. — (20 mars.) Date à laquelle ce corps a commencé son mouvement, 134. — (23 mars.) Ordres à Bertrand pour l'organisation de ses troupes au moment de leur départ de Trente, 139. — (27 mars.) Instructions à Bertrand sur les manœuvres à faire faire aux troupes du 4ᵉ corps; formation du carré et de la colonne d'attaque; quand et comment la charge doit être battue; tir à la cible, 154. — (28 mars.) Ordre à Bertrand de diriger son corps d'armée sur Nuremberg, Anspach, Ingolstadt, Neuburg et Augsburg, 159, 160. — (4 avril.) Ordre à ce général d'achever l'organisation de son corps, 186. — (5 avril.) L'Empereur compte que Bertrand est arrivé à Augsburg, 189. — (7 avril.) Date à laquelle la tête du 4ᵉ corps sera à Bamberg, 196. — (8 avril.) Ordres relatifs aux positions et à l'approvisionnement des troupes de Bertrand, 201. — Nouvelles instructions sur la nécessité de compléter l'organisation du 4ᵉ corps, 202. — (9 avril.) Mouvements prescrits au corps de Bertrand, 204 à 206. — (12 avril.) Ordre à ce général d'opérer le plus tôt possible sa jonction avec l'armée; choix à faire entre deux routes, à Bamberg; avis à ce sujet, 218, 219. — Recommandation à Bertrand de tenir toujours, durant la marche, sa cavalerie réunie, 219, 220. — Ordres sur le même sujet; avis du mouvement des divers corps; instructions sur la manière dont les divisions de Bertrand devront bivouaquer, 220, 221. — (13 avril.) Retard subi par deux divisions du 4ᵉ corps, 224. — Date à laquelle le général Bertrand a dû arriver à Bamberg, 225. — (14 avril.) Observations sur une fausse démarche de Bertrand auprès du cabinet de Munich; ordre concernant le mouvement de la 2ᵉ division et les ambulances du corps d'observation d'Italie, 229, 230. — (18 avril.) Ordre à Bertrand de se porter sur Cobourg avec de la cavalerie; avis à ce général des positions de Ney, de Marmont et du prince Eugène, 235. — (19 avril.) Le corps bavarois est mis sous les ordres de Bertrand, qui devra faire occuper Saalfeld, 239. — Ordre à Bertrand de diriger les Bavarois sur les hauteurs d'Ebersdorf, et de s'établir lui-même à Cobourg et à Saalfeld; instructions concernant l'approvisionnement du corps d'observation d'Italie, 242 à 244. — (20 avril.) Ordre à Bertrand de faire arrêter à Ratisbonne le général prussien Heister, 246. — (23 avril.) Observations à Bertrand sur une lettre de ce général concernant les réquisitions militaires, 252. — (24 avril.) Réduction du 4ᵉ corps à deux divisions, 260. — (26 avril.) Composition nouvelle de ce corps, 266. — Ordre à Bertrand de se porter sur Iena, 267. — (28 avril.) Ce général, après avoir occupé Iena, marchera sur Naumburg, 277. — (29 avril.) Ordre à Bertrand de faire connaître la position qu'il occupe, 282. — (30 avril.) Mouvement de Bertrand sur Stœssen, 285. — Il recevra prochainement l'ordre d'occuper Zeitz, 286. — (1ᵉʳ mai.) L'Empereur demande des nouvelles du 4ᵉ corps, 291. — Ordre à Bertrand de se porter dans la direction de Lützen et de communiquer avec Marmont, 293. — (2 mai.) Napoléon pense que le 4ᵉ corps est près d'arriver à Kaja, 295. — Ordre à Bertrand de placer ses divisions de façon à menacer Pegau et Zeitz, 297, 298. — Part que prend le général Bertrand à la bataille de Lützen, 299 à 304. — (4 mai.) Ordre à Bertrand de s'éclairer du côté de Zeitz, Altenburg et Borna, 308. — (5 mai.) Il marchera sur Rochlitz, 314. — (6 mai.) Instructions à transmettre à Bertrand, 317, 318. (7 mai.) Ordre à ce général de se porter sur Dresde par Wilsdruf, 322. — (8 mai.) Mouvement qu'il devra faire sur Pirna, 325. — (9 mai.) Ordres à Bertrand en vue du passage de l'Elbe, près de Dresde, 327, 328. — (10 mai.) Le 4ᵉ corps traversera Dresde le 11 mai, 329. — (13 mai.) Ordre à Bertrand de porter son quartier général à Kœnigsbrück, 335. — (15 mai.) Ce général approche de Bautzen, 344. — (17 mai.) Nécessité pour Bertrand de hâter sa jonction avec Macdonald, 348. — (18 mai.) Il communiquera avec Ney et Lauriston, 352, 355, 356. (24 mai.) — Coopération de Bertrand à la bataille de Bautzen, 367 à 376. — (5 juin.) Cantonnements assignés à son corps d'armée durant l'armistice, 421. — (6 juin.) Observations à Bertrand sur sa conduite dans la journée du 19 mai; l'Empereur espère voir mûrir promptement les talents distingués de ce général; renforts expédiés à son corps, qu'il importe de bien organiser, 422.

BESSIÈRES, duc d'Istrie, maréchal commandant la cavalerie de la Garde. — (28 mars 1813.) Bessières devra se rendre à Gotha, 155, 156. — (10 avril.) Division de la Garde mise sous les ordres du duc d'Istrie, 207. — Départ de ce maréchal pour Francfort; il se dirigera de là sur Gotha, 208, 209. — (19 avril.) Ordre à Bessières d'assurer les communications de Gotha à Erfurt, 240. — Ce maréchal devra faire protéger Cassel contre un mouvement de coureurs russes, 241, 242. — Force du corps

TABLE ANALYTIQUE. 617

de Bessières, 243. — (26 avril.) Régiment provisoire mis sous les ordres du duc d'Istrie, 265, 266. — (28 avril.) Ordre à Bessières de se porter sur Auerstaedt, 277. — Contre-ordre; le duc d'Istrie se dirigera sur Ekartsberga et enverra des reconnaissances vers Naumburg et Querfurt, 278. — (30 avril.) Mouvement prescrit au duc d'Istrie sur Weissenfels, 285, 286. — (1er mai.) Mort de Bessières, au combat de Weissenfels, 294. — (4 juin.) L'Empereur désire qu'on prononce l'oraison funèbre du duc d'Istrie, 419. — (22 juin.) Ordre sur le même sujet, 482.

Bessières (Maréchale), duchesse d'Istrie. — (6 mai.) Paroles de condoléance et de consolation à la duchesse d'Istrie au sujet de la mort du maréchal, 320.

Beugnot (Comte), conseiller d'état, 315.

Beurmann (Baron), général de brigade, 526.

Bignami, maison de banque à Venise, 390.

Bignon (Baron), commissaire de l'Empereur près la commission du gouvernement de Lithuanie, 156, 338, 423, 426.

Bigot de Préameneu (Comte), ministre des cultes, 84, 569.

Blix, colonel, 583.

Blücher, feld-maréchal prussien, 205, 224, 243, 299 à 304, 341.

Bobée, directeur du bureau de l'entreprise des transports militaires, 130.

Bogne-de-Faye, chargé d'affaires de l'Empereur en Bavière, 443.

Bonet (Comte), général de division, 30, 119, 161, 164, 195, 196, 197, 201, 213, 230, 241, 244, 247, 265, 277, 278, 281, 286, 287, 291, 302, 370, 530.

Bordesoulle (Baron), général de division, 339.

Borghese (Prince), gouverneur général des départements au delà des Alpes, 144, 358.

Bouillerie (Baron de la), maître des requêtes, trésorier général de la Couronne et du domaine extraordinaire, 4, 5, 49, 88, 137, 169, 222, 431, 523, 592.

Bourcier (Comte), général de division, commandant les dépôts de cavalerie de Hanovre, 50,

58, 61, 70, 78, 81, 124, 126, 152, 170, 192, 268, 337, 414, 449, 481, 482, 509, 520, 582.

Bourrienne (Fauvelet de). — (30 juin 1813.) Ordre à Bourrienne de cesser, sous peine d'arrestation, toute correspondance avec Hambourg, 517.

Boyeldieu (Baron), général de brigade, dans la Garde, 255, 487.

Brenier de Montmorand (Comte), général de division, 79, 188, 275, 281.

Breslau, ville de Silésie. V. Armistice de Pleischwitz.

Brest. V. Frontières (Défense des).

Breteuil (Baron de), auditeur au Conseil d'état, préfet de Hambourg, 123.

Briche (Baron), général de brigade, 219.

Brunswick Oels (Duc de), 101.

Bruny (Baron), général de brigade, 34.

Bruyère (Comte de), général de division, 1, 148, 333, 339, 344, 373.

Bubna (Comte de), feld-maréchal-lieutenant autrichien, 226, 350, 401, 407, 408, 409, 593.

Bulletins de la Grande Armée. — (2 mai 1813.) Rapidité des mouvements de l'armée française, qui parvient à occuper, avant l'ennemi, les plaines de Lützen; position des divers corps dans la matinée; changement de position accompli avant la bataille; projet de Napoléon de faire pivoter l'armée sur Leipzig pour prendre l'ennemi à revers; manœuvre simultanée des coalisés pour tomber sur le flanc de l'Empereur par Kaja; nouvelles dispositions ordonnées en conséquence par Napoléon; engagement de l'action sur le village de Kaja, repris, puis perdu de nouveau; apparition de Bertrand sur les derrières de l'ennemi; entrée en ligne du vice-roi à l'aile gauche et du duc de Tarente à l'aile droite; redoublement d'efforts des Prussiens, qui menacent de rompre le centre de l'armée; reprise de Kaja par les bataillons de la jeune Garde, que soutiennent une batterie de quatre-vingts pièces et la division Bonet; changement de front opéré par la

xxv.   78 droite de l'armée; déroute des coalisés. — Caractère particulier de la bataille de Lützen, gagnée avec l'infanterie; mot de l'Empereur à ce sujet; pertes respectives des deux parties; portée politique de cette victoire de Lützen, remportée par une moitié seulement de l'armée française; intrépidité déployée par les jeunes conscrits; — confiance de Napoléon dans l'avenir, 299 à 304. — (24 mai.) Position prise par les alliés à Bautzen et Hochkirch; force de l'ennemi; emplacement de son aile droite, de son aile gauche et du centre; confiance du czar et du roi de Prusse dans le succès d'une bataille dont ils ont soigneusement choisi le théâtre; position de l'armée française; journée du 19 : engagement préliminaire entre les Russes et la division Peyri à Kœnigswartha; reprise de ce village par la cavalerie du comte de Valmy; combat de Weissig, où Lauriston rejette le corps d'York de l'autre côté de la Sprée. — Journée du 20 : dispositions prescrites par Napoléon pour le passage de la Sprée; la bataille commence à midi; Macdonald, Oudinot, Marmont et Bertrand franchissent la rivière; entrée de l'Empereur à Bautzen; résultat de cette journée : enlèvement de toutes les positions des coalisés; renversement de leur ligne de bataille. — Journée du 21 : attaque destinée à tromper l'ennemi sur le point où la véritable bataille doit s'engager; mouvement de Ney sur le flanc des alliés, qui perdent, puis reprennent le village de Preititz; entrée en ligne du duc de Dalmatie; concours prêté à l'action par le duc de Trévise et les généraux Morand, Desvaux, Dulauloy, Drouot, Dumoustier et Barrois; reprise de Preititz par le prince de la Moskova; l'ennemi, dont la droite est tournée, commence à battre en retraite; manœuvre du duc de Raguse, qui prend en flanc la gauche des coalisés et change leur retraite en déroute. — Journée du 22 : poursuite dirigée contre les Prusso-Russes; combat de cavalerie dans la plaine de Reichenbach. — Pertes des Français dans ces trois journées; mort du duc de Frioul et du général Kirgener; dernières paroles adressées par Duroc à l'Empereur. — Journée du 23 : passage de la Neisse; positions occupées par l'armée; direction prise par l'ennemi; ses pertes, 367 à 376.

Bülow, général prussien, 342, 364, 380, 381, 410.

C

Caffarelli (Comte de), général de division. 404.
Cambacérès (Prince), archichancelier de l'Empire, président du conseil de Régence, 231, 250, 257, 269, 287, 294, 312, 331, 381, 389, 427, 435, 482, 539, 548, 555, 561, 601, 605. — V. Régence (Conseil de).
Campagne de 1813. V. Grande Armée (*Opérations de la*).
Camp d'Utrecht. — (20 mars 1813.) Réunion de troupes au camp d'Utrecht, 129. — (2 avril.) Ordre d'y envoyer au moins seize bataillons, 174.
Canada, 178.
Cariati (Prince), aide de camp du roi Joachim Napoléon, 343.

Caroline Napoléon, reine des Deux-Siciles, 392.
Carra Saint-Cyr (Baron), général de division. 100, 123, 136, 142, 146, 159, 268.
Cassel. V. Westphalie.
Castex (Baron), général de brigade, 443, 505.
Castiglione (Duc de). V. Augereau.
Catherine Napoléon, reine de Westphalie. — (2 mars 1813.) Époque à laquelle le roi Jérôme devra faire partir la reine Catherine pour Paris, 19. — (17 mars.) La reine de Westphalie à Compiègne. Observations sur la précipitation de son départ de Cassel; l'Empereur l'invite à se rendre à Paris, 116.
Caulaincourt, duc de Vicence, général de division, grand écuyer de l'Empereur. — (13 avril 1813.) Ordre au duc de Vicence de tout pré-

TABLE ANALYTIQUE.

parer pour le départ de l'Empereur, 223. — (7 mai.) Instructions au grand écuyer au sujet d'un nouveau modèle de caissons, 322. — (8 mai.) Ordre à Caulaincourt d'envoyer à Prague le baron de Montesquiou, 323. — (17 mai.) Instructions au duc de Vicence au sujet d'ouvertures directes de paix à faire au czar, 348. — (18 mai.) Ordre à Caulaincourt de se rendre aux avant-postes de l'ennemi, pour y négocier la conclusion d'un armistice, 360. — (26 mai.) Instructions pour le duc de Vicence relativement à l'armistice, 383 à 385. — (30 mai.) Nouvelles instructions sur le même sujet, 388. — (1-2 juin.) Suite des instructions concernant la négociation de l'armistice, 394 à 401, 402, 403. — (3 juin.) Ordres touchant le même objet, 405. — (16 juillet.) Envoi du duc de Vicence au congrès de Prague, 569. — (29 juillet.) Arrivée de Caulaincourt dans cette ville; instructions que l'Empereur lui adresse en vue des négociations du congrès, 603.—V. ARMISTICE DE PLEISCHWITZ, CONGRÈS DE PRAGUE.

CHABAN (Comte), président de la commission de liquidation à Hambourg, 135.

CHAMPAGNY (Nompère DE), duc de Cadore, intendant général de la couronne, secrétaire d'état 191, 192, 431.

CHARLES-AUGUSTE, duc de Saxe-Weimar, 278.

CHASTEL (Baron), général de division, 148, 339, 344, 345, 346, 379, 422, 431.

CHERBOURG. V. FRONTIÈRES (*Défense des*), MARINE (*Constructions et service général*), MARINE (*Opérations*).

CHIFFRES SECRETS, 7, 19, 44.

CLARKE, duc de Feltre, ministre de la guerre. V. *la liste des lettres adressées à Clarke*, p. 663.

CLAUSEL (Baron), général de division, 40, 542.

COLBERT (Baron), général de brigade, 156, 373.

COLLIN DE SUSSY, ministre des manufactures et du commerce, 28.

COLOMB, chef de partisans en Allemagne, 505.

COMÉDIE FRANÇAISE. — (8 juin 1813.) Choix à faire d'artistes de la Comédie Française desti-

nés à se rendre à Dresde; but de cette mesure, 435, 436.

COMMUNES (Biens des), 555, 556, 565.

COMPANS (Comte), général de division, 30, 119, 164, 195, 197, 230, 264, 265, 266, 270, 277, 281, 286, 287, 291, 301, 370.

CONFÉDÉRATION DU RHIN. — (2 mars 1813.) Les princes de la Confédération seront invités à arrêter les indiscrétions de leurs journaux au sujet des mouvements des troupes françaises. 5. — Mesures prises pour défendre les états de la Confédération du Rhin contre les courses des Cosaques, 22. — (10 mars.) Approvisionnement de fusils donné aux princes de la Confédération, 59. — (13 mars.) Observation à ce sujet, 85. — (4-5 avril.) Les princes de la Confédération du Rhin seront invités à renvoyer les représentants de la Prusse et à déclarer la guerre à ce pays, 183, 187. — (17 juin.) L'Empereur se plaint que quelques généraux reçoivent de l'argent des villes de la Confédération; il entend qu'on ménage le plus possible ces pays, afin de ne pas y aggraver les charges de la guerre, 456, 457.

CONFÉDÉRATION HELVÉTIQUE. — (11 avril 1813.) Assurances bienveillantes au landamman de la Suisse; l'Empereur compte sur le concours des régiments de la Confédération helvétique. 214.

CONGRÈS DE PRAGUE. — (28 juin 1813.) Metternich à Dresde; l'Empereur ne compte pas sur la réunion du congrès. 512. — (1er juillet.) Avis au prince Eugène de l'acceptation par Napoléon de la médiation de l'Autriche; ouverture prochaine des négociations. 524. — (9 juillet.) Difficultés qui retardent l'ouverture du congrès; opinion de l'Empereur sur les embarras suscités par l'intervention de l'Autriche, 560. — (16 juillet.) Le duc de Vicence et le comte de Narbonne iront à Prague en qualité de plénipotentiaires de l'Empereur, 569. — (19 juillet.) Observations sur les retards successifs apportés, par la faute des puissances alliées, à l'ouverture du congrès; par suite des délais survenus, l'armistice sera expiré avant le terme de quarante jours nécessaire pour négocier et conclure la paix; l'Empereur, toujours désireux d'arriver à un arrangement, ne s'oppose pas toutefois à ce que les négociations continuent après la dénonciation de l'armistice, 575 à 579. — (27 juillet.) Instructions à Bassano pour des conversations avec le comte de Bubna et pour des lettres à envoyer au comte de Narbonne, 593. — (29 juillet.) Ordre au duc de Vicence relativement aux négociations du congrès, 603. ,604.

CONSALVI, cardinal, 84.

CONSCRIPTIONS MILITAIRES. — (10 mars 1813.) Époque probable à laquelle la conscription de 1815 sera levée, 60. — (13 mars.) Réponse à Clarke touchant l'exemption d'un certain nombre de conscrits, 85. — (2 avril.) Ordres relatifs à la répartition des nouvelles recrues provenant des conscriptions antérieures; chiffre d'hommes fournis à la Garde par la dernière conscription, 176, 177. — (4 avril.) Projet de l'Empereur d'exempter de la conscription de 1814 les départements nouvellement réunis, 184. — (8 avril.) Instructions au ministre de la guerre pour la répartition dans les dépôts des conscrits de France et d'Italie, 199.

CONTREBANDE. V. DOUANES.

CORBINEAU (Baron), général de brigade, 143, 287.

CORNEILLE (Famille de). — (24 mars 1813.) Titres et dotations accordés à deux descendants de Pierre Corneille, 140.

CORPS (1ᵉʳ) de la Grande Armée. V. DAVOUT.

CORPS (2ᵉ) de la Grande Armée. V. VICTOR PERRIN.

CORPS (3ᵉ), ou 1ᵉʳ corps d'observation du Rhin. V. NEY.

CORPS (4ᵉ), ou corps d'observation d'Italie. V. BERTRAND.

CORPS (5ᵉ), ou corps d'observation de l'Elbe. V. LAURISTON.

CORPS (6ᵉ), ou 2ᵉ corps d'observation du Rhin. V. MARMONT.

CORPS (7ᵉ). V. REGNIER.

CORPS (8ᵉ). V. PONIATOWSKI.

CORPS (9ᵉ), bavarois, 74, 75. — V. BAVAROISES (Troupes).

CORPS (10ᵉ). V. RAPP.

CORPS (11ᵉ), commandé par Gouvion Saint-Cyr, puis par Macdonald. V. GOUVION SAINT-CYR, MACDONALD.

CORPS (12ᵉ). V. OUDINOT.

CORPS (13ᵉ), 519. V. DAVOUT.

CORPS (1ᵉʳ) DE CAVALERIE (de la Grande Armée). V. GRANDE ARMÉE (Organisation et dépôts).

CORPS (3ᵉ) DE CAVALERIE (de la Grande Armée). V. ARRIGHI, GRANDE ARMÉE (Organisation et dépôts).

CORPS (4ᵉ) DE CAVALERIE. V. GRANDE ARMÉE (Organisation et dépôts).

CORPS DE RÉSERVE (de Leipzig), 408, 413.

CORPS D'OBSERVATION DE MAYENCE, nommé plus tard CORPS D'OBSERVATION DE BAVIÈRE. — (4 avril 1813.) Projet de l'Empereur de réunir un corps d'observation à Mayence, 185. — (2 juin.) Époque à laquelle Napoléon espère que ce corps sera réuni, 403, 405.—V. AUGEREAU, GRANDE ARMÉE (Organisation et dépôts).

CORPS D'OBSERVATION DE VÉRONE, puis D'ITALIE. V. ITALIE (Royaume d').

CORPS DIPLOMATIQUE. V. DIPLOMATIQUE (Corps).

CORRESPONDANCE MILITAIRE. V. CHIFFRES SECRETS, ESTAFETTES.

CORSE (Île de), 512.

COSAQUES (Cavalerie des). — (2 mars 1813.) Nécessité de fermer aux Cosaques l'entrée des montagnes de la Thuringe, 22, 24.—(6 mars.) Ordre de mettre la citadelle d'Erfurt à l'abri des courses des Cosaques. 43. — (11 mars.) Mesure à prendre pour interdire aux Cosaques l'accès du Mecklenburg, 70, 71. — (15 mars.) Colonnes à lancer du camp de Magdeburg contre les Cosaques, 106. — (17 mars.) Invasion de Cosaques dans la 32ᵉ division militaire; ordre au vice-roi d'arrêter les partis ennemis de ce côté, 117. — (29 mars.) Convention militaire conclue entre Durutte et un chef de Cosaques, 163. — (11 avril.) Observation sur la force ordinaire des détachements de Cosaques, 213. — (18 mai.) Ordre à

Latour-Maubourg de pourchasser les Cosaques aux environs de Bautzen, 351. — (30 mai.) Prise d'un détachement de Cosaques, 388. — (21 juin.) Violations de l'armistice par des partis de Cosaques, 481.

CÔTES (*Défense des*). V. FRONTIÈRES (*Défense des*).

COURRIERS, 250.

CROATES (Troupes), adjointes à la Grande Armée. 85, 137, 151.

CURIAL (Baron), général de division, dans la Garde, 4, 156, 257, 603.

CZERNITCHEF (Comte DE), aide de camp de l'Empereur de Russie, 457.

D

DAMAS, général de division, 235.

DANEMARK. — (25 mai 1813.) Insuccès de la négociation ouverte entre le Danemark et l'Angleterre; exigences formulées, en cette occasion, par le cabinet de Saint-James, 378. — (30 mai.) L'Empereur compte sur la réunion des troupes danoises au corps de Davout, 388. — (1er juin.) Conseil tenu par le prince d'Eckmühl, le comte de Kaas et des officiers danois au sujet de Hambourg; ordre de la cour de Copenhague pour la réunion de l'armée danoise du Holstein au corps de Davout, 395, 397. — Désir de l'Empereur de faire étendre à la Norvége l'armistice de Pleischwitz, 399. — (4 juin.) Arrivée d'un plénipotentiaire danois à Dresde; traité d'alliance offensive et défensive à conclure avec ce ministre, 415. — (7 juin.) Réunion des troupes danoises avec celles de Davout; nature du traité à conclure avec le roi de Danemark, qui, en échange d'une garantie d'intégrité territoriale pour ses états, y compris la Norvége, s'engagerait à ne point faire de paix séparée avec l'Angleterre, et fournirait un contingent soldé par Napoléon, 432. — (30 juin.) Garantie accordée par l'Empereur à l'emprunt danois, 514. — (5 juillet.) Expéditions de bâtiments à diriger du Danemark sur Danzig; instructions sur la nature des cargaisons; crédit ouvert dans cette vue au baron Alquier; principes d'après lesquels doit être faite cette opération commerciale; stipulations relatives aux pertes pouvant résulter de la prise éventuelle du fort de Weichselmünde par l'ennemi; ordre d'envoyer à Copenhague un agent chargé de la comptabilité de l'opération, 531 à 533. — (9 juillet.) Ordre à Davout de témoigner plus de confiance aux Danois, 557. — (19 juillet.) Conclusion d'un traité offensif et défensif avec le Danemark; stipulations de ce traité; contingent danois mis à la disposition de l'Empereur, 579 à 582.

DANZIG, place forte de Prusse, occupée par les Français. — (2 mars 1813.) Situation des choses à Danzig; succès remporté par le général Rapp dans une sortie, 22. — (11 mars.) Plan offensif conçu par Napoléon pour porter rapidement l'armée sur la place de Danzig et la débloquer, 71 à 73. — (12 mars.) La garnison de Danzig prend le nom de 10e corps de la Grande Armée; Rapp en aura le commandement, 74, 75. — (28 mars.) Forces laissées par les Russes devant Danzig, 161. — (5 juin.) Avis à Rapp des derniers événements; ordre à ce général, si la paix ne se conclut pas, de tenir ferme jusqu'à ce que Napoléon vienne le débloquer, 420. — (28 juin.) Dépouillement et comparaison à faire de tous les états reçus de Danzig; un rapport sera rédigé par un officier revenu de cette ville, 505. — (5 juillet.) Opération commerciale destinée à assurer l'approvisionnement de Danzig, 531 à 533.

DARU (Comte), ministre secrétaire d'état, intendant général du domaine privé, ordonnateur en chef de l'armée du Main, puis directeur de l'administration de la Grande Armée, 88, 101, 191, 192, 210, 227, 381, 431, 440, 444, 458, 470, 492, 500, 513, 522, 528,

537, 554, 559, 562, 563, 573, 574, 584.

DAURE, commissaire ordonnateur à la Grande Armée, 492, 573.

DAVOUT, duc d'Auerstaedt, prince d'Eckmühl, maréchal commandant le 1er, puis le 13e corps de la Grande Armée. — (2 mars 1813.) Ordre à Davout de quitter Magdeburg et de porter son quartier général à Wittenberg, où se réunit le 1er corps; instructions concernant l'artillerie de ce corps et celle du 2e corps que le prince d'Eckmühl, selon les éventualités, pourrait aussi commander; mouvement prescrit à ce maréchal dans le cas où le vice-roi serait obligé de repasser l'Elbe, 9, 10. — Une division du 1er corps sera chargée de garder Wittenberg, 15. — Régiments polonais à mettre sous les ordres de Davout, 16. — La défense de l'Elbe, sous Torgau, est confiée à ce maréchal, 21. — (4 mars.) Ordre pour la réunion à Hanau et à Francfort de divisions du 1er corps, 29, 30. — (11 mars.) Divisions à réunir à Wittenberg sous les ordres de Davout, 69. — (13 mars.) Position de Davout sur l'Elbe, 95. — (15 mars.) Il sera chargé de relier Magdeburg avec Hambourg, 104. — (18 mars.) Le prince d'Eckmühl commandera en outre la 32e division militaire, 121, 123. — (26 mars.) Observations de l'Empereur sur la destruction trop précipitée du pont de Dresde par le maréchal Davout, 147. — (29 mars.) Ordre à Davout de faire occuper les côtes du bas Elbe, 163. — (2 avril.) Dispositions pour la formation du 1er corps, 177, 178. — (7 avril.) Marche du prince d'Eckmühl sur Lüneburg, 195. — (11 avril.) Sa tâche est de défendre Hanovre, Bremen et Hambourg; succès remportés par ce maréchal, 212. — (.. avril.) L'Empereur destine le 1er corps à la garde de Magdeburg, 228. — (2 mai.) Position de Davout sur le bas Elbe pendant que Napoléon livre la bataille de Lützen, 304. — (24 mai.) Ordre à exécuter par le prince d'Eckmühl dès qu'il sera entré à Hambourg, 363. — (30 mai.)

Position de Davout devant Hambourg, 388. — (1er juin.) Conseil tenu devant cette ville par le prince d'Eckmühl et les ministres et officiers danois, 395, 397. — (7 juin.) Avis à Bassano de l'entrée de Davout à Hambourg, 432. — Instructions au prince d'Eckmühl sur les travaux de défense à faire à Hambourg, 433. — (10 juin.) Ordres à Davout au sujet de mouvements de troupes; nouvelles instructions concernant les travaux du génie à Hambourg; forces dont le prince d'Eckmühl pourra disposer pour opérer au besoin sur Berlin, 437. — (15 juin.) Troupes que Davout devra concentrer à Hambourg, pour prendre ensuite l'offensive dans le Mecklenburg, 448 à 450. — (17 juin.) Renseignements demandés à Davout sur la position des troupes russes et suédoises qu'il a devant lui; ordres à ce maréchal concernant des mouvements de troupes, 457, 458. — (18 juin.) Nouveaux ordres relativement aux positions à faire prendre aux diverses divisions de Davout, 465. — (21 juin.) Ordre au prince d'Eckmühl de faire exécuter exactement les mouvements de troupes qui lui ont été prescrits, 479. — (22 juin.) Renouvellement des mêmes ordres en vue d'un mouvement sur Berlin, lors de la reprise des hostilités; le prince d'Eckmühl aura soin de ne pas disséminer ses troupes; il renseignera l'Empereur sur la position des corps ennemis qu'il a devant lui, 488, 489. — (1er juillet.) Création d'un 13e corps, dont le commandement sera confié au maréchal Davout, 519. — (7 juillet.) La tâche du prince d'Eckmühl est de garder la rive gauche de l'Elbe, au moyen de la 50e division, des douaniers et des marins, ainsi que des troupes danoises; les événements décideront des mouvements ultérieurs de Davout, 544, 545. — (17 juillet.) Nouvelles instructions au prince d'Eckmühl sur les mesures concernant la défense de Hambourg; ce maréchal établira un camp en avant de cette ville, sur la rive droite de l'Elbe, 571, 572. — (19 juillet.) Avis à Davout du traité conclu avec le Danemark; forces de ce maréchal, y compris les troupes danoises; renouvellement des instructions précédentes en vue de la reprise des hostilités, 579 à 582. — (24 juillet.) Répétition plus explicite des mêmes instructions, 589 à 591.

DECAEN (Comte), général de division, en Espagne, 39, 40, 222.

DÉCISIONS, 67, 140, 463, 477, 480.

DECOUS (Baron), général de brigade, dans la Garde, 255, 298, 304, 311.

DECRÈS, comte, puis duc, vice-amiral, ministre de la marine, 68, 137, 323, 332. — V. MARINE.

DÉCRETS. — (12 mars 1813.) Décret relatif à la réorganisation des divers corps de la Grande Armée, 73. — (4 juin.) Décret pour l'érection d'un monument sur le mont Cenis; inscription à graver sur ce monument, 419.

DÉFENSE DES FRONTIÈRES. V. FRONTIÈRES (Défense des).

DEFERMON (Comte), ministre d'état, intendant général du domaine extraordinaire, 559.

DEJEAN (Baron), général de brigade, 143, 558.

DELABORDE (Comte), général de division, dans la Garde, 254, 255, 376, 551.

DEPONTHON (Baron), colonel du génie, 465.

DESAIX (Baron), capitaine, officier d'ordonnance de l'Empereur, 400.

DESSAU (ANHALT-), 9, 12, 15, 42, 55, 395, 414, 454, 565, 589.

DESVAUX (De Saint-Maurice), baron, général de brigade, 207, 302, 372.

DEUX-SICILES. V. JOACHIM NAPOLÉON.

DIPLOMATIQUE (Corps). — (20 avril 1813.) Intention de l'Empereur de rappeler de Dresde le baron Serra, 248. — (28 avril.) L'Empereur se plaint que le duc de Bassano ait des missions diplomatiques incomplètes en Bavière et en Saxe; résultats de cette incurie du ministère des relations extérieures, 280.

DISCIPLINE MILITAIRE. — (9 mars 1813.) Exécution d'un officier de la Garde, 57.

DIVISION (32ᵉ). V. HANSÉATIQUES (Villes).

DIVISION (41ᵉ), 75.

DODE, général de brigade, 439, 567.

DOMAINE EXTRAORDINAIRE (Trésor du). V. BOUILLERIE (LA).

DOMBROWSKI, général de division polonais, 104, 138, 186, 188, 193, 208, 234, 235, 315, 365, 386, 413, 425, 453, 454, 498, 544.

DOTATIONS. — (24 mars 1813.) Titres et dotations accordées à des descendants de Pierre Corneille, 140. — (7 juin.) Le duché de Frioul sera transmis à la fille du grand maréchal Duroc, 428. — (22 juin.) Règlement général concernant les dotations : nécessité de confier l'administration des biens, non pas à un parent du donataire mineur, mais à un tuteur dans la nomination duquel l'Empereur lui-même intervient; portée de cette mesure, destinée à empêcher que l'accroissement des revenus soit favorisé aux dépens du capital, 482. — (9 juillet.) Ordre de présenter au Conseil d'état le projet de dotation relatif à la jeune duchesse de Frioul, 555.

DOUANES. — (4 mars 1813.) Projet de l'Empereur d'envoyer en Hollande et dans les pays hanséatiques des corps de douaniers, qui seraient chargés de défendre les côtes et d'y réprimer la contrebande; question adressée à ce sujet, au comte de Sussy, 28.

DOUCET, général de brigade, commandant à Erfurt, 139, 213, 453.

DOUMERC (Baron), général de division, 2, 339, 431.

DRESDE. V. SAXE (Royaume de).

DROUOT (Baron), général de brigade, aide de camp de l'Empereur, 302, 372, 448, 550.

DUBRETON, général de division, 120, 123.

DUFOUR (Baron), général de division, 120, 123, 146, 177, 560.

DUFRAISSE, général de brigade, 34.

DULAULOY (Comte), général de division, 302, 372.

DUMONCEAU, général de division, 120, 123, 146, 177.

DUMOUSTIER (Baron), général de division, dans la Garde, 207, 255, 256, 286, 290, 292, 372.

DUPEYROUX (Baron), général de brigade, 583.

DURAND (Baron), ministre de France à Naples, 484.
DUROC, duc de Frioul, grand maréchal du Palais (tué à Bautzen), 4, 28, 31, 45, 76, 137, 145, 155, 207, 255, 263, 374, 375, 419, 428, 482. — V. DOTATIONS.
DUROC (Maréchale), duchesse de Frioul, 428, 515.
DUROSNEL (Comte), général de division, 352, 354, 361, 376, 386, 387, 388, 410, 414, 416, 497, 498, 502, 554.

DURUTTE (Baron), général de division, 18, 61, 74, 163, 168, 183, 193, 196, 205, 213, 288, 289, 291, 307, 310, 326, 329, 445.
DUVOISIN (Baron), évêque de Nantes. — (17 juillet 1813.) Jugement élogieux porté par l'Empereur sur cet évêque, honneur de l'Église gallicane; ordre d'élever un monument à sa mémoire dans la cathédrale de Nantes, 569.

E

ECKMÜHL (Prince d'), V. DAVOUT.
ÉCOLE D'ARTILLERIE ET DU GÉNIE (de Metz), 288.
ÉCOLE DE MÉDECINE (de Paris), 181.
ÉCOLE IMPÉRIALE POLYTECHNIQUE, 188.
ÉCOLE SPÉCIALE MILITAIRE de Saint-Cyr, 188.
ÉMILE (Prince), de Hesse-Darmstadt, 239, 245.
ÉQUIPAGES DE LA MARINE, 109, 110.
ÉQUIPAGES DE PONT. V. PONTONNIERS.
ÉQUIPAGES MILITAIRES. — (3 mars 1813.) Envoi à Metz d'un officier chargé d'y inspecter la formation des bataillons des équipages militaires, 25. — (6 mars.) Cadres des équipages militaires à renvoyer d'Espagne en France, 40. — (11 mars.) Ordre de tenir prêts les bataillons d'équipages militaires attachés aux corps d'observation du Rhin et d'Italie, 66. — (13 mars.) Équipages militaires du 3ᵉ corps, 92. — (20 mars.) Envoi au vice-roi d'un décret relatif à l'organisation des équipages militaires; observations à ce sujet, 131. — (.. avril.) Bataillons des équipages destinés à l'armée de l'Elbe et à l'armée du Main, 229. — (23 avril.) Instructions concernant l'organisation des équipages militaires de la Garde, 256.— (24 avril.) Ordres pour la formation des équipages du 12ᵉ corps, 260. — (6 mai.) Arrivée d'un bataillon d'équipages militaires à Borna, 319. — (7 mai.) Modèle de caisson demandé au duc de Vicence, 322. — (26 mai.) Ordre pour la formation d'un bataillon d'équipages militaires d'ambulance; instructions sur ce point au comte Daru, 381,

382. — (15 juin.) Équipages militaires destinés au corps de Vandamme, 449. — (23 juin.) Installation à Dresde, sous les ordres du général Fresia, du dépôt général des équipages militaires; le général Belliard sera chargé de les passer en revue; établissement de forges et d'ateliers, 497, 498.— (25 juin.) Observation sur le modèle de caisson à adopter de préférence aux voitures à la comtoise; ordres à envoyer en conséquence aux parcs de construction de Sampigny et de Plaisance; destination prescrite à quelques compagnies d'équipages, 503, 504. — (1ᵉʳ juillet.) Équipages militaires du 13ᵉ corps, 520. — (12 juillet.) L'Empereur renouvelle l'ordre d'organiser le dépôt des équipages militaires de Magdeburg, 562. — (23 juillet.) Question sur l'état des équipages militaires, 587. — (24 juillet.) Équipages militaires réservés au corps de Vandamme, 588. — Équipages de l'armée d'Espagne, 591, 592.
ÉQUIPEMENT. V. GUERRE (Administration de la).
ERFURT, place forte de Prusse, 10, 36, 43, 55, 95, 139, 263, 264, 362, 462, 513, 559, 595, 596.
ESCADRONS DE L'ARMÉE D'ESPAGNE, ou 3ᵉ corps de cavalerie de la Grande Armée. V. GRANDE ARMÉE (Organisation et dépôts).
ESPAGNE (Opérations en). — (13 mars 1813.) Fausse direction donnée aux opérations en Espagne; nécessité d'assurer la défense de la frontière pyrénéenne. 86. — (29 mars.)

Ordre de faire vivre les armées d'Espagne aux frais des pays qu'elles occupent, 162. — (13 avril.) Recommandation au roi Joseph de tenir sans cesse l'ennemi en échec et d'empêcher toute diversion sur les frontières ou sur les côtes de France, 222. — (23 avril.) Mesures à prendre pour que les armées françaises en Espagne ne dépendent en rien des ministres espagnols; nécessité pour le roi Joseph de faire exécuter ponctuellement tous ses ordres; renouvellement des instructions relatives à la pacification de la Navarre et à l'établissement de communications continues entre Valladolid et Bayonne, 252 à 254. — (1er juillet.) Le maréchal Soult reçoit l'ordre d'aller prendre le commandement des armées françaises en Espagne; il s'occupera de couvrir le nord de la Péninsule, 520, 521. — (5 juillet.) Le duc de Dalmatie est chargé de réorganiser l'armée d'Espagne; nécessité de délivrer Pampelune et de rejeter les Anglais au delà de l'Èbre, 535, 536. — (6 juillet.) Instruction sur le même sujet, 542. — (29 juillet.) Forces de Soult; sa marche sur Pampelune; mouvement rétrograde des Anglais, 603.

ESPAGNOLS (servant dans la Grande Armée), 234.
ESPAGNOLS (Réfugiés), 561, 594.
ESPIONS MILITAIRES, 183, 249, 352, 524.
ESTAFETTES, 153, 159, 405, 451, 455, 524.
EUGÈNE NAPOLÉON, vice-roi d'Italie, commandant en chef la Grande Armée. — (2 mars 1813.) Mouvement prescrit à ce prince sur Cassel et la ligne du Weser, dans le cas où il serait obligé de repasser l'Elbe devant les Russes, 9, 10. — Instructions au vice-roi sur l'emploi à faire provisoirement des 2es bataillons formés à Erfurt, 15. — Observations au prince Eugène concernant le renvoi du général Guilleminot, celui du duc de Castiglione, et l'échec subi par un régiment de chasseurs italiens; ordre au commandant de la Grande Armée de réunir sa cavalerie et d'écrire tous les jours en détail à l'Empereur, 16, 17. — (5 mars.) Napoléon insiste pour que le vice-roi l'instruise quotidiennement des moindres événements et de l'état de situation de la Grande Armée; si le prince Eugène était obligé de reculer devant des forces trop considérables, il se replierait sur les montagnes du Harz, puis sur le Weser, en protégeant Cassel et Hambourg; critique de quelques-uns des actes du vice-roi, 33 à 36. — (6 mars.) Total des forces mises sous le commandement du prince Eugène, 43. — L'Empereur presse de nouveau le commandant en chef de la Grande Armée de l'instruire de tout en détail, 45. — Ordre au vice-roi, s'il abandonne Berlin, de faire choix d'un camp fortifié aux environs de Magdeburg; Napoléon lui recommande de se maintenir le plus longtemps possible sur la ligne de l'Elbe. 46, 47. — (7 mars.) Observations sur la rupture des communications entre le vice-roi et le général Gérard; l'Empereur se plaint de manquer toujours de renseignements exacts sur la situation de la Grande Armée et sur celle des places, et renouvelle à Eugène l'ordre de se replier, en cas de nécessité, sur les montagnes du Harz et le Weser, 52, 53. — (9 mars.) Position du vice-roi à Leipzig; conséquences de l'évacuation de Berlin par ce prince; Napoléon lui ordonne de remonter sur Magdebourg et de s'y établir fortement en tenant les Russes en respect et en les menaçant d'une bataille; observations sur la situation et la force respective des armées russe et française; l'état-major du vice-roi recevra l'ordre formel d'adresser chaque jour à l'Empereur des rapports détaillés, 53 à 59. — (11 mars.) Réitération des ordres précédents; nécessité pour le vice-roi de conserver sur l'Elbe une attitude offensive, 69 à 71. — Napoléon expose au prince Eugène un plan d'opérations offensives destinées à porter l'armée sur Stettin et Danzig, et un plan corrélatif de défense pour couvrir les pays hanséatiques et la Westphalie; ordre au vice-roi de faire reconnaître, en conséquence de ces instructions, un point d'où l'armée pourrait déboucher de l'Elbe sur l'Oder, 71 à 73. — Envoi du général Fla-

hault auprès du prince Eugène, 77. — (12 mars.) Confirmation des instructions envoyées au vice-roi, 77. — (13 mars.) Question à Eugène sur le désastre essuyé par deux régiments de l'armée, et sur l'état des places de guerre; recommandation à ce prince en vue de son mouvement sur Magdeburg, 88 à 90. — (15 mars.) L'Empereur se plaint de nouveau du silence de l'état-major du vice-roi; questions sur les dispositions prises pour protéger l'Elbe et la ville de Dresde; considérations générales sur l'art de défendre le passage des rivières; position à assigner aux chefs de corps et aux généraux sous les ordres d'Eugène; nécessité pour ce prince d'intimider l'ennemi en reprenant l'offensive et en laissant voir la masse imposante de ses troupes; avantages qu'offre le camp établi sous Magdeburg pour la défense du bas Elbe; éventualité d'un mouvement ultérieur du vice-roi sur Spandau, 102 à 109. — (17 mars.) Napoléon insiste pour que le prince Eugène prenne une position offensive près de Magdeburg, afin de couper les Cosaques des villes hanséatiques et de faciliter à Morand son retour de la Poméranie, 117. — (18 mars.) Ordre au vice-roi sur l'organisation du corps de Latour-Maubourg, 120. — Renouvellement des ordres précédents; le prince Eugène réunira sur Magdeburg le 1ᵉʳ et le 2ᵉ corps de cavalerie, enverra des partis d'avant-garde sur la rive droite de l'Elbe, et agira de façon à empêcher toute opération de l'ennemi sur Dresde et Hambourg, 120 à 122. — (19 mars.) Ordre au vice-roi de faire reconnaître la ligne de la Saale; réitération des instructions déjà envoyées, 126, 127. — (23 mars.) Translation à Magdeburg du quartier général d'Eugène, 139. — (27 mars.) Ordre à ce prince de dissoudre le 3ᵉ corps de cavalerie créé par lui à l'armée, 152. — (28 mars.) Avis à Eugène des dernières dispositions militaires prises pour protéger l'Elbe et la Saale, 156. — Ligne à occuper par le vice-roi en avant de Magdeburg, sur Dessau et le canal de Plauen; utilité d'établir trois têtes de pont; recommandation concernant le choix du terrain, 157 à 159. — (2 avril.) Avis au vice-roi de la formation des 1ᵉʳ et 2ᵉ corps, 177, 178. — (6 avril.) La 32ᵉ division est mise sous les ordres d'Eugène. 192. — (7 avril.) Succès remporté par le vice-roi sur un corps prussien. 195. — (11 avril.) Ordre à Eugène de se maintenir en avant de Magdeburg et de manœuvrer de façon que ses communications avec Erfurt restent assurées, 211, 212. — Mouvement du vice-roi sur la rive gauche de l'Elbe, 213. — (13 avril.) Position d'Eugène à l'embouchure de la Saale. 223. — (.. avril.) L'armée de l'Elbe est sous les ordres du vice-roi, 228. — (18 avril.) Position de la gauche d'Eugène au confluent de la Saale, et de sa droite aux montagnes du Harz, 235. — (24 avril.) Projet de l'Empereur au sujet d'un renvoi éventuel du vice-roi en Italie, 258. — (26 avril.) Mouvement d'Eugène sur Kœthen; l'Empereur pense qu'il a occupé Halle et Merseburg, 267. — Avis à ce prince des positions nouvelles prises par l'armée et des premières opérations projetées par Napoléon, 268, 269. — (27 avril.) Occupation d'Eisleben par le vice-roi; sa marche sur Querfurt, 270, 271. — (28 avril.) Ordre à Eugène de hâter sa jonction avec Ney et d'envoyer un état de situation de son corps d'armée, 274. — Point indiqué pour la jonction du vice-roi et du prince de la Moskova. 276. — Envoi d'un courrier chargé de s'assurer de l'arrivée du vice-roi à Merseburg, 278, 279. — (29 avril.) Ordre au prince Eugène de jeter des ponts sur la Saale et de déboucher sur Weissenfels et sur Halle, 282, 283. — (30 avril.) Entrée du vice-roi à Merseburg; il se prépare à tourner Halle, 285. — Mesures prises pour former une réserve au vice-roi; questions à ce prince au sujet de divers corps inutilement disséminés; affaiblissement qui en résulte pour l'armée d'Eugène; l'Empereur compte que le vice-roi réunira toute sa cavalerie, en prévision d'une bataille prochaine, 287 à 289. — (1ᵉʳ mai.) Position du prince Eugène entre Merseburg et Leipzig, 289. — Ordre à ce prince de se tenir prêt à marcher sur Lützen, 292. — (2 mai.) Mouvement prescrit au vice-roi afin de soutenir, au besoin, Lauriston, 296. — Manœuvre tournante accomplie par le prince Eugène à la bataille de Lützen, 301. — (4 mai.) Ordre au vice-roi de se porter sur Borna, 306. — Son arrivée dans cette ville, 308. — (5 mai.) Recommandation au prince Eugène d'accélérer sa marche et de se débarrasser de l'encombrement des bagages, 314. — (6 mai.) Défaite du corps de Miloradovitch par le prince Eugène à Gersdorf; ordre au vice-roi de se porter sur Nossen, 317. — (7 mai.) Le vice-roi s'approche de Blankenstein, 321. — (9 mai.) Ordres au prince Eugène en vue du passage de l'Elbe près de Dresde, 326 à 329. — (10 mai.) Position assignée au vice-roi dans la ville neuve à Dresde, 329. — (12 mai.) Ordre au prince Eugène de retourner en Italie pour y réorganiser une armée; instructions qui lui sont adressées à ce sujet, 334. — (18 mai.) Avis au vice-roi des préparatifs pour une bataille sous Bautzen et de la visite du comte de Bubna au quartier général de l'Empereur; ordres et instructions concernant l'armée à former en Italie et la défense des places fortes et des frontières, 357, 358. — Avis au prince Eugène de l'érection de la terre de Galiera en duché pour la princesse de Bologne; répétition des ordres relatifs à la défense de l'Italie contre l'Autriche, 358, 359. — (1er juin.) Avis à Eugène Napoléon des négociations relatives à l'armistice; ordre de hâter l'organisation de l'armée et l'approvisionnement des places, 401. — (2 juin.) Nécessité pour le vice-roi d'être campé, dans les premiers jours de juillet, à Laybach, avec le corps d'observation de Vérone, 404, 405. — (11 juin.) Position à occuper par le vice-roi et son armée dans la Carniole; but de cette mesure; l'Empereur lui renouvelle la recommandation de faire grand bruit de ses préparatifs militaires, 441, 442. — (1er juillet.) Ordre au vice-roi de cantonner sans retard ses troupes de la Piave à l'Adige, 523, 524. — (17 juillet.) Ordre à Eugène de hâter l'organisation de ses troupes, 574. — (19 juillet.) Nouvel ordre dans le même sens, 582. — (28 juillet.) L'Empereur ordonne au vice-roi de porter son quartier général à Udine; instructions diverses en vue de la reprise des hostilités, 596, 597.

Évain (Baron), général de brigade, 332.

F

Fabre (Victorin), homme de lettres, 482.
Fain (Baron), secrétaire du cabinet de l'Empereur, 223.
Faudoas, chef d'escadron, 70.
Faviers (Matthieu), commissaire ordonnateur en chef des armées françaises en Espagne, 253.
Ferdinand-Joseph, grand-duc de Würzburg. — (2 mars 1813.) Avis à ce prince de la réunion prochaine des contingents wurtembergeois, badois et hessois à Würzburg, et des mesures prises par Napoléon pour garantir contre les incursions des Cosaques les états de Ferdinand-Joseph, 24. — V. Würzburg (Grand-duché de).

Ferino (Comte), sénateur, 195.
Fernig, adjudant commandant, 516.
Fête du 15 Août, 585.
Feydeau (Théâtre), 436.
Finances. — (7 mars 1813.) Changements à insérer dans l'épreuve du compte des finances dressé par Gaudin, 48. — (9 juillet.) Ordres relatifs à la mise en vente des biens des communes, en payement desquels on admettra les bons de la caisse d'amortissement, 556. — V. Trésor public.
Flahault (Baron), général de brigade, aide de camp de l'Empereur, 77, 88, 98, 102, 108, 138, 143, 245, 249.

Fontanelli (Comte), général, ministre de la guerre et de la marine du royaume d'Italie. 179, 180, 210, 391, 423.

Fontanes (Comte), grand maître de l'Université, sénateur, 482.

Fontenille, adjudant commandant, 70, 97.

Fortifications. V. Génie (Corps et travaux du).

Fouché, duc d'Otrante. — (10 mai 1813.) Intention de l'Empereur de confier à Fouché le gouvernement de la Prusse; ordre au duc d'Otrante de se rendre secrètement à Dresde, 331, 332. — (25 mai.) Il sera présenté à la cour de Saxe, 376. — (17 juillet.) Nomination du duc d'Otrante comme gouverneur des provinces illyriennes, 574. — (19 juillet.) Il verra le vice-roi en passant à Graetz, 582.

Fournier (Baron), général de division, 149.

François Ier, empereur d'Autriche. — (13 avril 1813.) L'Empereur exprime sa satisfaction de ses entretiens avec le général Bubna, et annonce à François Ier qu'il est sur le point d'entrer en campagne, 226. — (4 mai.) Napoléon avise François Ier de la victoire de Lützen et lui donne des nouvelles de l'Impératrice Régente, 312. — (17 mai.) L'Empereur, dans les négociations entamées, remet son honneur aux mains de François Ier; il est prêt à mourir en combattant avec l'élite du peuple français plutôt que d'accepter des conditions de paix humiliantes; il compte que la cour de Vienne, fidèle à l'alliance des deux pays, s'efforcera d'épargner à l'Europe les calamités d'une nouvelle guerre; afin de prouver à l'empereur d'Autriche combien il désire la paix, Napoléon non-seulement acquiesce à l'ouverture d'un congrès, mais consent encore à la conclusion d'un armistice, 350, 351. — (22 mai.) Avis à François Ier de la victoire de Bautzen, 361. — (30 juin.) L'Empereur assure ce souverain de son désir de conclure la paix; elle dépend de la modération des Russes et des bons offices du cabinet de Vienne, 514. — V. Autriche.

Franquemont, général wurtembergeois, 374.

Frédéric, roi de Wurtemberg. — (2 mars 1813.) Invitation à ce prince de réunir son contingent militaire à Würzburg; avis des mesures prises pour protéger contre les Cosaques les pays de la confédération du Rhin, 22. — (8 avril.) L'Empereur insiste auprès du roi de Wurtemberg pour qu'il presse le départ de son contingent; offre de troupes pour protéger le Vorarlberg, 203. — (18 avril.) Nouvelle insistance dans le même sens; importance que Napoléon attache aux régiments de cavalerie wurtembergeoise; avis au roi Frédéric des derniers mouvements et des positions des différents corps, 236 à 238. — (21 avril.) L'Empereur compte sur une prochaine mise au complet du contingent wurtembergeois; question au roi Frédéric sur une prétendue capitulation de Torgau, 251, 252. — (24 avril.) Questions au roi de Wurtemberg au sujet des dispositions de l'Autriche; opportunité d'une démarche collective des souverains de Wurtemberg et de Bavière auprès de la cour de Saxe pour la retenir dans le système de la Confédération; avis des mesures militaires prises pour assurer la tranquillité de l'Allemagne, 261 à 263. — (4 mai.) Avis au roi Frédéric de la victoire de Lützen, 313. — (7 mai.) Avis à ce prince des dernières opérations militaires, 323. — (30 mai.) L'Empereur remercie Frédéric de renseignements concernant la cour de Vienne, et lui renouvelle ses offres de secours pour la défense du Vorarlberg, 391. — (13 juin.) Envoi à Londres d'un commissaire wurtembergeois, chargé de faire des ouvertures de paix; Napoléon exprime au roi Frédéric son opinion sur le résultat probable de cette démarche; en tout cas, si un congrès se réunit, le ministre de ce prince sera appelé à en faire partie, 447. — (9 juillet.) Avis à Frédéric des retards apportés à l'ouverture des négociations de Prague, 560. — V. Wurtemberg.

Frédéric VI, roi de Danemark. — (18 juin 1813.) L'empereur se félicite du retour de ce prince à l'alliance française et des dispositions amicales qu'il n'a cessé de montrer personnellement à Napoléon au milieu des vicissitudes de la politique; observations sur l'opportunité de conclure un nouveau traité qui fixe les rapports et les obligations réciproques de la France et du Danemark, 474. — V. DANEMARK.

FRÉDÉRIC-AUGUSTE, roi de Saxe, grand-duc de Varsovie. — (2 mars 1813.) Avis au roi de Saxe de la situation générale des différents corps en Allemagne, et des mouvements projetés dans le cas où les Russes se porteraient sur Dresde; projet de Frédéric-Auguste de se retirer en Bavière; l'Empereur lui offre une retraite en France, 20. 21. — (3 mars.) Ordre au capitaine Lauriston, chargé d'une mission en Allemagne, d'aller à la rencontre du roi de Saxe, si ce prince a déjà quitté Dresde, 25. — (6 mars.) Napoléon engage Frédéric-Auguste à ne point sortir de ses états; si les circonstances l'exigeaient, ce prince pourrait se rendre à Francfort-sur-le-Main ou à Mayence, 48. — (8 avril.) Le roi de Saxe à Ratisbonne; l'Empereur le presse d'envoyer à Würzburg son régiment de cavalerie, et lui exprime ses regrets au sujet de la destruction du pont de Dresde par les ordres de Davout. 204. — (20 avril.) Nouvelle insistance de l'Empereur pour que Frédéric-Auguste mette en marche sa cavalerie, 246. — Déplaisir causé à l'Empereur par l'attitude du roi de Saxe; Napoléon compte toujours sur ce prince et l'assure de son estime, 248. — Ordre à Bassano de faire démentir énergiquement tous les bruits tendant à faire suspecter la fidélité du roi de Saxe, 248. — (21 avril.) Opportunité d'une démarche collective des cabinets de Stuttgart et de Munich auprès de Frédéric-Auguste, pour maintenir ce prince dans le système de la Confédération; ouverture dans ce sens au roi de Wurtemberg. 261, 262. — (12 mai.) Retour de Frédéric-Auguste à Dresde, 335. — (13 mai.) Avis à Ney de la rentrée du roi de Saxe à Dresde, 341. — (25 mai.) L'Empereur annonce au roi de Saxe les derniers événements militaires et diplomatiques, et l'invite à organiser des patrouilles contre les Cosaques et à reconstituer son contingent; opportunité de saisir les biens du général saxon Thielmann, entré au service des ennemis de la France et de la Saxe, 378. — V. SAXE (Royaume de).

FRÉDÉRIC-GUILLAUME, prince royal de Prusse. 303, 308.

FRÉDÉRIC-GUILLAUME III, roi de Prusse. — (2 mai 1813.) Le roi de Prusse à la bataille de Lützen, 300, 302. — (14 mai.) Il se retire vers la Silésie, 341. — V. PRUSSE.

FRESIA (Baron), général de division, 333, 354. 497, 597.

FRIANT (Comte), général de division, dans la garde, 603.

FRIMONT, feld-maréchal-lieutenant autrichien. 226, 261.

FRIOUL (Duc DE). V. DUROC.

FRONTIÈRES (*Défense des*). — (4 mars 1813.) Ordre d'assurer la défense des côtes par l'armement et l'approvisionnement des principaux ports et des îles de l'Océan et de la Méditerranée, 26. — (11 mars.) L'Empereur presse l'organisation des brigades destinées à la défense du territoire, 67. — (13 mars.) Mesures à prendre pour la défense des Pyrénées au moyen des cohortes, 86. — (16 mars.) Ordre d'armer au besoin, pour la défense des côtes et des frontières, les équipages et les ouvriers de la marine ainsi que les habitants: réserve de fusils à réunir dans cette vue à Anvers, Flessingue, Ostende, Lille, le Havre. Brest, la Rochelle, Blaye, Vincennes, Toulon Marseille, Strasbourg, etc. 109 à 111. — Dispositions à prendre pour l'armement et l'approvisionnement des îles d'Hyères; travaux de l'île du Levant, batteries de la Caraque, de l'Éguillette, du cap Brun, du fort Sainte-Catherine, etc.; travaux de défense à faire à Rochefort, Brest, Cherbourg, le Havre, Mayence, Juliers et Venlo, 113 à 115. — (2 avril.) Demi-brigades provisoires chargées de défendre Flessingue, Anvers, Cherbourg. la Bretagne, l'île d'Aix, la Rochelle, Roche-

fort et Toulon; troupes à réunir à Wesel et à Mayence, 174, 175. — (4 avril.) Intention de l'Empereur d'assurer la défense des frontières au moyen de trois nouveaux corps d'observation à former à Vérone, Wesel et Mayence, 184, 185. — (24 avril.) Éventualité d'un mouvement des demi-brigades de Toulon et de Bretagne sur le royaume d'Italie; ordre de renforcer, par précaution, le corps de Mayence, 258, 259. — (30 mai.) Instructions à transmettre au prince d'Essling, chargé d'organiser la défense de Toulon; les journaux répandront le bruit de la formation d'un camp près de cette ville en vue d'une expédition en Sicile ou en Italie, 389, 390. — (28 juillet.) Nécessité de compléter la défense de la frontière du Rhin; travaux du génie à faire en conséquence à Cologne et à Coblenz; importance de ces places, 598 à 600.
Fusils. V. Armes et munitions de guerre.

G

Galbois. adjudant commandant, 70, 97.
Gallo (Marquis de), ministre des affaires étrangères du royaume des Deux-Siciles, 478.
Garde impériale. — (1er mars 1813.) Effectif actuel de l'infanterie de la Garde; chiffre des recrues destinées à en compléter les cadres; ordre d'utiliser, dans les régiments formés des cohortes, tous les officiers surnuméraires de la Garde, 4. — (2 mars.) Prochaine arrivée à Gotha de la Garde, sous les ordres du duc de Trévise, 10, 13. — (5 mars.) L'Empereur assigne Francfort-sur-le-Main comme point de réunion de toute la Garde, 31. — (6 mars.) Ordre de hâter le retour en France des recrues à fournir à la Garde par l'armée d'Espagne, 39. — Division de la Garde en deux parties: l'une, la plus forte, sera réunie à Francfort; l'autre sera sous les ordres du vice-roi, 47. — (11 mars.) Ordres relatifs à la composition de l'artillerie de la Garde, 62, 63. — Réunion prochaine de la Garde à Francfort, 66. — (13 mars.) Ordre de diriger sur Francfort les dépôts de la Garde restés à Leipzig, 89. — Ordre de cantonner dans un camp près de Magdeburg la division de la Garde commandée par le vice-roi, 95. — (19 mars.) Observation concernant le service de l'artillerie de cette division, 125. — (26 mars.) Création d'un régiment de flanqueurs-grenadiers, d'un 8e régiment de tirailleurs et d'un 8e de voltigeurs, 145, 146. — (28 mars.) Réunion prochaine de la cavalerie de la Garde à Gotha; l'administration de ce corps se rendra à Francfort, 155. — (7 avril.) Forces déjà disponibles de la Garde, 195. — (8 avril.) Avis à ce sujet au prince de la Moskova, 201. — (10 avril.) Ordre pour le départ de Paris d'une division de la Garde sous les ordres de Bessières; généraux, artillerie, équipages militaires, ambulances de cette division, 207. — Mesure à prendre pour compléter l'effectif des chevau-légers polonais de la Garde, 208. — (13 avril.) Ordre à Clarke de faire fournir les soldats et les officiers demandés pour la Garde, 222. — (23 avril.) Mouvement d'une partie de la Garde sur Francfort, Hanau et Eisenach; état actuel de ce corps; la vieille Garde, une fois formée, sera sous les ordres de Roguet; instructions concernant l'organisation de l'artillerie et des équipages militaires, 255 à 257. — (26 avril.) Échelonnement de la Garde d'Erfurt à Weimar, 266. — (28 avril.) Jonction prochaine des deux corps de la Garde, 274. — Ordre à Bessières de diriger la Garde sur Eckartsberga, 278. — (30 avril.) Ordre à la jeune Garde de rester à Naumburg; les bataillons de la Garde qui font partie du corps d'Eugène Napoléon se réuniront, à Weissenfels, aux bataillons de la vieille Garde, et formeront la division Roguet aux ordres de Soult, 285, 286. — (1er mai.) Instructions sur le même sujet au major général, 290. — (2 mai.) Belle conduite de la jeune Garde à la bataille de Lützen; sang-froid de la vieille

Garde, 302, 303. — (6 mai.) Position de la Garde en avant de Kolditz, 317. — (9 mai.) Dispositions concernant la Garde lors du passage de l'Elbe, près de Dresde, 327. — (10 mai.) Ordre relatif aux logements de la jeune Garde à Dresde; l'artillerie sera placée autour de la ville, 329, 330. — (16 mai.) Ordre au duc de Trévise de tenir la jeune Garde en réserve, en prévision d'une bataille sur Bautzen, 345, 346. — (17 mai.) Position assignée, entre Dresde et Bischofswerda, à l'infanterie de la Garde, 348. — (18 mai.) Nouveaux ordres pour le mouvement de la Garde sur Bautzen, 351, 352. — (23 mai.) Ordres relatifs au mouvement de divers détachements de la Garde, 351, 362. — (24 mai.) Part prise par la Garde à la bataille de Bautzen; belle conduite des lanciers rouges à Reichenbach, 373. — (26 mai.) Ordre pour un mouvement de la Garde sur Liegnitz, 381. — (2 juin.) Réunion prochaine de la jeune Garde sur Regnitz et Pirna; ordre d'achever promptement l'organisation de l'artillerie de la Garde, 403, 404. — (4 juin.) Réunion de bataillons de la Garde à Dresde, 416.

GARDES D'HONNEUR, 250.

GARDES D'HONNEUR de Toscane, 286, 290.

GARDES D'HONNEUR de Turin, 286, 290.

GARDES NATIONALES. — (16 mars 1813.) Mesure à prendre pour assurer, en cas de besoin, l'armement des gardes nationales sur les côtes et sur les frontières, 109 à 111. — (19 mars.) L'Empereur compte sur les gardes nationales et les deux cohortes de Hambourg pour défendre cette ville contre les Cosaques, 124. — (20 mars.) Ordre à ce sujet au ministre de la guerre, 128. — (7 avril.) Envoi en Hollande du sénateur Ferino, chargé d'organiser les gardes nationales dans ce pays, 195.

GARNISONS DE VAISSEAUX (*incorporées dans la Grande Armée*), 42.

GASSENDI (Comte), général de division d'artillerie, conseiller d'état, 332.

GAUDIN, duc de Gaëte, ministre des finances. V. FINANCES.

GÉNIE (Corps et travaux du). — (4 mars 1813.) Ordres relatifs à l'armement des ports et îles de la Méditerranée et de l'Océan; défense des forts de Coewerden et de Delfzyl; mise en état de siége de Kehl, Kastel, Wesel, Naarden et Gorcum; questions à Clarke au sujet des places de Hollande qu'il serait opportun de désarmer, pour qu'elles ne pussent, dans aucun cas, servir à l'ennemi, 26, 27. — (5 mars.) Travaux du génie à exécuter à Erfurt; têtes de pont à établir sur l'Ems et le Weser, 36, 37. — (6 mars.) Questions sur l'état de la place de Wittenberg; ordre d'y faire tous les armements nécessaires; camp fortifié à établir éventuellement près de Magdeburg, 44, 45. — (11 mars.) Ordre de faire partir le matériel du génie des corps d'observation du Rhin, 63. — Tête de pont à établir sur l'Elbe, 70. — (13 mars.) Composition du génie du 3ᵉ corps, 99. — Ordres donnés pour l'armement de Würzburg, Kœnigshofen et Kronach, 92, 93. — (14 mars.) Ordres concernant l'armement de Wesel, Kastel, Kehl, Grave, Venlo, Juliers, Mayence, Strasbourg et Metz; envoi au major général de l'état de situation des places de l'Oder et de la Vistule, 96. — (16 mars.) Observations sur l'armement des places de Hollande; intention de l'Empereur de n'occuper d'abord que les citadelles; importance de la ligne de l'Ems et de Münster pour la défense de la Hollande; études à faire en conséquence par le comité des fortifications, 111, 112. — Travaux de défense à faire aux îles d'Hyères et sur les côtes de la Méditerranée et de l'Océan, 113, 114. — (19 mars.) Ordres relatifs à l'armement de Wittenberg, 125. — (30 mars.) Mesure prise pour l'approvisionnement en bois des places de Kastel et de Mayence, 164. — (8 avril.) Ordre à Clarke de prendre des dispositions semblables pour toutes les places de guerre, 198. — (30 avril.) Travaux du génie à faire à Naumburg et à Merseburg, 287, 289. — (9 mai.) Tête de pont à établir près de Dresde, 326. — (10 mai.) Même ordre, 331. — (16 mai.)

Utilité de fortifier, s'il y a lieu, la place de Tangermünde et une position à l'embouchure du Havel, 346, 347. — (24 mai.) Ordre de commencer sur ce dernier point les travaux du génie, 364, 365. — Instructions pour la mise en état de défense de Dresde, Bautzen et Goerlitz; importance que l'Empereur attache à la place de Wittenberg; répétition des ordres relatifs aux fortifications projetées à l'embouchure du Havel, 366, 367.— (4 juin.) Nouveaux ordres concernant les places à construire à l'embouchure du Havel et à celle du canal de Plauen, 420. — (7 juin.) Travaux du génie à faire à Hambourg, 433 à 435. — (18 juin.) Ordre d'ajourner la construction d'une place à l'embouchure du canal de Plauen; éventualité d'un ajournement semblable en ce qui concerne la place projetée à l'embouchure du Havel; le général Haxo ira étudier, à Wittenberg, les travaux de défense à faire dans cette ville, 466, 467. — (22 juin.) Ouvrages du génie à faire à Lilienstein; importance de cette position et de celle de Kœnigstein pour assurer la défense de la ligne de l'Elbe, 485 à 488. — Retranchements à établir à Lübben, 488. — (29 juin.) Ordres pour l'armement d'Erfurt, 513. — (5 juillet.) Note sur le camp retranché de Dresde, 537 à 539. — (8 juillet.) Instructions détaillées touchant les travaux du génie commandés à Dresde: camps retranchés, fossés, flèches, palissades, armement des bastions, routes, 551 à 554. — (19 juillet.) Travaux à faire à Luckau et à Lübben, 583. — (20 juillet.) Ordre de mettre en état de défense les places de Bunzlau, Gœrlitz et Liegnitz, 583.— (27 juillet.) Nouveaux ordres au génie touchant Luckau et Bunzlau, 596. — (28 juillet.) Travaux de défense à faire à Cologne et à Ehrenbreitstein, près Coblenz; raisons de préférer Cologne à Bonn; ordre de raser les fortifications de cette dernière place, 598 à 600.

Gérard (Baron), général de division, 52, 53, 70, 75, 275, 281.

Gérard, peintre, 432.

Germain (Comte), ministre de France à Würzburg, 248, 443.

Gersdorf, général saxon, 328, 355.

Giedroyc (Prince), 17, 97.

Girard (Baron), général de division, 53, 79, 121, 126, 301.

Glogau, ville de Prusse, 41, 194, 238, 380, 401, 422, 438, 439, 440, 507, 573, 574.

Goubé de Villemontée (Baron), général de brigade, 303.

Gourgaud (Baron), chef d'escadron, officier d'ordonnance de l'Empereur, 44, 99.

Gouvion Saint-Cyr, maréchal, commandant le 11ᵉ corps de la Grande Armée — (11 mars 1813.) Ordre pour la réunion du 11ᵉ corps, 68, 70. — (12 mars.) Décret confirmant Gouvion Saint-Cyr dans le commandement du 11ᵉ corps, 74, 75. — (13 mars.) Maladie de ce maréchal, 88. — Cantonnements assignés au 11ᵉ corps dans un camp près de Magdeburg, 95. — V. Macdonald. — (5 juillet.) Projet de l'Empereur de confier à Gouvion Saint-Cyr le commandement d'un corps d'observation qui, de Kœnigstein, manœuvrerait sur les deux rives de l'Elbe; ordre à ce maréchal d'aller reconnaître le fort de Kœnigstein ainsi que les débouchés et positions y attenants, 536.

Grande Armée (*Opérations de la*). — (2 mars 1813.) Dans le cas où le vice-roi serait obligé de repasser l'Elbe, son corps et celui de Davout se dirigeraient sur Cassel pour défendre le Weser, 9, 10. — Le corps d'observation de l'Elbe reçoit l'ordre de se replier également, le cas échéant, sur la ligne du Weser, 11, 12. — Davout est chargé de garder les ponts de Wittenberg et de Dessau, 12. — Questions au vice-roi sur quelques pertes essuyées par l'armée, 16, 17. — Avis au roi Jérôme des mesures prises pour protéger la Westphalie dans le cas d'une entrée des Russes à Dresde, 18 à 20. — (5 mars.) Recommandation expresse au prince Eugène de n'abandonner Magdeburg qu'à la dernière extrémité, et de se retirer alors sur les montagnes du Harz, puis, au besoin, sur le Weser, pour protéger Cassel et les pays hanséatiques; manœuvre tournante prescrite, à l'occasion, au duc d'Elchingen par Würzburg, 33 à 36. — (6 mars.) Avis à Lauriston des mouvements projetés pour la défense de Magdeburg, du Hanovre, de la Westphalie et de Hambourg; l'Empereur doute que les Russes se hasardent à dépasser Dresde, 42 à 44. — Intention de l'Empereur de ne prendre l'offensive que vers le milieu de mai son but, en accumulant des troupes sur le Main; choix à faire par le vice-roi, s'il est obligé d'évacuer Berlin, d'un camp fortifié aux environs de Magdeburg, 46, 47. — (7 mars.) Position du quartier général du prince Eugène à Wittenberg, 52. — (9 mars.) Le vice-roi à Leipzig; conséquences de son mouvement de retraite sur le haut Elbe; ordre à Eugène de revenir sur Magdeburg et de s'y établir avec des forces considérables en menaçant les Russes d'une bataille; le but de cette manœuvre est de couvrir les pays hanséatiques et de tenir l'ennemi en respect, en attendant la réunion d'une armée de 200,000 hommes sur le Main; système de campement à adopter pour les troupes, 53 à 59. — (11 mars.) Position de Reynier à Dresde; nouvelles observations sur la nécessité d'occuper Wittenberg et de garder à Magdeburg une attitude offensive; tête de pont à établir sur l'Elbe pour arrêter les coureurs ennemis, 69 à 71. — Plan conçu par Napoléon afin d'arriver promptement au secours de Danzig; calcul concernant la route la plus courte pour se porter sur Stettin avant que l'ennemi ait pu réunir ses forces; intention de l'Empereur de masquer ses projets en feignant de menacer la Silésie; plan d'opérations défensives; importance de Havelberg pour couvrir les villes hanséatiques et la Westphalie; choix à faire d'un point où la plus grande partie de l'armée se réunira pour déboucher sur l'Oder, 71 à 73. — (13 mars.) Mouvement du vice-roi sur Wittenberg et Magdeburg; dispositions générales prescrites pour la défense de l'Elbe, 89, 90. — Intention de l'Empereur de prendre l'offensive au mois de mai, 95. — (14 mars.) Échelonnement des divers corps de Magdeburg à Cassel et d'Augsburg à Wesel, 99, 100. — (19 mars.) Ordre au vice-roi d'occuper, outre la ligne de la Mulde, celle de la Saale, 126, 127. — (28 mars.) Reconnaissance poussée par le prince Eugène sur la route de Berlin, 161. — (2 avril.) Détermination de la ligne d'opération de l'armée de l'Elbe et de celle de l'armée du Main, 169. — (7 avril.) Échec infligé par le vice-roi à un corps prussien, 195. — (12 avril.) Manœuvre que l'Empereur projette de faire pour couper à l'ennemi la route de la Prusse, 220. — (13 avril.) Avis au major général des positions et des mouvements du vice-roi, de Ney, de Bertrand et de Marmont; l'ennemi n'a pas encore pris l'offensive, 223 à 225. — (17 avril.) Ordre à Berthier de faire quitter aux convois la ligne de Würzburg et de diriger désormais par Eisenach et Fulde tout ce qui sera destiné au corps de Ney, 232. — (19 avril.) Position de la Grande Armée, 241. — (21 avril.) Avis à Lemarois de cette position; succès remporté sur un détachement de hussards prussiens, 251. — (24 avril.) Conjectures sur la possibilité d'un mouvement rétrograde de l'ennemi; marche en avant de Sebastiani, 257. — Intention de l'Empereur de rejeter successivement l'ennemi sur la droite de la Saale, de la Mulde et de l'Elbe, 262. — (26 avril.) Éventualité d'un engagement du côté de Naumburg, 265. — Napoléon veut se réunir au vice-roi et occuper toute la Saale jusqu'à l'Elbe, 267 à 269. — (27 avril.) Instructions à Ney dans ce sens, 270, 271. — (28 avril.) Projet de l'Empereur de déboucher sur la Saale avec une masse de 300,000 hommes, 274. — Évacuation d'Iena par le général Brenier; capitulation de Thorn; engagement sous Stettin; vaine attaque de Wittenberg par les Russes; ordres relatifs à la jonction de Ney et du vice-roi, 275, 276. — Passage de la Saale à Naumburg, 278, 279. — (29 avril.) Observation de l'Empereur sur la force de la position de Halle; manœuvre à faire pour en débusquer l'ennemi, 282. — (30 avril.) Succès remporté sur les Russes à Weissenfels par le général Souham; prise de Mersebourg sur les Prussiens par le duc de Tarente, 283, 284. — Napoléon informe Cambacérès de la jonction des armées du Main et de l'Elbe, 287. — (1er mai.) Mouvement de l'armée sur Lützen; éventualité d'une bataille, 292. — Combat de Weissenfels; mort du maréchal Bessières, 294. — (2 mai.) Bataille de Lützen; déroute des coalisés, 299 à 304. — V. BULLETINS DE LA GRANDE ARMÉE. — (4 mai.) L'armée continue de marcher en avant; l'Empereur hésite encore sur la direction qu'il doit prendre, 306, 307. — (6 mai.) Défaite du corps russe de Miloradovitch à Gersdorf par le vice-roi, 317. — (8 mai.) Entrée de Napoléon à Dresde, 323. — (9 mai.) Ordres et dispositions pour le passage de l'Elbe près de cette ville, 326 à 329. — (13 mai.) Plan de campagne que l'Empereur se propose d'exécuter durant le mois de mai, 341. — (15 mai.) Mouvements de Macdonald, Bertrand, Oudinot, Ney et Lauriston que l'Empereur; mise en marche de 40,000 hommes sur Berlin, 343, 344. — (18 mai.) Ordres à Berthier en prévision d'une bataille à Bautzen, 351 à 353. — Le général Caulaincourt est chargé de se rendre aux avant-postes de l'ennemi pour y négocier avec le czar la conclusion d'un armistice, 360. — (24 mai.) L'armée va se diriger sur Torgau; ordre à Oudinot de manœuvrer sur Berlin, pour rejeter Bülow au delà de l'Oder, 363, 364. — Journées de Bautzen; positions occupées par l'armée après le passage de la Neisse, 367 à 376. — V. BULLETINS DE LA GRANDE ARMÉE. — (30 mai.) Détermination des routes militaires de la Grande Armée; ordres à ce sujet, 386, 387. — (1er juin.) Position de la Grande Armée à l'ouverture des négociations pour l'armistice de Pleischwitz, 394 à 399. — Entrée des Français à Breslau, 400, 401. — (3 juin.) Intention de l'Empereur, si l'armistice ne se conclut pas, de porter sa ligne d'opération sur Breslau, place dont la neutralisation est proposée par les commissaires alliés, 408. — (4 juin.) Saisie de bâtiments ennemis chargés de munitions de guerre et de bouche pour l'armée de siége de Glogau, 415. — (5 juin.) Cantonnements assignés aux différents corps durant l'armistice, 421. — (7 juin.) Mesures à prendre pour faire camper les troupes, provisoirement cantonnées, 430, 431. — (11 juin.) Dispositions pour le cantonnement de trois armées sur les hauteurs de la Carniole, au débouché de la Bohême, et sur la Rednitz, et d'un corps bavarois sur l'Inn, 441, 442. — (13 juin.) Colonnes chargées de pourchasser les partisans ennemis, 443. — (17 juin.) Postes de correspondance à établir entre les divers corps, 455. — (22 juin.) L'Empereur veut être prêt le 20 juillet à reprendre l'offensive, 489. — (28 juin.) Répétition des ordres relatifs à la poursuite des partis ennemis, 505. — (5 juillet.) Point sur lequel se porterait la guerre si l'Autriche se rangeait du côté des alliés, 535. — (6 juillet.) Postes à établir sur les routes principales et intermédiaires de l'armée; surveillance à y exercer, 542, 543. — (8 juillet.) Nouveaux ordres relatifs aux postes de surveillance à établir de Dresde à Prague; un rapport sera chaque jour remis à l'Empereur, 554, 555.

GRANDE ARMÉE (*Organisation et dépôts*). — (1er mars 1813.) Dispositions à prendre pour concentrer sur les frontières de l'Empire une force considérable en cavalerie : régiments provisoires du 1er, 2e et 3e corps de cavalerie à diriger, en conséquence, sur Wesel, Mayence et Metz; le 3e corps (*escadrons de l'armée d'Espagne*) sera provisoirement sous les ordres du duc de Plaisance, 1 à 4. — (2 mars.) Ordre de retirer des dépôts les hommes hors de service et de presser la formation des 4es bataillons des vingt-huit régiments de la Grande Armée, 7. — Réunion du 1er corps à Erfurt et à Wittenberg, et du 2e à Dessau; artillerie de ces corps, 9. — (3 mars.) Envoi à Metz du capitaine Lauriston, chargé d'y inspecter l'organisation des régiments de cavalerie, 24. — (4 mars.) Ordres relatifs à la réunion et à la formation du 1ᵉʳ corps et des corps d'observation du Rhin, 28 à 30. — (5 mars.) Avis à Eugène Napoléon du prochain achèvement de l'organisation de la Garde et des trois corps d'observation ; quant à la reconstitution de la cavalerie, elle ne sera complète qu'au mois de mai, 35, 36. — (6 mars.) Ordre de presser le retour en France des officiers et des cadres de l'armée d'Espagne destinés à être versés dans la Grande Armée, 39, 40. — (7 mars.) Ordre au général Bourcier de dresser l'état de situation des chevaux fournis à l'armée par les dépôts de Hanovre, et de réunir les divers détachements de cavalerie, 50. — (11 mars.) L'Empereur demande un état général de situation de tous les corps de la Grande Armée, 67. — (12 mars.) Décret réglant la composition des onze corps de la Grande Armée : les 1ᵉʳ et 2ᵉ corps d'observation du Rhin deviennent le 3ᵉ et le 6ᵉ corps; le corps d'observation d'Italie devient le 4ᵉ; le corps d'observation de l'Elbe, le 5ᵉ; les Saxons, avec Reynier, forment le 7ᵉ; les divisions polonaises, avec Poniatowski, le 8ᵉ; les Bavarois, le 9ᵉ; le 10ᵉ corps, sous les ordres de Rapp, est composé de la division de Dantzig : Gouvion Saint-Cyr a le commandement du 11ᵉ, et le duc de Bellune est mis à la tête du 2ᵉ. Numéros des divisions formées par les régiments étrangers restés en dehors de l'organisation précédente; composition d'une 41ᵉ division à former à Erfurt, 73 à 75. — Force en cavalerie dont le prince Eugène pourra prochainement disposer, 78. — Envoi au duc de Valmy du décret réglant la formation de la Grande Armée; caractère confidentiel de cette communication, 80. — Ordre au général Bourcier de presser l'organisation de la cavalerie, 81. — (13 mars.) Exposé de l'état prochain de la cavalerie, d'après le travail de réorganisation commencé, 86, 87. — Composition du 3ᵉ corps, 91, 92, 94. —

(14 mars.) Instructions à Berthier sur les mesures à prendre pour reconstituer les bureaux et le service de l'état-major de la Grande Armée, 96 à 98. — (18 mars.) Observation à Clarke au sujet d'une erreur dans l'état de situation de la cavalerie, 119. — (20 mars.) Ordre au capitaine d'Hautpoul d'aller inspecter, à Metz, Commercy, Nancy et Mayence, l'état de situation de la cavalerie et du train des équipages en formation dans ces villes, 129, 130. — (23 mars.) Observations au vice-roi sur l'état de la cavalerie, 138. — (26 mars.) Instructions pour la formation du 3ᵉ corps de cavalerie; généraux chargés de l'inspection, 143. — Constitution de la Grande Armée en armée de l'Elbe et armée du Main; ordre à Berthier de rédiger un état de situation de chacune d'elles, 144, 145. — (27 mars.) Cavalerie de la Grande Armée : 1ᵉʳ corps, commandé par Latour-Maubourg; 2ᵉ corps, commandé par Sebastiani; 3ᵉ sous les ordres du duc de Padoue; ordre d'en régler l'organisation; cavalerie des corps d'observation, 148 à 151. — Question au prince Eugène sur l'état de situation des dépôts de cavalerie de l'armée, 152. — (31 mars.) Résultat du travail des bureaux de la guerre relativement à l'organisation de l'armée : bataillons destinés au service actif; compagnies réservées pour les places; bataillons à garder en France pour le service de l'intérieur; nombre de bataillons du 1ᵉʳ et du 2ᵉ corps; instructions touchant la formation des divisions définitives; réserve à mettre entre les mains du général Lemarois, 164 à 168. — (2 avril.) Ordres à Clarke sur le même sujet; bataillons à diriger sur Wesel; division de Hambourg ; 31ᵉ et 32ᵉ divisions; bataillons de garnison; observations sur quelques régiments qui ne sont pas employés; — réunion prochaine d'un corps de réserve à Mayence, 170 à 177. — (4 avril.) Préparatifs à faire pour la réunion d'un 2ᵉ corps d'observation d'Italie à Vérone; composition de ce corps en infanterie, cavalerie, artillerie,

80.

génie, équipages militaires; deux autres corps d'observation seront formés à Wesel et à Mayence, 184, 185. — Emploi à faire des compagnies des 5ᵉˢ bataillons qui avaient été destinées à former une *Réserve des divisions réunies*, 187. — (5 avril.) Incorporation dans l'artillerie de terre de 60 officiers de l'artillerie de marine; officiers à tirer des écoles de Metz et de Saint Cyr, 188. — Réunion à Mayence de deux divisions de marche, destinées aux cinquante et un régiments de cavalerie de la Grande Armée, 190. — (. . avril.) Troupes dont se compose l'armée de l'Elbe; ordre d'établir à Wesel ses dépôts d'artillerie, ses ambulances et ses magasins; composition de l'armée du Main, dont le centre de dépôt sera Mayence; temps nécessaire à sa formation; effectif considérable auquel elle s'élèvera; suppression du 4ᵉ corps et sa réunion au corps d'observation d'Italie; emploi à faire des 1ᵉʳ et 2ᵉ corps, 227 à 229. — (18 avril.) Ordre à Clarke de remplir sans retard les places d'officiers vacantes à la Grande Armée, 234. — (24 avril.) Instructions pour la formation du 12ᵉ corps, sous les ordres du duc de Reggio, 259, 260. — (27 avril.) Observations à Clarke sur l'incapacité des officiers du 37ᵉ régiment léger; ordre de surveiller le travail des bureaux de la guerre et de fournir de meilleurs sujets à l'armée, 273. — (2 mai.) Fusion du génie, de l'artillerie et de l'administration des armées de l'Elbe et du Main, 299. — (5 mai.) Ordre à Clarke de pourvoir l'armée d'officiers; ils seront pris dans l'armée d'Espagne et dirigés sur Mayence, 316. — (12 mai.) Dissolution de l'armée de l'Elbe, 333. — (13 mai.) Composition du corps de cavalerie de Latour-Maubour, 338, 339. — (2 juin.) Insuffisance de cavalerie à la Grande Armée; ordre de redoubler d'efforts pour achever, sous ce rapport comme sous les autres, la réorganisation des différents corps, 403, 404. — (4 juin.) Ordre pour l'organisation à Leipzig d'un corps de réserve sous les ordres du duc de Padoue, 413. — Force de ce corps, 416. — (6 juin.) Ordres relatifs à l'organisation du corps polonais de Poniatowski, désormais à la solde de l'Empereur, 423 à 427. — (7 juin.) Ordre d'organiser un 4ᵉ corps de cavalerie, sous les ordres du comte de Valmy, à Zittau, 430. — (18 juin.) Organisation du corps d'observation de Mayence, qui prendra le titre de corps d'observation de Bavière, 468. — (25 juin.) L'Empereur demande un livret de l'infanterie, du génie et de l'artillerie de la Grande Armée, 502. — (28 juin.) Ordre de transférer à Magdeburg le dépôt de cavalerie de Hanovre, 509. — (1ᵉʳ juillet.) Création d'un 13ᵉ corps, sous les ordres de Davout; composition de ce corps, 519. — Ordre de remplacer le colonel du 4ᵉ régiment étranger, 523. — (2 juillet.) Instructions touchant un projet de réorganisation de la cavalerie de la Grande Armée; utilité de former un corps spécial de partisans chargés de battre le pays, 526 à 528. — (4 juillet.) Force du corps d'observation de Bavière, 530. — (9 juillet.) Observations au major général sur les états de situation dressés pour les divers corps; nécessité de les rendre plus clairs et plus explicites, 556. — (23 juillet.) Ordre aux maréchaux de passer en revue leurs corps respectifs et d'exercer les troupes au tir à la cible; des jeux seront établis dans les camps, 585 à 587. — (29 juillet.) Arrivée prochaine à Mayence d'un renfort de 12,000 vieux soldats tirés de l'armée d'Espagne, 603.

Grande Armée (*Service financier de la*). V. Trésor public.

Gratifications. — (7 mars 1813.) Gratification accordée aux pensionnaires de l'Hôtel des Invalides, 49. — (12 mars.) Ordre de payer une gratification de campagne aux officiers de cavalerie, 78, 81.

Grenier (Comte), général de division, 134, 179, 334, 357, 442, 472, 473, 574.

Grillot (Baron), général de brigade, 281.

Guerre (Administration de la). — (4 mars 1813.) Ordre concernant l'habillement du 14ᵉ régiment de hussards, 27. — (11 mars.) Chevaux à fournir à la Garde impériale, 70. — (12 mars.) Observations relatives au mode de transport des papiers de l'état-major, de la caisse et des objets de l'ambulance, 76. — (13 mars.) Calcul relatif au chiffre des chevaux à se procurer pour achever la remonte de la cavalerie, 86, 87. — (14 mars.) Ordre à Lauriston de se munir d'effets d'équipement à Hambourg, 100. — (19 mars.) Ordre au général Bourcier de presser l'organisation des remontes; l'Empereur compte sur 12,000 cavaliers pour la fin de mars, 124, 125. — Observations au vice-roi sur le même sujet, 126. — (6 avril.) Retard subi par des convois d'effets partis pour Magdebourg; ordres en conséquence à Kellermann et au prince Eugène, 192, 193. — (14 avril.) Observations au sujet d'une lettre du comte de Cessac; mesures à prendre pour lever les entraves mises à l'organisation des ambulances, 227. — (.. avril) Nécessité d'organiser l'administration de l'armée du Main, 228. — (13 mai.) Ordre à Bourcier d'accélérer l'opération des remontes, 337. — (16 mai.) Ordre à Lacuée d'organiser sur le Rhin un service régulier pour le transport des troupes, 347. — (13 juin.) Enquête ordonnée au sujet de vols commis dans les magasins de Münster, 445. — (21 juin.) Ordre de résilier des marchés de remonte conclus à des prix exagérés; éventualité d'un achat de chevaux en Danemark, 481. — (25 juin.) Ordre à Durosnel au sujet d'une dilapidation commise à Dresde dans les marchés de la remonte; une commission sera chargée d'expérimenter la construction et l'usage des moulins portatifs à farine, 502. — (29 juin.) Ordre de substituer aux marchés conclus pour les transports le système des réquisitions; triple ligne de transports à établir pour le service, 513. — (5 juillet.) Mesure à prendre pour fournir d'avoine la cavalerie de la Garde, 537. — (11 juillet.) Envoi d'un commissaire des guerres à Herzberg, 561. — (20 juillet.) Enquête à faire sur une prévarication commise par un employé des transports, 584. — (24 juillet.) Chevaux à procurer aux régiments de cavalerie et aux équipages militaires de l'armée d'Espagne, 591, 592. — V. Approvisionnements, Équipages militaires, Pontonniers, Santé (Service de).

Guilleminot (Baron), général de brigade, 16. 33, 97.

Guyon (Baron), général de brigade à la Grande Armée, 473.

H

Halle, ville de Westphalie, 415.

Hammerstein, général westphalien, 241, 242, 247, 279, 306, 311.

Hanséatiques (Villes). — (7 mars 1813.) Ordre relatif à l'occupation de Lübeck, 52. — (9 mars.) Ordre au vice-roi de couvrir les villes hanséatiques contre les mouvements des Russes. 57 à 59. — (14 mars.) Ordre à Lauriston de calmer l'alarme des Hambourgeois, 99. — Bataillons chargés d'occuper Hambourg et d'y rétablir la sécurité, 101. — (17 mars.) L'Empereur compte sur le maréchal Davout pour rassurer les habitants de Hambourg; forces expédiées dans la 32ᵉ division militaire, 116. — Mouvement de Cosaques contre la 32ᵉ division militaire; ordres à Eugène en conséquence, 117. — (18 mars.) Nomination de sénateurs dans les villes hanséatiques; ferme résolution de l'Empereur de ne pas renoncer à ces pays, 118. — Conséquences de l'évacuation de Hambourg, 120. — Disposition pour rétablir Carra Saint-Cyr à Hambourg et pacifier Lübeck, 123. — (19 mars.) Prochaine arrivée à Hambourg du baron de Breteuil, nommé préfet de cette ville; ordre de continuer à lever toutes les impositions à Hambourg, 123, 124. — (20 mars.) État des choses à Hambourg, 135. — (21 mars.) Instructions à transmettre au comte Chaban et à tous les agents de l'administration française à Hambourg, 135. — Observations au sujet de la conduite tenue par Carra Saint-Cyr à Hambourg et de l'évacuation précipitée de cette place; opportunité de diriger les autorités françaises sur Bremen, 136. — (23 mars.) Ordre de faire arrêter et de renvoyer à leur poste tous les employés de la 32ᵉ division militaire, 137. — (26 mars.) Avis à Clarke de l'installation à Bremen des autorités françaises de Hambourg; Carra Saint-Cyr se tiendra prêt à réoccuper cette ville à la première occasion, 142. — Mouvements de navires de commerce anglais à l'embouchure de l'Elbe, 146, 147. — (29 mars.) Ordre aux autorités des départements des Bouches-de-l'Elbe, du Weser et de l'Ems, de rester à leur poste; mise en état de siège de ces départements, 162. — (24 mai.) Troupes à réunir par Davout dans les villes hanséatiques, 363. — Mesures projetées pour la défense de Hambourg, 364. — (30 mai.) L'Empereur compte que Davout est aux portes de Hambourg, 388. — (1ᵉʳ juin.) Reprise imminente de Hambourg par le prince d'Eckmühl; discussion concernant cette place lors des négociations de l'armistice de Pleischwitz; ferme résolution de l'Empereur de ne pas laisser aux mains de l'ennemi une seule parcelle des territoires hanséatiques, 395, 397, 398. — Napoléon consent à céder, s'il le faut, Breslau, afin de conserver Hambourg, 400, 401. — (7 juin.) Avis à Bassano de l'entrée de Davout à Hambourg, 432. — Envoi d'un officier d'ordonnance dans les villes hanséatiques; système de défense qu'il convient d'adopter pour Hambourg; travaux à faire en conséquence; explications sur ce sujet au prince d'Eckmühl, 433 à 435. — (10 juin.) Nouvelles instructions pour l'armement de Hambourg, 437. — (15 juin.) Ordres sur le même sujet, 448 à 450. — (18 juin.) Force des troupes laissées dans Hambourg, 464. — Activité imprimée aux travaux de la ville de Hambourg, dont le général Hogendorp est nommé gouverneur; un équipage de flottille sera chargé de la défense des passes voisines; administration de la marine et arsenal de construction à établir dans cette place, 469. — (20 juin.) Envoi à Davout du décret relatif à l'armement de Hambourg; explications à ce sujet, 477. — (30 juin.) Progrès rapide des travaux commencés à Hambourg, 518. — (7 juillet.) Inutilité de faire des travaux à Lübeck; continuation des mouvements de troupes sur Hambourg, 544, 545. — Ordre d'y organiser au plus vite la flottille de l'Elbe; les travaux de la marine et de la guerre seront faits partie par des forçats, partie par des ouvriers de la marine, 546, 547. — (24 juillet.) Mesures militaires à prendre à Hambourg en prévision du renouvellement des hostilités; la ville de Lübeck sera occupée par un commandant français, 589 à 591.

HARDENBERG (Baron DE), chancelier d'état en Prusse, 183, 576.

HAUTPOUL (D'), capitaine, officier d'ordonnance de l'Empereur. — (20 mars 1813.) Mission confiée à cet officier à Metz, Commercy, Nancy et Mayence, 129, 130.

HAVELBERG, ville de Prusse, 72, 73.

HAVRE (LE). V. FRONTIÈRES (*Défense des*).

HAXO (Baron), général de division du génie, gouverneur de Magdeburg, puis commandant le génie de la Garde, 6, 9, 11, 19, 55, 95. 229, 332, 346, 347, 420, 435, 437, 466, 467, 508, 583.

HÉDOUVILLE (Comte), ministre de France à Francfort-sur-le-Main, 30.

HEISTER, général prussien, 246.

HESSE-DARMSTADT. — (1ᵉʳ mars 1813.) La cour de Darmstadt sera invitée à mettre en marche son contingent de cavalerie, 1. — (2 mars.) La réunion des troupes hessoises se fera à Würzburg, 8. — (13 mars.) Contingent hessois fourni au 3ᵉ corps, 91 à 93.

HESSE-DARMSTADT (Troupes de), 13, 19, 64, 65, 66, 75, 79, 132, 133, 151, 182, 226, 228, 239, 240, 265, 266.

HESSE-HOMBOURG (Prince DE), 303, 308.

Hogendorp (Comte), général de division, gouverneur de Hambourg, 469, 574.

Hollande. — (4 mars 1813.) Ordres relatifs à l'armement des places et forts de la Hollande et à la défense d'Amsterdam et du lac de Haarlem, 26, 27. — (16 mars.) Observations concernant les mesures à prendre pour la défense de la Hollande; utilité d'un système qui consisterait à garder les villes en n'occupant provisoirement que les citadelles, 111, 112.—(20 mars.) Garnisons à mettre au fort Lasalle, au Texel, à Hellevoetsluis, Brielle, Naarden et Gorcum; chaloupes canonnières de Haarlem; force du camp d'Utrecht, 128, 129. — (24 mars.) Bouches à feu à retirer de Medemblik; utilité de conserver les batteries de Scheveningen pour protéger les pêcheurs, 140, 141. — (2 avril.) Troupes à diriger sur la Hollande, 170, 171, 174. — (7 avril.) Nouvel envoi de troupes à Utrecht; le sénateur Ferino est chargé d'organiser les gardes nationales de Hollande; ordre de n'admettre comme officier aucun Orangiste, 194, 195. — (22 juillet.) Ordre à Decrès de recruter la marine au moyen des Hollandais, 585.

Hôpitaux militaires. V. Santé (Service de).

Hyères (Îles d'). V. Frontières (*Défense des*).

I

Illyriennes (Provinces), 543, 544, 559, 574, 582.

Illyriennes (Troupes), 416.

Ingénieurs-géographes. V. Plans militaires.

Instruction militaire, 14, 19, 154, 233.

Invalides (Hôtel des), 49, 60.

Isabey, peintre, 512.

Italie (Royaume d'). — (27 mars 1813.) Renseignements demandés sur les régiments italiens et sur les opérations de la conscription en Italie, 151. — (2 avril.) Réserve constituée par les forces laissées en Italie, 176. — Ordre au comte Fontanelli d'envoyer à l'Empereur l'état de situation de l'armée du royaume d'Italie, divisée en trois fractions, celle de la Grande Armée, celle de l'armée d'Espagne et les troupes restant dans la péninsule et les îles voisines; cavalerie italienne, artillerie, garde; question concernant le produit et l'emploi des dons volontaires en Italie, 179. — Nouveaux ordres à Fontanelli au sujet de l'armée d'Italie, 180. — (10 avril.) Préparatifs pour la formation d'une division italienne destinée à défendre l'Italie et l'Illyrie, 210. — (12 avril.) Effectif auquel seront portées les troupes françaises restées en Italie; bataillons italiens à envoyer à Raguse, Zara et Cattaro, 218. — (24 avril.) Mesures à prendre afin d'assurer, «pour un cas extraordinaire de guerre avec l'Autriche,» la défense du royaume d'Italie; armée à former, dans cette vue, au moyen du corps d'observation de Vérone et de bataillons italiens et napolitains; artillerie et pontonniers; l'Empereur songe à renvoyer le vice-roi en Italie, 257 à 259. — (12 mai.) Ordre au prince Eugène de retourner à Milan, 334. — (18 mai.) Mesures à prendre par le vice-roi pour mettre les frontières italiennes à l'abri de toute agression de l'Autriche, 357, 358. — (30 mai.) Banqueroutes à Venise; ordre au prince Eugène à ce sujet; nécessité de hâter l'organisation des troupes, l'armement et l'approvisionnement des places, particulièrement de Palmanova et de Malghera; observation sur l'importance de Venise au point de vue militaire, 390, 391. — (2 juin.) Espoir de Napoléon dans la réunion prochaine du corps d'observation de Vérone à Laybach, 403. — (18 juin.) Organisation du corps d'observation de Vérone, qui prend le titre de corps d'observation d'Italie; le commandement en sera d'abord confié à Grenier; autres généraux à y nommer; dans le cas où ce corps serait appelé en Allemagne, les troupes italiennes qui en feront partie resteraient dans la péninsule, 471 à 474. — (3 juillet.) Échelonnement du corps d'observation d'Italie de l'Isonzo à l'Adige, 529. — V. EUGÈNE NAPOLÉON.

J

JÉRÔME NAPOLÉON, roi de Westphalie. — (2 mars 1813.) Avis au roi Jérôme des dernières mesures militaires prescrites à la Grande Armée; l'Empereur recommande à ce prince de faire approvisionner Cassel, dans la prévision d'une retraite du vice-roi sur cette ville; il fournira en outre tous les renseignements possibles sur les routes du pays, 18, 19. — Le roi de Westphalie réunira son contingent près de Magdeburg et établira une redoute au bord de l'Elbe, 20. — (5 mars.) Invitation au roi Jérôme de faire faire, en Westphalie, toutes les reconnaissances et tous les travaux du génie nécessaires aux prochaines opérations de l'armée, 37, 38. — (12 mars.) Observations et instances de Napoléon pour déterminer le roi de Westphalie à faire approvisionner Magdeburg au moyen d'un système régulier de réquisitions payées par des bons, 81 à 84. — (13 mars.) Mouvement prochain du roi Jérôme, chargé d'appuyer le vice-roi avec les troupes westphaliennes ou de se porter, au besoin, sur les ailes de l'armée, 90. — (14 mars.) Avis à Jérôme des mouvements de Davout, Lauriston, Ney et Marmont; forces avec lesquelles le roi de Westphalie se portera sur Magdeburg. 100, 101. — (15 mars.) L'Empereur annonce au vice-roi le mouvement prochain du roi Jérôme, 106. — (11 avril.) Avis à Jérôme du prochain départ de l'Empereur et des mesures prises pour la défense de la Westphalie; recommandation de renseigner Napoléon sur l'état de situation des troupes westphaliennes, et d'appuyer, à tout événement, le vice-roi et Davout, 213, 214. — (18 avril.) Avis au roi de Westphalie des derniers mouvements prescrits aux divers corps, 236. — (19 avril.) Même avis; dès que toute l'armée sera réunie sur Erfurt, le roi Jérôme se portera vers Hanovre avec toutes ses forces; l'Empereur exprime ses regrets que ce prince n'ait pas formé à Cassel une garde de 4,000 Français, 244. — (20 avril.) Napoléon instruit le roi de Westphalie des dernières nouvelles venues d'Eisenach; observation sur le bruit de désertions parmi les troupes westphaliennes; dispositions prises pour couvrir les états de Jérôme, 246 à 248. — (24 avril.) L'Empereur annonce à Jérôme son départ pour Erfurt et l'invite à rester à Cassel jusqu'à nouvel ordre, 260, 261. — (26 avril.) Avis au roi Jérôme des positions prises par l'armée; opportunité d'un mouvement de ce prince sur Artern et Querfurt, 267. — (28 avril.) Le roi Jérôme se dispose à marcher sur Erfurt; ce prince devra manœuvrer pour coopérer au mouvement de Napoléon sur la Saale, 276. — Avis à Jérôme des nouvelles manœuvres de l'armée; courriers à envoyer aux rois de Saxe et de Wurtemberg et à divers généraux pour les informer des dernières opérations militaires; l'Empereur approuve le roi de Westphalie d'être resté à Cassel, 279, 280. — (30 avril.) Avis au roi Jérôme de la victoire du général Souham à Weissenfels et de la prise de Merseburg par le duc de Tarente, 284. — (3 mai.) Avis au roi de Westphalie de la victoire de Lützen, 305. — (16 juin.) Approbation de quelques mesures militaires prises par le roi Jérôme; renseignements à fournir par ce prince, 453. — (17 juin.) l'Empereur autorise le roi de Westphalie à se rendre à Dresde incognito, 463. — V. WESTPHALIE.

JOACHIM NAPOLÉON, roi des Deux-Siciles. — (14 mai 1813.) Ordre à Bassano de se plaindre au roi de Naples des intrigues nouées à Vienne par son aide de camp, le prince Cariati; conséquences qui pourraient résulter de ce système de conduite, 343. — (1ᵉʳ juin.) Ordre à Eugène d'écrire au roi de Naples de se tenir prêt à une guerre prochaine avec l'Autriche, 401. (11 juin.) Nécessité pour le roi de Naples de diriger sur Bologne une division qui se tiendrait prête à se porter, le cas échéant, à Laybach, au secours du vice-roi; danger que crée au royaume de Naples l'hostilité sourde de l'Autriche, 437, 438. — (21 juin.) Extrait d'un journal anglais, relatif à des projets d'arrangement entre le roi de Naples et les Anglais; ordre d'envoyer cet extrait au ministre Gallo, 478. — (22 juin.) Menées hostiles du cabinet de Naples; note comminatoire à lui transmettre en conséquence; à la moindre insulte faite au pavillon français, l'Empereur rappellera son ministre, 484. — V. Deux-Siciles.

Joseph Napoléon, roi d'Espagne. — (23 avril 1813.) Instructions à transmettre à ce prince, chargé du commandement en chef des armées françaises en Espagne: nécessité pour Joseph de faire ponctuellement exécuter tous ses ordres et de pacifier le nord de la péninsule afin de pouvoir se retourner contre les Anglais. 252 à 254. — V. Espagne (*Opérations en*).

Joséphine-Maximilienne-Eugénie Napoléone, fille du vice-roi d'Italie, princesse de Bologne. 358, 359.

Jouffroy (Baron). général de brigade, 465.

Jourdan. maréchal, chef d'état-major des armées françaises en Espagne, 253, 535.

Journaux. — (2 mars 1813.) Indiscrétions de la *Gazette de Francfort* relativement aux mouvements des troupes françaises; nécessité d'obtenir à ce sujet le silence des journaux de la Confédération du Rhin, 5. — Ordre d'annoncer dans les journaux le prochain départ de l'Empereur pour Anvers et Magdebourg, 5, 6. — (4 avril.) Envoi du *Moniteur* aux ministres de France près des princes de la Confédération du Rhin, 183. — (2 mai.) Observations au duc de Rovigo sur les articles des journaux relativement à l'armée; ordre formel de ne pas chercher à influencer l'opinion publique, et de dire, au contraire, la vérité simple et nue, 296. — (3 mai.) L'Empereur se plaint qu'on ait fait insérer un extrait de ses lettres dans le journal d'Amsterdam, 306. — (18 mai.) Ordre au vice-roi de faire annoncer dans les journaux de Turin et de Milan la prochaine organisation d'une forte armée en Italie, 358. — (30 mai.) Les journaux publieront des articles destinés à faire croire qu'un camp se forme près de Toulon. et que le prince d'Essling y organise une grande armée pour une expédition en Sicile ou en Italie, 389, 390. — (7 juin.) Ordre d'annoncer dans les journaux l'entrée de Davout à Hambourg et la réunion des troupes danoises au corps de ce maréchal, 432. — (8 juin.) L'Empereur se plaint de ce que le ministre de la guerre se décharge sur le baron Meneval du soin de faire les extraits des nouvelles militaires destinées aux feuilles publiques, 436. — (8 juillet.) L'Empereur insiste pour recevoir régulièrement, par Copenhague, les journaux de Russie et de Suède, et, par Vienne, ceux de Berlin et de Varsovie; ordres formels sur ce point adressés au duc de Bassano, 549.

Junot, duc d'Abrantès, général de division. commandant à Trieste, 218, 543.

K

Kaas (Comte de). président de la chancellerie royale de Danemark, 395, 397, 474.

Kellermann. duc de Valmy. maréchal, commandant supérieur des 5ᵉ, 25ᵉ et 26ᵉ divisions militaires à Mayence. 28. 51, 66, 79. 119. 162. 164, 192, 208, 315, 365, 386. 530. 569, 571, 606.

Kellermann, comte de Valmy, général de division, 369, 430.

Kirgener (Baron), général, commandant le

génie de l'armée du Main, 211. 291. 374.

KLEIST, général prussien, 308. 317. 318. 341. 368.

KOENIGSTEIN, ville du royaume de Saxe. 105. 485 à 488, 492, 536, 551.

KRONACH, ville forte de Bavière. V. BAVIÈRE.

KÜSTRIN, ville forte de Prusse. 572, 573.

L

LABOISSIÈRE, général de brigade, 188.

LACUÉE, comte de Cessac, ministre directeur de l'administration de la guerre. V. GUERRE (Administration de la).

LANGERON, général, commandant un corps russe, 368.

LANSKOÏ, général russe, 283.

LANUSSE (Baron), général de brigade, 207.

LAPLACE (Baron), capitaine, officier d'ordonnance de l'Empereur, 8, 151, 193, 249, 343.

LAPOYPE (Baron DE), général de division, commandant à Wittenberg, 6, 12, 89, 377, 415, 455, 492, 515, 534.

LATOUR-MAUBOURG, comte de Fay, sénateur, général, commandant le 1er corps de cavalerie de la Grande Armée, 78, 120, 148, 327, 328. 333, 338, 339, 344, 345, 348, 351, 372. 373, 379, 393, 422.

LAUER (Comte), général de brigade, 515.

LAURISTON (Law DE), comte, général de division, commandant le corps d'observation de l'Elbe ou 5e corps de la Grande Armée. — (2 mars 1813.) Avis à ce général des dernières dispositions militaires prises en Allemagne; le corps d'observation de l'Elbe restera concentré près de Magdeburg, ou, en cas de marche offensive de l'ennemi, manœuvrera pour défendre le Weser et Cassel, 11, 14, 17. — (4 mars.) Ordre à Lauriston de hâter la réorganisation de la cavalerie destinée à défendre l'Elbe, 30. — (5 mars.) Le corps d'observation de l'Elbe formerait la droite du vice-roi, si ce prince était forcé d'abandonner Magdeburg, 34. — Ordre à Lauriston de faire reconnaître la route de Magdeburg à Wesel par Hanovre, et d'établir des têtes de pont sur l'Ems et le Wesel, 37. — (6 mars.) Instructions à Lauriston sur les mouvements généraux prescrits aux divers corps, en vue de prochaines éventualités; ordre à ce général de faire reconnaître les montagnes du Harz et les ponts de Hameln et de Minden, 42 à 44. — Ordres à Lauriston relativement à l'armement de Wittenberg; importance de la position assignée sur l'Elbe à ce général, 44, 45. — (11 mars.) Ordre pour la réunion du corps d'observation de l'Elbe, 68, 70. — (12 mars.) Ce corps prend le nom de 5e corps de la Grande Armée, 74, 75. — L'Empereur se plaint que Lauriston n'ait pas écrit au vice-roi, 78, 81. — (13 mars.) Cantonnements assignés au 5e corps près de Magdeburg, 95. — (14 mars.) Ordres relatifs à ces cantonnements; artillerie destinée aux corps du général Lauriston, 99. — (17 mars.) Observations à Lauriston au sujet de la position qu'il doit prendre et de sa conduite à l'égard de la ville de Hambourg, 118. — (19 mars.) Résultats des fausses mesures prises par Lauriston en ce qui concerne Hambourg, dont l'évacuation a eu lieu, 124. — (26 mars.) Observation de l'Empereur au sujet de faux bruits de débarquement, trop facilement accueillis par Lauriston, 146, 147. — (27 mars.) Recommandation à ce général de ne pas croire à tous les bruits de débarquements anglais; moyens qu'il eût pu employer à temps pour défendre Hambourg, 155. — (28 avril.) Position de Lauriston devant Wettin, 274. — (29 avril.) Mouvement prescrit à ce général sur Merseburg, 283. — (2 mai.) Ordre à Lauriston de marcher sur Leipzig avec le 5e corps, 294, 295. — Il sera soutenu au besoin par le vice-roi, 296. — Part prise par Lauriston à la bataille de Lützen, 300. 303. — (4 mai.) Mouvement de Lauriston sur Rœtha, 306. — (5 mai.) Sa marche sur Wurzen, 314. — Ordre à Lauriston de se porter sur Dresde à marches forcées, 316. — (7 mai.) Avis à ce général des derniers événements militaires; il fera connaître à l'Empereur l'heure de son arrivée à Meissen, 321. — (9 mai.) Il laissera une division à Meissen et se dirigera de façon à soutenir, au besoin, Reynier, 326. — (10 mai.) Ordre à Lauriston de marcher sur Torgau, où il réunira tout son corps, 328 à 330. — (13 mai.) Position qu'il devra occuper le 15 mai, 336, 337. — Conjecture sur les forces dont il dispose, 340. — (14 mai.) Il se tiendra prêt à prendre part à une bataille sur Bautzen, 342. — (15 mai.) Marche du général Lauriston sur Bautzen, 344. — (18 mai.) Ordre pour l'accélération de ce mouvement, 354. — (24 mai.) Part que prend Lauriston à la bataille de Bautzen. 367 à 376. — (31 mai.) Mouvement prescrit au 5ᵉ corps sur Breslau, 392. — (5 juin.) Cantonnements assignés à ce corps durant l'armistice, 421.

LAURISTON (Baron DE), capitaine, officier d'ordonnance de l'Empereur. — (3 mars 1813.) Mission d'inspection confiée à cet officier; il se rendra successivement à Metz, Würzburg, Kronach et Dresde; instructions que l'Empereur lui adresse, 24 à 26. — (20 avril.) Retour du capitaine de Lauriston auprès de l'Empereur à Mayence, 246.

LAVALLETTE (Comte DE), conseiller d'état, directeur général des postes, 49, 153, 200, 483.

LEBRUN (Prince), gouverneur général des départements de la Hollande, 194, 306.

LEBRUN, duc de Plaisance, général de division, 3, 143, 190, 269, 506.

LECOQ, général saxon, 168.

LEFEBVRE-DESNOËTTES (Baron), général de division, dans la Garde, 156, 242, 244, 373.

LÉGION-D'HONNEUR, 420.

LEIPZIG, ville de Saxe. — (30 juin 1813.) Organisation d'une garde bourgeoise à Leipzig, 515. — V. SAXE (Royaume de).

LELORGNE, secrétaire interprète, 338, 492.

LEMAROIS (Comte), général de division, commandant à Wesel, puis à Magdeburg, 97, 166, 167, 168, 171, 178, 186, 187, 212, 214, 234, 251, 268, 280, 455, 507, 522, 528, 558, 563.

LHERMITTE (Baron), contre-amiral, 547.

LILIENSTEIN (Fort de), 485 à 489.

LINDEN (DE), ministre du roi de Wurtemberg en Saxe, 560.

LION, colonel, major dans la Garde, 47, 155, 196.

LITHUANIE. — (13 mai 1813.) Somme d'argent à envoyer au commissaire de l'Empereur près la commission de gouvernement de Lithuanie, 338.

LITHUANIENS (Régiments), 75, 527, 581.

LITTA, cardinal, 84.

LOBAU (Comte DE). V. MOUTON.

LODI (Duc DE). V. MELZI.

LOISON (Comte), général de division, 168, 465, 489.

LORENCEZ (Baron DE), général de division, 259, 360, 364, 374.

LORGE (Baron), général de division, 311, 413.

LOUIS, grand-duc héréditaire de Hesse-Darmstadt, 245.

LOUIS X, grand-duc de Hesse-Darmstadt. — (19 avril 1813.) Regrets de l'Empereur que la mauvaise santé de Louis X l'ait empêché de se rendre à Mayence; présence dans cette ville du grand-duc héréditaire et du prince Émile, 245.

LÜBECK. V. HANSÉATIQUES (Villes).

LÜTZEN (Bataille de). V. BULLETINS DE LA GRANDE ARMÉE.

LÜTZOW, major prussien, 484, 499, 505.

M

MACDONALD, duc de Tarente, maréchal, commandant le 11ᵉ corps de la Grande Armée.— (10 avril 1813.) Macdonald commandera le 11ᵉ corps sous les ordres du vice-roi, 206.— (29 avril.) Ordre au duc de Tarente de réunir le 11ᵉ corps sur Merseburg, 283. — (30 avril.) Entrée de Macdonald à Merseburg, 284. — (2 mai.) Ordre au duc de Tarente de se porter sur Markrannstaedt, 294, 295. — Il sera soutenu, au besoin, par le vice-roi, 296. — Coopération de Macdonald à la bataille de Lützen, 301. — (12 mai.) Ordre au duc de Tarente de se porter sur la route de Bautzen, 333. — (13 mai.) Position de Macdonald à Bischofswerda, 336. — Succès remporté par ce maréchal sur l'ennemi, 340. — (14 mai.) Nouvel ordre au duc de Tarente pour sa marche sur Bautzen, 342. — (15 mai.) Arrivée de ce maréchal devant Bautzen, 343. — (17 mai.) Position qu'il doit faire prendre à son corps, 348. — (18 mai.) Avis à Macdonald des derniers ordres de mouvement; croquis militaire à faire dresser par ce maréchal, 356, 357. — (24 mai.) Part que prend le duc de Tarente à la bataille de Bautzen, 367 à 376. — (29 mai.) Ordre à Macdonald de se porter sur Jauer, 385. — (5 juin.) Cantonnements assignés à son corps durant l'armistice, 421. — (7 juin.) Adjonction des troupes westphaliennes au corps du duc de Tarente, 430.

MAGDEBURG. — (2 mars 1813.) Le général Haxo nommé gouverneur de Magdeburg; le général Michaud commandera en second; mesures à prendre pour la défense de cette place, si elle était cernée, 6, 9, 10. — Travaux du génie à faire dans cette ville; troupes à y laisser dans le cas où le vice-roi serait obligé de repasser l'Elbe, 10, 11, 19. — (5 mars.) Divisions qui devraient, dans cette hypothèse, composer la garnison de Magdeburg, 34. — (9 mars.) Observations au vice-roi sur le danger de découvrir Magdeburg en se retirant sur l'Elbe supérieur; troupes et généraux à laisser dans cette place sous les ordres du général Haxo; importance de la position de Magdeburg pour garder les villes hanséatiques, la Westphalie, le Hanovre, et tenir les Russes en respect; ordre à Eugène de s'y établir fortement. 54 à 59. — (11 mars.) Mêmes ordres à Eugène relativement à Magdeburg, 69. — (12 mars.) Retards apportés dans l'organisation des magasins de vivres de Magdeburg; l'Empereur considère cette place comme la clef du royaume de Westphalie; nécessité de l'approvisionner au moyen de réquisitions régulières, 81 à 84. — (4 mai.) Troupes à laisser dans Magdeburg lors du mouvement en avant de l'armée, après la bataille de Lützen, 309. — (17 juin.) Mesures relatives à l'approvisionnement de Magdeburg, 461, 462. — (18 juin.) Ordre à Vandamme de transférer son quartier général de Hambourg à Magdeburg, 463, 464. — (28 juin.) Approvisionnement de Magdeburg; tête de pont destinée à assurer la défense de cette place; travaux de fortification à faire aux environs; écuries à construire pour recevoir le dépôt de cavalerie de Hanovre; mesures à prendre pour garantir la ville contre les incursions des partis ennemis, 507, 508. — (3 juillet.) Pleins pouvoirs accordés au gouverneur de Magdeburg : ordre, à la moindre apparence de fermentation, de mettre la ville en état de siége; nouvelles instructions touchant les travaux du génie et l'organisation des écuries et des hôpitaux, 528. — (12 juillet.) Inspection faite par l'Empereur à Magdeburg; ordre d'établir dans cette ville une fonderie de boulets; excellente situation de Magdeburg comme dépôt d'armée, 561, 562. — Règlement définitif pour l'approvisionnement de Magdeburg, 563. — V. WESTPHALIE.

MAISON (Baron), général de division, 330.

MARCHAND (Comte), général de division, 65, 66. 79, 91, 93, 133, 134, 208, 221, 239, 243.

260, 266, 267, 275, 281, 285, 286, 289, 291, 292, 298, 408.

Maret, duc de Bassano, ministre des relations extérieures. V. *la liste des lettres adressées à Maret*, p. 664.

Marie-Louise, Archiduchesse d'Autriche, Impératrice et Reine-Régente. — (7 juin 1813.) Observation à Marie-Louise au sujet des réceptions du matin, 427. — L'Empereur désire que la Régente ne paraisse à Notre-Dame qu'à l'occasion des pompes extraordinaires; représentations sur ce point à Cambacérès, 427. — (28 juin.) Envoi à l'Empereur d'un portrait de Marie-Louise, 512. — (16 juillet.) Prochain voyage de l'Impératrice à Mayence, 569. — (22 juillet.) Napoléon pense que Marie-Louise est en route pour Mayence, 585. — (27 juillet.) L'Impératrice à Mayence, 593. — (31 juillet.) Marie-Louise reviendra à Saint-Cloud en passant par Cologne, Aix-la-Chapelle, Givet, Rethel et Compiègne, 605. — V. Cambacérès, Conseil de Régence.

Marine (*Constructions et service général*). — (5 avril 1813.) L'Empereur approuve l'incorporation dans l'artillerie de terre de soixante officiers de l'artillerie de marine, 188. — (7 mai.) Ordre de réorganiser l'inspection maritime des côtes de la 32ᵉ division, 323. — (13 juin.) Nécessité de presser la mise à l'eau de quatre vaisseaux à Cherbourg, 447. — (30 juin.) Ordre d'établir un chantier de construction sur l'Elbe; mesures à prendre dans cette vue; parti à tirer contre l'Angleterre de ce nouvel établissement maritime, 518. — (22 juillet.) Ordre d'employer de préférence les Hollandais au service de la marine, 585. — (27 juillet.) Ordre touchant l'inscription à mettre au fond du nouveau bassin de Cherbourg, 595. — (29 juillet.) Éventualité d'une incorporation à la Grande Armée de 10 ou 12,000 conscrits de la marine, 604.

Marine (*Opérations et mesures de guerre*). — (11 mars 1813.) Question à Decrès au sujet d'une chasse faite par des navires anglais à la frégate *la Gloire;* ordre de préparer un plan de croisière sur les côtes, 68. — (7 mai.) Modèle de bâtiments de guerre à adopter pour la défense des bouches de l'Elbe, du Weser et de la Jahde, 323. — (13 juin.) Ordre d'organiser des croisières contre les Anglais; navires de guerre à envoyer dans les ports des États-Unis; instructions relatives au départ d'une escadre de l'Escaut pour Brest ou Cherbourg; importance que l'Empereur attache à la présence de flottes importantes sur les côtes de l'ouest; appareillage du *Régulus*, à destination de Brest, 446, 447. — (18 juin.) Équipage de flottille à organiser à Hambourg, sous les ordres d'un contre-amiral, 469, 470. — (7 juillet.) Ordre de hâter l'organisation de la flottille de l'Elbe à Hambourg; itinéraire prescrit aux marins de cette flottille; le contre-amiral Lhermitte est chargé de la commander; bâtiments à laisser par précaution dans le Zuiderzee, 546, 547. — (16 juillet.) Difficultés qui s'opposent au mouillage d'une escadre ennemie en dedans du Verdon; observations concernant la rade de Talmont; appareillage prochain de frégates, 567.

Marine (Régiments de), 301.

Marine fluviale, 55.

Marmont, duc de Raguse, maréchal, commandant le 2ᵉ corps d'observation du Rhin ou 6ᵉ corps de la Grande Armée. — (2 mars 1813.) Prochaine mise en marche du corps de Marmont, 13, 19. — (4 mars.) Ordre pour la réunion des divisions Compans et Bonet, 30. — (11 mars.) Date à laquelle le 2ᵉ corps du Rhin s'ébranlera vers Mayence; artillerie de ce corps, 61. — Choix de Francfort pour recevoir le 2ᵉ corps d'observation du Rhin, 64. — Translation prochaine du quartier général de Marmont à Mayence, puis à Hanau, 66. — (12 mars.) Le 2ᵉ corps d'observation du Rhin prend le nom de 6ᵉ corps de la Grande Armée, 74, 75. — Positions assignées aux divisions du 6ᵉ corps, 80. — (13 mars.) Date à laquelle le 6ᵉ corps sera à Hanau, 94. — (20 mars.) Intention de l'Empereur de le diriger sur la Saale, 134. — (28 mars.) Le maréchal Marmont à Hanau, 157. — Positions assignées à ses divisions, 161. — (5 avril.) Ordre à Marmont de veiller à l'organisation de deux divisions de marche destinées à la cavalerie de la Grande Armée, 190. — (7 avril.) Date à laquelle tout le 6ᵉ corps sera réuni à Hanau et à Fulde, 195, 196. — Nouveaux ordres au duc de Raguse au sujet des positions à faire prendre à ses différentes divisions; but de ces mouvements préparatoires; instructions générales concernant l'organisation du 6ᵉ corps, 196 à 198. — (9 avril.) Avis à Berthier des mouvements prescrits à Marmont, 204, 205. — Corrélation entre les mouvements de Marmont et ceux de Ney, 206. — (10 avril.) Le duc de Raguse sera sous les ordres de Bessières, 208. — (14 avril.) Ordres concernant les mouvements et l'artillerie du 6ᵉ corps, 230. — (17 avril.) Ordre à Marmont d'envoyer à Berthier les états de situation de son corps; observations à propos d'un rapport de ce maréchal; manœuvres de guerre à faire faire à ses troupes; instructions touchant leur organisation, 232 à 234. — (26 avril.) Direction prescrite aux divisions du duc de Raguse sur Weimar, 264, 265, 267. — (27 avril.) Instructions à Marmont concernant les officiers qui doivent avoir un commandement au 6ᵉ corps, 272, 273. — (28 avril.) Ordre au duc de Raguse d'établir son quartier général à Weimar et de se lier à Ney et à Eugène en plaçant les divisions Bonet et Compans en colonne sur la route de Naumburg, 277. — (29 avril.) Mouvement prescrit à Marmont sur Kœsen, 281. — (30 avril.) Ordre au duc de Raguse de porter son quartier général à Naumburg, 285 à 287. — (1ᵉʳ mai.) Marmont s'approchera de Weissenfels, pour soutenir, au besoin, le prince de la Moskova, 289, 291. — Ordre au duc de Raguse de se concentrer près de Lützen, emplacement du quartier général, 292. — (2 mai.) Position du 6ᵉ corps au débouché de Weissenfels à Lützen, 295. — Ordre à Marmont de marcher sur Pegau, 297. — Part que prend le duc de Raguse à la bataille de Lützen, 299 à 304. — (4 mai.) Mouvement de Marmont sur Borna, 306. — Adjonction à son corps de la division westphalienne de Hammerstein, 311. — (5 mai.) Ordre au duc de Raguse de se diriger sur la Mulde et de passer cette rivière, 314. — (9 mai.) Ordres pour Marmont en vue du passage de l'Elbe, 327, 328. — (13 mai.) Positions et mouvement prescrits au duc de Raguse, 335. — (14 mai.) Éventualité d'une marche de Marmont sur Bischofswerda, 342. — (24 mai.) Coopération du duc de Raguse à la bataille de Bautzen, 369 à 376. — (26 mai.) Ce maréchal manœuvrera pour couper l'arrière-garde des ennemis et tomber sur leur flanc droit, 379. — Position à prendre dans cette vue, 380. — (29 mai.) Ordre à Marmont de se porter en avant d'Eisendorf, 385. — (31 mai.) Instructions à transmettre au duc de Raguse en marche sur Schweidnitz; ce maréchal aura soin de ne pas trop serrer ses troupes; il poussera des partis en avant pour reconnaître les mouvements de l'ennemi, 393, 394. — (5 juin.) Cantonnements assignés au corps de Marmont durant l'armistice, 421. — (17 juin.) Ordres concernant la réorganisation du matériel et de l'artillerie du corps du duc de Raguse, 454.

Masséna, prince d'Essling, maréchal. — (30 mai 1813.) Le prince d'Essling est chargé d'organiser la défense de Toulon; ordre à transmettre à ce maréchal, au sujet des dépenses à faire dans ce port, 389.

Maximilien-Joseph, roi de Bavière. — (2 mars 1813.) L'Empereur invite ce prince à réunir sans délai son contingent, et à mettre le fort de Kronach en état de défense, 23. — (20 avril.) Désir de Napoléon que Maximilien-Joseph envoie le général de Wrede prendre le commandement des troupes bavaroises réunies sur les hauteurs d'Ebersdorf, 245. — (24 avril.) L'Empereur songe à faire faire à la cour de Bavière, de concert avec celle de Stuttgart, une démarche auprès du roi de Saxe pour

TABLE ANALYTIQUE.   647

l'engager à persister dans le système de la Confédération, 262. — V. BAVIÈRE.

MAYENCE, ville de France, 3, 51, 96, 175, 605, 606.

MECKLENBURG-STRELITZ (Prince de), 303.

MELZI, duc de Lodi, chancelier du royaume d'Italie, 359, 431, 443.

MENEVAL (Baron), secrétaire du portefeuille au cabinet de l'Empereur, 436.

MERCURE (Approvisionnements de), propriété du domaine extraordinaire, 559.

MERCY D'ARGENTEAU (Comte), ministre de France à Munich, 280.

METTERNICH-WINNEBURG-OCHSENHAUSEN (Prince de), ministre d'état et des conférences, chargé du département des affaires étrangères en Autriche, 324. — (23 juin.) Entretien de ce ministre avec l'Empereur, à Dresde, 493 à 496.

METZ, place forte, 3, 24, 25, 93, 96.

MICHAUD (Baron), général de division, 6.

MICHEL (Baron), général de brigade, dans la Garde, 156, 257, 603.

MILHAUD (Comte), général de division, 299, 311, 469, 602.

MILORADOVITCH, général commandant un corps Russe, 317, 318.

MOLÉ (Comte), directeur des ponts et chaussées, 428, 483, 601.

MOLITOR (Comte), général de division, commandant en Hollande, 128, 171.

MOLLIEN (Comte), ministre du trésor public. V. TRÉSOR PUBLIC.

MONITEUR UNIVERSEL (Le), 183, 403, 418, 526.

MONTALIVET (Comte DE), ministre de l'intérieur, 123, 141, 162, 181.

MONTESQUIOU (Baron DE), aide de camp du prince de Neuchâtel, 323, 325.

MONTESQUIOU (Comte DE), grand chambellan de l'Empereur, 142.

MONTESQUIOU (Comtesse DE), gouvernante de la Maison des Enfants de France, 428.

MONTESSUY, fournisseur de l'administration de la guerre, 217.

MONTHION. V. BAILLY DE MONTHION.

MORAND (Baron), général de division, 53, 56,
117, 120, 123, 135, 136, 142, 146, 159, 212.

MORAND (Comte), général de division, au 4ᵉ corps de la Grande Armée, 139, 157, 260, 372, 423.

MORTIER, duc de Trévise, maréchal, commandant la jeune Garde. — (2 mars 1813.) Prochaine arrivée à Gotha du duc de Trévise et de la Garde, 10, 13, 19. — (5 mars.) Le maréchal Mortier transportera son quartier général à Francfort-sur-le-Main, 32. — (10 avril.) Forces dont dispose le duc de Trévise. 209. — (26 avril.) Ordre à Mortier de porter son quartier général à Weimar, où il réunira prochainement toute la jeune Garde, 265, 266. — (28 avril.) Mouvement prescrit au duc de Trévise sur Auerstaedt, 277. — (30 avril.) Mortier à Naumburg, 285. — (1ᵉʳ mai.) Marche du duc de Trévise sur Weissenfels. 289, 290. — Ordre à ce maréchal de se porter sur Lützen, 292. — (2 mai.) Part que prend Mortier à la bataille de Lützen, 302. — (9 mai.) Position assignée au duc de Trévise lors du passage de l'Elbe, 328. — (16 mai.) Le duc de Trévise est chargé de poursuivre et de disperser l'ennemi au nord de Dresde, et de se mettre en communication avec Lauriston; but de cette manœuvre, 344, 345. — Instructions adressées dans cette vue au maréchal Mortier, 346. — (18 mai.) Ordre au duc de Trévise de se porter en avant de Bischofswerda, 351. — (24 mai.) Coopération du maréchal Mortier à la bataille de Bautzen, 372. — (26 mai.) Ordre au duc de Trévise de s'avancer vers Liegnitz, 381. — (5 juin.) Cantonnements assignés à ses troupes durant l'armistice, 422. — V. GARDE IMPÉRIALE.

MOULINS À FARINE, 440, 499, 566.

MOUSTIER (Baron DE), ministre de France, commissaire pour l'armistice à Neumarkt, 181, 236, 575.

MOUTON, comte de Lobau, général de division, aide-major de la Garde, 207, 255, 301, 521, 602, 603.

MURAT. V. JOACHIM NAPOLÉON.

MUSIQUES MILITAIRES, 186, 197, 200, 203, 256.

N

Nansouty (Comte de), général de division, commandant la cavalerie de la Garde, 602.

Napoléon Ier, Empereur des Français, Roi d'Italie, Protecteur de la Confédération du Rhin, Médiateur de la Confédération helvétique. — (1er mars 1813.) Napoléon à Paris, 1. — (2 mars.) Prochain départ de l'Empereur pour Bremen, Münster, Osnabrück et Hambourg; ordre de lui préparer un logement dans ces villes, 5. — Ordre à Lauriston de faire disposer le quartier général de Napoléon à Magdeburg, 14. — (6 mars.) Une partie de la Maison de l'Empereur restera au quartier général du vice-roi, l'autre sera organisée à Francfort-sur-le-Main, 47. — (9 mars.) L'Empereur à Trianon, 53. — (12 mars.) Ordre à Duroc de réduire les équipages de Napoléon, 76. — (23 mars.) Retour de Napoléon à Paris, 136. — (6 avril.) Son départ prochain pour Mayence, 190. — Intention de l'Empereur de retarder son départ de quelques jours, 194. — (8 avril.) Napoléon à Saint-Cloud, 198. — (11 avril.) Avis au prince Eugène de l'époque à laquelle l'Empereur pense être à Erfurt, 211. — (13 avril.) Dispositions pour le départ de l'Empereur, 223 à 226. — (17 avril.) Arrivée de Napoléon à Mayence; son projet d'y rester quelques jours, 231. — (19 avril.) Son intention de se porter bientôt sur Erfurt ou Gotha, 240. — (24 avril.) Napoléon annonce à Cambacérès qu'il part pour Erfurt, 257. — (25 avril.) Son arrivée dans cette ville, 263. — (28 avril.) L'Empereur se prépare à porter son quartier général à Eckartsberga, 278. — Intention de Napoléon de s'arrêter un instant à Weimar, 278. — (29 avril.) L'Empereur à Eckartsberga, puis à Naumburg, 281. — (1er mai.) Établissement du quartier impérial à Lützen, 292. — (2 mai.) L'Empereur à la bataille de Lützen, 299 à 304. — (3 mai.) Passage de Napoléon à Pegau, 306. — (5 mai.) Halte à Borna, 314. — Séjour à Colditz, 316. — (7 mai.) Napoléon à Waldheim, puis à Nossen, 321. — (8 mai.) Son séjour à Dresde, 323. — (19 mai.) Passage de l'Empereur à Hartau, 360. — (22 mai.) Napoléon à Wurschen, 361. — (23 mai.) Séjour à Gœrlitz, 361. — (24 mai.) Bataille de Bautzen (*Bulletins de la Grande Armée*); dernier entretien de Napoléon et du duc de Frioul, 374, 375. — (25 mai.) Établissement du quartier impérial à Bunzlau, 379. — (29 mai.) Napoléon à Liegnitz, 385. — (30 mai.) Passage à Rosnig, 386. — (31 mai.) Halte à Neumarkt, 391. — (4 juin.) Intention de l'Empereur d'aller s'établir à Dresde ou aux environs, 418. — (6 juin.) Napoléon à Liegnitz, puis à Haynau, 422, 424. — (7 juin.) L'Empereur à Bunzlau, 431. — (8 juin.) Séjour à Gœrlitz, 436. — (10 juin.) Napoléon à Dresde, 436. — (23 juin.) Entretien de l'Empereur avec Metternich (*récit du baron Fain*), 493 à 496. — (7 juillet.) Napoléon se dispose à faire une inspection dans les places de Torgau, Wittenberg, Dessau, Magdeburg et Leipzig, 544. — (11 juillet.) L'Empereur à Wittenberg, 560. — (12 juillet.) Son séjour à Magdeburg, 561. — (14 juillet.) Napoléon à Leipzig, 564. — (15 juillet.) Son retour à Dresde, 565. — (20 juillet.) Excursion de l'Empereur à Luckau, 583. — (22 juillet.) Retour à Dresde, 584. — (27 juillet.) Napoléon à Mayence, 593. — (31 juillet.) Ordres relatifs à des travaux à faire dans la Maison de l'Empereur à Mayence, 605.

Napoléon (Régiment italien), 339.

Napolitaines (Troupes), 47, 139, 258, 286, 527.

Narbonne (Comte de), général de division, aide de camp de l'Empereur, plénipotentiaire au congrès de Prague, 194, 324, 343, 432, 569, 593.

Naumburg (Foire de), 463, 534.

NEIGRE (Baron), directeur général des parcs d'artillerie de la Grande Armée, 92, 562.

NESSELRODE (Comte DE), ministre des affaires étrangères de Russie, 576.

NEY, duc d'Elchingen, prince de la Moskova, maréchal, commandant le 1er corps d'observation du Rhin ou 3e corps de la Grande Armée. — (2 mars 1813.) Prochaine arrivée à Francfort du prince de la Moskova, 10, 13. — Position du corps de Ney, 19. — (4 mars.) Ordres et instructions concernant l'organisation de la division Souham à Aschaffenburg, 29. — (5 mars.) Éventualité d'un mouvement du maréchal Ney par Würzburg, 35. — (11 mars.) Époque à laquelle le 1er corps d'observation du Rhin entrera en ligne, 61. — Translation prochaine à Hanau, puis à Würzburg, du quartier général du maréchal Ney; il gardera de là les montagnes de la Thuringe; contingents de troupes allemandes mis sous les ordres de ce maréchal, 64, 65. — (12 mars.) Le 1er corps d'observation du Rhin prend le nom de 3e corps de la Grande Armée, 74, 75. — Date à laquelle le prince de la Moskova sera rendu à Hanau; il réunira ensuite son corps à Würzburg, Coburg, Meiningen, afin de garder les débouchés des montagnes de la Thuringe; cavalerie du 3e corps, 79, 80. — (13 mars.) Ordre à Ney de faire connaître l'état de situation de ses troupes; composition du 3e corps en infanterie, cavalerie, artillerie, équipages militaires et génie; instructions concernant les positions à prendre sur Würzburg par le prince de la Moskova; exercices qu'il devra faire faire à son corps, chargé d'empêcher l'ennemi de se porter sur la droite du vice-roi; avis à Ney des mouvements prescrits aux autres corps de l'armée, 90 à 96. — (19 mars.) Le maréchal Ney sera chargé de garder une partie de la ligne de la Saale, 127. — (20 mars.) Ordre au prince de la Moskova d'évacuer Hanau et d'échelonner ses divisions de Würzburg à Gotha; intention de l'Empereur de diriger ensuite Ney sur la Saale, puis sur Dresde, où il commanderait toute la droite de la Grande Armée; avis de la situation générale des corps depuis Dresde jusqu'à Wesel, 132 à 135. — (23 mars.) Nécessité pour le prince de la Moskova de se tenir en communication avec Erfurt, Dresde et Leipzig, 139, 140. — (28 mars.) Ney à Würzburg, 156. — Positions assignées aux divisions du 3e corps, de façon à couvrir la Mulde ou la Saale, 160. — (29 mars.) Ordres dans le même sens, 163. — (5 avril.) Mêmes ordres; envoi d'artillerie et de pontonniers au corps de Ney, 188, 189. — (7 avril.) Force du 3e corps à Würzburg, 195. — (8 avril.) L'Empereur demande au prince de la Moskova le livret de situation de ses troupes, et lui recommande de se procurer des chevaux au moyen de réquisitions, 200, 201. — (9 avril.) Mouvements prescrits à Ney; but de ces mouvements, 204 à 206. — (10 avril.) Ordre au prince de la Moskova d'abandonner la ligne de Würzburg pour se porter sur Erfurt, et de là sur Eisenach et Fulde; instructions diverses au sujet des généraux et des forces qui sont sous ses ordres, 208, 209. — (11 avril.) Ordre sur le même sujet, 212, 213. — (13 avril.) Avis à Ney des derniers mouvements militaires, 225. — (19 avril.) Ordre à ce maréchal de ne pas occuper Gotha et de veiller à la sûreté des communications entre cette ville et Erfurt, 240. — Réunion du corps de Ney à Erfurt, 242, 243. — (20 avril.) Le prince de la Moskova se prépare à occuper Weimar, 247. — Ordre à Ney d'éviter toute échauffourée de cavalerie et de choisir un champ de bataille près d'Erfurt, 249, 250. — (26 avril.) Divisions dont le 3e corps restera composé; ordre à Ney de porter son quartier général du côté d'Auerstaedt et de garder les débouchés de Danburg, 266, 267. — (27 avril.) Entrée de Ney à Auerstaedt; reconnaissance à pousser par ce maréchal sur la route de Freiburg, 270, 271. — (28 avril.) Le prince de la Moskova est chargé d'occuper Weissenfels et d'opérer sa jonction avec le vice-roi, 274 à 276. — (29 avril.) Ordres à Ney en vue du mouvement sur

Naumburg; ce maréchal, après avoir réuni son corps à Weissenfels, doit marcher sur Lützen et Leipzig, 281, 283. — (30 avril.) Succès remporté par les conscrits de Ney à Weissenfels, 283, 284. — Avis à Ney des derniers mouvements de l'armée, 285. — (2 mai.) Ordre à ce maréchal d'envoyer des reconnaissances sur Pegau et Zwenkau, 295. — Position du quartier général de Ney à Kaja, 297. — Avis au prince de la Moskova des dernières manœuvres de l'armée; il se tiendra prêt à soutenir, au besoin, le duc de Raguse sur Pegau, 298. — Part que prend le prince de la Moskova à la bataille de Lützen. 299 à 304. — (4 mai.) Ordre à Ney de se porter sur Leipzig et d'entrer dans cette ville; mesures à prendre pour réparer les pertes faites par le 3ᵉ corps à Lützen, 307, 309, 310. — (5 mai.) Le prince de la Moskova se dirigera au plus vite sur Torgau, 314, 315. — (6 mai.) Avis à Ney des derniers événements militaires; ordre à ce maréchal de hâter sa marche, 318. — But du mouvement prescrit au prince de la Moskova sur Torgau, 319. — (7 mai.) Ordre à Ney de presser sa jonction avec Sebastiani, 321. — (9 mai.) Il accélérera sa marche sur Wittenberg, 325. — (10 mai.) Position de Ney à Langen-Reichenbach; avis à ce maréchal des dispositions relatives au passage de l'Elbe : il sera libre de se diriger par Torgau ou Wittenberg, 328, 329. — Ordre au prince de la Moskova de passer sur la rive droite de l'Elbe, 330. — (13 mai.) Il se dirigera sur Luckau, 336. — Nouvelles instructions au maréchal Ney au sujet du mouvement qu'il doit exécuter, 340, 341. — (14 mai.) Avis au prince de la Moskova du mouvement des Russes et des Prussiens sur Bautzen, 341, 342. — Il fera connaître à l'Empereur l'état de situation et l'emplacement de son armée, 342, 343. — (15 mai.) Marche tournante de Ney sur Bautzen, 344. — (18 mai.) Ordres relatifs à cette marche, 354. — (23 mai.) Le 3ᵉ corps se dirigera de Weissenberg sur Gœrlitz, 362. — (24 mai.) Coopération du prince de la Moskova à la bataille de Bautzen, 567 à 376. — (26 mai.) Le maréchal s'avancera sur Liegnitz et Torgau. 379. — (29 mai.) Mouvement de Ney sur Neumarkt, 385. — (31 mai.) Ordre à ce maréchal de se porter sur Breslau avec le 5ᵉ corps, 391, 392. — Position du 3ᵉ corps à Diezdorf. 393. — (1ᵉʳ juin.) Arrivée de Ney à une lieue de Breslau, 396. — (5 juin.) Ordre à ce maréchal de s'établir à Liegnitz; il administrera ce cercle et celui de Lüben; cantonnements assignés au 3ᵉ corps, 421.

Norvége. V. Danemark.

O

Oels (Duc d'). V. Brunswick-Oels.

O'Farrill (Don Gonzalo), général, ministre de la guerre en Espagne, 253.

Oleron (Île d'). V. Frontières (*Défense des*).

Otto (Comte), ministre d'état, 392, 561, 594. 601.

Oudinot, duc de Reggio, maréchal, commandant le 12ᵉ corps de la Grande Armée. — (24 avril 1813.) Oudinot est chargé de commander le 12ᵉ corps de la Grande Armée; il appuiera Bertrand à Saalfeld, 259, 260. — (28 avril.) Ordre au duc de Reggio de hâter sa marche sur Saalfeld, 278. — (30 avril.) Mouvement prescrit à ce maréchal sur Iena. 284. — (1ᵉʳ mai.) Ordre au duc de Reggio de se porter sur Naumburg. 293. — (2 mai.) Position d'Oudinot, à deux journées de Lützen, pendant la bataille de ce nom, 303. — (4 mai.) Marche prescrite au duc de Reggio sur Zeitz, 308, 310. — (5 mai.) Ordre à Oudinot de se diriger sur Altenburg, 314. — (9 mai.) Ordre de s'approcher de Dresde, 327. — (10 mai.) Position assignée à Oudinot sur les hauteurs de Dresde, 329. — (13 mai.) Ordre à ce maréchal de passer l'Elbe et d'établir son quartier général dans la ville neuve, à Dresde.

335. — (15 mai.) Mouvement d'Oudinot sur Bautzen, 344. — (18 mai.) En se portant en ligne, le duc de Reggio fera occuper Neukirch et les positions de la droite, 351. — Même ordre à ce maréchal, dont l'aile droite devra s'appuyer à la Bohême, 353. — (19 mai.) Ordres dans le même sens, 360. — (24 mai.) Instructions à Oudinot pour le mouvement qu'il doit opérer sur Berlin, 363, 364. — Part que prend Oudinot à la bataille de Bautzen, 369 à 376. — (26 mai.) Marche de ce maréchal sur Berlin, 380, 381. — (1er juin.) Position d'Oudinot, au moment où s'ouvrent les négociations de l'armistice de Pleischwitz, 397. — (3 juin.) Ordres pour la réunion du duc de Reggio avec le maréchal Victor, 410. — (15 juin.) Position du corps d'Oudinot à Baruth et à Luckau, 449. — (28 juin.) Inspection à faire du corps du duc de Reggio; l'Empereur désire savoir si la santé de ce maréchal lui permet de rentrer en campagne. 506.

Ouvriers de la marine, 109, 110, 332.

P

Pacthod (Baron), général de division, 259, 360.
Padoue (Duc de). V. Arrighi.
Pailhou, capitaine, officier d'ordonnance de l'Empereur, 477.
Pajol (Baron), général de brigade, 542. 602.
Palafox, général espagnol, 443.
Palais impériaux, 28.
Palombini, général de division, 391, 472.
Paris. — (26 mars 1813.) Suppression du fonds alloué pour la ménagerie; fonds accordés pour la construction de quais sur la rive droite de la Seine et d'un palais des archives, 141, 142. — (3 avril.) Ordre d'achever les travaux de l'École de médecine de Paris, 181.
Parlementaires, 499, 579.
Payeurs militaires. V. Trésor public.
Pellegrin-Millon (Baron), général directeur en second des parcs d'artillerie de la Grande Armée, 92, 97.
Pernety (Baron), général commandant en second l'artillerie de la Grande Armée, 92, 97, 197, 202, 211, 224, 235, 411, 439.
Peyri, général de division. 369, 391, 423, 472.
Peyrusse, 592.
Philippon (Baron), général de division, 309, 310, 333, 588.
Picard (Baron), général de brigade, 497.
Pie VII. V. Affaires religieuses.
Pietro (Di), cardinal, 84.
Pillage (Répression du), 285.
Pillau, ville forte de Prusse, occupée par les Français. — (4 mars 1813.) Capitulation de Pillau; ordre d'arrêter le commandant de cette place, 31.
Pino, général de division, 472.
Plaisance (Duc de). V. Lebrun.
Plans militaires et reconnaissances. — (5 mars 1813.) Ordre de tracer, en vue de la prochaine campagne, le plan militaire des lignes de défense de l'Elbe, du Weser et de l'Ems, 32. — (6 mars.) Le capitaine Atthalin est chargé de faire le croquis des montagnes du Harz et des ponts de Hameln et de Minden. 43, 44. — (27 mars.) Ordre au capitaine Laplace de dresser le plan de diverses routes du Main à la Saale, 151. — (7 avril.) Croquis à faire de quelques routes entre Meiningen, Gotha et Hanau, 196. — (8 avril.) Ordre concernant le même objet, 201. — (27 avril.) Routes à faire reconnaître, dans les montagnes de la Thuringe, par les ingénieurs-géographes; plans et tracés à dresser en conséquence, 271, 272. — (16 mai.) Ordre de lever le plan de Tangermünde, 346. — (18 mai.) Le duc de Tarente fera faire le croquis des environs de Bautzen, 357. — (21 juin.) Ordre de faire reconnaître diverses routes entre Bautzen, Dresde et Pilnitz, ainsi que

les frontières de la Bohême, depuis Dresde jusqu'à Baireuth, 480. — (22 juin.) Ordre de lever le plan des chemins partant de Kœnigstein, 486, 487. — (28 juin.) Le général Roguet est chargé de reconnaître tous les débouchés du camp de Kœnigstein et d'en faire faire le croquis, 506. — (9 juillet.) Ordre de continuer la reconnaissance des frontières de la Bohême, 557, 558. — (16 juillet.) Ordres sur le même sujet, 567.

PLEISCHWITZ (Armistice de). V. ARMISTICE DE PLEISCHWITZ.

POLICE GÉNÉRALE. — (8 juillet 1813.) Blâme de l'Empereur au sujet de mesures arbitraires prises par le duc de Rovigo; observations sur l'effet de ces rigueurs inopportunes contre les anciens révolutionnaires, classe d'hommes qui, d'ailleurs, peuple l'armée et tous les grands corps de l'état : défense formelle de jeter l'inquiétude dans le pays en exilant ainsi de Paris, à cause de leurs opinions antérieures, des citoyens «domiciliés et tranquilles,» 548, 549.

POLONAISES (Troupes). — (2 mars 1813.) Fonds accordés par l'Empereur pour l'équipement de quelques régiments polonais, 22. — (3 mars.) Envoi en Saxe d'un officier chargé de hâter l'organisation de ces régiments, 25. — (11 mars.) Position assignée aux Polonais sur l'Elbe, 70. — (12 mars.) Les divisions polonaises formeront le 8ᵉ corps de la Grande Armée, sous les ordres de Poniatowski. V. PONIATOWSKI. — Les régiments de la Vistule, les régiments polonais de l'armée d'Espagne et les régiments lithuaniens composeront la 40ᵉ division, 74, 75. — (.. avril.) Toutes les troupes polonaises feront partie de l'armée de l'Elbe, 227. — (18 avril.) Régiments polonais mis dans le 6ᵉ corps, sous les ordres du général Teste, 234, 235.

POMÉRANIE SUÉDOISE. — (28 avril 1813.) Échec des Russes devant Stettin, 276. — (17 juillet.) Intention de l'Empereur de débloquer Stettin à la reprise des hostilités ; ordres relatifs à l'armement de cette place, 572, 573.

PONIATOWSKI (Prince), commandant le 8ᵉ corps (polonais) de la Grande Armée — (12 mars 1813.) Décret qui lui confère son commandement, 75. — (13 mars.) Position de Poniatowski, derrière la Pilica, 96. — (13 avril.) Intention de l'Empereur de mettre le corps de Poniatowski sous les ordres du général autrichien Frimont, 226. — (28 avril.) Convention signée entre la Saxe et l'Autriche pour le désarmement du corps de Poniatowski, 280. — (2 mai.) Avis à Poniatowski des combats de Weissenfels et de Lützen; ordre à ce général de ne poser les armes dans aucun cas et de faire une diversion dans le Grand-Duché, 295. — (6 juin.) Arrivée prochaine du corps de Poniatowski à Zittau ; ordre de pourvoir à tous les besoins de ce corps, que l'Empereur prend à sa solde, 423, 424. — Nouvelles instructions concernant l'organisation et l'habillement du corps polonais : infanterie, artillerie, cavalerie, sapeurs, pontonniers, administration; répartition des généraux et des officiers; escadron de gardes d'honneur; remontes, équipages militaires, 424 à 427. — (16 juin.) Nouvel ordre pour l'organisation du corps polonais, 451. — (24 juin.) Constitution définitive de ce corps, 498. — (8 juillet.) L'Empereur se plaint du peu d'ordre et d'activité apportés dans l'opération des fournitures du corps polonais; question au ministre de la guerre sur les marchés passés à ce sujet; nécessité d'en résilier une partie, 550. — (27 juillet.) Nouveaux ordres relatifs à l'équipement des polonais, 593.

PONTONNIERS. — (5 mars 1813.) Ponts à construire sur le Weser et sur l'Ems, 37. — (11 mars.) Ordre à Ney de jeter deux ponts sur le Main, 64. — (5 avril.) Envoi au 3ᵉ corps de pontonniers et d'équipages de marins, 189. — (7 avril.) Ordre d'établir un pont entre Würzburg et Bamberg, 196. — (11 avril.) Ordre relatif à l'organisation des équipages de pont du 3ᵉ corps, 213. — (24 avril.) Compagnies de pontonniers à adjoindre à l'armée que l'Empereur projette de former en

Italie, 259. — (29 avril.) Ponts à jeter sur la Saale, 282, 283. — (6 mai.) L'Empereur craint de ne pouvoir, faute de pontons, passer l'Elbe à Dresde, 320. — Ordre à Ney de faire construire un pont de bateaux à Wurzen, 320. — (9 mai.) Emplacement du pont qui devra être jeté près de Dresde, 326. — (21 juin.) Ordre de relever les ponts jetés sur la Saale, 480. — (23 juin.) Pont à construire sur l'Elbe, près de Kœnigstein, 496, 497. — (5 juillet.) Ordre de rétablir tous les ponts brûlés par l'ennemi, 535.

POSTES (Service des), 49, 153, 200.

PRAGUE (Congrès de). — (24 avril 1813.) Ouvertures faites à la Russie par l'Autriche pour la réunion d'un congrès à Prague, 261. — (17 mai.) Napoléon annonce à François Ier qu'il est prêt à nouer, avec ou sans le consentement de l'Angleterre, une négociation en vue de la réunion d'un congrès, où il admettra même les représentants des insurgés espagnols, 350, 351.

PRÉVAL (Baron), général de brigade, 143.

PRIMAT (Troupes du prince), 65. 75, 79. 240, 254, 266, 269.

PRISONNIERS DE GUERRE. — (23 mars 1813.) Ordre à Decrès de faire enlever, s'il se peut, les prisonniers de Cabrera, 137.—(30 avril.) Ordre à Macdonald de diriger ses prisonniers sur Naumburg, 283. — Prisonniers faits sur les Russes à Weissenfels et sur les Prussiens à Merseburg, 284. — (2 mai.) Prisonniers faits sur les coalisés à la bataille de Lützen, 302, 303. — (13 mai.) Capture de prisonniers opérée à Bischofswerda par le duc de Tarente, 340. — (24 mai.) Prisonniers faits sur les coalisés à Bautzen, 375. — (12 juillet.) — Ordre de faire une enquête sur les mauvais traitements infligés aux prisonniers français en Angleterre; on publiera les résultats de cette enquête, 561. — (29 juillet.) Commission nommée à cet effet; son rapport sera envoyé au *Transport-Office*, avec menace de représailles, si les Anglais ne modifient pas leur conduite à l'égard des prisonniers, 601.

PROCLAMATION, 304.

PRUSSE. — (14 mars 1813.) Incertitude de l'Empereur sur les intentions de la Prusse; conjecture au sujet des forces que ce pays peut mettre en campagne; état du corps du général York, 98. — (20 mars.) Continuation des armements de la Prusse; attitude du cabinet de Berlin à l'égard du ministre de France, 135. — (28 mars.) Avis à Ney de la déclaration de guerre de la Prusse, 161. — (4 avril.) Rappel du comte de Saint-Marsan; le baron de Krusemark recevra en même temps ses passe-ports, 183. — (18 avril.) Levées de cavalerie bourgeoise en Prusse, 237. — (20 avril.) Conjecture de Napoléon sur le but du voyage du général prussien Heister à Ratisbonne; ordre de le faire arrêter, 246. — (4 mai.) Effet produit en Prusse par la victoire de Napoléon à Lützen, 309. — (17 mai.) Dispositions de Napoléon à conclure avec le czar une paix avantageuse pour la Prusse; négociation directe à entamer, sur cette base, par le duc de Vicence, 348, 349. — (5 juillet.) — Renseignements à prendre sur l'armée prussienne et sur ce qui se passe à Berlin, 534.

PRUSSO-RUSSES (*Opérations des*). — (2 mars 1813.) — Conjecture de l'Empereur au sujet d'une marche de l'armée russe sur Dresde, 18. — Désir de Napoléon de voir l'ennemi s'avancer le plus possible, en laissant les places derrière lui, 21. — Mesures prises pour favoriser cette marche en avant de l'armée russe, 23. — (6 mars.) Nécessité pour les Russes de disséminer leurs forces, afin d'observer les places; l'Empereur doute qu'ils se hasardent à dépasser Dresde, 43. — (9 mars.) Difficultés qui s'opposent au passage du bas Oder par l'ennemi; ordre au vice-roi de lui disputer le terrain et de le forcer à se concentrer devant lui, 53 à 59. — (13 mars.) Dissémination de l'armée russe, affaiblie d'ailleurs par les maladies, 90. — (14 mars.) Nouveaux renseignements dans le même sens; corps d'armée laissé par

les Russes devant Danzig; conjecture sur la raison pour laquelle l'ennemi n'est pas entré dans Varsovie, 98, 99. — (15 mars.) Conjectures sur les manœuvres de l'armée russe et les divers points où elle peut tenter de passer l'Elbe, 103. — (28 mars.) Échelonnement des Russes entre Danzig et les places du grand-duché de Varsovie; l'Empereur pense que leurs coureurs et leur avant-garde ont seuls franchi l'Oder, 161. — (9 avril.) Positions occupées par les diverses fractions de l'armée russe; position présumée de Blücher, 205. — (13 avril.) Le général Blücher occupe Altenburg, 224. — (18 avril.) Incertitude de Napoléon sur le but des mouvements de l'ennemi, dont l'avant-garde est à Hof et à Schleiz, 237. — (19 avril.) Mouvement d'un corps russe sur Mühlhausen et Wanfried; passage de l'Elbe par les troupes de Wittgenstein et celles de Winzingerode; position probable du grand quartier général; conjecture sur la force du corps de Blücher, 241 à 243. — (21 avril.) Échec subi par un détachement de hussards prussiens, 251. — (28 avril.) Positions occupées par Barclay de Tolly et Sacken; attaque infructueuse de Stettin, Spandau et Wittenberg par les Russes, 275, 276. — (30 avril.) Défaite de la division russe Lanskoï à Weissenfels, 283, 284. — (1ᵉʳ mai.) Manœuvre présumée des Russes sur Pegau et Zwenkau, 293. — (2 mai.) Nomination de Wittgenstein comme généralissime en remplacement de Koutouzof, 298. — Bataille de Lützen; défaite des Prusso-Russes, 299 à 304.—
V. Bulletins de la Grande Armée. —(4 mai.) Retraite des coalisés sur Rochlitz, 308.— (6 mai.) Échec essuyé à Gersdorf par le général Miloradovitch, 317. — Les Prussiens rétrogradent sur Meissen, 319. — (10 mai.) Napoléon croit que les Russes se retirent sur la Silésie; conjecture sur la force de l'armée prussienne, 330. — (13 mai.) Les nouvelles reçues confirment la marche des Russes vers la Silésie; incertitude au sujet de la direction prise par les Prussiens, 341. — (14 mai.) Réunion des armées russe et prussienne sur Bautzen; le corps de Bülow reste chargé de couvrir Berlin, 341, 342. — Nouveaux renseignements annonçant l'évacuation de Bautzen par l'ennemi; dévastations commises par les Russes, «bonne leçon pour les Allemands,» 342, 343. — (17 mai.) Avis de la résolution définitive des coalisés de livrer bataille sous Bautzen, 348. — (18 mai.) Position des Prussiens sur la droite et des Russes sur la gauche, à Bautzen, 354. — (24 mai.) Bataille de Bautzen; positions prises par les alliés; réunion des corps russes de Barclay de Tolly, de Langeron, de Sass et du corps prussien de Kleist au gros de l'armée ennemie; espoir des souverains coalisés dans le succès de la bataille; emplacement du quartier général du czar et du roi du Prusse; journée du 19 : défaite essuyée par les Russes à Kœnigswartha; combat livré par les Prussiens à Weissig; le corps du général York est rejeté au delà de la Sprée; — journée du 20 : enlèvement de la position de Barclay de Tolly, combat sur Preilitz, perte définitive de ce village par les Prussiens; les coalisés, pris en flanc, sont obligés de battre en retraite; — journée du 22 : combat de cavalerie livré par les Prusso-Russes dans les plaines de Reichenbach; leur position à Gœrlitz; — journée du 23 : retraite des alliés sur la Silésie; leurs pertes, 367 à 376. — (30 mai.) Défaite de Bülow près d'Hoyerswerda, 388.

Prytanée militaire, de la Flèche, 188.
Pully (Comte de), général de division, 143.
Puthod (Baron), général de division, 310, 336, 340.

R

Rapp. V. Danzig.

Régence (Conseil de). — (21 avril 1813.) Ordre à Cambacérès d'en référer à l'Empereur avant de faire signer à l'Impératrice-Régente les brevets de gardes d'honneur, 250. — (26 avril.) Ordre de laisser au ministre de la marine la nomination des grades inférieurs; observation touchant l'administration des nouveaux départements; recommandation à tous les ministres, et spécialement au duc de Rovigo, au sujet des rapports qu'il ne convient pas de communiquer à l'Impératrice-Régente, 269, 270. — (30 mai.) Désir de l'Empereur que la Régente accomplisse à l'occasion quelques actes de clémence; instructions dans ce sens à Cambacérès, 389.

Régiments et bataillons de marche. 93, 139, 202, 244, 309, 362.

Reille (Comte), général de division. 40.

Reinhard (Baron), ministre de France à Cassel. 414, 443, 524.

Reinhart, landammann de la Suisse, 214.

Remontes. V. Bourcier, Grande Armée (Organisation et dépôts), Guerre (Administration de la).

Remusat (Comte de), chambellan de l'Empereur, surintendant des spectacles, 436.

Réquisitions. V. Approvisionnements.

Reuss-Schleiz (Prince de), 429.

Reynier (Comte), général de division, commandant le contingent saxon ou 7ᵉ corps de la Grande Armée.— (2 mars 1813.) Mouvement probable du contingent saxon sur Torgau. 12. — Position de Reynier entre Glogau et Dresde, 18. — (3 mars.) Envoi en Saxe d'un officier chargé d'inspecter les troupes de Reynier et de presser l'organisation des régiments polonais adjoints à son corps, 25.— (5 mars.) Manœuvre prescrite au corps de Reynier sur la droite du vice-roi, dans le cas où celui-ci devrait quitter Magdebourg, 34. — (9 mars.) Position de Reynier à Bunzlau, 53. — (11 mars.) L'Empereur compte qu'il pourra se maintenir à Dresde assez longtemps, 69, 70. — (12 mars.) Le contingent saxon conserve le nom de 7ᵉ corps de la Grande Armée, 74. 75. — Position à prendre éventuellement par Reynier pour couvrir Leipzig et la basse Saxe, 78. — (13 mars.) Même ordre. 89. 95. — (15 mars.) Incertitude de l'Empereur sur les mouvements de Reynier, 102. — Ce général, chargé de commander l'Elbe depuis Torgau jusqu'à la Bohême, défendra Dresde contre les Russes et ne se retirera que devant des forces considérables; désir de l'Empereur que Reynier puisse tenir jusqu'au 1ᵉʳ avril, époque à laquelle il sera probablement appuyé par une armée de 60,000 hommes, 104, 105, 107, 108. — (19 mars.) Épidémie parmi les troupes saxonnes. 126. — Partie de la ligne de la Saale à garder par Reynier, 127. — (23 mars.) Faiblesse numérique du corps de Reynier, 138. — (19 avril.) Avis au roi de Saxe des ordres transmis à Reynier, 240. — (30 avril.) L'Empereur destine à Reynier le commandement d'une réserve qui sera formée à Merseburg, 288. — (1ᵉʳ mai.) Ordre à Reynier de se rendre à Merseburg, 291. — (2 mai.) Il rejoindra l'armée sur Lützen, 296. — (4 mai.) Ordre à Reynier de marcher sur Leipzig et Torgau, pour réorganiser dans cette dernière ville le corps saxon, 307 à 309. — (9 mai.) Position de Reynier devant Torgau, 326. — (10 mai.) Ordre à ce général touchant la réorganisation du corps saxon, 328, 329. — Défense à Reynier d'écrire directement au roi de Saxe ou à ses ministres. 330. — (13 mai.) Ce général sera sous les ordres de Ney, 337.— Position à lui assigner. 340. — (24 mai.) Part que prend Reynier à la bataille de Bautzen, 367 à 376. — (31 mai.) Ordre au 7ᵉ corps de rester à Lissa. 392. — (5 juin.) Cantonnements assignés au corps de Reynier pendant la durée de l'armistice, 421. — (13 juin.) Ordres relatifs à l'organisation des troupes saxonnes; force à laquelle le corps de Reynier doit être porté, 444, 445.

RICARD (Baron), général de division, 281, 282, 301.

ROGNIAT (Baron), général de division, commandant le génie de la Grande Armée, 327, 331, 365, 366, 420, 510.

ROGUET (Baron), général de division, dans la Garde, 255, 256, 286, 290, 292, 496, 506.

ROSILY (Comte), vice-amiral, 519.

RUMIGNY (DE), auditeur au Conseil d'état, secrétaire d'ambassade à Varsovie, 250.

RUSSIE. — (24 avril 1813.) Ouvertures faites par l'Autriche à la Russie pour la réunion d'un congrès à Prague; silence gardé par le cabinet de Saint-Pétersbourg, 261. — (17 mai.) Instructions à Caulaincourt au sujet d'ouvertures de paix à faire au Czar; considérations qui doivent engager ce souverain à traiter sans l'intervention de l'Autriche, 348, 349. —V. ALEXANDRE Ier, ARMISTICE DE PLEISCHWITZ.

RUTY (Baron), général de division, 260.

S

SACKEN, général commandant un corps d'armée russe, 275.

SAINT-AIGNAN (Baron DE), ministre de France près les maisons ducales de Saxe, à Weimar, 249, 362, 379, 414, 443.

SAINT-CYR (Carra). V. CARRA SAINT-CYR.

SAINT-CYR (Gouvion). V. GOUVION SAINT-CYR.

SAINT-GERMAIN (Baron DE), général de division, 149, 299, 362, 387.

SAINT-JUST (Baron DE), ministre du roi de Saxe à Paris, 168, 182.

SAINT-MARSAN (Comte DE), ministre de France à Berlin, 183.

SAINT-PRIEST (Comte DE), général russe, 396.

SALUCES (Baron DE), écuyer de l'Empereur, 47.

SANTÉ (Service de). — (11 mars 1813.) Ordre d'organiser à Francfort le service de santé de la Grande Armée, 66. — Envoi de cinq ambulances au corps d'observation de l'Elbe, 68. — (13 mars.) Ordre d'évacuer les malades de Leipzig sur Erfurt, 89. — Ambulances du 3e corps, 92. — (15 mars.) Ordre au vice-roi d'évacuer les malades par Wesel, 107, 108. — (5 avril.) Instructions à Bertrand sur l'organisation des ambulances du 4e corps, 189. — (6 avril.) Observations au comte de Cessac sur le même sujet, 191. — (25 avril.) Ordre d'établir des hôpitaux à Erfurt, 264. — (30 avril.) Ordre d'en installer à Merseburg, 289. — (6 mai.) Ordre d'en organiser à Leipzig pour les blessés de Lützen, 319. — (18 mai.) Position assignée aux hôpitaux en prévision d'une bataille sous Bautzen, 353. — (26 mai.) Ordre d'organiser des équipages d'ambulance destinés spécialement à recueillir les blessés sur le champ de bataille; instructions détaillées à ce sujet, 381, 382. — (11 juin.) Observations sur le dénûment des hôpitaux militaires à Dresde; ordre d'y remédier; mesures à prendre pour assurer, au besoin, l'évacuation rapide des malades, 440, 441. — (17 juin.) Afin d'empêcher la dyssenterie dans l'armée, des distributions de riz seront faites aux divers corps; ordre de frapper une réquisition de médicaments, 456, 457, 461. — (24 juin.) Nouveaux ordres relatifs aux distributions de riz à faire à l'armée, 499. — (28 juin.) Inspection prescrite dans les hôpitaux de l'armée; ordre d'évacuer sur Dresde et Wesel tous les hommes grièvement blessés, 506, 507, 508. — (3 juillet.) Hôpitaux et dépôts de convalescents à organiser à Dresde, Magdeburg, Wittenberg, Torgau, Erfurt, Leipzig et Glogau, 528, 529. — (4 juillet.) Encombrement de blessés à Dresde; ordre d'en évacuer une partie sur Magdeburg et la France, 530. — (12 juillet.) Ordre de continuer l'évacuation des blessés et des malades sur Torgau, Wittenberg et Magdeburg; les maisons de l'université de Wittenberg seront transformées en hôpitaux, 563. — (31 juillet.) Hôpitaux à organiser à Mayence, 605, 606. — Importance des hôpitaux de Dresde et Torgau; direction dans laquelle il convient d'évacuer les malades de Wittenberg et de Magdebourg, 606, 607.

SAPEURS DU GÉNIE, 256, 291.

SASS, général commandant un corps russe, 368.

SAVARY, duc de Rovigo, ministre de la police générale, 137, 210, 270, 296, 445, 483, 526, 548.

SAXE (Duchés de), 93, 249, 362, 379, 411, 429, 444.

SAXE (Troupes ducales de), 195, 196, 197, 242, 249, 362, 429, 444.

SAXE (Royaume de). — (2 mars 1813.) Mesures prises pour la défense de Torgau; mouvements militaires projetés en prévision d'une marche des Russes sur Dresde; nécessité de renseigner Napoléon sur les ressources et les routes de la Saxe, 9, 20, 21. — (3 mars.) Envoi à Dresde du capitaine de Lauriston, chargé d'une mission d'inspection en Allemagne, 24. — (12 mars.) Magasins de vivres formés en Saxe pour la Grande Armée, 82. — (13 mars.) La garnison de Torgau est chargée de défendre l'Elbe entre cette ville et Wittenberg, 89. — (15 mars.) Conjectures de l'Empereur sur l'éventualité d'un mouvement des Russes sur Dresde; impossibilité pour Reynier de défendre cette place si l'ennemi s'y porte immédiatement avec des forces considérables; date à laquelle une forte réserve pourrait appuyer le corps saxon, 103, 105, 107, 108. — (18 mars.) Dispositions prises pour faire sauter le pont de Dresde et pour rétablir l'ancienne enceinte de cette ville, qu'il importe de garder jusqu'à ce que l'ennemi fasse un grand mouvement, 121, 122. — (24 mars.) Observation de Napoléon sur l'intention de Davout de faire sauter, sans plus attendre, le pont de Dresde; nécessité de ne prendre cette mesure qu'à la dernière extrémité, 141. — (26 mars.) Destruction du pont de Dresde par Davout; mécontentement de l'Empereur, 147. — (28 mars.) Position des cuirassiers saxons à Plauen; désir de l'Empereur de les utiliser à la Grande Armée, 160. — Effet produit en Saxe par la destruction du pont de Dresde, 161. — (29 mars.) Abandon d'une partie de la ville par les Français, 163. — (1er avril.) Refus des généraux saxons de concourir aux mesures de défense prises par Napoléon; explications à demander sur ce point au ministre de France à Dresde, 168, 169. — (4 avril.) Démarche à faire à Dresde pour que la cavalerie saxonne rejoigne le corps du maréchal Ney, 182, 183. — (13 avril.) L'Empereur compte sur l'appoint de cette cavalerie, 225. — (19 avril.) Ordre d'insister auprès de Frédéric-Auguste pour qu'il fasse cesser définitivement toute incertitude à ce sujet, 240. — (21 avril.) Question de l'Empereur sur la nouvelle de la capitulation de Torgau, 251, 252. — (24 avril.) Confirmation de cette nouvelle, 261. — (28 avril.) Convention conclue par la Saxe avec l'Autriche pour le désarmement du corps polonais en Bohême, 280. — (8 mai.) Note pour le baron de Serra; délai fixé à la cour de Dresde pour la réunion du contingent saxon à l'armée et l'exécution des engagements du roi Frédéric comme membre de la Confédération du Rhin; jugement de l'Empereur sur le traité conclu avec l'Autriche pour le désarmement des Polonais; conséquences qu'entraînerait un refus du roi de Saxe de satisfaire aux demandes de Napoléon, 324, 325. — (10 mai.) Effet de cette sommation, 328, 329. — (13 mai.) Arrivée de la tête de la cavalerie saxonne, 341. — (18 mai.) Mesures à prendre pour couvrir Dresde au moment de la bataille de Bautzen, 352. — Ordres sur le même sujet; campement des bataillons, police, défense des ponts; emplacement de l'artillerie, travaux du génie, 354, 355. — (23 mai.) Ordres relatifs aux garnisons de Bautzen, Gœrlitz et Torgau, 361, 362. — (24 mai.) Renouvellement des instructions concernant la mise en état de défense de la ville de Dresde, 366. —

Résultat de la victoire de Bautzen pour la Saxe ; empressement de Dresde et du ministère saxon à pourvoir l'armée française d'approvisionnements, 375. — (25 mai.) Instructions au général Durosnel, gouverneur de Dresde ; mesures à prendre pour achever de rétablir la tranquillité dans cette ville ; ordre concernant les frais de représentation du comte Durosnel ; police à organiser contre les Cosaques qui courent le royaume ; approvisionnements à réunir à Dresde ; nécessité de reconstituer le contingent saxon, 376, 377. — (30 mai.) Appel de troupes sur Dresde, 386. — Les munitions de guerre fournies par la Saxe seront reçues à titre de prêt, 388. — (3 juin.) Colonnes chargées de balayer les partisans qui occupent la Saxe, 411. — (4 juin.) Troupes réunies à Dresde pour la défense de cette ville, 416. — (6 juin.) Ordre de faire fournir par la Saxe tout ce qui est nécessaire à l'habillement du corps polonais, 424, 426, 427. — (28 juin.) Ouvrages du génie à exécuter à Dresde ; instructions explicites à ce sujet, 509 à 511. — (5 juillet.) Note sur le camp retranché de Dresde ; but militaire de ces fortifications destinées à protéger exclusivement la rive droite de l'Elbe et à couvrir les faubourgs de la ville ; instructions relatives à ce système de défense ; projet à rédiger en conséquence, 537 à 539. — (8 juillet.) Nouveaux ordres relativement aux travaux et à l'armement de Dresde, 551 à 554. — Nécessité pour le gouvernement saxon de ne pas cesser la distribution des fourrages à l'armée, afin d'éviter au pays les inconvénients des réquisitions militaires, 554. — (16 juillet.) Désir de l'Empereur qu'on ménage la Saxe et qu'on allége les charges imposées à ce pays ; mesures à prendre pour la défense de Leipzig ; facilités accordées au commerce de cette ville, 568. — (24 juillet.) Ordre de lever l'état de siége à Leipzig, 589. V. — Frédéric-Auguste, Varsovie (Grand-duché de).

Saxonnes (Troupes). V. Reynier, Saxe (Royaume de).

Schwarzenberg (Prince de), ambassadeur d'Autriche à Paris, 195, 226, 261, 351.

Sebastiani (Comte), général de division commandant le 2ᵉ corps de cavalerie de la Grande Armée, 13, 78, 148, 149, 257, 279, 288, 304, 307, 309, 310, 320, 321, 325, 329, 336, 340, 408, 410, 422, 431.

Semely, adjudant commandant, 207.

Senft de Pilsach (Comte de), ministre des relations extérieures du royaume de Saxe, 324, 325.

Serra (Baron de), ministre de France à Dresde, 22, 25, 169, 182, 240, 248, 323, 324, 328.

Sicile (Île de), 526.

Slivarich, général de brigade croate, 136.

Sorbier (Comte), général commandant en chef l'artillerie de la Grande Armée, 47, 92, 218, 228, 375, 467, 479, 572, 596.

Souham (Comte), général de division à la Grande Armée, 1, 29, 30, 65, 74, 79, 80, 127, 163, 188, 189, 194, 197, 241, 244, 249, 270, 274, 281, 283, 301.

Soult, duc de Dalmatie, maréchal commandant la vieille Garde. — (30 avril 1813.) La division de la vieille Garde sera sous les ordres de Soult, 286. — (24 mai.) Part que prend le duc de Dalmatie à la bataille de Bautzen, 372. — (1ᵉʳ juillet.) Ordre à Soult de se rendre en Espagne avec le titre de lieutenant général des armées en Espagne et sur les Pyrénées, 520, 521. — V. Espagne (Opérations en).

Spandau, ville forte de Prusse, 6, 94, 276, 298, 573.

Stettin. V. Poméranie suédoise.

Strasbourg, place forte, 96.

Suchet, duc d'Albufera, maréchal, 40.

Suède. — (18 mars 1813.) Intention de l'Empereur de faire imprimer les documents relatifs à la Suède et aux projets de ce pays sur la Norvége, 118, 119. — (2 avril.) Conjecture de Napoléon sur une prochaine attaque des Suédois en Poméranie, 178. — (31 mai.) Ordre à Bassano au sujet d'une

TABLE ANALYTIQUE.   659

déclaration de guerre à faire à la Suède, 392.
SUÉDOISES (Troupes). 457.

SUISSE. V. CONFÉDÉRATION HELVÉTIQUE.
SUISSES (servant dans la Grande Armée), 194.

T

TARENTE (Duc DE). V. MACDONALD.
TAVIEL (Baron), général de division, 160.
TE DEUM (*Célébration de*). — (7 juin.) Observations à Cambacérès sur l'inconvénient de retarder la célébration des Te Deum à l'occasion des victoires, 427.
TESTE (Baron), général de division, 235, 236. 244, 247, 267, 268, 280, 413, 414, 415. 452, 453, 464, 588, 597.
TETTENBORN (Baron DE), colonel russe, 457.
THÉRÈSE (Princesse), archiduchesse d'Autriche, 512.
THIÉBAULT (Baron), général de division, 465.
THIELMANN (Baron), général saxon, commandant à Torgau, 168, 315, 324, 328, 378.
THORN, ville forte de Prusse, 275. — (19 juin.) Mécontentement de l'Empereur au sujet de l'enquête faite sur la reddition de Thorn; ordre de nommer une nouvelle commission qui procédera dans ses informations avec la plus grande rigueur; observations générales sur le rôle d'un commandant de place et sur la limite à laquelle la défense doit être poussée avant d'en venir à une capitulation. 475.
TINDAL (Baron), général de brigade. 207.
TIR À LA CIBLE, 585, 586, 587.
TITRES. V. DOTATIONS.
TORGAU, place forte. V. SAXE.
TOULON. V. FRONTIÈRES (*Défense des*).
TRAIN. V. ARTILLERIE.
TRAVAUX PUBLICS. V. PARIS.
TRÉSOR DE LA COURONNE. V. BOUILLERIE (LA).
TRÉSOR PUBLIC. — (1ᵉʳ mars 1813.) Approbation du compte arrêté par Mollien avec la Bouillerie; énumération des sommes destinées à rentrer, en conséquence, dans la caisse du trésor public, 4, 5. — (6 mars.) Ordre à Mollien d'envoyer de l'argent au payeur de la Grande Armée à Erfurt; fonds à entretenir dans la caisse centrale de Magdeburg, 38, 39. — (11 mars.) Envoi de fonds à la caisse de Magdeburg, 70. — (29 mars.) Nécessité d'établir un payeur au 3ᵉ corps de la Grande Armée, 164. — (11 avril.) Fonds envoyés à la caisse de Mayence; instructions à l'ordonnateur en chef de l'armée du Main au sujet des sommes à faire distribuer par cette caisse aux divers corps de l'armée, 210, 211.—(12 avril.) Mesures à prendre pour accélérer la vente des biens des communes; opportunité de couvrir les dépenses des derniers exercices au moyen d'une émission de bons de la caisse d'amortissement; observations sur les avantages de ce plan; projet de décret en conséquence, 215 à 217. — (17 avril.) Représentations à Mollien sur le désordre qui règne dans le service de la trésorerie; nécessité d'avoir à Mayence une caisse séparée pour chacune des deux armées de l'Elbe et du Main; situation du payeur de Magdeburg; intention de l'Empereur de régulariser par un décret l'état de la comptabilité militaire, 231, 232. — (6 mai.) Observations sur le chiffre des dépenses relatives au transport des troupes; ordre de diviser, par mesure d'économie, ce chapitre en deux, celui des *Marches de la Garde*, et celui des *Étapes*, 347. — (17 juin.) Mesure prise pour le payement de deux mois de solde à l'armée, 454. — (18 juin.) Observations à Mollien sur l'avantage que présente une émission de bons de la caisse d'amortissement; valeur persistante de ce papier, dont la dépréciation ne saurait avoir aucun rapport avec les fluctuations, d'ailleurs toutes superficielles, du cours de la Bourse; le remboursement des bons en question est assuré à un bref délai, et ils sont en outre admissibles en acquisition de domaines et en droits de douanes; il importe

donc d'y accoutumer le public, et de payer avec cette monnaie fiduciaire toutes les dépenses de l'administration de la guerre, 470, 471. — (6 juillet.) Instructions sur le même sujet, 539, 540. — (9 juillet.) Renouvellement des ordres et observations concernant l'émission des bons de la caisse d'amortissements, 555. — (13 juillet.) Supplément de fonds nécessaire au budget des dépenses de l'administration de la guerre; nécessité de faire les payements en bons de la caisse d'amortissement, 565. — (17 juillet.) Observations à Mollien sur un état, dressé par ce ministre, des bons de la caisse d'amortissement, 570.

Trévise (Duc de). V. Mortier.

Tyrol., 358.

V

Vandamme, comte d'Unsebourg, général de division, 120, 122, 123, 142, 146, 147, 159, 163, 177, 193, 195, 212, 213, 238, 244, 247, 251, 257, 268, 363, 433, 449, 463, 464, 465, 479, 489, 516, 517, 526, 588, 589, 597.

Varsovie (Grand-duché de). — (28 mars 1813.) Troupes laissées par les Russes dans le Grand-Duché; positions qu'elles occupent, 156.

Venise. V. Italie (Royaume d').

Vial (Baron), général de division, 479, 560, 565.

Victor Perrin, duc de Bellune, maréchal, commandant le 2ᵉ corps de la Grande Armée. — (2 mars 1813.) La garde du pont de Dessau est confiée à une division du 2ᵉ corps, 15. — (12 mars.) Décret confirmant le duc de Bellune dans le commandement du 2ᵉ corps, 75. — (13 mars.) Ce maréchal est chargé de défendre la rive gauche de l'Elbe, 89. — Position occupée par le duc de Bellune, 95. — (15 mars.) Il commandera le fleuve de Magdeburg à Torgau, 104. — (18 mars.) Forces mises sous le commandement de Victor, 121. — (19 mars.) Partie de la ligne de la Saale que le duc de Bellune gardera, 127. — (2 avril.) Dispositions relatives à la composition du 2ᵉ corps, 178. — (11 avril.) Cas où le 2ᵉ corps devrait former la garnison de Magdeburg, 212. — (2 mai.) Position du maréchal Victor à trois jours de marche de Lützen pendant la bataille de ce nom, 304. — (4 mai.) Il recevra l'ordre de rejoindre le prince de la Moskowa, 307 à 310. — (6 mai.) Forces mises à la disposition du duc de Bellune, 319. — (12 mai.) Mouvement prescrit au 2ᵉ corps sur Torgau, 333. — (13 mai.) Ordre au duc de Bellune de déboucher par Wittenberg en plaçant son avant-garde sur Berlin et Luckau, 336, 337. — Troupes à réunir par ce maréchal en opérant son mouvement; de Wittenberg il rejoindra le maréchal Ney dont il prendra les ordres, 337. — (24 mai.) Position du duc de Bellune après la bataille de Bautzen, 375. — (26 mai.) Il est chargé de s'avancer dans la direction de Berlin pour tomber, au besoin, sur les derrières de Bülow; ordre au maréchal Victor de correspondre régulièrement avec l'Empereur, 380, 381. — (3 juin.) Marche du duc de Bellune sur Sagan, 408. — Ordres au duc de Bellune au sujet de ce mouvement, 410. — (5 juin.) L'Empereur lui ordonne de continuer sa marche sur Sagan, 422. — (21 juin.) Napoléon blâme le duc de Bellune de n'avoir pas pris immédiatement possession de Krossen et d'avoir suscité par ce retard une occasion de difficultés dans l'exécution de l'armistice, 479. — (9 juillet.) Nouvelles observations au duc de Bellune sur les conséquences de la non-occupation de Krossen, 557. — (11 juillet.) Ordre au maréchal Victor de porter son quartier général à Guben et de se lier avec Oudinot, 560. — (15 juillet.) Nouvelles représentations au duc de Bellune sur ses hésitations à occuper Krossen; perte définitive de ce débouché important, 565.

Villemain, écrivain, 482.

Villes hanséatiques. V. Hanséatiques (Villes).

TABLE ANALYTIQUE.

Vistule (Régiments de la), 75, 498.
Vorarlberg (Tyrol), 182, 203, 391.

Voronzof (De), général russe, 457, 498, 499, 576.

W

Walmoden (Comte), général autrichien, 457.
Walther (Comte), général de division, commandant la cavalerie de la Garde, 156, 299.
Wattier (Comte), général de division, 2, 149, 152.
Werben, ville de Prusse, 72, 73.
Wesel, ville du grand-duché de Berg, 2, 3, 43, 45, 51, 96, 168, 170, 171, 172, 177, 178, 185, 227, 228.
Westphalie. — (2 mars 1813.) Éventualité d'une retraite de l'armée sur Cassel; fours et approvisionnements à établir en conséquence dans cette place, 12. — Instructions dans ce sens au roi Jérôme; renseignements demandés sur les routes de la Westphalie, 18, 19. — Position assignée sur l'Elbe au contingent westphalien; redoute à établir sur la rive droite du fleuve, 20. — (5 mars.) L'Empereur insiste auprès du roi Jérôme sur la nécessité de faire reconnaître, en vue des prochaines opérations militaires, les routes de la Westphalie, et d'établir des têtes de pont sur l'Ems et le Weser, 37, 38. — (12 mars.) Observations au roi de Westphalie sur la nécessité d'assurer par voie de réquisition régulière les approvisionnements de Magdebourg; mécontentement de Napoléon au sujet des retards mis à l'exécution de cette mesure, qui peut seule maintenir l'ordre dans le pays et le sauver de l'invasion russe; entraves apportées par les autorités westphaliennes à l'armement de Magdebourg, «la clef du royaume,» 81 à 84. — (13 mars.) Intention de l'Empereur de conclure avec le roi de Westphalie un marché relatif à l'entretien des troupes cantonnées sur son territoire; le comte Daru rédigera un projet en conséquence et réglera avec la Bouilleric les comptes de la Westphalie, 88. — (14 mars.) L'Empereur est décidé à venir en aide financièrement au royaume de Westphalie, 101. — (19 avril.) Alarme répandue en Westphalie par un mouvement de coureurs russes; ordre de faire connaître au roi Jérôme les mesures prises pour protéger Cassel, 241, 242. — (3 mai.) Somme de 500,000 francs à payer à la Westphalie, 305. — (13 mai.) Ordre sur le même sujet, 338. — (30 mai.) Appel sur Dresde du reste du contingent westphalien, 386. — (7 juin.) Le roi de Westphalie sera invité à compléter son contingent, qui sera réuni au 11ᵉ corps, 430. — (2 juillet.) Troupes françaises à fournir au roi de Westphalie; convention à conclure dans cette vue; conditions qui seront faites aux soldats et aux officiers; instructions touchant la formation d'un escadron français de gardes du corps et d'un régiment de hussards de la Garde, 524, 525. — (3 juillet.) Régiment de hussards français à envoyer en Westphalie, 529. — (12 juillet.) Ordre relatif au projet de convention militaire à conclure avec la Westphalie, 584. — V. Jérôme Napoléon, Magdebourg.
Westphaliennes (Troupes) ou 37ᵉ division de la Grande Armée, 11, 13, 17, 18, 20, 34, 42, 69, 70, 75, 227, 279, 293, 299, 309, 361, 363, 411, 416, 588.
Wibicki (Le palatin), 493.
Winzingerode (Comte de), commandant un corps d'armée russe, 243, 270.
Wittenberg, ville de Prusse, occupée par les Français, 9, 12, 15, 42, 44, 48, 55, 69, 77, 89, 95, 104, 107, 125, 134, 157, 276, 309, 366, 394, 420, 451, 467, 534, 563.
Wittgenstein, général russe. — (9 mars 1813.) Position de Wittgenstein devant Danzig, 56. — (28 mars.) Avis à Ney de l'entrée de Wittgenstein à Berlin, 161. — (9 avril.) Position de ce général entre Brandenburg et Magdebourg, 205. — (19 avril.) Passage de l'Elbe par le corps de Wittgenstein, 243. — (2 mai.)

Wittgenstein à Lützen; il remplace Koutouzof comme général en chef de l'armée russe, 298.

Wolberg, général prussien, 288.

Wrede (Baron de), général de division bavarois. 23, 79, 91, 127, 133, 134, 135, 160, 240, 245, 535.

Wurtemberg. — (2 mars 1813.) Envoi à Stuttgart d'un officier chargé de hâter la réunion des troupes wurtembergeoises à Würzburg, 8. — Invitation dans le même sens adressée au roi Frédéric, 22. — (13 mars.) Contingent de cavalerie fourni par le Wurtemberg, 91. — (4 avril.) Démarche à faire auprès du gouvernement de Stuttgart pour que le contingent wurtembergeois soit porté à 12,000 hommes et qu'une partie de ces troupes rejoigne prochainement le corps du maréchal Ney, 180, 181. — (13 avril.) Réunion prochaine des troupes wurtembergeoises à Mergentheim. 225. — V. Frédéric.

Wurtembergeoises (Troupes) ou 38ᵉ division de la Grande Armée, 13. 19, 22. 65. 75, 79, 132. 133. 151. 181, 228, 236 à 238. 239, 240, 247. 311. 372, 396, 413. 423, 475, 526, 544.

Würzburg. — (2 mars 1813.) Réunion prochaine des troupes wurtembergeoises, hessoises et badoises à Würzburg; la citadelle de cette place sera mise en état de défense, 8, 10. — Invitation au grand-duc de s'occuper sans délai de l'armement et de l'approvisionnement de Würzburg; il fera connaître à l'Empereur toutes les mesures prises dans cette vue, 24. — (3 mars.) Envoi à Würzburg du capitaine de Lauriston, chargé de presser la mise en état de défense de la citadelle de cette ville. 25, 26. — (6 mars.) Garnison de la citadelle de Würzburg, 42. — (11 mars.) Ordre à Ney de se préparer à prendre position à Würzburg et de veiller à la mise en état de défense de la citadelle de cette ville et de la forteresse de Kœnigshofen, 64, 65, 66. — (13 mars.) Ordre sur le même sujet, 91 à 96. — (20 mars.) Ordre à Ney d'opérer son mouvement sur Würzburg. 132. — (23 avril.) Renfort envoyé à la garnison de Würzburg; mesures de défense à prendre dans cette place. 254. — (23 mai.) Ordre relatif à la garnison de Würzburg. 362. — (24 mai.) Question concernant les fonds nécessaires aux travaux du génie à Würzburg. 365. — (3 juin.) Nouveaux ordres pour l'armement de Würzburg. 412. — (7 juin.) Le grand-duc de Würzburg sera invité à fournir préférablement un contingent de cavalerie. 429. — (13 juin.) Nouveaux ordres touchant la nature du contingent de Würzburg. 444.

Y

York, général prussien. 98. 205. 341. 369. 370.

Yvan (Baron), chirurgien ordinaire de l'Empereur. 223.

LISTE DES PERSONNES

A QUI LES LETTRES SONT ADRESSÉES.

ALDINI (Comte), 151.

ALEXANDRE (Berthier), prince de Neuchâtel et de Wagram, 96, 144, 153, 191, 204, 223, 232, 234, 239, 254, 259, 264, 265, 271, 277, 281, 283, 285, 287, 290, 294, 295, 298, 299, 306, 308, 309, 310, 311, 314, 316, 317, 319, 325, 326, 329, 330, 333, 335, 336, 337, 338, 344, 346, 348, 351, 352, 354, 360, 361, 363, 364, 379, 380, 381, 385, 386, 391, 393, 409, 410, 411, 412, 429, 430, 444, 451, 452, 454, 455, 456, 463, 466, 475, 479, 480, 484, 485, 487, 488, 497, 498, 505, 515, 530, 534, 535, 542, 543, 544, 551, 556, 557, 560, 565, 566, 567, 575, 583, 585, 586, 588, 589, 597, 602.

ARRIGHI, duc de Padoue, 413, 568.

AUGEREAU, duc de Castiglione, 269, 439.

BELLIARD (Comte), 526.

BERNARD, colonel, 7, 32.

BERTRAND (Comte), 14, 41, 51, 139, 154, 159, 186, 189, 201, 202, 218, 219, 220, 229, 235, 242, 246, 252, 293, 322, 355, 356, 422.

BESSIÈRES, duc d'Istrie, 241, 278.

BESSIÈRES, maréchal, 320.

BIGOT DE PRÉAMENEU (Comte), 84, 569.

BOUILLERIE (Baron DE LA), 49, 137, 169, 222, 523, 592.

BOURCIER, général, 50, 81, 124, 337.

CAMBACÉRÈS (Prince), 231, 250, 257, 269, 287, 294, 312, 331, 383, 389, 427, 428, 435, 436, 482, 539, 548, 555, 561, 584, 601, 605.

CATHERINE, reine de Westphalie, 116.

CAULAINCOURT, duc de Vicence, 223, 322, 323, 348, 360, 383, 388, 394, 400, 402, 405, 416, 451, 603.

CHAMPAGNY, duc de Cadore, 431.

CLARKE, duc de Feltre, 1, 5, 6, 7, 26, 39, 40, 49, 59, 60, 63, 76, 85, 86, 96, 102, 109, 111, 113, 115, 119, 124, 127, 128, 136, 140, 142, 143, 148, 162, 164, 168, 169, 170, 184, 188, 198, 199, 206, 218, 221, 222, 234, 238, 252, 257, 273, 315, 316, 389, 392, 403, 412, 420, 437, 450, 468, 502, 512, 513, 517, 523, 529, 540, 541, 542, 561, 594, 598, 605.

DARU (Comte), 28, 88, 191, 210, 227, 381, 431, 440, 458, 500, 513, 522, 528, 537, 554, 559, 562, 563, 573, 574, 584, 595, 606.

DAVOUT, prince d'Eckmühl, 9, 433, 436, 448, 457, 458, 477, 499, 516, 517, 519, 520, 544, 571, 579, 589.

DECRÈS (Duc), 68, 137, 323, 332, 446, 447, 469, 518, 546, 567, 585, 595, 604.

DUROC, duc de Frioul, 4, 28, 31, 60, 76, 145, 155, 207, 255, 263, 515.

DEJEAN (Baron), 558.

DUROSNEL (Comte), 354, 388, 502, 554.

EUGÈNE NAPOLÉON, vice-roi d'Italie, 15, 16, 31, 33, 45, 46, 47, 52, 53, 69, 71, 77, 88, 90, 98, 102, 116, 117, 120, 122, 125, 126, 131, 138, 141, 146, 147, 152, 156, 157, 163, 177, 192, 211, 268, 274, 282, 287, 292, 296, 334, 357, 358, 390, 401, 404, 441, 442, 471, 512, 523, 529, 543, 559, 574, 582, 596.

FERDINAND-JOSEPH, grand-duc de Würzburg, 24.

FONTANELLI (Comte), 179, 180, 210.
FOUCHÉ, duc d'Otrante, 331.
FRANÇOIS Ier, empereur d'Autriche, 226, 312, 350, 361, 514.
FRÉDÉRIC, roi de Wurtemberg, 22, 203, 236, 251, 261, 313, 323, 391, 447, 560.
FRÉDÉRIC VI, roi de Danemark, 474.
FRÉDÉRIC-AUGUSTE, roi de Saxe, 18, 48, 204, 246, 248, 335, 378.
GAUDIN, duc de Gaëte, 48, 135, 556.
GERMAIN (Comte), 248.
GOUVION SAINT-CYR, maréchal, 536.
HAUTPOUL (D'), capitaine, 129.
HAXO, général, 583.
HOGENDORP (Comte), 574.
JÉRÔME NAPOLÉON, roi de Westphalie, 18, 20, 37, 81, 100, 213, 236, 244, 246, 247, 260, 267, 276, 279, 284, 305, 453, 463.
KELLERMANN, duc de Valmy, 28, 51, 79, 119, 147, 162, 164, 192, 208, 315, 530, 569.
LACUÉE, comte DE CESSAC, 27, 86, 191, 445, 481, 503, 535, 587, 591.
LAPLACE, capitaine, 8, 151.
LAURISTON (Comte DE), 10, 11, 12, 14, 30, 36, 37, 42, 44, 52, 68, 80, 99, 118, 155, 321.
LAURISTON (DE), capitaine, 24.
LAVALLETTE (Comte DE), 49, 200.
LEBRUN, duc de Plaisance, 506.
LEBRUN (Prince), 194, 306.
LELORGNE, secrétaire-interprète, 492.
LEMAROIS (Comte), 186, 187, 251, 507, 522, 528, 558, 563.
Louis X, grand-duc de Hesse-Darmstadt, 245.
MACDONALD, duc de Tarente, 342, 343, 356.

MARET, duc de Bassano, 1, 118, 168, 181, 183, 187, 191, 194, 248, 250, 280, 338, 343, 362, 379, 392, 407, 415, 416, 418, 423, 424, 429, 432, 443, 444, 454, 478, 484, 498, 514, 524, 531, 549, 550, 564, 584, 593.
MARIE-LOUISE, Impératrice-Reine et Régente, 418, 419, 427.
MARMONT, duc de Raguse, 161, 190, 196, 206, 230, 232, 233, 272, 289, 292, 297.
MAXIMILIEN-JOSEPH, roi de Bavière, 23, 245.
MELZI, duc de Lodi, 443.
MOLLIEN (Comte), 4, 38, 215, 231, 347, 470, 541, 565, 570, 593.
MONTALIVET (Comte), 5, 123, 141, 162, 181.
MONTESQUIOU (Comte DE), 142.
MONTESQUIOU (Comtesse DE), 428.
MORTIER, duc de Trévise, 292, 346.
MOUTON, comte de Lobau, 207, 521.
NEY, prince de la Moskova, 90, 132, 139, 160, 161, 163, 188, 193, 195, 200, 205, 208, 212, 225, 249, 266, 270, 275, 285, 298, 307, 308, 318, 319, 320, 321, 328, 340, 341, 342.
OUDINOT, duc de Reggio, 293, 353.
RAPP (Comte), 420.
REINHART, landamman de la Suisse, 214.
ROGNIAT (Baron), 331, 365, 366, 438.
SAINT-AIGNAN (Baron DE), 249.
SAVARY, duc de Rovigo, 5, 137, 210, 270, 296, 445, 526.
SORBIER (Comte), 467, 572, 596.
SOULT, duc de Dalmatie, 496, 506, 520.
THÉRÈSE (Princesse), d'Autriche, 512.

TABLE

DES MATIÈRES DU TOME XXV.

	Pages.
Correspondance du 1er mars au 31 juillet 1813	1
Table analytique	609
Liste des personnes à qui les lettres sont adressées	663

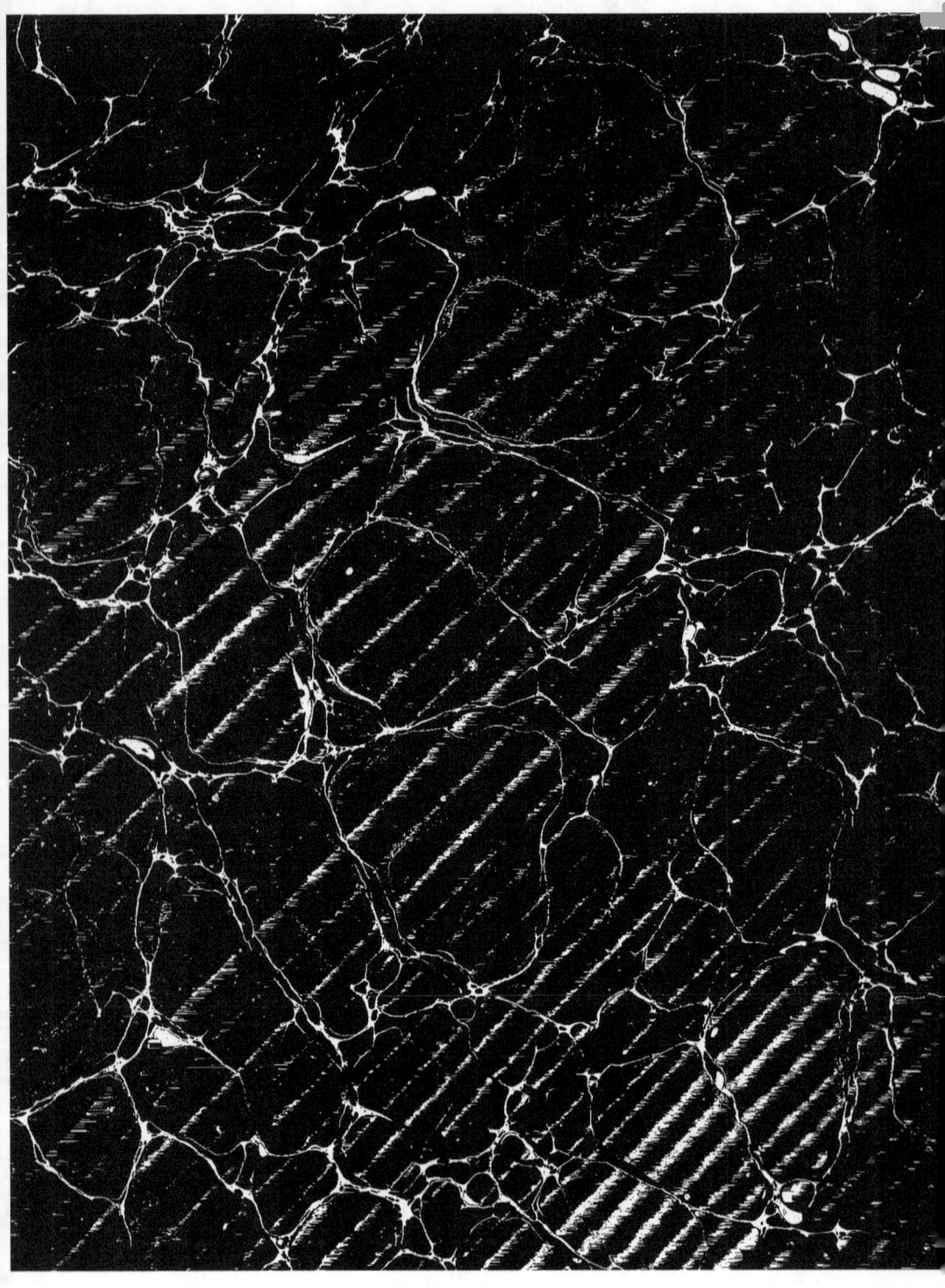

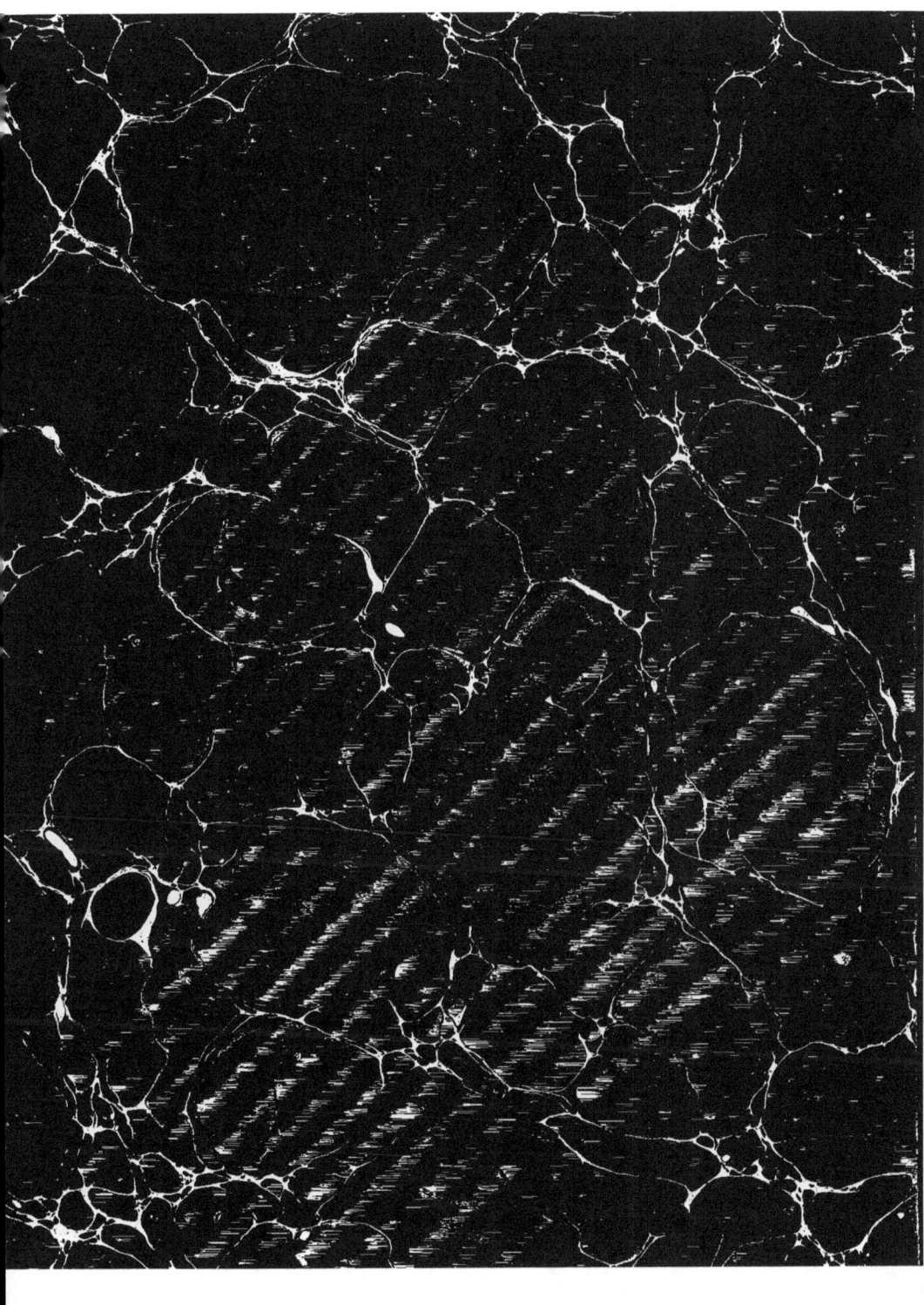

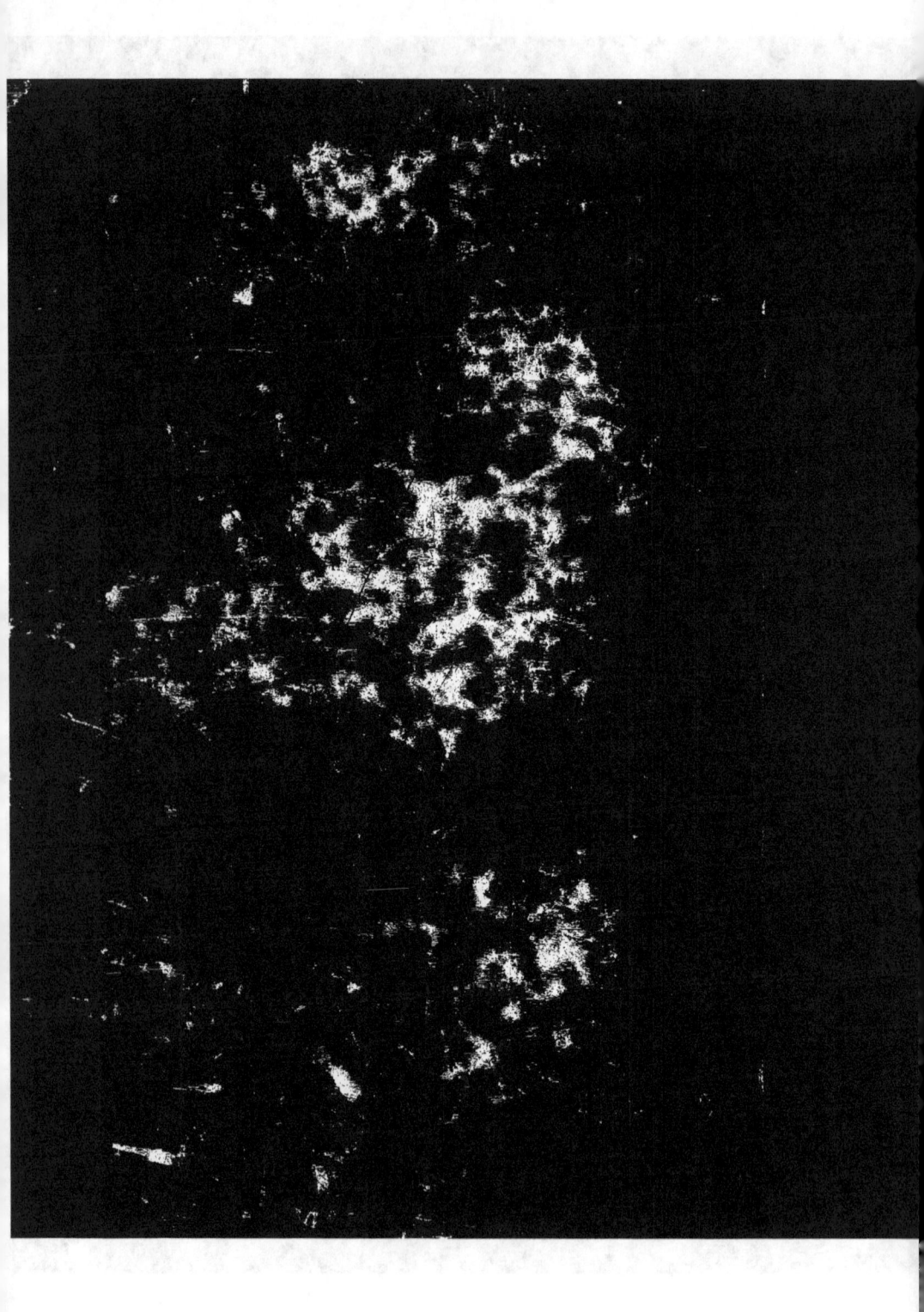

www.ingramcontent.com/pod-product-compliance
Lightning Source LLC
Chambersburg PA
CBHW050101230426
43664CB00010B/1399